中國學術史論

周彥文主編

莊曉蓉　王緯甄　普義南
許佩玉　謝添基　林菁菁　蔡琳堂
曾金城　郭玲姈　邱白麗　高嘉謙
撰著

臺灣 學生書局 印行

序　言

　　這一部書雖然不直接叫做《中國學術史》，可是事實上它就是一部中國學術史的要略。只不過由於這部書是由多人執筆，而且只選取了一共十一個主題來撰寫，我們顧慮到銜接上難免會有疏漏，涵蓋面也不夠完整，所以姑且稱之爲《中國學術史論》。

　　2002 年的 9 月起，原本在淡江大學中國文學研究所博士班開設「中國學術史」課程的周志文教授休假，我代理他一年的教學工作。我的構想是：在來上課的同學中，徵求自願者，每人自訂一個學術史上的主題，以一年的時間做專注的研究，然後我們把這些研究成果集結起來，就可以成爲一部中國學術史的論集。

　　上課的方式是：每人在上課前要先將初稿寫完，發給大家；上課時撰稿者先做簡短的報告，然後大家討論；討論完後撰稿者再回去修改。一個學期一輪，所以每一篇論文至少都要經過上下學期共兩次的討論，以及自己多次的修正。

　　討論的重點在三個方面，一是該主題是否具有學術史上的意義，二是該篇論文和前後的同學是否能夠銜接，三是撰寫的內容是否得當。這三項議題中，若有任何一項未能通過全體同學的檢驗，就必須回去改寫。

　　這個構想經過全體同學認可後開始執行，其中願意參與寫作的一共有十一位同學。我們經過審慎的討論、修訂與裁汰，依照從先

秦到清代的時間順序，終於訂妥了十一個題目的雛型，這就是這部
書的起源。

　　現在最終的校正稿終於完成了，上距我們開始這個寫作計劃，
已經有將近一年半的時間。付梓之前，我想對全書的內容及思想脈
絡作一個簡單的說明。

　　中國學術史是一個巨大的議題，區區十一篇文章所能呈現的，
只是冰山一角罷了。依常理而言，一部完整且理想的學術史不但要
有一個建全而一貫的史觀以詮釋其發展脈胳，並且還應將歷來重要
的各個學術觀念及學說作系統性的敘述式說明。可是這種理想中的
學術史，不但應該出於一個人單獨的手筆，而且若非真積力久，假
我以十數年的功力，是不易達成的。更何況，這樣的學術史也離我
們一年期寫作計劃的執行能力差距甚遠。因此，我們選擇了一個比
較簡易的呈現方式，就是略去各種學說敘述式的說明，僅掌握一個
重要的理念，用以貫穿全書。而這個理念不但要是學術史研究上的
一個重要關鍵，同時也要能彰顯「史」的意義。於是，我們選擇了
「變遷」兩個字，做為全書主要撰寫理念之所在。

　　學術的流衍，其重點並不在於默守前說，祖法師承；最精彩的
地方，卻是推陳出新，並且因應時代的轉折而有所創變。也唯有創
變，學術才能繁枝多葉的展開，一方面印證各個歷史階段的時代精
神，另一方面也擴大了學術的本質意義。因此「變遷」二字，就成
為考察中國學術史的一個切入點。

　　我們縱觀中國學術的變遷大勢，在有限的篇幅中，依照時代的
順序，找出幾個變遷點上的重要議題：首先是先秦諸子學的興起與
經學的成立，這是中國學術起源的問題；其次依序是漢代諸子學的

轉變、讖緯學的興起及其思想效應、漢魏時期經典詮釋的變革及玄學問題、六朝時期佛學的摻入，以及唐代經學的重整。到了宋代，中國的學術有了很大的轉變，所以我們在宋代部份用了比較多的篇幅來討論，先論宋代的經典新詮，探討宋代疑經改經等問題；再論由章句之學到義理之學的走向；接續再論宋代以來的講學風氣與學術之間的關係，並兼及元、明時期的發展。最後論及明末清初經世訴求下的學術轉折，並以晚清諸子學的復興與經學的改造作爲全書總結。

在這十一個篇章中，我們努力要呈現的是一些學術觀念的轉變。學術史資料在中國浩瀚的典籍文獻中隨手可得，可是這些資料若沒有用「觀念」將之有機的組合起來，只不過是一盤散沙而已。而觀念與觀念之間，則又以「變遷」作爲鍊結點。這就是全書中心主旨之所在。

這樣的寫作方法容易產生一個「簡單化」的問題。學術的發展並不是單線進行的，而且也不是獨立存在的。各門派的學術主張不論是多麼相異，彼此之間還是有學理上綜錯的對應關係；再加上政治、社會、制度等外力的影響，學術的各個面向，實在是難以用一個簡單的概念去敘述清楚。因此如果我們只將著眼點放置於「變遷」上，就容易使整體學術的複雜層面被化約成過渡簡單化的問題，以致使學術的深度不能完全彰顯。

針對這樣的疑慮，我們試圖在每篇論文中至少呈現三個寫作層次，以補救學術被簡單化的問題：一是肇因，二是變遷現象，三是影響。其中第二項變遷現象，當然是論文的主軸；而肇因及影響，則是希望能把學術的構成因素及開展局面約略的呈現出來，並用以

和前後的文章相銜接，以便全書能有一個掠影式的整體風貌。

或許在實際撰寫時，我們未必能全然的達到理想，可是所有參與的同學都已盡心盡力的完成了他們當初的承諾。在一年的課程中，這十一位同學，以及其他來修課或是旁聽的同學們，都十分熱烈的討論這些篇章，甚至還設置了網頁，在課後也持續的討論著。無論這本書中還有多少待改進的地方，他們專注與堅持的精神，都是令人感佩的。

淡江大學中文系　**周彥文**

序於淡水五虎崗

2003 年 12 月 31 日

中國學術史論

目　次

先秦諸子興起與經學成立

莊 曉 蓉[*]

一、前　言

　　中國的文化起源得很早，知識與學問方面也跟著一同發展產
生，以現有的文物資料，尚不能追溯確切出現的年代。但目前所知
第一個思想薈萃的時代，是在距今兩千多年前的東周，也就是春秋
戰國時期。在東周之前，中國已有既成的知識譜系及學問背景。

　　春秋戰國是一個大變動的時期，在學問知識方面，最大的影響
及變化在於：東周之前只有王官貴族才能讀書識字，平民是不能接
受教育的。當時教學的內容主要是以詩書禮樂為主，輔以禮樂射御
書數六種技藝，也就是六藝。東周以後，原本掌於王官的學問內容，
經由陵夷的貴族子弟而散佈到民間。面對紛亂的時代，得以受教育
的平民，也就是當時的知識份子，紛紛思索亂世的因果，並且極力
尋求解決之道。他們各自著書立說、相互辯難，開創了先秦子學時

*　華梵大學東方人文思想研究所碩士生

代。

現今我們已無法完整得知在東周之前的西周或夏商,甚至更早的年代所流傳的知識學問有哪些內容。但是對東周當時的人來說,這些內容是他們既定的知識背景,沒有先民智慧的累積,是無法驟然地在任何一個時代開出燦爛的百家爭鳴盛況的。

目前能追溯至東周之前的文獻資料,僅存《詩》、《書》、《禮》、《易》。這些是孔子(西元前 551-479)有鑑於西周之後,流傳的文獻古籍錯亂散佚,因而在當時尚能見到的大量文獻記載中,挑選了「詩」、「書」、「禮」、「樂」、「易」、與各國史料「春秋」的範圍,作為傳統文化精華的代表。孔子做了蒐集整理與校勘編訂的工作,並且將它們用作教學的教材,在古代教育「詩書禮樂」輔以「禮樂射御書數」的基礎上,擴增為「詩書禮樂易春秋」六種文獻及「禮樂射御書數」六種技藝。

孔子的作法使得傳統文獻在亂世中得以傳承保留,後世始尊孔子泰半也是因為這個緣故。只不過「六藝」本指「禮樂射御書數」六種技藝,在孔子以六種文獻作為儒家教材,形成了與原六藝不同的「詩書禮樂易春秋」六種典籍的六藝之後,「六藝」之名就冠上了儒家的意義,而此六種典籍自此也就與儒家脫不了關係。發展到漢代,尊崇古籍六經的舉措,也就開展出儒家專擅的經學時代,使得儒家特立於子學之外了。

二、文獻古籍

目前尚能見到西周以前的、以文字記載的文獻資料,是經由孔

子整理而確立之「詩書禮易春秋」的範圍。「樂」的部分很早就亡佚，與其他古代文獻一樣銷聲匿跡了。孔子所整理得出的「詩書禮易春秋」，與原本流傳的、孔子所見的不全然相同；而我們現在所見的這五種範圍的典籍，與孔子當初所整理得到的也是不一樣的。「詩書禮易春秋」從漢代始被稱爲五經並形成經學，經後世註解、訓詁、考證等等，使各經都增加了不少傳注章句等相關著作，範圍也就因此擴大了不少。

從五經的名稱出現，並發展出專門的經學之後，就逐漸被視爲儒家的專屬品。然而，這些文獻古籍是早在孔子以前就存在的內容，它們原本是中性的，不隸屬於某家某派的文獻。或許更應該說它們是先秦諸子思想的源頭之一，它們與其他未知的古文化建構了先秦諸子既有的知識背景。

《詩》集結了西周初年到春秋中葉，約是西元前十一世紀到前六世紀之間五百年的詩歌，是我國第一部詩歌總集，也是目前第一部文學作品。詩歌在古時被應用得很廣泛，舉凡宗廟祭祀的大小典禮，與朝會宴席的各種聚會都會用到詩歌，一般民眾也是以哼唱歌謠的方式來表達自己的感受。因而朝廷立有採詩的制度，主要是採集與編訂詩歌，一方面是爲了使宗廟朝廷得以方便使用，另一方面則是可以知民情、觀風俗。再加上各國獻詩與公卿列士的陳詩進諫，集結而成非一人一地一時之作的《詩》。

《詩》共收集三百十一篇詩歌，各篇作者多不可考，其中六篇有目無詞，春秋流傳時取其整數稱作《詩三百》。《詩三百》分爲風、雅、頌，各有其特定的內容與不同的作用。大體說來，「風」是春秋初期至春秋中期，產生於十五個地區的地方民歌與部分的貴

族詩歌;「雅」是西周時期朝廷的朝會樂歌與部分的宴會樂歌;「頌」包含〈周頌〉、〈魯頌〉、〈商頌〉,〈周頌〉是西周初期作爲廟堂祭祀的樂歌,〈魯頌〉與〈商頌〉則分別爲春秋時期,魯國與殷商後裔宋國的宗廟祭祀樂歌。

《詩》在最初蒐集至王官的目的即在於詩歌的「有用」,因而早在孔子之前「詩」就成爲貴族子弟的必修課程。這部從四面八方的廣闊區域,歷時五百年文化累積而成的歷史文化傳統文獻,在春秋時期的應用及影響至爲深遠。夏傳才精要地說:

> 一、三百篇在春秋時期已廣泛流傳,其應用範圍已超越其本來製作的目的,成為政治外交場合表情達意的一種普遍應用的特殊工具;二、許多詩句離開了音樂,雜用到人們直接交往的談話中,從而逐漸豐富了語言的文采和表現力;三、賦詩和引詩不一定符合全詩原意,而大多是採取斷章取義的方法;即採用一首詩中一章或一句兩句的形象和意義,按照賦者和引者所要表達的意思來運用它們。四是作為貴族學習的教材。當時流行的《詩》,既有興禮、政治、外交、美化語言等實際效用,貴族士大夫不能不學習掌握它們。❶

《尚書》與《詩經》同樣非一人一時之作,其成書年代不會晚於春秋中期。《尚書》的內容是古時的公文檔案等資料。《禮記·

---

❶ 夏傳才,《詩經研究史概要》(臺北:萬卷樓圖書有限公司,民國82年7月初版),頁35。

玉藻》說君王「動則左史書之，言則右史書之❷」，這是由來已久的史官體制。這些記錄君王起居言行的資料，經過長時間的流傳，並沒有全數保留下來，到東周時期就僅存當時《尙書》的那些內容了，遺失的恐怕是大部分。

《尙書》在漢以前稱作《書》，那時「書」尙未成爲書籍的通稱。到了漢代伏生（西元前 260-？）傳今文《尙書》，「以其上古之書，謂之尙書❸」，此後就以《尙書》一名稱之。今古文《尙書》在永嘉之亂時都散佚了，到東晉梅賾獻《尙書》五十八篇，才又有《尙書》文本傳世。清代閻若璩（西元 1635-1704）《古文尙書疏証》舉證辨明此乃僞書，書中實際包含本於伏生所傳《尙書》的二十九篇，以及梅賾據古代史料所僞作的二十五篇。

就伏生所傳的今文《尙書》部分來說，依內容的朝代分爲〈虞夏書〉、〈商書〉、〈周書〉；依古代公文體例則包含「『誥』是君對臣下的講話，『謨』是臣對君的講話，『誓』是君主誓眾之詞，『命』爲冊命或君主某種命詞，『典』載重要史事的經過或某項專題史實。還有以人名標題的……以事標題的……以內容標題的……。這些基本都是當時統治者的講話記錄或文告。❹」

現今流傳的「三禮」爲《周禮》、《儀禮》、《禮記》。

---

❷ 王夢鷗註譯，《禮記今註今譯（上冊）》（臺北：臺灣商務印書館股份有限公司，民國81年10月修訂第五次印刷），頁485。

❸ 清·王先謙，《尚書孔傳參正·書序》，《尚書類聚初集（七）》（臺北：新文豐出版股份有限公司，民國73年10月初版），頁289。

❹ 劉起釪，《尚書源流及傳本》（瀋陽：遼寧大學出版社，1997年3月第2版第2刷），頁3-4。

　　《周禮》，西漢以前稱作周官，大約定型於戰國末年。過去對於作者的爭議，主要在於是否爲周公（西元前 1180-1082）所作。從內容上來分析，主要是官職及執掌的記載，其中多有符合西周社會政治及文化結構的地方，推論此書應於西周已出現，中間歷經多次的增補，一直流傳至戰國而成書。

　　《儀禮》，漢時稱作《士禮》，共十七篇，是東周及其以前的朝代平日所施行之禮儀，在逐漸充實完善而有固定的形式及程序後，於東周形諸文字而被陸續整理記載下來所產生的文獻。以司馬遷（西元前 145-74）及《禮記》的說法，此書定型於孔子。其內容包含個人禮儀：〈士冠禮〉、〈士昏禮〉、〈士相見禮〉；喪禮：〈士喪禮〉、〈既夕禮〉、〈士虞禮〉、〈喪禮〉；祭禮：〈特牲饋食禮〉、〈少牢饋食禮〉、〈有司徹〉；社會禮節：〈鄉飲酒禮〉、〈鄉射禮〉、〈燕禮〉、〈大射禮〉和朝廷禮節：〈聘禮〉、〈公食大夫禮〉、〈覲禮〉。西漢最早的五經博士之「禮經」部分即是指《士禮》。漢人稱《禮》或《禮經》也是指此書而言。

　　《禮記》最初是附於《儀禮》之後，因此出現的年代也較晚，是儒者解釋闡發《儀禮》的文字記錄。《漢書・河間獻王傳》顏師古（西元 581-645）注曰：「禮者，《禮經》也，《禮記》者，諸儒記禮之說也。❺」後來篇幅漸多，於是慢慢獨立成篇，且內容不再侷限於對《儀禮》的探討，舉凡與禮儀有關的事都在討論和記錄的範圍中，主要仍在闡明禮的意義與作用。到了西漢禮經博士在講解《禮

---

❺　漢・班固撰，唐・顏師古注，《前漢書》（瀋陽：遼海出版社，2000年第一版，乾隆御覽摛藻堂本二十四史），頁5-518。

經》，也就是《儀禮》的時候，將這些單篇記禮的雜文加以整理摘錄、匯編成書，並且到東漢鄭玄（西元前127-200）作注時出現定本。

《周易》由六十四卦組成，每一卦皆有卦名、卦象及卦爻辭，是古老的占筮活動與筮辭的記載。在經歷漫長的歲月及眾人之手後，約在殷末周初，經過當時的學者或筮者，對流傳的古筮書進行整理及編定而大致定型。現今通行本《周易》的六十四卦內容，除了本有的卦名、卦象及卦爻辭，還增附了後世解卦爻辭的「十翼」。十翼是先秦時期的人，對於當時《周易》內容的研究及闡發。舊說十翼出自孔子之手，現今已知不可盡信。但十翼多以儒家觀點發明《周易》之義理，與儒家是脫不了關係的。自漢以後的標準，由於十翼是解釋《易經》的著作，因而被稱作《易傳》。至於經傳合併流傳也是在漢代以後，先秦時期是沒有的。

中國在春秋之前已有良好的史官體系，負責記載君王及天下的大事，加上有採詩獻詩的制度，使天下各國的事蹟得以有紀錄。春秋以後，由於周天子的勢力衰弱，王朝制度也難以維持，因而列國開始記錄自己的史事，各國的史書如「晉乘楚杌」及《魯春秋》紛紛出現。

魯國是保存周朝文化最完備的地方，其史書《魯春秋》也最能彰顯周朝的史法，因而致力於回復周文的孔子，在教導弟子時也採用了《魯春秋》作為底本，可惜現今已不傳。目前所見到的《春秋》是以《魯春秋》為材料而改編的春秋時代記事編年史。由於《春秋》以不到兩萬字記述了兩百多年的各國史事，其精要可想而知，故而在先秦時期就多有解釋其內容的作品出現，其中僅有《左氏傳》、《公羊傳》、《穀梁傳》得以流傳至今。

三、孔子與古文獻

太史公在《史記》中多次言及孔子「脩詩書❻」、「修起禮樂❼」、「正易傳❽」、「作春秋❾」，孔子在不同程度上對典籍六藝做過修訂，是學術史上的共識。五經的素材，從傳世的文獻變成儒家的專籍，其中最大的因素，也就在於孔子對這些典籍所做的整理工作。

《史記・孔子世家》記載：「古者詩三千餘篇，及至孔子，去其重，取可施於禮義，……三百五篇孔子皆弦歌之，以求合韶武雅頌之音。❿」《詩》乃經過王官採集各地的詩歌而成，雖早已集結成書，但因亂世而散落民間。在先秦時期被視爲外交的辭令而廣爲流傳，卻隨著時間而益加眾說紛紜，或文字重出，或詩樂散佚。孔子對於《詩》的整理，王鈞林說大致有四點：一、蒐集校訂，並且刪去重複篇章；二、正樂，使各詩合於弦歌；三、統一文字；四、綴合某些詩篇⓫。孔子廣泛地蒐集各地的詩篇文獻約三千多篇，在整合所有的詩歌後，使《詩》得以統一，同時也注入了孔子所強調的禮

---

❻ 漢・司馬遷，〈孔子世家〉，《史記（全）》（臺北：榮文出版社，民國71年2月），頁1914。

❼ 漢・司馬遷，〈儒林列傳〉，《史記（全）》（臺北：榮文出版社，民國71年2月），頁3115。

❽ 漢・司馬遷，〈太史公自序〉，《史記（全）》（臺北：榮文出版社，民國72年2月），頁3296。

❾ 同註❼。

❿ 同註❻，頁1936。

⓫ 王鈞林，《中國儒學史・先秦卷》（廣州：廣東教育出版社，1998年6月第1次印刷），頁309。

義的理念。

《史記·孔子世家》言:「孔子之時,周室微而禮樂廢,詩書缺。追跡三代之禮,序書傳,上紀唐虞之際,下至秦繆,編次其事。❿」《書》與《詩》一樣,雖在孔子之前已有文字的記載,但卻因王官之學下移而有所錯亂散佚。孔子稟持「脩舊起廢❸」的立場,蒐集了各地的「書」之內容加以整理考訂,使得本在當時還以單篇流傳的「書」篇,得以有最初的定本出現。在孔子以恢復周文的出發點,來論定《書》之篇章次序後,顯現周代之禮文儀節也就成了《書》的主要面貌與功用。

孔子對於《禮》的貢獻,主要在於實際的經驗與身教上。《史記·孔子世家》說孔子「追跡三代之禮❹」,又說「禮記自孔氏❺」。由於春秋時代禮壞樂崩的情形,當時真正知禮的人並不多。孔子出入進退皆重禮,對三代以來的禮節相當地瞭解並勤於學習,他的一生就是禮的實踐。《論語》中記載孔子言禮將近五十則,這樣的言行模範帶給弟子很大的影響,一方面後世弟子將孔子對禮的言行加以記錄,另一方面也使得禮不再限於王公貴族,得以下及庶人而廣為流傳。雖然現在無法得知孔子是否對任何有關「禮」的文獻做過整理,但是先秦時期禮儀的教化流傳,孔子是頭號功臣。

《史記·孔子世家》記載:「孔子晚而喜易,序彖繫象,說卦

---

❿　同註❻,頁1935-1936。

❸　同註❽,頁3295。

❹　同註❻,頁1935。

❺　同註❻,頁1936。

文言。⓰」《論語》記錄孔子認爲讀《易》可以「無大過⓱」，《易》書中所闡述的「恆德⓲」等言論，是足以作爲行爲準則的依據。雖然已知「十翼」非出自孔子之手，但孔子對《易》做過研究及闡釋是無可懷疑的。從《左傳》與《國語》對《易》的筮例之使用看來，在春秋時期就已有解說卦象的專門著作了。大抵孔子是在前人解說卦象的基礎上，對《易》做過口頭上的闡述與教授，經弟子加以記錄而成爲日後「十翼」的主體思想部分。李耀仙說：「在儒家創始人孔子未和《周易》發生接觸關係以前，《周易》只是屬於占筮之用的一種歷史文獻資料。⓳」孔子哲理化與倫理化了《周易》，使它邁向一種人文精神的展現，而非停留在占筮的取象層面上。

　　《春秋》與孔子的關連大致上有三種說法：1.孔子作春秋。孟子（西元前390-305）、司馬遷等傳統說法認爲，孔子依據《魯春秋》這本編年史書，創作了春秋體例，並賦予微言大義。2.孔子修春秋。今文經學家認爲孔子以尚未成爲書籍的魯史材料，刪削編修而成了包含微言大義的《春秋》史書；古文經學家則以爲《春秋》是孔子對《魯春秋》一書加以補充修訂而成，其中的體例及微言大義是由周公所奠定的。3.孔子未曾創作或刪削春秋。錢玄同（1887-1939）提出孔子無刪述或製作六經的看法，認爲(1)《論語》沒有關於《春秋》

⓰　同註❻，頁1937。

⓱　宋·朱熹，《論語·述而》，《四書章句集註》（臺北：鵝湖出版社，民國73年9月初版），頁97。

⓲　《論語·子路》：「不恆其德，或承之羞。」《四書章句集註》，頁147。

⓳　李耀仙，《先秦儒學新論》（成都：巴蜀書社，1991年12月第一次印刷），頁182。

的記載；(2)《春秋》體例前後不一，非一人所刪定；(3)《春秋》記有孔子生卒年，因而斷言孔子作《春秋》是孟子所僞造的說法。

關於孔子與《春秋》，目前很難有所定論，但是直接切斷二者之間的相關，也嫌證據不足而稍微過於武斷。依據《孟子》及《莊子》等司馬遷以前的記載，孔子讀過「春秋❷」，並且以「春秋」作爲教學教材是可確知的。由國別史的《魯春秋》到春秋時代史的《春秋》專書名稱的確立，可追溯至《孟子》的記載。除了名稱意指的不同，內容意義上也有所變動。《魯春秋》是編年體的國別史，當是以魯國記事爲主。《春秋》則全面地記錄當時各地的歷史事件，想必是在魯史之外，還參考了其他的公牘檔案。整理並編定歷史文獻資料而成《春秋》一書，孔子是相當可能的人選。《春秋》記天下大事，並據魯史展現周朝正統的史官筆削精神，因而獲得諸子認同爲春秋時期正史。

四、先秦諸子

先秦是一個戰亂而分裂的年代。原本管理天下、爲天下中心的周王朝開始衰弱，原本專屬於朝廷的權力、禮儀、制度、教育都無力再保有而向外、向民間流傳散佈。在天下大勢方面，各諸侯國的勢力逐漸擴大，甚至僭越了周王朝。知識教育方面，平民得以讀書識字，激盪出了更多的知識菁英。先秦諸子就是在這樣的時代背景下，以救時弊爲出發點，紛紛提出自己的見解和主張，來回應他們

---

❷ 「春秋」本指各國史書，屬當時的歷史資料文獻。

所觀察體會到的時代問題。

　　先秦諸子並不是以我們所熟悉的「家派」的角色出現，家派的分法，最早出現在《史記·太史公自序》裡的司馬談（西元前？-110）〈論六家要旨〉。在先秦時期勉強稱得上有家派組織的，大概就屬儒家和墨家了。儒家自孔子起即有自己的師承系統；墨家是以鉅子為首領的一個社會組織，其他如老子（西元前561-467）、楊朱（西元前395-335）、管子（西元前？-645）、莊子（西元前365-290）、韓非子（西元前280-233）都是獨立出現，本無家派之屬。

　　孔子生於周靈王二十一年，卒於周敬王四十一年（西元前551-479）[21]。他是春秋時期平民教育普及化的重要推手。面對春秋亂世，孔子嚮往西周時期禮樂昇平的文化盛況，於是整理舊有的文獻典籍，以之為教材來教授他的學生。孔子也是先秦時期第一位大思想家。目前研究孔子的參考文獻，主要是由孔門弟子記錄孔子平日與弟子對話的《論語》。他的中心思想在於「仁」，是一切德目的總綱領。孔子是儒家的創始者，他奠定儒家由至親的血緣，推廣至家國社會這樣「親親而仁民、仁民而愛物」的人文倫理思想。孔子的學說主要在於人生與政治方面的探討，而其整理「詩書禮樂易春秋」六藝以及對教育的重視和推廣，更是影響後世至為深遠。

　　老子的相關問題較為複雜。一來此人生卒年及事蹟的資料相當少，這或許與他是一個隱者有關；二來《道德經》一書是否為此隱士老子所作亦不能確定，甚至此書的出現年代也尚未有定論。目前

---

[21]　以下先秦諸子生卒年皆依錢穆，《先秦諸子繫年》（臺北：東大圖書股份有限公司，民國88年6月三版）。

一般的看法，都將孔子視爲諸子出現的源頭。老子其人其書的出現年代未定，產生影響的時間也較晚，故而繫於孔子之後，並以其書爲主作討論。孔子的學說圍繞著「人」而展開，老子的學說則是以「道」爲中心點而建立。以現代哲學的用語來說，老子的思想特點在於形而上學的建立。他建構起一套宇宙一元論，以回歸自然爲訴求，反對周代那一套人文禮樂制度，要人回到樸實無欲，遠古社會的小國寡民境界。

　　墨子生於周敬王四十年，卒於周安王十二年（西元前 480-390），晚於七十子，曾受業於儒家，受儒學影響頗深。《墨子》的篇章多分爲上中下，是墨家分爲三派後❷，分別對於墨子的記誦，大抵可以得知墨子學說的內容。墨子是個實用主義者，畢生致力於解決社會三大問題：「飢者不得食、寒者不得衣、勞者不得息❸」。他的學說建立在「三表法」的標準上，認爲完全符合「有本之者，有原之者，有用之者❹」，也就是有歷史依據、具理性的邏輯、而且有用，這三樣條件的事物才是可取的。也因此墨子批評儒家的鬼神、喪葬、禮樂、命定等觀念，認爲鬼神可以賞賢罰暴，因而當尊天事鬼；厚葬久喪無益於社會，因而葬當若畝、喪則毋久哭；禮樂制度更是足以喪天下，是無用的外在象徵，並無必要；而命定說雖非孔子強調的重點，卻表現了當時的命運觀念，墨子認爲依命定之說，則社會亂

---

❷　《韓非子・顯學》：「自墨子之死也，有相里氏之墨，有相夫氏之墨，有鄧陵氏之墨。」

❸　清・孫詒讓，〈非樂上〉，《墨子閒詁》（臺北：華正書局有限公司，民國76年3月初版），頁228。

❹　〈非命上〉，《墨子閒詁》，頁240。

象永不得解，因而提倡兼愛非攻、尊鬼神明賞罰，才是社會進步的要素。墨子更是一位力行者，在《墨子》中有許多篇章記述當時他們在實際面的工藝技術。他所召集的墨門組織，以「鉅子」為首，每個人都「以裘褐為衣，以跂蹻為服，日夜不休，以自苦為極❷」。是極度熱中於政治，竭己之力以平天下亂象的苦行家。

孟子生於周安王十二年，卒於周赧王十年（西元前390-305），有記載其言行的《孟子》一書傳世。孟子與孔子相去百餘年，卻是自覺地在繼承發揚孔子的學問，因而其學說大抵建立在孔子的基礎上。尤其著重個人修養，提出著名的性善說，強調仁義禮智信等天賦的善性，並藉由「人禽之辨、王霸之辨、義利之辨」作為他對時代使命的挑戰與回應，從而建立起一套內聖外王的學說。

莊子生於周顯王四年，卒於周赧王二十五年（西元前365-290）。《莊子》一書分內篇、外篇及雜篇，可說是莊學一派的作品，研究莊子的思想則是以內篇為主。莊子以天道為依據，摒棄人類社會的價值標準，要求人擺脫束縛，回到自然天性的自在無掛礙；又駁斥人的分別心及對立概念，強調萬物皆有其自然之性，有自身的價值。人的天性與價值則是應藉由順天養生來完成個體的生命。莊子對時代問題的回應，可說是消極而超脫的。面對人世間的險惡，他不僅要求個人的逍遙，也認為政治上應採取無治主義，全然順從百姓的意志，任其自然而然地發展。

荀子生於周顯王二十九年，卒於秦始皇二年（西元前340-245）。

---

❷ 陳鼓應註譯，〈天下〉，《莊子今註今譯（下冊）》（臺北：商務印書館股份有限公司，2000年12月修訂版第二次印刷），頁881。

《荀子》的內容篇章多為荀子親手所著。由於荀子所處的時代較晚，已在戰國末期天下將合的氛圍之下，因而整個先秦時期的蓬勃思想，可說是盡收荀子眼底。在《荀子》一書中，對於眾多的思想及問題，有很廣泛的討論。荀子與孟子一樣自覺地站在儒家的立場，但是荀子特重理性與知覺經驗。荀子的天是日月星辰運行、沒有吉凶好惡的「自然天」；他看人性是有慾望的、出於求生本能的「性惡」；他談心是具認知能力、總管感官知覺的「認識心」。在政治思想方面，則以禮治為中心原則，務求國家富強之道。學說涉及的層面相當廣闊，是儒家第一個正面處理富強問題的人。

韓非子生於周赧王三十五年，卒於秦始皇十四年（西元前280-233）。他是一個注重現實的功利主義者，崇尚求變，認為歷史是變動的，人必須因時制宜，制訂實用的、有利的制度。他反對效法古制、墨守傳統的作法，並以攻儒伐墨欲達到反傳統的目的。對治當時天下的情勢，他提出君權至上的政治主張，認為君王應當保有絕對的勢力，任何侵犯君主權勢的情形都要禁制，並以法律作為唯一的標準來統治人民，以駕馭之術來操控臣下。以法、術、勢來達到服從管理、沒有動亂的天下安定。

然而，先秦諸子並不只有這些現今為人所熟知的幾家，許多的先秦諸子學說都早已亡佚。如《孟子·滕文公下》：

> 聖王不作，諸侯放恣，處士橫議，楊朱、墨翟之言盈天下。
> 天下之言，不歸楊，則歸墨。楊氏為我，是無君耶；墨氏兼
> 愛，是無父耶。無父無君，是禽獸也。❷

---

❷ 《四書章句集註》，頁272。

《莊子·天下》：

> 不累於俗，不飾於物，不苟於人，不忮於眾，願天下之安寧
> 以活民命，人我之養畢足而止，以此白心，古之道術有在於
> 是者。宋鈃尹文聞其風而悅之。……公而不黨，易而無私，
> 決然無主，趣物而不兩，不顧於慮，不謀於知，於物無擇，
> 與之俱往，古之道術有在於是者。彭蒙田駢慎到聞其風而悅
> 之。……以本為精，以物為粗，以有積為不足，澹然獨與神
> 明居，古之道術有在於是者。關尹、老聃聞其風而悅之。……
> 桓團公孫龍辯者之徒，飾人之心，易人之意，能勝人之口，
> 不能服人之心，辯者之囿也。惠施日以其知與人之辯，特與
> 天下之辯者為怪，此其柢也。❷⑦

楊朱、宋鈃（西元前 360-290）、惠施（西元前 370-310）、田駢（西元前
350-275）、慎到（西元前 350-275）等，都是當時頗具思想特色的知識
份子，但是現在對於他們的學說內容，卻只能從其他書籍的引用、
論辯或評論的記載來窺知一二。因而我們在瞭解先秦人文薈萃的思
想潮流時，必須注意到當時的多樣性，而非單純地以為先秦只有九
流十家，或只有目前尚有著作傳世的幾人而已。

　　《莊子·天下》說明了先秦時期學問自統一至分裂的狀況：

> 天下大亂，聖賢不明，道德不一，天下多得一察焉以自好。……
> 百家之眾技也，皆有所長，時有所用。雖然，不該不遍，一
> 曲之士也。……悲夫，百家往而不反，必不合矣！後世之學

---

❷⑦　《莊子今註今譯（下冊）》，頁888-915。

者，不幸不見天地之純，古人之大體，道術將為天下裂。❷⑧

古文化與典籍就象徵著「天地之純，古人之大體」，每個人都籠罩在這個大框架下，但又個人所感受及思索的都不同。初期剛紛亂的時候，由於知識份子對天下社會的使命感，加上各國君王求才若渴，諸子無不竭力展現自己的長才，相互辯駁以突顯自己的主張，所以說「道術將為天下裂」。

經過兩百多年的世局動盪與思想激盪，諸子從相互辯論討論的過程中，除了攻堅別人的主張之外，也逐漸吸收彼此的長處以完備自己的學說。如《荀子・解蔽》言：「墨子蔽於用而不知文，宋子蔽於欲而不知得，慎子蔽於法而不知賢，申子蔽於勢而不知知，惠子蔽於辭而不知實，莊子蔽於天而不知人。❷⑨」在批評他人的思想時，也同時注意到了其可取之處。就是在這樣的潮流及時間點，出現了近似總結式的諸子總論，如《荀子・非十二子》論它囂、魏牟（西元前 320-245）、陳仲（西元前 350-260）、史鰌、墨翟、宋鈃、慎到、田駢、惠施、鄧析（西元前 545-501）、子思（西元前 483-402）、孟軻❸⓪；又如《呂氏春秋・審分覽・不二》言：「老聃貴柔，孔子貴仁，墨翟貴廉，關尹貴清，子列子貴虛，陳駢貴齊，陽生貴己，孫臏貴勢，王廖貴先，兒良貴後。❸①」《呂氏春秋》的成書，展現了思想統一的

---

❷⑧　《莊子今註今譯（下冊）》，頁873。

❷⑨　王先謙，《荀子集解》（臺北：華正書局，民國71年10月版），頁261。

❸⓪　《荀子集解》，頁59。

❸①　林品石註譯，《呂氏春秋今註今譯（下冊）》（臺北：台灣商務印書館股份有限公司，民國74年2月初版），頁541。

趨勢。伴隨著秦漢大一統政治的來臨，諸子學在黃老思潮與陰陽五行的流行下，產生了前所未有的大轉變。

五、先秦諸子與古文獻

　　自漢代以來，由於文獻經王官失守與長年戰禍的散佚，使得有儒者專人保存傳承的《詩》、《書》、《禮》、《易》、《春秋》成爲僅存的上古文獻，代表了中國的文化精神，並且發展成具神聖意義的經典地位。然而，先秦時期的人由於去古未遠，因而這些文獻對他們而言，只是傳統文化及知識背景的一部份，並不具有特別崇高的意義。

　　「詩」與「書」是當時的基本教材，普遍流傳的至少已經有單篇的文本，因而在諸子著作中經常被引用。諸子引用「詩」或「書」的內容，主要的目的在於闡明自己的學說、開展欲論述的主題，因而對「詩」、「書」多是斷章取義地引用。如《墨子・尙同中》引《詩・小雅・皇皇者華》：「我馬維駱，六轡沃若，載馳載驅，周爰咨度。」將使臣探視民間的勤奮情形，用來說明「尙同之功」❸❷；《孟子・梁惠王上》引《詩・大雅・思齊》：「刑于寡妻，至于兄弟，以御于家邦」將文王的行止模範，解作推己及人之意❸❸；《墨子・非命上》引《書・仲虺之告》：「我聞于夏人，矯天命布命于下，帝伐之惡，龔喪厥師。」將商湯說夏桀違背天命而行因而不有天命，

----

❸❷　《墨子閒詁》，頁81。

❸❸　《四書章句集註》，頁209。

曲解以非議「有命」的說法❸。韓非子有個著名的寓言可以說是先秦
諸子引用古籍的大致情形，〈外儲說左上〉：

> 郢人有遺燕相國書者，夜書，火不明，因謂持燭者曰：「舉
> 燭。」云而過書舉燭，舉燭，非書意也，燕相受書而說之，
> 曰：「舉燭者，尚明也，尚明也者，舉賢而任之。」燕相白
> 王，王大說，國以治，治則治矣，非書意也。今世舉學者多
> 似此類。❸

「禮」與「樂」是當時的日常生活，可能逐漸普及而漸漸形諸文字，
但主要的作用和意義還是在平時的施行。在諸子著作中有很多關於
禮樂的論述和探討，如《韓非子‧解老》：

> 禮者，所以貌情也，群義之文章也，君臣父子之交也，貴賤
> 賢不肖之所以別也。中心懷而不諭，故疾趨卑拜而明之。實
> 心愛而不知，故好言繁辭以信之。禮者，外節之所以諭內也。
> 故曰：「禮以貌情也。」❸

《荀子‧樂論》：

> 樂也者，和之不可變者也；禮也者，理之不可易者也。樂合
> 同，禮別異，禮樂之統，管乎人心矣。窮本極變，樂之情也；

---

❸ 《墨子閒詁》，頁246。
❸ 陳奇猷，《韓非子集釋》（臺北：莊嚴出版社，民國73年10月初版），頁
651。
❸ 《韓非子集釋》，頁331。

　　著誠去僞，禮之經也。**❸**

以及對禮制的提及，如「喪禮」、「昏禮」、「聘禮」、「臣禮」、「祭祀之禮」等，而幾無對於「禮」、「樂」文獻的引用。

　　「易」本來是在王官裡由專人執掌，不像「詩」、「書」是普及的教材，在孔子用「易」來做爲平民教育的材料後，才慢慢地展現在世人眼前。《荀子》曾引用坤卦、咸卦與小畜卦；《呂氏春秋》曾引用履卦、小畜卦、渙卦、賁卦，「易」並不像「詩」與「書」那樣熟稔地爲人所運用，引用「易」是要到戰國末期的事了。

　　墨子與韓非子都多次提及「春秋」，有周春秋、燕春秋、宋春秋、齊春秋、桃左春秋，在他們的觀念裡，「春秋」是指當時各地的史書，並不是專指孟子所提的《春秋》而言。本來《春秋》一書就是集結各國史料編成的，並不是先民流傳下來的著作，一直要到戰國末期才普遍地流通，並且成爲當時公認的春秋時期正統史書，因而在先秦著作裡也不見引用《春秋》之語。

　　這些古代文獻對先秦諸子來說，是一般學問知識，其內容代表的是百姓日用而不知的傳統文化背景。諸子學從這裡孕育出來，卻又不僅止於這些知識範圍，因而在引用與論及這些文獻的時候，只是把它們當作一般資料看待而已。

　　孔子對典籍「六藝」的整理與教授，或許在先秦時期尚未使得這些書籍廣爲流傳，而產生重大的影響。但是在儒家的教育傳承下，這些書籍自孔子「於治一也**❸**」的標準下集結，經過孟子與荀子等儒

---

❸　《荀子集解》，頁255。

❸　〈滑稽列傳〉：「孔子曰：『六藝於治一也。』」《史記（全）》，頁3197。

學大師的繼承與發展，而走向了經典常道的意義。

　　以先秦諸子引用最多的「詩」來看。「詩」本是祭祀的、宴會的、民間的詩歌，是在某種情境或針對某些對象有感而發的歌頌；春秋時普遍地用以作爲外交辭令，以賦答的方式表明個人、君主或國家的心意；戰國時則普遍爲諸子斷章取義地用來闡發學說。從歌頌詩、賦答詩到引用詩，大抵是「詩」在先秦時期應用的演變情形。

　　孔子對「詩」也有所引用之意，如《論語·學而》中，子貢引《詩·衛風·淇澳》言「如切如磋，如琢如磨」來表示精益求精之意，孔子極爲稱讚❸❾；《論語·八佾》中，子夏自「巧笑倩兮，美目盼兮，素以爲絢兮」得出「禮後」之意，孔子也甚爲賞識❹⓿。孔子認爲「詩」展現了禮義，他說「不學詩，無以言❹❶」，平日的應對進退都可以從「詩」裡學習到。又認爲「詩」彰顯了德義，他說「興於詩❹❷」，個人的立身處世都在「詩」的學習中建立，是爲學的基礎。《論語·陽貨》：「詩，可以興，可以觀，可以群，可以怨。邇之事父，遠之事君。多識鳥獸草木之名。❹❸」將個人立身修養到家國天下之事都包含在「詩」的作用裡。因而儒家學者在引用「詩」時，也就以禮義與德義爲方向來闡述了。如《孟子·滕文公下》引《詩·魯頌·閟宮》：「戎狄是膺，荊舒是懲；則莫我敢承。」自周公的

---

❸❾　《四書章句集註》，頁53。

❹⓿　《四書章句集註》，頁63。

❹❶　《論語·季氏》，《四書章句集註》，頁173。

❹❷　《論語·泰伯》，《四書章句集註》，頁104。

❹❸　《四書章句集註》，頁178。

功業，引申出無父無君是違背周公聖人之道㊹；《孟子·離婁上》引《詩·大雅·文王》：「永言配命，自求多福。」將文王的配天命，引申至個人的反求諸己而天下歸焉㊺；《孟子·告子上》引《詩·大雅·既醉》：「既醉以酒，既飽以德。」把饗宴中人臣受君主恩惠，解釋成人不以利祿爲重，而重飽食仁義㊻。孟子引《詩》來說仁義、說德性、說王道，將《詩》解釋爲聖人之道，內容包含修身理家治國的道理，大大地發展了孔子之意。

又如《荀子·富國》：

> 故爲之雕琢刻鏤、黼黻文章，使足以辨貴賤而已，不求其觀；爲之鍾鼓、管磬、琴瑟、竽笙，使足以辨吉凶、合歡定和而已，不求其餘；爲之宮室、臺榭，使足以避燥溼、養德、辨輕重而已，不求其外。《詩》曰：「雕琢其章，金玉其相，亹亹我王，綱紀四方。㊼」此之謂也。㊽

> 故儒術誠行，則天下大而富，使而功，撞鐘擊鼓而和。《詩》曰：「鐘鼓喤喤，管磬瑲瑲，降福穰穰，降福簡簡，威儀反反。既醉既飽，福祿來反。㊾」此之謂也。㊿

㊹　《四書章句集註》，頁273。
㊺　《四書章句集註》，頁278。
㊻　《四書章句集註》，頁336。
㊼　《詩·大雅·棫樸》。
㊽　《荀子集解》，頁116。
㊾　《詩·周頌·執競》。
㊿　《荀子集解》，頁121-122。

《荀子·禮論》：

> 故厚者禮之積也，大者禮之廣也，高者禮之隆也，明者禮之盡
> 也。《詩》曰：「禮儀卒度，笑語卒獲。[51]」此之謂也。[52]
> 天能生物，不能辨物也，地能載人，不能治人也；宇中萬物
> 生人之屬，待聖人然後分也。《詩》曰：「懷柔百神，及河
> 喬嶽。[53]」此之謂也。[54]

《荀子·大略》：

> 諸侯召其臣，臣不俟駕，顛倒衣裳而走，禮也。《詩》曰：
> 「顛之倒之，自公召之。[55]」天子召諸侯，諸侯輦輿就馬，
> 禮也。《詩》曰：「我出我輿，于彼牧矣。自天子所，謂我
> 來矣。[56]」[57]
> 不富無以養民情，不教無以理民性。故家五畝宅，百畝田，
> 務其業而勿奪其時，所以富之也。立大學，設庠序，脩六禮，
> 明七教，所以道之也。《詩》曰：「飲之食之，教之誨之。
> [58]」王事具矣。[59]

---

[51] 《詩·小雅·楚茨》。
[52] 《荀子集解》，頁238。
[53] 《詩·周頌·時邁》。
[54] 《荀子集解》，頁243。
[55] 《詩·齊風·東方未明》。
[56] 《詩·小雅·出車》。
[57] 《荀子集解》，頁321。
[58] 《詩·小雅·綿蠻》。

《荀子·君道》：

> 故藉斂忘費，事業忘勞，寇難忘死，城郭不待飾而固，兵刃
> 不待陵而勁，敵國不待服而詘，四海之民不待令而一，夫是
> 之謂至平。《詩》曰：「王猶允塞，徐方既來。❻」此之謂
> 也。❻

> 故君人者，愛民而安，好士而榮，兩者無一焉而亡。《詩》
> 曰：「介人維藩，大師為垣。❻」此之謂也。❻

讚美文王與武王的功業與事蹟來推崇禮儀制度，追溯古時祭祀的儀
節及君臣之事以說明禮制的內容，並且以天下昇平、四方歸服說明
推行禮義的作用。再如《荀子·勸學》：

> 《詩》曰：「尸鳩在桑，其子七兮。淑人君子，其儀一兮。
> 其儀一兮，心如結兮。❻」故君子結於一也。❻
> 故君子不傲、不隱、不瞽，謹順其身。《詩》曰：「匪交匪
> 舒，天子所予。❻」此之謂也。❻

---

❺❾　《荀子集解》，頁328。
❻⓪　《詩·大雅·常武》。
❻①　《荀子集解》，頁152。
❻②　《詩·大雅·板》。
❻③　《荀子集解》，頁155。
❻④　《詩·曹風·鳲鳩》。
❻⑤　《荀子集解》，頁6。
❻⑥　《詩·小雅·采菽》。
❻⑦　《荀子集解》，頁10。

《荀子‧不苟》：

> 故曰：君子行不貴苟難，說不貴苟察，名不貴苟傳，唯其當之
> 為貴。《詩》曰：「物其有矣，唯其時矣。❻❽」此之謂也。❻❾
> 君子寬而不僈，廉而不劌，辯而不爭，察而不激，直立而不
> 勝，堅彊而不暴，柔從而不流，恭敬謹慎而容。夫是之謂至
> 文。《詩》曰：「溫溫恭人，惟德之基。❼⓿」此之謂矣。❼❶

《荀子‧儒效》：

> 故曰：君子隱而顯，微而明，辭讓而勝。《詩》曰：「鶴鳴
> 于九皋，聲聞于天。❼❷」此之謂也。❼❸
> 為君子則常安榮矣，為小人則常危辱矣。凡人莫不欲安榮而
> 惡危辱，故唯君子為能得其所好，小人則日徼其所惡。《詩》
> 曰：「維此良人，弗求弗迪；維彼忍心，是顧是復。民之貪
> 亂，寧為荼毒。❼❹」此之謂也。❼❺

將《詩》裡原本稱讚賢者與諸侯、讚嘆饗宴與四方臣服、臣子的自
我警惕，甚至蟲飛鳥鳴都用在解釋君子行為的標準和品德的美好，

---

❻❽ 《詩‧小雅‧魚麗》。
❻❾ 《荀子集解》，頁24。
❼⓿ 《詩‧大雅‧抑》。
❼❶ 《荀子集解》，頁25。
❼❷ 《詩‧小雅‧鶴鳴》。
❼❸ 《荀子集解》，頁81。
❼❹ 《詩‧大雅‧桑柔》。
❼❺ 《荀子集解》，頁92。

以及君子爲眾望所歸。

孔子私淑周文，一心想要恢復禮儀制度以正天下，尤其重視禮儀的內在本質，儒家後學在這樣的引導之下，也就將《詩》、《書》、《禮》、《易》、《春秋》朝禮義與德義的方向發揮，從儒者對《詩》的引用可以很清楚地看見這個走向。儒家將它們視作聖人之道，因而使得這些百家時或稱道的中性文獻逐漸邁向經典之路。

《漢書・藝文志》說：「天下殊途而同歸，一致而百慮，今異家者，各推所長，知究慮以明其指，雖有弊短，合其要歸，亦六經之支與流裔。❼⑥」檢視先秦諸子對於這些古籍的應用：從《墨子》、《晏子春秋》、《管子》到《韓非子》、《尹文子》、《呂氏春秋》，不分派別、地區及時期，都將《詩》的內容拿來用作比喻、舉例、講理的例證。孔子曾說：「誦《詩》三百，授之以政，不達；使於四方，不能專對；雖多，亦奚以爲？❼⑦」就是指《詩》在當時作爲交際對談、言志表意的實際作用。又《墨子》、《左傳》、《國語》、《論語》、《孟子》、《禮記》、《莊子》、《管子》、《荀子》、《韓非子》、《呂氏春秋》等先秦書籍中，引用《書》的就將近兩百條。禮樂的作用更是深入人心，流轉於日常生活之中。《莊子・天下》也說：「詩以道志，書以道事，禮以道行，樂以道和，易以道陰陽，春秋以道名分。其數散於天下而設於中國者，百家之學時或稱而道之。❼⑧」雖然諸子使用這些文獻的內容並不一定忠於原味，

---

❼⑥　同註❺，頁5-192、5-193。

❼⑦　《論語・子路》，《四書章句集註》，頁143。

❼⑧　《莊子今註今譯（下冊）》，頁873。

常常斷章取義地用以表達自己的想法，但是這些古典文獻是先秦諸
子的共同資料庫，並非儒家專屬的教義宣揚書，連同其他未知的古
代文化是先秦時人共同的知識架構與學問背景，這是無可否認的。
瞭解這些古籍本是單純樸實的古老記載文獻，才能使中國學術史得
到一個正本清源的開端，也就能公允地正視中國學術所發展出的子
學與經學。

六、六藝與六經

在孔子之前，貴族的教育材料是以「詩」、「書」、「禮」、
「樂」為主，「易」是卜筮之官所掌管，尚未納入教育範圍之中，
「春秋」更是在孔子之後才受到重視。孔子抱持對周文的肯定態度，
針對「詩書禮樂易春秋」六種傳統文獻，經過廣泛的蒐集、校訂，
提煉出其中的周代人文精神，而以編定的六書作為教導弟子的教
材，也就是後來所說的「六藝」。由於孔子以卓越的見識挑選並講
述六藝，這之中經過很長的歷程、花費了很大的精神，因此他成為
當時講述六藝的權威，司馬遷說：「自天子王侯，中國言六藝者折
中於夫子！❼」（《史記・孔子世家》）六藝代表了傳統文化，而孔子
乃是當時最熟悉傳統文化、最瞭解其中精髓的人。

在先秦時期，作為「經典」之義的「經」，並不侷限於儒家的
書籍，更不僅指「詩書禮樂易春秋」六種文獻而已，譬如墨家就有
《墨經》一書，並且也有注釋經典的著作，如〈經說上下〉說解《墨

---

❼　同註❻，頁1947。

經》。六藝之所以成爲儒家一派的經典，一方面是由於孔子對典籍六藝的整理，另一方面則是由於孔子以典籍六藝做爲教本。《史記·孔子世家》記載：「孔子以詩書禮樂教，弟子蓋三千焉，身通六藝者七十有二人。**❽**」六藝經由孔子給予全新的面貌，又在儒家廣爲傳授教習，到戰國末年，儒家可以說已取得對六藝的解釋專利。《莊子·天下》：「其在於詩書禮樂者，鄒魯之士晉紳先生，多能明之；詩以道志，書以道事，禮以道行，樂以道和，易以道陰陽，春秋以道名分。**❽**」將百家稱道的六藝歸於鄒魯之士多能明的範圍中，顯示當時六藝爲儒家所熟稔及專門的情況。「六經」之名也首見於《莊子》，〈天運〉篇記載：「孔子謂老聃曰：『丘治《詩》《書》《禮》《樂》《易》《春秋》六經，自以爲久矣，孰知其故矣。』**❽**」已經直接將六種「先王之陳跡**❽**」，也就是傳統的文獻，視爲儒家的經典。不過，這些話當然不是出自孔子之口，因爲在孔子的立場，只是將這些古文獻當作「遊於藝**❽**」的「藝」來看待，並沒有把它們視作孔子自身或儒家的專屬典籍。精要言之：

> 六藝原是儒家創始人孔子挑選足以代表古文化精神的六種歷史文獻，經過他的整理，作爲教授生徒所設六門課程而編定的教材。孔子在挑選和整理六藝的過程中，得了不少的心得

---

❽ 同註**❻**，頁1938。

❽ 《莊子今註今譯（下冊）》，頁873。

❽ 陳鼓應註譯，《莊子今註今譯（上冊）》（臺北：商務印書館股份有限公司，2000年12月修訂版第二次印刷），頁406。

❽ 《莊子·天運》，《莊子今註今譯（上冊）》，頁406。

❽ 《論語·述而》，《四書章句集註》，頁84。

體會，他能把這些心得體會融合貫通起了，而形成自己的學術思想體系。他便在教授生徒中，把自己學術思想體系中的觀點、見解來解釋六藝，就產生了教義。六藝流傳後，即得到儒家以外其他學派的認可，共許為古代文化遺產的結晶；而儒家後傳則認為六藝是由孔子挑選整理出來的（至說為孔子所創作的，是後來的事），而且還經孔子的解釋，有一套完整的教義（《經解》所述的教義，不盡為孔子當時的教義），也就把它們作為自己學派的經典，把它們稱為六經。❽

不過，〈天運〉篇雖然已出現儒家六經的說法，但是一般人仍是以六藝稱呼這些古籍，「六經」的用法，一直要到獨尊儒術以後才被普遍接受與使用。

總的來說，六藝乃是故有的文獻，孔子取其義而用以作教材，不但使得文獻得以保存，並且像玉石一樣，經由琢磨而展露出自身本有的光芒，也就是傳統的文化精神。六藝為孔子的思想來源，孔子又以自身的創見來編訂六藝，對於這批文獻的保存與流傳，孔子與儒家是有功的。

七、漢武帝的好儒術與尊經

六藝典籍在秦漢之際遭逢兩次浩劫。一次是秦始皇（西元前259-210）焚書，六藝只剩下王官所掌管的部分；第二次是項羽（西元前232-202）火燒咸陽，三個月的大火，把本來僅存的書冊也都燒了。

---

❽ 《先秦儒學新論》，頁18。

在這兩次劫難後，古文六藝可以說所剩無幾。再加上秦代禁止私家藏書的法律一直到漢惠帝（西元前 207-189）才停用，這六七十年的停頓，使得懂得六藝的人寥寥可數。

司馬談〈論六家要旨〉言：「儒者以六藝爲法。……列君臣父子之禮，序夫婦長幼之別，雖百家弗能易也。❽」《漢書·叔孫通傳》記載叔孫通對漢高祖（西元前 247-195）說：「夫儒者難與進取，可與守成。❽」從先秦發展到漢初的儒家形象，就是熟掌六藝並且見長於禮樂祭祀等制度的一群人。所以，秦始皇詔儒生討論封禪的步驟；漢初，叔孫通帶領一班魯國的儒者制訂朝儀，讓漢高祖體驗到當皇帝的尊貴。漢武帝（西元前 157-87）在作太子時就受過六藝的教育，加上他好繁飾的個人特質，以及漢興六十餘年，制度急需確立，還有培養自己的勢力，與竇太后（西元前?-195）互別苗頭等複雜的歷史背景因素下，武帝也是對這樣的「儒術」（指六藝與延伸出的禮樂祭祀制度方面）感到興趣，所以召賢良，令趙綰（西元前?-139）、王臧（西元前?-139）等儒生議論建明堂、封禪改曆一類的事。可惜從文景以來，就以道家黃老的清靜因循之道治國，《史記·禮書》記載孝文帝（西元前 202-157）：「好道家之學，以爲繁禮飾貌，無益於治❽」，向來不推崇訂立制度之事。竇太后是孝文帝的皇后，也是抱持這樣的想法，所以一直到竇太后死了，漢武帝才順利地起用了公孫弘（西元前 200-121）、董仲舒（西元前 179-104）等儒者。

---

❽　同註❽，頁3290。
❽　同註❺，頁5-381。
❽　《史記（全）》，頁1160。

　　「罷黜百家，獨尊儒術」是漢武帝的事蹟之一，而這個政策向來被歸爲董仲舒之力，這是由於《漢書·董仲舒傳》記載他的〈天人三策〉建議武帝：「諸不在六藝之科，孔子之術者，皆絕其道，勿使並進。⑨」班固（西元32-92）甚至說：「及董仲舒對策，推明孔氏，抑黜百家，立學校之官，州郡舉茂材孝廉，皆自仲舒發之。⑩」針對漢武帝時期的重大學術變革，以及董仲舒的經歷，有必要在此梳理一下：

建元元年（B.C.140）

《漢書·武帝紀》：

> 丞相綰奏：「所舉賢良，或治申商韓非蘇秦張儀之言，亂國政，請皆罷。」奏可。⑨

《漢書·董仲舒傳》：

> 自武帝初立魏其武安侯為相，而隆儒矣。⑫

《史記·魏其武安侯列傳》：

> 魏其武安俱好儒術，推轂趙綰為御史大夫，王臧為郎中令。迎魯申公，欲設明堂，令列侯就國，除關，以禮為服制，以

---

⑨　同註❺，頁5-573。
⑩　同註❺，頁5-574。
⑨　同註❺，頁4-101。
⑫　同註❺，頁5-574。

　　興太平。❽

建元二年（B.C.139）

《史記·魏其武安侯列傳》：

　　御史大夫趙綰請無奏事東宮。竇太后大怒，乃罷逐趙綰、王
　　臧等，而免丞相、太尉。❾

建元五年（B.C.136）

《漢書·武帝紀》：

　　置五經博士。❾

建元六年（B.C.135）

《史記·孝武本紀》：

　　後六年，竇太后崩。❾

《史記·儒林列傳》：

　　及竇太后崩，武安侯田蚡為丞相，絀黃老、刑名百家之言，

---

❽　《史記（全）》，頁2843。
❾　《史記（全）》，頁2843。
❾　同註❺，頁4-102。
❾　《史記（全）》，頁452。

延文學儒者數百人。**㊾**

元光元年（B.C.134）

《漢書·武帝紀》：

> 五月召賢良……於是董仲舒公孫弘等出焉。**㊿**

元朔五年（B.C.124）

《史記·儒林列傳》：

> 公孫弘以春秋白衣為天子三公，封以平津侯。天下學士靡然鄉風矣。**㊾**
>
> 公孫弘……請曰：……為博士官置弟子五十人，復其身。太常擇民年十八已上，儀狀端正者，補博士弟子。郡國縣道邑有好文學，敬長上，肅政教，順鄉里，出入不悖所聞者，……詣太常，得授業如弟子。一歲皆輒試，能通一藝以上，補文學掌故缺；其高弟可以為郎中者，太常籍奏。即有秀才異等，輒以名聞。……」制曰：「可。」自此以來，則公卿大夫士吏斌斌多文學之士矣。**⓿**

㊾ 同註**❼**，頁3118。
㊿ 同註**❺**，頁4-103。
㊾ 同註**❼**，頁3118。
⓿ 同註**❼**，頁3319。

武帝即位初年，丞相衛綰的奏議，借用徐復觀論董仲舒的見解來說，目的是在反對「當時流行的縱橫家及法家之術而言。⓵」「他的反縱橫家，是爲了求政治上的安定。他的反法家，是爲了反對當時以嚴刑峻罰爲治。⓶」因爲漢承秦制，自開國以來沒有多大的改動，這也是漢武帝當時急需建立新制度的環境因素之一。衛綰的見解使得先秦以來的縱橫辯說，以及使秦帝國滅亡的嚴刑峻法之術得以稍熄。賢良之士去掉縱橫法術者，還沒有完全皆是儒生，但是已經顯露出學術統一的時代性要求。

武帝自初即位就推隆儒術，不過在好黃老之言的竇太后駕崩前，較爲重大的成功就只在「置五經博士⓷」。博士之稱在戰國就出現了，成爲官職則是秦代的事，其特點是「掌通古今⓸」（《漢書・百官公卿表》）。武帝以前的博士官包含諸子百家，並不限於儒家或六藝。文帝時已有《詩》博士，景帝（西元前 188-141）時已有《春秋》博士，而史籍載武帝立五經博士，意義在於：1.除了《詩》、《書》、《禮》、《易》、《春秋》五部典籍立博士，其餘百家思想書籍皆不納於學官；2.本是職在「通古今」的博士，轉而走向「專經」的方向。武帝此舉使得五經成爲官方教科書，開啓了中國的經學時代，實際上背後的動機，顧頡剛（西元 1893-1980）說：「秦始皇的統一思想是不要人民讀書，他的手段是刑罰的裁制；漢武帝的統一思想是

⓵　徐復觀，《兩漢思想史・卷一》（臺北：臺灣學生書局，1999年10月七版四刷），頁191。

⓶　同前註。

⓷　同註❺，頁4-102。

⓸　同註❺，頁4-360。

要人民只讀一種書，他的手段是利祿的引誘。結果，始皇失敗了，武帝成功了。⑩」

寶太后死後，武帝又起用喜好儒術的武安侯（西元前？-131），這次罷黜的賢良之士就不僅只縱橫法家了，除了儒家以外的百家，連黃老形名都遭到絀退。武帝召賢良可說是中國科舉取士的濫觴，田蚡絀百家之言，意味著如果不走文學儒術這條路，讀書人想要做官從政的幾乎是沒有機會了。爾後，公孫弘甚至以賢良文學之士的出身，成為一人之下萬人之上的宰相，與蘇秦「布衣卿相」相同的吸引力，從此天下人不僅視讀書為功名利祿之途，而且還非文學儒術一途不可了。

在武帝的時代，除了國家考試被定在文學儒術方向，還由公孫弘推動了為博士設弟子員以及天下郡國立學官。博士原本就有各自的弟子，公孫弘此議則是使博士弟子成為固定編制，也等於是朝廷的人才培養大本營。在各個郡國設立學校，教學內容當然是五經，而表現優異者（能通一藝以上）就能遞補為官吏，也就等於集中於各地學官栽培知識份子成為朝廷的儲備幹部。自此之後，國家考試以及選士選吏都以文學儒術為標準了。

八、漢武帝尊儒的眞相

從武帝的政令中，延「文學儒者⑩」，並取「好文學⑩」、「通

---

⑩　顧頡剛，《秦漢的方士與儒生》（臺北：里仁書局，民國84年2月28日初版三刷），頁49。

⑩　同註❼，頁3118。

一藝⑱」者遞補官職，而朝廷也就多「文學之士⑲」，很明顯可以看見他所推崇的不是儒學，而是「文學」，所指的乃是「禮儀文獻」一方面的學問。《論語・先進》記載孔門四科中：「文學：子游，子夏。⑳」指的並非文藝文章等學問，而是對於傳統禮儀文獻典故的熟稔及掌握度。武帝當時的「文學」內容其實就是六藝，其所推崇的「文學」就是六藝一類的傳統禮儀文獻。

漢文帝時的晁錯（西元前 200-154）「學申商刑名⑪」，顯然非儒家人物，但他也曾「以文學爲太常掌故⑫」。以「文學」此點來看，可以回應前面所說，莊子雖已提到儒家「六經」之稱，但一般人仍以「六藝」稱呼這些典籍；且雖然儒家專門於研究六藝，但一般人仍視六藝爲天下共同的古文獻，而非出自儒家或專屬儒家的典籍。如同此觀念的展現，武帝時置「五經博士」就是以這些文獻爲傳統文化精華而尊之爲經，並不是把它們當作儒家的東西，更不是因爲推崇儒家才推尊這幾部書。

再看武帝所採用的推行儒術的主導人，魏其侯（西元前？-131）與武安侯。魏其侯竇嬰，漢文帝說他「沾沾自喜⑬」，是難以持重之人。從史籍的記載來看，在道德舉止上也沒有什麼值得人稱道的地方。

---

⑩ 同註❼，頁3119。

⑱ 同註❼，頁3119。

⑲ 同註❼，頁3120。

⑳ 《四書章句集註》，頁123。

⑪ 〈袁盎晁錯列傳〉，《史記（全）》，頁2745。

⑫ 同前註。

⑬ 〈魏其武安侯列傳〉，《史記（全）》，頁2841。

武安侯田蚡，史記寫他「生貴甚⑭」、「權移主上⑮」，意指他生性自以為是，並且權侵君主。又記載他「田園極膏腴，而市買郡縣器物相屬於道。堂前羅鍾鼓，立曲旃；後房婦女以百數。諸侯奉金玉狗馬玩好，不可勝數。⑯」（《史記·魏其武安侯列傳》）全然無儒家之君子風範或禮義廉恥。從兩位主事者來看，武帝當時所欲推廣的，並不是文質彬彬的那一套儒家仁義道德。

　　以文學宰相公孫弘為例，《史記》說他「為人意忌，外寬內深。諸嘗與弘有郤者，雖詳與善，陰報其禍。殺主父偃，徙董仲舒於膠西，皆弘之力也。⑰」是個陰險小量的人；汲黯（西元前?-112）說他「多詐而無情實⑱」，是欺世盜名之人；轅固生曾經要他「務正學以言，無曲學以阿世！⑲」董仲舒也是視公孫弘為諛儒。這種行誼的人，卻貴為丞相，封平津侯。《史記》記載公孫弘「每朝會議，開陳其端，令人主自擇，不肯面折庭爭。於是天子察其行敦厚，辯論有餘，習文法吏事，而又緣飾以儒術，上大說之。⑳」（《史記·平津侯主父列傳》）漢武帝欣賞他不會當面與皇帝爭執，雖似木訥不多話，但真要與朝臣論辯卻又頭頭是道，並且熟悉官吏之事，又能以儒術作為依據來裝飾之。也就是說，武帝選擇儒生的標準並不在於他是否為

---

⑭　同前註，頁2844。

⑮　同前註。

⑯　同前註。

⑰　〈平津侯主父列傳〉，《史記（全）》，頁2951。

⑱　同前註，頁2950。

⑲　同註❼，頁3124。

⑳　同註118，頁2950。

君子風範的儒家型人物，而是在於他是否能順武帝之好惡，能否以武帝喜歡的儒術來裝飾門面、塑造形象。況且，武帝時的宰相並沒有什麼實際的權力⑫，韋政通說：「武帝時代的丞相多用儒家，那只是為了裝飾門面，政治實權多操於御史大夫及廷尉之手。⑫」公孫弘也只是居高官厚祿，而少有政治上的建樹。

　　至於傳統所言「獨尊儒術」之推手董仲舒，他「為人廉直⑫」，非公孫弘之類的諛儒，或許因此而終生並無做過高官，也沒有受到武帝的重用。董仲舒的〈天人三策〉的對策年代到底是哪一年尚有爭議，但無論時在武帝初登基的建元元年，或是竇太后死後的元光元年，〈天人三策〉都是時代性的代表作品。董仲舒與孔子一樣，精研六經卻未曾受君王重用，然而《漢書‧董仲舒傳》記載「天子覽其對而異焉，乃復冊之⑫」，復冊後又三冊，可見漢武帝對於董仲舒的見解感到很有興趣。所以說無論對策是在建元元年，果真武帝是聽取董仲舒的建議而採取一連串的政策改革；或者對策是在元光元年，晚於武帝「置五經博士⑫」以及「絀黃老、形名百家之言⑫」，董仲舒之對策內容，包含「更化善治⑫」、「改正朔易服色⑫」、「興

---

⑫　〈武帝對宰相制度的破壞〉，《兩漢思想史‧卷一》。

⑫　韋政通，《董仲舒》（臺北：東大圖書股份有限公司，民國85年3月再版），頁207。

⑫　同註❼，頁3128。

⑫　同註❺，頁5-566。

⑫　同註❺，頁4-102。

⑫　同註❼，頁3118。

⑫　同註❺，頁5-565。

⑫　同註❺，頁5-567。

太學置明師以養士⑫」、「一統紀明法度⑬」都一一實現了，代表了
當時政治及歷史背景的走向和需求。

　　劉歆（西元前45-西元23）稱讚董仲舒說：「仲舒遭漢承秦滅學之
後六經離析，下帷發憤潛心大業，令後學者有所統壹，爲群儒首。⑬」
將董仲舒視爲西漢儒生的表率。《史記》也說：「漢興至于五世之
閒，唯仲舒名爲明於春秋，其傳公羊氏也。⑬」董仲舒在六藝文學方
面的成就，致使「朝廷如有大議，使使者及廷尉張湯就其家而問之，
其對皆有明法。⑬」可說是文學儒者中的標的性人物。以董仲舒在儒
學上的群首地位，以及他的觀點見解具有時代性的代表意義，來檢
視他關於統一學術的意見，《漢書・董仲舒傳》：

> 今師異道，人異論，百家殊方，指意不同，是以上亡以持一
> 統，法制數變，下不知所守。臣愚以爲，諸不在六藝之科，
> 孔子之術者，皆絕其道，勿使並進。邪辟之說滅息，然後統
> 紀可一，而法度可明，民知所從矣。⑬

這個建議即是一統學術的時代需求之展現。可以很明顯地看見，董
仲舒所欲推尊的是傳統文化的代表：「六藝」，也就是孔子所整理
並賦予新生命的「詩」、「書」、「禮」、「樂」、「易」、「春

---

⑫　同註❺，頁5-568。
⑬　同註❺，頁5-573。
⑬　同註❺，頁5-575。
⑬　同註❼，頁3128。
⑬　同註❺，頁5-574。
⑬　同註❺，頁5-573。

秋」。孔子雖是儒家的創始者，並且以六藝來教授弟子，但是董仲舒推崇孔子，乃是敬重他整理六經的功績，以及熟習傳統文獻的專長。班固也說董仲舒是「推明孔氏，抑黜百家」，因而所尊的實是傳統文獻的六藝，而非「儒家的」六經，更談不上尊儒家了。

　　總的說來，武帝即位時為承平之世，漢承秦制六十餘年，極需建立一套完整的漢家制度，以別於殘暴的秦朝，來滿足大一統的系統性需要。漢武帝欲建立一套完整的制度，依戰國以來「法古」、「正名分」的風氣，自然是尋求六藝作為依據，以六藝所記載的古代制度作為當時建立制度的效法對象。從孔子整理六藝之後，即使有其他人研習六藝，儒家仍是公認的六藝專家，因而武帝當時熟習六藝以及禮儀制度的幾乎就是儒生。武帝及魏其侯等人所喜好的「儒術」，就是指六藝及其所延伸出來的制度一面，以六藝為內容的「文學」也成了朝廷栽培人才、選擇官吏的標準。朝廷雖然多用通於文學的士人為官，且武帝也多用儒生為相，但卻是藉由他們來達到「緣飾以儒術❸」的目的，他在傳統六藝的庇蔭之下，打著禮樂教化的旗幟，施行的卻是春秋決獄一類嚴而少恩的法家作為。因此，武帝實際上並沒有尊儒家，《漢書・武帝紀》說他「罷黜百家，表彰六經❸」，他退百家言而統一的官方教育是六經而不是儒家，董仲舒也是由於尊六藝而連帶地尊孔子，儒家思想在此時尚未搭上獨尊六藝的順風車。

---

❸　同註118，頁2950。

❸　同註❺，頁4-121。

九、六經與儒家

三代流傳的眾多文獻資料中，孔子整理出六種來傳承古代文化，這六種文獻經由孔子之手，而成為儒家教材「六藝」之後，就從此印上了儒家的標記。孔子之後，儒家弟子致力於傳習六藝，一直到戰國末期，儒家已經是公認的六藝專家了。雖然六藝非儒家專有，但「先秦儒家與其他諸子百家不同之一，在於儒家思想，始終係環繞六藝而展開。❸」到了秦朝，除了儒家以外，研讀六藝的人還是有的，但是秦始皇與項羽的兩把火，使得六藝的保存與傳授，從此幾乎都落在儒家肩上。西漢時，儒生就等於是最熟悉六藝以及禮儀典章的人，或者說當時專精六藝的人就稱做儒，這點從太史公寫〈儒林傳〉可以得到印證。《史記·儒林傳》所記錄的儒者，追溯至孔子與七十子，西漢部分則全是當時武帝所立的五經博士等人，即當時所謂儒就是傳六藝、精古籍的人。不過，雖將專精六藝者稱作儒，卻尚只是視之為從事於六藝領域中，類似一種具有專門技藝的人，而非把六藝當作是出自儒家的手筆。因為這些歷史因素，所形成的西漢時人的觀念，史籍記載武帝喜好制度、推崇六藝，也就直接說他所用的是「儒術」那一套了。探究漢武帝的法古更化，以及董仲舒的剴切陳辭可知，西漢立「五經博士」是設立代表傳統文化的五經，而非儒家經典的五經；漢人尊孔是尊整理六藝、傳承傳統文化的孔子，而非儒家創始者的孔子。

---

❸　徐復觀，《兩漢思想史·卷二》（臺北：學生書局，2000年9月初版六刷），頁295。

　　初立五經時，六藝非屬儒家是很清楚的觀念，然而，五經在武帝的推行下，成爲士子的利祿之途，因而在兩漢之世產生了很大的影響和改變。1.凡解經自成一家之言的即能立爲博士官，如宣帝（西元前90-49）、元帝（西元前75-33）及平帝（西元前9-西元5）都增設了不少的博士官。這項發展使得說解五經不僅產生家派之分，甚至還導致「說五字之文至於二三萬言❸」（《漢書·藝文志·六藝略》）的瑣碎情形，五經的系統變得相當駁雜。2.武帝時設博士弟子員各五十人，昭帝（西元前95-74）時增至一百人，此後陸陸續續增員，到成帝已增到三千人了，而這龐大的族群，在當時都稱作儒者。3.孔子的地位在武帝之後持續上升，從《論語》與《孝經》置於《漢書·六藝略》中，並且在東漢之後與五經並稱七經，可見一斑。

　　武帝立五經博士之前，學術爭議的焦點在於諸子百家之間；立五經博士之後，以五經爲公定的正統學術本已定於一尊，卻因儒者解經的不同意見，產生儒者間的家派之爭，而學術的焦點也就轉移至儒者之間解五經，甚至後來的今古文之爭上頭了。另外，古文六藝之學本就是以儒家爲大宗，漢以來習六藝之人皆稱儒，兩漢文學儒者又急遽暴增，六藝多爲儒生所傳授，於是就如同儒家的專門學問一般了。再加上，孔子雖因六藝而貴，卻逐漸取得獨立的地位，而不再依附於六藝之下，於是後人就混做一談，以爲儒家在漢代取得獨尊地位，孔子因創始儒家而受尊敬，甚至經學也成了儒學其中的一部份了。

　　五經的定位及觀念，在兩漢產生急遽的變化，除了失去其獨立

---

❸　同註❺，頁5-184。

的地位之外，還包含內在的質變。其一，漢武帝尊五經以訂立制度的出發點，產生漢代「通經致用」的風氣，發展到東漢竟至制度奏議無不引經據典的地步。本來六藝就是古代的紀錄文獻，所處的客觀環境與事件情況都不會與任何一個朝代相同，但漢代儒生卻在政事奏議上，將書中的方式硬套在當時的情況中施行，或是在訂定制度的時候，將經書中所沒有的意思硬說成有以爲依據，這就使得五經成爲他們用以鞏固君權勢力的盾牌。其二，漢代儒者講經務求標新立異、成一家之言，互相詰難也是有的，因此以古文化代表人孔子爲標準，眾人皆欲自己最符合孔子原意，而拚命在經書中鑽研孔子的微言大義。六藝本是先人智慧的累積，具有一定的哲理智思也是應當的，漢儒卻從書中硬抽絲剝繭出后妃之德，以及春秋心誅一類的道德規範作爲訓誡之用，活生生地將五經變成嚴苛的生活守則、禮儀綱目。

我們在研讀翻閱五經時，應該注意到：1.五經本是中性的文本，而非以儒家聖經的角色出現；2.五經的內容與範圍是不斷變化而非古今一同的。孔子所整理出的與原本流傳的不同，漢人所見的與孔子所整理的不同，今天我們所見到的與漢人所見的也不相同，正確地瞭解後世增減的情形與內容，才能貼切地掌握五經在每個時代的價值與意義。

參考書目

一、古籍專著

漢·司馬遷，《史記（全）》，臺北：榮文出版社，民國 71 年 2 月。

漢·班固撰，唐·顏師古注，《前漢書》，瀋陽：遼海出版社，2000 年，乾隆御覽摛藻堂本二十四史。

宋·朱熹，《四書章句集註》，臺北：鵝湖出版社，民國 73 年 9 月。

清·王先謙，《尚書孔傳參正·書序》，《尚書類聚初集（七）》，臺北：新文豐出版股份有限公司，民國 73 年 10 月。

清·孫詒讓，《墨子閒詁》，臺北：華正書局有限公司，民國 76 年 3 月。

二、現代專著

屈萬里，《尚書釋義》，臺北：中華文化出版事業委員會，民國 45 年 9 月。

錢穆等，《中國學術史論集（三）》，臺北：中華文化出版事業委員會，民國 47 年 7 月。

林尹，《中國學術思想大綱》，臺北：新興書局，民國 52 年 10 月。

姜亮夫，《歷代名人年里碑傳總表》，臺北：臺灣商務印書館，民國 54 年。

孫俍工，《中國學術思想的演變》，香港：中山圖書公司，1973 年 11 月。

尹桐陽,《諸子略論》,臺北:廣文書局有限公司,民國 64 年 4 月。

王寶先編,《歷代名人年譜總目》,臺北:文海出版社,1980 年。

程發軔,《春秋要領》,臺北:蘭臺書局有限公司,民國 70 年 10 月。

王先謙,《荀子集解》,臺北:華正書局,民國 71 年 10 月。

陳奇猷,《韓非子集釋》,臺北:莊嚴出版社,民國 73 年 10 月。

林品石註譯,《呂氏春秋今註今譯》,臺北:臺灣商務印書館股份有限公司,民國 74 年 2 月。

廖惠美、左秀靈合編,《中國歷史人物辭典》,臺北:名山出版社,民國 78 年 1 月。

李耀仙,《先秦儒學新論》,成都:巴蜀書社,1991 年 12 月。

沈玉成、劉寧,《春秋左傳學史稿》,江蘇:江蘇古籍出版社,1992 年 6 月。

王夢鷗註譯,《禮記今註今譯》,臺北:臺灣商務印書館股份有限公司,民國 81 年 10 月。

夏傳才,《詩經研究史概要》,臺北:萬卷樓圖書有限公司,民國 82 年 7 月。

顧頡剛,《秦漢的方士與儒生》,臺北:里仁書局,民國 84 年 2 月。

韋政通,《董仲舒》,臺北:東大圖書股份有限公司,民國 85 年 3 月。

陳玉堂編,《中國近現代人物名號大辭典》,杭州:浙江古籍出版社,1996 年 5 月。

周何,《禮學概論》,臺北:三民書局股份有限公司,民國 87 年 1 月。

林志強、楊志賢，《儀禮漫談》，臺北：頂淵文化事業有限公司，
　　1997 年 3 月。

楊華，《先秦禮樂文化》，漢口：湖北教育出版社，1997 年 3 月。

劉起釪，《尚書源流及傳本》，瀋陽：遼寧大學出版社，1997 年 3
　　月。

任繼愈主編，《中國哲學發展史》，北京：人民出版社，1998 年 5
　　月。

王鈞林，《中國儒學史‧先秦卷》，廣州：廣東教育出版社，1998
　　年 6 月。

涂文學、周德鈞，《諸經總龜——《春秋》與中國文化》，開封：河
　　南大學出版社，1998 年 8 月。

錢穆，《先秦諸子繫年》，臺北：東大圖書股份有限公司，民國 88
　　年 6 月。

徐復觀，《兩漢思想史‧卷一》，臺北：臺灣學生書局，1999 年 10
　　月。

楮斌杰等，《儒家經典與中國文化》，武漢：湖北教育出版社，2000
　　年 1 月。

黃壽祺、張善文，《周易譯註》，臺北：頂淵文化事業有限公司，
　　2000 年 5 月。

徐復觀，《兩漢思想史‧卷二》，臺北：學生書局，2000 年 9 月。

陳鼓應註譯，《莊子今註今譯》，臺北：商務印書館股份有限公司，
　　2000 年 12 月。

馮友蘭，《中國哲學史新編》，北京：人民出版社，2001 年 3 月。

錢穆，《兩漢經學今古文平議》，北京：商務印書館，2001 年 7 月。

葛兆光，《中國思想史，第一卷，七世紀前中國的知識、思想與信仰世界》，上海：復旦大學出版社，2001 年 10 月。

三、論文

劉德漢，〈尚書概述〉，《尚書論文集》，臺北：黎明文化事業股份有限公司，民國 70 年 1 月，頁 1-7。

饒龍隼，〈先秦諸子《詩》說述考（上）〉，《孔孟月刊》第四十卷第三期，民國 90 年 11 月，頁 1-12。

饒龍隼，〈先秦諸子《詩》說述考（下）〉，《孔孟月刊》第四十卷第四期，民國 90 年 12 月，頁 1-19。

邱秀春，《漢代學官制度與儒家典籍的發展》，臺北：淡江大學中國文學研究所碩士論文，民國 84 年。

兩漢時期諸子學說的轉變

王 緯 甄[*]

一、前　言

先賢論及先秦諸子學說之興起率不離時亂之故，蓋春秋末年以周天子為尊的禮樂制度崩潰，職是之故，清人章學誠（西元 1738 年—1801 年）於《文史通義》中亦主張當時有識之士「各思以其道易天下」❶，因此紛獻良策予各諸侯國以求治，始有百家爭鳴之盛況。

有關諸子之學的記載，首推戰國時的《莊子・天下》❷，其次是周秦之際的《荀子・非十二子》❸，再次為西漢《淮南子・要略》❹、

＊　淡江大學中文研究所博士生，吳鳳技術學院專任講師

❶　見清・章學誠著、楊家駱主編，《文史通義外篇一・述學駁文》（臺北：鼎文書局，民國66年3月增訂一版），頁209。

❷　見郭慶藩輯，《莊子集釋卷十下・天下第三十三》（臺北：華正書局，民國74年8月版），頁1065-1115。

❸　見梁啟雄著，《荀子簡釋・非十二子》（臺北：木鐸出版社，民國77年9月初版），頁59-77。

❹　見陳麗桂校注，《新編淮南子(下冊)・要略第二十一》（臺北：國立編譯館，民國91年初版），頁1507-1545。

《史記·太史公自序》❺（論六家要旨）、劉歆（西元前 50 年—西元 20 年）〈七略〉、東漢班固（西元 32 年—西元 92 年）《漢書·藝文志》❻，以上諸典籍記錄了諸子學說的重要文獻。劉歆的〈七略〉今已亡逸，但其中有諸子略一類，《隋書·經籍志》據此而分四部，成立了「子」部❼。此表示漢朝的諸子之學已與經學平行對立，而諸子學之名亦由此得之❽。

自春秋戰國、秦、漢，諸子學說在異同之間多有爭議與互通之處，其中最具意義的即各學說之間的「變」，因爲有變故能順應時局的轉變，此種情況頗爲符合道家「與時俱變」的價值，而先秦諸子學說在兩漢之間有更多樣化的轉變，其轉變條件與對後世的影響皆值後人詳加探析。

二、諸子學說蛻變的因素

諸子學說自春秋戰國的興起、壯大，彼此之間不乏相似與迥異處，各家各人之說雖有所差異，但亦不至於全然不同，如儒、法之

---

❺ 見瀧川龜太郎、魯實先、陳直著，《史記會注考證卷一百三十·太史公自序第七十》（臺北：洪葉出版社，民國75年9月出版），頁1366-1368。

❻ 見東漢·班固撰、唐·顏師古注，《漢書·藝文志》（北京：北京中華書局，1962年6月第1版、1983年6月第4次印刷），頁1723-1746。

❼ 參見唐·魏徵、令狐德棻撰，《隋書卷三十四·志第二十九·經籍三》，（北京：北京中華書局，1973年8月第1版、1987年12月北京第3次印刷），頁997-1054。

❽ 參見華仲麐，〈諸子與諸子學〉，《孔孟月刊》第22卷第12期（民國73年8月），頁30。

尊君、正名；儒、墨之非攻等皆異中有同。至於同為儒家代表人物的孔子（西元前551年—西元前479年）、孟子（西元前372年—西元前289年）及荀子（西元前313年—西元前238年）三人對於人性及人君的見解有又所不同，此則為同中有異。

不論其同中有異或異中有同之現象，大要不出外在環境的變遷及學術流傳的自我流變，於此則就二種重要的內、外在條件加以探討。

(一)學術環境的變遷

大致而論，儒、墨、道各家有一共同的觀點，即託古立言——假託古人之言以求自重。如孔子託於文王、周公；墨子（約西元前468年—西元前376年）託於堯、舜；老子、莊周（約西元前369年—西元前286年）託於堯、舜以前的傳說人物。當時不託古而力求變古法今的僅有循名責實的法家，而法家的政治學說由於擁有實際施政的可行性，與深獲人君喜愛之故，而能獲得實踐思想主張的機會，較之各家的理想境界顯得更具實用意義與優勢。而先秦兩漢的學術環境亦深受政權的變遷而左右，因為求治的實踐理想委實難脫政權而獨立。

1.春秋戰國的諸子爭鳴

春秋以前，在政教不分的情況下，學術掌於官府；少數得以求學之輩亦多以吏為師。因此諸子學說的興盛與春秋戰國之際政局的動亂和知識階層的轉變有極大的關聯性。

《莊子·天下》一文論及諸子之學往往稱其「古之道術有在於是者」，某某人「聞其風而悅之」云云，此開諸子學說源自王官之

途的論調。班固認為古代學術存於官府應是事實，但若就「人」的角度言，官府之人，不論官職大小，至少擁有比他人更多接觸學術的機會；一旦失其職守，也具有傳播學說的有利條件。

就此錢穆（西元 1895 年—西元 1990 年）亦認為任何學術思想必有來源，不可能憑空出現，而且孔子以前的知識為貴族所專有，亦為政府所掌控，此自可稱為「王官學」或「貴族學」，待王官學術流入民間方有「平民學」，亦即「家人言」或「百家言」❾，相對於政府所掌管的知識而言，此等「百家學」的私學具有不被統一、管控的發展空間。

因此值得深思的是這些擁有知識的優勢者必須在執掌、傳播之餘，還必須是具有個人價值判斷能力的思辯者，才能成為一位學者而不是個依例行事的官員，也唯有如此，「王官學」才可能成為「諸子學」，而具有學術地位。

班固認為諸子學說雖有十家，但可觀者僅有九家而已，而且「皆起於王道既微，諸侯力政，時君世主，好惡殊方，是以九家之說蜂出並作，各引一端，崇其所善，以此馳說，取悅諸侯。」❿意即諸子十家的理論學說，萌發於東周末年，周天子政權的衰微，各諸侯國為擴張自己的國勢、爭取霸主之位，因此但求有益於富國強兵的短利謀略，至於是否合於王道正義，咸樂於接納採用，此種時局誘導諸子學說的爭相競起。此亦秦於大一統之前，諸子學說百家爭鳴的

---

❾　參見錢穆著，《學術思想遺稿》（臺北：素書樓文教基金會、蘭臺網路出版商務股份有限公司，民國89年12月出版），頁86。

❿　參見《漢書·藝文志》，頁1746，此說與章學誠之見解同。

外在環境。

值此亂世，政權未穩、生民無依，然而卻爲諸子學說的萌芽與發展，提供了相當開放的發展空間。各家學說在尋求「伯樂」之際，須爲己說提出有利的見解，同時亦須徹底瞭解他家之說，方能有力抵制，於是先秦諸子並非閉門造車之士，反而有跨出自己的學說領域，深入剖析他說的必要性。於是在求批判他說以顯己說的同時，諸子學說實已互爭互長。

2. 秦始皇大一統的學術箝制

春秋戰國時期是諸子學說各倡其言、各施其術的時代，然而隨著時代的改變，諸子思想至大一統的秦代則趨於調和融通。

就《史記・秦始皇本紀》所載，始皇（西元前 259 年─西元前 210 年）立國之初，在學術方面效法戰國時期的齊國置稷下學宮設博士七十人，雖僅備員而不用，但其中不乏儒生，祖述孔子，傳授儒學❶，其時罷黜諸子、統一學術的意圖尚未彰顯。始皇二十八年東行上鄒嶧山❷時，仍與魯國儒生商議刻石歌頌秦德一事❸。直至始皇三十四年，七十位博士仍至咸陽宮向始皇敬酒。同年李斯（?-西元前 208 年）則建議始皇焚書，其事肇因博士淳于越上諫始皇的「師古」一說，而有李斯爲之諫言，曰：

❶ 見《史記會注考證卷六・秦始皇本紀第六》，頁125。
❷ 見《史記會注考證卷六・秦始皇本紀第六》，頁119。據考證曰：鄒嶧山又名嶧山，於今山東省袞州府鄒縣東南。
❸ 見《史記會注考證卷六・秦始皇本紀第六》，頁119。

今天下已定，法令出一，百姓當家則力農工，士則學習法令
辟禁。今諸生不師今而學古，以非當士，惑亂黔首。承相臣
斯昧死言：古者天下散亂，莫之能一。是以諸侯並作，語皆
道古以害今，飾虛言以亂實，人善其所私學，以非上之所建
立。今皇帝并有天下，別黑白而定一尊。私學而相與非法教，
人聞令下，則各以其學議之，入則心非，出則巷議，夸主以
為名，異取以為高，率群下以造謗。如此弗禁，則主勢降乎
上，黨與成乎下。禁之便。❹

就所載的內容言，李斯的焚書建言實依據秦始皇的制令內容精
神：不可以逾越上下的分寸展開而來。依此推論，尚未併吞六國的
秦始皇，並未排斥建言，何以在統一六國之後，卻施行焚書之令？
今可就「不可以逾越上下的分寸」之觀點而論。《史記‧秦始皇本
紀》中記載秦始皇在初并天下時，曾令丞相、御史曰：

寡人以眇眇之身，興兵誅暴亂，賴宗廟之靈，六王咸伏其辜，
天下大定。今名號不更，無以稱成功傳後世。其議帝號。❺

由此可見，統一六國後的秦始皇，自認其功勳已臻極境，無人
可敵。尤其在冠上「始皇帝」的尊號之後，秦始皇的自大更甚。於
是當時三十四年周青臣進頌即美言曰：

他時秦地不過千里，賴陛下神靈明聖，平定海內，放逐蠻夷，

---

❹ 見《史記會注考證卷六‧秦始皇本紀第六》，p123。
❺ 見《史記會注考證卷六‧秦始皇本紀第六》，p116。

日月所照，莫不賓服。以諸侯為郡縣，人人自安樂，無戰爭之患，傳之萬世。自上古不及陛下威德。❶

此番歌功頌德自令秦始皇龍心大悅，唯博士淳于越不識君主之心，反而指責周青臣「面諛以重陛下之過，非忠臣。」，在批評周青臣之前，淳于越先舉周天子為標榜，美其封建制度以為「枝輔」，另亦反法家之法後王精神，當然同時也違反了秦始皇無限自大的美夢──「事不師古而能長久者，非所聞也。」儒生的風骨於此展現，但也得罪了權傾一時的李斯。李斯隨即提出焚書之令，並言「若欲有學法令，以吏為師。」此建議自深得秦始皇之心，且隨後立即實施，此時博士的存在已無必要。

雖然焚書之議始於李斯的建言，但若無始皇之應允亦無由實施，故李斯僅為引頭，秦始皇的肯定更是整個事件發展的關鍵點，此亦與始皇統一天下之後的自大精神及實際的政治現實相關連。李斯批評當時學者「私學而相與非法教，人聞令下，則各以其學議之，入則心非，出則巷議。」足徵始皇三十四年以前的學術界仍允許諸子議論，私學亦昌。直至焚書令下隔年的阬儒事件，始皇長子扶蘇曾諫曰：「天下初定，遠方黔首未集。諸生皆誦法孔子。今上皆重法繩之。臣恐天下不安。唯上察之。」❷此段文字記載顯示，即使焚燒詩、書、百家之書，但「誦法孔子」者仍為最大主流，顯見博士生之法先王學說並未因焚書令而立消，不過卻也突顯學術的流傳與生存難逃人君之掌控。

---

❶　見《史記會注考證卷六·秦始皇本紀第六》，p123。
❷　見《史記會注考證卷六·秦始皇本紀第六》，頁125。

因此，秦始皇的箝制學術雖未完全終結諸子學說的發展，但不可否認的是對於思想言論的自由與發展空間終究形成一股阻力。

3.兩漢君主的帝王之術

西漢初期諸子百家雖曾活躍一時，但儒學尚未受到特別的重視，尤其是漢高祖劉邦（西元前256年—西元前195年）即不好儒術，對儒生也極為蔑視。據《史記·酈生陸賈列傳》記載：

> 陸生時時前說稱《詩》、《書》。高帝罵之曰：「迺公居馬上而得之，安事《詩》、《書》！」陸生曰：「居馬上得之，寧可以馬上治之乎？且湯、武逆取而以順守之，文武並用，長久之術也。昔吳王夫差、智伯，極武而亡；秦任刑法不變，卒滅趙氏。鄉使秦已并天下，行仁義，法先聖，陛下安得而有之？」高帝不懌而有慚色，迺謂陸生曰：「試為我著秦所以失天下，吾所以得之者何，及古成敗之國。」陸生迺麤述存亡之徵，凡著二十篇。每奏一篇，高帝未嘗不稱善，左右呼萬歲，號其書曰《新語》。❽

此段文字記載足見高祖重視陸生之語係基於政治考量，且《新語》一書主要繼承荀子的儒家思想，並雜入道家思想❾，已非原始儒學風貌。

---

❽ 見《史記會注考證卷九十七·酈生陸賈列傳第三十七》，頁1103-1104。
❾ 參見張岂之編著，《中國儒學思想史》（臺北：水牛圖書事業有限公司，民國85年3月20日初版二刷），頁220。

　　西漢立國之初以休養生息爲務，是以文帝（西元前202年—西元前
157年）與竇太后（？—西元前135年）等人咸好黃老之言，黃老學說亦
趁勢而起。雖執政者以黃老之術爲要，但尙未壟斷學術，先秦諸子
學說至漢初仍自由發展與流傳，並未受到阻礙。直至武帝（西元前156
年—西元前87年）採行董仲舒（約西元前179年—西元前104年）「罷黜
百家」、「獨尊儒術」之說，始有統一學術之舉。此事就正面而言，
儒學確因此昌盛；就反面而論，則因武帝的以儒術取士，此一似尊
崇學術的行爲反成爲壟斷學術發展的莫大阻力。

　　對於兩漢的崇儒之舉，近代學者馮友蘭（西元1895年—西元1990
年）於《中國哲學史》曾言：

> 　　自漢武帝用董仲舒之策，諸不在六藝之科，孔子之術者，皆
> 絕其道，勿使並進。於是中國大部份之思想統一於儒，而儒
> 學之學，又確定爲經學。自此以後，自董仲舒至康有爲，大
> 多數著書立說之人，其學說無論如何新奇，皆須於經學中求
> 有根據，方可爲一般人所信守。[20]

是以自武帝之後極爲崇儒，尤其抑黜百家，立學校之官，及州郡舉
茂材賢良，皆由董仲舒建議。此後，以利祿之道提倡儒學，而儒學
又限爲上所定之儒學，於是舉世之知識份子盡入統治者所限定的知
識牢籠之內，春秋戰國時的自由的言論思想亦難再現。凡此實係學
術之發展誠難擺脫君主之好惡，自春秋之後，學術發展的蓬勃與消

---

[20]　見馮友蘭著，《中國哲學史》（上冊）（北京：中華書局，1961年4月新1
　　　版），頁485。

弸均深受執政者的決策而左右。

　　武帝以儒取士的任官之策，對於當時及日後學術的箝制事實皆遠過於秦火的影響，儒家思想也因此成爲中國政治及學術的主流，其他學說已難以取代。而董仲舒又何以提出「罷黜百家」、「獨尊儒術」之說？此於《漢書·董仲舒》本傳中闚其動機，其言曰：

> 春秋大一統者，天地之常經，古今之通誼也。今師異道，人異論，百家殊方，指意不同，是以上亡以持一統；法制數變，下不知所守。臣愚以為諸不在六藝之科孔子之術者，皆絕其道，勿使並進。邪辟之說滅息，然後法紀可一而法度可明，民知所從矣。[21]

故知董仲舒最原始的動機乃力求學術的統一，欲令當時的言論思想統一；而言論思想的統一，則來自於執法專一的要求，於是要求各家諸說「勿使並進。邪辟之說滅息，然後法紀可一，而法度可明，民知所從矣。」此要求無異於秦法的法治要求，至此百家爭鳴的學術盛況自難再現。

　　綜而言之，列國群雄並起之世，諸子得以周遊列國，遊說諸侯，而各國諸侯亦愛重人才，造成極良好之自由論學之風，如齊國之稷下學官便是一例。一旦政權一統，遊說之士便無用武之地，最終只能投君主所好以致諸子互相激揚之風止息。統治者之獨裁統治直接壓抑學術發展的空間，導致諸子學說之衰頹。大一統政府必有一最高的指導原則以資施政之方針。在政權統一的現實下，統治者爲求

---

[21]　見《漢書卷五十六·董仲舒傳第二十六》，頁2523。

政權的穩定與治理，必然不樂於先秦遊士批判政府或向諸王獻治國之策，因此統整學術思想的動機自在所難免。

㈡學術思想的流變

《淮南子·氾論訓》曰：「百家殊業而皆務于治也。」㉒司馬談（？－西元前110年）〈論六家要旨〉言：「易大傳：『天下一致而百慮，同歸而殊塗。』夫陰陽、儒、墨、名、法、道德，此務爲治者也。」㉓諸子百家的學說「同歸而殊途，一致而百慮」，共同的關懷大致爲經世致治的嚮往，屬於治國的現實層面。就此而論，則時異論異，諸子學說必隨著朝代的更迭、時局的轉變而異。此等「與時俱變」、因人而異的能力與風貌使諸子學說不致淪爲化石，而具有深遠的意涵。

1.自創一家之言

　　無論司馬談或《淮南子》皆指出各家思想主張雖異，然而旨歸卻一，亦即「治」爲當時諸子所共同關懷的目標，而此係就積極面而論；牟宗三（西元1909年—西元1995年）說各家皆起於對治「周文疲弊」㉔的時代課題，這是從消極面，從諸子興起的時代背景上說。余英時（西元1930年—）「哲學突破」之說，復就比較文化史的宏觀視野立論，突顯出先秦諸子劃時代的共同成就。

㉒　見陳麗桂校注，《新編淮南子(下冊)·氾論第十三》，頁912。

㉓　見《史記會注考證卷一百三十·太史公自序第七十》·頁1366。

㉔　見牟宗三，《中國哲學十九講》（臺北：學生書局，1983年10月初版·1989年2月第三次印刷），頁60。

　　余英時認爲中國的「哲學的突破」是針對代詩、書、禮、樂所謂「王官之學」而來的。最早興起的儒、墨兩家，便是最好的說明❷。孔子一方面承繼了詩、書、禮、樂的官方傳統，另一方面則賦予詩、書、禮、樂等範疇以新的精神。因此孔子在繼承官方傳統的知識、禮儀之餘，亦具個人的省思與創見，故能成一家之言。

　　戰國時期另一顯學的領導者——墨子，初亦習詩、書、禮、樂等王官之學，但之後對儒學的批判卻遠比承繼者多。就其批判禮樂言，墨子的突破遠甚於孔子。其餘戰國諸家也都能出於王官之學而各有闡發、創新。故劉歆曰：「今異家者各推所長，窮知究慮，以明其指，雖有蔽短，合其要歸，亦六經之支與流裔。」劉歆的九流之說與《莊子・天下》一文所云的「道術將爲天下裂」，有其相通之處。

　　自春秋至秦間，有關官與學的變化，錢穆在《兩漢經學今古文平議・兩漢博士家法家考》中有詳細的解析：

> 一曰史官，一曰博士官。史官自商周以來已有之，此乃貴族封建宗法時代王官之舊傳，博士官則自戰國始有，蓋相應於平民社會自由學術之興起。諸子百家既盛，乃始有博士官之創建。博士官與史官分立，即古者王官學與後世百家言對峙一象徵也。漢書藝文志以六藝與諸子分類，六藝即古學，其先掌於史官（此義章學誠文史校讎通義已言之），諸子則今學，

❷　見余英時著，《中國知識階層史論(古代篇)》（臺北：聯經事業有限公司・1980年8月初版、2001年11月初版第六刷），頁33-34。此說亦可參見錢穆著，《學術思想遺稿》，頁86。

所謂家人言是也。戰國博士立官源本於儒術，燃漢志儒家固儼然為九流百家之官冕，列諸子不列六藝，則明屬家言（即新興之平民學），非官學（即傳統之王官學）矣。詩書為六藝統宗，雖於古屬之王官，然自王官之學流而為百家，詩書亦已傳播於民間，故儒墨皆道詩書，於是詩書遂不為王官所專有，然百家之言亦不以詩書限。❷⑥

　　從「學」的角度看，部份經書確爲古代典章制度所有，典章制度的制定與執行必有其理念爲依歸。梁啓超（西元 1873 年—西元 1929 年）在〈評胡適之中國哲學史大綱〉中曾說：「古代學問，爲一種世襲智識階級所專有，是歷史上當然的事實。既經歷許多年，有許多聰明才智之士在裏頭，自然會隨時產生新理解。後來諸子學說，受他們影響的一定不少。」❷⑦。諸子之「學」很難完全排除受經書影響的可能性，但直指某家僅受某經之影響則未必然。而且先秦之時的「六經」尚未被視爲「經學」看待，自亦非人人所崇信者。

　　經書的性質不同，不一定能成爲一家之言的「子」，此點章太炎（西元 1869 年—西元 1936 年）已言：

　　　　今之經典，古之官書。其用在考跡異同，而不在尋求義理。……
　　　　其書既為記事之書，其學惟為客觀之學……。若諸子則不然。
　　　　彼所學者，主觀之學。要在尋求義理，不在考跡異同。既立

---

❷⑥　見錢穆著，《兩漢經學今古文平議》（臺北：東大圖書股份有限公司，民國60年8月臺初版、民國78年11月臺三版），頁168。
❷⑦　見梁啟超著，《飲冰室文集》（第七冊）（臺北：臺灣中華書局，民國72年12月臺三版），頁52。

一宗，則必自堅其說，一切載籍可以供我之用，非束書不觀
也。雖異己者，亦必睹其籍，知其義趣，惟往復辯論，不稍
假借而已。㉘

另外學者是否願意篤守一經之義或一官之說？章學誠雖認爲諸子有
得於六經道體的一端㉙，但也承認：「諸子紛紛著書立說，而文字始
有私家之言，不盡出於典章政教也。」㉚他在《文史通義外篇·述學
駁文》中也說：

至於周末，治學既分，禮失官廢，諸子思以其學用世，莫
不於人官物曲之中，求其道而通之，將以其道易天下，而
非欲以文辭見也。故其所著之書，則有官守舊文與夫相傳
遺意，雖不能無失，然不可謂全無所受也。故諸子之書雖
極偏駁，而其中實有先王政教之遺；惟所存有多寡純駁之
不同，而其著書之旨則又以私意為之，蓋不肯自為一官一
曲之長，而皆欲即其一端以易天下，故莊生謂「耳目口鼻
不能相通」是也。㉛

㉘ 見章太炎、譚復生撰，《章譚合鈔·章太炎文鈔卷三·諸子學略說》（臺
北：廣文書局有限公司，民國66年1月初版），頁274-275。
㉙ 此說亦見汪中文著，《兩周官制論稿》（高雄：復文圖書出版社，1993年
10月初版一刷），頁94；又見清·章學誠著、楊家駱主編，《文史通義·
詩教上》曰：「諸子之為書，其持之有故而言之成理者，必有得於道體之
一端，而後乃能恣肆其說以成一家之言也。」（臺北：鼎文書局，民國66
年3月增訂一版），頁16-17。
㉚ 見《文史通義·經解上》頁28。
㉛ 見《文史通義·外篇一·述學駁文》頁209。

諸子身處於亂世，皆欲以所學見用於世，故吸取前人思想及典章制度之餘，必存個人見解。諸子之間雖彼此相互抨擊為偏頗之學，然其個人見解即其得以「成一家之言」的關鍵之所在㉜。先秦諸子學說的價值亦在於學者個人的省察與體認，雖前有所因，然其轉化而出的一家之言更能彰顯其靈動不凡的價值。

2.諸子學說相互攻訐

諸子的創見使其成為一家之言，其學說主張形成的原因自屬多端，舉凡外在的時代文化背景，和內在的個人心性、見解都有關聯㉝。是故同出於孔門之徒者，不只學說發展互異，尚且相互攻訐，其況尤甚於批評其他學派者。

荀子在〈非十二子〉一文中點名抨擊了它囂、魏牟「縱情性、安恣睢、禽獸行，不足以合文通義」；陳仲、史鰌「忍情性，綦谿利跂」；墨翟、宋鈃「不知壹天下、建國家之權稱，慎功用，大儉約而慢差等」；慎到（約西元前395年—約西元前315年）、田駢「尚法而無法」、「不可以經國定分」；惠施（約西元前370年—約西元前310年）、鄧析「不法先王，不是禮義」、「辯而無用，多事而寡功」；子思（西元前492年—西元前431年）、孟軻「略法先王而不知其統，猶然而材劇志大見雜博」。荀子在指摘前五類十子的過失之後，再加上：「然而其持之有故，其言之成理，足以欺惑愚眾。」等文字，似乎為自

㉜ 見徐漢昌，〈先秦諸子學說淵源析論〉，《孔孟學報》第73期，民國86年3月，頁122。

㉝ 見章太炎撰，《國故論衡(下)·原學》（臺北：廣文書局有限公司，民國66年7月五版），頁147-150。

己的駁斥予以緩頰，但在最末一類，批判了同爲孔門之後的子思及
孟軻之後，卻不見「然而其持之有故，其言之成理，足以欺惑愚眾。」
諸字，反而認爲二人使時人誤認其說深得孔子及子游（西元前 506 年
一?）的真傳，此誤導眾人於儒學迷途者即「子思、孟軻之罪也。」
❸❹足見荀子對於學說的護持甚嚴，不僅爲此攻訐他家學說，對同門諸
子更是尤有過之。

　　春秋諸子之說或尚爲簡易，弟子亦未夥，至戰國之時，傳授日
眾，其學說亦因弟子之異而有所歧出。除上舉荀子之〈非十二子〉
之外，另於《韓非子·顯學》更見當時學派之分裂：

> 世之顯學，儒、墨也。儒之所至，孔丘也。墨之所至，墨翟
> 也。……故孔、墨之後，儒分為八，墨離為三，取舍相反、
> 不同，而皆自謂真孔、墨。孔、墨不可復生，將誰使定世之
> 學乎?……自愚誣之學、雜反之辭爭，而人主俱聽之，故海
> 內之士，言無定術，行無常議。夫冰炭不同器而久，寒暑不
> 兼時而至，雜反之學不兩立而治。今兼聽雜學謬行同異之辭，
> 安得無亂乎?❸❺

就韓非這一段文字敘述可以想見韓非之時儒、墨二家的盛況，對此
韓非深以爲憂，並視儒、墨爲致天下於亂之根源。實則二家之說何
足令天下亂矣?而國君之所以對勢如水火不容的學派兼相禮之，代

---

❸❹　以上非十二子之文出自《荀子簡釋·非十二子》，頁59-77。
❸❺　見陳奇猷撰，《韓非子集釋卷第十九·顯學》（高雄：復文圖書出版社，
　　　民國80年7月二版），頁1080-1085。

表當時君主對諸子之說有兼容並蓄的雅量見識。因此〈顯學〉一文顯得十分重要，不僅反應出當時學者已違孔、墨之原意而各抒己見，而且也紛爲君王所包容，實則君主的兼蓄眾議亦提供諸子學說得以蓬勃發展的廣大空間，對諸子學說的轉變極具正面的意義。

3.由紛擾漸趨調和

成於秦朝初年的《呂氏春秋》一書亦於〈不二〉篇中記載：「聽群眾人議以治國，國危無日矣。何以知其然也？……同法令所以一心也；智者不得巧，愚者不得拙，所以一眾也。……故一則治，異則亂；一則安，異則危。」**❸** 且不論其成書動機，而就其對當時學術的紀錄，當不難發現其似韓非之論調。二人皆憂心諸子學說之紛雜足以亂世，承前所述，此說一方面突顯當時諸子學說的分歧繁雜；另一方面也展現欲以政治力統一私人學術的企圖心，而此企圖心又源於執政者的個人私慾，對於學術的發展誠爲一種傷害。

其中值得玩味的是韓非於〈顯學〉一篇的末句：「故舉世而求賢智，爲政而期適民，皆亂之端，未可與無治也。」韓非對於儒家指稱的「民意」甚表不滿，並以民智喻之「嬰兒之心」，因此執政者毋須求教於民或所謂的聖賢之士，此皆無益於政。若此，則韓非又豈非一民？君主又何須聽從自以爲「賢智」之韓非，此處極顯弔詭。

大體而言，秦始皇焚書之前的春秋戰國時代，出現了「百家爭鳴」的學術繁榮景象，其中又以儒、道、墨、名、法等五家最著。

---

❸ 見《呂氏春秋校釋卷十七·不二》，頁1123-1124。

然儒家雖被韓非指為顯學之首，卻未立於一尊之地位。儒家於先秦未能獲得施政的機會，當時各家對儒家的毀譽亦不一。除了墨家與道家的反禮樂之治外，尤以法家與儒家的對立性最強。早期法家代表人物商鞅（約西元前390年—西元前338年）即認為孔子學說與法家農戰思想對立❸，致使國家兵弱無力，終將必貧且削❸。先秦諸子彼此間或對出自同門的毀譽褒貶，正足以反映當時學術上百家爭鳴的自由景況，此遠異於漢代以後獨尊儒術的局面。

戰國時期的莊子、荀子及韓非已就政治立場提出統一天下學術的建議，不欲諸子的自由議論，影響君主的統治。由於他們認為思想界的雜亂分歧是造成時局動盪不安的主因，故而提出對於異端思想加以制裁的建議，但真正具體融通諸子學說，落實為一家之言者則是後人將之列為雜家的《呂氏春秋》一書。

先秦諸子起自「王道既微，諸侯力征」的春秋末年，始自孔子講學，墨家起而反對儒家思想，之後道家、法家亦蜂擁而起，各持己說，以救時弊。但學說的發展過程經過傳授、繼承、發展、開創，最終不免有人集其大成，融通前人舊說另成一家之言，此時之學說風貌必異前說。其次，諸子之間的互相吸取，也導致諸子學說的轉變。諸子學說由原本的各自成理，勢如水火，互相攻訐，而不得不精研他家學說，在有意無意之間，吸收了對方的思想精華，而融於己說之中。如法家兼採道家之陰柔思想、儒家兼取陰陽家之思想皆

---

❸ 此說亦見於《韓非子集釋卷第十九·顯學》：「國平則養儒俠，難至則用介士，所養者非所用，所用者非所養，此所以亂也。」，頁1091。

❸ 見賀凌虛註譯，《商君書今註今譯·農戰第三》（臺北：臺灣商務印書館股份有限公司，民國76年3月初版），頁22-34。

是。

另如興起於戰國末年的黃老思想，便以道家思想爲主，博採儒、墨、法、陰陽諸家思想之特點，以爲君主南面之術。又如司馬談之論道家爲：「其(指道家或黃老)爲術也，因陰陽之大順，採儒墨之善，撮名、法之要，與時遷移，應物變化，立俗施事，無所不宜，指約而易操，事少而功多，儒者則不然。」㊴將道家的地位往上提昇。足見戰國末期，諸子學說並非絕對的互斥，在各家學說中無論其源始或傳承中已現互通之處。

二、諸子學說在兩漢的轉變

兩漢時期諸子學說的發展經歷漢初的與民休息，導致黃老思想興盛，「天」和「陰陽」思想的概念較之先秦有更重要的地位，同時也促使讖緯思想的發展。在政治現實上，由於大一統的要求，董仲舒的「天人三策」促使儒家地位的穩固，並深入中國文化的底層。然而爲了鞏固政權得享萬年又不重蹈秦失民心的覆轍，漢朝的執政者必得對法家思想加以轉化並具體實施。置身種種不得不「變」的巨輪中，兩漢時期的諸子學說皆有所轉變，並對後世的學術思想具有一定的影響力。

㈠黃老思想的滲入

漢初高祖劉邦雖採陸賈之儒術，然而統一天下之初，全國君民

㊴　見《史記會注考證卷一百三十·太史公自序第七十》，頁1367。

皆須休養生息，故黃老之治乃應時而生。

　　西漢初期，自漢高祖至呂后執政期間，政局尚未穩定，高祖所任用的陸賈、叔孫通皆爲儒者，至曹參（？—西元前190年）爲相始將黃老引入漢廷。待文帝即位以陳平（？—西元前178年）爲相，而陳平「少時本好黃帝老子之術」，景帝（西元前188年—西元前141年）繼位，文帝后素喜黃老之術，《史記卷四十九·外戚世家第十九》云：「竇太后好黃帝老子言，帝及太子諸竇，不得不讀黃帝老子，尊其術。」❹此文直揭竇太后所喜之「黃老」意指黃帝和老子二人之說，而黃帝思想之記載今已不見，只得就老子思想而論。若司馬遷所記屬實，則竇太后的「黃老」之術實近道家的柔弱思想，而遠儒家的剛強思想。

　　另觀《史記》〈儒林列傳〉一文亦載曰：

> 竇太后好老子書，召轅固生問老子書。固曰：此是家人言耳。太后怒曰：安得司空城旦書乎？乃使固入圈刺豕。景帝知太后怒，而固直言無罪，乃假固利兵，下圈刺豕，正中其心，一刺，豕應手而倒，太后默然，無以復罪，罷之。❹

至此又直言「老子書」，但就竇太后的言行記載可知竇太后雖喜老

---

❹　見《史記會注考證卷四十九·外戚世家第十九》，頁7760。
❹　見《史記·卷一百二十一·儒林列傳第六十一》，頁1289。另相關資料可參見，〈卷一百七·魏其武安侯傳第四十七〉：「太后好黃、老之言，而魏其、武安、趙綰、王臧等，務推儒術，貶道家言，是以竇太后滋不說魏其等。」，頁1168。又〈儒林列傳〉：「及至孝景，不任儒者，而竇太后又好黃、老之術，，故諸博士具官待問，未有進者。」，頁1286。

子書，然未得老子思想之真諦，另外此事件也清楚地傳達西漢儒道
之爭的激烈，以景帝至武帝初年爲甚。因竇太后篤信道家之故，所
以此期的儒家甚受排抑。直至竇太后崩逝，始黜黃老任儒術，自此
儒家地位日漸上揚。而竇太后的決心排儒，展現了竇太后對黃老之
術的傾心，也突顯了儒家即使經歷秦、漢初的帝王壓迫仍餘波盪漾，
無法完全止息。因此在漢武帝獨尊儒術之前，其實百家之學並未停
滯，尤其在《史記·太史公自序》曾記載漢初百年的學術狀況，其
中可見當時學術思想的活躍，其曰：

> 於是漢興，蕭何次律令，韓信申軍法，張蒼為章程，叔孫通
> 定禮儀，則文學彬彬稍進，《詩》《書》往往間出矣，自曹
> 參薦蓋公，言黃、老，而賈生、晁錯明申、商，公孫弘以儒
> 顯，百年之間，天下遺文古事靡不畢集太史公。❷

此乃天下初定，統治者採黃老之術與民生息，係爲權宜之計，君主
並非真的平視儒、墨、道、法、陰陽及縱橫諸家。可見漢初戰國遺
風猶存，加上諸侯國的養士之風猶存，士人仍得以縱橫馳騁於各藩
國之間。

西漢君王之所以採行黃老治術，一方面緣於秦政苛法民反的前
車之鑑，而有與民休養生息的現實考量；另一方面，卻又繼承秦朝
的中央集權體制，無以棄法治世。於西漢初期七十年的黃老之治呈
現出外「道」內「法」、先「道」後「法」，刑德並濟的雙重性格，
此特質極似戰國時代的黃老思想。

---

❷ 見《史記會注考證卷一百三十·太史公自序第七十》，頁1379。

　　黃老思想雖甚似老子思想，但卻不等同於道家的老子觀點，而且黃老之說亦不始於漢朝，基本上是道家思想的雜家化、法家化，尤其大多以法家觀點轉化道家思想。道家推崇天道，提倡無為；法家推崇治道，講求刑名與法治。至黃老學者手中將其結合，其終極目的乃為法家理論奠立實踐的根源。表面上雖不言法家，卻能假借黃老之說行法家治世之實。

　　作為稷下學宮代表的《管子》四篇，從心制九竅的自然生理現象推衍國君掌控百官的政治謀略，從中提點出刑法術；《慎子》則從因而不為、聽物自取的天道中，體悟出聖人治民之術，進一步結合「道」與「法」，作為禍福的依據，並言「禍福生於道法」❹。至韓非則直言：「先王以道為常，以法為本。本治者名尊，本亂者名絕。……而道法萬全，智能多失。……明主使民飾於道之故，故佚而則功。釋規而任巧，釋法而任智，惑亂之道也。亂主使民飾於智，不知道之故，故勞而無功。」❹此說已將「刑名」與「法」代替了道，並將道與法做了極為巧妙的結合。

　　黃老思想至《淮南子》有更充份的發揮，一方面將天道和治道貫通起來，循著陰陽家學說闡釋，進而推衍出〈時則〉一篇的天人大論，將天候、方位、人事、政令做一緊密的結合。在《淮南子》如此龐大的天律系統之下，一切的人事行為，尤其是政治措施，諸如政令、祭祀、服度等禮儀也都與之相應，其目的在於組織成一圓滿無缺的天人系統。而此天人系統，基本上承自《呂氏春秋》，而

---

❹　見陳麗桂校注，《秦漢時期的黃老思想》，頁112。
❹　見《韓非子集釋卷第五・飾邪》，頁310。

更早的來源則是戰國時期及其以後的陰陽家。其核心觀念不出黃老帛書〈經法〉所云：「天地有恆常，萬民有恆事。」❹，就此理路發展而下，則天人關係更密切。

漢初真正標舉「黃老」之名，大力倡導者爲惠帝時期的曹參。《史記‧曹相國世家》曰：

> 孝惠帝元年，除諸候相國法，更以參爲齊丞相，參之相齊，齊七十城。天下初定，悼惠王富於春秋，參盡召長老諸生，問所以安集百姓，如齊故俗，諸儒以百數，言人人殊，參未知所定。聞膠西有蓋公，善治黃老言，使人厚幣請之。既見蓋公，蓋公爲言治道貴清靜而民自定，推此類具言之。參於是避正堂，舍蓋公焉。其治要用黃老術，故相齊九年，齊國安集，大稱賢相。……參爲漢相國，清靜，極言合道。然百姓離秦之酷，後參與休息無爲，故天下俱稱其美矣。❹

黃老之正式被推向舞台始於曹參，於齊國則以蓋公爲首，而膠西正是戰國時期黃老思想的大本營——稷下學宮的所在地。有關黃老學說的師承關係，《史記‧樂毅列傳》有所說明，其言曰：「樂臣公學黃帝、老子，其本師號曰河上丈人，不知其所出。河上丈人教安期生，安期生教毛翕公，毛翕公教樂瑕公，樂瑕公教樂臣公，樂臣公教蓋公。蓋公教於齊高密膠西，爲曹相國師。」❹由史公贊語足見

---

❹　見陳麗桂，《秦漢時期的黃老思想》，頁116。

❹　見《史記會注考證卷五十四‧曹相國世家第二十四》，頁801-802。

❹　見《史記會注考證卷八十‧樂毅列傳第二十》，頁989。

司馬遷（約西元前145 或135 年—西元前86 年）是如此看待、分析且認定
黃老學說的師承關係。同時此段文字也再度明確指出所謂的「黃老」
之術即指黃帝與老子，然黃帝之說已難考証，於是後人多就代表老
子論述的《道德經》爲闡述的根源，此亦黃老學說依「道」主「柔」
的根源所在。

　　黃老學說的思想發展至東漢雖已滲入儒、道、法之中，然西漢
中晚期以後，隨著儒學的定於一尊，其學術理論日漸衰微。至東漢
由於學術政治與學術環境的變異，虛靜無爲的治術不復重視，而漸
漸結合陰陽五行與神仙方術之說，由學術範疇轉至宗教領域，進而
發展成專屬於中國本土的道教文化。其中張角甚至由黃老之說發展
爲「太平道」，將東漢追求自然清靜的養生論轉化成追求長生不死
的宗教信仰，尤其是老子甚至被推崇爲「太上老君」❹，已離先秦道
家思想或黃老思想甚遠，而自成一系統。

㈡陰陽五行的融入

　　陰陽五行的觀念，在秦漢時期，尤其是兩漢之期，舉凡政治、
宗教、天文、曆法或醫藥等皆不離陰陽五行的理論依據。至於陰陽
家思想的起源，梁啓超先生曾云：

> 春秋戰國以前所謂陰陽，所謂五行，其語甚希見，其義極平
> 淡。且此二事從未嘗併爲一談。諸經及孔、老、墨、孟、荀、
> 韓諸大哲皆未嘗齒及。然則造此邪說以惑世誣民者，誰耶？
> 其始蓋起於燕齊方士，而其建設之，傳播之，宜負罪責者三

---

❹　參見陳麗桂著，《秦漢時期的黃老思想》，頁210-211。

人焉：曰鄒衍、曰董仲舒、曰劉向。❹

這段文字明確指出陰陽五行的思想興起於戰國時燕、齊方士，至於進一步建構出完整的學術思想者則為戰國時期的鄒衍，及漢代的董仲舒與劉向。梁啟超此一論點為顧詰剛所接受，但也有范文瀾（西元1893年—西元1969年）、杜國庠（西元1889年—西元1961年）、徐文珊、郭沫若（西元1892年—1978年）、馮友蘭等諸位學者以《荀子·非十二子》之論述而認為陰陽五行的思想與儒家的觀念較貼近。

就此林啟彥以為其實陰陽五行的思想無法直點出歸於某人某家，因春秋之時，陰陽、五行、災異、宿命的思想已甚為流行，而且陰、陽為宇宙萬物運行的兩大動力，同時也是《周易》與道家學說的基本觀念。除此之外，《管子》與《墨子》二書也記載了五行的相關資料❺。陰陽五行的思想具體表現於政治上，則是強化了君主的神秘性，鞏固執政者的寶座，另外也提供欲推翻政權者的革命依據。

西漢時期儒、道二家因應時勢所趨，皆大量援取陰陽家學說，以致與先秦儒、道的原貌迥異。其改變的目的即求用於世，其中尤以劉安、董仲舒對於學術理論最有建樹。劉安以陰陽合道立論，因道家的清靜無為之說於時已不足於治世，又因其心懷叛逆而被誅，故其說不行於時。至董仲舒以春秋大一統之義，尊天敬王，重立君臣、人倫之禮，使儒家思想得以深獲君王之心而致獨尊，其後不只

---

❹ 見梁啟超著，《飲冰室文集·陰陽五行說之來歷》（第七冊），頁56。

❺ 見林啟彥著，〈第二章.兩漢學術思想〉·《中國學術思想史》（臺北：書林出版有限公司，1994年1月一版，2001年8月六刷），頁103-104。

行於當世，對後世亦產生莫大影響。

　　董仲舒將陰陽家的學說引進儒家的學說之中，使陰陽家與儒家結合於《春秋繁露》一書。《漢書·五行志》曰：「漢興，承秦滅學之後，景、武之世，董仲舒治公羊春秋，始推陰陽，為儒者宗。」❺①鄭玄（西元 127 年—西元 200 年）曾說：「公羊長於讖」，今觀諸董仲舒所著之《春秋繁露》可資印證。《春秋繁露》中言春秋者十之三、四，言陰陽五行者則十之六七。尤其是對漢武帝的〈天人三策〉，其「天人相應」之說，不僅影響了漢代的政治，也影響了漢武帝以後的兩千年政治。

　　董仲舒根據陰陽家的學說神化天，提出了天具有意志並足以制人之說。其曰：

> 天高其位而下其施，藏其形而見其光。高其位所以為尊也，下其施所以為仁也，藏其形所以為神，見其光所以為明。故位尊而施仁，藏形而見光者，天之形也。❺②

董仲舒所謂的天具位尊而施仁、藏形且見光的神性。是萬物的主宰者，人不僅由天所造就，亦須求類於天，因此他說：「為生不能為人，為者天也。人之人本於天，天亦人之曾祖父也。此人之所以乃上類天也。」❺③為人者天的問題，在《漢書·董仲舒》傳中亦曰：

---

❺①　見《漢書·藝文志》，頁1317。

❺②　見漢·董仲舒撰《春秋繁露卷六·離合根第十八》(臺北：臺灣中華書局，民國57年4月臺二版)，頁五。

❺③　同上註，〈卷十一·為人者天第四十一〉，頁一。

人受命於天，固超然異於群生，入有父子兄弟之親，出有君臣上下之誼，會聚相遇，則有耆老長幼之施；粲然有文以相接，驩然有恩以相愛，此人之所以貴也。(54)

依照董仲舒所說的「爲人者天也」，以及「人受命於天」，則人無爲善的自覺能力，此與孔孟的人性論、人皆可以爲堯舜的觀念相違。董仲舒以陰陽家之說與儒家合流，並將儒家人的自覺意識更易爲以天爲主，天具有主宰一切的神力，將儒家的學說雜揉濃厚的陰陽思想與神秘色彩。

除此之外，董仲舒更把鄒衍的五行相勝說擴充爲五行相生、相勝之說，並另創三統以代五德，倡言天人相應之學，使儒家思想徹底地陰陽五行化，而今文學家的儒學亦演變爲一套神權的專制體系。至西漢末年的王莽（西元前 45 年—西元 23 年），更藉由符瑞圖讖而篡漢。漢光武帝得天下，亦符合符讖而興，足見陰陽五行的學說，尤其是「五德終始」之論，對秦漢以下政治的荒誕化及非理性化的發展，有極大的影響力。

不過漢儒爲避免重蹈秦之覆轍，因此對於君權的擴張也以天人感應之說予以制約，告誡人君「天命靡常，惟有德者可居之」的道理，使原本無限擴張的君權得以受限於意志天的天意之下(55)。此說迥異於先秦儒家對人的自覺意識的價値肯定，對先秦儒學而言，人皆可以爲堯舜，因此直指本心，不假外求。

《漢書·藝文志·諸子略》曰：「儒家者流，蓋出於司徒之官，

---

(54) 見《漢書卷五十六·董仲舒傳第二十六》，頁2516。

(55) 見林啟彥著，《中國學術思想史》，頁110-111。

助人君順陰陽明教化者也。」❻此言雖直指儒士的使命即助人君治天下，亦以教化爲主，然吾人卻不宜輕忽「明教化」的前題爲「順陰陽」。故知於東漢班固之時，雖有武帝、董仲舒的「霸黜百家」、「獨尊儒術」之舉措，然陰陽思想的滲入與地位之崇高卻不容小覷，即使推崇儒家的助君求治，尚以「順陰陽」爲先，於是施教化者必得順陰陽方得論教化。

如此說法尚見於《漢書‧儒林傳》：「古之儒者，博學乎六藝之文，六學（藝）者，王教之典籍，先王所以明天道、正人倫、致至治之成法也。」❼又如《史記》卷一百三十〈太史公自序〉論六家要旨曰：

> 夫陰陽、儒、墨、名、法、道德，此務為治者也，直所從言之異路，有省不省耳。嘗竊觀陰陽之術，大祥而眾忌諱，使人拘而多所畏；然其序四時之大順，不可失也。……夫陰陽四時、八位、十二度、二十四節各有教令，順之者昌，逆之者不死則亡，未必然也，故曰「使人拘而多畏」。夫春生夏長，秋收冬藏，此天道之大經也，弗順則無以為天下綱紀，故曰「四時之大順，不可失也」。❽

故知無論西漢《史記》或東漢《漢書》之記載皆顯示出兩漢學術的陰陽化已佔上風，且成爲貫穿兩漢的學術現象。其影響不只於經書，

---

❺ 見《漢書‧藝文志》，頁1728。

❼ 見《漢書卷八十八‧儒林傳第五十八》，頁3589。

❽ 見《史記會注考證卷一百三十‧太史公自序第七十》，頁1366-1367。

漢代還出現大批緯書，如《易緯》、《書緯》、《詩緯》、《春秋緯》等，無不論及陰陽、災異、符讖、預言等範疇。即使劉向（約西元前77年—西元前6年）、鄭玄等古文經大師亦時常引用緯書陰陽五行之說，以作爲解經之輔❺❾。因此兩漢學術的陰陽化與先秦諸子學說已有顯著的不同，其中最大的差異則在於人事的主宰權不在於人。漢儒對於人的要求反成了外求於天、上同於天，人已喪失對自我的主宰力。

㈢雜家化的傾向

兩漢學術思想的轉變，大體而言，不外乎依於儒、道而雜染陰陽五行之說。《淮南子》集道學之大成；董仲舒開崇儒之端緒；揚雄（西元前53年—西元18年）著《太玄》、《法言》，旨在調合道、儒二家學說，卻在著作雜染陰陽五行的思想。

漢代學者對於先秦諸子之學並非只是消極地接受，反而能積極地在承繼中有所融通、創發。漢儒對於先秦諸子百家之說，或持新觀點以探其師承流變，如司馬談父子之〈論六家要旨〉、劉向父子之〈諸子要略〉和《淮南子》等均能出入於儒、道、名、法、陰陽，以求「薈萃諸子、旁搜異聞」、「牢籠天地、博極古今」。❻⓿

就班固的看法，雜家的立論依據在於「知國體之有此，見王治之無不貫。」❻❶，顯見班固對於雜家的認知，主要在於實用性上。西

---

❺❾ 參見林啟彥著，《中國學術思想史》，頁111。

❻⓿ 見韓逋仙著，《中國中古哲學史要》（臺北：正中書局，民國49年10月臺初版、民國69年11月臺3版），頁16。

❻❶ 見《漢書卷三十·藝文志》，頁1742。

漢初期的司馬談，也有相似的看法。司馬談於〈論六家要旨〉中，對於陰陽、儒、墨、名、法、道等諸家的剖析，即以社會、政治層面作考量。

　　對於先秦諸子學說的評價，司馬談予道家最崇高的地位，其言：「其爲術也，因陰陽之大順，采儒墨之善，撮名法之要，與時遷移，應物變化，立俗施事，無所不宜，指約而易操，事少而功多。」**㉒** 司馬談認爲道家學說不只獨有所長，還含蓋其它五家之長。至班固則將此地位贈予雜家，言其：「兼儒、墨，合名、法」**㊽** 既忽略了漢初治國根本方針的道家，也避開了與縱貫兩漢學術的陰陽學說。直到清代汪中（西元 1744 年—1794 年）爲《呂氏春秋》作序**㊼**時，才正式將雜家學說推向諸子學說最高峰。

　　元帝及成帝之後，皇帝詔書，群臣奏議，莫不援引經義以爲依據。國有大疑，輒引《春秋》爲斷，其時公卿大夫未有不通一藝者也。漢代文章中在體例和精神上較近先秦諸子者乃《淮南子》、《論衡》、《潛夫論》諸著。其中劉安頗富「成一家之言」之抱負，其於〈要略〉一文言：

㉒　見《史記會注考證卷》，頁1367。

㊽　同㉑，頁1742。

㊼　見《呂氏春秋校釋》（下），頁1870-1871。汪中序云：「周官失其職，而諸子之學以興，各擇其術以明其學，莫不持之有故，言之成理。及比而同之，則仁之與義，敬之與和，猶水火之相反也。最後《呂氏春秋》出，則諸子之說兼有之。……然其所采摭，今見于周，漢諸書者，十不及三四。其餘則本書已亡，而先哲之話言，前古之佚事，賴此以傳于後世，其善者可以勸，其不善者可以懲焉。亦有閭里小智，一意采奇語奧旨，可喜可觀，庶幾乎立言不朽者矣。」

> 夫作為書論者，所以紀綱道德，經緯人事，上考之天，下揆
> 之地，中通諸理‥故言道而不言事，則無以與世浮沉；言
> 事而不言道，則無以與化游息。⑥⑤

不論此抱負是否得以實現，其「觀天地之象，通古今之事」的氣魄，
確近似先秦諸子。《淮南子》一書成於眾賓客之手，著者雖雜卻有
明確的主導思想爲之統攝，此即黃老思想。強調中央集權的漢武帝
獨尊儒術之後，期發展地方政權的淮南王劉安卻標榜黃老學說，假
黃老之學表達抵制中央集權的意識掌控。

　　西漢文、景所行的「黃老」之術推本於黃帝、老子。此與先秦
的老莊思想有所差距，而與陰陽家相結合。《史記‧太史公自序》
曰：

> 道家使人精神專一，動合無形，瞻足萬物。其為術也，因陰
> 陽之大順，採儒、墨之善，撮名法之要，與時遷移，應物變
> 化，立俗施事，無所不宜。指約而易操事少而功多。⑥⑥

由司馬談之語足徵道家於西漢出年已吸收陰陽、儒、墨、名、法諸
家的精義，而形成另一種多樣貌的道家。《淮南子‧要略》：

> 故言道而不明終始，則不知所傲依；言終始而不明天地四時，
> 則不知所避諱；言天地四時而不引譬援類，則不知精微；言
> 精精而不原人之神氣，則不知養生之機；原人情而不言大聖

---

⑥⑤　見陳麗桂校注，《新編淮南子‧要略第二十一》（臺北：國立邊譯館，民
　　國91年4月初版），頁1507。

⑥⑥　見《史記會注考證》，頁1367。

之德，則不知五行之差。❻

〈要略〉是淮南王劉安爲《淮南子》所寫的序言，由此可體察《淮南子》一書之主旨。其於〈墜形訓〉又言：

> 昆崙之邱，或上倍之，是謂涼風之山，登之而不死。或上倍之，是謂懸圃，登之乃靈，能使風雨。或上倍之，乃維上天，登之乃神，是謂太帝之居。❻

此不死、成仙、成神的思想繼承了秦朝的方士之說，遠逆於老莊的意旨。老莊所主張的是外其身而身存，著重的是精神層次，並非追求有形的軀體之長存，至西漢文、武之際的劉安則著重外在的軀殼，此亦道家轉向道教的關鍵所在。

三、諸子學說於漢代轉變的意義

　　兩漢的學術思想雖充斥著推崇儒術之名，但百家之學風卻隱入兩漢的儒家思想體系之中，並未滅亡；而受到極度寵幸的儒術卻離孔孟之說漸遠。然而若瞭解學術流變的不得不然及其價值，則於憂心諸子學說的變異之餘，同時亦能喜其得以轉變，只是在轉變的過程中，對於先秦諸子學說的得失自有不同的評價與見解，究竟其轉變所代表的意義爲何？其影響若何則較其轉變的狀況爲之重要。

---

❻　見《新編淮南子》(下冊)，頁1528。
❻　見《新編淮南子》(上冊)，頁289。

㈠對儒術的虛尊而實抑

先秦學說發展至漢代最大的轉變推力，首推政治力的介入。而兩漢學術的最大轉捩點則爲武帝與董仲舒二人的排除諸子思想，獨尊儒術，故由此論述。

當漢武帝接受、採行董仲舒之議而獨尊儒術時，其實並非完全爲漢代的學術思想設想，其處心積慮仍不外乎執政、治國的具體考量；就董仲舒而言，在其〈天人三策〉中已見董仲舒與漢武帝不謀而合之處。蓋孔孟所執之德治不行於春秋戰國必亦有其理，大凡主政的君王實不易自我要求於身教感化百姓，時至大一統的政權--漢代，更有人君難以全盤接受之處。一如章學誠所言，學術之流傳乃「時會使然」[69]，堅守己見、不知變通則弊於時，因此董仲舒對漢武帝所闡述的並非先秦儒家的原意。

首先董仲舒的儒術已爲陰陽五行及法家之說所滲入，其於〈天人三策〉中言及：

> 故《春秋》受命所先制者，改正朔，易服色，所以應天也。……
> 臣聞聖王之治天下也，少則習之學，長則材諸位，爵祿以養
> 其德，刑罰以威其惡，故民曉於禮誼而恥犯其上。[70]

短短數句已突顯出董仲舒對人君的要求是上同於天，而非先秦儒家「天視自我民視，天聽自我民聽」[71]的民本精神。「人」的價值地位

---

[69] 見《文史通義內篇二·原道上》，頁35。
[70] 見《漢書卷五十六·董仲舒傳第二十六》，頁2510。
[71] 見《四書讀本·孟子》，頁225。

於斯隆焉，先秦儒家內求自省的功夫於此已轉向外求於意志天和具有法家精神的威刑之途。

先秦儒家最大的特色莫過於不假外求，德治的淵源於每個人的內心，因此只要人能尋求本心的仁善，塗之人均爲堯舜，人的地位相形提升也具有普便性。正因人的本心具有自覺能力，故人君首重德治以感化百姓，誠如《論語》所謂：「君子之德風，小人之德草，草上之風必偃。」❼❷，又「子帥以正，孰敢不至？」❼❸此之要求不在百姓、人臣，而是執政者。然至西漢董仲舒雖亦言教化，實則對君王的要求已大不如先秦之要。

另外，由於董仲舒將儒學陰陽化、神秘化，儒家至漢對於君主的要求日漸消弭。至於天人感應之說，董仲舒則上溯至傳言孔子據魯史而作的《春秋》之上，其曰：

> 冊曰：「善言天者必有徵於人，善言古者必有驗於今。」臣聞天者群物之祖也，故遍覆包函而無所殊，建日月風雨以和之，經陰陽寒暑以成之。故聖人法天地而立道，亦溥愛而無私。……天人之徵，古今之道也。孔子作春秋，上揆之天道，下質諸人情，參之於古，考之於今。故春秋之所譏，災害之所加也；春秋之所惡，怪異之所施也……是故王者上謹於承天意，以順密也；下務明教化民，以成其性也。……人受命於天，固超然異於群生。❼❹

---

❼❷ 見宋・朱熹集註、蔣伯潛廣解，《四書讀本—論語》（臺北：啟明書局），頁184-185。

❼❸ 同上註，頁183。

❼❹ 見《漢書卷五十六・董仲舒傳第二十六》頁2515-2516。

以《春秋》的「揆之天道」、「承天意」，將儒家的人文精神一變而為神秘的天道思想。是以所謂的「獨尊儒術」僅為口號，經由執政者的篩選與扭轉，實則扭曲儒家學說的要義，反而抑制了儒家的學說。

漢武帝之崇尚儒術，與其強調中央集權相比，後者顯然更具根本性。董仲舒三篇〈舉賢良對策〉歷來被奉為文章經世致用的典範，但「天命與情性」乃武帝所命，奉旨行文的董仲舒，不過以陰陽靈異、《春秋》大一統的時代趨勢迎合國君極權統治的意圖。尤其是漢武帝採納其建議，罷黜百家表彰六經，大力支持儒家學說的研究與應用，除了設置太學、立博士官，甚至規定以通經與否為進退官吏的依據，更使得日後經學大盛。不過在這些政策實施的背面，其實武帝和宣帝尚且兼好刑名之術，並非真的專重儒術。

東漢班固於《漢書·董仲舒傳》之贊語中稱許劉歆之論董仲舒曰「仲舒遭漢承秦滅學之後，六經離析，下帷發憤，潛心大業，令後學者有所統壹，為群儒首。」❼足見董仲舒的學術主張對於兩漢學術的影響極大，甚且執其牛耳，立下兩漢儒者之典範，惟董仲舒之儒術已遠離先秦儒家的孔孟之道，故其表面上的「尊儒」政策，實則嚴重傷害了儒家學說的真義。尤其是對學術的統一，其傷害不下於秦始皇、李斯的一統言論思想，對學術的發展有百弊而無一利。

經過董仲舒「改造」之後的儒家雖偏離原始儒家的要義，卻更適合生存於專制的君權統治之下，以致西漢以後的國君即使不廢刑罰，追求自我淫樂，卻仍不忘標舉「儒家」的標幟。此後，儒家思

---

❼ 同上註，頁2526。

想逐成爲中國的學術中心，對中國文化的影響彌足深遠。

㈡陰陽五行與政權輪替

自武帝之後，大凡漢代大儒通經致用必致力於春秋之學與陰陽五行之說，董仲舒和劉歆、劉向父子，三人同爲漢代大儒，其學卻無不以陰陽五行附會於春秋之學上。

陰陽學說的本身首重法天思想，「天」的觀念雖非始於陰陽學家，但卻首爲陰陽家重用，並以此爲中心理念逐漸發展成一套新的理論。這套新理論要求統治者對於個人己身的言行、治國政策等皆須效法於天。直至董仲舒更刻意地將政治上的課題依附於天❼❻。其於《春秋繁露》曰：

> 天子受命於天，諸侯受命於天子，子受命於父，臣妾受命於君，妻受命於夫，諸所受命者，其尊皆天也，雖謂受命於天亦可。❼❼

其主要目的即避免君權不致無限擴張，於是董仲舒假借天之名以約束君主。在尊天理念的統攝下，董仲舒雖事先對不同階級的人做了等級性的畫分，層層遞疊而來，再上推於天，但終究是任何人皆受命於天，此又產生一種普遍的平等性。而就天子的受命於天，又代表著天子的地位非凡人所能冀覦，意即天子之位受於天，不受制於人，因此則有維護既有君權的意味，至西漢此種稍顯矛盾的君權成

---

❼❻　以上參見鄺士元，《中國學術思想史》，頁84-85。
❼❼　見《春秋繁露卷十五・順命》，頁六。

了陰陽五行之說的新義。

所謂的五德終始與朝代之更替，乃依「五德相生相勝」的關係順序而轉換。自戰國鄒衍始創五行相勝之說，即取其具有革命的意義。至劉向、劉歆父子改採五行相生之說，將其附與君權禪讓之意，王莽、曹丕（西元 187 年—西元 226 年）之篡漢，多以後說爲根據。繼五德終始便是受命改制，有德之人必須受命而王，而受命之條件在於有德，及其德衰命終便須改制[78]。至此又以「德」要求君主，意即無德之主，其受命於天的帝位亦將隨之而亡。

就五德終始而論，五行有「五性」，亦稱之爲「五德」，如春爲情帝，其德主生；夏德主長、秋德主收；動季黑帝，則主殺。由於每一帝僅留一季，如青帝僅主管春奇三個月，到夏季第四月，青帝即不再當令，須讓位與赤帝。五帝各有終始，於是據此而論，了每一王朝必有起訖，不可能有某一王朝得以子孫永享萬年。於是，上天藉由符瑞與災異以昭告世人，受符命者方可代前朝而起，以作新王[79]。其中災異之說又與天人感應有關，董仲舒曾言：

> 故聖人法天而立道。……春者天之所以生也，仁者君之所以愛也；夏者天之所以長也；德者君之所以養也；霜者天之所以殺也；刑者君之所以罰也。緣此言之，天人之徵，古今之道也。[80]

---

[78] 以上參見廊士元，《中國學術思想史》，頁85-86。

[79] 參見《學術思想遺稿》，頁172。

[80] 見《漢書卷五十六·董仲舒傳第二十六》，頁2515。

又

> 天地之氣，合而為一，分為陰陽，判為四時，列為五行。❽

這種「天人感應」的說法自古皆然，意即君主須上法於天，因應由天地之氣化分為四時、五行的天意而行，否則將受災異之誡。而災異者即：

> 天地之物有不常之變謂之異，小者謂之災，災常先至而異乃隨之。災者，天之譴也；異者，天之威也。譴之而不知，乃畏之以威。詩云：畏天之威，殆此謂也。凡災異之本盡生於國家之失，國家之失乃始萌芽，而天出災害以譴告之。……謹按災異以見天意。❽

因此天降災異實對君主的譴責，君主必須俯首於天意之前，不得妄自作為。

西漢元帝及成帝是天人學說盛極而衰的時代。其原因在於天人學說志在限君，但君權在握的專制帝王寧願走向神仙方術的長生之途，而不願採行自我約束的陰陽五行學說，此於秦始皇、漢武帝皆然。因此天人感應的思想由災異革命轉變為讖緯符命，其事始於哀、平之際，王莽利用以之篡漢，迨其得勢之後，對於學術方面，所推行的不外從經義及符兩方面發展。

陰陽災異之說對於兩漢政治具有很大的影響力。漢儒提出災異

---

❽　見《春秋繁露卷十三·五行相生第五十八》，頁四。
❽　見《春秋繁露卷八·必仁且知第三十》，頁十一。

學說的動機，無非冀求人君不致專擅，能謙虛地上法於天，以求時時刻刻地自我反省能力。因此始自漢文帝，每逢自然界有重大災異出現，君王往往下詔罪己，此由於鄒衍（約西元前 305 年—西元前 240 年）的天人學說影響下，時人深信自然災異必代表天意有所指示。至宣、元二帝則變成以災異降之大臣，或以此廢免臣下職位等❽。此種改變已將約束天子的網索強加轉化於人臣身上，於是君王巧妙地將陰陽災異對君主的約束轉變成君權的解套，而人世間亦無人能與之抗衡。

結　語

　　大凡時勢的流變非常人所能預測，一如學術的發展亦多出時人之預料。

　　得以掌控學術的君王或創發、改造學術的學者們，置身當下雖欲導學術於上，或一時蔚爲風潮，然而難料一如武帝之崇儒、設博士官，表面上雖表達對學術的推崇，實則反而造成學術發展的傷害。自漢初即盛行的黃老學說在與陰陽、感應之說相互配合之下，形成了兩漢學術的獨特風貌，此等雜家化的學術思潮，對先秦諸子學說有一種更爲寬宏的包容力，各家各派的門戶之見亦不再壁壘分明，更不見春秋戰國時期的激烈攻訐。此種轉變不見得十分完美卻是一種因時、因地而制宜的事實，足以展現兩漢時期學術發展的助因與阻力，並呈顯其特別的意義。

---

❽　以上參見鄺士元，《中國學術思想史》，頁86-87。

參考書目

一、古籍專著

春秋・管仲、唐・房玄齡注，《管子》，臺北：世界書局，民國 77
年初版。

漢・董仲舒，《春秋繁露》，臺北：臺灣中華書局，民國 57 年 4 月
臺二版。

東漢・班固、唐・顏師古注，《漢書》，北京：北京中華書局出版，
1983 年 6 月第 4 次印刷。

唐・魏徵、令狐德棻，《隋書》，北京：北京中華書局，1987 年 12
月北京第 3 次印刷。

著者不詳、宋・陸佃注，《鶡冠子》，臺北：臺灣中華書局，民國
59 年 4 月臺二版。

宋・朱熹集註、蔣伯潛廣解，《四書讀本》，臺北：啓明書局。

清・章學誠、楊家駱主編，《文史通義》，臺北：鼎文書局，民國
66 年 3 月增訂一版。

二、現代專書

劉光義，《漢武帝之用儒及漢儒之說詩》，臺北：臺灣商務印書館
股份有限公司印行，民國 58 年 3 月初版。

徐漢昌，《慎子校注及其學說研究》，臺北：嘉新水泥文教基金會，
民國 65 年出版。

章太炎、譚復生撰，《章譚合鈔》，臺北：廣文書局有限公司，民
　　國66年1月初版。

章太炎，《國故論衡》，臺北：廣文書局有限公司，民國66年7月
　　五版。

徐復觀，《兩漢思想史》(卷二)，臺北：臺灣學生書局，民國68年
　　9月再版。

韓逋仙，《中國中古哲學史要》，臺北：正中書局，民國 69 年 11
　　月臺3版。

梁啓超，《飲冰室文集》，臺北：臺灣中華書局，民國72年12月
　　臺三版。

徐復觀，《兩漢思想史》(卷一)，臺北：臺灣學生書局，民國74年
　　3月七版(臺六版)。

郭慶藩輯，《莊子集釋》，臺北：華正書局，民國74年8月版。

瀧川龜太郎、魯實先、陳直著，《史記會注考證》，臺北：洪葉出
　　版社，民國75年9月版。

黃登山，《老子釋義》，臺北：臺灣學生書局，民國76年12月初
　　版。

陳奇猷校釋，《呂氏春秋校釋》，臺北：華正書局有限公司，民國
　　77年8月初版。

梁啓雄，《荀子簡釋》，臺北：木鐸出版社，民國77年9月初版。

牟宗三，《中國哲學十九講》，臺北：臺灣學生書局，1989年2月
　　第三次印刷。

中國歷史大辭典·思想史卷編纂委員會編，《中國歷史大辭典·思
　　想史卷》，上海：上海辭書出版社，1989年6月1版1刷。

祝瑞開，《兩漢思想史》，上海：上海古籍出社，1989 年 6 月 1 版 1 刷。

顧頡剛，《中國上古史研究講義》，臺北：文史哲出社，民國 78 年
　　10 月台一版。

錢穆，《兩漢經學今古文平議》，臺北：東大圖書股份有限公司，
　　民國 78 年 11 月臺三版。

林聰舜，《西漢前期思想與法家的關係》臺北：大安出版社出版，
　　1991 年 4 月一版一刷。

陳奇猷，《韓非子集釋》，高雄：復文圖書出版社，民國 80 年 7 月
　　二版

侯外廬主編，《中國思想史綱》，臺北：五南圖書有限公司，民國
　　82 年 9 月初版一刷。

汪中文，《兩周官制論稿》，高雄：復文圖書出版社，1993 年 10 月
　　初版一刷。

周桂鈿，《中國歷代思想史(二)秦漢卷》，臺北：文津出版社有限公
　　司，民國 82 年 12 月初版一刷。

錢穆，《中國學術思想史論叢》（三），臺北：東大圖書股份有限
　　公司，民國 82 年 12 月四版。

錢穆，《中國思想史》，臺北：臺灣學生書局，民國 84 年 8 月第九
　　次印刷。

王永祥，《董仲舒評傳》，南京：南京大學出版社出版，1995 年 9
　　月第 1 次印刷。

張豈之編著，《中國儒學思想史》，臺北：水牛圖書事業有限公司，
　　民國 85 年 3 月 20 日初版二刷。

鄭圓鈴，《史記黃老思想研究》，臺北：學海出版社，民國 87 年元

月初版。

白奚，《稷下學研究》，北京：生活·讀書·新知三聯書店，1998
年出版。

錢穆，《學術思想遺稿》，臺北：素書樓文教基金會、蘭臺網路出
版商務股份有限公司，民國89年12月出版。

鄺士元，《中國學術思想史》，臺北：里仁書局，民國90年5月31
日增訂三版二刷。

林啓彥，《中國學術思想史》，臺北：書林出版有限公司，2001年
8月六刷。

余英時，《中國知識階層史論》，臺北：聯經事業有限公司，2001
年11月初版第六刷。

陳麗桂校注，《新編淮南子》，臺北：國立編譯館，民國91年初版。

田中慶太郎校訂，《周易本義》(影印國子監刊本)，五洲出版社印行，
出版日期不詳。

三、論文

洪乾佑，〈先秦諸子學說勃興的原因〉，《逢甲學報》第17期，台
中：逢甲大學，民國73年7月。

華仲鹿，〈諸子與諸子學〉，《孔孟月刊》第22卷第12期，臺北：
孔孟月刊社，民國73年8月出版。

梁桂珍，〈董仲舒學說與其時代精神──導論：兩漢學術思想概觀〉，
孔孟學報第51期，臺北：中華民國孔孟學會，1984年4月出版。

徐漢昌，〈先秦諸子學說淵源析論〉，《孔孟學報》第73期，臺北：
孔孟月刊社，民國86年3月。

兩漢之際讖緯思潮的興起與 其思想效應

普 義 南[*]

一、前言：讖緯思潮的興起

學者素以「讖緯」一詞以籠括兩漢之際神學說經的思潮[❶]，然而對於「讖緯」名義與生成時代的說法，卻異說紛紜。簡要言之，紀昀《四庫全書總目》以「讖者詭爲隱語，預決吉凶」、「緯者經之支流，衍及旁義」爲二者作出區別[❷]，實際上「緯以配經」的名義是

---

[*] 淡江大學中文系博士生，淡江大學中文系兼任講師。

[❶] 如鍾肇鵬云：「讖緯就是作為漢代統治思想宣傳的神學世界觀。」《讖緯論略》（瀋陽：遼寧教育出版社，1995）頁1。

[❷] 《四庫全書總目提要》《易》類六附錄《易緯》案語云：「儒者多稱讖緯，其實讖自讖，緯自緯，非一類也。讖者詭為隱語，預決吉凶。《史記·秦本紀》稱盧生奏《錄圖書》之語，是其始也。緯者經之支流，衍及旁義。《史記·自敘》引《易》『失之毫釐，差以千里。』《漢書·蓋寬饒傳》引《易》『五帝官天下，三王家天下。』注者皆均以為《易緯》之文是也。蓋秦漢以來去聖日遠，儒者推闡論說各自成書，與經原不相比附。」

後起的，是鄭玄以東漢光武帝於建武三十二年（56）「宣布圖讖於天下」的八十一卷內容作為解經依據時所賦予的說法❸，當是之時或稱「讖書」、「經讖」、「秘書」，或直言篇名，尚無以「緯書」稱呼之。雖然「讖」、「緯」並言是後來的說法，然而作為一種「災異預言」與「假托經義」結合的特殊闡述模式而言，卻不妨礙我們以「讖緯」一詞去認識它。則讖緯思潮大致可以以西漢哀帝時李尋、夏賀良進言《赤精子讖》為起點❹，而下至東漢章帝統合經讖的白虎通會議為止，活躍於此兩漢之際近百年的社會動盪之中。觀察兩漢

---

❸ 東漢鄭玄於桓帝延熹九年（西元166）辭馬融歸鄉，為《易》、《詩》、《禮》、《尚書》諸圖讖作注後，始有「圖讖」、「緯書」二名互相指涉的現象，如鄭玄注《周易》引《春秋說題辭》之文而稱曰「春秋緯」：『《春秋緯》云：「河以通乾出天苞，洛以流坤吐地符。河龍圖發，洛龜書成，《河圖》有九篇，《洛書》有六篇也。」』李鼎祚《周易集解・繫辭》頁8。又見《周禮注疏》卷七，頁10。此段引文見黃奭輯《春秋緯說題辭》卷十三，頁192。

❹ 《後漢書》卷七十五〈李尋傳〉：「初，成帝時，齊人甘忠可詐造天官曆、包元太平經十二卷，以言『漢家逢天地之大終，當更受命於天，天帝使真人赤精子，下教我此道。』忠可以教重平夏賀良、容丘丁廣世、東郡郭昌等，中壘校尉劉向奏忠可假鬼神罔上惑，下獄治服，未斷病死。賀良等坐挾學忠可書以不敬論，後賀良等復私以相教。哀帝初立，司隸校尉解光亦以明經通災異得幸，白賀良等所挾忠可書。事下奉車都尉劉歆，歆以為不合五經，不可施行。而李尋亦好之。光曰：『前歆父向奏忠可下獄，歆安肯通此道？』時郭昌為長安令，勸尋宜助賀良等。尋遂白賀良等皆待詔黃門，數召見，陳說『漢曆中衰，當更受命。成帝不應天命，故絕嗣。今陛下久疾，變異屢數，天所以譴告人也。宜急改元易號，乃得延年益壽，皇子生，災異息矣。得道不得行，咎殃且亡，不有洪水將出，災火且起，滌盪民人。』」（漢）班固著：《新校本漢書》（臺北：鼎文書局，民72）頁3192。

之際讖緯思潮的興起，約略有以下兩個因素。

㈠讖緯是經學天人感應論下的學術產物

圖讖、符命以預言吉凶的方式出現，由來已久，如秦穆公有夢占之讖語❺，賈誼《鵩鳥賦》有驗證之讖書❻，因此張衡稱「立言於前，有徵於後，故智者貴焉，謂之讖書」❼。但是這樣的零星產生的預言，僅停留在隨機現象的層面而已，並無一套較成系統的理論去支持其出現，與後來主流學術的漢代經學沒有直接關係，頂多是一種對異常事象的敬畏與迷信紀錄罷了。

真正把「災異預言」帶入到漢代經學裡頭，以形成經、讖結合的讖緯思潮，則是導源於漢代經學哲學的重要課題—「天人感應」

---

❺ 《史記》卷四十三〈趙世家〉：「趙簡子疾，五日不知人，大夫皆懼。醫扁鵲視之，出，董安于問。扁鵲曰：「『血脈治也，而何怪！在昔秦繆公嘗如此，七日而寤。寤之日，告公孫支與子輿曰：『我之帝所甚樂。吾所以久者，適有學也。帝告我：『晉國將大亂，五世不安；其後將霸，未老而死；霸者之子且令而國男女無別·』』公孫支書而藏之，秦讖於是出矣。』」而秦穆公「寤夢」一事，可見《史記·封禪書》：「秦繆公立，病臥五日不寤；寤，乃言夢見上帝，上帝命繆公平晉亂。史書而記藏之府。而後世皆曰秦繆公上天。」（漢）司馬遷撰《新校史記三家注》（臺北：世界書局，民64）頁1786、1360。

❻ 《史記》卷八十四〈屈原賈生列傳〉引賈誼〈鵩鳥賦〉：「閼之歲兮，四月孟夏，庚子日施兮，服集予舍，止于坐隅，貌甚閒暇。異物來集兮，私怪其故，發書占之兮，筴言其度。曰『野鳥入處兮，主人將去』。」「筴言其度」，在《漢書·賈誼傳》微引時變「讖言其度」。「筴」即「策」，所以賈誼翻閱的應是歸納生活常見事理作為預言的讖書。《新校史記三家注》頁2497。

❼ 《後漢書》卷五十九〈張衡列傳〉，（劉宋）范曄撰：《新校本後漢書》（臺北：鼎文書局，民76）頁1911。

論，此一學說的代表人物爲董仲舒。簡單來說，天人感應是以天作爲最高意志的展現，將儒家固有的道德教化主張，轉化成一種與上天意志同步運行的結構，賦加道德意涵於陰陽、五行、四時等自然秩序之中，因此「凡災異之本，盡生于國家之失」❽，如何詮釋災異的產生以及國家施政因應的舉措，則可以從經書的記載之中取得最至善的標準。天人感應論的提出，使得災異預言的解釋權從卜官、術士，轉移到「明經通災異」的儒生身上，進而成爲讖緯思潮的理論主軸。

㈡讖緯是與政治緊密結合的社會思潮

讖緯可說是自西漢今文經學好言陰陽災異所衍伸的產品，然而從天人感應的提出，到後來讖緯用神學解釋經義的脫序演出，都和漢代政治緊密結合。漢家帝王對於災異祥瑞現象，普遍抱有深刻的敬畏心態，每遇日食地震，皆下詔罪己，而今文經學的天人感應說正好符合帝王這種憂懼天命的心態，以陰陽五行推衍出複雜的邏輯思維，能夠爲各種災異現象的產生提供理論上的依據。如元帝，遇茂陵白鶴館火災，詔云「丞相、御史舉天下明陰陽災異者各三人」❾，又如成帝時「日食星隕」，其處理方法爲「公卿大夫、博士、議郎其各悉心，惟思變意，明以經對，無有所諱。」❿因此我們可以看到，西漢昭、宣以後，今文經學愈興盛，其所伴隨政治上的災異符瑞現

---

❽ 《春秋繁露·必仁且智》。賴炎元註譯《春秋繁露今註今譯》（臺北：臺灣商務印書館，民85.12）頁236。

❾ 《漢書》卷九〈元帝本紀〉頁284。

❿ 《漢書》卷十〈成帝本紀〉頁326。

象也愈多，哀、平之際，甚至成爲王莽篡漢的政爭工具，這些皆與統治階層的信仰氛圍關係甚深。

對於災異祥瑞現象的解釋，無論是何種政治立場，原本都是援引經文，以經義爲出發點，但是正如班固所指出：

> 漢興推陰陽言災異者，孝武時有董仲舒、夏侯始昌，昭、宣則眭孟、夏侯勝，元、成則京房、翼奉、劉向、谷永，哀、平則李尋、田終術。此其納說時君著明者也。察其所言，仿佛一端。假經設誼，依託象類，或不免乎「億則屢中」。仲舒下吏，夏侯囚執，眭孟誅戮，李尋流放，此學者之大戒也。⓫

這些講陰陽災異的經學家，託經書以立論，似乎言之成理，但畢竟只是經義的闡釋者而已，與孔子或天志的神聖性，仍是隔了一層。因此與當權者的政治利益出現衝突時，通常下場都是比較悲慘的。所以當西漢末年政治態勢愈發混沌的同時，於是有讖緯以假托虛幻的上帝和孔子的意旨的方式，不受經典的約束，企圖編造預言，達到正統經學所不能起的政治效應。

二、讖緯思潮與漢代儒家經典的權威化

讖緯思潮標誌著中國政、教密合的態勢，也顯示著儒學定爲一

⓫ 《漢書》卷七十五〈眭（宏）兩夏侯（始昌、勝）京（房）翼（奉）李（尋）傳〉頁3194。

尊的時代過程。純粹人文精神的儒學，在漢代朝廷強調王霸雜用的治術思維，以及瀰漫陰陽、五行、天人相配的社會氣氛中，是很難受到重視的，所以董仲疏天人感應論的提出，代表一種新型態儒學的建構，企圖把紀錄古代知識、歷史制度的經書，變成包含天地、古今一切知識的原理原則，甚至能藉此預言、安排未來的變化。今文經學家們透過各種詮釋方法使得經書變的無比神通，而讖緯更直接將經書予以神格化，以發揮更大的政治效用，協助東漢王朝奠定以《白虎通義》為主的國家意識和國家認同。

㈠董仲舒開展儒學神學化之可能

元光三年（134），漢武帝策賢良文學之士，自謂欲聞「大道之要，至論之極」，但實際卻提出傳統儒學無法招架的天命問題：

> 三代受命，其符安在？災異之變，何緣而起？性命之情，或天或壽，或仁或鄙，習聞其號，未厭其理？❷
>
> 蓋聞「善言天者必有徵於人，善言古者必有驗於今」，故朕垂問乎天人之應。❸

漢武帝的問題核心其實就是「政權受命」、「個人性命」，是對漢朝平民政權正統性以及在即位初期從政爭不斷的無常恐懼、也包含武帝自己對長生的渴望。但是這類問題，根本不是傳統儒學理論所能充分解釋的。古代儒者雖然也從事國家祭祀的工作，但僅著

---

❷ 《漢書》卷五十六〈董仲舒傳〉頁2496。
❸ 《漢書》卷五十六〈董仲舒傳〉頁2513。

眼在敬天祭祖背後的禮制意義，而非出自對神鬼方術的迷信。孔子
更是一位人文主義者，子貢就說的很清楚：「夫子之文章，可得而
聞也；夫子之言性與天道，不可得而聞也。」❶孔子所追尋的是人文
秩序的恢復，對於鬼神天命之說是不予重視的。董仲舒並竟不是方
士，對於武帝的問題，他一開頭回答道「求天命與情性，皆非愚臣
之所能及也」，因為這類牽涉國體、天人關係的問題，本來就不是
普通人所能議論、隨意解釋的。接著董仲舒搬出超越性的權威—「經
典」與「聖人」：

> 臣謹案《春秋》之中，視前事已行之事，以觀天人相與之際，
> 甚可畏也。國家將有失道之敗，而天乃先出災害以譴告之，
> 不知自省，又出怪異以警懼之，尚不知變，而傷敗乃至。以
> 此見天心之仁愛人君而欲止其亂也。❶

> 孔子作《春秋》，上揆之天道，下質諸人情，參之于古，考
> 之於今。故《春秋》之所譏，災害之所加也；《春秋》之所
> 惡，怪異之所施也。書邦家之過，兼災異之變，以此見人之
> 所為，其美惡之極，乃與天地流通而往來相應。❶

董仲舒把立足於歷史、人事的《春秋》，以微言大義的方式，將人
世秩序與具有喜惡的天志連接在一起。從聖人對歷史紀錄與評價中

---

❶ 《論語》卷五〈公冶長〉，（清）阮元《十三經注疏8論語》（臺北：藝文
印書館，民86.08）頁43。
❶ 《漢書》卷五十六〈董仲舒傳〉頁2498。
❶ 《漢書》卷五十六〈董仲舒傳〉頁2515。

去尋求治平之道，國家治理的得當，自然會得到上天的關愛，祥瑞也會不斷出現。其謂「物災疾莫能爲仁義，唯人獨能爲仁義；物災疾莫能偶天地，唯人獨能偶天地」❼，天、地、人以「仁義」德性作爲相應的連接點，人世秩序即是天地秩序的一環，所以董仲舒在《賢良對策》裡，反覆地談論儒家「禮義教化」、「任德不任刑」的德治主張。

董仲書雖然成功地把儒家的德治理想推銷了出去，並且使得以《春秋公羊》爲首的今文經學受到漢庭的重視，對後來漢代經學的興盛，有不可磨滅的功勞。但是他這種透過天人相應所建立的德治理論，其理論內部的闕漏與矛盾，也造成經學的變質以及之後將儒學極端神學化的讖緯出現。

首先他將陰陽、四時、五行建立的氣化宇宙論，賦予道德的屬性，並以此解釋災異符命的產生，導引西漢經學的思維邏輯走向複雜化、虛誕化的路子上。其實早在《呂氏春秋·十二紀紀首》就已經用陰陽五行等氣化運行的法則，來規範人事、政治的具體行爲，但是這類將形上、形下以有機世界的結合方式，處理過程中，許多方面都出自作者自己的任意聯想。比如說「孟春」之時，氣候是「天氣下降，地氣上騰」，物候是「蟄蟲始振，候雁北」，尚可以自然農事的經驗觀察得之，然而像五色尚「青」、五音尚「角」、五味尚「酸」、五臭尚「羶」……等等，就往往難以證成，而流於牽強附會了。董仲舒也是如此，他從「以類相應」的角度去談天人關係，其云：

---

❼ 《春秋繁露·人副天數》頁327。

天以終歲之數，成人之身，故小節三百六十六，副日數也。
大節十二分，副日數也。內有五臟，副五行數也。外有四肢，
副四時數也。乍視乍瞑，副晝夜也。乍柔乍剛，副冬夏也。
乍哀乍樂，副陰陽也。心有計慮，副度數也。行有倫理，副
天地也。❶⑱

其類推方式根本也是牽強附會，如人的眼睛「乍視乍瞑」爲何不能
是副「陰陽」？而「度數」本是由人決定，跟心的「計慮」功能有
何相干？其本意是要人的作爲尋合規律，讓人事秩序能上軌道，但
卻造成更多的不合理因素產生，因爲人事的各種關係，已經不是出
自政治經濟的結構，而是取法陰陽五行的天意。西漢經學自「董仲
舒治《公羊春秋》，始推陰陽，爲儒者宗」⑲，之後夏侯始昌《洪範
五行傳》的災異推論、京房《易經》的象數卦氣、翼奉《齊詩》的
四始六際，環繞陰陽五行的宇宙論建構模式打轉，將傳統儒家的人
文德治精神，演沒在紊亂、虛幻的類比推論之中，最終被讖緯完全
吸收進去，成爲其神學的論證方式。

　　另外，董仲舒把《春秋》當作體現天志的神聖著作，過分強調
詮釋者對經文「微言大義」、「貴微重始」的必要認識，也是造成
儒家典籍變得逐漸教條化、神秘化的原因所在。如他說：

故（《春秋》）書日蝕，星隕，有蜮，山崩，地震，夏大雨水，
冬大雨雹，隕霜不殺草，自正月不雨，至於秋七月，有鸛鵒

---

⑱　《春秋繁露·人副天數》頁327。
⑲　《漢書》卷二十七〈五行志〉頁1317。

> 來巢，春秋異之，以此見悖亂之徵，是小者不得大，徵者不
> 得著，雖甚末，亦一端，孔子以此效之，吾所以貴微重始是
> 也。❷⓿

於是《春秋》對於災異的紀錄，都是一種「天譴」、「天威」
的預言警示，當然後來也都驗證其預言「所言不虛」，因爲這些都
是已經發生的歷史，實際上如徐復觀所言：「不合理的現實，與災
異之間，並沒有什麼必然性的關聯。」❷⓵自然界的日食、地震、旱雨
的現象，都有其物理發生的必然性關聯，不是站在科學經驗的角度
去歸納，而單憑陰陽、五行形上觀念的推測，是很難作出合理的解
釋的，若是人爲造作的祥瑞，那更是毫無邏輯可言。偏偏朝廷對這
種「天譴」說信之不疑，而經生們爲了迎合上位者，努力地從所學
的經典文句中找出解釋的理由。如武帝之前的文帝，面臨「日有食
之」時，其詔云：

> 人主不德，布政不均，則天示之災以戒不治。……舉賢良方
> 正能直言極諫者，以匡朕之不逮。❷⓶

他僅是把天象異常當作一種警示，然而如何「布政不均」以導致「日
有食之」？這其中還沒建立相應的解釋系統。而之後的元帝，遇茂
陵白鶴館火災，其詔云：

> 不燭變異，咎在朕躬。……丞相、御史舉天下明陰陽災異者

---

❷⓿　《春秋繁露·二端》頁146。
❷⓵　徐復觀著《兩漢思想史 卷二》（臺北：臺灣學生書局，民82.9），頁304。
❷⓶　《漢書》卷四《文帝本紀》頁116。

各三人。

就已經採用陰陽來解災異的說法,而誰是「明陰陽災異者」?則自然是遵行董仲舒「始推陰陽」的經生們。又如成帝時「日食星隕」,其處理方法爲:

> 公卿大夫、博士、議郎其各悉心,惟思變意,明以經對,無有所諱。

從「明以經對」可以看到,經書幾乎成爲印證自然「變意」的聖典了,經生們頻繁地引經據典爲天地異常作出符合政治需求的解釋。而王莽更是以《易經》同人卦九三爻辭「伏戎于莽,升其高陵,三歲不興」的經文,作爲政權維繫的證據❷,於是乎經書幾乎成爲預言的天書。這些都是董仲舒將《春秋》視爲孔子受命用以體現災異祥瑞天意的著作,所造成的經學詮釋的質變。

(二)「尊經」意識下的讖緯造作運動

董仲舒無所不包的陰陽五行天論體系,透過「《春秋》無通辭,從變而移」❷的詮釋方法,將天志、孔子、春秋(經書)連結成最高

---

❷ 《漢書》卷九十九〈王莽傳下〉:「莽乃會公卿以下於王路堂,開所爲平帝請命金縢之策,泣以視群臣。命明學男張邯稱說其德及符命事,因曰:『易言:「伏戎于莽,升其高陵,三歲不興。」』『莽』,皇帝之名。『升』謂劉伯升。『高陵』謂高陵侯子翟義也。言劉升、翟義爲伏戎之兵於新皇帝世,猶殄滅不興也。』群臣皆稱萬歲。又令東方檻車傳送數人,言『劉伯升等皆行大戮』。民知其詐也。」《新校本漢書》頁4184。

❷ 《春秋繁露·竹林》,賴炎元註譯《春秋繁露今註今譯》頁33。

的權威，作爲指導政治的原理。但是把陰陽五行、祥瑞災異帶入儒家經典的結果，卻是造成經學的虛誕化、神秘化，甚至可以利用經書預言吉凶。哀、平以前的學者，如董仲舒「以《春秋》災異之變推陰陽所以錯行」，可以用來求雨❷；他的弟子眭宏看到大石自立、臥樹立生，「推《春秋》之意」，預言漢家運盡、該當禪讓❷；教授《齊詩》、《尚書》的夏侯始昌，能「明于陰陽」，預言柏梁台焚毀的時間❷；夏侯始昌的弟子夏侯勝，根據《洪範五行傳》阻止昌邑王外出，避免臣下霍光的政治暗殺，甚至以此贏得霍光對「經術士」的敬畏❷。夏侯勝後來位居高官，教講諸生，云：

---

❷　《漢書》卷五十六〈董仲舒傳〉：「仲舒治國，以《春秋》災異之變推陰陽所以錯行，故求雨，閉諸陽，縱諸陰，其止雨反是。行之一國，未嘗不得所欲。」《新校本漢書》頁2524。

❷　《漢書》卷七十五〈眭宏傳〉：「孝昭元鳳三年正月，泰山萊蕪山南匈匈有數千人聲，民視之，有大石自立，高丈五尺，大四十八圍，入地深八尺，三石為足。石立後有白烏數千下集其旁。是時昌邑有枯社木臥復生，又上林苑中大柳樹斷枯臥地，亦自立生，有蟲食樹葉成文字，曰「公孫病已立」，孟（眭宏字孟）推春秋之意，以為『石柳皆陰類，下民之象，泰山者岱宗之嶽，王者易姓告代之處。今大石自立，僵柳復起，非人力所為，此當有從匹夫為天子者。枯社木復生，故廢之家公孫氏當復興者也。』孟意亦不知其所在，即說曰：『先師董仲舒有言，雖有繼體守文之君，不害聖人之受命。漢家堯後，有傳國之運。漢帝宜誰差天下，求索賢人，禪以帝位，而退自封百里，如殷周二王後，以承順天命。』」《新校本漢書》頁3153。

❷　《漢書》卷七十五〈夏侯始昌傳〉：「夏侯始昌，魯人也。通五經，以《齊詩》、《尚書》教授。自董仲舒、韓嬰死後，武帝得始昌，甚重之。始昌明於陰陽，先言柏梁臺災日，至期日果災。」《新校本漢書》頁3154。

❷　《漢書》卷七十五〈夏侯勝傳〉：「會昭帝崩，昌邑王嗣立，數出·勝當乘輿前諫曰：『天久陰而不雨，臣下有謀上者，陛下出欲何之？』王怒，

士病不明經術，經術茍明，其取青紫如俯拾地芥耳。學經不
明，不如歸耕。㉙

當時的宣帝對於「純任德教」、「是古非今」的儒生視作「俗儒」㉚，
卻把善說災異的夏侯始昌、夏侯勝的《尚書》學立於學官。像這樣
重義不重經的章句模式，透過經書作出神秘的預言，「經」與「術」
相結合，以儒者言陰陽災異之風氾濫於朝野上下。表現出來的現象，
一方面經學藉以得到蓬勃發展的機會，宣帝在《五經》博士之外，
增立大小夏侯《尚書》、大小戴《禮》、施（讎）孟（喜）梁丘（賀）
三家《易》與《穀梁春秋》，元帝時立京房《易經》，而跟隨博士
學習的太學生，也從昭帝時未滿百人，到成帝末年增添到三千人。
通習經學的經生們，漸漸深入到官僚體系中。但是另一方面，是災
異祥瑞的層出不窮，宣帝因祥瑞而數度改元「神爵」、「五鳳」、
「甘露」、「黃龍」，而之後的元帝、成帝反而不斷地為地震、日
食、火災、星變等災異下詔罪己。形成一種經學愈興盛，陰陽災異
之說愈發達的學術情況。

謂勝為袄言，縛以屬吏。吏白大將軍霍光，光不舉法。是時，光與車騎將
軍張安世謀欲廢昌邑王。光讓安世以為泄語，安世實不言。乃召問勝，勝
對言：『在洪範傳曰「皇之不極，厥罰常陰，時則下人有伐上者」，惡察
察言，故云臣下有謀。」光、安世大驚，以此益重經術士。』」《新校本
漢書》頁3155。

㉙　《漢書》卷七十五〈夏侯勝傳〉頁3159。

㉚　《漢書》卷九〈元帝本紀〉載宣帝訓斥元帝所云「宜用儒生」的建議，說：
「漢家自有制度，本以霸王道雜之，奈何純任德教，用周政乎！且俗儒不
達時宜，好是古非今，使人眩於名實，不知所守，何足委任！」《新校本
漢書》頁277。

　　哀、平之後，甚至出現以文字、書籍型態出現的符命、讖書。
如哀帝時，李尋、夏賀良進獻齊人甘忠可所寫的《天官曆》、《包
元太平經》，提倡「漢曆中衰，當更受命」之說，書有十二卷已亡
佚。從書名來看，應當是以天曆占星之術作為預言根據，本來劉歆
以此書「不合五經，不可施行」，但最終還是被哀帝採納。但耐人
尋味的是，在受命的詔書上，都沒引證到這本書的內文，僅稱「漢
國再獲受命之符」，反而是用《尚書》的文句，作為佐證：

> 蓋聞《尚書》「五日考終命」，言大運壹終，更紀天元人元，
> 考文正理，推曆定紀，數如甲子也。……漢國再獲受命之符，
> 朕之不德，曷敢不通夫受天之元命，必與天下自新。其大赦
> 天下，以建平二年為太初元年，號曰陳聖劉太平皇帝。❸

可以觀察的出來，單純的方士或道士的作偽造讖，其自身起不了多
大的政治作用，在朝野一片尊經重儒的意識形態，勢必與經學牽連
到關係，方能重新包裝以通行於世，這也是讖緯要托諸經義的原因。
類似的情況，又如王莽欲攝政而造作「銅符帛圖」，云「天告帝符，
獻者封侯。承天命，用神命」，但實際要談到攝政時，用的還是儒
家《尚書》、《春秋》的經文來佐證❸。後來王莽篡漢自立，將支持
自己即位的祥瑞符命，集結起來成為《符命》四十二篇頒行天下，

---

❸　《漢書》卷七十五〈李尋傳〉頁3193。

❸　《漢書》卷九十九〈王莽傳上〉王莽云：「《尚書‧康誥》：『王若曰：
　　孟侯，朕其弟，小子封』。此周公居攝稱王之文也。《春秋》隱公不言即
　　位，攝也。此二經周公、孔子所定，蓋為後法。孔子曰：『畏天命，畏大
　　人，畏聖人之言。』臣莽敢不承用。」《新校本漢書》頁4093。

其中「德祥五事，符命二十五，福應十二，凡四十二篇」，班固稱其「其文爾雅依託，皆爲作說，大歸言莽當代漢有天下云」❸。符命之事自當光怪陸離，然而在紀錄成書的過程中，很可能加入經義修飾或支持其說，即所謂「爾雅依託」者，在《符命》四十二篇的總說文字裡，也徵引到《詩經》之文，其云：

> 新室既定，神祇歡喜，申以福應，吉端累仍。《詩》曰：「宜民一人，受祿於天；保右命之，自天申之。」此所謂也。❹

可惜王莽時期的《符命》或者圖讖，在光武帝「宣布圖讖於天下」的八十一卷內容，已經不復見傳，被光武帝以編訂圖讖的方式，將之堙毀，不能看到其「爾雅依託」與經書的進一步的關係。

雖然我們現在看不見光武帝所頒定的圖讖八十一卷以外的讖緯文獻，但是作爲「災異預言」與「假託經義」結合闡釋的讖緯思潮，已經瀰漫在西漢末年的社會之中。光武帝即位之初，即令「博通經記」的大司空掾尹敏❺、「善說圖讖」的博士薛漢❻校定王莽迄光武

---

❸　《漢書》卷九十九〈王莽傳中〉頁4112。

❹　《漢書》卷九十九〈王莽傳中〉頁4113。

❺　《後漢書》卷七十九〈儒林列傳上〉：「尹敏字幼季，南陽堵陽人也。少為諸生。初習歐陽尚書，後受古文，兼善毛詩、穀梁、左氏春秋。建武二年，上疏陳洪範消災之術。時世祖方草創天下，未遑其事，命敏待詔公車，拜郎中，辟大司空府。帝以敏博通經記，令校圖讖，使蠲去崔發所為王莽著錄次比。」《新校本後漢書》頁2558。

❻　《後漢書》卷七十九〈儒林列傳下〉：「薛漢字公子，淮陽人也。世習韓詩，父子以章句著名。漢少傳父業，尤善說災異讖緯，教授常數百人。建武初，為博士，受詔校定圖讖。當世言詩者，推漢為長。」《新校本後漢書》頁2573。

建國之際的圖讖，而這份工作從光武帝建武初年一直持續到建武三十二年泰山封禪後方告完成，在光武帝泰山封禪詔書裡，我們已經可以看到《河圖赤伏符》、《河圖會昌符》、《河圖合古篇》、《河圖提劉予》、《洛書甄曜度》、《孝經鉤命決》等依託經書的篇名。讖緯書名冠以經書的稱謂，就是一種自我標榜，希望取得像儒家經典一樣擁有不可質疑的權威，不是只像董仲舒、夏侯勝、京房「假經設誼，依託象類」的爲經作傳、作解，而是直接代天立言、代孔子立言，不受經典拘束，形式更爲自由。更經東漢政府的大力提倡，好似形成一種學術上「新經典」。從光武帝封禪文中僅引讖緯文句而不引五經之言，就已經透露出來這樣的意味。

　　無論是「假經設誼，依託象類」，或是王莽拿經典爲符命作背書，或是光武帝建立與經書地位相侔的圖讖八十一卷，都顯示出把儒家經典奉爲神聖權威的趨勢。讖緯以依託經書的方式取得宣傳的效果，書中也瀰漫神化儒家經典的氛圍，如《詩緯含神霧》：

> 詩者，天地之心，君祖之德，萬福之宗，萬物之戶也。集微揆著，上統元皇，下序四始，羅列五際。❸

又如《尚書璇璣鈐》：

> 孔子求書，得黃帝元孫帝魁之書，迄於秦穆公，凡三千二百四十篇，斷遠取近，定可以爲世法者百二十篇，以百二篇爲

---

❸　安居香山、中村璋八輯《緯書集成（上）》（石家莊：河北人民出版社，1994.12）頁464。

尚書，十八篇為中候。**㊳**

又如《禮緯含文嘉》：

> 禮有三起，禮理取於太一，禮事起于遂皇，禮名起于黃帝。**㊴**

於是乎《詩》、《書》、《禮》等經書，都變成「元皇」、「帝魁」、「太一」等現實中不存在的神人所作，將儒家經書說的愈神奇，讖緯書中其他關於預言吉凶的成分，才愈能神化自身。如《孝經右契》更為孔子作《孝經》虛構一個神話出來：

> （孔子）制作《孝經》，道備，使七十人弟子，向北辰星而磬折，使曾子抱《河》、《洛》事北向，孔子衣絳單衣，向星而拜。告備於天曰：「《孝經》四卷，《春秋》、《河》、《洛》凡八十一卷，謹已備。」天乃洪鬱起，白霧摩地，赤虹自下上，化為黃玉，長三尺，上有刻文，孔子跪受而讀之曰：「寶文出，劉季握，卯金刀，在軫北，字禾子，天下服。」**㊵**

「卯金刀」即「劉」字，「禾子」即「秀」字，合起來就是光武帝劉秀的名字，在圖讖八十一卷中多的是對漢家受命之天的符命記載。讖緯神化經典，最終的目的，還是為政治服務。總而言之，「符

㊳ （明）孫瑴《古微書》卷四，《叢書集成新編第二十四》（北市：新文豐，民74.01）頁169。

㊴ 《緯書集成（中）》頁504。

㊵ 《緯書集成（中）》頁1001。

命」、「預言」這些都是自古以來就有的東西，但是在兩漢之際，卻是依託經義發揮學術、政治上的影響力，這樣的運行模式，始終與「尊經」立說的經學發展共存共榮。

㈢《白虎通》會議與漢代儒學的國教化

光武帝依靠《赤伏符》「劉秀發兵捕不道，卯金修德為天子」的預言❹，為自己在西漢末年混亂的政治局勢中達到無形的宣傳功用，這是傳統經學所無法作到的事，然而單靠神異的預言，也不足負起傳統經學治國處事的重任。光武帝有鑑於此，把即位之初「多近鄙別字，頗類世俗之詞」❷的凌散、粗疏讖緯文句，經過三十年的陸續修訂，其中可能加入不少與神學迷信無關純粹討論經義的內容，希望這批支持自己受命的讖緯「新經典」，也能起到「馬上治天下」的功用。光武建武年間就曾以讖緯去議定郊祀、靈臺、封禪等國家大典，明帝時「以讖記正五經異說」❸，亦引用讖緯「兆五郊於雒陽四方」以及更訂廟樂❹。然而這些舉動，並不代表讖緯已經取

❹ 《後漢書》卷一〈光武本紀〉：「光武先在長安時同舍生彊華自關中奉赤伏符，曰『劉秀發兵捕不道，四夷雲集龍門野，四七之際火為主』」。《新校本後漢書》頁21。

❷ 《後漢書》卷七十九〈儒林列傳上〉：「帝以（尹）敏博通經記，令校圖讖，使蠲去崔發所為王莽著錄次比。敏對曰：『讖書非聖人所作，其中多近鄙別字，頗類世俗之辭，恐疑誤後生。』。」《新校本後漢書》頁1558。

❸ 《後漢書》卷三十二〈樊鯈傳〉：「永平元年，拜長水校尉，與公卿雜定郊祠禮儀，以讖記正五經異說。」《新校本後漢書》頁1122。

❹ 《後漢書》卷十八〈祭祀中〉「自（明帝）永平中，以禮讖及月令有五郊迎氣服色，因采元始中故事，兆五郊于雒陽四方。」又更訂廟樂事，見《後

代傳統經學的地位，事實上就有不少儒者提出反對的意見。如參與讖緯訂定的尹敏就曾說擔心讖緯會「遺誤後生」，桓譚也視讖緯是「群小之曲說」**⑮**，鄭興「數言政事，依經守義」「不爲讖」**⑯**，這些儒者敢於批評或不支持朝廷的尊讖作法，所憑藉的是漢代經學一、二百年發展過程所形成的學術與社會聲望。縱觀東漢初年的學術情勢，既有朝廷努力推銷的讖緯神學，亦有傳統經學今文、古文的爭立正統，三者皆勢力強大，各自成說，爲使這些學術能統合成支持其政權發展的思想利器，於是有東漢章帝建初四年（西元79）的白虎通會議產生。

首先要說明的是，白虎通會議的召開，也是東漢朝廷提升讖緯地位的措施之一，章帝的詔書云：

蓋三代導人，教學爲本。漢承暴秦，褒顯學術，建立《五經》，

漢書》卷六十五〈曹褒傳〉：「（明帝）顯宗即位，（曹充，曹褒父）充上言：『漢再受命，仍有封禪之事，而禮樂崩闕，不可爲後嗣法。五帝不相沿樂，三王不相襲禮，大漢當自制禮，以示百世。』帝問：『制禮樂云何？』充對曰：『河圖括地象曰：『有漢世禮樂文雅出·』尚書璇璣鈐曰：『有帝漢出，德洽作樂，名予。』』帝善之，下詔曰：『今且改太樂官曰太予樂，歌詩曲操，以俟君子。』」《新校本後漢書》頁3181、1201。

⑮ 《後漢書》卷五十八〈桓譚傳〉上疏諫光武信讖曰：「臣譚伏聞陛下窮折方士黃白之術，甚為明矣；而乃欲聽納讖記，又何誤也！其事雖有時合，譬猶卜數隻偶之類。陛下宜垂明聽，發聖意，屏群小之曲說，述五經之正義，略雷同之俗語，詳通人之雅謀。」《新校本後漢書》頁959。

⑯ 《後漢書》卷六十六〈鄭興傳〉：「帝嘗問興郊祀事，曰：『吾欲以讖斷之，何如？』興對曰：『臣不為讖。』帝怒曰：『卿之不為讖，非之邪？』興惶恐曰：『臣於書有所未學，而無所非也。』帝意乃解。興數言政事，依經守義，文章溫雅，然以不善讖故不能任。」《新校本後漢書》頁1223。

為置博士。其後學者精進,雖曰承師,亦別名家。孝宣皇帝
以為去聖久遠,學不厭博,故遂立《大》、《小夏侯尚書》,
後又立《京氏易》。至建武中,復置《顏氏》、《嚴氏春秋》,
《大》、《小戴禮》博士。此皆所以扶進微學,尊廣道藝也。
(光武)中元元年詔書,《五經》章句頗多,議欲減省。至
(明帝)永平元年,長水校尉儵奏言,先帝大業,當以時施
行。欲使諸儒共正經義,頗令學者得以自助。❹

可以看到,章帝舉行白虎通會議「共正經義」,與光武帝中元元年
提到「《五經》章句頗多,議欲減省」的旨意有關,但是這道旨意
的內容似乎並沒有流傳下來,而中元元年也是光武帝泰山封禪與宣
布圖讖於天下的一年,光武帝在封禪詔書裡曾說「以章句細微相況
八十一卷,明者為驗」❹,意即取西漢經學章句內容中能證明讖文句
意為「驗」,經學章句反而成為了解圖讖時的所使用的解釋工具。
此處所提「《五經》章句頗多,議欲減省」極有可能是指的光武帝
的封禪詔書,因為章帝又引到永平元年樊儵的奏言,這年樊儵「拜
長水校尉,與公卿雜定郊祀禮儀,以讖記正《五經》異說」,與光
武帝以讖緯整理經說的態度是一致的。因此章帝舉行白虎通會議的
出發點,是將「以讖記正《五經》異說」從郊祀禮儀,擴充到整個
國家制度的討論。

　　然而讖緯真的可以全面地作到「正《五經》異說」的程度嗎?
侯外盧認為「如果把《白虎通義》的文句和散引於各書的讖緯文句

---

❹　《後漢書》卷三〈章帝本紀〉頁137。
❹　《後漢書》卷十七〈祭祀上〉頁3166。

對照,各篇都是一樣的,百分之九十的內容都是出自讖緯」❹,但實際上從引讖數量來看,《白虎通義》引讖有篇名者只有七種、三十二條,未引篇名而所引文句頗似讖緯者,則有七十八條,跟全書引用其他典籍解經義者五七四條相比,可以發現《白虎通義》引讖並不頻繁。另外全書四十三條三百零八目的討論項目中,讖緯也僅出現在其中的八十目,可見讖緯所能含括的內容有極爲有限❺。

另外,《白虎通義》的基本思想,是以宗法倫常爲核心,而以陰陽五行作爲世界觀與方法論的基礎,用以解釋各種天地自然、人事倫常的現象產生,這些皆是董仲舒天人相應理論的延續。比如說宗法倫常的「君權神授」、「三綱」的討論,其云:

> 尊者取尊號,卑者取卑號,故德侔天地者,皇天右而子之,號稱天子。……天子受命於天,諸侯受命於天子,子受命於父,臣妾受命於君,妻受命於夫,諸所受命者,其尊皆天也,雖謂受命於天亦可。天子不能奉天之命,則廢而稱公。(《春秋繁露·順命》)❺

> 天子者,爵稱也。爵所以稱天子何?王者父天母地,為天之子也。故《援神契》曰:「天覆地載,謂之天子,上法斗極。」《鉤命決》曰:「天子,爵稱也。」帝王之德有優劣,所以

---

❹ 侯外盧《中國思想通史》第二卷(北京:北京人民出版社),頁229。

❺ 此處統計數字,引用自黃復山〈《白虎通》與東漢圖讖之關係〉一文。收錄在黃復山《東漢讖緯學新探》(臺北:學生書局,2000.02)頁12-13。

❺ 《春秋繁露今註今譯》,頁384。

俱稱天子者何？以其俱命於天。（《白虎通義・爵》）❺❷

董仲舒稱天子是「皇天右而子之」，《白虎通義》稱「王者父天母地」，皆是將神靈的天與天子視為類似父子的關係。而神靈的天也是絕對性的權威，如果天子作的不好，它隨時可以把天子降爵為公，那麼天與天子又同時是一種君臣的關係，從這點來看，《白虎通義》所引用《援神契》、《鉤命決》的字句，其實是沿襲董仲舒的思想而來，而不用讖緯其他天子「父天母地，兄日姊月」、「神精與天地通，血氣含五帝精」過於神怪的說法❺❸。

又如「三綱」的討論：

> 君臣、父子、夫婦之義，皆取諸陰陽之道。君為陽，臣為陰。父為陽，子為陰。夫為陽，妻為陰，陰陽無所獨行。……天為君而覆露之，地為臣而持載之。陽為夫而生之，陰為婦而助之。春為父而生之，夏為子而養之，秋為死而棺之，冬為痛而喪之。王道之三綱，可求於天。（《春秋繁露・基義》）❺❹

> 三綱者，何謂也？謂君臣、父子、夫婦也。……故《含文嘉》曰：「君為臣綱，父為子綱，夫為妻綱。」……君臣、父子、夫婦，六人也。所以稱三綱者何？一陰一陽謂之道，陽得陰

---

❺❷　（清）陳立《白虎通疏證上》（北京：中華書局，1994.08），頁1-2。
❺❸　見陳立此處註引《感精符》「人主日月同明，四時合信，故父天母地，兄日姊月。」又《保乾圖》「天子至尊也。神精與天地通，血氣含五帝精，天愛之子之也。」《白虎通疏證上》，頁2。
❺❹　《春秋繁露今註今譯》，頁320-321。

而成，陰得陽而序，剛柔相配，故六人為三綱。……**君臣法
天，取象日月屈信，歸功天也。父子法地，取象五行相生也。
夫婦法人，取象人合陰陽，有施化端也。**（《白虎通義·三綱六
紀》）❺

董仲舒將君臣、父子、夫婦的相對性關係，變成陰陽五行化生的絕
對性關係，被讖緯《含文嘉》、《白虎通義》所承繼。《白虎通義》
就是用這種論證方式，神化君主、神化倫常，以加強中央集權管理，
鞏固帝王政權的合理性，企圖用政府的力量，融讖入經，並統一經
說，定思想於一尊。這樣的「融讖入經」的方式，其背後的思想還
是以董仲舒天人感應的今文經說為主，所引讖緯多是作為今文經說
的論據，而諸如符命預言、災異神話反而沒有被引用進去。

從引讖數量、引讖內容來看，讖緯對於《白虎通義》的影響，
是不能被誇大看待的。但是從《白虎通義》裡將讖緯與經學放在同
一個層次來討論，甚至解釋相同處寧引讖緯不引經說的角度來看，
已經是將讖緯提升到與經學並列的地位。可是這種將讖緯作思辯上
的陳述，企圖取得傳統經學的認同，其結果未必是因經、讖層級並
列，讓讖緯中漢帝受命的神秘預言、祥瑞符命說更加神聖，反而因
為削弱自身的教條般的神秘性質，最終失去獨立的生命，使「災異
預言」與「假托經義」又回到分裂發展的路子上。

總的來說，自從漢武帝提倡經學以來，儒家的經義就不僅是學
術理論，而是廣泛地滲透到國家政治生活的各個領域裡，而《白虎
通義》的內容，上至天文、下至地理，陰陽災異、政治制度、教育

---

❺　《白虎通疏證上》，頁374-375。

學術、禮儀名目，巨細靡遺，無所不包，透過讖緯、今文經學、古文經學的羅列訓解，建立起一個以儒家經說爲出發，以陰陽五行的天志爲依歸的信仰中心。其反映出來的是儒家經學的聲勢日益浩大，就算後來今文經學、讖緯沒落，但儒學始終成爲中國近兩千年朝廷認可的學術權威。

三、讖緯思潮與漢代知識系統的整合

讖緯思潮的主幹是天人感應，與今文經學所啓發的遣告、災祥論息息相關，可以說在西漢末年時，它是今文經學的產物，在光武訂定圖讖之後，它則變成朝廷的教科書，作爲經學的輔佐。在《白虎通》的論述中，我們可以看到朝廷融讖入經的企圖，也可以發現讖緯與經學在許多問題的佐證上，同質性的非常高的現象，經過《白虎通》的編纂，讖緯偏向純粹經解、經說的部分被吸收了，所標誌的是漢代學術的主流——經學的重新整合。

除了與政治、經學的糾葛之外，在讖緯裡頭，還有占絕大多數的部分，是屬於數術之學與古史傳說的。這兩部分反應著漢代學術追求大一統的另一個層面，即漢代人重視天人性命的文化傾向，希望在天地、古今之間定位出個人的存在，透過數術之學以求明瞭事物的變化，透過古史傳說以產生對歷史的歸屬感。讖緯以經學爲本體吸收並強化了這兩方面的知識，表現出儒生的方士化、也同時是方士的儒生化，自此之後一種知書達禮又神鬼莫測、知古通今的文化模型誕生，這樣的知識整合對於後代的社會習尚與史學產生了深刻的影響。

㈠「經解」與「數術」—讖緯對數術之學的吸納與整理

現今我們所能見到的讖緯內容，非常博雜，據鍾肇鵬的分類，大抵有數術占卜、神仙方技、原始宗教、儒家經說以及古代自然科學等項目❺❻，若拿來跟記載西漢晚期學術著作的《七略》比較，在六藝、諸子、詩賦、兵書、術數、方技諸略中，除了詩賦與兵書略，其他似乎都跟讖緯扯的上關係。為什麼讖緯能有這樣的博雜內容？也許可以從兩方面去解釋，一方面就讖緯的成書性質來說，讖緯是托諸聖人的神書，不像董仲舒《春秋繁露》般有系統性的論證成書，它可以是短小的教條性字句，不必成篇成章的論說，而類似一種筆記編纂的性質。像參與訂定讖緯的尹敏就曾私加一條「君無口，為漢輔」❺❼的符命進去，之後賈逵「摘讖互異三十餘事」，張衡也舉出讖緯「一卷之書，互異數事」的缺失❺❽，所以讖緯成書無系統性，能使它自由地因事而作，雜錄各種學術知識於其中。

另一方面，讖緯雜錄各種學術知識，其中有談科學的，如《春

---

❺❻ 鍾肇鵬《讖緯論略》（瀋陽：遼寧教育出版社，1995.06），頁75。

❺❼ 《後漢書》卷七十九〈尹敏傳〉：「（尹）敏因其闕文增之曰：『君無口，為漢輔。』帝見而怪之，召敏問其故。敏對曰：『臣見前人增損圖書，敢不自量，竊幸萬一。』帝深非之，雖竟不罪，而亦以此沈滯。」《新校本漢書》頁2558。

❺❽ 《後漢書》卷八十九〈張衡傳〉上疏漢順帝舉列緯讖不實之處，其云：「至於圖中訖于成帝。一卷之書，互異數事，聖人之言，執無若是，殆必虛偽之徒，以要世取資。往者侍中賈逵摘讖互異三十餘事，諸言讖者皆不能說。」《新校本漢書》頁1911。

秋元命包》的渾天說❺⑨、《河圖》緯的地動說❻⓪。或者服食求仙的傳
說，如《春秋合誠圖》載皇帝向太乙問長生之道❻①、《詩含神霧》載
玉漿能成仙道❻②等。但讖緯所雜錄學術知識，基本上還是以「經解」
與「數術」爲主，或者說是一種吸納數術後的經解，而經解所以能
吸納數術知識，乃是同出於陰陽五行的學術共識上。而數術的內容，
據《七略》的分門，第一部分爲占星之術，根據的是古天文學的知
識，包含日食、月暈、彗星、觀氣的占驗。❻③第二部分爲推曆之術，
與古曆算學相關，主要是依天象、四時、節氣安排人事的運作。❻④
第三部分是陰陽刑德、五行災異之術，包括以堪輿、鐘律、刑德、
六甲、式法來占驗災異。❻⑤第四部份是蓍龜即蓍草、龜卜的易占之術。

---

❺⑨　《春秋元命包》：「天如雞子，天大地小，表裡有水，地各承氣而立，載
　　水以浮，天如車轂之過。」《緯書集成（中）》頁598。

❻⓪　《河圖》：「地恆動不止，譬人在大舟上，閉牖而坐，舟行而人不覺。」
　　《緯書集成下》頁1217。

❻①　《春秋合誠圖》：「黃帝請問太乙長生之道，太乙曰：齋戒六丁，道乃可
　　成。」《緯書集成（中）》763。

❻②　《詩含神霧》：「太華之山上有明星，玉女持玉漿，得上服之即成仙道。」
　　《古微書》卷二三。

❻③　《漢書》卷三十〈藝文志〉：「天文者，序二十八宿，步五星日月，經紀
　　吉凶之象，聖王所以參政也。」《新校本漢書》頁1765。

❻④　《漢書》卷三十〈藝文志〉：「曆譜者，序四時之位，正分至之節，會日
　　月五星之會，以考寒暑殺生之實。」《新校本漢書》頁1767。

❻⑤　《漢書》卷三十〈藝文志〉：「五行者，五常之形氣也。《書》云：『初
　　一曰五行，次二曰羞用五事』，言進用五事以順五行也。貌、言、視、聽、
　　思心失，而五行之序亂，五星之變作，皆出于律曆之術而分為一者也。其
　　法亦起五德終始，推其極則無不至。」《新校本漢書》頁1769。

⑥第五部分是物驗雜占，包含人鬼、精物、六畜、噴嚏耳鳴的變怪占驗，以及請雨、禳祭等法術。⑥第六部分是形法，包含人畜、地形、器物的驗相。⑥可以看到數術一門包羅萬象，研究著錄的人有一百九十家，數量甚至超過主流學術的六藝、諸子略，雖然是占驗爲主，但是在史科尚未成形以前，數術略中的天文、曆數、鍾律、刑德、五行、禳祭、地理等方面知識，已然是後來史學志書著錄的重要基礎，所以數術一門既有占驗的神秘性亦包含漢代許多實用性的經驗知識。

數術占驗從先秦時期就已經含有五行、陰陽的觀念，比如《左傳》星占記載：

> （昭公九年）夏，四月，陳災。鄭裨竈曰：「五年陳將復封，封五十二年而遂亡。」子產問其故。對曰：「陳，水屬也；火，水妃也。而楚所相也。今火出而火陳，逐楚而建陳也。」⑥

---

⑥　《漢書》卷三十〈藝文志〉：「是故君子將有爲也，將有行也，問焉而以言，其受命也如嚮，無有遠近幽深，遂知來物。非天下之至精，其孰能與於此！」《新校本漢書》頁1771。

⑥　《漢書》卷三十〈藝文志〉：「雜占者，紀百事之象，候善惡之徵。」《新校本漢書》頁1773。

⑥　《漢書》卷三十〈藝文志〉：「形法者，大舉九州之勢以立城郭室舍形，人及六畜骨法之度數、器物之形容以求其聲氣貴賤吉凶。」《新校本漢書》頁1775。

⑥　楊伯峻編著《春秋左傳注》（臺北：洪葉文化事業股份有限公司，民82.05）頁1310。

昭公八年楚國滅陳,昭公九年陳地有火災。「火出」之火是指心宿。
鄭國的裨灶是占星術家,他認為陳國是屬水的,楚國是屬火的,水
火相配、福禍相連,而預言陳國將復興。又如日食:

> (昭公二十四年)夏五月乙未朔,日有食之。梓慎曰:「將
> 水。」昭子曰:「旱也。日過分而陽猶不克,克必甚,能無
> 旱乎?」⓻

昭子認為日食代表的是陽氣被陰氣所掩蓋,但陽氣也同時累積起
來,最終將爆發造成旱災的出現。從上面二例可以看到,先秦天象
的占驗已經寓含漢代天人感應的災異思想,但並竟零散不成系統。
為了更有效率、更有系統地,把方技數術的知識應用在政事治國方
面,《呂氏春秋‧十二紀紀首》將天文、律曆、鍾律、五行集結起
來,作為國君依天道行人事的準則。而漢代的皇帝,普遍信仰這類
的數術占驗,對於日月變異、符命禎祥顯示的天命十分敬畏。於是
與政治關係密切的經學,面對這樣的朝野習尚,因而採用天人感應
學說,以貫通災異祥瑞與現實政治。正如葛兆光所分析的:

> 當儒者所奉的經典中缺少「指象」,不能預見未來有何吉凶
> 禍福,不能指示社會如何祈禳趨避的時候,他們就不自覺地
> 要引進一些來自天象曆算推運占星望氣一類的知識與技術,
> 來填充、修補或擴張自身的思想體系,其中《易》、《詩》、
> 《春秋》是首當其衝的。《易》之陰陽,《詩》之比興,《春
> 秋》的災異天變,都成了容納與推衍天人感應的空間,他們

⓻ 《春秋左傳注》頁1451。

通過徵兆或象徵，引入望氣、星占、物驗等知識，借助陰陽五行的理論，採納方術中卦爻、干支與天象曆法方法，把他們附會到政治問題上，以此調節政治的運作。❼

一方面經學家將數術引入自身的學說體系裡，自然能夠擴大其學說的政治實用性與影響性，但是卻使經學家沾染方士的神怪色彩，像董仲舒會求雨，京房「房用之尤精」，翼奉會「律曆陰陽之占」，李尋則會星象之占，使得儒家的人文精神產生質變。而另一方面數術獲得經學宇宙論的支持，最終能進入讖緯之中，與經書互補，共組一個新的思想權威。

《後漢書·方術傳》云：

> 漢自武帝頗好方術，天下懷協道藝之士，莫不負策抵掌，順風而屆焉。後王莽矯用符命，及光武尤信讖言，士之赴趣時宜者，皆騁馳穿鑿，爭談之也。故王梁、孫咸名應圖籙，越登槐鼎之任，鄭興、賈逵以附同稱顯，桓譚、尹敏以乖忤淪敗，自是習為內學，尚奇文，貴異數，不乏於時矣。❼

讖緯的興盛同時也帶動數術之學的興盛，東漢以前，經學每以《春秋》、《洪範》去言災異，但是自從光武帝宣布圖讖，東漢學者談論天人災異，則多以讖緯為主。如薛漢世習《韓詩》「尤善說災異讖緯，教授常數百人」❼。郭鳳，博士，「好圖讖，善說災異，吉凶

---

❼ 葛兆光《中國思想史第一卷》（上海：復旦大學，1998.04），頁404－405。
❼ 《後漢書》卷一百十二〈方術列傳〉頁2705。
❼ 《後漢書》卷一百九〈儒林列傳下〉頁2573。

占應。先自知死期」⓱。樊英「習京氏易，兼明五經·又善風角、星筭、河洛七緯，推步災異」⓲。廖扶習韓詩、歐陽尚書，教授常數百人，「專精經典，尤明天文、讖緯、風角、推步之術」⓳。姜肱「通五經，兼明星緯，士之遠來就學者三千餘人」⓴。申屠蟠「博貫五經，兼明圖緯」⓴、魏朗「從博士郤仲信學春秋圖緯，又詣太學受五經，京師長者李膺之徒爭從之」⓴。儒生爭談讖緯災異，「尚奇文，貴異數」，無形中也以知識份子的力量去提升了數術之學的層次、完備其學理。因此據《後漢書·方術傳》所載，當時流行的方術包括陰陽推步、神經怪牒、玉策金繩、河洛之文、龜龍之圖、箕子之術、師曠之書、緯候之部、鈐決之符，以及風角、遁甲、七政、元氣、六日七分、逢占、日者、挺專、須臾、孤虛之術，比起《數術略》範圍更加廣泛、學理更加細膩。就算在讖緯遭到禁絕之際，這些經過讖緯吸納與整合後的數術之學，依然保有在民間流傳不息的生命力。

㈡「受命」與「神蹟」—讖緯政治神話對歷史的影響

所謂神話，通常出現在人類文化較爲低落的時期，因爲無法科學地解釋世界起源、自然現象和社會生活的變化，只好透過想像力

⓱　《後漢書》卷一百十二〈方術列傳〉頁2715。

⓲　《後漢書》卷一百十二〈方術列傳〉頁2721。

⓳　《後漢書》卷一百十二〈方術列傳〉頁2719。

⓴　《後漢書》卷八十三〈姜肱傳〉頁1749。

⓴　《後漢書》卷八十三〈申屠蟠傳〉頁1751。

⓴　《後漢書》卷九十七〈魏朗傳〉頁2200。

把這些自然力量予以擬人化，編造其故事與傳說，如古希臘文化就是從神話到哲學，從創世神話到宇宙生成論，再到發展到哲學本體論。但是中國古代神話的記載，在先秦以前的文獻已經很難找到痕跡，反而經歷諸子學說的人文哲理後，在兩漢之際的讖緯書中大量出現。讖緯裡頭的神話，基於它是文明社會中人們出於某種現實目的而制作，可以稱它是文明神話，而讖緯編造神話又是爲了政治目的，因此也可以稱它爲政治神話。

讖緯的政治神話大致可以分作「聖王神話」與「聖人神話」兩類，但兩者都是根據天人感應論下的受命觀而來，讖緯的「聖王神話」主要是神化王權，將王權納入天神、三皇五帝的譜系中，建立其政權受命的正統性。而「聖人神話」，其實就是孔子神話，是時聖王時代已不再，卻能產生有德無位的聖人出來，顯示的是儒學道統與王朝正統並駕齊驅的神聖性。

以「聖王神話」爲例，漢代受命改制，自漢武帝已定爲土德，然而光武帝應《赤伏符》而登基，上面明寫著「四七之際火爲主」，則漢代又變成了火德，爲了解釋光武帝火德受命的合理性，於是讖緯在《史記·五帝本紀》黃帝、顓頊、帝嚳、堯、舜外，安插了一位少昊進去，如《春秋命曆序》曰：

> 黃帝，一曰帝軒轅，傳十世，二千五百二十歲；次曰帝宣，曰少昊，一曰金天氏，則窮桑氏，傳八世，五百歲；次曰顓頊，則高陽氏，傳二十世，三百五十歲；次是帝嚳，即高辛氏，傳十世，四百歲。⑩

---

⑩ 《緯書集成（中）》頁881－882。

　　所以五帝是指黃帝、少昊、顓頊、帝嚳、堯、舜，名五實六。
於是五行相生的系統，黃帝（土）→少昊（金）→顓頊（水）→帝嚳（木）
→堯（火）→舜（土）→夏（金）→商（水）→周（木）→漢（火），漢
承堯後，皆為火德。然而五帝加入少昊，在西漢今文經學是找不到
證據支持的，反而後來古文學家的賈逵就試圖利用這裡讖緯的改
造，將《左傳》納入學官，因為《左傳》裡面有「有陶唐氏既衰，
其後有劉累」，於是賈逵上奏肅宗云：

> 《五經》家皆無以證圖讖明劉氏為堯後者，而《左傳》獨有
> 明文。《五經》家皆言顓頊代黃帝，而堯不得為火德。《左
> 氏》以為少昊代黃帝，即圖讖所謂帝宣也。如令堯不得為火，
> 則漢不得為赤。其所發明，補益實多。**⑧**

由於政治的目的，讖緯改動了古史系統，而賈逵又「以經證讖」加
以論實，遂使得「漢承堯後」、「漢為火德」成為史學的定論。

　　除了替光武帝的受命圓說外，讖緯也將古史傳說透過神話的編
纂，使其更加系統化、顯明化。比如說《史記》只推至黃帝，讖緯
卻說五帝之前有三皇，《禮含文嘉》稱「慮戲（即伏羲）、燧人、
神農」**⑧**，而人間三皇五帝之上，還有天帝，《春秋文耀鉤》云：

> 太微宮有五帝座星：蒼帝其名靈威仰，赤帝其名曰赤熛怒，黃
> 帝其名含樞紐，白帝其名曰白招矩，黑帝其名曰汁光紀。**⑧**

---

⑧　《後漢書》卷六十六〈賈逵傳〉頁1237。
⑧　《緯書集成（中）》頁494。
⑧　《緯書集成（中）》頁662。

為了使這些聖王的形象更加真實，讖緯還有對於聖王的感生、異貌、受命祥瑞、文明功績的具體描寫，以黃帝為例。

其感生：

> 附寶見大電繞北斗樞星，炤郊野感而孕，二十五月而生黃帝軒轅於壽邱。（《河圖帝命驗》）[84]

其異貌：

> 黃帝龍顏，得天庭陽，上法中宿，取象文昌，載天履陽，秉數制剛。（《春秋元命包》）[85]

其受命祥瑞：

> 黃龍負圖，鱗甲成字，從河中出付黃帝，令侍臣寫下示天下。（《河圖龍魚河圖》）[86]

其文明功績：

> 軒轅氏以土德王天下，始有堂庶，以避風雨」（《春秋內事》）[87]
> 黃帝受地形，象天文以制官。（《論語撰考讖》）[88]

讖緯裏的聖王形象，基本是道德的崇高性與受命的神聖性的結合，

---

[84] 《黃氏逸書考》
[85] 《緯書集成（中）》頁590。
[86] 《緯書集成（下）》頁1150。
[87] 《緯書集成（中）》頁887。
[88] 《緯書集成（中）》頁1068。

其隱含的政治理想，除了以王爲聖，鞏固政權外，更有透過聖王功績的刻畫，要求現實中的王者要見賢思齊，由聖而王，期盼對現實君主形成道德上的約束力量。

再來是孔子的聖人神話，早期儒者對於孔子的尊崇，雖然沒有王者的地位，但其文化上的功績，早以超越政治名份的限制，所以孟子就認爲「《春秋》，天子之事也」、「《春秋》作，亂臣賊子懼」[89]。而董仲舒爲了將經書的內容，變成一種寓含天道、天命的指導性權威，於是把孔子塑造成「素王」，是有德無位的王者，編造「西狩獲麟」的受命說：

> 有非力之所能致而自至者，西狩獲麟，受命之符是也。然後託乎春秋正不正之間，而明改制之義，一統乎天子，而加憂於天下之憂也，務除天下所患，而欲以上通五帝，下極三王，以通百王之道。[90]

事實上孔子是因獲麟之事而停筆，而非先有西狩獲麟然後作《春秋》，然後託以改制之義。董仲舒開啓的神化孔子以尊經立說的路子，後來被讖緯所繼承，所編纂的受命神話更加奇詭，如稱孔子的母親感黑帝而生孔子[91]，指的是孔子受命殷商之水德。此外又有「端

---

[89] 《孟子‧滕文公（下）》，（清）阮元《十三經注疏8孟子》（臺北：藝文印書館，民86.08）頁117。

[90] 《春秋繁露‧符瑞》，《春秋繁露今註今譯》，頁147-148。

[91] 《春秋演孔圖》：「孔子母徵在，遊大澤之陂，睡夢黑帝使，請己往夢交，語曰：『汝乳必于空桑之中。覺則若感，生丘于空桑。』」《緯書集成（中）》頁576。

門受命」之說：

> 得麟之後，天下血書魯端門。曰：「趨作法，孔聖沒，周姬
> 亡，慧東出，秦政起，胡破術，書紀散，孔不絕。」子夏明
> 日往視之，血書飛為赤鳥，化為白書，署曰：「演孔圖」，
> 中有作圖制法之狀。 **92**

所謂「演孔圖」，即是孔子演運制法的圖示，說明天命孔子為制法
之主。而孔子所制的法主要是《春秋》與《孝經》，如《孝經鈎命
訣》就假託孔子言「欲觀我褒貶諸侯之志在《春秋》，崇人倫之行
在《孝經》。」又說「孔子在庶，德無所施，行為成就。志在《春
秋》，行在《孝經》。」**93** 其他談孔子異貌、預言漢立的神話，尤其
光怪陸離，此處不一一詳述。

讖緯所創造的政治神話，使得後來的人對於歷史認知產生誤
差，如清代崔述嘗論儒者採讖緯之說當作歷史的問題：

> 先儒相傳之說，往往有出於緯書者。蓋漢自成哀以後，讖緯
> 之學方盛，說經之儒多采之注經。其後相沿，不復考其所本，
> 而但以為先儒之說如是，遂靡然而從之。如龍負河圖，龜具
> 洛書，出于《春秋緯》。黃帝作咸池，顓頊作五莖，帝嚳作
> 六英，帝堯作大章，出於《樂緯》。諸如此類，蓋不可以悉
> 屬。及禘為祭其始祖自出，亦緣緯書之文而遞變其說者。蓋
> 緯書稱三代之祖出于天之五帝，鄭氏緣此，遂以禘為祭天，

---

92 《春秋演孔圖》，《緯書集成（中）》頁578。
93 《緯書集成（中）》頁1009。

而謂《小記》「禘其組之所自出」。為禘其始祖之所自出。
王氏雖駁鄭氏祭天之失，而仍沿始祖所自出之文。由是始祖
之前，復別有一祖在，豈非因緯書而誤乎！余幼時嘗見先儒
述孔子之言云：「吾志在《春秋》，行在《孝經》」稽之經
傳，並無此文，後始見何休《公羊傳序》、唐明皇《孝經序》
有此語，然不知此兩序本之何書。最後檢閱《正義》，始知
其出于《孝經緯》之《鉤命決》。**❾❹**

就崔述所言，讖緯的政治神話沿襲已久，遂逐漸變成一種歷史，而
後人學者莫能知覺其非。如有關天神、三皇、五帝以及禘祭統系的
聖王神話，既然是出於想像，亦即無證據可言其真假，君王若視其
為真，則臣子誰敢指其為假，像東漢光武帝、明帝就拿讖緯去訂定
郊祀禮儀，如此「漢為堯後」的古史更動，就被合理化了。後面的
朝代沿襲前朝之統，更不會去揭開這層迷罩。而三皇之說也被章帝
時的《白虎通義》收錄進去，成為經學的定論。再說，孔子是為儒
者的精神領袖，在尊孔尊經的情勢裡，孔子受命為素王已經是今文
經學一個重要的學術表徵，讖緯雖然加油添醋地神化孔子，後來儒
者多少還是希望保有孔子這份異於常人的神秘特質。所以崔述質問
「讖緯之學，學者所斥而不屑道者也，讖緯之書之言，則學者皆尊
守而莫敢有異議，此何故哉？」其原因已分析如上，部分的讖緯政
治神話，就是如此化整為零地，寄生在中國的經學與歷史之中。

---

❾❹　（清）崔述《考信錄提要》卷上。

四、結　論

　　漢代經學與讖緯，企圖透過陰陽五行去解釋所有現象，感覺言之鑿鑿，實際上卻是脫離社會、文明的可能成因，純粹作形上的比附空想，如《白虎通義》論爲何「男三十而娶，女二十而嫁？」，其云：「陽數奇，陰數偶，男長女幼者，陽舒陰促。男三十，筋骨堅強，任爲人父。女二十，肌膚充盛，任爲人母。合爲五十，應大衍之數。生萬物也。」**[95]** 這本來社會習俗的問題，卻牽強附會用陰陽、大衍去說明，正如金春峰所批評：

> 漢代和讖緯合流的經學，發展到白虎觀會議期間，它的愚昧荒謬，違情悖理，空洞無聊已經暴露無遺了。經學家越是致力于重振它的權威，越是企圖用它的理論、思想普遍地說明自然、社會、人生的一切現象，以顯示它的萬能、正確，越是把它的愚昧與荒謬推到極端，從而遭到理性的懷疑與反對。**[96]**

而這股「理性的懷疑與反對」的聲浪，以王充的理論最具系統性。他主張元氣自然論，祥瑞、災異都是「自然焉生」、「氣自爲之」**[97]**，打破漢代經學與讖緯的「遣告說」。一切事物都可以用實知的理性

---

[95]　《白虎通疏證》卷十〈嫁娶〉頁453。

[96]　金春峰：《漢代思想史》（北京：中國社會科學出版社，1997.12）頁506。

[97]　《論衡》卷十八〈自然〉，黃暉撰《論衡校釋》（北京：中華書局，1996.11）頁785。

態度去檢驗：「凡天下之事不可增益，考察先後。效驗自現。自列，則是非之實，有所定矣。」⓽⓼所以他在《論衡》的〈寒溫〉、〈變動〉、〈順鼓〉、〈感類〉指出，大旱、洪水以及氣候的變化與人君政治無關。諸如此類，將天人感應、陰陽五行、災異遣告等說法作出批判。他也一針見血地點出經學與政治掛鉤的造成的學術變質。其云：

> 儒者說五經，多失其實。前儒不見本末，空生虛說。後儒信
> 前師之言，隨舊述故，滑習辭語，苟名一師之學，趨為師教
> 授，及時早仕，汲汲競進，不暇留精用心，考實根核，故虛
> 說傳而不覺，實事沒而不見，五經並失其實。⓽⓽

經學家缺乏對自身學說的反省與檢驗，以經學作爲入仕的敲門磚，忙著「汲汲競進」，迎合統治者，面對儒經的學習和研究便無法深入，以致「五經並失其實」，愈來愈偏離儒家思想本旨。王充對於經學、讖緯的弊病反省，就是儒家得以擺脫神學迷信的動力所在，也可以說開啓了魏晉學者對於儒家經義、人倫秩序的檢討方向。

最後，兩漢之際的讖緯思潮，其實反映了漢代學術的複雜性質。一方面它是沿襲西漢經學天人感應與道德教化、神學與人文的含混思維，若除去讖緯託諸聖人之言以成書的這層面紗，則「災異預言」與「假托經義」結合的闡述模式，似乎是讖緯與西漢今文經學的學說共相。另一方面，經學在陰陽五行的基礎上吸納數術知識，作爲解說災異的工具，此方式亦被讖緯所取用，終漢之世，數術之學反

⓽⓼ 《論衡》卷七〈語增〉頁345。
⓽⓽ 《論衡》卷二十八〈正說〉頁1123。

而因寄附經學與讖緯，得到蓬勃的發展，此一現象，也同樣地呈顯出人文本體與迷信術用的混合的文化樣貌。簡而言之，漢代經學以通曉災異、陰陽占驗作為「通經致用」的法門，導致儒家的人文精神混雜了神學與迷信，但是漢代經學藉此取得政府的認可，使得儒家經典獲得充分的研究，也使儒者大量進階于朝廷裡頭，形成一股評議政治、左右輿論的力量，這種勢力一但建立以後，當天人感應或者讖緯消退之後，依然能保有儒學前行發展的動力。

參考書目

《十三經注疏7公羊傳穀梁傳》，（清）阮元編，臺北：藝文印書館，民86.08。

《十三經注疏8論孟孝經爾雅》，（清）阮元編，臺北：藝文印書館，民86.08。

《春秋左傳注》，楊伯峻編著，臺北：洪葉文化事業，民82.05。

《新校史記三家注》，（漢）司馬遷著，臺北：世界書局，民64。

《新校本漢書》，（漢）班固著，臺北：鼎文書局，民72。

《新校本後漢書》，（劉宋）范曄著，臺北：鼎文書局，民76。

《春秋繁露今註今譯》，賴炎元註譯，臺北：臺灣商務印書館，民85.12。

《論衡校釋》，黃暉著，北京：中華書局，1996.11。

《白虎通疏證》，（清）陳立著，北京：中華書局，1994.08。

《叢書集成新編二十四·古微書》，（明）孫瑴，臺北：新文豐出版社，民74.01。

《緯書集成》，安居香山、中村璋八輯，北京：河北人民出版社，

《經學歷史》，皮錫瑞著，臺北：藝文印書館，民85.08。

《中國人性論史先秦篇》，徐復觀著，臺北：臺灣商務印書館，民83.04。

《兩漢思想史卷二》，徐復觀著，臺北：臺灣學生書局，民82.09。

《漢代思想史》，金春峰著，北京：中國社科出版社，1997.12。

《中國思想史—七世紀前中國的知識、思想與信仰世界》，葛兆光

著，上海：復旦大學出版社，1998.04。

《中國哲學發展史秦漢篇》，任繼愈著，北京：人民出版社，1998.05。

《中國儒學史秦漢卷》，李景明著，廣東：廣東教育出版社，1998.06。

《中國哲學史兩漢魏晉南北朝篇》，歐崇敬著，臺北：洪葉文化事
　　業，民 91.03。

《中國儒教史》，李申著，上海：上海人民出版社，1999.12。

《中國上古史研究講義》，顧詰剛著，北京：中華書局，2002.08。

《鄭玄之讖緯學》，呂凱著，臺北：臺灣商務印書館，民 71.05。

《古讖緯研討及其書錄解題》，陳槃著，臺北：國立編譯館，民 80.02。

《緯書與中國神秘思想》，安居香山著，石家莊：河北人民出版社，
　　1991.06。

《讖緯論略》，鍾肇鵬著，瀋陽：遼寧教育出版社，1995.06。

《超越神話—緯書政治神話研究》，冷德熙著，北京：東方出版社，
　　1996.05。

《東漢讖緯學新探》，黃復山著，臺北：臺灣學生書局，民 89.02。

《讖緯考述》，鄭均著，臺北：文史哲出版社，民 89.03。

《秦漢的方士與儒生》，顧頡剛著，上海：上海古籍出版社，1998.06。

《兩漢儒學研究》，夏長樸著，臺北：臺灣大學出版社，民 67.02。

《儒學引論》，崔大華著，北京：人民出版社，2001.09。

《儒學與漢代社會》，劉厚琴著，濟南：齊魯書社，2002.01。

《政治神話論》，孫廣德著，臺北：臺灣商務印書館，民 79.09。

《中國的國教—從上古到東漢》，張榮明著，北京：中國社科出版
　　社，2001.03。

《秦漢歷史哲學思想研究》，龐天佑著，北京：中國社科出版社，

2002.03。

《道家道教與古代政治》,呂錫琛著,長沙:湖南人民出版社,2002.06。

《古代思想文化的世界—春秋時代的宗教、倫理與社會思想》,陳
　　來著,北京:三聯書局,2002.12。

《方術與中國傳統文化》,張容明著,上海:學林出版社,2000.05。

《中國古代哲學與自然科學》,李申著,上海:上海人民出版社,
　　2001.01。

《古文獻叢論》,李學勤著,上海:上海遠東出版社,1996.11。

《呂氏春秋十二紀紀首、淮南子時訓篇及禮記月令之比較》,曾錦
　　華著,政治大學中文碩論,民77.06。

《讖緯中的宇宙秩序》,殷善培著,淡江大學中文碩論,民80.06。

《漢代《尚書》讖緯學述》,黃復山著,輔仁大學中文博論,民85.06。

《白虎通》讖緯思想之歷史研究》,周德良著,淡江大學中文碩論,
　　民86.02。

〈略論漢代的反讖緯思潮〉,馬亮寬,聊城師範學院學報(哲學社
　　會科學版) ,1995.02。

〈讖緯与經學訓詁〉,李建國,河北師院學報,社會科學版,1996.03。

〈試析前秦讖言的產生及其應驗〉,崔明德,煙台大學學報(哲學
　　社會科學版,1997.02。

〈漢代應驗讖言例釋〉,孫嘉洲,中國哲學史,1997.02。

〈讖緯及其思想效應〉,蕭魏,雲夢學刊,1997.01。

〈試論西漢時期神仙方術及陰陽災異思想與讖緯的興起〉,潘志峰,
　　河北學刊,1998.06。

〈讖緯與兩漢經學〉,余江,殷都學刊,2001.02。

〈讖緯與東漢社會思潮略議〉，張俊峰，河北學刊，2001.03。

〈讖緯文獻的禁毀與輯軼〉，李梅訓、莊大鈞，山東大學學報（人文社會科學版），2002.01。

漢魏之際釋經典範的轉移與玄學的出現

許佩玉[*]

一、前言

　　一旦論及魏晉學術，學者往往就當時玄學的出現來加以立說，但是立論或切入角度往往思想領域來深入思考，甚少討論漢代學術對魏晉南北學術發展的影響，往往將其轉變因素歸咎於外戚與宦官參政專權❶、黨錮之禍❷、民變迭起❸、州郡割據❹和外族侵擾❺等

---

* 　佛光人文社會學院文學研究所博士生，中國技術學院共同科兼任講師

❶ 　東漢自和帝始，諸帝多童年即位，母后臨朝，援引外戚，君主稍長，任用宦官以奪回政權。及另一幼君即位，新外戚又隨之而興，外戚、宦官乃交替專擅。中葉以後，政治遂淪為外戚、宦官的奪權鬥爭，彼此相誅，循環不息。

❷ 　自光武以來，提倡儒術，砥礪士風，養成士人深厚之名教觀念，當時屢興太學，太學生人數極眾，與朝野正直之士清議政事，臧否人物，蔚成風氣；進而發展成殉道精神或狷介之氣，與弄權亂政之宦官勢力成水火。因此宦

等內憂外患的政治因素，大多認為外戚宦官亂政引發了黨錮之禍、民變迭起和州郡割據的亡國因素，賢良首當其衝被無情摧折，導致人才凋零，士風摧殘殆盡，士子為求明哲保身，乃崇尚玄理，不理世務，開啓魏晉清談之風。極少就其學術本身的流變進行論述，學術重心何以從經學轉折到玄學，探問兩者之間的關係為何？

書架上關於玄學的出現的論述大多侷限於政治環境的舖敘，便洋洋灑灑地論述「玄學四大時期：正始、竹林、元康、東晉」、「清談」、「本體論：有/無」、「自然與名教的關係」，大多屬於歷時性論述或主題式的探索，無與同時其他並行的學術思想進行共時性討論，更無以瞭解其相互之間的關係；因此，我們所得到的資料往往是最後呈現出來的文化現象與充滿論述間隙的顯性因素，無法了解其所由出的隱性因素。

官一旦得勢之後，便仗著君王的信任，任意詆毀文人，促使前後兩次黨錮之禍的產生。第一次發生於桓帝之時，當時宦官黨羽遍布州郡，荼毒人民；當時京師太學生三餘人，以郭泰、賈彪為首，與朝臣李膺、陳蕃等結合，主持清議，批評朝政，攻擊宦官。宦官使人上書告李膺專養太學游士，共為朋黨誹謗朝政。桓帝下詔捕李膺等二百餘人入獄，並罷黜陳蕃，雖赦歸故里，仍禁錮終身。第二次黨錮之禍之經過發生於靈帝時，靈帝繼位，外戚竇武與名士陳蕃輔政，謀誅宦官，宦官曹節、王甫得知，乃誣稱竇武、陳陰謀廢立，矯詔殺之。宦官復搜捕黨人，李膺、杜密等百人被殺，流徙，監禁者六七百人，黨人之親屬、門生，故吏全遭免官禁錮。

❸ 東漢末，人民苦於橫征暴斂，遂蜂聚起事，如靈帝時張角兄弟擁眾數十萬反叛，各地響應，京師震動。

❹ 靈帝納劉焉之議，改刺史為州牧，擴大地方兵力，州郡因而權重，造成以後群雄割據之局面。

❺ 東漢邊患以西羌、鮮卑、烏桓為甚，連年戰爭，使國家元氣大傷。

　　兩漢陰陽災異、讖緯之說盛行，往往依附於經典化的經書加以論說，致使陰陽化經學成爲兩漢官方長期利用依附的統治工具。然而古文經的出現，卻使得經學內部分化，形成了今古文學家爭奪學術霸權的局面。今文學家循陰陽災異的路子章句訓詁以干名利祿，在師法、家法的庇蔭下，形成統治者仰賴的「閥閱」階級，進入權力核心；相對於具有批判意識的古文學家，對於陰陽五行思想與儒家思想的融合，不免想找出聖人原意，並架構其認爲合理的天人關係，進而擬經、著述，而非逐章逐句地解釋。此兩類釋經傳統在魏晉經學中，開始融合與進一步的發展，形式上採用章句訓詁的格式，義理解釋上不再侷限文字意義的簡介，進而闡發其蘊藏的義理思想，並開始重視老莊思想，並結合批判性古文家「天道無爲」的觀點，使玄學具體形式與形上依據逐漸成型。

　　不僅如此，此種經典詮釋義理化的現象，除了發揮其同質性類比的語言功能，更與「格義佛教」與「六家七宗」佛學思想傳播的異質性比附相互呼應，影響漢魏之際學者以老莊語注解經典的詮釋方式，進行同質文化的比附、解讀，使思想得以藉由符號加以闡述與相互激盪，致使魏晉進入理性昂揚的時代。

　　此類以子學（道家思想）詮釋經典，或是「援道入佛」的格義方式，已經不同於兩漢以儒家思想爲理據的章句訓詁，更相異於討論陰陽災異的讖緯系統，不但爲學術典籍提供一新的詮釋進路，更爲中國文化增添了更多的思考可能性。在給予此結論的同時，我們必須證成，爲何魏晉南北朝的學術開展會突然由「儒家本位」的解經系統和神學領域的讖緯災異，搖身一變爲玄學家的詮釋天地。因此，筆者希望藉由了解兩漢經學經典化、災異化、讖緯化的災異典範成

型過程，以及思想瓦解、轉換的學術思想因素，了解魏晉才性名理、
玄學與經典詮釋義理化等等理性思維的成因。

二、兩漢經學的興盛與發展

　　西漢初，由漢武帝立廣獻書之路、立「五經博士」、博士弟子
員等諸多舉措，到昭帝、宣帝、元帝對儒者的重用，研究六藝者藉
由「造經」、「尊經」的經典化運動建立經學傳統典範；董仲舒在
《呂氏春秋》、《淮南子》等將天的規律與人身結構、道德、自然
相比附的學說基礎上，將先秦陰陽家的五行陰陽觀念與災異思想置
入六經，藉由天人交感的相互感應，強調君權神授的政權合法性，
教育人民服膺人格天的意志，進而鞏固君王的權力，此災異典範便
依附在經典之中，逐漸地深化；日後因政權上的爭奪與穩固，讖緯
思想進而依附今文經，為統治者效力。

㈠漢初經學傳統典範的建立：「造經」、「尊經」的經典化運動

　　「經學」一語，始出東漢班固（西元 32～92 年）《漢書·兒寬傳》：
「見上，語經學，上說之，從問尚書一篇，擢為中大夫。」今所言
詩、書、易、禮、樂、春秋等六經，在東漢之前屬於中性文本典籍，
與其他諸子要籍齊名，非儒家之特定典籍，除了《論語》、《孟子》、
《荀子》之外，其他思想家著作中亦有引用、評述，如：《莊子》❻、

---

❻　莊周亦有引用六經之說，一為《莊子·天運》「孔子謂老聃曰：『丘治《詩》

《呂氏春秋》❼，直至西漢儒者爲政治所驅使，研究經典內涵，企圖
提出治術以法先王，將當時盛行的陰陽五行思想融入經典詮釋，爲
當權者鞏固統治地位，經典方才成爲政治上的學術依據。此現象於
漢武帝（西元前156～前87年，在位西元前140～前87年）時臻至高峰，
時推崇詩、書、易、禮、春秋五大典籍，進行權威化典籍的「造經」
運動，將中性典籍經典化，再立學官、博士以「尊經」，再而注疏
經典以「釋經」，環環相叩地開展了後世所謂的「經學」。

1.經的本義與經典化

「經」，甲骨文中無「經」字，周代金文中有「巠」、「經」，
郭沫若認爲「巠蓋經之初字也」，其字形「均象織機之從線形」。
章炳麟（西元1869～1936年）則認爲「經」字爲「編絲綴屬」，其本
義乃泛指「書冊」。然而，依《漢書·藝文志》及姚振宗（西元1842
～1906年）《漢書藝文志拾補》等書目著錄，儒家之外，諸子亦頗稱

《書》《禮》《樂》《易》《春秋》六經，自以爲久矣，孰知其故矣；以
奸者七十二君，論先王之道而明周、召之跡，一君無所鉤用。甚矣夫！人
之難說也，道之難明邪？』」二爲《莊子·天下》「古之人其備乎！配神
明，醇天地，育萬物，和天下，澤及百姓，明於本數，係於末度，六通四
辟，小大精粗，其運無乎不在。其明而在數度者，舊法世傳之史尚多有之。
其在於《詩》《書》《禮》《樂》者，鄒、魯之士搢紳先生多能明之。《詩》
以道志，《書》以道事，《禮》以道行，《樂》以道和，《易》以道陰陽，
《春秋》以道名分。其數散於天下而設於中國者，百家之學時或稱而道之。」
唯兩者皆非內篇，是故其撰著年代須考證之。
❼ 《呂氏春秋》中的〈慎大覽〉、〈有始覽〉、〈恃君覽〉中皆有引用《易》
語。

其要籍為「經」。因此，章學誠（西元1738～1801年）《文史通義·經解上》云：

> 諸子著書，往往自分經、傳，如撰輯管子者之分別經言，墨子亦有經篇，韓非則有儲說經傳。……經固尊稱，其義亦取綜要，非如後世之嚴也。（章學誠，《章學誠遺書》，頁8）

章學誠以《管子》、《墨子》、《韓非子》等書為例，說明這些書裡「往往自分經、傳」。又有唐人杜牧（西元803—853年）之言：「復觀自古序其文者，皆後世宗師其人而為之，《詩》、《書》、《春秋左氏》以降，百家之說，皆是也。」（《樊川文集·答莊充書》），此處「百家之說」即是指諸子百家。因此，原始經學並非漢代所謂的五經之學，乃泛指諸子學中的重要典籍。

查考先秦典籍中各思想家對「經」的觀點，非僅見於《論語》、《孟子》、《荀子》，其他如《莊子》、《列子》、《墨子》、《晏子春秋》、《管子》、《韓非子》、《尹文子》、《呂氏春秋》皆有提及。其意義區分不外乎「經典」、「原則（道）」、「經營」、「經過」，是故，「經」的概念並非只有儒家學者才有，在先秦乃一普遍性的概念，然卻非實指某一學術領域，而「經學」學術概念的成型實際上乃於兩漢完成。

秦自孝公（西元前381～前338）任商鞅（？～西元前338年），開始實行法家治術，兼併六國之後，始皇帝（西元前259～前210年）進一步將此治術貫徹於天下。由焚書❽而禁私學，學術收歸國有，民間不

---

❽ 李斯〈焚書之議〉：「古者天下散亂，莫之能一，是以諸侯並作，語皆道

得藏書，滅絕民間學術的發展空間；政治力量大規模干預學術，致使先秦所建立的私人講學風氣整體崩解，直至漢文帝（？～西元前135年）廢除「挾書令」後，學術始得復甦。漢初，皇室以「清靜無爲」的思想基調休養生息，黃老之學盛於一時。迨至武帝，經歷文、景（西元前188─前141年，在位西元前156～前141年）二帝對於高祖劉邦（西元前256～前195年，在位西元前206～前195年）分封諸劉、休養生息的勵精圖治、內戰的骨肉相殘之後，武帝接管了中央集權制的大一統國家，爲了無須擔憂其他皇室作亂，則一改諸子之學分庭抗禮局面，將五經典籍內容與大一統集權國家的學理加以比附，並開始重視儒生，企圖培植新的學術勢力，進行思想教育以鞏固君權。雖然一般學者將漢代學術昌盛之因，歸功於董仲舒❾（西元前179～前104年），但是武帝隆儒實際上經過一段時間醞釀❿，各項措施並非由董仲舒所提議，儒學盛行更非一人之力所成，而罷黜百家的過程整整經過武（西元前140～前87年）、昭（西元前86～前74年）、宣（西元前73～前49年）、元（西元前48～前33年）等帝方才完成，其歷時之長絕非一人之功可

　　古以害今，飾虛言以亂實，……如此弗禁，則主勢降乎上，黨與成乎下。禁之便。臣請：史官非秦記皆燒之；非博士官所職，天下敢有藏詩、書、百家語者，悉詣守、尉雜燒之；有敢偶語詩、書者棄市；……所不去者，醫藥、卜筮、種樹之書。若欲有學，以吏為師。」

❾　戴君仁說：「不但推明孔氏，抑黜百家不是發自仲舒，即立學校之官，州郡舉茂材孝廉，發自仲舒，也都有問題。」又說：「大約董生對策，為儒生所共悉，身後名氣又大，東漢儒者遂把一切崇儒尊孔的美事，都歸功於他。」

❿　根據戴君仁考證，「田〔蚡〕為丞相在建元六年六月─竇太后死後一月」，「董仲舒對策，在元光二年至四年之間」。

成。

話雖如此，漢武帝和董仲舒在經學流行中，仍具有代表性的關鍵地位。董仲舒建議武帝「諸不在六藝之科、孔子之術者，皆絕其道，勿使並進。」亦即「罷黜百家，表章六經」❶，轉而重視「六藝之科、孔子之術」，六經地位始得提昇。首先，武帝因此而「廣開獻書之路」，網羅各方典籍，極力復原典籍：

> 漢興，改秦之敗，大收篇籍，廣開獻書之路。迄孝武世，書缺簡脫，禮壞樂崩，聖上喟然而稱曰：『朕甚閔焉。』於是建藏書之策，置寫書之官，下及諸子傳說，皆充祕府。（班固《漢書·藝文志》）

其次，備立「五經博士」，諸子學不再立博士官❷。「博士」一職，原本主要擔任帝王密謀政策的顧問，職掌兼採各家學說以提供各種觀點；漢武之後，博士職責轉爲備詢、議事與學術傳承，故影響制度、政務深遠。另外，官學內容進行重整，其罷廢原本已立爲「博士」的黃老、縱橫、刑名以及《孝經》、《論語》、《孟子》等諸子之學，將「詩、書、易、禮、春秋」等五經納入「博士」官中，五經正式被尊奉爲官學。

再者，武帝廣設「博士弟子員」與學校，形成制度完備的「官學」，對儒者擇優而仕，遂開啓「祿利之途」。

---

❶ 班固《漢書·武帝紀·贊》：「漢承百王之弊。高祖撥亂反正；文、景務在養民，至于稽古禮文之事，猶多闕焉。孝武初立，卓然罷黜百家，表章六經。」

❷ 文、景時有諸子學博士。

自武帝立五經博士，開弟子員，設科射策，勸以官祿；訖於
元始，百年有餘。傳業者寖盛，支葉繁滋。一經說至百萬餘
言，大師眾至千餘人，蓋祿利之路然也。（班固《漢書·儒林傳》）

儒學隨著官方提倡，經學家受到政治上的需要和功利的驅使，
致使研習經學蔚成風氣，而此種學術與政治相輔相成的關係機制，
卻使得學術成為追求名位利祿的有效途徑。因此，經學因祿利獎勵
而傳業日廣，以學術、思想、議論的統一配合政治上統一的局面。

簡而言之，武帝仿文帝詔舉賢良、方正、直言極諫，儲備自身
政治勢力，任命竇嬰、田蚡、趙綰、王臧等出身功臣宗室集團，又
不制止武帝革新者，以守勢逐漸懷柔保守勢力，技巧性逐步進行新
政。武帝之前博士屬備位性質且不限經，建元五年立五經博士，元
朔五年（西元前124年）公孫弘（西元前200～121年）請置博士弟子員，
提供了取得官位的正式管道。可見，六藝之學於漢代之中，以政教治典
之性質備受尊崇，經學家以知識輔佐政治，間接鞏固帝王之家的權力
基礎，因此經學為之大盛。

2.注疏之學的發展

經書本身如同現代所謂的文本一樣，本屬中性符號的存在，並
無特殊意義。後世的重視的，其實是源自於詮釋經書後進一步的比
附，若與其他社會性思考進行連結，文本方才衍生出其意義與特質。
換言之，經典的存在只是學理依據的形式意義，其必須透過人類的
闡釋，方才有其定位與功能性，因此「經學」概念除了經書經典化
或尊經的讀者對應態度外，還必須存在讀者的詮釋解讀甚至可以應

用的詮釋系統，而此詮釋系統在後世被冠予「注疏之學」或「義疏之學」的名稱。

　　注疏之學的起源甚早，先秦之時就已經出現注疏經點的實際行動，只是其所使用的名稱並非「注」、「疏」，因此顧炎武（西元1613～1682年）曾言：「先儒釋經之書，或曰傳，或曰箋，或曰解，或曰學，今通謂之『注』。」（《日知錄》卷18，頁799～800）可見，當時注疏無名而有實，多以「傳」、「箋」、「解」、「學」等名稱問世。而就古代文獻篇名而言，較爲常見的是「說」與「傳」。先秦時代《墨辯》有《經上》篇，又有《經說上》篇；有《經下》篇，又有《經說下》篇。《韓子・外儲說》亦有《經》、《說》之制。《墨子・經上》有言：「說，所以明也。」正如梁啓超（西元1873～1929年）所說：「欲明經，當求其義於經說」（《墨經校釋》，頁2）。此《經》、《說》之制，首先由晉人魯勝《墨辯注序》發現，《晉書・魯勝傳》存其《序》說：「《墨辯》有上、下《經》，《經》各有《說》。」此說提出了經說關係；而《尚書正義》「漢室龍興，開設學校，旁求儒雅，以闡大猷。濟南伏生，年過九十，失其本經，口以傳授。裁二十餘篇，以其上古之書，謂之《尚書》。」提到《尚書》已非本經，而是口傳之傳。且《漢書・藝文志》提及道家學理之中亦有《傅氏經說》和《鄰氏經傳》等不同的《說》、《傳》，因此可見「說」和「傳」在漢代學術界受到普遍的認同，兩漢經學的盛行也仰賴經典詮釋而起。

　　兩漢經學家對於五經的詮釋與解釋，向來以章句、訓詁學被類分今文經與古文經，然此種分類實際上乃後世學者進行研究時，相對於古文經出現的後設分類，在漢代被泛稱爲「章句學」，而章句

本身亦有傳統與歧出，傳統章句以微言大義爲詮釋角度。

關於章句學的興起，文獻可見夏侯建汲取夏侯勝與歐陽高之說以成章句，遍引諸經不再專主一經，並以字句訓詁相互辯難：

> 勝從父子建字長卿，自師事勝及歐陽高，左右采獲，又從《五經》諸儒問與《尚書》相出入者，牽引以次章句，具文飾說。勝非之曰：「建所謂章句小儒，破碎大道。」建亦非勝爲學疏略，難以應敵。（班固《漢書·眭兩夏侯京翼李傳》）

後因武帝鼓勵獻書，諸多古書失而復得，諸多小學家、賦家以其擅長的古文系統家以詮解，形成以訓詁爲主要經典詮釋傳統的古文學，並因學術權力掌握度的差異而出現古文家爭立學官、爭奪經典詮釋權的今古文之爭。

兩漢經今古文之爭的爭議點，乃建基於兩漢經今古文學對孔子的態度、學術淵源、記載文字、研究方法、注釋形式與闡述對象的不同，簡介如下：今文學崇尚孔子，尊孔子爲「受命」的素王，將其視爲哲學家、政治家與教育家，作六經以託古改制，以《春秋公羊傳》爲主，立於學官，以隸書繕寫，盛行於西漢，並相信緯書，以爲其間存有孔子之微言大義，因此其注解章句多以陰陽災異思想闡述其義理；古文學則崇尚周公，尊孔子爲先師，認定其爲「信而好古，述而不作」的史學家，以六經爲古代史料，以古籀文字繕寫，多流行於民間，斥責緯書是誣妄，是故或以文字訓詁還原其意義，或以紹述聖人爲職志，重新架構不同於今文經學的天人關係。

後世學者看待兩漢經學，多以其形式典範與立學官與否的經典詮釋權問題（今古文之爭）爲討論重心，但往往流於簡述，並無探論

今文經何以被陰陽災異化？古文經學家何以萌生理性？因此，筆者將一一論述其釋經典範轉移與理性萌發的過程。

(二)西漢經學的主流：陰陽災異化的經典詮釋

正當兩漢經學如日中天，陰陽災異和讖緯的神學思想也在學術界與政治界大行其道，當時帝王因應政治需要，將經學與神學相結合，形成了具有神秘色彩的天人之學。此時，經學成為教化的形式教材，統治者治術的典籍依據，而陰陽災異思想之類的「方術之學」則為思想的形上根據。

方術之學，在先秦時即與「道術」混用；「道」，《說文》解為「所行道也，一達之謂道。」在春秋時即已成為學說的代稱；「術」，《說文》解為「邑中道也」，原本指道路，後被孟子❸、墨子❹衍申為具體之方法；「道術」合用則首見於《墨子》，「況又有賢良之士，厚乎得行，辯乎言談，博乎道術者乎！」（《墨子·尚賢上》）、「今賢良之人，尊賢而好功道術，故上得其王公大人之賞，下得其萬民之譽，遂得光譽令問於天下。」（《墨子·非命下》），此詞成為制度、措施和方法的代稱，因此方術也是具體方法的同義複詞。但隨之秦代學術反智（焚書坑儒）、以吏為師的學術性格，壓抑了先秦諸子以「務為治」的政治積極態度，方術轉為方士所援用的方式。因此，道術、方術均具有「工具理性」，必須在形上精神尋求其信仰基礎，正如「仁義禮智」為儒家的信仰基礎，「自然」為黃老之

---

❸　「教亦多術矣。」（《孟子·告子下》）

❹　「所以寡人之道，數術而起與？」（《墨子·節用上》）

術的形上根據，而「陰陽五行」爲陰陽家的信仰基調一般，所有工具性、政治建制意義的「術」，皆有其形上根據的「道」。因此，西漢的經典詮釋逐步走向陰陽化的路子。

1.陰陽災異思想的產生與對漢初思想家的影響

陰陽五行觀念的起源，主要說法有二：一是范文瀾（西元 1893～1969 年）、杜國庠（西元 1889~1961 年）、徐文珊、郭沫若（西元 1892～1978 年）、馮友蘭（西元 1895～1990 年）等諸位學者根據《荀子·非十二子》之論述，進而認爲陰陽五行的思想與儒家的觀念較貼近。二則認爲起源於先秦齊學：

> 伏生五行，齊詩五際，公羊春秋多言災異，皆齊學也。易有象數占驗，禮有明堂陰陽，不盡齊學，而其旨略同。（皮錫瑞，《經學歷史》，頁 106）

春秋之時，陰陽、五行、災異、宿命的思想極爲流行，而且陰、陽爲宇宙萬物運行的兩大動力同時也是道家的基本觀念⑮。梁啓超先生曾云：

> 春秋戰國以前所謂陰陽，所謂五行，其語甚希見，其義極平淡。且此二事從未嘗併爲一談。諸經及孔、老、墨、孟、荀諸大哲皆未嘗齒及。然則造此邪說以惑世誣民者，誰耶？其始蓋起於燕齊方士，而其建設之，傳播之，宜負罪責焉：曰

---

⑮ 參見林啟彥，《中國學術思想史·第二章·兩漢學術思想》（台北：書林出版有限公司，2001年8月，一版六刷），p103~104。

鄒衍、曰董仲舒、曰劉向。**⑯**

　其明指出陰陽五行的思想興起於戰國時代的燕、齊方士，進而由戰國鄒衍（西元前 305?～前 240 年）、漢代董仲舒與劉向（西元前 77～前 6 年）建構出完整的學術思想。而災異論在善用法家韓非治術的秦代，以陰陽家為其信仰基礎，進行重刑法的威權統治。降至漢代，統治者也以五德終始**⑰**來編排秦德，宣示自身政權的合理性，其強調的天人關係，即是被認為人有義務法天的《呂氏春秋》所影響：

> 良人請問十二紀。文信侯曰：「嘗得學黃帝之所以誨顓頊矣，
> 爰有大圜在上，大矩在下，汝能法之，為民父母。蓋聞古之
> 清世，是法天地。凡十二紀者，所以紀治亂存亡也，所以知
> 壽夭吉凶也。上揆之天，下驗之地，中審之人，若此則是非
> 可不可無所遁矣。」（《呂氏春秋・序意》）

不僅如此，漢初諸多思想家對於天人關係亦有所領悟，其中陸賈（西元前 240～前 170 年）相信人事可干天變，聖人需對災異有所對應，強調天人共感：

> 傳曰：「天生萬物，以地養之，聖人成之。」功德參合，而
> 道術生焉。故曰：張日月，列星辰，序四時，調陰陽，布氣
> 治性，次置五行，春生夏長，秋收冬藏，陽生雷電，陰成霜

---

⑯ 引自梁啟超〈陰陽五行說之來歷〉，《飲冰室文集》（台北：台灣中華書局，1961 年出版）之三十六，p56。

⑰ 根據人民對於整齊數字的崇拜，此種數字崇拜到如今依然存在，易學之所以未嘗消失，原因在此。

雪，養育群生，一茂一亡，潤之以風雨，曝之以日光，溫之
以節氣，降之以殞霜，位之以眾星，製之以斗衡，苞之以六
合，羅之以紀綱，改之以災變，告之以禎祥，動之以生殺，
悟之以文章。（陸賈《新語・道基》）

故世衰道失，非天之所為也，乃君國者有以取之也。惡政生
惡氣，惡氣生災異。蟆蟲之類，隨氣而生；虹蜺之屬，因政
而見。治道失於下，則天文變於上；惡政流於民，則蟆蟲生
於野。賢君智則知隨變而改，緣類而試，思之於□□□變。
聖人之理，恩及昆蟲，澤及草木，乘天氣而生，隨寒暑而動
者，莫不延頸而望治，傾耳而聽化。聖人察物，無所遺失，
上及日月星辰，下至鳥獸草木昆蟲，□□□鶪之退飛，治五
石之所隕，所以不失纖微。（陸賈《新語・明誠》）

時人賈山亦曾言：

是以元年膏雨降，五穀登，此天之所以相陛下也。（賈山《至
言》）

另外，賈誼（西元前 201～前 168 年）以六理為先在之道，以人事
比賦陰陽六月、天地六合，原理上與天人一體、同類相感有異曲同
工之妙：

德有六理，何謂六理？道、德、性、神、明、命，此六者，
德之理也。六理無不生也，已生而六理存乎所生之內，是以
陰陽天地人，盡以六理為內度，內度成業，故謂之六法。六
法藏內，變流而外遂，外遂六術，故謂之六行。是以陰陽各

> 有六月之節，而天地有六合之事，人有仁義禮智信之行。行
> 和則樂興，樂興則六，此之謂六行。陰陽天地之動也，不失
> 六行，故能合六法。人謹脩六行，則亦可以合六法矣。（賈誼
> 《新書·六術》）。

這樣天人共感關係，不僅展現天與人結構上的類似性，更可以將人事與自然循環之理相比附，而漢初淮南王劉安（西元前179～前122年）為集各家思想且「成一家之言」的《淮南子》撰寫序言〈要略〉時，皆有所提及：

> 夫作為書論者，所以紀綱道德，經緯人事，上考之天，下揆
> 之地，中通諸理。雖未能抽引玄妙中才，繁然足以觀終始
> 矣。……故言道而不言事，則無以與世浮沉；言事而不言道，
> 則無以與化游息。（《淮南子·要略》）
> 故頭之圓也象天，足之方也象地。天有四時、五行、九解、
> 三百六十六日，人亦有四支、五藏、九竅、三百六十六節。
> 天有風雨寒暑，人亦有取與喜怒。故膽為雲，肺為氣，肝為
> 風，腎為雨，脾為雷，以與天地相參也，而心為之主。是故
> 耳目者日月也，血氣者風雨也。日中有踆烏，而月中有蟾蜍。
> 日月失其行，薄蝕無光；風雨非其時，毀折生災；五星失其
> 行，州國受殃。（《淮南子·精神訓》）

《淮南子》貫通天道和治道，融合陰陽家的闡述模式，將天候、

方位、人事、政令緊密結合❸，認為一切的人事行為（諸如政令、祭祀、服度等禮儀、政治措施）與天道系統相應，組織成一天人系統。此天人系統不僅直接影響了董仲舒對天人關係的重整，間接影響了後世解經之法。

2.陰陽思想躍居學術主流：陰陽災異思想滲入經典詮釋

漢初思想家不僅重視天人關係，其更重視六藝經典，企圖傳承基本價值規範，希冀建立學統，其對待知識文化的態度與道家所主張的維持現狀、價值與時推移、宜取無為之勢的「因順」❹大不相同。漢初幾位政論家都有「聖人歸本六藝之教」的主張，更進一步地希望成立以六藝為教材的太學。

首先，陸賈認為聖人皆以仁義為師，將人倫之本歸於六藝之教：

> 仁者道之紀，義者聖之學。學之者明，失之者昏，背之者亡。
> （陸賈《新語·道基》）。

> 禮義不行，綱紀不立，後世衰廢，於是後聖乃定五經，明六藝，承天統地，窮事察微，原情立本，以緒人倫，宗諸天地，纂修篇章，垂諸來世，被諸鳥獸，以匡衰亂，天人合策，原道悉備，智者達其心，百工窮其巧，乃調之以管弦絲竹之音，設鐘鼓歌舞之樂，以節奢侈，正風俗，通文雅。（陸賈《新語·

---

❸　詳見《淮南子·時則》。

❹　司馬談言道家：「其為術也，因陰陽之大順，采儒墨之善，撮名法之要，與時遷移，應物變化，立俗施事，無所不宜，指約而易操，事少而功多。」（《史記·太史公自序》引司馬談《論六家要旨》）。

道基》）。

賈山更明確地舉出以辦學以宣揚先王之道：

> 定明堂，造太學，修先王之道。（賈山《至言》）

賈誼強調可以詩、書、易、春秋、禮、樂六藝自修，以道人情，以成六行：

> 是以先王為天下設教，因人所有以之為訓，道人之情，以之為真，是故內本六法，外體六行，以與詩、書、易、春秋、禮、樂六者之術，以為大義，謂之六藝。令人緣之以自脩，脩成則得六行矣。（賈誼《新書·六術》）

　　此類以六藝經典作爲價值觀教育典籍依據，企圖以學術正統支持政治正統的觀點，被董仲舒吸收以援引陰陽五行、災異思想闡釋經義，《漢書·五行志》中即提到「漢興，承秦滅學之後，景武之世，董仲舒治《公羊春秋》，始推陰陽，爲儒者宗。」

　　一般學者將漢代陰陽思想的大盛的關鍵人物設定爲董仲舒，實際上董仲舒的理論架構並非獨創，其乃建基於《呂覽》與賈誼等人對於天人關係的思想之上，融入數字崇拜，進而將自然、道德、歷史、政治與身體賦予相同的秩序，並說明人乃「由天所造，亦類於天」：

> 何謂本？曰：天地人，萬物之本也。天生之，地養之，人成之。天生之以孝悌，地養之以衣食，人成之以禮樂。三者相為手足，合以成體，不可一無也。（《春秋繁露·立元神》）

人之形體，化天數而成；人之血氣，化天志而仁。人之德行，化天理而義。人之好惡，化天之暖情。人之喜怒，化天之寒暑。人之受命，化天之四時。人生有喜怒，哀樂之答春秋冬夏也。天之副之乎人，人之情性有由天者矣。（董仲舒《春秋繁露·爲人者天》）

為生不能為人，為者天也。人之人本於天，天亦人之曾祖父也。此人之所以乃上類天也。（董仲舒《春秋繁露·爲人者天》）

不僅如此，「天」位尊而施仁、藏形而見光，天具有主宰一切的神力，可謂萬物的主宰者，其更根據陰陽家的學說將天加以神化，提出了天有意志並制人之說：

天高其位而下其施，藏其形而見其光。高其位所以為尊也，下其施所以為仁也，藏其形所以為神，見其光所以為明。故位尊而施仁，藏形而見光者，天之形也。（董仲舒《春秋繁露·義證·離合艮·天地之行》）

其更進一步地揭示，天人之間的溝通媒介在於「災異」，天藉由災異示警，人藉災異感悟：

天有陰陽，人亦有陰陽。天地之陰氣起，而人之陰氣應之而起。人之陰氣起，天地之陰氣亦宜應之而起，其道一也。明於此者，欲致雨，則動陰以起陰；欲止雨，則動陽以起陽。故致雨，非神也，而疑於神者，其理微妙也。非獨陰陽之氣可以類進退也，雖不祥禍福所從生，亦由是也，無非已先起之，而物以類應之而動者也。（董仲舒《春秋繁露·同類相動》）

董仲舒將天人感應之說上溯至傳言孔子據魯世而作的《春秋》之上，其曰：

> 冊曰：『善言天者必有徵於人，善言古者必有驗於今。』臣
> 聞天者群物之祖也，故遍覆包函而無所殊，建日月風雨以和
> 之，經陰陽寒暑以成之。故聖人法天地而立道，亦溥愛而無
> 私。……天人之徵，古今之道也。孔子作春秋，上揆之天道，
> 下質諸人情，參之於古，考之於今。故春秋之所譏，災害之
> 所加也；春秋之所惡，怪異之所施也……是故王者上謹於承
> 天意，以順密也；下務明教化民，以成其性也。……人受命
> 於天，固超然異於群生。（班固《漢書・董仲舒傳》）

以《春秋》的「揆之天道」、「承天意」，將儒家的人文精神搖身一變為神秘的天道思想。細究《春秋繁露》一書，不難發現其言春秋者十之三四，言陰陽五行者則十之六七。由此可見，董仲舒的儒術已被陰陽五行之說所滲入，其於〈天人三策〉中言及：

> 故《春秋》受命所先制者，改正朔，易服色，所以應天也。……
> 臣聞聖王之治天下也，少則習之學，長則材諸位，爵祿以養
> 其德，刑罰以威其惡，故民曉於禮誼而恥犯其上。（班固《漢
> 書・董仲舒傳》）

其已突顯出其對人君的要求是「上同於天」，而非若先秦儒家的民本精神，先秦儒家內求自省的功夫轉向外求於意志天，政治亦走向法家精神的威刑途徑，藉此權威化君王的統治基礎。更因為災異源起於邪氣，因此可以箝制君王恣意妄為：

及至後世，淫佚衰微，不能統理群生，諸侯背畔，殘賊良民
以爭壤土，廢德教而任刑罰。刑罰不中，則生邪氣；邪氣積
於下，怨惡畜於上。上下不和，則陰陽繆盭而妖孽生矣。此
災異所緣而起也。（班固《漢書·董仲舒傳》）

其大略之類，天地之物，有不常之變者，謂之異，小者謂之
災。災常先至，而異乃隨之。災者，天之譴也；異者，天之
威也。譴之而不知，乃畏之以威。詩云：「畏天之威。」殆
此謂也。凡災異之本，盡生於國家之失。國家之失乃始萌芽，
而天出災害以譴告之。譴告之而不知變，乃見怪異以驚駭之。
驚駭之尚不知畏恐，其殃咎乃至。以此見天意之仁，而不欲
陷人也。謹案：災異以見天意，天意有欲也，有不欲也。所
欲、所不欲者，人內以自省，宜有懲於心，外以觀其事，宜
有驗於國，故見天意者之於災異也，畏之而不惡也，以為天
欲振吾過，救吾失，故以此報我也。（董仲舒《春秋繁露·必仁
且智》）

　　董仲舒將此類陰陽思想、天人交感的概念應用於治術，使道德
呈現教條化現象，並興六藝之學以倡導教化，逐漸地將陰陽思想融
入經典詮釋之中：

王者欲有所為，宜求其端於天；天道之大者在陰陽，陽為德，
陰為刑；刑主殺而德主生。是故陽嘗居大夏，而以生育養長
為事，陰嘗居大冬，而積於空虛不用之處。以此見天之任德
不任刑也。（董仲舒《賢良策》）

舊章者，先聖人之故文章也；率由者，有修從之也。此言先

聖人之故文章者，雖不能深見而詳知其則，猶不知其美譽之功矣。（董仲舒《春秋繁露·郊語》）

春秋大一統者，天地之常經，古今之通誼也。今師異道，人異論，百家殊方，指意不同，是以上亡以持一統；法制數變，下不知所守。臣愚以為諸不在六藝之科孔子之術者，皆絕其道，勿使並進。邪辟之說滅息，然後統紀可一而法度可明，民皆知所從矣。（董仲舒《賢良對策》）

不僅如此，董仲舒將天人陰陽之說加以綜合，撰有《春秋繁露》一書，企圖以春秋大一統之義，將陰陽家的學說引進儒家的學說之中，尊天敬王，重立君臣、人倫之禮，陰陽家與儒家結合。因此，後世學者視董仲舒為儒者推陰陽之首曰：

漢興，承秦滅學之後，景武之世，董仲舒始推陰陽為儒者宗。（班固《漢書·五行志》）

西漢中葉後，其他經學家群起效法，經典詮釋形成了重視陰陽五行思想的災異典範：

漢興推陰陽言災異者，孝武時有董仲舒、夏侯始昌，昭、宣則眭孟、夏侯勝，元、成則京房、翼奉、劉向、穀永，哀、平則李尋、田終術。此其納說時君著明者也。（班固《漢書·眭兩夏侯京翼李傳》）

此文中可見董仲舒、眭孟、劉向治《春秋》，兩夏侯、李尋治《尚書》，翼奉治《齊詩》，京房（西元 127～200 年）治易學，經解

皆蘊含陰陽思想。由經典詮釋陰陽化的普遍學現象看來，西漢經學、注疏之學出現了以災異思想爲典範的神學式經學。

3.經典災異化的深化與轉向

信奉陰陽災異之說的儒者往往是漢武帝用以推行新政的政治工具[20]，所以當鞏固君權階段完成之後，多任用能規劃財經措施的技術性官僚，如鹽鐵專賣、均輸平準、酒榷等，此類官僚不相信天人陰陽之說，而成爲賢良文學的對立勢力；直至鹽鐵之議桑弘羊（西元前152—前80年）大敗之後，方才請教五行相勝之理。日後陰陽五行之說大行其道，應用範圍擴大，如眭孟提出禪讓政治的可能性[21]，孟喜（西元前90年前後，不詳）、焦延壽將災異引入易經研究之中[22]，宣帝下災異詔[23]，朝中儒臣以災異言事或直諫。

昭宣時期，災異解釋得以系統化，此文化現象呈現在《春秋》、《尚書》[24]與《易》的解讀之上，孟喜、焦延壽時對易經即有卦氣、

---

[20]　董仲舒、公孫弘、兒寬「三人皆儒者，通於世務，明習文法，以經術潤飾吏事，天子器之。」（班固《漢書·循吏傳》）

[21]　「先師董仲舒有言：『雖有繼體守文之君，不害聖人之受命。漢家堯後，有傳國之運。漢帝宜誰？差天下求索賢人，禪以帝位，而退自封百里，如殷周二王後，以承順天命。』」（班固《漢書·眭孟傳》）

[22]　「得《易》家候陰陽災變書，詐言師田生且死時枕喜膝。」（班固《漢書·儒林傳》）

[23]　地節二年、三年連續頒災異詔，後成定例，一旦發生災異即責己以告天下。

[24]　「而上方精於《詩》、《書》，觀古文，詔向領校中《五經》秘書。向見《尚書·洪範》，箕子為武王陳五行陰陽休咎之應。向乃集合上古以來歷春秋六國至秦、漢符瑞災異之記，推跡行事，連傳禍福，著其占驗，比類相從，各有條目，凡十一篇，號曰《洪範五行傳論》，奏之。」（班固《漢書·楚元王傳》）

互體之說，後京房踵事增華，創八宮、世應、遊魂歸魂、飛伏、爻辰、納甲等名目，易學一變其占卜書的純粹性，另外增加了災異書的屬性，可見災異已與經典研究結合。

> 夫子曰：「八卦因伏羲，暨於神農，重乎八純，聖理元微，易道難究。迄乎西伯父子，研理窮通，上下囊括，推爻考象，配卦世應，加乎星宿，局於六十四所。二十四氣分天地之數，定人倫之理，驗日月之行，尋五行之端。災祥進退，莫不因茲而兆矣。」（王應麟《困學紀聞》引《京氏易積算法》）

兩漢陰陽災異思想的日漸盛行，可以從諸多重要文獻之中得知；如《史記》卷一百三十〈太史公自序〉中提到〈論六家要旨〉曰：

> 嘗竊觀陰陽之術，大祥而眾忌諱，使人拘而多所畏；然其序四時之大順，不可失也。………夫陰陽四時、八位、十二度、二十四節各有教令，順之者昌，逆之者不死則亡，未必然也，故曰『使人拘而多畏』。夫春生夏長，秋收冬藏，此天道之大經也，弗順則無以為天下綱紀，故曰『四時之大順，不可失也。』

充分說明當人民對於陰陽之四時、八位、十二度和二十四節遵行而敬畏，認為其天道的規律與綱紀，不敢有違。又如東漢班固《漢書·儒林傳》云：

> 古之儒者，博學乎六藝之文，六學者，王教之典籍，所以明

> 天道、正人倫、致至治之成法也。

揭示出古之儒者習六經之文，主要目的爲知悉天道、匡正人倫綱常與輔佐君王以達盛世。又如《漢書·藝文志·諸子略》曰：

> 儒家者流，蓋出於司徒之官，助人君順陰陽明教化者也。

此言更直指儒家之目的乃助人君在「順陰陽」的基礎上治天下、行教化，換言之，施教化者必得順陰陽方得論教化。由《史記》和《漢書》記載之中，可見陰陽災異思想對人心影響之深，不容小覷，因此兩漢學術的陰陽化亦不難理解。

陰陽五行學說影響了秦漢以下的政治荒誕化與非理性化，此說雖可讓君主鞏固自身政治權力，然漢儒亦可告誡人君「天命靡常，惟有德者可居之」，以天人感應之說予以制約，避免君權過度擴張。但是災異典範的非理性化，卻在君王企圖以君權神授鞏固權力，和有心人士的政治角力中，藉由「讖緯」而進一步地深化，致使非理性的信仰蓬勃發展，將觸角延展至政治與學術之中，更促使釋經傳統由災異典範的成立逐漸走向神學內部自我侷限的敗亡。

(三)東漢經學主流：經讖合流

西漢末年，王莽（西元前 45～西元 23 年）藉由符瑞圖讖篡漢；東漢光武帝（西元前 6～57 年，在位西元 25～57 年）得天下，亦符合符讖而興；讖緯成了君權神授的權力糖衣，讓君王深化災異典範的天人關係，以此控制學術思想，進而合法化帝位的獲得，並權威化政治勢力，爲東漢學術政治開啓了經學神學化的序幕。

　　「讖」是方士們把一些自然現象作為天命的徵兆編造出來的隱語或預言，最早的讖書是《河圖》、《洛書》；「緯」則是相對「經」而言，方士們用詭秘的語言解釋經義的著作，緯書的內容萌芽於伏生（西元前260～前161年）的《尚書大傳》和董仲舒的《春秋陰陽》，出現於宣帝之後，當時六經和《孝經》都有緯書，如《易緯》、《書緯》、《詩緯》、《春秋緯》和《孝經緯》等，總稱「七緯」；讖書和緯書合稱為「讖緯」，其內容無不論及陰陽、災異、符讖、預言，雖包括一些有用的天文、曆法、地理和古代傳說，但絕大部分荒誕不經，可以穿鑿附會地隨意解釋，所以王莽、劉秀等都利用它們來改朝換代，取得帝位。

　　東漢光武帝極度崇獎今文，為鞏固政權而事事皆求合讖，讖書儼然成為官書，章句學上抑古文而立十四今文博士，其後明帝（在位西元57～75年）下災異詔，章帝（在位西元75～88年）引《春秋保乾圖》「三百年斗曆改憲」而改曆，並屢屢言明帝功德俱「著在圖讖」，可見讖緯逐漸凌駕於經典之上，而善言讖者。當時學術界乃一窩蜂地競說圖讖之學，甚至因善讖緯而可以講學，更可以直言諫上，並適時地輔佐帝王。

　　時朱浮上書光武論博士之選云「臣浮幸得與講圖讖，故敢越職」，可見講授圖讖亦可論學；制度創改亦依圖讖之學，張純議建辟雍乃按七經讖，曹充答明帝問制禮樂事云「充對曰：『《河圖》括地象曰：『有漢世禮樂文雅出。』《尚書·琁機鈐》曰：『有帝漢出，德洽作樂，名予。』」（范曄《後漢書·曹充傳》）乃引讖緯為證。後章帝欲興禮樂，亦引讖緯為證：

會肅宗欲制定禮樂，元和二年下詔曰：「河圖稱『赤九會昌，十世以光，十一以興』。尚書璇機鈐曰：『述堯理世，平制禮樂，放唐之文。』予末小子，托於數終，曷以纘興，崇弘祖宗，仁濟元元？帝命驗曰：「順堯考德，題期立象。」（范曄《後漢書·曹褒傳》）

以當時學術界重視讖緯之狀，章句學中自然不免滲入讖緯。哀平之際，宣傳災異和符瑞、附會經學內容的讖緯之學大為盛行，並在東漢初由章帝親自主持的白虎觀會議得到了官方的認可。范曄（西元 398～445 年）《後漢書·樊儵傳》中提到一實證：「與公卿雜定郊祠禮儀，以讖記正五經異說。」王先謙（西元 1842—1918 年）集解范曄《後漢書》時引蘇輿時提到「經讖之雜，蓋始於此。」此事發生於明帝登基之時，經學與讖緯學走向經讖合流，乃章句學的另一個里程碑，因此〈孔僖傳·集解〉中惠棟（西元 1697—1758 年）引《連叢子》載孔昱語「今朝廷以下，四海之內皆為章句內學。」將引圖讖說經的詮釋經典活動，給予「章句內學」的稱呼，在章帝中元元年（西元 56 年），讖緯書被定為必讀之書，其地位實際上凌駕於經書之上。其後更召儒生在白虎觀討論五經同異，由班固寫成《白虎通德論》，把讖緯和今文經學糅合一起，使經學進一步讖緯化。即使劉向、鄭玄（西元 127～200 年）等古文經大師亦時常引用緯書陰陽五行之說，以作為解經之輔。

雖然融入讖緯之學的今文經學空前鼎盛，其背後卻潛藏著學術僵化的危機。因為當時明經取士，經學成為仕進之階，習經者中不免有急功近利，投機取巧，崇尚虛華者，因此范曄在《後漢書·儒

林傳》提到：

> 章句漸疏，而多以浮華相尚，儒者之風蓋衰矣。

其次，當時的習經方式師師相承、口傳心授、純而不雜，不遺餘力於訓詁和考據，花費大量時間，旁徵博引，細心求證，不敢逾越聖人之言，雖存樸實嚴謹之風，往往造成了一經數家、家有數說或歧義並出的情況，且其章句訓詁往往拘泥於隻字片語，流於機械、瑣碎、牽強，是故班固將此特性視為大患：

> 後世經傳既已乖離，博學者又不思多聞闕疑之義，而務碎義逃難，便辭巧說，破壞形體，說五字之義，至於二三萬言。後進彌以馳逐，故幼童而守一藝，白首而後能言，安其所習，毀所不見，終日自蔽。此學者之大患也。（班固《漢書·藝文志》）

不僅如此，漢代經學相當重視家法、師法，因此兩漢經學除了有今文和古文之分外，而且門派林立，使得學術內部也爭奪主流地位，成為權力中心，致使日後在漢代社會中出現「閥閱」階級，其中又以今文經為主流勢力，壟斷學術，致使古文家在閥閱的夾縫中生存：

> 世儒說聖人之經，解賢者之傳，義理廣博，無不實見，故在官常位；位最尊者為博士，門徒聚眾，招會千里，身雖死亡，學傳於後。文儒為華淫之說，於世無補，故無常官，弟子門徒不見一人，身死之後，莫有紹傳。此其所以不如世儒者也。（王充《論衡·書解》）

　　《論衡》中所謂文儒的桓譚（西元前 23～西元 56 年）、班固、楊終、傅毅一類古文家，一無常官，二無門徒，自然在與今文經學家的學術角力中位居下風，難以取得平等的地位。

　　簡而言之，今文經學家在各種主客觀條件下，使整體學術環境走向功利化的趨勢，學術本身研究方式也產生了困限與流弊，讖緯本質雖為災異思想的精粹，然其所蘊含的天人災異思想致使經學侷限於意志天的束縛，經典詮釋無法進行創造性發展，因此古文經學家遂起而爭奪經典詮釋權。相對於古文家爭取經典詮釋權，今文經學家似乎不具有任何危機意識，因為由文獻大多只見刪節章句以自成新說之舉❷，並無看見其與古文學家的辯難；古文經學家的聲勢日漸壯大，讖緯所附著的今文經學在批判性古文家的大加韃伐中，陰陽災異之典範於焉動搖，經學由章句、讖言夾雜逐步走向訓詁與理性。

三、兩漢經學的伏流：古文經學與理性思維的昂揚

　　五經在漢代成為輔佐政治的重要依據，為學術正統主流催生，因此世族大家為鞏固自身在漢王朝的特權地位，一方面藉由師法、家法的重視，以確立經學傳承的血緣關係；另一方面，今文經學家利用此閥閱階級的優勢在政治上打壓異己，使游士、賦家出身的古

---

❷　《後漢書·桓郁傳》集解引蘇輿「時承前漢家法謹嚴之後，即文字增減亦別自為學，如榮減普章句，即不為朱氏學，郁省榮章句，即不為大桓君學，樊儵刪嚴氏春秋，號樊侯學，張氏為儵弟子，復為減定，更名張氏學，亦其例也。」

文經學家無法獲得統治者的青睞。而今文經學本身卻走入章句學術與以讖解經的死胡同，因此適逢古文經典的發現，學術界出現了兩股潛藏的勢力，東漢初古文學家從事經學研究的方向有二，一為鄭賈訓詁之學，此乃承襲劉歆（西元前 50～西元 20 年）門徒從事的經典考校，企圖爭奪經典詮釋權，以恢復聖人經典之真；二是探究聖人本意的思想性研究，揚雄（西元前 53～西元 18 年）、桓譚、王充（西元前 27～西元 97 年）即是此類。兩者皆為理性詮經而發聲。

㈠古文家的發聲

東漢政權的穩固，主要來自世族大姓的支持與讖緯的深入人心，世族在官僚組織中取得經濟利益，並利用博士系統穩固階級利益，因此東漢光武帝主要以偃武修文、崇尚氣節刷新吏治，重新建立新典範；然而其所獎勵的學術範圍卻僅限於章句和讖緯，只提倡所謂的今文經學，因此古文家尚未有發聲的契機。

1.古文經學的私學系統

古文經典自西漢以來，幾乎被隔離於博士學官系統外，深鎖於秘府之中，唯有通曉古文系統的東觀學士方才可以時常整理、閱讀，因此古文系統則另由小學家和賦家所傳承。當時，諸多賦家同時具有小學家的身分，司法相如即首位為倉頡篇增字之人，其注意到文字的擴充茲乳，而主張古文經的劉向、劉歆父子亦是出身漢賦作家，可見古文在漢代尚有其傳授系統，迨今古文之爭後，方才被突顯出來。

東觀蘭臺之職責為掌管圖書，就和、安兩帝以前的東觀蘭臺之

官而言，清一色皆爲古文家；和安以前曾任蘭臺校書之官有班固、
賈逵（西元 30~101 年）、傅毅、楊終、孔僖、李尤、王逸、馬融、竇
章、劉毅等等，其中班固、賈逵、孔僖、馬融、竇章等均係古文家
是無疑的，楊終大抵亦無可疑，傅毅、李尤、王逸係文士，但自西
京末古學成立以來，文士和古文家即已成二而一者，東漢初著名文
士如桓譚、班彪（西元 3～54 年）等俱爲古文家，且傅毅、李尤等交往
之對象亦均係古文家，可見他們雖不以經學顯，但實係古文家一路，
而當時著名的古學家，則唯有鄭眾、崔駰、張衡（西元 78～139 年年）、
崔瑗（西元 78～143 年）不在其列，張衡（西元 78～139 年）則因天文的
成就，拜太史令，如此看來，當時所有古學家幾乎都一致被網羅於
此，這現象是很特殊的（劉毅、騶騄俱是王室，召入東觀，當因監修史冊之
故，不論）。若向前後依此類推，劉歆、揚雄皆出於此。

揚雄本賦家，成帝時以文學待詔，上〈甘泉〉、〈羽獵〉、〈長
楊〉、〈河東〉四賦爭取政治發言權，然卻有無法使力的無力感：

> 鄉使上世之士處乎今，策非甲科，行非孝廉，舉非方正，獨
> 可抗疏，時道是非，高得待詔，下觸閭罷，又安得青紫？（班
> 固《漢書‧揚雄傳》）

遂而將學術研究重心轉移至五經之上，認爲唯有五經可濟於
「道」，於是摒棄雕蟲小技的賦，改而以擬經詮釋經典：

> 或問「吾子少而好賦」。曰：「然。童子雕蟲篆刻。」俄而，
> 曰：『壯夫不爲也。』或曰：「賦可以諷乎？」曰：「諷乎！
> 諷則已，不已，吾恐不免於勸也。」……或問：「景差、唐

勒、宋玉、枚乘之賦也,益乎?」曰:「必也,淫。」「淫,則奈何?」曰:「詩人之賦麗以則,辭人之賦麗以淫。如孔氏之門用賦也,則賈誼升堂,相如入室矣。如其不用何?」……或問:「君子尚辭乎?」曰:「君子事之為尚。事勝辭則伉,辭勝事則賦,事、辭稱則經。足言足容,德之藻矣。」……觀書者譬諸觀山及水,升東岳而知眾山之邐迤也,況介丘乎?浮滄海而知江河之惡沱也,況枯澤乎?舍舟航而濟乎瀆者,末矣;舍五經而濟乎道者,末矣。(揚雄《法言·吾子》卷一、卷二)

揚雄、桓譚、班家都為古學世家,亦為賦家。賦家擁有先秦縱橫家❷❻、游士的批判精神,然漢初之時,出入有重重關防,社會流動性極小,誹謗妖言之罪侷限了批判性語言,因此文帝二年(西元前11年)詔廢誹謗妖言之罪,十二年(西元前168年)除關禁,又詔舉賢良,致使游士活動日漸蓬勃,諸侯公卿為蓄積自身政治實力,亦廣納游士,《淮南子》即是此文化現象下的產物。游士流品紛雜,為謀取重用多擅其才,時漢皇室好楚歌,是故以楚歌為形制基礎的賦體大興,成為干進的絕佳工具。

然武帝時利用陰陽化的儒家思想集權中央,禁絕游士任意干政,因此游士大都以獻策(董仲舒、公孫弘)、特殊才藝(司馬相如(西元前179~前118年)、東方朔(西元前161~前93年))向中央進行靠攏,游士從此被分割為兩種知識團體,相互制衡。

---

❷❻ 「賦家者流,縱橫之流別,而兼諸子之餘風。」(章學誠《文史通義·詩教下》)

　　其中，依憑個人技藝的知識團體，其地位依隨皇帝寵信程度而異，不若博士有其固定的教育系統，無法由政權獨立出來，因此其內部具有相當程度的緊張性與個人化，而司馬相如鋪張揚厲的賦體風格即是由此而生，並在每一篇作品之後對上進言，將賦予奏議章疏冶為一爐，藉此抒發自己的政治主張。

> 漢廷之賦，實非苟作長篇；錄入於全傳，足見其人之極思。殆與賈疏董策為用不同，而同主於以文傳人。（章學誠《文史通義》）

　　東漢初年，為適應社會的需要，以私人傳授的古文經漸漸興盛傳播開來，並與官學的今文經發生了衝突。就其各自的表現而言，爭立古文經成為賦家的群體意識，因為接受古文的專業訓練，凝聚出特殊的古文意識，藉此來追求社會上或政治上的地位。直至劉歆，宣帝命其轉習《穀梁傳》，賦家才逐漸轉向經典研究，與博士系統合流。

　　劉歆為古文學的重要代表人物，其要求所有政治需要回歸典籍，強烈要求復古。劉歆任校中秘，見左氏好之[27]，並重尹咸、翟方進等質問大義[28]。參加校書的劉歆發現古文經比今文經更有價值，使古文經立於學官，對經學本身存在的弊端進行批判，他揭露了今經

---

[27] 「初《左氏傳》多古字古言，學者傳訓故而已，及歆治《左氏》，引傳文以解經，轉相發明，由是章句義理備焉。」（《漢書・楚元王傳》）

[28] 「歆以為左丘明好惡與聖人同，親見夫子，而公羊、穀梁在七十子後，傳聞之與親見之，其詳略不同。歆數以難向，向不能非間也，然猶自持其《穀梁》義。」（《漢書・楚元王傳》）

文過於繁瑣、不易掌握、更無益於社會：

> 分文析字，煩言碎辭，學者罷老且不能究其一藝。信口說而
> 背傳記，是末師而非往古，至於國家將有大事，若立辟雍封
> 禪巡狩之儀，則幽明而莫知其原。（班固《漢書·楚元王傳》）

後為爭立《左傳》、《毛詩》、《逸禮》、《古文尚書》四經
博士，哀帝令之與五經博士講論，卻因對方不肯置對而無成。其憤
而移書太常博士讓之，認為古文較全，今博士章句乃餖飣之學，往
往抱殘守缺，不肯服義：

> 往者綴學之士不思廢絕之闕，苟因陋就寡，分文析字，煩言
> 碎辭，學者罷老且不能究其一藝。信口說而背傳記，是末師
> 而非往古。（班固《漢書·楚元王傳》）

劉歆因此受諸儒排擠，自請外放，古文可說遭到全面性的封殺。
劉歆爭立古文經博士時，賦家們並未反對災異，劉歆本身亦相信災
異，其所對抗的乃是今文章句學家對古文的全盤否定，但在不知不
覺中重視經典義理的思想，慢慢脫離出五行陰陽的災異思想，而以
經典研究成就其獨立自足的學術領域。

劉歆的復古運動乃針對世族大姓的利益而發，好大喜功的王莽
篡位需要壟絡世族，因此古文派必定依附王莽，而君王也必須依賴
擁有高度文化的經濟集團——世族。當時，古文經學家為王莽取得
政權設計可依據的經典，古文經在新莽時代開始被重視，諸多今文
經學家轉想學習古文，蔡邕（西元 132～192 年）即為代表。然王莽在
這基礎上卻仍然依附符命讖緯，以強化政權的合法性，促使社會風

氣極度崇尚讖語，然水能載舟亦能覆舟，日後光武帝的興起亦是藉由讖緯之力，讖緯性質成為天命的具體表徵，讖緯乃在經學中獨立，更具有政治象徵性，其政治決策多仰賴讖語，但其政治也是拱手讓給了以讖緯凝聚政治信徒心志的東漢光武帝劉秀。

2.古文經學的興起

王莽政權的敗亡對於古文派而言是極大的打擊，其政治理想與集團利益皆化為泡影，但是古文意識早已深化在古文家心中，伺機以動。東漢光武帝乃世族出身，其在眾多世族脫穎而出並非容易，但當時有實力與光武同爭天下者，唯有隗囂集團，其勝敗關鍵在於中介的竇梁集團，因此古文學家皆因戰亂去投靠竇梁，因故舊關係與政治鬥爭之利益衝突，古文學家不談讖記，因此可以免於因讖而被嫁禍，是故在政治角力中可以倖免於難。

然而，東觀仍然與博士系統界線分明，古文家藉此與今文學家相抗衡，壁壘分明，直至白虎奏議起，古文學家自信羽翼已成，向今文學家提出正式的挑戰。古文家爭取平等待遇，可上溯章帝時代的賈逵，章帝初立召見賈逵以讖言講左氏，是故范曄《後漢書·賈逵傳》言章帝「降意儒術，特好古文尚書、左氏傳」，而後楊終疏「宣帝博征群儒，論定《五經》於石渠閣。方今天下少事，學者得成其業，而章句之徒，破壞大體。宜如石渠故事，永為後世則。」（司馬光《資治通鑑·漢紀三十八》）賈逵開始以東觀為基地，進行反攻。

章帝決定進行白虎奏議，今文經學家雖在會議中佔得上風，因此班固《白虎通》中只有少數枝節問題採用古文經，兩處引逸書，

七處引周官❷，基本觀點多採今文學家的災異觀點，其全書概念乃法
天立制，各篇皆以讖緯之言開頭，因此經學釋經傳統依然以今文經
為主流。古文家雖非躍上領導者的地位，卻因為章帝的特許而興起，
古文學家經白虎觀會議之後可參與教育學術政策的決策過程，對古
文家而言，實乃一大突破：

> 逵數為帝言古文尚書與經傳爾雅詁訓相應，詔令撰歐陽、大
> 小夏侯尚書古文同異。逵集為三卷，帝善之。復令撰齊、魯、
> 韓詩與毛氏異同。並作周官解故。（范曄《後漢書·鄭范陳賈張
> 列傳》）

> 八年，乃詔諸儒各選高才生，受左氏、谷梁春秋、古文尚書、
> 毛詩，由是四經遂行於世。皆拜逵所選弟子及門生為千乘王
> 國郎，朝夕受業黃門署，學者皆欣欣羨慕焉。（范曄《後漢書·
> 鄭范陳賈張列傳》）

　　古文家真正的興起，實建基於安帝（西元 94～125 年）時期今文學
家的自我墮落。當時，章句學者繁文析字，支解經典大體，如同樊
準上疏曰：

> 今學者蓋少，遠方尤甚。博士倚席不講，儒者競論浮麗（范曄
> 《後漢書·樊宏陰識列傳》）

徐防「請明章句」疏亦云：

> 伏見太學試博士弟子，皆以意說，不修家法，私兼容隱，開

---

❷　黃彰健於《經今古文學問題新論·白虎通與古文經學》一文所統計。

生奸路。每有策試，輒興諍訟，論議紛錯，互相是非。孔子稱『述而不作』，又曰『吾猶及史之闕文』，疾史有所不知而不肯闕也。今不依章句，妄生穿鑿，以遵師為非義，意說為得理，輕侮道術，寖以成俗……專精務本，儒學所先。臣以為博士及甲乙策試，宜從其家章句，開五十難以試之。解釋多者為上第，引文明者為高說；若不依先師，義有相伐，皆正以為非。（范曄《後漢書‧鄧張徐張胡列傳》）

雖然順帝（西元 125～144 年在位）有經濟匡救的實際行動，但是章句之學已經趨向浮華，儒者之風盡失。

及鄧后稱制，學者頗懈。時樊准、徐防並陳敦學之宜，又言儒職多非其人，於是制詔公卿妙簡其選，三署郎能通經術者，皆得察舉。自安帝覽政，薄於蓺文，博士倚席不講，朋徒相視怠散，學舍頹敝，鞠為園蔬，牧兒蕘豎，至於薪刈其下。順帝感翟酺之言，乃更修黌宇，凡所造構二百四十房，千八百五十室。試明經下第補弟子，增甲乙之科員各十人，除郡國耆儒皆補郎、舍人。本初元年，梁太后詔曰：「大將軍下至六百石，悉遣子就學，每歲輒於鄉射月一饗會之，以此為常。」自是遊學增盛，至三萬餘生。然章句漸疏，而多以浮華相尚，儒者之風蓋衰矣。（范曄《後漢書‧儒林列傳》）

今文學家因章句沒落也輾轉投入古文陣營，安帝永初四年「鄧太后詔使與校書劉騊駼、馬融及五經博士，校定東觀五經、諸子傳記、百家藝術，整齊脫誤，是正文字。」（范曄《後漢書‧文苑列傳‧

劉珍傳》）古文字問題吹起一陣旋風，引起今文學家的重視，李固、李膺師宗荀淑（西元83～149年），馬融以廣收門徒，正式宣告了今文學的衰敗。此乃經學本身的流變，實際上古文家、思想家理性思維的萌發，才是主流易位的關鍵因素❸。

　　學術重心由太學轉移到東觀❹，當時古文經典的訓詁之作如雨後春筍般出現❸，但是當時正式建制的太學學制已經宣告瓦解❸，古文不得立於學官，無法成為絕對的學術權威。時少數今文學家方才警覺，企圖力挽狂瀾地改革章句，何休（西元129～182年）便是顯例。其痛懲章句的倍經反傳、因循牽延、觀聽不決，致使古文學家取代今文學家在學術上的領導地位。何休《公羊解詁·序》云：

　　　傳春秋者非一，本據亂而作，其中多非常異義可怪之論，說

---

❸　詳見下一章節。

❹　桓靈二世，尤其在黨錮之後，似乎就不曾見任何重要學者係出身於太學，所有重要的學術活動也均在東觀內進行，如延篤、盧植等亦都在為博士之後，轉入東觀從事創作活動，盧植「與諫議大夫曰碑，議郎蔡邕、楊彪、韓說等並在東觀校中書五經記傳，補續漢紀」（范曄《後漢書·盧植傳》）

❸　如鄭玄的《易注》、《書注》、《周官注》、《小戴禮注》、《毛詩箋》、荀爽的《易注》、服虔、穎容的《左傳注》，一時並出。

❸　《後漢書·獻帝紀》載初平四年詔云：「今者儒年踰六十，去離本土，營求糧資，不得專業，結童入學，白首空歸，長委農野，永絕榮望。」可見太學崩壞的實況。但學制之瓦解實不始於獻帝，靈帝時章句之頹唐已如前述，古文雖盛，卻又不得立於學，盧植請立古文而不成（范曄《後漢書·吳延史盧趙列傳·盧植傳》）〈本傳〉，荀悅紀亦云：「去聖久遠，道義難明，而古文尚書，毛詩，左氏春秋，周官，通人學者好尚之，然希各得立於學官。」古文不得立，並非由於今文之排擠，而實因太學之功用已完全失掉了之故。

者疑惑，至有倍經任意、反傳違戾者，其勢難問，不得不廣。
是以講誦師言至於百萬，猶有不解，時加釀嘲辭，援引他經，
失其句讀，甚可閔笑者，不可勝記也。是以治古學貴文章者
謂之俗儒，至使賈逵緣隙奮筆，以為公羊可奪，左氏可興。
恨先師觀聽不決，多隨二創，此世之餘事，斯豈非守文持論，
敗績失據之過哉？余竊悲之久矣！往者略依胡毋生條例，多
得其正，故遂隱括使就繩墨焉。

因此其推翻之前的公羊章句，另依胡毋生條例作此解詁：

> 與其師羊弼追述李育意，以難二傳，作公羊墨守，左氏膏肓，
> 穀梁廢疾〈范曄《後漢書·何休傳》〉

然而當鄭玄起而作〈發墨守〉、〈箴膏肓〉、〈起廢疾〉之後，
誠如范曄所謂「及玄答何休，義據通深，由是古學遂明」（范曄《後
漢書·何休傳》）今文家最終還是敵不過古文學的風潮。除了古文學傳
統勢力的興起，讖緯化的今文學還面對了另一強大的思想勢力，那
就是批判性古文家理性思維的昂揚。

㈡理性主義的昂揚

和安以後，古文家已經不侷限於東觀之中，許慎（西元 58～147
年）、馬融乃訓詁派，竇章擅長文章、張衡善賦[34]且任職太史；由桓
帝（西元 147～167 年在位）開始，今文學者可以成為東觀學士，習古學

---

[34] 〈思玄賦〉「御六藝之珍駕兮，遊道德之平林。結典籍而為罟兮，驅儒墨
以為禽，玩陰陽之變化兮，詠雅頌之徽音」（文選）。

者可成爲太學博士，兩者之間可以交流，古今文兩大集團也開始融合，學術界全面投入訓詁工作㉟，當時古文家訓詁經書亦分爲兩大派，一是具有批判精神的古文正統，一是揉合讖緯以訓詁的訓詁派，後者之所以附庸圖讖乃在於君王上仰賴此類思維模式重用學者：

> 鄭賈之學行乎數百年中，遂為諸儒宗，亦徒有以焉爾。桓譚以不善讖流亡，鄭興以遜辭僅免，賈逵能附會文致，最差貴顯，世主以此論學，悲矣哉。（范曄《後漢書·蔚宗論》）

不僅如此，同樣是古文家卻會因爲能否解讖緯的差異，而擁有差別性待遇。因此，具有批判精神的古文正統對於陰陽災異的質疑更加深化，擁有「反讖」精神。其反讖精神的具體表現，由其對聖人與讖緯關係的質疑中，可略知一二。

1.學述聖人以反讖

今文經學中諸多以讖緯解經之作，皆以聖人所託的理由而大鳴大放，然而古文家對於聖人與典籍之關係，有其不同且深刻的認知。東漢古文家認爲讖緯非聖人之作，聖人不會有離奇怪誕的行爲風格：

> 凡人情忽見事而貴於異聞，觀先王之所記述，咸以仁義正道為本，非有奇怪虛誕之事。蓋天道性命，聖人所難言也，自

㉟ 「陶明尚書、春秋，為之訓詁。推三家尚書及古文，是正文字七百餘事，名曰中文尚書。」（范曄《後漢書·杜樂劉李劉謝列傳·劉陶傳》）劉陶時為太學領袖，因當時朱穆、李膺被繫，劉陶率太學生請救，其從事訓詁學術工作，可見訓詁之學已遍及學術界。

子貢以下不得而聞，況後世淺儒能通之乎？今諸巧慧小才伎
數之人增益圖書，矯稱讖記，以欺惑貪邪，誑誤人生，焉可
不抑遠之哉？（范曄《後漢書·桓譚傳》）

聖人不能先知，難言天道性命，然而深信讖緯的思想家以為讖
緯乃聖人依託之作，聖人可知千歲之事，王充在《論衡·實知》中
反對而言：

儒者論聖人，以為前知千歲，後知萬世，有獨見之明，獨聽
之聰，事來則名，不學自知，不問自曉，故稱聖則神也。（王
充《論衡·實知》）
讖書秘文，遠見未然，空虛闇昧，豫睹未有，達聞暫見，卓
譎怪神，若非庸口所能言。（王充《論衡·實知》）
放象事類以見禍，推原往驗以處來，賢者亦能，非獨聖也。
（王充《論衡·實知》）

認為聖人所作乃「安兆察跡，推源事類」，時無法先知。

夫聖可學為，故田詘謂之易。如卓與人殊，稟天性而自然，
焉可學，而為之安能成？（王充《論衡·實知》）

其更進一步提出，聖人只理會人事，不討論天道，而最基本的論點
乃「天道無為」：

幽贊神明，通合天人之道者，莫著乎易春秋。然子貢猶云夫
子之文章可得而聞，夫子之言性與天道，不可得而聞已矣。
漢興，推陰陽言災異者，孝武時有董仲舒、夏侯始昌；昭宣

> 則眭孟、夏侯勝；元成則京房、翼奉、劉向、谷永；哀平則
> 李尋、田終術，此其納說時君著明者也。察其所言，彷彿一
> 端，假經設誼，依託象類，或不免乎億則屢中。仲舒下吏，
> 夏侯囚執，眭孟誅戮，李尋流放，此學者之大戒也。（班固《漢
> 書·眭孟傳》）

　　王充對於讖緯妄作聖人之意，進行根源式的顛覆，自然對於讖
緯化、神學化的今文經學心生不滿。這樣的觀點，不僅在東漢才有，
西漢時即可見其端倪。我們可在《法言》之中見到揚雄對於今文學
功利性的不滿，指責今文章句華而不實，背離古道，其論司馬談「五
經不若老子之約」段：

> 若是則周公惑，孔子賊。古者之學，耕且養，三年通一。今
> 之學也，非獨為之華藻也，又從而繡其鞶帨，惡在老不老也。
> （揚雄《法言·五百》）

由其斥責今文經學「老不老」一語中，可見揚雄對於聖人本意的重
視。《法言》的創作動機由自序中可以得知其紹述聖人的擬經思想：

> 雄見諸子各以其知舛馳，大氐詆訾聖人，即為怪迂析辯詭辭，
> 以撓世事。雖小辯，終破大道而惑眾，使溺於所聞，而不自
> 知其非也。及太史公記六國，歷楚漢，訖麟止，不與聖人同
> 是非，頗謬於經。故人時有問雄者，常用法應之，譔以為十
> 三卷，象論語。（揚雄《法言·序》）

晚年著《法言》中提到早期的作品《太玄》：

> 絣之以象數，播之以人事，文之以五行，擬之以道德仁義禮
> 智，無主無名，要合五經。（揚雄《法言·序》）

揚雄模仿經典，其實也是對於經典的詮釋，以聖人本意爲核心，非
以天意爲主，學爲聖人，聖人多喜言「人事」一般的禮義制作：

> 或問無為。曰：奚為哉？在昔虞夏襲堯之爵，行堯之道，法
> 度彰，禮樂者，垂拱而視天下，民之阜也，無為矣！紹桀之
> 後，纂紂之餘，法度廢，禮樂虧，安坐而視天下民之死，無
> 為乎？（揚雄《法言·問道》）

聖人憑藉人事以表現天道，因此重視聖人制作、禮樂教化，而非蠡
測天意，此言可說是對災異典範的修正：

> 聖人有以擬天地而參諸身乎！（揚雄《法言·五百》）
> 經莫大於易，故作太玄；傳莫大於論語，作法言；史篇莫善
> 於倉頡，作訓纂；箴莫善於虞箴，作州箴；賦莫深於離騷，
> 反而廣之；辭莫麗於相如，作四賦。皆斟酌其本相，與放依
> 而馳騁云。（班固《漢書·揚雄傳贊》）

他以爲天地簡易，聖人法之以作五經，因此通過五經可知簡易之理：

> 或問：「天地簡易，而聖人法之，何五經之支離？」曰：『支
> 離蓋其所以為簡易也。已簡，已易，焉支？焉離？」（揚雄《法
> 言·五百》）

王符（西元85～162年）也在《潛夫論·讚學》中提到「是故聖人

以其心來造經典；後人以經典合聖心也，故修經之賢，德近於聖矣。」
因此，當時揚雄以擬經之法詮釋經典，基本的思想出發點乃爲紹述
聖人之意，此舉對於後世學者的影響極深。如東漢班固作《漢書》
時，就含有學爲聖人的經典意識：

> 凡漢書，敍帝皇；列官司，建侯王；準天地，統陰陽；闡元
> 極，步三光；分州域，物土疆；窮人理，該萬方；緯六經，
> 綴道綱；總百氏，贊篇章；函雅故，通古今；正文字，為學
> 林。（班固《漢書·敍傳》）

可見班固企圖踵武聖人的名山事業，因此其論《史記》時又提到：

> 誠令遷依五經之法言，同聖人之是非，意亦庶幾矣。夫百家
> 之書猶可法也。若左氏、國語、世本、戰國策、楚漢春秋太
> 史公書，今之所以知古，後之所由觀前，聖人之耳目也。（范
> 曄《後漢書·班彪傳》）

在學爲聖人的學術風氣下，桓譚、王充更企圖以論擬經，桓譚
以《新論》擬《春秋》，考察漢代政治得失，與揚雄作《太玄》、
《法言》的用意相同，王充即推崇桓譚《新論》：

> 孔子不王，素王之業在於春秋；然則桓君山素丞相之跡存於
> 新論者也。（王充《論衡·定賢》）
> 新論之義與春秋會一也。（王充《論衡·案書》）
> 諸儒觀春揪之記，錄政治之得失，以立正義。以為聖人復起，
> 當復作春秋也，自通士若太史公，亦以為然。余謂之否。何

則？前聖後聖未必相襲。……余為新論，述古正今，亦欲興
志也，何異春秋褒貶耶？今有疑者，所謂蚌異蛤，二五為非
十也。譚見劉向新序、陸賈新語，乃為新論。（桓譚《新論》）

可見，當時諸多文人企圖以論文形式取代章句式的經學研究模式，
如劉勰於《文心雕龍·論說》錄桓譚《新論》言：「若秦君延之注
堯典十餘萬字，朱普之解尙書卌萬言，所以通人惡煩，羞學章句。」
王充更認爲章句俗儒不足以理解經義，其言：

> 是以世俗學問者，不肯竟經明學，深知古今，急欲成一家章
> 句，義理略具，同超學史，書讀律諷，令治作情，奏習對向，
> 滑習跪拜，家成室就，召署輒能。徇今不顧古，趨仇不存志，
> 競進不案禮，廢經不念學。是以古經廢而不修，舊學闇而不
> 明，儒者寂於空室，文吏嘩於朝堂。（王充《論衡·程材》）
> 夫總問儒生以古今之義，儒生不能知。另名以經事問之，又
> 不能曉。斯則坐守，何言師法，不頗博覽之咎也。（王充《論
> 衡·謝短》）
> 夫儒生不覽古今，何知一永？不過守信經文，滑習章句，解
> 剝互錯，分明乖異。（王充《論衡·謝短》）
> 若夫公羊、穀梁之傳，日月不具，輒為意使。失平常之事，
> 有怪異之說，徑直之文，有曲折之義，非孔子之心。（王充《論
> 衡·正說》）

指出今文失真的嚴重缺陷，進而服膺古文，其於《論衡·佚文》提
到：

> 受天之文，文人宜遵五經六藝為文，諸子傳書為文，造論著
> 說為文，上書奏記為文，文德之操為文。立五文在世，皆當
> 賢也。造論著說之文尤宜勞焉，何則？發胸中之思，論世俗
> 之事，非徒諷古經續故文也。論發胸臆，文成手中，非說經
> 義之人所能為也。……五文之中，論者之文多矣，可以遵明
> 矣。

認為能作文論者方才能明白經義，其更在〈超奇〉篇中明其層次，
章句最下，能博覽百家之言、古今行事的通人為次，再者為能奏記
者，再者為缺乏自造的因紀前文者，再而為自作傳記者，最上一等
為揚雄一類大作文論者，故〈定賢〉篇言：

> 夫人不謂之滿，世則不得見口談之實語，筆墨之餘跡，陳在
> 珍篋之上，乃可得知。故孔子不王，作《春秋》以明意。案
> 《春秋》虛文業，以知孔子能王之德。孔子，聖人也。有若
> 孔子之業者，雖非孔子之才，斯亦賢者之驗也。

其以論文對於經典進行詮釋、模擬與發揚聖意，其揚棄訓詁式的傳
統詮釋方式，甚至有其批判精神：

> 凡學問之法，不為無才，難於距師，核道實義，證定是非也。
> 問難之道，非必對聖人及生時也。世之解說說人者，非必須
> 聖人教告，乃敢言也。苟有不曉解之問，追難孔子，何傷於
> 義？誠有傳聖業之知，伐孔子之說，何逆於理？謂問孔子之
> 言，難其不解之文，世間弘才大知，生能答問解難之人，必
> 將賢吾是艱難問之言是非。（王充《論衡·問孔》）

不僅如此，其對於渾天蓋天乃採取實證態度，其批判精神亦可在「疾虛妄」一語中，極盡其意涵：「論衡篇以十數，亦一言也。曰：疾虛妄。」（王充《論衡・佚文》）且此精神將「天道爲無」與「人事」的重要性表露無疑，對於天人關係進行進一步的關照與詮釋，刺激魏晉玄學的誕生。

2.疾虛妄以重人事

東漢王充著《論衡》，以元氣自然爲宇宙生成的基礎，否定了「天人感應」，以自然無爲的觀念駁斥了祥瑞說和譴告說，強烈申明天道自然。

> 夫天不能故生人，則其生萬物亦不能故也。天地合氣，物偶自生矣。（王充《論衡・物勢》）
> 夫人不能以行感天，天亦不隨行而應人。（王充《論衡・變動》）
> 夫天道，自然也，無為。如譴告人，是有為，非自然也。黃老之家，論說天道，得其實矣。（王充《論衡・譴告》）
> 黃老之操，身中恬澹，其治無為，正身共己而陰陽自如，無心於為而物自化，無意於生而物自成。（王充《論衡・自然》）

王充的論點直接斥責天人交感之說，反對天人相通，主張天地本無主宰，王者受命乃奉天時而不爲，行事與天合，故「自然無爲，天之道也。」（王充《論衡・初稟》）其關係並非支配關係，天地自然乃以陰陽之氣來表現，萬物亦由自然氣化而成，無意志性。

> 難曰：「人道有為故行，天道無為何行？」曰：天之行也，

施氣自然也，施氣則物自生，非故施氣以生物也。不動，氣
不施，氣不施，物不生，與人行異。日月五星之行皆施氣焉。
（王充《論衡·說日》）

天動不欲以生物而物自主，此則自然也。施氣不欲為物而物
自為，此則無為也。謂天自然無為者何？氣也。（王充《論衡·
自然》）

蝕之皆有時，非時為變，及其為變，氣自然也。（王充《論衡·
說日》）

水旱饑穰有歲運也，……人不能以行感天，天亦不隨行而應
人。（王充《論衡·明雩》）

陰陽不和，災變發起，或時先世遺咎，或時氣自然。（王充《論
衡·感類》）

其他學者亦有類似觀點，王符更認為天意人格性不具意義，災
異之生乃氣的交感所致，進而提出純粹唯氣論：

三辰有候，天氣當赦，故人主順之而施德焉。未必然也。王
者至貴，與天通精，心有所想。或若休咎庶徵，月之從星，
此乃宜有是事。故見瑞異，或戒人主。若忽不察，是乃己所
感致，而反以為天意欲然，非直也。」（王符《潛夫論·述赦》）
「是故道德之用，莫大於氣。道者，氣之根也。氣者，道之
使也。必有其根，其氣乃生；必有其使，變化乃成。是故道
之為物也，至神以妙；其為功也，至強以大。天之以動，地
之以靜，日之以光，月之以明，四時五行，鬼神人民，億兆
丑類，變異吉凶，何非氣然？及其乖戾，天之尊也氣裂之，

> 地之大也氣動之，山之重也氣徙之，水之流也氣絕之，日月
> 神也氣蝕之，星辰虛也氣隕之，旦有晝晦，宵有，大風飛車
> 拔樹，償電為冰，溫泉成湯，麟龍鸞鳳，螽蟹蟓蝗，莫不氣
> 之所為也。以此觀之，氣運感動，亦誠大矣。變化之為，何
> 物不能？（王符《潛夫論·本訓》）

因此，對諸理性思想家而言，災異是自然自身造成的，與社會政治
無關：

> 夫天道自然也，無為。如譴告人，是有為也，非自然也。（王
> 充《論衡·譴告》）

瑞應現象只是一種巧合的因緣際會，災異之事乃自然所致，與天心
示警無關，並非神學災異的感應：

> 文王當興，赤雀適來，魚躍鳥飛，武王偶見，非天使雀至白
> 魚來也。（王充《論衡·偶會》）
> 天道自然，厥應偶合。（王充《論衡·驗符》）
> 瑞應猶災變也，瑞以應善，災以應惡，善惡雖反，其應一也。
> 災變無種，瑞應亦無類也。陰陽之氣，天地之氣也，遭善而
> 為和，遭惡而為變，豈天地為善惡之政，更生和變之氣乎。
> （王充《論衡·講瑞》）

無論災異、祥瑞皆是自然偶合，並非天之意志。王充甚至將因緣歸
乎人事：

> 天與人同道，欲知天，以人事。（王充《論衡·譏日》）

> 夫災變大抵有二：有政治之災，有無妄之變。政治之災，須
> 耐求之，求之雖不耐得，而惠愍惻隱之恩，不得已之意也。
> 慈父之於子，孝子之於親，知病不祀神，疾痛不和藥。又知
> 病之必不可治，治之無益，然終不肯安坐待絕，猶卜筮求祟、
> 召醫和藥者，惻痛殷勤，冀有驗也。既死氣絕，不可如何，
> 升屋之危，以衣招復，悲恨思慕，冀其悟也。雩祭者之用心，
> 慈父孝子之用意也。無妄之災，百民不知，必歸於主。為政
> 治者慰民之望，故亦必雩。（王充《論衡·明雩》）

因此王充強調聖人舉事由義，並非反災異，乃質疑天的人格性，
否認天的主宰性，抑低災異在思想中的地位。而仲長統（西元180～220
年）也指出人事治亂與天道無關：

> 王天下、作大臣者，不待於知天道矣。所貴乎用天之道者，
> 則指星辰以授民事，順四時而興功業，其大略吉凶之祥，又
> 何取焉。（《群書治要》卷四十五）

言統治者並非取決於天道，乃「唯人事之盡耳」，為其所用的天道
也不是神學家所謂的天道，而是自然變化的規律。

張衡受其影響，針對當時「儒者爭學圖讖、兼複附以妖言」的
風氣，提出「圖讖虛妄，非聖人之法」的論斷，更上奏疏請皇帝禁
絕「欺世罔俗」、「要世取資」的圖讖之言。而王符更在《潛夫論》
列〈卜列〉、〈巫列〉、〈相列〉、〈夢列〉等篇章，批判當時流
行的鬼神、卜筮等迷信活動，認為從事迷信活動的巫祝「欺誣細民，
熒惑百姓」（《潛夫論·浮移》）。

古文派異軍突起，其中少數持批判性詮釋立場之人通過對「性」與「天道」問題的新思考，而對災異典範的基本憑據提出了強烈質疑。其影響之大，我們由當時史官在向獻帝（西元 190～220 年在位）奏告日蝕時，獻帝竟答以「天道幽遠，事驗難明」（《袁紀》卷廿七），以及曹操（西元 155～220）說他向來不信天命，即能感受到災異典範所憑據的天之支配性已在全面瓦解之中。種種言說皆展現出當時思想家、古文家理性思維的昂揚，對於神學化、災異化、讖緯化的思想與觀點進行顛覆，開啓了新的經典詮釋系統（經學義理化）與學術領域（才性名理、玄學）。

四、漢魏之際理性思維的開展

批判派古文家著力於破除災異典範的主宰式天道觀，將天道、人事接筍，性與天道在災異系統沒落後，開展出「才性」與「玄理」的兩大系統；其中，批判性古文家由氣化宇宙論轉而言人物品鑒之風，由天道關係與經典詮釋的義理化轉變出玄學思維，皆是因爲對於陰陽災異典範系統的顛覆，進而開展出新的學術氣象。

㈠氣化宇宙論下開人物品鑒之風：才性名理的出現

桓帝開始，閥閱世家之間興起品題人物的文化現象，其之所以成爲一時的社會風氣，乃因當時宦官亂政，士大夫羞與爲伍，進而相互品評砥礪。范曄《後漢書·黨錮列傳序》云：

> 逮桓靈之間，主荒政謬，國命委於閹寺，士子羞與爲伍，故

> 匹夫抗憤，處士橫議，遂乃激揚名聲，互相題拂，品覈公卿，
> 裁量執政，婞直之風於斯行矣。

又言：

> 自桓、靈之間，君道秕僻，朝綱日陵，國隙屢啟，自中智以
> 下，靡不審其崩離，而權強之臣，息其窺盜之謀。豪傑之夫，
> 屈於鄙生之議者，人誦先王言也，下畏逆順執也。（范曄《後
> 漢書・儒林傳》）

在社會上層這種對朝政的不滿引發「清議」，即官僚士大夫通過品
評人物，抨擊宦官外戚的罪行，當時太學是清議的中心。可見，政
治清議❸與人物品題乃具有歷史因果，其思想轉折起源於東漢氣化宇
宙論的轉型；我們在第三節第二小節中曾論及，東漢思想家王充堅
持其「疾虛妄」的批判精神，進一步地釐清天道、人事的關係，直
至荀悅（西元 148～209 年）《申鑒》、《漢紀》與仲長統《昌言》等
因襲漢儒舊說❸的政論性著作出現，姑且略去政治實務的相關討論，

---

❸ 遂有陳蕃、李膺、范滂這些「慨然有澄清天下之志」、「欲以天下風教是
　非為己任」的領袖人物起而號召，袁宏紀述之云：「是時太學生三萬餘人，
　皆推先陳蕃、李膺，被服其行，由是學生同聲競為高論，上議執政，下譏
　卿士，范滂岑晊之徒仰其風而扇之，於是天下翕然以臧否為談名行善惡，
　託以謠言曰不畏強禦陳仲舉，天下楷模李元禮，公卿以下皆畏，莫不側席，
　又為三君八俊八顧八及之目，猶古之八元八凱也，陳蕃為三君之冠，王暢
　李膺為八俊之首，海內諸為名節志義者，皆附其風。」他們憑藉著從經典
　中習得的泛道德觀點，一方面對外展現清議的道德制裁力，一方面作為鞏
　固自身集團凝結力的依據。
❸ 荀悅《漢紀》述正律歷、協音樂之理論時，仍主張通三統，以律歷為「以

探究其據以形成判斷的形上原則,即可發現在同樣法天觀念的支配下,災異典範所特具的天的支配性色彩已完全褪去。

　　首先,荀悅提出純粹唯氣論的氣化宇宙論觀點,視天地的一切變化爲自然氣化之反應,而任受何神格性的意旨所支配。荀悅《漢紀》卷十三云:

> 易稱有天道焉,有地道焉,有人道焉,各當其理,而不相亂也。過則有故,氣變而然也。……夫豈形神之怪異哉?各以類感,因應而然。善則爲瑞,惡則爲異,瑞則生吉,惡則生禍,精氣之際,自然之符。故逆天之理則神失其節而妖神妄興,逆地之理則形失其節而妖形妄生,逆中和之理則含血失其節而妖物妄生,此其大旨也。若夫神君之類,精神之異,非求請所能致也,又非可以求福而禳災矣。……於洪範言僭則生時妖,此蓋怨讟所生,時妖之類也。故通於道,正身以應萬物,則精神形氣各返其本矣。

另外,荀悅《申鑒·俗嫌》論群忌災祥之無謂時,認爲卜筮祈請亦由德、順應自然❸。仲長統在《昌言》中,論漢高、光武、蕭、曹等

達自然之數,以順性命之理」的工具,這仍是天人一貫的系統。《漢紀·二十三》亦云:「聖人之道,必則天地,制之以五行以通其變,是以博而不泥。夫德行並行,天地常道也。先王之道,上教化而下刑法,右文德而左武功,此其義也。……夫通於天人之理,達於變化之數,故能達於道,故聖人則天,賢者法地,考之天道,參之典經,然後用於正矣。」依然是漢儒的一貫看法。

❸　《申鑒·俗嫌》篇云:「或問卜筮,曰:德斯益,否斯損。」「或問曰;時群忌。曰:此天地之數也,非吉凶所生也……故甲子昧爽,殷滅周興,

人時，亦云：

> 二主數子之所以震威四海，布德生民、建功立業、流名百世
> 者，唯人事之盡耳，無天道之學焉。然則王天下作大臣者不
> 待于知天道矣。所貴乎用天之道者，則指星辰為援民事。順
> 四時而興功業，其大略也，吉凶之祥，又何取焉？故知天道
> 而無人事者，是巫醫卜祝之伍，下愚不齒之民也。信天道而
> 背人事者，是昏亂迷惑之主，覆國亡家之臣也。……從此言
> 之，人事為本，天道為末，不其然歟？故審我已善而不復恃
> 乎天道，上也；疑我未善，引天道以自濟者，其次也；不求
> 諸己而求諸天者，下愚之主也。今夫王者誠忠心于自省，專
> 思慮于治道，自省無愆，治道不謬，則彼嘉物之生，休祥之
> 來，是我汲井而水出，爨竈而火燃者耳，何足以為賀者邪？
> 故歡于報應，喜于珍祥，是劣者之私情，未可謂太上之公德
> 也。

仲長統強調其不齒忽略人事、只言天道的巫醫卜祝，認為仁君有為
在於其盡人事之故。

當時，諸多思想家根據純粹的唯氣論進而說性命材質的命定
論，由「性分三品」到「人格品鑒」討論到「情性離合」。其中，
荀悅將人物品鑒抽象化，《申鑒・俗嫌》中云：

咸陽之地，秦亡漢隆。」又云：「或曰：然則日月可廢歟？曰：否，曰：
元辰，先王所用也。人承天地，故動靜順焉，順其陰陽，順其日辰，順其
度數。內有順實，外有順文，文實順，理也。休微之符，自然應也。」

> 或問祈請可否？曰：氣物應感則可，性命自然則否。

其認爲萬物爲自然氣化，與「用氣爲性，性成命定」（王充《論衡·
無形》）類似，形成純粹的唯氣論，也影響了桓王對性命關係的宿命
觀，性命只是氣化自然，故恆只依賴先天所稟而有其分限；據此，
荀悅乃駁斥了神仙黃白養生袪老之說，復云：

> 或問人形有相。曰：蓋有之焉。夫神氣形容之相包也，自然
> 矣。貳之於行，參之於時，相成也，亦參相敗也。其數眾矣，
> 其變多矣，亦有上中下品云爾。（荀悅《申鑒·俗嫌》）

此處的三品說實可兩面關涉，一言材質主義的命定論[39]，一由其所指
示的形相之多變，而性因氣而起故可相之，故可涉及人格品鑒的基
本原則，開展出另一「人格品鑒」的路數。

我們由《世說新語》中可得知當時品題人物風氣大盛，主要目
的乃在於發揚聖教、學爲聖人，將人格品鑒歸本聖訓[40]，此觀點可上

---

[39] 《申鑒·雜言·下》云：「或問天命人事，曰：有三品焉，上下不移，其
中則人事存焉耳。命相近也，事相遠也，則吉凶殊也。故曰窮理盡性以至
於命。孟子稱性善，荀卿稱性惡，公孫子曰性無善惡，揚雄曰人之性善惡
渾，劉向曰性情相應，性不獨善，情不獨惡。曰：問其理，曰：性善則無
四凶，性惡則無三仁人，無善惡，文王之教一也，則無周公管蔡，性善情
惡，是桀紂無性而堯舜無情也。性善惡皆渾，是上智懷惠而下愚挾善也。
理也，未究也，惟向言為然。」其論點雖與王充略有不同，但大體仍取著
材質之命定論的立場。

[40] 我們從劉劭《人物志》的序中即可得到間接的證據。孔才云：「夫聖賢之
所美，莫美乎聰明；聰明之所貴，莫貴乎知人。知人誠智，則眾材得其序，
而庶績之業興矣。是以聖人著爻象，則立君子小人之辭，敘詩志則別風俗
雅正之業，……皆所以達眾善而成天功也。……是故仲尼不試，無所援升，

溯至西漢揚雄。揚雄雖極力稱說仁義道德，篤行實踐，並以道德高下作為人物品鑒的標準：

> 天下有三門：由於情欲，入自禽門；由於禮義，入自人門；由於獨智，入自聖門。（揚雄《法言・修身篇》）

其就認識心循知識進路建立玄體，他律原則與孔孟的自律原則有其差異，此觀點也間接影響其對於歷史人物的道德品鑑，藉此道德式的人格品鑑來模仿聖人。以善盡其仁心為價值指歸，以玄為形上實體，而其天人系統所重視的乃人事上的德、聖人的意志，再加上其氣化宇宙論的觀點，人格品鑒、才性名理則在政治紛亂下，成為思想家紹述聖人的另一途徑，在學術界中開展出美學欣趣與價值觀。

> 人之性也善惡混，修其善則為善人，修其惡則為惡人。氣也者，所以適善惡之馬也與。（揚雄《法言・修身》）

而後，人倫鑒識逐漸與政治謀合，成為選官的依據，直至曹丕即位，陳群提出九品官人法，以人倫鑒識為朝廷甄選人才，性命問題被拉抬到政治面進行觀照，才性問題開始含有政治意涵，遂由美學欣趣轉為政治典範；正如劉劭所謂「主道得而臣道序，官不易方而太平用成」（劉劭《人物志・流業》），且太學已非官僚系統的培養地❹，

猶序門人以為四料，泛論眾材以辨三等，又歎中庸以殊聖人之德，尚德以勸庶幾之論，訓六蔽以戒偏材之失，思狂狷以通拘抗之材，……人物之察也如此其詳。是以敢依聖訓，志序人物，庶以補綴遺忘。」

❹ 太和四年曹睿詔中所謂「兵亂以來，經學廢絕，後生進趣，不由典謨」可見太學於仕進已無影響力。終魏之世，並不曾廢太學，學官備員始終存在，

《人物志》成爲提供中正從事品藻的參考書㊷，其於〈材〉能篇中提出八種才品對應其宜從之官，在〈流業〉篇中提出十二品類，目的皆爲「量能授官」㊸。

陳群定九品官人法時，方法上沿用許劭月旦評的形式，其內容包括說明家世的「簿筏」、評斷才能的「狀」和德性品評的「品」。將品、狀、家世冶爲一爐的作法，隨即引申出三者主從輕重、品狀不一的問題。如魏明帝特謂盧毓以選舉莫取有名，毓却答以「名不

但《魏志·高柔》載柔疏云：「今博士皆經明行修，一國清選，而使遷除限不過長，懼非所以崇顯儒術，帥勵怠惰也。」這段話至少說明了太學出身者與官僚系統之組成幾已完全脫節矣。世說品藻篇注引魏志，諸葛誕為吏部郎，「人有所屬託，輒顯其言而承用之，後有當不，則公議其得失，以為褒貶，自是群寮莫不慎其所舉。」又賞譽篇載吏部郎缺，司馬昭亦從鍾會（西元225～264）之品目而用裴楷，則整個官僚系統之組成全賴此矣。

㊷ 劉劭本質上不是一位純學術的人物，他作都官考課，並修訂漢律，俱是為了政治目的，《人物志》自亦不例外。《通典》卷十五考績條云：「魏明帝時以士人毀稱是非，混雜難辨，遂令散騎常侍劉劭作都官考課之法七十二條，考覈百官。其略欲使州郡考士必由四科，皆有效然後察舉。」四科大致承東漢，指儒學、文吏、孝悌、從政，但考法則不詳，它既不透過太學來辦，則或者便是使用品目之法，《人物志》或即為此而作，亦未可知。

㊸ 《人物志·材能》云：「夫能出於材，材不同量；材能既殊，任政亦異。是故自任之能，清節之材也；故在朝也則冢宰之任，為國則矯直之政。立法之能，法家之材也；故在朝也則司寇之任，為國則公正之政。計策之能，術家之材也；故在朝也則三孤之任，為國則變化之政。人事之能，智意之材也；故在朝也則冢宰之佐，為國則諧合之政。行事之能，譴讓之材也；故在朝也則司寇之佐，為國則督責之政。權奇之能，伎倆之材也；故在朝也則司空之任，為國則藝事之政。司察之能，臧否之材也；故在朝也則師事之佐，為國則刻削之政。威猛之能，豪傑之材也；故在朝也則將帥之任，為國則嚴厲之政。」

足以致異人，而可以得常士」，可見二人對家世之重要性似有岐見。
《三國志·盧毓傳》云：

> 毓於人及選舉，先舉性行，而後言才。黃門李豐嘗以問毓，
> 毓曰：「才所以為善也，故大才成大善，小才成小善，今稱
> 之有才而不能為善，是才不中器也。」

這段話顯然反映了盧毓對品狀孰重的態度，其認為「品」較「狀」
重要，而基本的理論依據則是才性的相合，其主張完全承自荀悅的
「情性離合」說，以為才情關係乃不可分割的。於是才性論題轉而
成為政治上的熱門論題，掀起了學界的熱烈討論，成為學界核心問
題，這當然是在典範作用下的一種推廣運用。因此，《世說新語·
文學》劉注引《魏志》云：

> （鍾）會論才性同異傳於世。四本者言才性同、才性異、才性
> 合、才性離也。尚書傅嘏論同，中書令李豐論異，侍郎鍾會
> 論合，屯騎校尉王廣論離。

批判性詮釋立場的古文學家，循著對人性問題的另一種詮釋途徑而
逐步轉出了人格品鑒的論題；而在古文派意識不斷侵入閥閱集團的
東漢，閥閱集團自覺地發展出了人物品題的風氣，讓我們可以合理
化古文意識逐漸擴大影響力，開展出人物品鑒，致使「才性名理」
在魏晉成為與「玄理」並行的學術主線。

相對於重視才性名理的人物品鑒之學，「玄學」思維更是後世
學術界對於魏晉學術的第一聯想對象，其產生的背景乃在於古文家
對「經典詮釋義理化」與「天道無為」的實踐與認知之上，將理性

思維帶向形而上的境界。

㈡經典詮釋的義理化現象

思想需要語言符號加以呈現,而語言具有載義與溝通的功能,其功能在經典詮釋的過程尤其重要;就中國自古以來的經典詮釋傳統,即解釋、詮釋因時間流轉而語義不明的經典文字,是故語言兩端概念的比附則扮演起重要的角色。然而,比附的兩端概念本身可具有同質性與異質性,端視使用的目的來加以使用。因此,魏晉之際經典詮釋即擁有明顯的例子。其中,格義的原理是以比附的方式解說不同的思想概念,目的在於意義的理解與傳遞,乃是兩種異質思想的比附。而中國釋經傳統至王弼之後的經典義理化現象,甚至到郭象的「寄言出意」❹,都是同質思想的借寓。其概念比附的過程,其實就是經典解釋義理化的詮釋過程。

1.格義的異質性比較哲學

「格義」是佛學初傳入漢地講解佛典的方法,將佛學名相和儒道兩家哲學概念加以比附、對照,換言之,其乃將中國人所熟悉的《老》、《莊》、《周易》與六經❺等「外典」中的名詞、概念與佛

---

❹ 就思想上來看,正始以來所流行的言意之辯,由言盡不盡意之爭,發展至郭象,已成「寄言出意」。就語言的功能層面來看,郭象不排斥語言的功能,而積極地保留了語言的價值,此異於王弼「得意忘象」、歐陽建「言盡意」、及荀粲「言不盡意」的態度。

❺ 曹仕邦先生在《中國沙門外學的研究——漢末至五代》的研究中指出,中國沙門大多兼通內外典,而所熟通之外典,以老莊諸子、儒家六經較多。如竺法護(266AD~308AD)「博通六經,涉獵百家之言」(《出三藏記

教典籍（內書）中難以理解的名詞術語、事數❹對等起來進行理解、「擬配」，❹使佛教深奧的義理能夠得到接受❹。以概念比類為手段來比附異質文化，致使格義作為一種溝通異質思想的方法，在早期佛教的傳播發展中擁有不可替代的作用；其應用範圍只局限於「講肆」（教學）之中，時間上大致從漢末魏初至東晉以前。

就格義的發展時序而言，湯用彤《漢魏兩晉南北朝佛教史》、許抗生《魏晉玄學史》、郭朋《中國佛教簡史》曾據慧皎《高僧傳·竺法雅傳》所言，斷定「格義之法，創於竺法雅」：

> （竺法雅）少善外學，長通佛義。衣冠仕子，或付咨稟。時依雅門徒，並世典有功，未善佛理。雅乃與竺法朗等，以經中事數擬配外書，為生解之例，謂之格義。及毗浮、曇相等，

集》卷十三竺法護傳）、竺道潛（286AD～347AD）「或暢方等，或釋老莊」（《高僧傳》卷四竺道潛傳）、支道林注《莊子·逍遙》篇，「群儒莫不歎服」（引書同前）、釋慧遠（334AD～416AD）「博綜六經，尤善老莊」（引書同前，卷六）、釋僧肇（384AD？～414AD）因家貧以抄書為業，歷觀經史，以老莊為心要。

❹ 《世說新語·文學》篇認為「事數」乃「事數謂若五蔭、十二入、四諦、十二因緣、五根、五力、七覺之屬。」另外還有「涅槃」、「空」等等難以理解的佛理、思想概念，亦屬於「事數」。如此般以「無為」解釋「涅槃」、以「五常」擬配「五戒」，稱之為「格義」。

❹ 「擬配」，湯用彤認為有「度量概念」之意，格義、擬配都是比配觀念的方法，「擬配」的第二種意義，即忖度、分別、比較等，範疇上可以比「對等」進一步延伸、拓寬。

❹ 「佛教傳入中國，最初只依附神仙方技，活動於宮庭民間。至魏晉玄學興起，成為接引佛教教理之津梁，佛學乃漸次進入中國士人之心靈。於是出現『格義』，以中國之思想（老莊易理）比擬配合，以說般若性空之義。」（蔡仁厚，《中國哲學史大綱》，頁146）

亦辯格義以訓門徒。雅風采灑落，善於機樞，外典、佛經，
遞互講說，與道安、法汰，每披釋湊疑，共盡經要。」（慧皎
《高僧傳·竺法雅》）

此觀點實爲誤解，因爲我們從早期佛教徒護教弘法的言論中可以發
現大量的「格義」辭彙，如《弘明集》、《高僧傳》等，而且《高
僧傳·釋僧光傳》有言：

釋僧光⋯⋯值石氏之亂，隱於飛龍山，遊想巖壑，得志禪慧。
道安後復從之，相會欣喜，謂：『昔誓始從』。因共披屬思，
新悟尤多。安曰：『先舊格義，於理多違。』光曰：『且當
分析（一作柝）逍遙，何容是非先達？』安曰：『法鼓競鳴，
何先何後？』光乃與安、汰等南遊晉平，講道宏化。後還襄
陽，遇疾而卒。（慧皎《高僧傳·飛龍山釋僧光》）

其中先舊、先達兩詞亦指出早於道安（西元 312 一說 314〜385 年）❹、
僧光（西元 287〜396 年）前眾僧已用格義之法，而竺法雅與道安乃爲
同門，是故格義之說絕非竺法雅所創，頂多可言竺法雅、康法朗乃
以格義方式弘揚佛法的代表人物。梁代僧祐編撰的《出三藏記集》

---

❹ 道安據梁《高僧傳·釋道安本傳》記載，道安在其師佛圖澄死（西元348年，
東晉永和四年卒，年一百一十七歲）後，石虎即位時（西元349年），因世
亂而離開河南到山西濩澤（今臨汾縣）躲避兵禍，竺法濟、竺僧輔及竺道
護先後遠集，共研漢末安世高所譯禪書《陰持入經》、《道地經》、《大
十二門經》等，並為之作注。

中來看，慧叡（西元 355～439 年）❺⓿在〈喻疑〉論中，對於佛教在中國開始以格義方法講傳的時代曾有述及：

> 昔漢室中興，孝明之世，無盡之照，始得輝光此壤。二五之照，當是像法之初，自爾已來，西域名人安侯之徒，相繼而至，大化文言漸得淵照，邊俗陶其鄙倍。漢末魏初，廣陵彭城二相出家，並能任持大照，尋味之賢始有講次，而恢之以格義，迂之以配說❺❶。下至法祖、孟詳、法行、康會之徒。撰集諸經，宣暢幽旨，粗得充允，視聽暨今，附文求旨，義不遠宗，言不乖實，起之於亡師❺❷。及至符并龜茲三王來朝，持法之宗亦並與經俱集。究摩法師至自龜茲，持律三藏集自罽賓，禪師徒尋亦並集。關中洋洋十數年中，當大法後興之盛也。（《出三藏記集·喻疑》，頁41中。）

慧叡認為格義上起自漢末魏初，盛行用「格義」的方法來講談佛經，

---

❺⓿　慧叡（東晉永和十一年至劉宋元嘉十六年，卒年八十五歲，冀州人，冀州在今河北省境內）。少時出家，通曉音譯、訓詁及方言，常四處遊方，學習內典，遊跡曾至廬山、長安、建業、彭城等地，遠至南印之界。曾先後師事道安與羅什。慧叡在漢土譯出《泥洹經》後，作了〈喻疑〉論。在此文當中，介紹了佛教東來的源流、佛教在中國流傳的經典、流傳時發生的神異事跡等內容，時代介紹自漢末以迄劉宋之間。

❺❶　「配說」相當於「格義」，乃以中國傳統思想來講解佛經的方式，而非直接以佛教名相概念進行佛典的解說。佛典「配說」的內容據漢末安世高所出譯典，如《道地經》、《陰持入經》等譯典、注解等）、《出三藏記集》中所載僧傳、經序、後記等資料推測，可能是以漢魏時所流行的思想作為比配的材料。

❺❷　乃指釋道安。

下至康會、法行之徒，乃至道安晚年反對格義，格義方法便已告終。東晉道安最初以老莊義理講述佛教，注釋佛典，因恐格義歪曲佛教教義，乃主張應以佛教原義正確翻譯佛典，並藉由佛典本身探究佛理。而上列引文即是道安已認為格義不夠公允切當，想要放棄格義的方法，但僧光卻認為格義是前人所留傳下來的方法，目的同樣為了傳經，可謂殊途同歸。無須執著於允愜與否，道安乃不一味墨守舊誤的傳經者，不希望執著固守前人所留下的錯誤，而使用不正確的方法解經。

話雖如此，道安卻在《出三藏記集》卷七〈道行經序〉中，曾對當時一般人在解讀佛經時容易產生的困難有具體的描述：

> 然凡諭之者，考文以徵其理者，昏其趣者也；察句以驗其義者，迷其旨者也。何則？考文則異同每為辭，尋句則觸類每為旨。為辭則喪其卒成之致，為旨則忽其始擬之義矣。（《出三藏記集·喻疑》，頁47中。）

《道行經》博大經深，致使唯有智者方才能得其精深義旨，然而一般人解讀佛經的方法不正確，以致不容易對佛典有真知灼見，也間接道出理解佛經的難度，與格義之所以興盛的時代背景。因此，《慧遠傳》傳中有云：

> （慧）遠年二十四，便就講說。嘗有客聽講，難實相義，往復移時，彌增疑味。遠乃引《莊子》為連類，於是，惑者曉然。是後，安公聽遠不廢俗書。

道安之徒慧遠（西元334～416年）為了讓一般聽眾明白「實相」的含

義，不得不援引《莊子》中類似的概念或觀念作爲「連類」。

就「格義」產生的年代來看，漢末魏初，正處於漢末陰陽五行、神仙方術、人物品藻、儒道會通及玄佛交涉，各方思想蓬勃發展時期，「比附」爲當時的思維方法和時代風氣。而時人在語詞的使用上，更因其博通內外之故，而時有互用之情形，以下舉四例爲證：

《牟子理惑論》是一篇問答式的護教論文典型，其中關於「道」的問答：

> 問曰：何謂之爲道，道何類也？牟子曰：道之言導也，導人至於無爲。牽之無前，引之無後，舉之無上，抑之無下，觀之無前，聽之無聲，四表爲大，蜿蜒其外，毫氂爲細，間關其內，故謂之道。

其將佛法等同老子《道德經》所言之「道」、暗示「涅槃」相當於「無爲」，而且引經據典，說出了對比的理由。

釋道安作〈安般注序〉云：

> 安般者，出入也。道之所寄，無往不因，德之所寓，無所不託，是故安般寄息以守成。四禪寓骸以成定也，寄息故有六階之差，寓骸故有四級之別。階差者，損之又損之，以至於無爲；級別者，忘之又忘之，以至於無欲也。無爲故無形而不因，無欲故無事而不適，故能成務。成務者，即萬有而自彼。開物者，使天下兼忘我也。……斯皆乘四禪之妙止，御六息之大辯者也。夫執寂以御有，策本以動末，有何難也。（《出三藏記集》，卷六，頁43下。）

未詳作者的〈首楞嚴三昧經注序〉云：

> 首楞嚴三昧者，晉曰勇猛伏定意也。……定意者，謂跡絕
> 仁智，有無兼忘。雖惠澤蒼生，何嘗不通，以仁智照以玄
> 宗。（《出三藏記集》卷七，頁48下。）

支道林（西元314～366年）在〈大小品對比要抄序〉中說：

> 是以諸佛因般若之無始，明萬物之自然，眾生之喪道，溺精
> 神乎欲淵；悟群俗以少道，漸積損至無。設玄德以廣教，守
> 谷神以存虛，齊眾首於玄同，還群靈乎本無。（《出三藏記集》
> 卷八，頁55中。）

由這些例子，可看到儒釋道三家在語詞比附及思想相互滲透的情形。

　　漢魏至東晉初期，僧眾以「格義」作爲方便對生徒解經的方法
極爲普遍，然而因爲般若學盛行，中國傳統思想說解佛教般若思想
產生了種種異說，不能完全切中般若原意的思想學說，因此魏晉南
北朝時期興起了「六家」。呂澂在《中國佛學思想概論》一書中，
根據僧叡的〈毗摩羅詰提經義疏序〉，指出「格義」與「六家」是
兩種不同的詮解佛典的方法：

> 羅什以前的佛學研究情況，據僧叡〈毗摩羅詰提經義疏序〉
> 記載，大概有兩個方面：『格義』和『六家』。……意思是
> 說，向來對於佛學的研習，可分爲兩派，一派屬於『格義』，
> 用這種方法的人，往往與本來的義理相違。——這一論斷，
> 是因爲羅什譯本出來後，比較而知的。另一派屬於『六家』

之說，採取自由討論的方式，只求意趣而不拘於文字；這樣
就容易產生偏頗，不能契合本意。㊼

就其觀點而言，「六家」不單只是作爲佛典漢譯過渡時期的各派學
說，而是一種新興詮解佛典的方法，可以與「格義」對舉而論；釋
般若空義重在引空教名相以自申己說（玄學思想），不再追求是否符
合般若原意，乃進一步有意地開宗立派，據佛理以闡己論的立場，
與早期的「格義」在態度上已大有不同。不僅如此，格義與六家的
盛行時代，並非同時，六家七宗出現的時代晚於格義，較何晏、王
弼稍晚。

六家沿用類似格義配說的方法，加以援佛入玄或援玄入佛。魏
晉玄學發現佛教擁有一種和玄學相類似的精神境界，且能補充玄學
的理論限界的理論構造，由此而形成了以「六家七宗」爲代表的佛
玄合流思潮。這種合流思潮裏，玄學吸收佛教所具有的豐富的哲學
理論和精神境界，佛教接受玄學的哲學的範疇說明般若中觀思想。
在玄佛合流思潮下，由於魏晉玄學的影響，佛教學者圍繞對於空的
解釋，形成「六家」。

魏晉之間的「六家七宗」學說不同於傳統的格義，方法論上採
用了「言意之辯」的特殊形式，對般若學的中心概念「空」進行了
批判性、創造性的發揮，使之演變成既不同於印度又不同於中國的
新的佛教觀念。以道安的「本無宗」來說，其以王弼的「本無」來
解釋發揮般若學的「空」，所謂「無在萬化之前，空爲眾形之始」，

㊼　見於呂澂《中國佛學思想概論》，第三章〈般若理論的研究〉，頁51，台
　　北：天華出版社，民國80年5月出版。

似乎將道家的「無」等同於般若的「空」，但又認爲「本無者，一切諸法本性空寂，故云本無」融攝了般若學的空義。

這個時期，以六家爲中心的佛家和玄學所追求的目的並不相同，玄學中心的主題是自然和名教的關係，佛教般若學的中心主題是俗諦和真諦的關係，但是玄學和般若學都討論一個以無爲本，以萬有爲末的本體論。玄學探究有無、本末、體用的關係，試圖將名教和自然進行有機的統一，般若學依據有無、體用關係，試圖結合真諦和俗諦，但是佛教陣營裏由於對空的解釋各家相不同，形成六家學派。六家包括本無、心無、即色、識含、幻化、緣會，其中以道安的本無義，支湣度的心無義，支道林的即色義最具有代表性。這三家和玄學的「貴無論」、「崇有論」、「獨化論」存在著一種對應關係。「本無派」和王弼「貴無論」相互對應，按照本無論解說般若性空的原理，偏重於講「無」，認爲「無」是絕代的空無，否定客觀世界的真實性。「心無派」類乎裴頠的「崇有論」，主張無心，不空外物。「心無派」所說的無心就是空心，指不起執著之心，不滯外色就是心無，不空外物指宇宙事物是「有」，不是「無」，因此，「心無派」所說的「有」就是真有。「心無派」只從無心的角度來說「空心」，但是從客觀萬物說卻不空色，肯定客觀世界。「即色派」和郭象的既崇有又貴無的「獨化論」是對應的。「即色派」認爲事物的現象不來自事物的本質，由於沒有事物的本體就是空。

總而言之，格義之義與配說、擬配、合本❺、連類之法混淆，實

---

❺ 格義與合本在基本目的上擁有極大的差異，任繼愈在《中國佛教史》第二

際上可以分類為廣義格義與狹義格義；配說、擬配、連類⑮乃屬廣義
者，擁有以外典說明內書的共同特徵，因此吳汝鈞於《佛學研究方
法論》一書中提出：

> 人們把大乘佛教的般若波羅蜜思想，作為玄學的『虛無』一
> 類的東西來理解，那是極為自然的趨向。依據老莊的『虛無』
> 來理解的般若的『空』，這種立場，一般稱為『格義』，故
> 格義是一種比較哲學。（吳汝鈞，《佛學研究方法論》，頁263。）

以「配說」方法解說佛典，至竺法雅等人的「格義」，「以經中事
數擬配外典」為生徒說解佛法，都是以比類為手段進行異質性概念

卷中，提到「格義」的比較研究法不同於「合本」，不泥於文字訓解，也
不求忠於般若本義，「只重在融會中外兩種不同的思想」（任繼愈《中國
佛教史》第二卷，頁216，中國社會科學出版社，1993年8月。）。此藉「格
義」融會印度佛學與中國思想的看法，在湯用彤《理學·佛學·玄學》一
書中，也有類似的意見：「『格義』是中國學者企圖融合印度佛教和中國
思想的第一種方法。」（湯用彤《理學·佛學·玄學》，頁273，臺北：淑
馨出版社，民國81年。）

⑮ 在《高僧傳》卷六·義解三·晉廬山釋慧遠傳中，曾提到慧遠有引《莊子》
「連類」來講譯佛經的方法：「釋慧遠……，博綜六經，尤善老莊，……
安常歎曰：『使道流東國，其在遠乎？』年二十四，便就講說，嘗有客聽
講，難實相義，往復移時，彌增疑昧。遠乃引莊子義為連類，於是惑者曉
然。」由這段引文看來，慧遠是在問難之下，才提出引莊子義作為「連類」
的內容，舉證用以比喻、說明，乃藉由「取譬引類，起發己心」、「比物
連類，以至無窮」等以彼喻此的方法，並沒有明確的推論過程，與「格義」
不盡相同。另外，連類既已以莊子義為內容，可推測連類之法，亦不早於
首先重視到莊子思想的阮籍（曾著有〈達莊論〉）。

比附。類似的概念比附同時存在於中國傳統經典的詮釋系統，差異
只在於後者兩端概念屬於同質性，乃屬於同質性的類比。

2.經學子學化的同質性類比

古文訓詁沒落於靈獻時期，正當古文詁訓發展到鼎盛時期，一
時領先風騷的大儒如鄭玄、荀爽（西元 128～190 年）、服虔、穎容、
邴原，為清議之所鍾。建安之末更出現了反訓詁的論調，這是極應
注意的發展。徐幹《中論·治學》云：

> 鄙儒之博學也，務於物名，詳於器械，矜於詁訓，摘其章句
> 而不能統其大義之所極，以獲先王之心。此無異乎女史誦詩，
> 內豎傳令也。

其對訓詁之學嚴厲批評，可謂揚棄古文訓詁的先聲。到了曹魏，採
用古文詁訓方式的著作仍然可見，王肅和鄭玄代表三國初古文訓詁
的兩派，鄭玄雖為古文大師卻違反古文派傳統反讖立場，偏愛以讖
解經，似乎是假託古文學形式維持今文學本質。因此，王肅反鄭最
自覺的原因在於以讖緯解經，同時與鄭玄分庭抗禮的學者還有荀
爽，同樣遍注群經，卻堅守反讖立場，甚至辯讖❺，可見此時古文學
者對讖緯的態度可以分為兩派。尤其著名的是王肅，他走的是絕對
正統派、不夾讖緯的古文訓詁路線，《魏志》本傳謂其：

> 善賈馬之學而不好鄭氏，采會同異，為尚書、詩、論語、三

---

❺ 荀悅《申鑒·俗嫌》云「世稱緯書仲尼之作也，臣悅叔父故司空爽辨之，
蓋發其偽也。」

　　禮、左氏解、及撰定父朗所作易傳，皆列於學官。

觀其所學乃擁有古文訓詁家「博通各經」的特性，如錢穆《兩漢博士家法考》所言「今學守家法，古學尚兼通」雖然徒以此特性分別今古固有問題，但古學尚兼通亦是事實，賈馬時即已遍注群經，古文訓詁盛行後，鄭玄，荀爽，宋衷，王朗等亦莫不博通群經，即可爲證。當時，各經地位平等，但古文訓詁沒落之後，除易經外各經皆甚少被提及，易經成爲主要論題所在，當時學術界核心人物論學，皆論及易經❺⑦。若將《易》學於兩漢立博士的現象與其他經書相較，立博士家數位居首位❺⑧，可見其受重視的程度。

---

❺⑦　〈荀氏家傳〉謂荀融「與弼會論易老義，傳於世」，〈鍾會傳〉云「會嘗論易無互體」，〈管輅別傳〉載趙孔曜語云「冀州裴使君〈徽〉才理清明，能釋玄虛，每論易及老莊之道，未嘗不注精於嚴瞿之徒也」，〈輅別傳〉復謂「鍾毓清逸有才，難輅易二十餘事，自以爲難之至精也。輅尋聲投響，言無留滯，分張爻象，義皆殊妙，毓即謝輅」，又云劉邠「清和有思理，好易而不能精」，嘗與管輅長談五日而不遑恤官，邠言「數與何平叔〈晏〉論易及老莊之道，至於精神遐流，與化周旋，清若金水，鬱若山林，非君侶也」，其他如鄧颺、王弼等亦莫不皆好論易。

❺⑧　《易》學立博士者，西漢有五家（田氏易、梁丘氏易、施氏易、孟氏易、京氏易），東漢有四家（梁丘氏易、施氏易、孟氏易、京氏易）；《尚書》學立博士者，西漢有四家（歐陽尚書[歐陽高]、大夏侯尚書[夏侯勝]、小夏侯尚書[夏侯建]、孔氏古文尚書[孔安國]），東漢有三家（歐陽尚書、大夏侯尚書、小夏侯尚書）；《詩》學立博士者，西漢有四家（魯詩[申培]、齊詩[轅固生]、韓詩[韓嬰]、毛詩[毛萇]），東漢有三家（魯詩、齊詩、韓詩）；《禮》學立博士者，西漢有五家（高堂生禮[高堂生]、慶室禮[慶普]、大戴禮[戴德]、小戴禮[戴聖]、周官），東漢有二家（大戴禮、小戴禮）；春秋學立博士者，西漢有五家（公羊春秋、公羊嚴氏[嚴彭祖]、公羊顏氏[顏安

　　兩漢易學❺❾傳統特徵爲災異化與讖緯化,因此京房說於災異思想盛行時大行其道,其企圖爲此圖像式抽象符號系統解碼,藉此覘測災異,相對地反讖的古文訓詁傳統開始對其解碼方式進行思考,多有傳承❻❿與翻新❻❶。就漢魏之際易學的轉變而言,最明顯的差異呈現於解爻卦的方式,由後設角度觀察之可以歸納出由「象數」轉向「義理」的趨勢。其關鍵轉折點在於王弼,其一反兩漢混合陰陽災異之章句訓詁的解經方式,開始詮解《周易》之義理,爲後世經學中的義理系統提供一典論範式。

　　深究兩漢象數易學與魏晉義理易學之關係,可歸納爲「傳承」

───────────────

樂]、穀梁春秋、左氏春秋),東漢有二家(公羊嚴氏、公羊顏氏);其餘典籍如《論語》、《孝經》、《孟子》和《爾雅》,在西漢文帝立博士,東漢則無。

❺❾ 兩漢時代的易學研究,可大分為七家,包括了田氏易(田王孫)、梁丘氏易(梁丘賀)、施氏易(施讎)、孟氏易(孟喜)、京氏易(京房)、高氏易(高相)、費氏易(費直)等七家,其中今文經梁丘氏易、施氏易、孟氏易、京氏易四家於兩漢皆被列入博士,而田氏易只在西漢武帝時被列入博士,而其餘兩家皆未被列為博士。

❻❿ 如互體、爻變、八宮、世應、遊魂歸魂、飛伏、爻位貴賤等皆始自京房,荀虞等則取以說易,又鄭玄亦創爻體,〈爻辰則仍脫胎自京房〉,荀爽則創升降,卦變〈實脫胎京房爻變〉之法,取象之法固有不同,但精神是一致的。屈萬里《先秦漢魏易例詌評》卷下,頁77~120。

❻❶ 虞翻實為象數易之集大成者,他注易幾乎收集了所有歷來的取象方法,且更有翻新。吳志翻本傳注引翻別傳謂其對漢易之評論,以為荀爽為最,次為馬融,次為宋衷,鄭玄最下,站在取象方法運用之變化上,鄭玄確宋窮極其妙,宜乎翻有此論。據屈萬里考,納甲肇自京房,翻取以說易,翻又創半象,兩象,旁通,反卦,三變受上等,可謂極其工巧矣。詳前引書頁121~148。

與「創新」兩大類；傳承者多因循兩漢孟氏易學與京氏易學，因此可稱爲象數易學之餘續；創新者多重視義理之開展，爲魏晉南北朝的易學帶來新的詮釋角度。簡單分類如下：

(1)象數易學之餘續

因循漢孟、京象數易學者，乃爲象數易學之餘續，又可類分爲四：一爲受荀爽影響者，其代表人物有三國東吳虞翻（西元 170～239 年）其《周易註》❻❷發揮荀爽之剛柔升降說，以卦變說解釋《周易》經傳文，將卦氣說引向卦變說。其卦變說之內容，主要包括乾坤父母卦變爲六十四卦，以及將十二消息卦變爲雜卦。另外又提出旁通說，轉化卦象爲與其對立之卦，六爻皆相反。其講卦變、講旁通，乃爲使一卦變爲兩卦以上之卦，然後再以「互體說」、「取象說」，解釋《周易》經傳文。虞翻《易》學雖傳承漢代象數易學的精義，卻也將漢《易》引向繁雜之途，清代學者王夫之評曰：

> 「漢儒泥象，多取附會。流及於虞翻，而約象互體，半象變爻，曲以象物者，繁雜瑣屈，不可勝紀。（《周易外傳·繫辭下傳》）

因此後學魏董遇（西元 187?～239?年）受鄭玄、荀爽、虞翻影響，著有《周易章句》十二卷，特別重視象數易，間陳新義，衍生出「大衍論」與「體用說」。另外，東吳陸績（西元 188～219 年）同樣受到象

---

❻❷ 《隋書》、《舊唐書經籍志》、《新唐書藝文志》均作九卷，唯《經義考》作十卷。清孫堂輯本爲十卷，收入《漢魏二十一家易註》。清黃奭輯本爲一卷，收入納蘭性德《漢學堂經解》。

數易的影響，著有《周易注》十五卷❻。二爲紹述《孟氏易》的東吳
姚信（西元 207?～267 年），其受漢代孟喜的影響，著有《周注易》十
二卷，屢次糾正虞翻的說法。三爲整合荀爽與虞翻之說法的蜀才❻
著有《周易注》，其整合了荀爽與虞翻兩家的卦變，以陰陽闡揚孟
氏易學。四爲學習京氏易的晉干寶，其撰有《周易註》❻，漢《易》
之八宮說、納甲說、卦氣說、互體說、五行說、八卦休王說，皆爲
《干寶易註》所吸收。《晉書·干寶傳》稱其：

> 性好陰陽術數，留心京房、夏侯勝之傳，故其註《易》，盡
> 用京氏占候之法以爲象，而援文武周公遭遇之期運，一一此
> 附之。

其後南北朝學者如蕭衍《周易大義》、劉昞《周易注》、姚規《周
易注》、崔覲《周易注》與盧氏《周易注》均傳承漢代的象數易學。

(2)義理易學的開展

創新者多重視義理之開展，大可以分爲王肅易學、何晏易學、
阮籍易學、向秀易學、王弼易學和江左王學之流裔（宗王弼）六宗。

i.王肅易學

---

❻ 此書於《經典釋文敘錄》作十二卷。

❻ 身分未定，或曰蜀之譙周，或曰范長生，或曰王弼後人。

❻ 《經典釋文·敘錄》言干寶《易註》十卷。原書久佚，元人屠曾始輯佚，
明正德間其孫劬重訂其書，收入《鹽邑誌林》。明姚士粦又採李鼎祚《周
易集解》之文，輯成《干常侍易解》三卷，其書間有疏漏，清人丁傑爲之
補訂，張惠言將其刊入《易義別錄》。後馬國翰又參校其書，刊入《玉函
山房輯叢書》。清人孫堂亦輯《干寶周易註》一卷。孫堂輯本，收入《漢
魏二十一家易註》。

　　魏王肅（西元 195～256 年）爲古文經學派之集大成者，其《周易註》⑯繼承費氏易傳統，注重義理，排斥今文經學派以章句或《易緯》解《易》之傳統，不講互體、卦氣、卦變、納甲等。如釋坤卦「西南得朋，東北喪朋」云：「西南陰類故得朋，東北陽類故喪朋。」（〈漢上易叢說〉引）此說本於《說卦》，不講荀爽之卦氣說，亦不言虞翻之納甲說。又如釋乾《文言》「水流濕，火就燥云」：「水之性潤萬物而退下，火之性炎盛而升上（黃氏逸書考）」。此解與荀爽之乾升坤降說不同。王肅解《易》之法影響當時學風頗深，時鍾會著有《易無互體論》，且與荀爽、馬融展開辯論。王肅另著有《周易王氏音》⑰，其說平實有據，不採象數。

ii. 何晏易學

　　魏何晏好玄理，喜談老莊，故以老莊解易，著有《周易解》⑱惜今所見佚文僅有四條，且多爲一般說解，並無參雜玄理。何晏突破漢代經學家拘守師說的傳統，論《易》與老莊之道，開魏晉玄學清淡之風。他「辭妙於理」，擅與人爭辯，如與王弼論道，王弼爲他的辯才所折服。又與管輅「共論《易》九事」，探求「諸卦中所有時義」等相關的問題，力圖以義理取代象數。管輅不滿何晏以老

---

⑯　《隋書·經籍誌》、《唐書·藝文誌》均作十卷。南宋王應麟《困學紀聞》云：“王肅註《易》十卷，今不傳。”其書至南宋已亡。黃奭採輯孫堂《漢魏二十一家易註》中之王肅《周易注》，又據玄應《一切經音義》、鄭剛中《周易窺餘》、熊過《周易象旨決錄》、陳士元《易象解》四書增補考訂。收入《漢學堂叢書》。

⑰　馬國翰據《經典釋文》所引七十餘條，輯爲《周易王氏音》專書。收入《玉函山房輯佚書》。

⑱　馬國翰輯佚之，作《周易何氏解》一卷。

解易，故評論之：「夫入神者，當步天元，推陰陽，探玄虛，極幽明，然後覽道無窮，未暇細言。若欲差次老莊，而參爻、象，愛微辯而興浮藻，可謂射侯之巧，非能破秋毫之妙也。」管輅的批評代表著主張漢象數易學的人對玄學派易學的批評。由於何晏的倡導，玄談蔚成風氣，「時人吸習，皆歸服焉」（《三國志·管輅傳》注引〈輅別傳〉），但是易學卻逐漸走向義理之學。

iii.王弼易學

魏王弼、晉韓康伯合撰的《周易註》⑥，乃魏晉時期《易》學玄學化之代表作。王弼說《易》，源出費直，認爲注《易》應當注重闡明義理。故其所撰《周易註》，一掃漢代象數之學，摒棄災異、讖緯之說，是故晉人孫盛評曰：「至於六爻變化，群象所效，日時歲月，五氣相推，弼皆擯落，多所不關。」（《三國志·魏書·鍾會傳》），其以儒道結合之玄學思想體系，對六十四卦作精闢解說，如《周易·復卦註》所云「天地雖大，富有萬物，雷動風行，運化萬變，寂然至無，是其本矣。」，其認爲自然萬物本身有其運行變化之理，以無爲本，生生不息；此觀點與其崇本息末、貴無的觀點，大致相仿。書中內容大多如此客觀表述文本義理，開後世以義理說《易》之先

⑥ 王弼注上下經及《文言》、《彖辭》、《象辭》等共六卷，後韓康伯繼承王弼思想，補注《繫辭》、《說卦》、《序卦》、《雜卦》等，共三卷，加上王弼所撰《略例》一卷，合爲十卷。南齊王儉《七誌》將王、韓二家註文合爲一書。《隋書·經籍誌》將二書分開著錄。唐初孔穎達等人奉太宗之命撰修《五經正義》，復將二家註文合刊。通行本有《四部叢刊》初編，阮元《十三經註疏》，樓宇烈《王弼集校釋》（中華書局，1980。）。

河。其書價值頗爲後世推崇，魏晉以後漸漸取代漢以來諸家之《易》
注，唐朝時更被作爲官方定本，而長期流傳於世。

除了《周易註》以外，王弼另撰有《周易略例》，主要論述解
釋卦爻之基本原則及解《易》之章法凡例，全書分爲上下二篇包括
《明彖》、《明變》、《明卦適變通爻》、《明象》、《辨位》五
章。關於解釋卦爻之基本原則，可謂《易》學史上第一部方法論專
著。其論述特色有下列四項：一爲其解釋卦爻辭時，主取義說，與
漢象數派解《易》之法相對立；二爲一卦六爻，每爻意義各不相同，
其追求卦爻之統一性，主張全卦之意義要由一爻決定，導出「一以
統眾」說。三爲其以《繫辭》「神無方而易無體」之觀點闡發，提
出「爻變說」，強調爻象變化多端，神妙莫測；四乃其認爲爻義變
動不居，時機不同則吉凶之義不一樣，據此提出「適時而變」說，
主張因時而動，不固守某種既定格式，從而擺脫了漢易象數之學以
互體、卦氣、取象等論述吉凶現象的框框。

無論《周易註》或《周易略例》，或是目前已亡佚的《易略例》
一卷、《大衍論》三卷、《周易窮微》一卷和《易辯》一卷諸易學
著作，王弼易學最受後人關注的焦點是關於解《易》之方法。王弼
在《明象》篇中，反對「案文責卦」、「存象忘意」而主張「忘象
以求其意」，其詳細地分析了言（指卦、爻辭）、象（指卦象）、意（指
意義）三者之關係，提出「得意在忘象，得象在忘言」之解《易》方
法，此種對於傳統象數易學方法論的顛覆，對於日後義理易學的開
展，有極大的貢獻。（詳見下節）

iv.阮籍易學

魏阮籍作〈通易論〉❼，此文乃論述《周易》義理的著名論文，其依據《周易·序卦》對六十四卦卦名之解釋，以此論儒家之政治哲學，雜以道家自然無爲說，主張名教與自然相結合，其論述《周易》一書之性質云：「易者何也？乃昔之玄眞，往古之變經也。」又云：「易之爲書也，覆燾天地之道，囊括萬物之性，道至而反，事極而改，反用應時，改用當務。應時故天下仰其澤，當務故萬物恃其利，澤施而天下服。」認爲《周易》爲講變化之經典，說明《周易》包容天地變化之法則，供後世聖人「觀而因之」、「象而用之」，聖王明君因時立政設教，則可以化亂爲治，恩澤及於天下。

v.向秀易學

晉向秀撰《周易義》❼，向秀解大過卦辭「棟橈」云：「初爲善始，末是令終，終始皆弱，所以棟橈」；解益卦卦辭「利涉大川」云：「明王之道，志在惠下，故取下謂之損，與下謂之益」，其說頗類王弼，故於象數之學獨少發明。

vi.江左王學之流裔（宗王弼）

王弼易學在漢魏易學中，無論形式典範或意義典範都擔任轉折點的重要位置。形式上，王弼《周易註》以傳解經，將〈彖〉、〈象〉二傳分別附於諸卦經文之下，將《文言》分別附於乾、坤二卦經文

---

❼ 收入《阮嗣宗集》，見嚴可均所輯《全上古三代秦漢三國六朝文》。

❼ 世間罕傳，《隋書·經籍誌》、《新唐書·藝文誌》均不著錄。東晉張璠採二十二家《易》，爲《周易集解》，依向秀爲本，亦入傳者絕少，唯唐孔穎達《周易正義》、陸德明《經典釋文》及李鼎祚《周易集解》間有徵引。清孫堂據此三書所引，輯爲一卷，收入《漢魏二十一家易註》。

之下。其經傳合一之體例結構乃一大變革，被後世所沿襲。內容意義上，王弼對《周易》體例之論述，排除了漢易中占候之術，而視《周易》爲哲學著作，蔚爲風氣。明末黃宗羲以爲：

> 有魏王輔嗣出而注易，得意忘象，得象忘言。日時歲月，五氣相推，悉皆擯落，多所不關，庶幾潦水盡寒潭清矣。顧論者謂其以老莊解易，試讀其注，簡當無浮義，何曾籠絡玄旨。故能遠曆於唐，發爲正義，其廓清之功，不可泯也。

以王弼爲宗者，可大分爲兩類，一爲偏重義理者，二爲義理象數兼俱者。其中，偏重義理者以韓康伯爲代表（西元 331～379 年），王弼《周易註》未及《繫辭》傳，晉韓康伯作《繫辭註》⑫補之。此書在理論上闡發王弼之易學觀，排斥漢易象數之學，他提出「夫非忘象者，則無以制象；非遺數者，則無以極數。」（《繫辭》注）象數易學誇大了象數的作用，使理論變得機械和牽強。依筮法中取義說，從義理之角度說明《周易》之原理，進而將易理玄學化，使《周易》成爲三玄之一。義理、象數兼俱者中，王廙（西元 276～323 年）《周易注》中，注易雖主王弼之玄理，但亦採漢象數易之說，無創意新見；黃穎《周易注》立說平實、訓詁有據，不取象數，完全傾向王何之說；桓玄（西元 369～404 年）注有《易繫辭注》，僅存佚文三條，大體屬於王弼、何晏一派；張璠《周易集解》，依向秀本，集鍾會以來二十二家之易注，大抵屬王弼一派。另外，南北朝易學家亦有

---

⑫ 唐孔穎達修《五經正義》，將王弼《周易注》與韓康柏《繫辭註》等傳之註文合在一起，收入《周易正義》中。有《十三經註疏》本。

不少以王弼易學爲宗者，如褚仲都《周易義疏》、周弘正《周易講疏》、荀諺《周易繫辭傳》、沈麟士《周易要略》、顧歡《周易繫辭注》、明僧紹《周易繫辭注》、伏曼容《周易集解》、傅氏《周易注》等等均是。

由上述魏晉南北朝的易學演變，不難看出漢魏易學有由象數易學轉變至義理易學的轉向模式。

(3)由象數易學至義理易學

《周易》文本中有文辭、符號、義理三大要素，就其成書順序而言，乃先有符號，後有文辭，文辭本於符號而作，因爲符號有其一定的義理（符指），而義理是通過文辭（符徵）表達出的，即所謂的「觀象繫辭」、「象出意」、「言明象」。

《周易》文本既有象數符號系統，亦有文字系統。漢儒關注的是象數、與象數相關的文辭的由來及文字意義，以解讀《周易》本意和宗旨；魏晉儒者關注的符號文辭所表達的思想（義理），以探求《周易》所蘊涵思想和目的。

從注經角度講，漢魏易學的轉變是由以象釋辭的模式向以象辭說理的模式轉變，在方法轉變其切入的角度。義理易取代象數易，突破了儒家壟斷易學研究和漢代倡導的以《易》解《易》的傳統，開創了易學新局面。而何晏、王弼之後，義理易援道入儒，以老注《易》，爲易學注入新生力量，促進了老易在歷史重要的意義，而爲玄學催生。

(三)天道關係思考下啓玄理思維：玄學的出現

關於魏晉玄學的出現，近代學者往往將因素稱爲是兩漢學術的

反動，此解釋方式乃將兩漢學術、魏晉玄學兩者對揚，多就以下幾個論點來加以探討：就社會政治現實因素而言，或以爲由才性名理⑬轉至，以爲其爲政治避禍手段⑭、鞏固統治者的階級利益⑮；就學術

---

⑬　「才性名理討論中新方法的發現和引用，多是指由荀粲「言不盡意」以迄王弼「得意忘象」這一方法論的發現而言。日本青木正兒認為玄學發源可因之由何王上推至荀粲、傅嘏，但湯用彤謂：「新時代之托始，恆依賴新方法之發現。……漢代固嘗有人祖述老莊，鄙薄事功，而其所以終未始棄天人災異通經致用之說者，蓋尚未發現此新眼光，新方法而普遍用之也。……王弼依此方法，乃將漢易象數之學一舉而擴〈廓〉清之，漢代經學轉而為魏晉玄學，其基礎由此可奠定矣。」又謂：「忘象忘言不但為解釋經籍之要法，亦且深契合於玄學之宗旨。玄貴虛無，虛者無象，無者無名。超言絕象，道之體也。因此本體論所謂體用之辨，亦即方法上所稱言意之別。二義在言談運用雖有殊，但其所據原則實為同貫。故玄學家之貴無者，莫不用得意忘言之義以成其說。」見《言意之辨》〈頁23-6；28-29〉這一方固然指出了玄學的發長，是基於一個新方法學的引申，玄學的基本方法論即得意忘象，這是無可疑的。

⑭　「大抵清談之興起由於東漢末世黨錮諸名士遭政治暴力之摧壓，一變其指實之人物問題，而為抽象玄理之討論，啟自郭林宗，而成於阮嗣宗，皆避禍遠嫌，消極不與其時政治當局合作者也。」（陳寅恪《中國知識階層史論‧漢晉之際士之新自覺與新思潮》）見《陶淵明之思想與清談之關係》〈《金明館叢稿初編》，頁180-181，臺北，里仁書局），又參《逍遙遊向郭義及支遁義探源》〈《金明館叢稿二編》，頁83-84〉

⑮　唐長孺把東漢清議視為門閥世家擴張勢力的工具。因此曹魏主政後，為裁抑大家，必得剷除清議，而由中央統籌，立九品官人之法；又復由尚德轉而重才，遂起才性之論辯。而由才性之辨轉入玄論，則一方面是形名之學本身理論必歸宿於無名，另一方面為因現實政治的發展。唐氏謂：「名理學本來是針對東漢名教之治而興起的。曹魏政治即與初期名家相配合，所謂名法之治。名法之治要求檢察名實，其中即包含了法家擴大君權，裁抑大族的意義。到了齊王方時，由於君權的削弱，政治趨於寬弛，皇帝也成為虛位，於是從綜核名實轉向提倡無為。」（《魏晉南北朝史論叢‧魏晉玄學之形成及其發展》，頁322）

歷史演變源流而言，遠紹揚雄、王充和張衡等兩漢思想家❼❻，近因荊
州新學發展❼❼與學術抽象化❼❽的必然趨勢、東漢以降士的自覺❼❾等

---

❼❻ 溯自揚子雲以後，漢代學士文人即間嘗企慕玄遠。……則貴玄言，宗老氏，
魏晉之時雖稱極盛，而於東漢亦已見其端矣。然談玄者，東漢之與魏晉，
固有根本之不同。……漢代偏重天地運行之物理，魏晉貴談有無之玄致。
二者雖均嘗托始於老子，然前者常不免依物象數理之消息盈虛，言天道，
合人事；後者建言大道之遠玄無朕，而不執著於實物，凡陰陽五行以及象
數之談，遂均廢置不用。（湯用彤《魏晉玄學論稿·魏晉玄學流別略論》，
頁47～48，里仁，魏晉思想甲編，第四種）另外，余英時也說：「就一般
天道概念而言，就一般天道觀念而論，王仲任著論衡已於漢代陰陽災異之
說有廓清之功，而其積極方面之建樹，則在倡道家自然無為之天道觀，開
啟後來王弼、何晏輩所謂天地萬物以無為本之思想。」（余英時《中國知
識階層史論·漢晉之際士之新自覺與新思潮》，頁282）

❼❼ 蒙文通認為荊州、王粲、王肅開「南學」一派（蒙文通，《經學抉原》，
頁40～41），湯用彤則引申至王弼：「新義之生，源於漢代經學之早生歧
異。遠有今古學之爭，而近則有荊州章句句之後定。王弼之學與荊州蓋有
密切之關係。漢末，中原大亂，荊州獨全。劉表……開立學宮，博求儒士。
使綦毋闓、宋衷等撰立五經章句，謂之後定。……王肅從宋衷讀太玄，而
更為之解。則子雍之學本有得於宋仲子。子雍喜賈馬之學，而不好鄭玄，
仲子之道固然也。……宋衷之學，異於鄭君；王肅之術，故訐康成。王粲
亦疑難鄭之尚書。則荊州之士踔跞不羈，守故之習薄，創新之意厚。劉表
後定，抹殺舊作；宋王之學，亦特立異；而王弼之易，不遵前人，自係當
時風尚如此也。荊州學風喜張異議，要無可疑。其學……精神實反今學末
流之浮華，破碎之章句。又按南齊書所載王僧虔誡子書有曰『荊州八帙』，
『言家口實』，……其內容必與玄理大有契合。……荊州儒生之最有影響
者，當推宋衷。仲子不惟治古文，且其專長似在太玄。……仲子為海內所
宗仰，其太玄並特為天下所重。……漢末孔門惟道學大為學士所探索，因
此而周易見重，並及太玄，亦當時學風之表現。而王弼之易，則繼承荊州
之風，而自有樹立者也。」（湯用彤《魏晉玄學論稿·魏晉思想的新發展》，

等。其中，社會政治現實因素多爲後世學者所比附，缺乏直接的文
獻證據；而學術歷史演變源流方面，學術抽象化的必然趨勢、東漢
以降士的自覺，兩者似乎過於唯心，無法尋求直接證據；是故，筆
者欲從「揚雄、王充和張衡等兩漢思想家的影響」和「荊州新學發

頁128）、「（王弼）家世與荊州頗有關係，……宋氏重性與天道，輔嗣好
玄理，其中演變應有相當之聯繫也。」（湯用彤《魏晉玄學論稿‧王弼之
周易論語新義》，頁88-90），另外，余英時先生則以爲荊州經學與王弼的
共同特性，除了好論義理之外、反對浮碎的今文章句，可謂是鄭玄經學的
反動。但是荊州經學本身內部與鄭玄經學卻有著「繼續與反動」的二元關
係，一方面習鄭玄調停古今、網羅眾家，一方面又有反動的因子。

❼❽ 「夫玄學者，謂玄遠之學。學貴玄遠，則略於具體事物而究心抽象原理。
論天道則不拘於構成質料（Cosmology）而進探本體存在（Ontology）。論
人事則輕忽有形之粗跡，而專期神理之妙用。夫具體之跡象，可道者也，
有言有名者也。抽象之本體，無名絕言而以意會者也。跡象本體之分，由
於言意之辯。依言意之辯，普遍推之，而使之爲一切論理之准量，則實爲
玄學家所發現之新眼光新方法。"（《湯用彤選集‧言意之辯》天津人民出
版社）」（湯用彤《魏晉玄學論稿‧言意之辨》，頁23）又參《漢魏學術
變遷與魏晉玄學的產生》〈《中國哲學史研究》，1983，第3期〉。

❼❾ 「魏晉南朝三百年學術思想，亦可以一言以蔽之，曰『個人自我之自覺』
是已。」（錢賓四《國學概論》，頁150）東漢以降士群體或個體的自覺，
崇尚名節，追求存在的根本意義，由個體自覺走向人倫品鑑，「隨士大夫
內心自覺而來者爲思想之解放與精神之自由，如是則自不能滿足於章句之
支離破碎，而必求於義理之本有統一性之了解。此實爲獲得充分發展與具
有高度自覺之精神個體，要求認識宇宙人生之根本意義，以安頓其心靈之
必然歸趨也。」（余英時《中國知識階層史論‧漢晉之際士之新自覺與新
思潮》，頁287～288）又「復承此一運動而更進一步探求宇宙萬物之根本
原理，遂牽連及於老子，通儒道而爲一。故自學術思想之發展階段言，玄
學之興乃是漢末以來士大夫探求抽象原理之最後歸趨。」（余英時《中國
知識階層史論‧漢晉之際士之新自覺與新思潮》，頁296）

展」來加以考察。

1. 王弼易學的根源與興發

關於荆州學派的出現，劉表曾在荆州興學並廣招四方學者，亦曾命宋衷刪改章句，以成「後定」，這點張惠言、馬國翰等已指出⑧，另外湯用彤、牟潤孫、程元敏三先生等依據荆州學轉重玄言的宋衷太玄經注，由其佚文證明這一推論的謬論⑧，其發現宋衷著作殘存的部分佚文，仍與後漢諸家註文的性質大致相同，而並沒有任何夾雜「玄言」的跡象。可見，無論宋衷本人或是後定，均不曾在後漢章句之風中開出任何新方向來。

再進一步觀察其他荆州學派著名的代表人物，如劉表、王粲、司馬徽等。焦循、錢穆等均以爲劉表的易注由王弼注所出⑧，然注的佚文看來並沒有任何玄言口氣⑧，粲、司馬徽亦然⑧；因此，我們可

---

⑧　張惠言云：「仲子言乾升坤降，卦氣動靜，大抵出入荀氏。……其異於鄭荀者，不可得而聞云。」（《皇清經解》，卷1243，《易義別錄》〈宋氏劉氏〉序），馬國翰云：「（宋衷）學大抵與鄭康成相似。」（玉函山房輯佚書《周易注》輯本敍）。

⑧　牟潤孫云：「人徒見陸氏之說（陸績述玄），以為宋忠注玄專言義理，更信其為玄學大師。太玄經有司馬光集注，採宋氏之注數十條，潤孫尋檢數番，未見有一條言義理者，無異其注易也。」〈《論魏晉以來之崇尚談辯及其影響》〉。

⑧　焦循云：「王弼者，劉表之外曾孫，……弼之學，蓋淵源於劉。」（《周易補疏敍》，《皇清經解》，卷1147）此純由親族譜系推論。錢賓四先生說同，見《記魏晉玄學三宗》。（《莊老通辨》，頁319）

⑧　劉表佚文據張惠言《易義別錄》所輯凡廿五條，多為釋文所引。徐芹庭《兩漢十六家易注闡微》所輯增九條，然類多無關大義，唯李鼎祚集解所引謙卦一條涉及易義，然亦取象之說，並未擺落象數，涉及玄言。

以判斷其學問仍完全因襲東漢末的舊軌，而非新學派的肇始，更不用說是玄學的。

其實，真正先提出玄學根本論題的是何晏㊟，而非王弼，王弼不過是將之發展成熟的學者。而王弼的易學觀念來自費氏易，費氏易雖是古文易，但基本上仍是漢易傳統，唯一不同的只是在形式上以傳解經，並無走向獨重義理，更不見任何玄言㊟。費氏易於漢末占主流地位，此派中尤以鄭玄和荀爽爲象數易學的傑出代表。《三國志·魏·荀彧傳》卷十，何劭注「荀粲傳」，提及三國初荀粲易學時云：

> 粲諸兄並以儒術論議，而粲獨好言道。常以為子貢稱夫子之
> 言性與天道不可得而聞，然則六籍雖存，固聖人之糠秕。……
> 蓋理之微者，非物之象所舉也。今稱立象以盡意，此非通於
> 意外者也。繫辭焉以盡言，此非言乎繫表者也。斯則象外之
> 意，繫表之言，固蘊而不出矣。

㊟ 王粲和經學的關係甚淺，故才有顏之推所述的，人皆以王粲論經學為怪事的現象（詳《顏氏家訓·勉學》）。司馬徽，據《世說·言語》篇注引其別傳謂「有人倫鑒識」，則亦漢末之風。因此，顧炎武《日知錄》卷十七「正始」條謂：「講明六藝，鄭王為集漢之終，演說老莊，王何為開晉之始。」

㊟ 馬國翰曾輯何晏《周易解》凡四條，而云「卑之無甚高論。」佚文殘缺太甚，批評或亦太刻。但《魏志·管輅傳》注引輅對何晏易學的批評，明指其不參爻象、推陰陽，而好差次老莊、特開一易學新風氣而已。

㊟ 費氏易現已難以考證，只知其為古文易，以傳解經，《七錄》言有章句四卷，當係偽託。《兩漢三國學案》卷二所列宗費氏者，凡有王璜、韓歆、范升、楊政、陳元、鄭眾、荀爽、摯恂、馬融、鄭玄等十家，可考者如荀、馬、鄭等，絕無往玄言方向走的跡象。

荀粲的「言不盡意論」在易學之中造成極大的震撼，「言不盡意」雖爲繫辭傳中的明文，但是至此之後方才受易經研究者的重視，而往昔推求卦爻變化的解經方式便遭受質疑⑧。王弼易學亦是建基於此之上的，故《周易略例·明象》，進一步地提出「得意忘象」的概念：

> 夫象者，出意者也。言者，明象者也。盡意莫若象，盡象莫若言。言生於象，故可尋言以觀象。象生於意，故可尋象以觀意。意以象盡，象以言著。故言者所以名象，得象而忘言，象言所以存意，得意而忘象。

王弼易學最大的爭議在於是否以老解易，現在有學者不同意王弼以老解易的傳統觀點，對王弼玄學思想的一個概括：

> 魏正始中，何晏、王弼等祖述老莊，立論以爲天地萬物皆以無爲本（《晉書》卷四十三〈王衍傳〉）。

筆者以爲把王弼的玄學思想概括爲「立論以爲天地萬物皆以無爲本」是準確的，但認爲王弼「祖述老莊」把王弼的玄學思想歸於老莊一系則不能成立。因爲何劭的〈王弼傳〉記載道：

> 弼幼而察惠，年十餘，好老氏，通辯能言。父業，爲尚書郎。時裴徽爲吏部郎，弼未弱冠，往造焉。徽一見而異之，問弼

---

⑧ 〈管輅別傳〉載輅、晏二人論易，時鄧颺亦在坐，傳云「颺言君見謂善易，而語初不及易中辭義，何故也？輅尋聲答之曰：夫善易者不論易也。晏含笑而讚之：可謂要言不煩也。」所謂善易者不論易，無疑正是言不盡意，意在言外的同義語。

曰：「夫無者誠萬物之所資也，然聖人莫肯致言，而老子申
之無已者何？」弼曰：「聖人體無，無又不可以訓，故不說
也。老子是有者也，故恒言無所不足。」

從裴徽的發問看，裴徽一方面嘆服於王弼的以無為本的玄學思想，
另一方面認為王弼的貴無論的思想合於老子而不合於孔子的思想，
有崇老抑孔之嫌，似不妥。從王弼的回答看來，王弼對裴徽把自己
的思想歸於老子不以為然。

王弼治老學、易學是因為《老子》：「其為文也，舉終以證始，
本始以盡終，開而弗達，導而弗牽，尋而後既其義，推而後盡其理。
善發事始以首其論，明夫會歸以終其文」；因為「《易》之為書也，
原始要終，以為質也。」（《周易繫辭》）認為《老子》、《周易》二
者都包含著深刻的天人關係的思想。王弼通過《老子注》、《周易
注》闡發了「以無為本」的貴無論的玄學思想。王弼的玄學思想，
也只有通過易、老二注才完整地體現出來。因此，王弼暢談玄理，
盡掃象數，並揭露了漢易以象注易的弊端道：

「案文責卦，有馬無乾，則偽說滋漫，難可紀矣。互體不足，
遂及卦變，變又不是，推致五行，一失其原，巧愈彌甚。縱
複或值，而義無所取，蓋存象忘意之由也。」（王弼《周易略
例·明象》）

他針對漢儒「存象忘意」，提出「得意忘象說」。因為象出意，所
以「盡意莫若象」，又因為言明象，所以「盡象莫若言」，故尋言
以觀象，尋象以觀意，而得意之後，則可以忘象，即他所謂「忘象

以求其意，義斯見矣」。（王弼《周易略例·明象》）

　　同時期象數易學家極力維護象數易學的顯要地位，於是緊抓住玄學家以老說《易》弱點，如棄象明義、追求華辭、遊談無根等，進行理論上的反擊。東漢末荀爽後裔荀顗、荀融等人，繼承了其先輩象數易學傳統，對於鍾會、王弼的玄學發難。荀顗難鍾會《易無互體》，荀融難王弼《大衍義》。王弼年少而才高，力破舊說自標新學，影響最大，故王弼易學成爲眾矢之的。以治京氏易和取史說易見長的晉人干寶深刻地揭露了以王弼爲代表玄學的虛誕和浮華及其危害性。他說：

> 《老子》曰：「有物混成，先天地生，吾不知其名，強字之曰道。」《繫上》曰：「法象莫乎天地。」《莊子》曰：「六合之外，聖人存而不論。」《春秋穀梁傳》曰：『不求知所不可知者，智也。』而今後世浮華之學，強支離道義之門，求入虛誕之域，以傷政害民，豈非「讒說殄行」大舜之所疾者乎。（《序卦》注，見《周易集解》）

與干寶同時的孫盛則以「附會之辨」、「將泥夫大道」視王弼易學：

> 故其敘浮義則麗辭溢目，造陰陽則妙賾無間，至於六爻變化，群象所效，日時歲月，五氣相推，弼皆擯落，多所不關，雖有可觀者焉，恐將泥夫大道。（《三國志·鍾會傳》注）

對於王弼易學的取捨之爭從魏晉一直延續到南北朝，清代四庫館臣曾描述道：

然《隋書·經籍志》載，晉揚州刺史顧夸等有《周易難王嗣
義》一卷，《冊府元龜》又載顧悅之（案悅之即顧夸之字）《難
王弼易義》四十餘條。京口閔康之又申王難顧，是在當日已
有異同。王儉、顏延年以後，此揚彼抑，互詰不休。（《四庫
全書總目·易類》）

直至唐代李鼎祚視王弼「全釋人事」的易學爲「折楊黃花」（古俗中
小曲），把易學庸俗化；奉皇帝之爲王弼易作疏的孔穎達，則指責王
弼易及治王弼易者只重義理而「辭尚虛玄、義多浮誕」；南宋朱震
稱王弼「盡去舊說，雜之以莊老之言，於是儒者專尚文辭，不復推
原《大傳》」。王弼易學方才沒落。

雖然如此，象數易學家爲維護兩漢的易學傳統，挽救學術地位，
與玄學家針鋒相對，卻也看到了新興玄學易學的問題所在，其棄象
談理，背離了《易》作者「觀象系辭」的宗旨，更助長了玄談之風，
脫離現實。此乃就玄學的形式意義進行觀照，忽略玄學最重要的形
上依據—天道無爲。因此，我們就此角度對於玄學進行更進一步的
思考。

2.遠紹揚雄、王充和張衡等兩漢思想家的天道無爲思想

揚雄、王充、張衡都屬於批判性的古文集團，其以理性思考讖
緯和陰陽災異的當代潮流，對於天人關係重新加以省視，將擁有意
志的人格天客觀化，認爲萬物自然無爲，一切災異祥瑞皆爲自然無
爲而成，人事應隨無爲天道而行，而非以無上神權加以箝制。如揚
雄《太玄》，其基本結構來自於京房六日七分的卦氣說，並根據太

初歷八十一分數，帶進天象人事之說，將天文曆象、律度數術和地理政治皆統攝在「玄」的創生原則之上❽，玄乃陰陽氣化一切背後之理，可說是氣化宇宙論。然而，京房卦氣說背後實預設一無上權威的天，無論是人格天，具有主宰力量，藉由探知天意以明人事，揚雄所謂的「玄」卻不是神化了的意志結構，乃屬於形上實體，並建立出自身的天人系統，重視人事道德與聖人意志，而其對於「天」的認知，乃巧妙地將「玄」與老子的「無爲」加以媒合，因此天道無爲。

另外，他們疾虛妄以反讖，重新客觀化宇宙結構，而提出純粹的唯氣宇宙論、氣化宇宙論，除了開展出才性名理的人物品鑒之學外，更提供給後世思想家架構宇宙整體的進路。其中，屬於數術派的管輅易學，其以爲整個天地自然落在一個「數」的系統中，如〈管輅別傳〉載石苞問隱形之事是否可信？管輅回答：

---

❽ 「大陽乘陰，萬物該兼，周流九虛，而禍福絓羅，凡十有二始，群倫抽緒，
故有一二三，以絓以羅，玄術瑩之。鴻本五行，九位重施，上下相因，醜
在其中，玄術瑩之。天圜地方，極殖中央，動以曆靜，時乘十二以建七政，
玄術瑩之。斗振天而進，日違天而退，或振或違，以立五紀，玄術瑩之。
植表施景，榆漏率刻，昏明考中，作者以戒，玄術瑩之。泠竹爲管，室灰
爲候，以揆百度，百度既設，濟民不誤，玄術瑩之。東西爲緯，南北爲經，
經緯交錯，邪正以分，吉凶以形，玄術瑩之。鑿井澩水，鑽火難木，流金
陶土以和五美，五美之資以資百體，玄術瑩之。奇以數陽，耦以數陰，奇
耦推演以計天下，玄術瑩之。六始爲律，六間爲呂，律呂既協，十二以調，
日辰以數，玄術瑩之。方州部家八十一所，畫下中上以表四海，玄術瑩之。
一辟、三公、九卿、二十七大夫、八十一元士，少則制眾，無則治有，玄
術瑩之。古者不霆不虞，慢其思慮，匪筮匪卜，吉凶交瀆，於是聖人乃作
蓍龜，鑽精倚神，籍知休咎，玄術瑩之。」（揚雄《太玄・玄瑩》）

此但陰陽蔽匿之數，苟得其數則四岳可藏，河海可逃，況以
七尺之形，游變化之內，散雲霧以幽身，布金水以滅迹，術
足數成，不足為難。……今逃日月者，必陰陽之數；陰陽之
數，通於萬類，鳥獸猶化，況於人乎？……是以杜伯乘火氣
以流精，彭生託水變以立形，是故生者能出亦能入。死者能
顯亦能幽，此物之精氣，化之遊魂，人鬼相感，數使之然也。

所謂「陰陽之數，通於萬類」乃言整個自然皆落在由數所決定的架
構中，然而此數非由天意所決定，系統顯然脫胎自純粹唯氣論。既
然天地自然只是一個由數構成的系統，那麼爻象的意義也只能存於
數中，於是聖人能否把握天道人事互動的關鍵，則必須掌握數與《周
易》的關竅。〈管輅別傳〉云：

夫天地者則乾坤之卦，蓍龜者則卜筮之數。日月者離坎之象，
變化者陰陽之爻，杳冥者神化之源，未然者幽冥之先，此皆
周易之紀綱。

這些爻象之變皆決定於卜筮之數，因此能掌握蓍龜之數即能掌握爻
象的意義，亦即能把握周易的意義，進而通觀天道人事、完成聖人
大業。前引輅答石苞之語復云：

夫物不精不為神，數不妙不為術，故精者神之所合，妙者智
之所遇，合之幾微，可以性通，難以言論。是故魯班不能說
其手，離朱不能說其目，非言之難。孔子曰：書不盡言，言
之細也；言不盡意，意之微也，斯皆神妙之謂也。

在管輅以為，聖人正是擺落言詮而得術數之妙者。與象數派相對的義理派，以王弼為主，何晏為啓蒙地位，開創純以義理論易，其乃自「言不盡意」進行一創造性的轉化：

> 夫象者，出意者也。言者，明象者也。盡意莫若象，盡象莫若言。言生於象，故可尋言以觀象。象生於意，故可尋象以觀意。意以象盡，象以言著。故言者所以明象，得象而忘言。象者所以存意，得意而忘象。猶蹄者所以在兔，得兔而忘蹄；筌者所以存魚，得魚而忘筌也。然則言者象之蹄也，象者意之筌。是故存言者，非得象也。存象者，非得意者也。象生於意而存象焉，則所存者乃非其象也。言生於象而存言焉，則所存者乃非其言也。然則忘象者乃得意者也，忘言者乃得象者也。得意在忘象，得象在忘言。故立象以盡意，而象可忘也。重畫以盡情，而畫可忘也。是故觸類可為其象，合義可為其徵。義苟在健，何必馬乎？類苟在順，何必牛乎？爻苟合順，何必坤乃為牛？義苟應健，何必乾乃為馬？而或者定馬於乾，案文責卦，有馬無乾，則偽說滋漫，難可紀矣。互體不足，遂及卦變；變又不足，推致五行。一失其原，巧愈彌盛。從復或值，而義无所取，蓋存象忘意之由也。忘象以求其意，義斯見矣。（王弼《周易略例·明象》）

照王弼習用的表達方式，如果純形式地說，則他所謂的意即是個「一」，這個思路是相當有意思的。《周易略例·明象》云：

> 夫眾不能治眾，治眾者至寡者也。夫動不能制動，制天下之

> 動者，貞夫一者也。故眾之所以得感存者，主必致一也；動
> 之所以得咸運者，原必无二也。物無妄然，必由其理。統之
> 有宗，會之有元，故繁而不亂。眾而不惑。故六爻相錯，可
> 舉一以明也；剛柔相乘，可立主以定也。……故自統而尋之，
> 物雖眾，則知可以執一御也；由本以觀之，義雖博，則知可
> 以一名舉也。……繁而不憂亂，變而不憂惑，約以存博，簡
> 以濟眾，其唯象乎！

這段話雖旨在明象德，但卻已標舉了王弼論易的基本原則，恆必歸
之於「一」之上。這「一」的概念架構無疑和老子「天得一以清，
地得一以寧」的「一」是一致的，王弼謂「一」實如璇璣，執之而
可以應無窮，其義猶同於老子「執大象，天下往」以及莊子的「道
樞」等觀念，相當於「天道無為自然」的概念。

易復卦象辭「復其見天地之心」下，弼注云：

> 復者反本之謂也。天地以本為心者也。凡動息則靜，靜非對
> 動者也；語息則默，默非對語者也。然則天地雖大，富有萬
> 物，雷動風行，運化萬變，寂然至無是其本矣。

是以復卦之德乃在反本，本即天道之本懷，即所謂的寂然至無、超
越對待相之本，亦即由形式上所說的一。以哲學角度思考，以寂然
至無為本的思想確然可以溯自老子。

一般的說法，王弼以「寂然至無」為天道之本懷的看法原承自
何晏。《晉書·王衍傳》引何晏無為論云：

> 天地萬物皆以無為為本。無也者，開物成務，無往不成者也；

陰陽恃以化生，萬物恃以成形，賢者恃以成德，不肖恃以免身。故無之為用，無爵而貴矣。

這段話當然也可視爲直接脫胎於《老子‧四十二章》「道生一，一生二，二生三，三生萬物；萬物負陰而抱陽，沖氣以爲和」的概念，《列子‧仲尼》注何晏〈無名論〉引〈泰初〉語云：「天地以自然運，聖人以自然用，自然者，道也。」何晏亦是以爲天道是自然的。因此，我們可以相信批判古文家這種天道無爲的觀念，必已形成爲一種流行的觀點；如果我們據此以假定何晏王弼的無爲自然觀事實上是受到這種流行觀點的支配，而非獨立地憑依於老子詮釋，似乎是更爲妥適的。

批判派古文家將自然無爲思想與經典詮釋結合，將自然觀引入易經詮釋，王充對於自然以純粹唯氣論來架構概念的形上義，王弼亦是如此，其「忘象得意」之說脫胎自「自然無爲」的概念，最終其目的乃在於「無爲自然」。

另外，王弼所謂的聖人，正是指凡能掃落一切筌蹄而體現無爲自然之人。《魏志》注引〈何劭王弼傳〉云：

> 裴徽……問弼曰：夫無者誠萬物之所資也，然聖人莫肯致言，而老子申之無已者何？弼曰：聖人體無，無又不可以訓，故不說也。老子是有者也，故恆言无所不足。

而在《老子微旨例略》中，王弼自己綜述其《老子》之核心觀念云：

> 老子之書，其幾乎可一言而蔽之，噫！崇本息末而已矣！……唯在使民愛欲不生，不在攻其爲邪也。故見素樸以絕聖智，

> 寡私欲以棄巧利，皆崇本以息末之謂也。……既知不聖為不
> 聖，未知聖之不聖也；既知不仁為不仁，未知仁之為不仁也。
> 故絕聖而後聖功全，棄仁而後仁德厚。

所謂崇本息末者，無非也仍是反覆申說為無為之事，行不言之教的
「體無」，而用「有」之義，並由其「絕聖棄仁」之語則具體點出
了「體無」在實踐上的辯證智慧。「道」之體為「無」，其作用乃
「無為」。

《老子》「天地不仁，以萬物為芻狗。」王弼注云：

> 天地任自然，無為無造，萬物自相治理，故不仁也。仁者必
> 造立施化，有恩有為。造立施化，則物失其真；有恩有為，
> 則物不具存，則不足以備載矣。（第五章）

由注中亦可窺知王弼善於發揮老子純任自然，自由發展之基本
精神。又如《老子》「道法自然」王弼注：

> 道不違自然，乃得其性。法自然者，在方而法方，在圓而法
> 圓，與自然無所為。（第二十五章）

所謂「道法自然」即是「道」的運行和作用是順任自然的。王弼把
握住老子「順自然」、「因物之性」的基本觀念以作注，此類觀念
散佈於全書。如：《老子》「善行無轍跡，善言無瑕讁，善數不用
籌策，善閉無關鍵而不可開，善結無繩約而不可解。」王弼注云：

> 順自然而行，不造亡始；……順物之性，不別不析；……因
> 物之數，不假形也；因物自然，不設不施……此五者皆言不

造不施，因物之性，不以形制物也。（第二十七章）

而此順物之性、因物之數揭示順應自然之意，乃無爲的最高境界。王弼對天道的概念影響後世學術之深，可由正始之後幾個玄學現象來進行探討：一是竹林名士的放浪形骸與嵇康的持論，二是名教自然爭議的興起，三是郭注莊的風行。雖然，竹林名士的放浪形骸確有政治因素存在，然其人生態度卻是王弼「體無」慧見的具體實踐，其中嵇康〈答難養生論〉、〈釋私論〉以及〈聲無哀樂論〉等論述無一不是「體無」義的進一步推衍與應用。另外，我們再由竹林名士的基本人生態度和簪纓舊族生活模式的扞格來看，無論是強調名教者抑或是崇尙自然者，各自立說而挑起了名教與自然的爭辯，其人生觀的基本前提仍然是「體無」。再者，根據崇尙名教者運用「體無」義的立場，進一步將之推廣至對莊子的詮釋之上，其中以向秀和郭象爲最，他們的逍遙義亦成爲晉時名士學者人生觀和思考的基石。

綜合上述，王弼的基本慧見提供給後世玄學一套論述範式，將整個學術界領入了另一個常態研究的階段。但是這一繼起的典範由於王弼所提供的慧見及範式，均只著意於天道問題的解決，因此這一典範的論題亦有其本質上的侷限性，玄學典範始終只停留在形上的層次，而不曾涉及到任何政治層面的問題。

五、結　論

一般人提及魏晉學術，首先會聯想到的是魏晉玄學，認爲魏晉南北朝經學已經沒落，然就其目前所遺留的經學相關著作而言，可

見其並非消失的一隅；相對於儒學思想在漢代尊經的學術現象，魏晉經學家為了突破漢代學者的思想囿圍，必定衍生出一套新的詮釋法則，既然漢代經典詮釋在儒家學者與陰陽家學者的努力下形成了災異典範，魏晉學者也以老莊思想注解經書，結合兩漢理性思想家重構天人關係的客觀知識，並尋求萬物運行的自然法則（天道無為），致使「經學」出現子學化、義理化的現象，玄學思想在易學詮釋的典籍依據下羽翼漸豐，成就了魏晉更多元化的學術環境。

漢魏之際，學術研究範圍由經學而玄學，經典詮釋由章句而訓詁而義理，為學由信仰而理性，思維模式由讖緯迷信的「災異典範」至義理多元的「玄學典範」，其轉換並非一朝一夕之間。

西漢初，由漢武帝立廣獻書之路、立「五經博士」、博士弟子員等諸多舉措，到昭帝、宣帝、元帝對儒者的重用，研究六藝者藉由「造經」、「尊經」的經典化運動建立經學傳統典範；董仲舒在《呂氏春秋》、《淮南子》等將天的規律與人身結構、道德、自然相比附的學說基礎上，將先秦陰陽家的五行陰陽觀念與災異思想置入六經，藉由天人交感的相互感應，強調君權神授的政權合法性，教育人民服膺人格天的意志，進而鞏固君王的權力，此災異典範便依附在經典之中，逐漸地深化；日後因政權上的爭奪與穩固，讖緯思想進而依附今文經，為統治者效力。在此同時，古文經的出現讓注疏之學出現極大的變化，古文經學家以訓詁之法別於今文章句，逐步地爭取經典詮釋權。另外具有批判力的理性古文家，重新客觀思考天人關係，藉由擬經紹述聖人之意進而反讖，疾虛妄以重人事，致使原本藉由今文經之師法、家法鞏固階級勢力的閥閱集團腹背受敵。在白虎觀會議之後，古文經學家除了爭取到經典詮釋權外，亦

擁有參與太學講學的契機，不在只侷限在東觀之中，反而今文經學家反習得浮華之風，日漸衰敗，給予理性思維發展的契機。

理性思維於是在漢魏之際得以淋漓盡致的發揮，首先是自然宇宙（天）被客觀化，萬物皆由氣所組成，氣成性定，性可以相，是故由唯氣宇宙論發展出性三品、才性合離的人物品鑒之學；同時與才性名理流行於魏晉的學術乃「玄學」，玄學家承襲理性思想家對「天道無為」的認知，順應自然，並且藉由易學經典的詮釋，以同質的子學義理相互類比、詮釋，與異質性比附的格義佛理相互呼應，致使思想相互激盪，讓魏晉學術擁有更寬闊的天地。

參考書目

一、古籍專著：

秦‧呂不韋，《呂氏春秋》，臺北：廣文書局，民國 80 年。

漢‧司馬遷，《史記》，臺北：新文豐出版社，民國 78 年。

漢‧賈誼，《新書》，臺北：臺灣中華書局，民國 70 年。

漢‧劉安，《淮南子》，臺北：臺灣中華書局，民國 57 年。

漢‧董仲舒，凌曙注，《春秋繁露》，北京：中華書局，1991。

漢‧陸賈，《新語》，臺北：臺灣中華書局，民國 60 年。

漢‧揚雄，《法言》，臺北：臺灣中華書局，民國 55 年。

漢‧揚雄，司馬光集注，《太玄經集注》，上海：商務印書館，
1923-1926。

漢‧許慎，《說文解字注》，臺北：藝文印書館，民國 78 年。

漢‧班固，顏師古注，王先謙補注，《漢書補注》，北京：中華
書局，1983。

漢‧班固，《白虎通德論》，臺北：商務印書館，民國 58 年。

漢‧班固，《漢書》，臺北：鼎文書局，民國 79 年。

漢‧王充，《論衡》，臺北：臺灣中華書局，民國 57 年。

漢‧王符，汪繼培箋，《潛夫論》，臺北：臺灣中華書局，民國
60 年。

漢‧何休解詁，徐彥疏，《公羊傳注疏》，臺北：藝文印書館，
民國 54 年。

漢·范曄，《後漢書》，臺北：鼎文書局，民國 79 年。

漢·桓寬，《鹽鐵論》，臺北：臺灣中華書局，民國 54 年。

漢·桓譚，孫馮翼輯，《新論》，臺北：臺灣中華書局，民國 58
　　年。

漢·荀悅，《申鑒》，臺北：臺灣中華書局，民國 59 年。

漢·荀悅，《漢紀》，臺北：商務印書館，民國 60 年。

魏·王弼，樓宇烈校釋，《王弼集校釋》，北京：中華書局，1980。

魏·王弼注，《老子》，臺北：臺灣中華書局，民國 70 年。

魏·王弼注，孔穎達疏，《周易注疏》，臺北：臺灣學生書局，
　　民國 88 年。

魏·何晏集解，劉寶楠正義，《論語正義》，臺北：世界書局，
　　民國 45 年。

魏·阮籍，陳伯君校注，《阮籍集校注》，北京：中華書局，1987。

魏·傅氏，《周易注》，長沙：嬛館補校刊本，清光緒九年（1883）。

晉·杜預注，孔穎達疏，《左傳注疏》，臺北：藝文印書館，民
　　國 54 年。

晉·袁宏，《後漢紀》，臺北：商務印書館，民國 68 年。

劉宋·范曄，李賢注，王先謙集解，《後漢書集解》，臺北：藝
　　文印書館，民國 47 年。

劉宋·劉義慶，《世說新語》，臺北：藝文印書館，民國 48 年。

南齊·明僧紹，《周易繫辭注》，長沙：嬛館補校刊本，清光緒
　　九年（1883）。

南齊·劉瓛，《周易義疏》，長沙：嬛館補校刊本，清光緒九年
　　（1883）。

晉·陳壽，裴松之注，盧弼集解，《三國志集解》，臺北：藝文
　　印書館，民國 44 年。

梁·伏曼容，《周易集解》，長沙：嬛館補校刊本，清光緒九年
　　（1883）。

梁·僧祐，《出三藏記集》，北京：中華書局，1995。

梁·褚仲都，《周義講疏》，長沙：嬛館補校刊本，清光緒九年
　　（1883）。

梁·褚仲都，《論語義疏》，長沙：嬛館補校刊本，清光緒九年
　　（1883）。

梁·慧皎，《高僧傳》，臺北：廣文書局，民國 60 年。

梁·釋僧佑，《弘明集》，臺北：新興，民國 49 年。

陳·周弘正，《周易講疏》，長沙：嬛館補校刊本，清光緒九年
　　（1883）。

陳·張譏，《周易講疏》，長沙：嬛館補校刊本，清光緒九年（1883）。

明·王應麟，《困學紀聞》，臺北：世界書局，民國 76 年。

明·張溥編，《漢魏六朝百三名家集》，臺北：文津出版社，民
　　國 68 年。

清·王夫之，《讀通鑑論》，上海：中華書局，民國 25 年。

清·皮錫瑞，《經學歷史》，臺北：藝文印書館，民國 89 年。

清·姚振宗，《漢書藝文志拾補》，上海：開明書店，1936。

清·孫詒讓閒詁，《墨子閒詁》，臺北：臺灣商務印書館，民國
　　72 年。

清·顧炎武，《日知錄》，吳縣潘氏遂初堂刊本，清乾隆三十四
　　年。

清·嚴可均輯，《全三國文》，北京：商務印書館，1999。

清·嚴可均輯，《全後漢文》，北京：商務印書館，1999。

清·嚴可均輯，《全漢文》，北京：商務印書館，1999。

清·趙翼，《二十二史劄記》，臺北：新文豐出版社，民國 74年。

清·焦循補疏，《周易補疏》，皇清經解本，清嘉慶 23 年。

二、現代專著

孔繁，《魏晉玄談》，臺北：洪葉出版社，民國 83 年。

孔繁，《魏晉玄學和文學》，北京：中國社會科學出版社，1987。

王文顏，《佛典漢譯之研究》，天華出版事業公司，民國 73 年。

王有三，《老子考》，臺北：東昇出版公司，民國 70 年。

王葆玹，《王弼評傳：玄學之祖宋學之宗》，南寧：廣西教育出版社，1997。

王葆玹，《正始玄學》，濟南：山東：齊魯書社，1987。

王葆玹，《玄學通論》，臺北：五南圖書公司，1996。

王鳴盛，《十七史商榷》，臺北：新文豐出版社，民國 74 年。

王曉毅，《王弼評傳》，南京：南京大學出版社，1996。

任繼愈等編，《中國佛教史》，北京：中國社會科學出版社，民國 82 年。

任繼愈等編，《中國哲學發展史》，北京：人民出版社，民國 77年。

牟宗三，《才性與玄理》，臺北：臺灣學生書局，民國 63 年。

牟宗三，《心體與性體》，臺北：正中書局，民國 59 年。

牟宗三，《名家與荀子》，臺北：臺灣學生書局，民國 68 年。

牟宗三，《周易的自然哲學與道德函義》，臺北：文津出版社，
　　民國 77 年。

牟宗三，《智的直覺與中國哲學》，臺北：商務印書館，民國 60
　　年。

牟宗三，《圓善論》，臺北：臺灣學生書局，民國 74 年。

牟潤孫，《論魏晉以來之崇尙談辯及其影響》，香港：香港中文
　　大學，1966。

何啓民，《竹林七賢研究》，臺北：中國學術獎助委員會，1966。

何啓民，《魏晉思想與談風》，臺北：臺灣學生書局，民國 65
　　年。

余英時，《中國知識階層史論》，臺北：聯經出版公司，民國 69
　　年。

余英時，《史學與傳統》，臺北：時報出版公司，民國 71 年。

余英時，《歷史與思想》，臺北：聯經出版公司，民國 65 年。

余嘉錫，《四庫提要辨正》，臺北：藝文出版社，民國 46 年。

呂澂，《中國佛教思想概論》，天華出版社，民國 80 年。

李世傑，《印度哲學史講義》，臺北：新文豐出版社，民國 68
　　年。

李世傑，《漢魏兩晉南北朝佛教史》，臺北：新文豐出版社，民
　　國 69 年。

李鼎祚集解，《周易集解》，臺北：藝文印書館，民國 54 年。

李劍農，《先秦兩漢經濟史稿》，華世出版社，民國 70 年。

李澤厚，《中國古代思想史論》，人民出版社，1986。

汪師韓，《文選理學權輿》，臺北：新文豐出版社，民國 74 年。

屈萬里，《先秦漢魏易例述評》，臺北：新文豐出版社，民國 72
　　年。

俞正，《癸巳存稿》，臺北：新文豐出版社，民國 74 年。

柯靈烏，黃宣範譯，《歷史的理念》，臺北：聯經出版公司，民
　　國 70 年。

胡適，《中國中古思想小史》，臺北：胡適紀念館，民國 58 年。

韋伯，張漢裕譯，《基督新教的倫理與資本主義的精神》，臺北：
　　協志工業叢書出版公司，民國 78 年。

韋伯，錢永祥譯，《學術與政治》，臺北：水牛出版社，民國 90
　　年。

梁啓超，《墨經校釋》，臺北：臺灣中華書局，民國 25 年 3 月。

唐君毅，《中國哲學原論——原道篇》，臺北：臺灣學生書局，
　　1990。

唐晏，《兩漢三國學案》，臺北：世界書局，民國 51 年。

唐翼明，《魏晉清談》，臺北：東大圖書公司，1992。

孫述圻，《六朝思想史》，南京：南京出版社，1992。

容肇祖，《魏晉的自然主義》，臺北：臺灣商務印書館，民國 88
　　年。

徐芹庭，《兩漢十六家易注闡微》，五洲出版社，民國 64 年。

徐復觀，《中國人性論史》，臺中：中央書局總經銷、東海大學
　　出版，民國 52 年。

袁保新，《老子哲學之詮釋與重建》，臺北：文津出版社，1991。

高亨，《周易大傳今注》，北京：中華書局，1979。

崔大華，《莊學研究》，北京：人民出版社，1992。

崔覲，《周易注》，長沙：嬛館補校刊本，清光緒九年（1883）。

張惠言，《易義別錄》，臺北：新文豐，民國 72 年。

曹仕邦，《中國沙門外學的研究──漢末至五代》，東初出版社，
　　民國 84 年。

莊耀郎，《郭象玄學》，臺北：里仁書局，1998。

許抗生，《三國兩晉玄佛道簡論》，山東：齊魯書社，1991。

許抗生等，《魏晉玄學史》，陝西：陝西師範大學出版社，1989。

郭朋，《中國佛教簡史》，福建：人民出版社，1990。

陳寅恪，《陳寅恪先生文集》，臺北：里仁書局，民國 70 年。

陳登原，《國史舊聞》，大通書局，民國 60 年。

陳鼓應，《老子注譯及評價》，北京：中華書局，1984。

章學誠，《文史通義》，臺北：新文豐出版社，民國 74 年。

勞思光，《新編中國哲學史》，臺灣：三民書局，民國 82 年。

湯一介，《郭象與魏晉玄學》，武漢：湖北人民出版社，1983。

湯用彤，《理學‧佛學‧玄學》，臺北：淑馨出版社，民國 81
　　年。

湯用彤，《漢魏兩晉南北朝佛教史》，臺北：駱駝出版社，民國
　　79 年。

湯用彤，《魏晉玄學論稿》，臺北：里仁書局，民國 73 年。

賀昌群，《魏晉清談思想初論》，臺北：里仁書局，民國 73 年。

馮友蘭，《中國哲學史新編》，北京：人民出版社，1986－1988。

黃彰健，《經今古文學問題新論》，臺北：中研院史語所專刊之
　　七十九，民國 71 年。

黃懺華，《中國佛教史》，普門精舍，民國49年。

黑格爾，王造時、謝詒徵譯，《歷史哲學》，臺北：臺灣學生書局，民國89年。

楊勇校箋，《世說新語校箋》，臺北：明倫書局，民國61年。

維根斯坦，牟宗三譯，《名理論》，臺北：臺灣學生書局，民國76年。

齊思和，《中華史探研》，弘文館出版社，民國74年。

劉大杰，《魏晉思想論》，臺北：臺灣中華書局，民國46年。

劉笑敢，《老子（年代新考與思想新詮）》，臺北：東大圖書公司，1997。

蔡仁厚，《中國哲學史大綱》，臺北：臺灣學生書局，民國77年。

錢穆，《兩漢經學今古文平議》，臺北：東大圖書公司，民國67年。

錢穆，《國史大綱》，上海：上海書店，1990。

錢穆，《國學概論》，臺北：文津出版社，民國90年。

錢穆，《莊老通辨》，臺北：聯經出版社，民國84年。

戴璉璋，《玄智、玄理與文化發展》，臺北：中央研究院、中國文哲研究所，2002。

魏承思，《中國佛教文化論稿》，上海：人民出版社，1991。

鎌田茂雄，《中國佛教史》，臺北：新文豐出版社，民國70年。

羅宗強，《玄學與魏晉士人心態》，杭州：浙江人民出版社，1991。

瀧川龜太郎，《史記會注考證》，臺北：藝文印書館，民國48年。

饒宗頤，《中國史學上之正統論》，上海：上海遠東，1996。

顧頡剛，《秦漢的方士與儒生》，臺北：里仁書局，民國 84 年。

顧頡剛等編，《古史辨》，上海：上海書店，1991。

六朝時期佛教與中國學術的關係

謝 添 基[*]

一、前 言

在歷史巨輪的轉動之下，一個民族的文化總是隨時調整著它的步伐，也隨時改變著它的容貌。中國文化一如任何其它民族的文化，在綿長的演變中，也歷經多次的調適與整合，乃至蔚成今日的模式。先秦時期諸子學說的迸發與匯流，無疑地是第一次的整合運動，是中國內部漢人族群相互認知與統合的過程，並因而確立了中國文化的基礎色調。相對於先秦諸子現象，六朝時期的文化衝擊，或可視之爲第二次的整合運動，是印度文化與中國既有文化的首度交鋒，並經由中國人特有的同化力而揉織成另一個嶄新的中國文化色調，進而成爲迄於目今中國文化的主幹。毋庸置疑地，在這第二次整合運動中扮演最大關鍵角色的，就是由印度傳進中國的佛教。

眾所週知的，佛教自東傳以降，它對中國文化的各個層面都投與了極大影響，它在中國自我發展成一門學術，它對中國既有的儒

---

* 淡江大學中文研究所博士生，淡江大學中文系兼任講師

家思想與道家思想都產生過極大的衝擊。因此，向來在從事中國思想、中國文學、中國文化等方面的探討時，都不免地會觸及佛教。從這樣的角度來說，在整體中國學術領域中，不可否認地，佛教的確佔有極其重要的存在價值。

以下本文即基於正視此一現象，試圖探究佛教在六朝時期如何與既有學術相互取擷而造就新一代學術風貌，並窺視其對後世學術的若干影響，以廓清佛教在中國學術史上的存在意義。在陳述方法上，首先，針對「佛教」一詞，一般可就「宗教」與「教理」二方面予以理解與論述，所以，本文為避免混淆文義所指，在陳述其宗教層面時仍採用「佛教」，而陳述其教理層面時則採用「佛學」，以為區別。其次，於切入主題探討佛教與中國學術的關係之前，為便利後文的陳述，本文擬先提點出若干六朝時期中國佛教的實態，藉以釐清當時佛教與中國學術所處的時空背景。又且，基於本文論旨著重關涉學術史，因此，在行文中有關佛教弘傳沿革或佛學發展沿革都儘量避開涉及佛教史式的陳述。

二、新興佛教與既有學術

有關佛教在中國的弘傳史事，在一般的中國佛教史相關著作中皆已被詳實地介紹著，筆者不擬於本文中予以一一贅述。本文所著眼的是，不以弘傳沿革的角度來看，而就事件現象以檢視自東漢以迄南北朝前後五百多年❶的弘法過程中，佛教所掀起的信仰風潮對既

---

❶　佛教傳入漢地以東漢明帝永平十年（67）之說為據。又陳亡於隋文帝開皇九年（589）。故前後歷經523年左右。

有學術是否曾發生過若何影響。

(一)學術的鑽研與信仰的狂熱並駕齊驅

佛教自傳入中國伊始即被視之爲一種"宗教"，東漢至南北朝時代絕大多數的時人都將佛教視同興起於中國本土的道教而信仰著，這現象可輕易地從一般相關史籍中檢證得出。例如，東漢楚王劉英就曾爲浮屠齋戒祭祀❷，事見《後漢書》本傳中所載：

> 楚王尚黃老之微言，尚浮屠之仁祠。齋戒三月，與神為誓。

由上引傳文知，楚王英同時崇尚著黃老與浮屠，這一史事正反映出當時佛教已與民間信仰的道教相調和，並且流行著將浮屠視同於道教的黃帝與老子而予以祭祀的風氣，亦顯示出楚王英所認知的佛教是一種以現世利益及長生不老爲宗旨的宗教。由這件史實推知，佛教傳入中國的初始性格就被認知爲是一種攸關祈福等現世利益的宗教，這不僅是其後整個中國佛教史所呈現的一貫態度，也是中國佛教的基本性格❸。

又如，史上首位信奉佛教的東漢桓帝，據《續漢志》稱：

> 延熹九年，親祠老子於濯龍，文罽為壇飾，淳金釦器，設華蓋之坐，用郊天樂。

---

❷ 有關楚王英奉佛事之評議，詳參湯用彤《漢魏兩晉南北朝佛教史》（臺北：鼎文書局，民國65年12月再版）頁53。

❸ 參照鎌田茂雄《中國仏教史》（日本：岩波書店，1979年2月20日第2刷）頁21。

此外，《東觀漢記》提到：「以文罽爲壇飾，淳金銀器，彩色眩耀，祠用三牲，大官飾珍饌作倡樂，以求福祥也。」

而《後漢書·本紀·論》也提到：「飾芳林而考濯龍之宮，設華蓋以祠浮圖老子。斯所謂聽神。」甚至在襄楷的上書中也可見到「聞宮中立黃老浮屠之祠」的字眼，在在傳述了桓帝同時崇信黃老與佛教的事徵。根據上述紀傳的描述可知，桓帝的信佛，並不在於看重佛教的倫理面，而是將佛教與祈求長生不老術的黃老信仰等同看待，其中還摻雜著濃厚的成仙欲望。

除了王室的信佛事蹟外，在有關民間信仰的記事中也可窺見一二。東漢時期首先有造像立寺之舉的是笮融。笮融死於漢獻帝興平二年（西元 195），據《吳志·劉繇傳》所記稱笮融：

> 乃大起浮圖祠，以銅爲人，黃金塗身，衣以錦采，垂銅槃九重。下爲重樓，閣道可容三千餘人。悉讀佛經，令界內及旁郡人有好佛者聽受道，復其它役，以招致之。

由傳記以觀，笮融的信佛是比楚王英、桓帝有更接近佛教儀軌的態度，然而，不可否認的，他的信佛重點仍不在於理解佛教教理，只不過是將佛教更推向於宗教化而已。

東漢時人對佛教的信仰認知僅類比於道教，而三國時代的佛教信仰也未見有何大幅度的差異。曹魏自太祖曹操開始，歷代皇帝均嚴禁咒術與神仙術的宣揚，如武帝曹操藉討伐黃巾之亂而消滅民間淫祠；文帝曹丕於黃初五年（西元 224）頒布對信仰巫祝或預言者處以左道罪行的詔書；明帝曹叡更在青龍元年（西元 233）嚴禁諸郡國

及山川之所有非禮的祭祠❹。魏朝史傳只有關於排斥方術的記載，卻不見有事佛記載，所以，《弘明集‧後序》所謂「魏武英鑒，書述妙化」的說法，可能只是佛教的片面之辭而已。

至於開啓南方譯經事業的吳地，《高僧傳》稱吳主孫權曾拜支謙爲博士等等，似乎意謂著孫吳一朝極其崇信佛教。但是《吳志》僅載孫權好神仙，孫皓信符瑞，卻未見有吳主與提倡佛教之相關記載。況且，據《吳志‧孫綝傳》稱：

> 綝意彌溢，侮慢民神，遂燒大橋頭伍子胥廟，又毀浮圖祠，斬道人。

更難以看出孫吳一朝對佛教的虔信。

由於並無足夠的文獻以佐證魏、吳歷代皇帝曾經大力提倡佛教，所以，筆者以爲，佛教在三國時代大概也只能委身在民間所依循著自東漢以來黃老浮圖不分的信仰型態之下。

不過，隨著時空的流轉，自西晉以降，佛教在中國的發展可說是披荆斬棘卻又是一路順暢。它一面與中國固有的儒家、道家、道教互爭勢力範圍的同時，又受到各朝代各帝王的虔信，既而奠定了它在中國的宗教地位。在這段三百多年間的時空裏❺，佛教的盛況略舉如下：南朝方面，據《洛陽伽藍記》所記，西晉永嘉年間，單是洛陽一地就有佛寺四十二所。據《法苑珠林》所記❻，永嘉年間衡陽

---

❹　上述曹魏三代皇帝的政策，各詳參其本傳。

❺　晉武帝司馬炎定都洛陽時爲265年，陳後主陳叔寶亡於隋時爲589年。

❻　見《法苑珠林》卷四十二，收於《大正新脩大藏經》（臺北：新文豐出版，民國85年9月修訂版3刷）第53冊。

太守滕永文及晉闕公則曾設齋會誦經並禮拜佛像。習鑿齒〈致道安書〉中提到「唯肅祖明皇帝實天降德，始欽斯道。手畫如來之容，口味三昧之旨。」，是知晉明帝擅畫佛像。據《晉書·恭帝本紀》載晉恭帝「深信浮屠，鑄貨千萬，造丈六金像於瓦官寺，迎之步從十餘里。」。宋元帝元嘉年間，都中造寺見於記載者，已有十五❼。據《南史》載梁武帝設大會十六次，捨身四次，幾乎以佛化治國。陳武帝於永定二年幸大莊嚴寺捨身。陳後主即位之年亦在弘法寺捨身。等等。

北朝信佛以廣建功德為主。北魏文成帝即位元年詔有司為石像，後又鑄釋迦立像，用赤金二萬五千金。尤其以建造雲崗石窟更為馳名至今日之曠世大業。北魏獻文帝於平城起永寧寺，構七級浮圖。高三百餘尺，基架博敞，號稱天下第一。等等。

綜觀兩晉至南北朝，佛教在南北兩地的盛行實況可謂無分軒輊，其主要原因無疑地是帝王的崇信。於是，在風吹草偃的作用下，世族、知識份子，乃至平民百姓，整個中國境內無不沸騰著信佛的風潮。然而，朝野上下之所以熱烈崇信佛教，耗費大量人力與財力，所側重的不是理解教理或實踐修持以求究竟解脫，而是在於相信它能佑國保平安的祈福層面。這樣的信奉態度，儘管在貢獻於佛教的型態上大有創舉，在內容上卻與漢魏時期等視佛教與道教的風格並無異樣。

三百多年間，佛教就從西晉洛陽的「四十二佛寺」（據《洛陽伽藍記》）發展到全國「建寺百八十所，度三千七百僧尼」（據《釋氏稽

---

❼　詳參前揭湯用彤《漢魏兩晉南北朝佛教史》，頁21。

古略》），到了魏末更是「天下三萬有餘寺，僧尼二百萬」（據《魏書・釋老志》），可謂梵刹林立，處處僧尼。寺僧的泛濫，勢必引發弊端叢生，試看歷代詔書的內容，就不難發現其中的怪象。例如，北魏宣武帝永平四年所下頒的詔書中提到：「僧祇之粟，本期濟施。儉年出貸，豐則收入。山林僧尼，隨以給施。民有窘敝，亦即賑之。但主司冒利，規取贏息。及其徵責，不計水旱。或償利過本，或翻改券契。侵蠹貧下，莫知紀極。細民嗟毒，歲月滋深。」，痛論僧粟之冒濫。又如，北周武帝爲討伐北齊，行富國強兵之策，於是整頓佛教寺院，沒收寺院所有莊園，並爲肅清墮落的佛教僧尼，遂實行廢佛。

　　佛教僧尼之所以出現墮落現象，其實也可視之爲中國佛教教團發展上的必然結果。中國佛教更易了印度佛教僧眾托鉢乞食、不蓄錢財的戒規，自始僧尼衣食即可坐享信徒的錢財供養，並且可以固定居住在寺院之中。所以，當僧尼人數過多，寺院充斥到「自遷都已來，年踰二紀，寺奪民居，三分且一。」（神龜元年王澄之上疏）時，各寺院的僧尼自不免要設法有效經營，吸收更多有勢有財的大施主，以穩固寺院的永續及僧尼的存活。於是，基於激烈的存活競爭，若干出家動機不純且宗教情操不夠堅定的僧尼所駐在的寺院，便容易喪失其做爲修練佛道道場的本質而異變爲大眾休閒度假的集會場所，甚至使原本該是弘揚佛教教理的「講經」，反而被趣味性內容及符合大眾口味且極有利於寺院經營的「俗講」等脫軌於佛教弘法的手段所漸漸取代。

　　從史實來看，六朝時期佛教界的確曾經引發一股宗教營運的異常風氣，導致執政者意識到國本動搖的危機感，並因而厲行了一連

串整頓佛教教團的政策。不過，就在同一時空下，許多僧尼熱心於
信仰傳播、經典翻譯、教理詮釋等弘法工作的事實，也是不可予以
忽視的。正因爲他們的努力不懈，做爲宗教的佛教才能獲得多數帝
王、知識份子、一般百姓的信仰，也才能使得來自外地的佛教能與
源生於本土的道教並盛於六朝時期。

　　另一方面，六朝時期的政治型態雖自晉室遷都建康之後分裂爲
以漢人爲主的南地政權與以鮮卑族爲主的北地政權，同時在政權的
維持度上都一樣呈現著極不穩定的狀況，影響所及，往往使得南北
兩地攸關政治結構或社會結構的種種設施形同陌路。但是，整個六
朝時期的時人對既有學術的鑽研風氣卻並未因而呈現消長現象，相
對地，在南北兩地的知識份子各自開發研究風格，並且互相學習的
努力下，依然綻放出不亞於前代的豐碩成果。今日吾人只要檢視一
下《隋書・經籍志》所收錄的資料，大概不難理解六朝時期既有學
術的發展實況。

　　根據《隋書・經籍志》序言部份所記：

　　………魏氏代漢，采摭遺亡，藏在祕書中外三閣。魏祕書郎
　　鄭默始制中經，祕書監荀勗又因中經更著《新簿》，分為四
　　部，總括群書。……大凡四部合二萬九千九百四十五卷。……
　　東晉之初，漸更鳩聚，著作郎李充以勗舊簿校之，見其存者
　　但有三千一十四卷，充遂總沒眾篇之名，但以甲乙為次。……
　　宋元嘉八年，祕書監謝靈運造四部目錄，大凡六萬四千五百
　　八十二卷。元徽元年，祕書丞王儉又造目錄，大凡一萬五千
　　七百四卷。儉又別撰《七志》，……齊永明中，祕書丞王亮、

監謝朏，又造四部書目，大凡一萬八千一十卷。……梁初，
祕書監任昉躬加部集，又於文德殿內列藏眾書，華林園中總
集釋典，大凡二萬三千一百六卷，而釋氏不豫焉。梁有祕書
監任昉、殷鈞四部目錄，又文德殿目錄，其術數之書，更為
一部，使奉朝請祖暅撰其名。故梁有五部目錄。普通中，有
處士阮孝緒，……更為《七錄》。……元帝克平侯景，收文
德之書及公私經籍，歸于江陵，大凡七萬餘卷。……孝文徙
都洛邑，借書於齊，祕之府中，稍以充實。……保定之始，
書止八千，後稍加增，方盈萬卷。周武平齊，先封書府，所
加舊本，纔至五千。……

　　從以上這段摘錄可看出，在政治動盪的時空下，六朝時人對中
國既有學術的維護並未因而有所疏忽，相對地，南北兩地各朝的執
政者除戰亂無暇外，也都無不致力於典籍的蒐集與珍藏。所以，在
《隋書·經籍志》中收錄的六朝時期經部典籍數就有：《易》六十
九部五百五十一卷、《書》三十二部二百四十七卷、《詩》三十九
部四百四十二卷、《禮》一百三十六部一千六百二十二卷、《樂》
四十二部一百四十二卷、《春秋》（含三傳及國語）九十七部九百八
十三卷、《孝經》十八部六十三卷、《論語》（含五經、七經等）七十
三部七百八十一卷、《河洛》十三部九十二卷、《小學》一百零八
部四百四十七卷。連同其它史部、子部、集部的典籍，總共有「今
考見存，合條爲一萬四千四百六十六部，有八萬九千六百六十六卷」
（《隋書·經籍志》序言部份語）之多。如此豐碩的成果，在在足以證明
中國既有學術在六朝時期並未受政治不穩定的因素影響而有所褪其

光環，它依然是當時知識份子主要從事鑽研的對象。

　　總地來說，六朝時期所引發的狂熱教信仰，其對象涵蓋著廣大的一般庶民與相當大比例的知識份子。其中，佛教深奧的哲理固然是吸引知識份子對它產生好感的要因，有德僧眾的學識及形象更是感動知識份子進而對佛教產生信仰的關鍵點。不過，對六朝時期大多數的知識份子而言，信仰佛教為的是求取心靈的寄託，而從事學術工作則是現世營生的手段，二者之間並無衝突之處，他們往往在信仰佛教的同時也持續著研究學術。所以，儘管南北兩地的現實環境存在著若干的違異，但是，學術鑽研的風氣與宗教信仰的狂熱卻密合地瀰漫著整個六朝時期。

㈡既有學術掀起保衛戰

　　佛教傳到南北朝，可謂達到了空前的盛況，但也面臨了最激烈的反彈。在北地發生了以北魏太武帝毀佛、北周武帝毀法等大大小小的壓制佛教事件，這些事件固然夾雜著帝王、官僚、道士等對佛教宗教團體片面打擊的因素，但是平心而論，佛教宗教團體本身也的確出現了不得不被打擊的腐敗現象。所以，對佛教而言，這倒可視之為一場"引火自焚"的戲碼。有關宗教衝突經由，事不關學術討論範疇，故本文不擬詳加敘述。

　　相對於北地，在南地則由既有學術方面掀起了一場學術保衛戰，它的起因固然牽扯著政治角力的背後因素，但是，實際引發出的則是一場空前的學術爭辯，也就是史上著名的「三教論爭」事件。僧祐在《弘明集》後序中歸納了當時論爭的要點，並分別陳述其個人的見解：

……一疑經說迂誕，大而無徵。二疑人死神滅，無有三世。
三疑莫見真佛，無益國治。四疑古無法教，近出漢世。五疑
教在戎方，化非華俗。六疑漢魏法微，晉代始盛。……

從學術的立場來說，有關三教論爭的焦點，主要集中在「夷夏」
「本末」「真僞」「神滅不滅」「輪迴報應」等項，要約地說，就
是印度文化與中國文化的差異之爭。既是論爭，就有難・辯雙方，
當時扮演問難的多爲不能認同佛教某些教理的儒家學者或道家學
者，而負責答辯的則是佛教界有才學的僧眾及擁護佛教的部份知識
份子，甚至更牽動了朝廷的帝王貴族。有關三教論爭的具體文獻，
在《弘明集》、《廣弘明集》、《集古今佛道論衡》、《續集古今
佛道論衡》等佛教專著中相當完整地被收錄著，後世研究該問題的
專門論著也不乏見於肆間，所以本文不擬再專就論爭內容有所添
足。本文所擬探討的是，從這場宗教與學術的保衛戰中所呈現的實
貌。

僧祐編纂《弘明集》之際，收入大量歷代有關三教論爭的文獻，
同時他本身正處於論爭最激烈的梁代，又是辯方的重要成員之一，
對論爭始末有極全盤性的認識，也有極綜合性的理解。所以，本文
在此小節中，爲便於比較對照而不厭其煩地全引僧祐《弘明集・後
序》的內容爲媒介，並約簡陳述於下。

首先，難方質疑佛教「經說迂誕，大而無徵」，認爲佛教教理
雖然規模龐大，但是內容卻與日常知識多所隔絕，而且也很難證明
其內容是否恰當，只會予人一種茫漠的感覺。辯方的答覆是：

若疑經說迂誕，大而無徵者，蓋以積劫不極，世界無邊也。

今世咸知百年之外必至萬歲，而不信積萬之變至於曠劫，是
限心以量造化也；咸知赤縣之表必有四極，而不信積極之遠
復有世界，是執見以判太虛也。昔湯問革曰，上下八方有極
乎？革曰，無極之外復無極，無盡之中復無盡，朕是以知其
無極無盡也。上古大賢據理訓聖，千載符契，懸與經合，井
識之徒何知得異？夫以方寸之心謀己身而致謬，圓分之眸隔
牆壁而不見，而欲侮尊經、背聖說、誣積劫、罔世界。可為
慇傷者，一也。

如果不能認知時空的曠大，就無從認知佛教教理所以浩瀚的真實
性，也就更不該詆毀佛教。

其次，難方不認同佛教主張的靈魂不滅、三世輪迴等說法，而
提出「人死神滅，無有三世」的反調。辯方的答覆是：

若疑人死神滅，無有三世，是自誣其性靈而蔑棄其祖禰也。
然則周孔制典，昌言鬼神。《易》曰，游魂為變。是以知鬼
神之情狀。既情且狀，其無形乎？《詩》云，三后在天，王
配于京，升靈上旻。豈曰滅乎？《禮》云，夏尊命事鬼敬神，
大禹所祇。寧虛誕乎？《書》稱周公代武云，能事鬼神，姬
旦禱親。可虛罔乎？苟亡而有靈，則三世如鏡，變化輪迴，
孰知其極？俗士執禮而背叛五經，非直誣佛，亦侮聖也。若
信鬼於五經而疑神於佛說，斯固聾瞽之徒，非議所及。可為
哀矜者，二也。

以中國儒典五經中的記載，強調自古中國人即相信死後有鬼神的存

在，所以，如果否定佛教靈魂不滅、三世輪迴的說法，也就等於是自打嘴巴了。

其次，難方提問「莫見真佛，無益國治」，質疑從來沒人遇到過真正的佛，更指摘佛教教理根本無益於治理國政的缺失。辯方的答覆是：

> 若疑莫見真佛，無益國治，則禋祀望袟，亦宜廢棄。何者？蒼蒼積空，誰見上帝之貌？茫茫累塊，安識后稷之形？民自躬稼，社神何力？人造墉畷，蜡鬼奚功？然猶盛其犧牲之費，繁其歲時之祀者，莫不以幽靈宜尊而教民美報耶？況佛智周空界，神凝域表，上帝成天，緣其陶鑄之慈，聖王為人，依其亭育之戒，崇法則六天咸喜，廢道則萬神斯怒。今人莫見天形而稱郊祀有福，不睹金容而謂敬事無報，輕本重末，可為震懼者，三也。

以中國民間信仰對帝后神祇的崇拜，佐證對佛崇拜與祭祀的正當性。主要理由是，佛和神都沒人真正見過，但不可以因為沒見過而否認祂們的存在。

其次，難方認為東漢以前並無佛教，是一後起的外來文化，站在中國本位立場，質疑信佛的主從屬性，所以提出「古無法教，近出漢世」的非難。辯方的答覆是：

> 若疑古無佛教，近出漢世者。夫神化隱顯，孰測始終哉？尋義皇緬邈，政積猶湮，彼有法教，亦安得聞之？昔佛圖澄知臨淄伏石有舊像露盤，捷陀勒見盤鵄山中有古寺基墟，眾人

> 試掘，並如其言。此萬代之遺徵，晉世之顯驗，誰判上古必
> 無佛乎？《列子》稱，周穆王時，西極有化人來，入水火、
> 貫金石、反山川、移城邑，乘虛不墜，觸實不礙，千變萬化，
> 不可窮極，既能變人之形，有且易人之慮。穆王敬之若神，
> 事之若君。觀其靈跡，乃開士之化，大法萌兆，已見周初，
> 感應之漸，非起漢世。而封執一時，為歎息者，四也。

在周穆王時代就已有類似佛的傳說以及一些佛教相關遺跡，可見佛
的應世，應在漢代之前。既然上古時代的帝王對佛就已經崇敬有加，
所以佛教比起儒家，反而更早存在於中國，則興起的先後，已無庸
置論了。

其次，難方點出「教在戎方，化非華俗」，強烈抨擊佛教本為
夷邦產物，教化的內容本就是針對印度人而設的，根本不同於中國
的習俗，所以不適合使用在中國人士身上。辯方的答覆是：

> 若疑教在戎方，化非華夏者，則是前聖執地以定教，非設教
> 以移俗也。昔三皇無為，五帝德化，三王禮刑，七國摧勢，
> 地常諸夏，而世教九變。今反以至道之源，鏡以大智之訓，
> 感而遂通，何往不被？夫禹出西羌，舜生東夷，孰云地賤而
> 棄其聖？丘欲居夷，聃適西戎，道之所在，寧選於地？夫以
> 俗聖設教，猶不繫於華夷，況佛統大千，豈限化於西域哉？
> 案《禮·王制》云，四海之內，方三千里。中夏所據，亦已
> 不曠，伊洛本夏而鞠為戎墟，吳楚本夷而翻成華邑。道有運
> 流而地無恒化矣。且夫厚載無壃，寰域異統，北辰西北，故
> 知天竺居中。今以區區中土稱華，以距正法，雖欲距塞而神

化常通。可為悲涼者,五也。

　　歷來治世聖王,不因出身地而有尊卑之分,他的教化也不會設地為限。更何況佛教教理內涵浩瀚,所含教化更是適於所有生靈。如果偏執於地域性,只因為佛教源自印度就予以排斥,那也只是個人的無知,並不影響佛教的優越性。

　　最後,難方認為「漢魏法微,晉代始盛」,佛教之所以盛行,是搭上魏晉亂世的便車的。在儒家思想或道家思想盛行的時代,佛教根本開展不來,可見得在學術的優劣上來說,佛教明顯地是比不上儒家和道家的。辯方的答覆是:

　　若疑漢魏法微,晉代始盛者,道運崇替,為可致詰也。尋沙門之修釋教,何異孔氏之述唐、虞乎?孔修五經,垂範百王,然春秋諸侯,莫肯遵用,戰代蔑之,將墜於地。爰至秦皇,復加燔盡,豈仲尼之不肖而詩書之淺鄙哉?迨及漢武,始顯儒教,舉明經之相,崇孔聖之術,寧可以見輕七國而遂廢於後代乎?案漢元之世,劉向《序仙》云,七十四人出在佛經。故知經流中夏,其來已久。逮明帝感夢而傳毅稱佛,於是秦景東使而攝騰西至,乃圖像於開陽之觀,藏經於蘭臺之室。不講深文,莫識奧義,是以楚王修仁潔之祠,孝桓建華蓋之祭,法相未融,唯神之而已。至魏武英鑒,書述妙化;孫權雄略,造立塔寺;晉武之初,機緣見深。耆域耀神通之跡,竺護集法寶之藏,所以百辟搢紳,洗心以進德;萬邦黎獻,刻意而遷善。暨晉明叡悟,秉一接神,手畫寶像,表觀樂覽。既而安上弘經於山東,什公宣法於關右,精義既敷,實相彌

照，英才碩智，並驗理而伏膺矣。故知法雲始於觸石，慧水
基乎濫觴，教必有漸，神化之常限，感應因時，非緣如何？
故儒術非愚於秦而智於漢，用與不用耳。佛法非淺於漢而深
於晉，明與不明耳。是知五經恒善而崇替隨運，佛化常熾而
通塞在緣，一以此思，可無深惑。而執疑莫悟，可為痛悼者，
六也。

再好的學說，即使是儒家孔子的學說，也未必都能被每個時代所接
納，所以，一個學說是否能流行在某個時代，不在於那學說是否優
劣，而是該時代的人士是否能接受或是否願意接受。因此，不能說
佛教在漢代不流行，就一定有什麼瑕疵而不該被接受。接著，洋洋
灑灑地歷敘了佛教在東漢以來的弘法盛況。

　　綜觀上列難‧辯雙方的內容，吾人很清楚地可以看出二個現象。
一是，辯方在答辯時多引用中國固有的典故或觀念以佐證佛教立場
的正當性，的確發揮了不少僧眾修習外學的效益，可是卻未見直接
以佛教教理做為辯證的根據。這樣的答辯方式，充其量只能收到否
定對方（難方）的效果，卻不能以針對辯論議題提出有力的己方（辯
方）理論去獲得制壓性的勝利。因此，佛教僧眾在這次的論爭中，並
未將佛教教理推向檯面，未能向中國知識份子正確地傳介佛教教
理。也就是說，佛教僧眾並未疏解儒家學者或道家學者對佛學的疑
惑，也未能抹除他們對佛教的抗拒。

　　另一者則是，辯方的答辯多呈現規避議題的現象，往往答非所
問或避重就輕，根本沒有切入主題。從上列六個議題來看，難方的
質問其實並不切要，有些議題本身就是不具重大意義的，如第四疑

難、第六疑難。第五疑難在今日可能構不成議題，不過在世界觀還不是很完備的南北朝時代，它或許也還勉強可以成為議題。也就是說，比較有難辯意義的，其實只有前三個疑難，也是辯方最適於發揮佛教殊勝的機會。可惜的是，針對這緊要的三個議題，辯方的答辯內容卻完全離題且不知所云，有失辯論規則。

僧祐如此，其它僧眾的辯者也是泛泛如此，他們絞盡一身才學，用盡畢生力氣，花費龐大人力物力，做出來的成果卻不免自曝佛教僧眾在名辯能力方面極其貧乏的事實。換句話說，僧眾的外學涵養在三教論爭中似乎未能有效地被發揮出來，他們固然能引用諸多既有學術中的資料做為抗辯的素材，但也僅止於如是，對彰顯佛教教理的殊勝處並沒有達致任何增益的目標。

就因為佛教方面的有識之士未能有效地以闡釋教理相抗頡，因此它對既有學術也就未能發揮相對的影響。終其結果，仍只是各說各話，壁壘分明，毫無交集可言。也就是說，佛教雖擁有深奧浩瀚的哲思義理，但在六朝時期，並未能對中國既有學術產生若何濡沫效應，中國既有學術依然維持著儒家之所以為儒家或道家之所以為道家的思想本色，而佛教教理也依然以其所以為佛教的特色而共存於六朝時空下。

有部份學者認為在皇侃的《論語義疏》中可見著其受到佛學影響的成份，甚至參用了佛教教理以詮釋孔子學說❽的痕跡。關於這類說法，筆者認為，皇侃個人由於親近佛教，或不免染有佛教思想，

---

❽　例如，孫述圻〈論皇侃的《論語義疏》〉一文。見收於林慶彰所編《中國經子史論文選集》（臺北：文史哲出版社，民國81年10月初版）。

不過，檢視全書用詞，卻難以發現有十足可以證明皇侃採納佛學的
證據。尤其以下一節所介紹佛學七支學派爲基準予以考量的話，就
算偶有一、二處出現佛教名相，恐怕仍不足以確指即是援引佛理的
表現。筆者認爲，橫亙南北朝時代才完成的佛學，在當時也都還屬
於起步階段，對知識份子而言，應該還沒有立即性的影響力，所以，
吾人看待皇侃乃至南北朝時代其它知識份子的學術作品時，在沒有
更充足的例證下，都可能還不適宜斷定他們有足夠的佛學理解能力
以詮釋既有學說。

㈢政治實體依然擁護既有學術

佛教在中國弘傳的過程中，爲適應中國的風土民情及知識型
態，漸漸地趨向了中國化的轉變。尤其在僧眾的生活起居方面的規
約，幾乎無法以原貌在中國呈現或維繫。其實，這也是宗教求存的
不得已的變通結果。但是，佛教雖說在六朝時期轉向中國化，它畢
竟脫胎自印度佛教，它的基本理論並未因環境的改變而自其母體換
骨，所以，印度佛教偏重"出世思想"的原有體質，也就遺留在中
國佛教的體質中。

「三法印」——諸行無常、諸法無我、究竟涅槃，「四諦」——
苦、集、滅、道，是佛教教理的基本骨架，任何要與佛教聯繫的信
仰或學說，都不可以背離這基本骨架。佛教要求學佛者必須認知這
個世界是個無法自我掌控的不自在的「苦」的生存環境，同時要有
強烈的意圖出離這個世界前往永遠跳脫輪迴的終極理想生存環境，
也就是佛教的淨土佛國。由這一「出世」的思想而研發出的各種相
關學說或修行方法，就構成了印度佛教的主要內涵。傳入中國的佛

教，透過譯經手段，也原原本本地將這一體質移植進中國佛教，所以，中國佛教縱然衍生出各種宗派，但都無一踰越佛教教理的底限。

否定這個世界是個值得吾人眷戀的生存空間，而且還有個可以奔往的理想生存空間，所以佛教對於提供現實人生的人爲營運都不主張予以積極處理，所強調的只有修行解脫一事。這樣的理念，用在提昇個人精神層次或道德修養上，也許有其意義與價值，但是，對於負責悠關上百萬人民生養問題的中國執政者而言，則有其接受上的困難。

歷史上當佛教在南北朝最盛行時，執政者的確曾賦與高僧以「僧統」、「僧正」、「沙門統」之類的官銜，正式將佛僧納入管理系統內。這是佛教與政治最近距離的接觸例。但是，僧統、僧正或沙門統之職，其實只是執政者處理宗教事務的行政官，主要的責務也只在於統合全國僧眾以聽命於執政者，並未能對執政者提供完整的治國經世藍圖。所以，僧統、僧正或沙門統的出線只是宗教管理上的一種手段，並未能助長佛教在政治領域上的擴展。

相對於儒學與道學，佛學明顯地缺乏「政治」哲理。在佛教教理中幾乎找不著有關處理政治的具體論述，這讓執政者無法從中借鑑，也無法獲致任何參考資材，對執政者而言，佛教教理毫無「經世」理念，是個不符實際需要、不切實用的學說。呈現在實際面的就是，佛教教理不曾如儒學般被納入朝廷編制之中。

從漢武帝設立「五經博士」制度以來，博士們就成爲執政者處理政務時的 "諮商對象"。他們藉由對五經的深刻認知，往往能提供執政者極其適切的治國方針或藍圖，所以，五經博士就被編入常態體制之中。五經博士，顧名思義地，就是對《易》、《書》、《詩》、

《禮》、《春秋》儒家五部經典有充分理解並能予以闡發應用的研究者或專家。「五經博士」制度在南北朝時代不因政治體系不同而別異，南北二地的政權都同樣承襲設置，也同樣是以「五經」爲設準。換句話說，自西漢以降，執政者對「五經博士」都有同樣的認知，那就是「儒者，其爲教也大矣，其利物也博矣。以篤父子，以正君臣，開政化之本原，鑿生靈之耳目。百王損益，一以貫之。雖世或汙隆，而斯文不墜。」❾。

由於執政者所重視的是父子君臣的倫常，而儒家學說的特色正在於政治倫理以及家庭倫常方面有極具建設性的理論，因而也就能獲致漢代以來執政者的青睞。所以，即使是信奉佛教到幾乎本末倒置的梁武帝，在登基及百官就緒後的天監四年正月也立即編制「五經博士」各一人❿。事實就是，自東漢起，佛教教理從未被任何一個朝代予以列入博士系統之中，足見歷代執政者就算再怎麼信奉佛教，但也只是著眼於其"宗教"層面，而非由衷地重視其"學術"層面。

朝廷編制中沒有佛教教理一門，則對一心仕宦的知識份子而言，與其研究佛教教理，毋寧研讀儒學要實際受用。因此，在信仰上或個人修爲上雖樂於親近佛教或佛學，卻仍然無心將研究佛教教理做爲營生的手段。

佛教教理中的「因果報應」思想或許可以彌補統治理論或法律上的不足，但是它也只能「更有效地鉗制下層勞動者的思想，從而

---

❾　引自《北史・儒林傳》。

❿　參見《南史・梁武帝本紀》。

更有效地維護封建基層政權的統治。」⓫；同時，其鼓勵"出家"的論調，更破壞了中國人自古以來所重視的民族根本「孝道」倫理和做爲家庭結構最基本的「夫婦倫常」。

總之，六朝時期的中國佛教雖說已經朝向中國化進展，卻還只達到一個未盡然的中國化階段，所以，相對於執政者對佛教宗教信仰層面的熱烈護持，不重經世價值的佛教教理層面實際上卻並未受到執政者的由衷接納，所以，就政治實體以觀，執政階層所護持的依然是能發揮治理國事、整頓社會效益的既有學術。

三、造就中國學術新成員——中國佛學

六朝時期在與既有學術交會的過程中，佛教雖尚未能染指既有學術，卻在自我中國化的同時，蘊育出所謂的「中國佛學」此一新興學術，並使其成爲中國學術的新成員，與既有學術合爲一嶄新的學術型態，成爲日後整體中國學術的重要資糧，甚至對後世中國人的思維產生莫大的影響。中國佛學之所以能型塑成爲學術之一，從發展角度來說，也並非一蹴即成的，除了各時期翻譯經典的大量問世，僧俗兩眾對闡釋教義的努力之外，帝王的支持與擁護更是厥功甚偉的。佛教不論是作爲「宗教」或「學術」，其所以興廢，都與帝王的護持及親自參與成正比關係，道安法師「不依國主，則法事

⓫　參照方立天《中國佛教與傳統文化》（上海：上海人民出版社，1988年4月第1版印刷）頁249。

難立」❷之歎，真可謂是萬世名言。

（一）卷帙浩瀚的譯經事業

六朝時期佛教的最大成就，無可厚非地，就是其大量翻譯傳自印度、西域的梵、巴文經典的譯經事業。梁・慧皎《高僧傳・序》中敘及他作傳的範型，從該範型的分類可知，六朝時期高僧的弘法方式約略有十類，

> 一曰譯經、二曰義解、三曰神異、四曰習禪、五曰明律、六
> 曰遺身、七曰誦經、八曰興福、九曰經師、十曰唱導。❸

其中第三類與後五類多與宗教性弘法相關，而前五類中則以第一、第二類與學術傳播較有關連。《高僧傳・卷第三・譯經下・論》提到「傳譯之功尚矣，固無得而稱焉」❹，由於有經典的傳誦，「故令三寶載傳，法輪未絕」❺，而漢地經典的傳譯，更是「一經達此，豈非更賜壽命❻？」。

《高僧傳・卷第八・義解五・論》也提到，

> 夫至理無言，玄致幽寂。幽寂故心行處斷，無言故言語路絕。
> 言語路絕，則有言傷其旨；心行處斷，則作意失其真。所以

---

❷ 語見《高僧傳》道安本傳，《大正新脩大藏經》第52冊，頁352上欄。

❸ 《大正新脩大藏經》（以下略之為《大正藏》）第50冊・史傳部二・頁418下欄。

❹ 同注❸書，頁345中欄。

❺ 同注❸書，頁345中欄。

❻ 同注❸書，頁346上欄。

> 淨名杜口於方丈，釋迦緘默於雙樹。將知理致淵寂，故聖為
> 無言。但悠悠夢境，去理殊隔，蠢蠢之徒，非教孰啟？是以
> 聖人資靈妙以應物，體冥寂以通神，借微言以津道，託形傳
> 真。故曰，兵者不祥之器，不獲己而用之；言者不真之物，
> 不獲己而陳之。**⑰**

說明了佛經深奧的義涵，若不透過語言詮釋，是很難以被正確理解
的。語言的詮釋，雖然暗藏著使原理失真的危險性，卻也是一種不
得不借用的手段。所以，〝義解〞也就成為當時的另一種弘法方式
了。

　　對照僧傳，六朝時期從事譯經和義解相關活動的僧眾中，見傳
者如下：

　　《高僧傳·譯經》載三十五名，《續高僧傳·譯經篇》載三十
三名，共計譯經高僧有六十八名；《高僧傳·義解》載百零一名，
《續高僧傳·義解篇》載九十六名，共計義解高僧有百九十七名。
合計譯經與義解，見於僧傳中對佛教教理弘佈有功者，不過二百六
十五名。

　　從數字上說，上述二類高僧人數比對當時中國全境僧眾，可謂
鳳毛麟角般的存在。當然，這樣的舉數，並不包括追隨者在內，如
追隨道安法師、慧遠法師、鳩摩羅什法師等為數上千人的弟子群。
雖然，就算連計諸弟子群，總數也遠比不上二百萬名僧尼的龐大數
字，不過，站在佛教發展的立場來看，吾人必須重視這些比例不大
卻有莫大功績的弘法高僧的存在事實。

---

⑰　同注**⑬**書，頁382下欄～頁383上欄。

　　從發展的角度來說，東漢至兩晉期間僧眾之所以專致於譯經事業，也許也是不可避免的必經歷程。如此長時期努力所獲致的大量漢譯經典，正是佛教蔚爲一種學術型態的雄厚資材。綜觀東漢、西晉期間所譯出的經典，顯然可以看出是以原始佛教經典、根本佛教經典、部派佛教經典、佛傳故事爲主要範疇，而般若、法華、華嚴等所謂大乘佛教經典則還不是很多，同時，密教部的經典也只側重在咒語部份。

　　但是，到了東晉時期，大乘佛教經典就被大量譯出，尤其以鳩摩羅什爲首的翻譯團隊最舉足輕重。其主要活動範圍則在北地十六國期的後秦姚興時代，主要譯作則有《大品般若經》、《法華經》、《大智度論》等經論約三十五部，二百九十四卷。而同時期，以慧遠爲圭臬的南地，也不落北地之後地成就了譯經大業，如佛馱跋陀羅譯出《華嚴經》、曇摩難提譯出《中阿含經》、佛念傳譯出《長阿含經》、佛馱跋陀羅又譯出《達磨多羅禪經》、帛尸梨蜜多羅譯出《大孔雀王神咒經》等等。另外，如《十誦律》、《四分律》、《摩訶僧祇律》等律部經典也被先後譯出。可謂在東晉時期南北兩地所被譯出的經典，已儼然囊括了成就初期中國佛學所需具備的所有經典了。

　　雖說儘管在人數上只佔少數，但是他們所付出的貢獻則是不容小覷的。根據《隋書‧經籍志》統計，《隋志》以前所被譯出的經典有：大乘經六百一十七部二千零七十六卷，小乘經四百八十七部八百五十二卷，雜經三百八十部七百一十六卷，雜疑經一百七十二部三百三十六卷，大乘律五十二部九十一卷，小乘律八十四部七千四百七十二卷，雜律二十七部四十六卷，大乘論三十五部一百四十

一卷，小乘論四十一部五百六十七卷，雜論五十一部四百三十七卷，總計有一千九百五十部六千一百九十八卷之多⑱。這樣的成果，對中國佛教而言，是絕對有舉足輕重的意義的。有了這麼多經、論，再加上義解式詮釋，無疑地提供了中國佛教其日後成就爲一種學術的厚實基磐。

這份成就之達成，除了有上述諸多僧眾的付出之外，各代帝王及知識份子的鼎力相助，更是功不可沒。例如，道安教團受前秦苻堅的支持，鳩摩羅什教團受後秦姚興的鼎助，慧遠教團的外圍有劉宋時代的知識份子群的護持，梁武帝親自義記數經、講經等事跡，都明記於史傳中，當是不誣的事實。

佛教在印度本土的發展雖有原始佛教期、根本佛教期、部派佛教期、大乘佛教期⑲等先後發展過程，但是，在傳入中國時並無明顯的先後次序，而是幾近同時傳入。於是，從三國時代起，中國所譯佛教經典就涵蓋了各個學派的經典了。這些經典在印度本土歷經約六個世紀⑳才匯整而成，卻在中國以三個世紀左右的時間予以介紹，的確是件浩大的工程。對僧眾而言，譯經事業或義解事業確曾竭盡了其個人生命，但是，他們所點燃的火花卻紮實地照亮了中國佛學的前程。

---

⑱　詳參《隋書·經籍志》。

⑲　習慣上多指稱「小乘佛教」、「大乘佛教」，但是，小、大的稱法近來已不為學界所採用，且為尊重各佛教學派，本文亦以「原始佛教」、「根本佛教」、「部派佛教」、「大乘佛教」稱之。

⑳　以佛陀生於西元前六世紀推說。

㈡僧俗兩衆勤習內外學

從上文得以窺知，儘管從事譯經或義解的僧衆，在總僧衆人數的比例上微不足道，無疑地卻個個都是飽學之僧，始能勝任弘教大業，更因而獲得帝王或知識份子的敬重。隨便翻閱梁‧慧皎《高僧傳》或唐‧道宣《續高僧傳》或梁‧僧祐《出三藏記集》等僧傳資料，都可以輕易地認識到他們深具才學的事實。如❷：

> 釋曇徽，河內人，年十二投道安出家。安尚其神彩，且令讀
> 書，二、三年中，學兼經史。十六方許剃髮，於是專務佛理。
> 釋道融，汲郡林慮人，十二出家。厥師愛其神彩，先令外
> 學。……迨於立年，才解英絕，內外經書，闇遊心府。
> 釋慧約，姓婁，東陽烏場人也。……七歲便求入學，即誦孝
> 經、論語，乃至史傳，披文見意。宋泰始四年，於上虞東山
> 寺辭親翦落，時年十七。
> 釋僧瑾，姓朱，沛國人，隱士建之第四子也。少善老莊及詩
> 禮，後行至廣陵，見曇因法師，遂稽首伏膺為道。
> 釋僧肇，京兆人也。家貧，以傭書為業，遂因繕寫，乃歷觀
> 經史，備盡墳籍。愛好玄微，每以老莊為心要。後見舊維摩
> 經，歡喜頂受，披尋翫味，因此出家。

當時的飽學之僧，有的是出家前就已經先習外學，有的則是出家後才學習外學，卻都一樣能在佛學之外，擁有深厚的外學學養。

---

❷ 下引數僧之記述皆各參見《高僧傳》中之本傳。

　　僧眾學習外學的行爲在佛教中並未被禁止，佛陀住世時爲了訓練弟子能與外道辯論就已允許「從今聽爲破外道故，誦讀外道書。」❷。佛教傳入中國之後，更爲了弘法的需要，早在漢末晉初，就已採取佛學外學兼修的方針了。自後，直到南北朝，中國僧眾兼習外學的風氣未曾停歇，其所習外學的範疇則包括了經學、史學、諸子學、小學、詩作、文章、書法、繪畫、音樂、醫術、兵學，甚至占卜術。僧眾所習外學，有一門者，也有兼及數門者，僧數見傳者多達一百四十人左右❷。

　　也就是說，僧眾所長養的外學，不但可以幫助他們快速理解佛教教理的奧義，可以在弘法時塡補與信徒間的隔閡，可以在與知識份子互動上平起平坐，甚至在鑽研佛學上獲致更多的要領，從某個層面來說的確是一種增上緣。

　　研習外學，也許不是僧眾們的主要學習目的，但是，在無心插柳柳成蔭的效果上，卻可能爲中國學術提供了另一層面的貢獻。例如，《高僧傳・晉廬山釋慧遠傳》提到：

> 時遠講喪服經，雷次宗、宗炳等並執卷承旨。次宗後別著義疏，首稱雷氏，宗炳因寄書嘲之曰：昔與足下共於釋和尚間面受此義，今便題卷首稱雷氏乎？其化兼道俗，斯類非一。

慧遠講授《儀禮・喪服》時，儒生宗炳和雷次宗都曾經親臨聽講，

---

❷　見《十誦律・明雜法之三》，《新脩大正大藏經》第23冊，頁274中欄。

❷　參照曹仕邦《中國沙門外學的研究》附表一與附表二（臺北：東初出版社，民國83年11月初版），頁490-530。

後來雷次宗作義疏並冠上自己的名字，遂引發宗炳的譏嘲。這件記事僅見於《高僧傳》，它的可信度也許不足，但是，《宋書・隱逸傳・宗炳傳》提到：「入廬山就釋慧遠考尋文義。」，同《宋書・隱逸傳・雷次宗傳》也提到：「少入廬山，事沙門釋慧遠。篤志好學，尤明三禮、毛詩，……二十五年，爲築室於鍾山西巖下，謂之招隱館，使爲皇太子、諸王講〈喪服經〉。」，則似乎可見三人曾經在研究〈喪服經〉時相聚過。

慧遠解釋〈喪服經〉的內容雖不可知，但是，如果他曾經影響過雷次宗對〈喪服經〉的理解，那麼，僧衆兼習外學的成果也就不容忽視了。雖然整個六朝時期僧衆兼習外學的風氣中不免也有部份僧衆演變成一頭鑽進外學而遺忘勤修佛學的捨本逐末現象，但是，捨此之外，從中國學術的角度來看，他們對外學的詮解內容，應該也是值得吾人重新予以認識的對象，一如吾人對道家學者詮釋儒家經典作爲的重視。不過，爲了顧及行文的脈絡，本小節中不便專就此項論題提出全面性的解說，則僅止以慧遠爲例說。❷④

另一方面，前文中已經提到，在信仰佛教的俗衆當中，知識份子佔有極大的比例。他們本著雄厚的外學能力，適時地陰助了佛教教理的闡微，除了親身參與翻譯道場的筆受工作，或直接介入翻譯實務外，更有許多知識份子在義解工作上發揮他們的既有才學，不厭其煩地將艱深難懂的佛教教理予以簡明易懂地解說，以便讓時人能了解並接納。在這些知識份子的努力下，無形中成就了提昇教理表達的優越性。

---

❷④　詳參曹仕邦《中國沙門外學的研究》一書。

單從《弘明集》與《廣弘明集》中檢視，在義解方面具體可見其名的就可略舉出：宗炳、孫綽、顏延之、朱昭之、劉勰、梁武帝蕭衍、蕭琛、曹思文、梁朝諸五經博士、江淹、顏之推、周顒、沈約、謝靈運、後秦主姚興、齊竟陵王、蕭子顯、蕭統、蕭綱、蕭繹等具時代影響力的佛教信眾。他們或是參與「三教論爭」的辯論，或是直接爲文解釋教義，或是藉由簡牘抒發佛學見解，或是藉由撰著經序而闡發義理。以今日吾人對佛學的認知來說，那些文章中所呈現的理解或許未必完全扣緊佛學眞諦，但是，以六朝時期一般人的佛學水準來說，可算是足以廓明佛學概念的程度了。

僧俗兩眾同時對內、外學勤加學習，僧眾憑他們對內學的鑽研及修持，對內學有一定程度的體認；俗眾憑他們所具備的外學功力及熱誠，增益了僧眾在表達上的質樸。在僧俗兩眾相互扶持之下，中國佛學終於在六朝時期應運而生了。

(四)中國佛學的實態

東漢迄於南北朝的五百年間，源自印度的佛教，經過中國僧俗兩眾的協力，將它轉型成爲「中國佛教」，而自成一股新風尙。可是，爲了及早融入中國民間社會，中國佛教無法跳脫民間信仰性格；爲了全力投入佛經典籍的介紹，中國佛教長期停留在文獻傳播的繁務中。

單純地就當時從事佛教弘傳的工作類別來看，轉譯梵典、誦讀經義的作法較偏重於文獻的整理；注解經文、詮釋經義的工作教偏重於學說的開展；開發經旨、開創學派的階段較偏重於學術的建構。然而，這些工作並不是單向直線式被進展著的，在轉譯的同時也可

以進行注解，在詮釋的同時也能因而開發經旨，等等，彼此之間並非是絕然分離的，毋寧是相輔相成的；事實上也是，六朝時期從事這類相關作業時，僧俗兩眾當中有許多人是同時既參與轉譯工作又同時注解經文的，或者既詮釋經義又同時開發經旨的，甚至或有同時涉獵多項的。

　　以鳩摩羅什教團爲例，鳩摩羅什本身除了主持譯經大業，轉譯梵典之外，也曾在慧什問答集的〈大乘大義章〉中闡發大乘佛教教理的菁華。什門八子都是長期參與譯經事業的重要成員，其中僧肇著《肇論》並爲三論學派的創祖；道生提倡「闡提成佛」說並爲涅槃學派的聖人；道融有《法華經義疏》、《維摩經義疏》等著作；曇影有《法華經義疏》、《中論注》等著作；慧叡曾遊學天竺，洞悉方言，後來應彭城王劉義康的邀請，南下建康，與謝靈運頗爲深交，並在南本《大般涅槃經》譯出後著〈喻疑論〉以曉喻當世非難佛性義的學者；慧嚴爲宋高祖所器重，後與慧觀、謝靈運等人譯出南本《大般涅槃經》；慧觀在建康講《十誦律》，又注《法華經》，也探究老莊之學；僧導、僧嵩是日後成實學派的始創者。等等。簡要地說，除了翻譯經典，他們各自依照個人能力開闢弘法蹊徑的成果，伏埋了佛教學術在日後得以確立的重要關鍵。

　　如果中國佛教只能以民間信仰的型態存在，或是只停留在文獻傳播的功能上，則中國佛教可能無法造成日後影響中國學術極巨的母體，甚至可能淹沒在中國的固有學術之中。因爲龐雜的經典如果沒有經過有效的整理與研析，充其量也只是一堆文獻而難成學術。事實是，中國佛教在歷經長期的譯經與義解階段之後，逐漸朝著學術性格的方向發展，並且確實地達到了某個程度的成果，進而終於

在南北朝時代，佛教界興起了一股各類經師、律師、論師蜂起的現象。例如，南北兩地都有所謂的成實師、涅槃師、毘曇師、俱舍師、攝論師之外，南地還特別產生了所謂的三論師、十誦律師，北地也有獨特的地論師、四論師、四分律師等等。儘管在佛教流播的風格上以論，南地崇尚理論，以玄思拔俗為高；北地崇尚實踐，禪風特盛，但是，這股新風潮，不分南北，都一致地改變了佛教信仰者對經典的對待態度，使得從默默轉譯梵文、誦讀經文，進展至注解經文、詮釋經義，乃至擴張出開發經旨，開創學派等建設性行動，終而奠定了佛學的學術架構。其中，儘管南朝有佛理玄理合流的現象，北朝有經學佛學互涉的情形，卻都發揮了其在佛教學術型塑上不可磨滅的功績。

為緊扣學術相關論述的軸線，有關南北朝時代的佛學發展實態，本文擬以撰述及學派做為陳述的兩個主要進路。

1.撰述漸出

梁·僧祐對截至南北朝時代中國僧眾撰述漸出的情形曾說道：

> 自尊經神運，秀出俗典。由漢屆梁，世歷明哲。雖復緇服素飾，並異跡同歸。講議讚挧，代代彌精。註述陶練，人人競密。所以記論之富，盈閣以牣房；書序之繁，充車而被軫矣。㉕

足見中國僧眾對佛學反應的熱烈。就撰述型態區分，大體有六大類

㉕　出僧祐《出三藏記集》卷十二。

別⑳，各見千秋。

(1)注疏

平生專力於注疏經文者首推道安，《高僧傳》本傳提到「條貫既序，文理會通，經義克明，自安始也。」，自後注疏益多，蔚爲風氣。在型式上約有隨文釋義及明經大義二類，前者如僧康會〈安般經序〉所說「陳慧注義，余助斟酌。非師不傳，不敢自由也。」，或如道安〈道地經序〉所謂「尋章察句，造以訓傳。」等，多屬受師口義或個人研尋所得者；後者如道朗〈涅槃序〉所云「聊試標位，敘其宗格。」，或如僧叡〈十二門論序〉所示「敢以鈍辭短思，序而申之。並目品義，題之於首。」等，多屬敘經大義或標明經旨者。注疏經文發展到南北朝逐漸呈現細密的趨勢，於是佛教義學也就轉而成爲經師之學了。

(2)論著

注疏總得依隨經典原著脈絡，而論著則可旁出經典以發揮個人研經心得。著論的動機多爲了提綱挈領、標明宗義指歸、區別各經異同、闡發特殊議題等等，遂促成了六朝時期個人論著的頻出。這對佛學之學術型塑，具有絕對性的意義與價值。其中如僧肇《不真空論》、《涅槃無名論》、《般若無知論》、《物不遷論》對中國人認識大乘空宗義理而言，是極具意義性的作品。其它如支道林、道安、慧遠、鳩摩羅什、道生、慧嚴等當代名師亦皆有重要的論著。

不僅僧眾致力於論著，信奉佛教的知識份子中也不乏有名論問

---

⑳ 詳參湯用彤《漢魏兩晉南北朝佛教史》第十五章「南北朝釋教撰述」，頁546-頁600。

世，如郄超《本無難論》、劉遺民《釋心無義論》、范泰《與諸道人論大般泥洹義》、蘇綽《佛性論》、謝靈運《辯宗論》、顏延之《雜識觀》、周顒《三宗論》等，都是不亞於僧眾論著者。知識份子的參與，無疑地大增了「如虎添翼」的成效，對佛學而言更有推波助瀾之功。

(3)義章

專撮諸經名相義旨，予以分門別釋者，是為義章的格式。一者是針對某一特定事數而專門予以解釋的，特色是義涉諸經而少深論；一者是廣輯各經文義，各派理論，而予以綜合解釋的，特色是取材較廣，類似佛學綱要。前者如康僧會《六度要目》、鳩摩羅什《略解三十七品次第》；後者如法上《大乘義章》、淨影寺慧遠《大乘義章》。

除了上述三類撰述作品外，依湯用彤在《漢魏兩晉南北朝佛教史》的分類，尚有「爭論」、「譯著撰集」、「史地編著」、「目錄」、「偽書」諸類作品❷，亦各自匯聚其厚實佛學內涵的功能。總之，止於南北朝時代，不問僧俗，對佛學的架構都曾有過相當賣力的付出與成效。值得吾人注目的是，這些撰述與譯經不同，它並不單純地依循印度佛學的脈絡予以發揚，它的重要處在於以中國人的理解重新詮釋佛教教理，因而將「印度佛學」導向「中國佛學」的道路上。

---

❷ 詳參湯用彤《漢魏兩晉南北朝佛教史》第十五章，頁546-頁600。

2.學派勃興

撰述雖導引出中國佛學的坦途，而真正讓中國佛學得以確立的，則有待於學派的興起。下文即就當時七個主要論派約略予以介紹，以窺視初期中國佛學的體系。

(1)涅槃學派

首位《涅槃經》研究者當推道生，之後，慧嚴、慧觀、謝靈運共同修訂南本《涅槃經》，慧觀更主張《涅槃經》爲佛所說教法中最終極的經典而稱之爲常住教。此外，南地還有慧靜、法瑗、僧宗、曇淮、寶亮，北地有曇延、慧海、道洪、玄琬等研究者。

道生雖受學於鳩摩羅什，卻常有自己的創見，也因而「從道生起，中國佛教徒開始對印度佛教思想自由發揮。這種發揮不同於已往的"格義"，不是以儒道思想去理解佛教，而是在佛教思想理論體系內的創造和革新，從而逐漸形成了具有中國特色的佛教思想。」❷。

此學派主張佛性是常，佛性是我，一切眾生悉有佛性等思想，同時還提出了「如來藏」的概念，將佛法以法爲身的「法身」思想聯繫到「心識」上。其中特別引起中國人注目的是，道生的「闡提成佛說」及「頓悟說」，前者將佛教本有的平等觀發揮到極致，後者則將煩瑣的修行觀予以解放，使佛學更能爲一般中國人所樂意接納。

---

❷ 魏承恩《中國佛教文化論稿》（上海：上海人民出版社，1992年6月第1版第2次印刷）頁330。

⑵三論學派

三論學派以鳩摩羅什所譯龍樹著的《中論》、《百論》、《十二門論》爲主要依據經典，或加上《大智度論》而爲四論學派。僧肇所著《肇論》爲該學派的第一部中國論著，而將該學派弘揚極致的則是僧朗。其後有僧詮及其門下「詮公四友」——法朗、智辨、慧勇、慧布。

此學派的中心學說在於諸法性空的中道實相論，主張一切萬有都是因緣和合而生的，所以無自性，也就是畢竟空，無所得。但爲了引導眾生而假名說有，這就是「中道」。同時，此學派著重於闡發龍樹學說中的「真俗二諦」及「八不中道」二義，以「破邪顯正」爲學派的宗旨。

⑶地論學派

地論學派的基本經典爲《十地經論》，由菩提流支、勒那摩提、佛陀扇多三人在太極殿共同譯出，但是，勒那摩提與菩提流支在教義上見解分歧，遂引生出北道派與南道派二系。北道派以道寵爲首，他師事菩提流支，弟子有僧休等五人。南道派以慧光爲首，他受教於勒那摩提，弟子有法上等十哲。

北道地論師以爲，眾生的根本意識爲阿梨耶識，它是諸法的依持，但並未具足一切功德，所以眾生的佛性必須在成佛後才能獲得。南道地論師則以爲，阿梨耶識的法性就是真如佛性，是諸法的依持，一切法也由它而生，它具有一切功德，所以眾生的佛性是與生俱生，先天而有的。換句話說，南北二道的爭執，只在於對阿梨耶識究竟是「當常」或是「現常」的不同詮釋上而已。

(4)攝論學派

攝論學派以真諦三藏所譯《攝大乘論》爲據典，弟子法泰曾在廣州制旨寺協助真諦譯業二十年，譯出五十餘部經典，並在南地弘揚該學派。北地傳播該學派的則有曇遷，北周破佛時逃至建康道場寺鑽研唯識學。

攝論學派的主要理論爲，吾人的第八識阿梨耶識是一種妄識，是一切法之所依持的，但在其中又有一分純淨之識，於是將這純淨之識別立名爲第九識阿摩羅識，指稱它爲一無垢識，就是吾人的真如佛性。眾生以這阿摩羅識對治妄識，就可達到成佛的境地。

(4)成實學派

研究鳩摩羅什所譯《成實論》的風氣首先盛行於北地，其後分由僧導與僧嵩二大系統弘揚該學派。僧導受宋武帝迎請至導公寺傳授該學，門下有道猛、法寵、道亮等僧眾；僧嵩則在北地弘法，弟子有僧淵、曇度、法濟等僧眾。此外，南地有名的成實論學者尚有梁代三大法師的智藏、僧旻、法雲。

《成實論》所謂的「實」就是佛教四諦的「諦」字義，全論代表了印度部派佛教上座系對四諦法體的理解，內容則具有「法空」思想，所以，比起毘曇學，它較偏向大乘體系。此學派的學說重點在於解析空觀，認爲色有五根、五塵、四大等十四法，心唯一法，心所有四十九法，不相應有十七法，無爲有三法，總共八十四法，這些是俗諦。其中五塵爲實，將五塵分析之則成爲微塵，再分析微塵即成爲「空」。

(6)毘曇學派

毘曇師是講習一切有部阿毘曇的佛教學派，以《發智論》、《大

毗婆沙論》及其相關論書爲主要據典。北地重視毘曇學的有道安，但未見相關著作。南地則有提婆重譯《心論》，慧遠、道生、慧觀等人的研習，而集大成的則有慧集。北地研習毘曇學的首推慧嵩，且自後整個北地都以毘曇學爲主要思潮。

此學派主張「三世實有，法體恆有」，也主張法體有色、心、心所、不相應、無爲五類，並提出「五位八十七法」的說法。「業感緣起說」是此學派的重要立論之一，認爲一切事象和行爲，都應該藉由宗教的修養予以解決，而實修的目的在於證得無餘涅槃。

(7)俱舍學派

陳代時期真諦譯出《俱舍論》後，門下慧愷、道岳加以弘傳，而成爲陳朝佛教學派之一。

此學派的學說根據爲《俱舍論》，雖主張色心諸法的自體都是實有，卻不主張「三世實有，法體恆有」。俱舍學派的理論認爲，三世的遷流，有生就有滅，現在爲生，過去爲滅，滅是現在必然的推移，不另外等待因緣，而生必須有會生的原因，六因、四緣、五果就是所以生的原因。

　　　　※　　　※　　　※　　　※　　　※

除上述七個主要學派外，禪法的流行、淨土宗的成立以及戒律的研究與流行，更增添了南北朝佛學內涵的充實。不過，這三種學術比較上偏重於修持工夫的實踐，或信仰法門的指導，且其大成多聯繫至隋、唐時代，故筆者不擬在此節中予以探討之。

在學術發展的歷程上，無論儒學、道學乃至佛學，都不脫一個共通現象，即是，儒家、道家二學術體系，在先秦時代，都還只是

一種"學說"的型態。儒家以《論語》，道家以《老子》爲起始，其後的《孟子》、《荀子》、《莊子》雖各自承襲前人學說，但並非旨在詮釋該前人學說，而是著重於發揚自體的新學說。所以，嚴格地說，先秦時代出現孔、孟、荀主要學說，漢代起開始著重在字辭上的注釋，進而義理的闡發，進而今古文本及學理的論爭，最後在東漢鄭玄的統合下架構完成「儒學」。老、莊學說也在先秦時代出現，其後歷經黃老學說期的擴充，到了魏晉王弼、何晏等人的統整，「道學」體系才有了定案。儒家或道家之所以蔚爲"學術"的時期，實有待於漢魏時代。漢魏時代儒家學者或道家學者大力注解經典，詮釋經典，闡發經義等作爲，才使得儒家學說或道家學說成爲一個完備的學術體系。

佛學方面也是一樣，佛學的各類學說藉由譯經手段一一地面世，但都也只不過是個體式的"學說"，都不過只是一種文獻資料。兩晉時期開始了義解的進行，開啓了從事學術的初步。直到南北朝，佛學在前後約二世紀的時空內❷藉由僧俗兩眾的通力合作，將繁雜的各宗學說匯整歸類，並分別予以注解、詮釋、甚至形成"學派"之後，才算是真正完成了架構中國佛學的體系，並且具體地建設出初期的學術規模。而進入隋代以後，中國佛學的架構也就完成，自是佛學就由印度佛學正式轉型爲中國佛學。所以，若對照於儒家、道家的學術發展型態，到了南北朝時代，才可說是佛學的確形成了它自身的"學術"型態。

也就是說，綜觀南北朝時代的佛學發展，它其實也是經由文獻

---

❷　自劉宋開國至陳亡前後共165年。

的存在與整理、文獻的研究、學說的提出、學說系統的開展、學術架構完成等一連串的階段依循漸進的。由這一發展歷程來看,論派紛立的階段也就是體系架構的先驅階段,當體系架構完成後,某一學術才能形成一個完整的學術「母體」,而日後的所有相關研究,都不離該母體以進行,進而蔚為學術領域的一環。所以,諸派紛立的階段是不容忽視的學術階段。在這意義上,南北朝時代的中國佛學雖還只是雛型期,卻不可否認其在中國佛學的學術性存在意義。

四、對既有中國學術的影響

佛教在中國雖自始即以宗教層面被認知,同時中國人也對它在宗教層面有所信仰多過於對它哲理層面的研究,但是,吾人卻不能因而忽略它對中國學術的影響。不過,由於南北朝時代的佛學還屬於型塑初期,佛學研究者本身對佛教教理的理解也還處於逐漸釐清的階段,所以,嚴格地說,當時的佛學內容尚不具足影響固有儒學或道學的實力。儘管如此,佛學研究者為弘揚佛學而開發出的一些異於傳統的方法或作為,不僅促成佛學得以開展,也刺激了儒學與道學研究者的學習與模仿,並進而蔚為一種新的研究風格。從這點上說,佛學的影響力雖多見著於後世,而且也多只呈現在做學術的"方法"上,卻不容否認它的確對整個中國學術有所貢獻的事實。

㈠促進開放風氣

學術風氣的封閉與開放,在中國曾有多次迭變。每次的迭變都或多或少關涉及政治因素,但是,也有絕大的因素是肇因於學術界

本身的自我箝制。六朝時期佛教傳入之後，對中國學術風氣給予了極大的開放契機，這是佛教對中國既有學術的重要貢獻之一。

1.學習態度的開放

先秦時期知識份子爲了拯救時弊而促成諸子學說的蓬勃迸發，也促使學術得以由王官掌控的局面轉爲民間共享的情勢，誠如《莊子‧天下》所謂「道術將爲天下裂」，言論思想的自由風氣因而打開，可以說是學術"由合而分"的轉變。到了漢武帝時代，由於董仲舒「臣愚以爲，諸子不在六藝之科、孔子之術者，皆絕其道，勿使並進，邪辟之說滅息，然後統紀可一，而法度可明，民知所從矣。」（《漢書》本傳）的進言，於是表彰六經，罷黜百家，實施了統一學術思想的政策。這一政策的實施，宣告了前代言論思想的自由風氣再度被箝制，學術又轉變爲"由分而合"的局面。

先秦到漢武的分合轉變，都與政治力量有關。而從另一個角度關照學術風氣的演變時，又可發現學術界本身也發生了箝制性的作用。先秦諸子各家學說雖然也都各有所本，卻是容許自我發揮的，孔子、孟子、荀子雖有前後相承的關係，所強調的學說重點卻各具特色；老子、莊子雖同被歸類爲道家系統，但是二者之間的學說仍存在著明顯的差異性。不僅儒家、道家如此，從《莊子‧天下》所引述的內容可知，墨家、名家也是各有衍生的派系學說並行於當世的。所以說，先秦諸子時期的學術風氣並不受內在箝制因素的控制。然而，到了漢代則產生了極大的改變，西漢時代有所謂的「師法」、東漢時代有所謂的「家法」二種制度，更使得學術除了必須接受政

治力量操控外，還得面對內在箝制因素的控制。「師法」與「家法」固然各有其形成的時空背景，但是在愈演愈烈的驅勢下，則同樣扼殺了學術的自由發展。

相對於既有學術在兩漢受到箝制，在印度即已形成多元發展的佛學在傳進中國之後，則無意識地打破了中國境內箝制學術的風氣。一如前文所述及的，佛教在弘傳的過程中，經典部份一開始即是諸經並傳的，所以，佛學也就諸說並存，一如先秦諸子般蓬勃發展。同時，傳法者之間並無任何師承上的箝制現象，一位學佛者可以在他的求法生涯中參學多位法師，也可以在師匠的學說主張之外另行提出自己的創見，完全沒有兩漢學者必須受制於師法或家法的困窘。例如前引的什門八子當中，僧叡就曾聽僧朗講《放光經》，又師事道安法師，又入鳩摩羅什之門；慧叡曾師道安，又從鳩摩羅什；慧觀曾師廬山慧遠法師，又往從鳩摩羅什，又親近佛馱跋多羅；道生受法於竺法汰，又入鳩摩羅什之門，又與僧伽提婆學習一切有部教義。等等。同時，八子雖都受學於鳩摩羅什，卻各開發出不同的新學理，僧肇的三論、道生的涅槃等，都是自立於鳩摩羅什學說之外的成果。從這些事例可以看出，南北朝時代佛學在發展過程中是絕對自由的。

由於佛學在學術研究上的態度是極度開放的，也就刺激了同時代儒學家或道學家們在態度上的改變，他門不必謹守師承之限，依照自己的興趣與能力注解或詮釋各種典籍，也可以擺脫學門之限，從事不同學說體系的研究。《隋書·經籍志》所載列的書目及其數量，正反映了六朝時期開放風氣下的學術成果。風氣的開放不僅深深地影響著當世，對後世也產生莫大的影響力。唐代以後雖有官方

的科舉制度箝制著學術，但是在一般民間仍能存在著私人著述的自由，乃至宋代以降書院講學風氣以及理學家們超脫師匠新創學說風氣之得以形成，六朝時期可說正是開啓自由風氣的先河。

2. 研討風氣的開放

有關學術研討的模式，最常見的是批評與論辯。在中國，學術批評和學術論辯早在先秦時期便已經有事例可見了。例如諸子中，《孟子》載有孟子批評告子的言論，《莊子・天下》記載了莊子對當世各家學說的析評，《荀子・非十二子》也記錄了荀子對各不同學說及學派的抨擊。這些都可說是學術批評的先例。至於莊子與惠施的魚樂之辯，或是縱橫家們的論辯事跡，則是學術論辯的事例。在先秦諸子的作品中，尤其是《戰國策》，都可撿拾出許多相關文獻，也可看出，在先秦學術自由風氣下，批評與論辯的活動是相當蓬勃的。但是，到了兩漢時代，由於學術自武帝時即操控在中央政權下，所以雖也曾出現過重要議題的辯論大會，如眾所週知的，西漢宣帝時論定五經異同的「石渠閣論議」，東漢章帝時今古文爭論的「白虎觀論議」等等，不過都是在皇帝親自主持下進行的，先秦時期的百家爭鳴現象就似乎不再見於文獻中了。

再度開啓自由討論風氣的契機，則有待於佛教與既有學術間的論辯。北朝方面曾出現過幾次大型的辯論會，如北魏太武帝和北周武帝時，都曾經在皇帝主持下展開佛僧與道士或儒者的論辯，其辯論結果也都左右了皇帝的施政方向，也就是有名的毀佛、滅佛史事。相對地，南朝方面，前文中所提到發生在東晉、宋的「夷夏」相關論爭爲這討論風氣開啓先端，論爭的焦點在於中國、印度文化現象

上的差異與認同問題。而使論爭氣燄達到高潮的則是稍後發生在齊、梁的「神滅論」論爭，它碰觸的問題直扣中國人既有的哲思領域，更尖銳地挑戰了中國人的根本價值。

特別值得一提的是，南朝的論辯模式與之前的各模式略有不同。先秦諸子時期，兩漢乃至北朝，執政者扮演著判定勝負的論辯場主角色，論辯的雙方都在執政者的面前進行論辯，論辯結束後，執政者會採納勝方的論見作為執政的參考，同時，在某些狀況下，論敗者可能會招致危及身家性命的災禍。南朝則不同，不論是「夷夏」相關論爭或是「神滅論」論爭，他們並不是齊聚於執政者面前舉行論辯，論辯的雙方都採用「書簡」做為工具，也就是以發表文章的方式進行論辯。同時，執政者即使參與論辯，他也不是判決勝負的論辯場主，而是以一介知識份子扮演論辯的一方；論辯的目的也不在於採用結論做為執政參考，而是意在辯明學理；論辯雙方並不會因勝負而招致危及身家性命的後遺症。換句話說，南朝的論辯型態更類似於今日的學術研討會，是純學術研討的型式，是不受政治力量左右的學術交會，是知識份子全面性主導的學術空間，是對研究學理有正面意義的討論型式。這意義是重大的，在中國以政治引領一切的歷史流脈中，這是一次特異的存在，它不但將學術主導權由帝王歸還知識份子，也將學術主控權由中央下放到民間。

先秦迄於兩漢的文獻中，幾乎不見有關討論學術的書簡資料，自六朝時期開始，知識份子利用書簡互相討論學術的資料則是隨處可見，顯然地，這種風氣已在六朝時期形成了。另外，隋唐以降，聚集不同持見的雙方於某一場合以進行學術研討的事例，也就更見頻仍了。尤其南宋理學家朱熹·陸九淵二人所舉行的「鵝湖之會」，

更是有名，在那場討論會上，不但辯明了理學的兩大系統，也奠定了理學在學術史上的不動地位。再如，學術主導權下放到民間之後，往往更能開創新機，使學術更宏觀，這可以理學的發展爲例，試看大多數宋、元、明理學家們都只是在民間活動的知識份子，而他們的學術貢獻則不亞於在朝的儒者們，對世人的影響可能更大於後者。這些事實，印證了六朝時期開放的學術研討風氣對後世的學術發展的確具有某種程度上的影響。

㈡提供另類哲思

除了學術態度的開放是佛教對既有學術的一項影響之外，學術內涵的影響也是不可不予置論的對象。就結論來說，佛教最終仍然未能對既有學術的內涵起任何更易作用，儒家學說依然是儒家的，道家學說依然是道家的，儒家學說或道家學說並不因佛教的某些學說而動搖其根本理論，佛教的學說也不因接觸了儒家或道家學說而變質，但是，在彼此交會的過程中卻使得既有學術擴張了視野，學理的觸鬚也延伸向更廣闊的境地。

孔子「不語怪、力、亂、神」的權威教條，曾牢牢地侷限住中國知識份子對宇宙萬物的關心，尤其使儒家學說自始即環繞著人間社會的人本價值作爲思考的基準。道家學說的基本方向在於提昇個人的精神修養，其終極目標也是圖求一個和諧的人間社會。先秦九流十家中，比較將注意力轉離人本而企圖窺探宇宙奧祕的則有陰陽家，但是，它偏重迷信色彩的缺失除了被後世的執政者吸收利用外，本身並未能蔚成具體的學說體系。所以，總地來說，截至佛教傳入以前，中國人的基本哲思都只建立在人本價值上，學者們所探討的

主題也都不曾真正擴張到宇宙本體、死後世界、萬有存在等問題上。而這一切欠缺的課題，直到佛教的提出，才使得既有學術的領域首度得到破繭的機運，儘管這樣的舉動並未改變既有學術的內涵實質，但是，學者們勇於打開話題，打破孔子桎梏的現象，也就是一項難得的成果了。

大凡只要是人所思考出來的學說，在某些基本層面上則或有相通之處。佛教學說與中國既有學說在關照世間人類層面其實也是有可以互相匯通的注目對象，比方說，維持道德的準則，如何讓生活過得更好，人性的善惡問題，人類在宇宙間的存在，等等，都是它們關注的焦點，也都是它們致力探討的重要課題。但是，基於不同民族特性及文化背景，即使針對同一課題，也都可能衍生出迥異的觀點和對處方法。佛教既然背負著印度文化的特質傳入中國，在某些基本理論上自然會與中國既有學術的理論發生不可避免的先天性差異的衝突。以下，本文擬提出其中較具明顯差異的觀點，以說明佛教對既有學術的知識衝擊。

1.宇宙觀

上古時代中國人對宇宙的關心不外只著眼於人世間與覆蓋在上的天界這兩層結構，而且對於天界的認知其實也是模糊不明的，或主張主宰天，或主張意志天，或主張自然天，但都不是吾人需要刻意關心的對象，所以，對上古時代的中國人而言，他們所關心的其實只有人類一層結構而已。以孔子為首的儒家思想就是建立在這一層次，所以，儒家的所有理論都不離以人類的存活為主要考量。於是，在儒家思想的薰陶下，自先秦開始，大多數的知識份子的宇宙

觀也就如此地被侷限著，他們對事物的認知也就相對地縮小在視線
所及的範圍內了。

　　佛教自始就導入印度民族的某些普世觀念以充實其學說，因
此，在宇宙觀方面，佛教主張「三千大千世界」說，而相對於一般
所謂的宇宙觀則提出了「六道」的說法，也就是除了人世間以外，
在人世間之上還有天界，而且天界還包含著三十三個層次。在人世
間之外還有畜生世界與人類共居在同一個地層上。而在地層之下，
則另有餓鬼、地獄二個世界。此外，還有一個阿修羅世界，它浮存
在人世間與地層下世界之間。所有「六道」都不是最適於吾人長居
的環境，都不值得吾人眷戀，吾人應該努力修行以求長居於最理想
的佛國淨土。

　　對佛教初傳時期的中國知識份子而言，「畜生」世界向來不是
他們所關心的對象，「三十三天」「阿修羅」「餓鬼」「地獄」都
不是吾人肉眼所能看到的世界，從來不被他們所認知，也就不是他
們所關心的對象，因此，「六道」的觀念對他們來說已經遠超過既
有的學識，更不用說是「三千大千世界」的觀念了。但是，隨著佛
教的弘傳，自六朝時期開始，中國的知識份子也慢慢地擴張了他們
的宇宙觀，對世界的關懷也不再侷限於人類自身了。這一影響最明
顯呈現的是在道教方面，道教的地獄觀就是兼採佛教地獄觀與中國
民間信仰中的神祇所構成的，並深深地套牢住大多數的中國人。

2. 輪迴觀

　　三世輪迴的思想本是印度民族的固有思想之一，佛教在弘傳的
過程當中，為了吸引更廣泛的群眾而將它導入佛教理論之中，成為

佛教學說的一環。這其實是一個頗可爭議的理論，因為它牴觸了佛教三法印中「諸行無常」「諸法無我」的根本理論，也牴觸了佛教「因緣和合」的萬物生成法則，也牴觸了佛教「四大——地、水、火、風」的萬物構成元素說。但是，做為一個宗教的佛教，在甚早的階段就已經借用輪迴說開創出「三世因果」說，強調「善有善報，惡有惡報」的因果報應，以激勵信仰者努力修行為善，並給予信仰者一份精神寄託。

佛教一傳入中國，就大力推廣輪迴說，它告訴信仰者如果在今世不修行為善，死後可能墮入非人的其它四道當中，但是，如果在今世能修行為善，則可能在死後升往天界，至少還有機會再出生為人，而且最終極地，還可能往生清淨佛土。這對世局不甚穩定的六朝時人來說，的確發生了救贖的效應。道教在這方面也一樣全盤接受，一樣鼓勵信徒們多做善事，多積功德，以便在死後移往更舒適的世界中居住。

佛教的輪迴說不只是牴觸了它原本的教理精神，在中國更牴觸了孔子「不知生，焉知死」而不碰觸死後問題的基本方針。在佛教傳入中國之前，自先秦以降的任何學說，從來都沒碰觸過死後的問題，對於死後不再知覺的情境似乎不曾引起中國知識份子的興趣。因此，當佛教高倡死後輪迴的說法時，就引發了一場「神滅神不滅」的論爭了，它發生在齊的時代，由范縝發難，齊·竟陵王帶頭率領眾多知識份子與之抗辯。這場「神滅論」論爭比之前的「夷夏」相關論爭更具學術意義，更具哲思深層問題的實質意義。

「神滅論」論爭的主軸在於辯明：人死後，軀體不再存在後，附著於軀體並發揮人類各種行為功能的靈魂，是否還能獨自存在。

范縝認為：「形者神之質，神者形之用。是則形稱其質，神言其用。形之與神，不得相異。」（《神滅論》）。他以質、用的角度詮釋形與神的關係，認為二者不是相異二物的拼合，而是一體的兩面。基於這樣的理論，范縝主張人一旦死後，靈魂失去所可依附的實體，自然也就無法繼續單獨存在了。照他這樣的推論，則人在世的一切行為結果，都將會隨著死亡而消解，對中國佛教而言，等於推翻了所有為善、修行的意義，也瓦解了其做為宗教的基礎了。所以，為了維護佛教的宗教命脈，為了維護佛教的教理，擁護佛教的知識份子群便結合佛教僧眾共約六十餘人一起為文抗辯，主張「神不滅」，強調人死後，靈魂仍能獨立存在，並在輪迴過程中可以重新附著於新生的軀體而繼續發揮其功能。

論爭的結果，佛教依然主張三世輪迴，儒家依然重視現世人生，彼此並未受到對方學說而改變其根本思想。但是，對六朝時期開始的中國人而言，死後世界的存在，靈魂實有實存的觀念，就成為一種普世認知的對象了。

　　　※　　　※　　　※　　　※　　　※

　　「緣起性空觀」是佛教學說中相當重要的一個學理，在傳入中國初期，並不容易被中國知識份子所理解，不過，由於歷經西晉時期「格義」式的詮釋發展過程，並且在僧肇等人的努力闡發下，也就逐漸弭除了它與道家學說「無」之間的鴻溝。倒是上述的「宇宙觀」與「輪迴觀」，是完全超出中國既有學術範疇的二項哲學命題，是中國的知識份子所從不曾碰觸的議題，也就特別引發了佛教與既有學術間的糾葛。至於由它們所衍生出的許多佛教學說，特別是攸

關人間世的學說，則和既有學說有著同異的現象。佛教的「慈悲」說與儒家的「仁」說，佛教的「眾生皆有佛性」與儒家的「性善」說、「性惡」說，雖在哲理範疇上有所差異，卻具有互補性的詮釋可能。至於儒家所強調的「忠」、「孝」、「倫常」等觀念，在佛教方面也非全然不予論及，只是重視程度的差異而已。筆者以為，姑且不詳談瑣細的哲思問題，單從學術史的角度來看，佛教學說的傳入，使得中國的知識份子能將視線從現實人世投向廣袤的宇宙層次，也能將視野從活的世界擴充到死後世界，既解放了知識份子長期以來只關注現世人生的侷限，又拓張了後世中國學術的領域，這關鍵性的扭轉，是更值得吾人予以注目的。

㈢示範實作模式

　　風氣的開放與哲思的多元化，固然是佛教對既有學術的重要影響，卻都比較具抽象意義，其影響效果也往往比較具潛伏性，而且從上文的陳述可知，它對既有學術的內涵並不起太大的實質影響，各家學說依舊維持住其本有的體系。不過，中國佛教對六朝時期當世及後世的確也產生過極其明顯的，相當具體的，而且是實質性的影響，那就是有關學術實作的模式，所偏重的是方法或型式，其影響力也是深遠的。

1.刺激道藏的編纂

　　譯經事業一經開啟，就勢不可遏般地讓佛教弘傳者埋首於經典之中，假以時日，有關迻譯經典的資料就變得相當複雜，有：失譯（譯者、譯時皆不可考）者，有譯（譯者、譯時皆可考）者，一經一譯者，一

經數譯（原典相同）者，一經異譯（原典不同）者，全譯者，摘譯者，大經（整部大部經）者，別生經（從大部經中別出單行）者等種種譯經。甚至還有疑經、偽經的出現。為了釐清經典的異同，同時也可藉以保存寶貴的文獻資料，所以，從東晉道安自編的《綜理眾經目錄》開始，佛學界就不斷編製經典目錄了。

　　道安自編的目錄雖已亡佚，仍能從僧祐所撰著的《出三藏記集》中窺其一斑。它將東漢至梁所有譯出的經、律、論、序記和譯者傳記統合一起，全書共十五卷，分集記、名錄、經序及列傳四類，為中國現存第一部經錄，具有重要的史料價值。梁武帝深信佛教，也曾敕令譯經學者撰修佛典目錄進上審訂，並宣布依審訂本流通。從此經錄由官方主導的體制得以確立，後世隋文帝時的《眾經目錄》、唐玄宗時的《開元釋教錄》、元世祖時的《至元法寶勘同總錄》等都是沿襲其體例而編纂成的。

　　佛教對經錄的重視與努力，對道教起了相當大的影響。有關道教經典的形成與內容，實有許多討論的空間，但不在本文討論範圍，姑且不論。不過，道教在發展過程中，隨著經典的繁出，也在東晉葛洪《抱朴子‧內篇‧遐覽》中初見道經目錄。而後，到了劉宋時期的陸靜修就編纂了《三洞經書目錄》，其中收集了道經、藥方、符圖等，共一千餘卷。其後，梁朝孟法師編《玉緯七部經書目》、陶弘景編《陶隱居經目》、阮孝緒編《七錄仙道錄》、北周玄都觀道士編《玄都經目》、王延編《三洞珠囊》等等。

　　佛教與道教致力編纂經錄的成果，對中國的目錄學、版本學及文獻資料的保存，都有其重大的學術貢獻意義。

2.填補傳統史傳的空白

中國傳統史書的撰著格式，大都沿襲《史記》而無甚差異，多著重於人事而偏廢於地物。魏晉以降的史書，儘管道教、佛教等宗教盛行於世，也都鮮有宗教事物的詳細記載。這對研究古代歷史文化史料者而言，無疑地留下了不少的空白。所幸南北朝時代，佛教幾部史類相關大著正好能彌補正式史書的缺失，使後世對當時代的研究能獲得更豐富的史料。

楊衒之所撰《洛陽伽藍記》主要記載北魏都城洛陽一地佛寺的興廢，對城中主要名剎的建立因緣都極盡其詳地予以介紹。此外，在介紹各寺院的硬體結構的同時，也會因敘述的需要而涉及到當時的政治、人物、風俗以及掌故傳聞，足以填補《魏書》的不足。尤其有關魏高祖遷都洛陽，魏太后臨朝，諸王爭立等北朝史事，甚至南朝爾朱榮叛亂一事，也都有所敘述，正可以補實史書在地方志、佛寺建築記錄、庭園藝術等方面的欠缺現象，故有其極具研究參考價值的層面。

《高僧法顯傳》又稱《佛國記》，是法顯自撰的印度旅行記。他在東晉隆安三年（西元 399）為了求取佛經而由西域南道經蔥嶺進入西北印度。在佛教盛行於中印度時期歷訪各地寺塔，並南下中印度巡禮佛跡、參學經律，然後再經由海路從錫蘭經爪哇回國。在義熙八年（西元 412）登抵國門，並開始將其旅印至歸國途中所見所聞撰著成《佛國記》一書。該書雖是記載法顯法師生涯的個人傳記，內容卻述及中國及亞洲其它地區的地理、交通、宗教、文化、產物、風俗等情況，都足以彌補史書對海南諸國記載的簡陋，也是研究五

世紀初期西域、印度佛教及中外文化的重要資料。

此類著作除了對正史具有補實貢獻外，也引發後世相關著作的續出，如玄奘的《大唐西域記》、義淨的《南海寄歸傳》等，都是延續此一脈絡的作品。尤其《大唐西域記》不僅是佛教的瑰寶，也是繼《佛國記》之後研究七世紀前半葉中西方交通、宗教、文化、產物、風俗的重要史料，在今日更是世界文化重要遺產之一。類似著作的相繼問世，對中國學術的各個不同領域都提供著相當可觀的資料，它們雖然不能對儒學或道學在學理上有何貢獻，但是，對整體中國學術而言，仍有其不可抹滅的重要性存在意義。

3.提供新的注書體裁

前述佛學注疏中已提到，佛學者爲了讓佛經的奧義能讓中國人理解，採取了異於傳統注、傳的義疏解經方式，此一注書方式一出，促使儒家學者起了模仿的動作。王弼、何晏等道家學者也曾注解儒家經典，在內容上以道家思想轉釋儒家思想，但在方法上仍不出固有的注解方式。直到佛學興起之後，中國的注書方式才有了新的面貌。

《隋書·經籍志》載有六朝書目繁多，但目前僅存的極爲有限，其中，梁·皇侃的《論語義疏》是唯一見存的資料。從皇侃自撰〈論語義疏敘〉中所記「侃今之講，先通何集。若江集中諸人有可採者，亦附而申之。其又別有通儒解釋，於何集無好者，亦引取爲說，以示廣聞也。」知，該書在注解部份是以何晏的《論語集解》爲底本，再參考江熙所集十三家的注解，以及其它通儒的注解而成的；而義疏部份則是他個人的新創。

　　全書體裁頗為齊整，於每章標題下都先加注一「疏」，以詮釋該章要旨。內文部份則依分句而附上「註」以注解其中字義或詞義。最後在全章之末重新加注一「疏」，針對內文作全面性的解說。這全文的「疏」，除了展現皇侃個人的解經心得，對後人解讀《論語》極有助益之外，由於他也往往在行文中引用大量典籍作為佐證，從資料提供的角度來看，又另有其重大意義。皇侃《論語義疏》的完成，使中國注書水準更加提昇，唐代之後歷代的義疏體注書可說都沿襲了這一體裁。

4.助成理學的勃興

　　韓愈與大顛和尚曾有往來，李翱曾師事藥山惟儼，周敦頤曾問道於黃龍山慧南，張載曾聞道於東林寺常總禪師，程顥「出入於老釋者幾十年，返求諸六經而後得之」，程頤「嘗問道於靈源禪師」，朱熹「出入於釋老者十餘年」，陸九淵「某雖不曾看釋藏經教，然於楞嚴、圓覺、維摩等經，則嘗見之。」，王守仁「亟悟佛氏之非」等理學大家與佛學曾有相當程度接觸的事實，都可求證於其各人的傳記之中。宋、元、明的理學家們雖嚴斥佛學，卻無法切斷他們與佛學的淵源，並常在他們的言說中無意識地透顯著佛學的影響，所以，研究理學的學者當中不乏有對理學家與佛學關係特別予以著墨者。

　　一般看待理學與佛學的關係多著重於其間的理論相似點❸。如果

---

❸　專書如熊琬《宋代理學與佛學之探討》（臺北：文津出版社，中華民國80年5月2刷）等。

要字字比對，句句評較，是可以找到一些幾近相同或相似的字句，誠如是類專書所舉證的例子，但是否就好因此而論斷理學家們所架構理論中有不少是脫胎換骨自佛學，可能就值得更深層的探索了。畢竟，理學家們所依據的主要經典是《大學》、《中庸》、《孟子》乃至《論語》，連同爲儒家學說的重要著作《荀子》都不被列爲依據資料，可見理學家們的據典是極其嚴格及侷限的。同時，排斥佛學，重振儒學是理學家們的共同志向，就算偶爾與佛學有相似的用詞，也必定意在發揮儒家義理以用，所以，吾人實不須刻意將佛學與理學在理論上強加牽合。

筆者認爲，如果說佛學對理學有過某種程度影響的話，那倒不在於『理論』層面，而是在於『論證法』層面。明白點地說，佛學中異於一般「二分法」的「兩難式」論證法對理學家們的影響更值得吾人予以注目。最能代表佛學中兩難式論證法的是龍樹的「八不中道」——不生不滅、不去不來、不一不異、不斷不常——破除八種執迷的論證法。兩難式論證不是模糊焦點，而是不偏執一邊的論證法，它泯除中國固有是非、善惡等「二分法」的對立思考。它的再續發展就衍生出即一即異、即真即假等「中道觀」，於是，對認清事物實相有其更接近事實，直視本貌的思考判準。

理學中，如濂溪〈太極圖說〉謂「無極而太極」，「道是器，器是道」；明道〈定性書〉謂「所謂定者，動亦定，靜亦定，無將迎，無內外。」；伊川「理一分殊」，「性即理」；龜山論性而稱「性善之善，不與惡對」等論調，其基本思維無不與佛學中「兩難」、「中道」的觀念息息相關。前輩們如是，則宋代的晦庵，乃至明代的陽明等大成者，更是擷取眾前輩哲思的菁華以開創學說者，不可

免地，在他們的理論中亦可輕易察覺出此一現象。

佛學的殊勝思維在唐宋禪宗盛行下漸被忽視，卻在儒學新生的理學中被善加利用，以致綻放儒學新紀元。因此，與其說佛學義理對宋、元、明理學有何影響，毋寧說佛學理論中的思維方式才是助益理學興起的重要因素。

5.擴充中國文學表現

一般而言，佛教的作品在比重上是較關涉教理哲思、實修工夫與宗教信仰的，不過，在弘法需要上，它也同時出現了許多文學性的作品，以便接引更廣泛的信眾。隨著經典的迻譯，那些佛教的文學性作品也一一地被介紹到中國，成為中國佛教講經的重要資材，因而廣為中國佛教信眾所熟知，更進而擴充了中國文學的表現內涵與型態。總地來說，在內涵方面，它提供了超越人世的新眼界以及超越現實的幻想力，諸如因果報應、地獄輪迴、三十三層天、三千大千世界等觀念的注入，都大大地推動了浪漫文學的發展。同時，在型態方面，經文所呈現的韻、散兼用的文體，也分別促成了律體詩及俗文學的發展。

被翻譯出來的印度作品中，如，宣揚大乘佛教義理的《維摩詰所說經》、宣揚修行階次以達佛土的《首楞嚴經》、宣揚人人皆能得佛智成佛的《妙法蓮華經》，向來被歷代文人視為文學作品而加以賞愛。《佛所行讚經》、《普曜經》是長篇故事體作品，《須賴經》是小說體作品，《維摩詰所說經》、《思益梵天所問經》是半小說體半戲劇體的作品。《百喻經》大量採用寓言故事以宣揚教義，更是膾炙人口的作品。這類作品的內容架構或表現形式都異於中國

既有的文學作品，它們的問世，無疑地對中國文學注入了一股新血。

在接受印度佛教作品的刺激下，中國本土作品也應運地陸續出現新文學觀以及新型態作品。印度的『聲明論』隨著經典的迻譯被介紹進中國，而在南地開展出『四聲』、『八病』的聲韻說以及“格律詩”的新體裁。沈約在梵文聲韻的影響下，對漢字字音的聲調高低區分為平、上、去、入四聲，又撰《四聲譜》提出八病說，強調作詩時應避開平頭、上尾、蜂腰、鶴膝、大韻、小韻、旁紐、正紐等八種音律上的弊病。四聲八病說一起，永明詩人們便開始予以實踐，將既有的『古體』詩風轉向格律嚴整的“近體”詩風。

當佛教教理普遍被認識之後，文人們也在他們的作品中大量投入個人的學佛體驗，造就佛教文學的新紀元。原本在魏晉時期玄學思想就已經開啟了『玄言詩』的創舉，到了六朝時期，由於佛教的流行，許多文人便將佛教的哲理或個人學佛心得藉由各種文體予以表現，而形成一種優遊自得的恬靜意境。翻開唐·釋道宣所撰《廣弘明集》的〈佛德篇〉、〈法義篇〉、〈統歸篇〉等，就輕易地可以看到如孫綽、許詢、王羲之、支道林、釋慧遠、謝靈運、沈約、蕭衍、蕭統、蕭綱、王僧孺等當時僧俗兩眾名作家都幾乎涉及佛教文學作品的創作。他們作品的體裁不侷限於詩體，凡是中國文學中既有的文體都被嘗試使用過，甚至改良過，將佛教文學推向全新的里程，而唐代以降禪詩等的流行，也可說是濫觴於六朝時期的佛教文學。**㉛**

㉛ 六朝佛教文學相關論述，可詳參加地哲定所著《增補中國佛教文學研究》（日本：同朋社，1979年增補第1刷）一書。

　　佛教在文學上的另一個值得注目的影響是，促進六朝始興的志怪文學，唐以降的變文、寶卷、彈詞、鼓詞等說唱文學以及明、清的神魔小說等俗文學的興起。這些俗文學作品的共同源頭一般都指稱來自佛教的『轉讀』、『唱導』、『講經』等弘法手段，不過，從具體的文本角度來看，更早成於變文的六朝「撒魔文」等作品或許才是始作俑者。目前相關資料僅見於《弘明集》卷第十四〈釋智靜撒魔文〉、〈釋寶林破魔露布文〉以及《廣弘明集》卷第二十九〈元魏懿法師伐魔詔并序〉三篇。這些作品在規模和內容上雖略各有出入，就整體而論，則都是借用諸魔軍與佛菩薩大軍對峙的形態，以描述凡夫的熾烈煩惱與佛陀的無上般若的作品，這毫無疑問地可看得出，是作者有意藉著文學的表現技巧來闡述佛教教理的作品。尤其，以弘揚佛教教理為宗旨的一貫精神，在為數甚多的佛教文學作品當中，更是極為難得的存在。

　　嚴格地說，「撒魔文」等三部作品，是從經典的故事中得到啟發、借用中國原有的文體書寫、並以宣揚佛教教理為一貫主旨的作品；而唐代「變文」卻是復述經典的故事、沿襲印度經典所採用的文（經）韻（偈）合體行文、同時其中多數作品的內容主旨又無關乎宣揚教理。從這個角度來看，是否可以逕指「撒魔文」等三部作品為「變文」的先驅，尚有探討的空間，不過，從啟發性上來看，它們之間的前後承襲關係或許是可成立的。

　　除了上述對文學表現技巧方面的影響之外，佛教教理影響了文人的思維，乃至其表現在作品中所隱含的人生體認，更是眾所週知且毋庸置疑的現象。

五、結　語

梁啓超在《佛學十八篇》·〈中國佛法興衰沿革說略〉中提到：

> 唐以後殆無佛學。唐以後何故無佛學耶？其內部之原因，則
> 禪宗盛行，諸派俱絕。踞坐棒喝之人，吾輩實無標準以測其
> 深淺。其外部之原因，則儒者方剽竊佛理，自立門戶，國中
> 上駟咸趨此途，而僧界益乏才。

直指中國佛學自唐代以後因受禪宗盛行及內部缺乏人才而趨向萎
縮。禪宗強調不立文字，直見佛性的作風固然是削弱佛學研究的要
因，但是，類似《壇經》等教理性作品是否就不能視之爲學術作品，
則可能仍值得商榷。不過，大致上來說，唐代以後僧俗兩眾傾向禪、
淨雙修的風氣，並且成爲中國佛教信仰主流的事實，則是不可否認
的。因此，如果以梁啓超的觀點爲判準，那麼，南北朝時代的中國
佛學雖只是初創階段，卻是盛期隋代中國佛學的先驅，它的存在也
就更具深義了。

從本文以上的各項論述，吾人可以約略了解到佛教以一種異質
文化的產物而傳入中國，並在中國受到同化效應而轉型爲中國佛
教，它不但改變了中國人的信仰習慣，豐實了中國人的思維模式，
更同時對中國學術產生相當程度的且廣泛的影響。不過，在這樣澎
湃與頻仍的交會中，有一個極其特異的現象則是不容吾人加以忽視
的。那就是，儘管佛學的確具有既豐碩又異於中國既有的哲思內涵，
可是，它從不曾被正式列爲官學，從不曾被正式引用爲帝制的施政

綱領，也從不曾被編入百官體制之中，甚至在後世官方主導編注的典籍中也鮮少被引用爲詮釋資材等等現象，則是不爭的事實。對於這一現象，筆者臆測其是否與中國政治一向偏重「經世致用」的主軸有所關聯所導致。

　　這是個值得深思的問題，它不僅牽繫著中國佛學的今後發展，也關涉著整體中國學術內涵的再充實。如果佛學能與其它學術在內涵上水乳相融，而不是僅止於相互刺激，那麼，符應未來新紀元、新世界觀所應具有的嶄新的中國學術的出現，也應該是可予以期待的。當然，這將是日後的課題吧。

參考書目

晉·何晏集解，梁·皇侃義疏。《論語集解義疏》，台北：藝文印
　　書館，民國 55 年

唐·李延壽，《南史》，台北：鼎文書局，中華民國六十九年。

唐·李延壽，《北史》，台北：鼎文書局，中華民國六十九年。

梁啓超，《佛學研究十八篇》，台北：臺灣中華書局，中華民國六
　　十五年。

湯用彤·《漢魏兩晉南北朝佛教史》，　台北：鼎文書局，中華民
　　國六十五年。

杜而未，《揭示佛經原義》，台北：臺灣商務印書館，民國六十五
　　年。

余雄，《中國哲學概論》，台北：源成文化圖書供應社，中華民國
　　六十六年。

加地哲定，《增補中國佛教文學研究》，日本：同朋社，1979 年

鎌田茂雄，《中国仏教史》，日本：岩波書店，1979 年

木村清孝，《中國佛教思想史》，日本：世界聖典刊行協會，1979
　　年。

方立天，《魏晉南北朝佛教論叢》，北京：中華書局，1982 年。

楊家駱主編，《漢隋藝文經籍志》，台北：世界書局，中華民國七
　　十四年。

中嶋隆藏，《六朝思想の研究──士大夫と仏教思想》，日本：平
　　楽寺書店，1985 年。

謝和耐著，耿昇譯，《中國五——十世紀的寺院經濟》，甘肅：甘
　　肅人民出版社，1987 年。

方立天，《中國佛教與傳統文化》，上海：上海人民出版社，1988
　　年。

李養正，《道教概說》，北京：中華書局，1990 年。

熊琬，《宋代理學與佛學之探討》，台北：文津出版社，中華民國
　　八十年。

林慶彰編，《中國經子史論文選集》上、下，台北：文史哲出版社，
　　中華民國八十一年。

魏承恩，《中國佛教文化論稿》，上海：上海人民出版社，1992 年。

杜士鐸主編，《北魏史》，太原：山西高校聯合出版社，1992 年。

曹仕邦，《中國沙門外學的研究——漢末至五代》，台北：東初出
　　版社，中華民國 83 年。

陳琳國，《魏晉南北朝政治制度研究》，台北：文津出版社，中華
　　民國八十三年。

日本大正新脩大藏經刊行會編，《大正新修大藏經》，台北：新文
　　豐出版，中華民國八十五年。

陳榮捷，《王陽明傳習錄詳註集評》，台北：臺灣學生書局，西元
　　一九九八年。

鄺士元，《中國學術思想史》，台北：里仁書局，中華民國九十年。

萬繩楠，《魏晉南北朝文化史》，台北：雲龍出版社，2002 年。

唐代九經義疏的修纂與
經學的總結

林菁菁[*]

一、前　言

　　中國學術傳統中所謂的經學，是指以六藝，《詩》《書》《禮》
《樂》《易》《春秋》六部經典為中心，並隨著儒家之傳承、發揚、
流衍而形成的一門學術。❶從先秦時代，歷漢迄清，以至於今，由五
經、九經乃至十三經，經學隨著時間的流傳，形成中國所謂注疏的
傳統。在中國學術發展的源流中，經學注疏傳統的產生與轉變，左
右著學術的走向，各代學者對於經書的詮解，無論就學術本身發展

---

[*]　國立東華大學中文研究所博士生，清雲科技大學兼任講師
❶　這裡所謂的「六藝」乃指涉六經而言，中國儒家的六藝之學，後世尊為經
　　學，其學發展綿延，由五經以至於十三經形成一套經學系統。而「六藝」
　　一詞泛指稱以《詩》《書》《禮》《樂》《易》《春秋》為中心所形成的
　　學術而言。

而言、或政治、社會、文化、的層面，其影響力都遠遠超越其他學說之上。

　　中國的注疏的傳統緣生於經典的解說，有「傳」，「章句」、「注」、「集解」、「疏」等方式。經學的研究，由於時空的轉移，時代愈往後的人，對經典原義的了解，距離會愈來越遠，才會有所謂的傳、注、箋、義疏……諸學的產生。如顧炎武於《日知錄》：「先儒釋經之書，或曰傳，或曰箋，或曰解，或曰學，今通謂之「注」，其後儒辨釋之書，名曰「正義」，今通謂之「疏」。」如上述顧炎武所言，歷代經解，名稱不一，而我們稱之爲「注」「疏」則是習用的通稱，可以概括的對於經典的詮解或訓釋。

　　中國注疏之學的顛峰之作，以唐代的九疏最具有代表性，它算是唐代義疏之學的重大成果之一，唐人對於九部經書的疏釋，可以說是繼漢代以來章句、傳注、集解之後由官方創造出經學詮釋的典範作品。

　　唐代經學的研究方向，就清末以來大致存在著三種研究的面向：其一，唐人的義疏之學，作爲經學史上傳承「漢學」的論點，長期以來支配著經學史的寫作。皮錫瑞《經學歷史》在論斷唐人義疏之學的成就時，就以：「唐人義疏，其可議者誠不少矣，而學者當古籍淪亡之後，欲存漢學於萬一，窺鄭君之藩籬，舍是書無徵焉。」安井小太郎《經學史》：「正義確實傳漢代專門之法，後之學者無師成而圖以己意爲說者，時不能相比。」在經學史的寫作中，以傳承漢學的觀點來談，唐代義疏之學在經學上的貢獻。其二，集中探索唐代初期《五經正義》編撰與成書的經過並加以評述其得失。馬宗霍《中國經學史》與本田成之《中國經學史》與民國以來學者夏

長樸等人所撰《經學學論》，大略以五經正義的成書經過與編撰的過程爲主要議題爲討論的中心。其三，著重於此一時期，唐代經學著作文獻上的考訂。李威熊《唐代經學發展史論》第六章〈隋唐經籍及義疏之學〉就以此階段所留下來的經書略作考訂。簡博賢《今存唐代經學遺籍考》，是現存唐代經學的提要，汪惠敏〈唐代經學思想變遷之趨勢〉內容架構與李威熊之書相近，略作現存唐代經書的考訂。大抵而言唐代經學的解讀，主要就是上述的三個面向。

而唐代經學的研究範圍，大致可分做兩個階段的討論。一個是以初唐時期《五經正義》爲主的討論，另一個則集中討論所謂唐代後期新經學的發展，時間點是放中唐時期的啖助之後，對於經傳的質疑。然而，綜觀唐代經學的發展，唐人所撰寫九部經書的疏解，從唐至清一直沿用至今，現今的《十三經注疏》其疏出於唐人者九，自《周易》至於《穀梁傳》出於宋人者四《孝經》《論語》《爾雅》《孟子》。就經學發展歷史來說，其重要性不言可喻。

《四庫全書總目》於卷一經部總敘下，論魏晉南北朝至唐代經學發展的情形爲「各自論說，不相統攝，其弊也雜」。四庫以「雜」的觀點談此階段經學走向。然而這樣的論點，所呈現僅止於經學表象上存在著各種聲音，並無法鉤勒出唐代經學的真實面貌。從經學發展的歷程來看，漢人以章句訓詁方式詮釋經學，魏晉以來，有以玄學解經不同思考理路，然而，唐人義疏之學在經學發展史上具有什麼樣的意義？如前所述，若僅以「傳承漢學」或「雜」這樣的觀點來看，似乎窄化了唐人義疏之學的特色，本文以唐代所修纂的九部義疏，爲主要的研究對象，目的在探論唐人九疏的產生對應於經學史或是學術史的脈絡，具有何種意義，與接續宋代經學懷疑經傳

精神上，唐人的義疏之學扮演什麼角色？

因此，本章擬就二個部分，其一，探論唐人修纂義疏的動機與歷程，對應於唐代學術所造成的影響。其二，就經學詮釋的角度，探討唐代《正義》與注疏的成形，所反映的各種經學現象，對應於經學史上所代表的意義。

藉由探索唐人修纂五經義疏的發生歷程與各種問題的探討，期望可以看出該階段經學發展的面貌，從中尋得經學演變的些許徵兆，並藉著義疏作品的的分析與討論，重新尋求有關這個階段經學史的研究，較爲合理的看法。

二、義疏之學的發展與唐代學術的關係

㈠義疏五經的動機與歷程

中國唐朝的建立適逢魏晉南北朝世代的交替，政治上的大變動通常也是學術上的大變動。從經學發展的軌跡來看，相較於漢人的章句訓詁之學，唐人的經學思維的方式不同於前代，他們以義疏古代經典的方式，開出中國注疏之學的高峰，就是後人所謂的義疏之學。本節擬就唐人義疏之學與學術背景之關連，以《五經正義》與《周禮》、《儀禮》、《公羊》、《穀梁》等九部義疏的編撰爲由，探討其修纂的動機、歷程與唐代學術發展的關係。

唐代立國以來，對於儒術的推崇，從史書的記載可窺知一二。《舊唐書·儒學傳》載高祖平天下之後，基於政教的需求，致力於推崇儒學，自漢代以來，得位的帝王，莫不以尊儒來表示自己的正

統地位，而太宗時更「大徵天下儒士，以爲學官…學生能通一經者，咸得署吏」❷並時常召集諸大臣於「聽朝之暇，引入內殿，講論經義，商略政事，或至夜分乃罷」❸。太宗崇儒學與尊經術的舉動其實是前有所本的，《舊唐書・儒學傳》於序言中道：「前古哲王，咸用儒術之術，漢家宰相，無並精通一經，朝廷若有疑事，皆引經決定，由是人識禮教，理致昇平」❹他效法漢朝制度，廣納儒臣，以聖人所傳下的經典作爲施政的方針，作爲君主統領天下朝政的治術之一。從上述從史書的記載，大略可知從高祖至太宗，整體學術的方向，走的仍是中國崇儒尊經的路線。

唐太宗爲何要修纂《五經正義》，《新唐書藝文志》的序記載了：

> 自六經焚於秦而復出於漢，其師傳之道中絕，而簡編脫亂訛缺，學者莫得其本真，於是諸儒章句之學興焉。其後傳注，箋解，義疏之流，轉相講述，而聖道粗明，然其爲說固以不勝其繁矣。

文中提及中國經學的傳統，六經焚於秦而復出於漢之後，章句之學興起，六經的詮釋系統存在著多樣化的形式，有傳注、箋解、義疏等不同解經形式，卻也負面造成，經說的不勝其繁，經學不明的景況。而唐太宗即藉由尊經崇儒的方式來宣示自己政權的合法性。

---

❷　後晉・劉昫《舊唐書・儒學傳序》（臺北，鼎文書局，民國78年），頁4941。
❸　同註❷，頁4938。
❹　同註❷，頁4939。

《貞觀政要·崇儒學》篇，記載太宗於貞觀年間下詔曰：

> 梁皇侃、褚仲都、周熊安生、沈重、陳沈文阿、周弘正、張
> 譏、隋何妥、劉炫、並前代名儒，經術可紀，加以所在學徒，
> 多行其講疏、宜加優賞，以確後生，可訪其子孫見在者，錄
> 姓名奏聞❺

藉由表彰前代名儒的作法，大量表揚前朝從五代至隋代名重一時的學者，可看出唐初崇儒與重經術的政策。隨後在貞觀二十一年又下詔：

> 左丘明、卜子夏、公羊高、穀梁赤、伏勝、高堂生、戴聖、
> 毛萇、孔安國、劉向、鄭眾、杜子春、馬融、盧植、鄭玄、
> 服虔、何休、王肅、王弼、杜預、范寧等二十有一人，並用
> 其書，垂於國冑，既行其道，理合褒崇，至今有事於太學，
> 可並配享尼父廟堂。❻

並褒揚春秋戰國至南北朝經學大家二十一人，從左丘明至晉代的范寧，並從中說明唐初尊崇並採用上述經學家的經義，這些人有功於國家社稷，得以配享於孔廟之中。太宗此舉，其實進一步宣示了唐代經術與前代接軌的痕跡，藉著表揚歷代經說大家，象徵其在經學傳承上的承繼與正統地位。

　　唐初所面臨的正統存續的定位問題，亦可以從修史的觀點來互相印證之。唐初大量撰修前代的史書，亦帶有正統延續的味道，唐

---

❺　唐·魏徵《貞觀政要·崇儒學》（臺北，三民書局，民國84年）卷27，頁
　　406。
❻　同上註，頁407。

初修《隋書》，在史部底下有所謂「正史」和「霸史」之別：

> 傳曰，不有君子，其能國乎，自永嘉之亂，皇綱失敗，九州
> 君長，據中原有者甚眾。或推奉正朔，或假名竊號。其君乃
> 忠義之節，經國字民之務，蓋亦勤矣。當時臣子，亦各紀錄。……
> 今舉其見在，謂之霸史。

從史學的立場觀之「正史」與「霸史」的區隔，實隱含有正統
之別於其中。❼從隋書的記載來看，對於霸史的定義帶有「假名竊號」
貶低的意涵。而「正史」作為學術分類的一環，從《隋書經籍志》
中已被明確的標示出來，而這項分類的基礎，是建立在學術分類史
中「史部」獨立的觀念之下。然而，為何會有「正史」與「霸史」
的分別，唐初著名修史學者，令狐德棻曾謂修史的動機在於「唐受
禪於隋，隋又受禪於周」意謂唐初修史目的，有著宣示政權的更替
的意味❽，而史學中「正」與「霸」的區別，不僅僅只是體制之別，
其中隱含著孰是正統之別。

基於正統延續的原因，太宗在既位之初，以尊儒學方式，來彰
顯自己的正統的地位：

> 貞觀二年，立孔子廟堂於國學，稽式舊典，以仲尼為先聖，

---

❼ 饒宗頤《中國史學之正統論》在〈正史與霸史之確立〉中提出：「隋唐統
一，始釐定正史與霸史之別，而霸則相對於正統之謂也。」（上海，遠東
出版社，1996年），頁30。

❽ 清・章炳麟《國學略說・論正統》：「正統之說，論者紛然，北人以北朝
為正統，唐初尚爾。而《隋志》則南北朝史並入正史，蓋南北朝究竟以何
方為正統，為易定也。」這段話指出，唐初關於正統論的討論情形。

　　顏子為先師……是歲大收天下儒士，賜帛給傳，令詣京師，擢以不次，布在郎廟者眾。……於是國學之內，鼓篋升講筵者，幾至萬人，儒學之興，古昔未有者。❾

　　這段話說明太宗以尊儒學作號召，自然可以明正言順的繼承孔子以來聖王之道統。除了尊儒學之外，太宗也注意到前代經說重新修纂的重要性。於是在貞觀四年，太宗對當時大儒顏師古說：「帝長歎五經去聖遠，傳習浸訛，詔師古於祕書省考定，多所釐正，既成，悉詔諸儒議，於是各執所習，共非詰師古。」❿自古以來，聖王之道在六經，漢代以來經義長久的分歧，造成經學的不明，因此藉由修纂前代諸儒之說以發揚六經中的聖王之道，象徵經學正統的延續。在貞觀十二年，下詔國子監祭酒孔穎達與諸儒修纂五經，撰成《五經義疏》一百七十卷後，並令天下傳習，後成為唐代科舉考試利祿的途徑。

　　如上所述，從修史的觀點與《五經義疏》的修纂，相互印證來看，唐初學術存在著唐代國祚正統的定位問題，太宗以修書與修史來繼承道統，能繼承道統，自然能取得正統的地位，因此具有宣示正統承續的意味，而《五經義疏》的修纂，也象徵經學正統的傳續。總括的來說，唐人重新修纂與義疏經典，與唐代初年正統存續定位的學術問題有著莫大的關係。

　　上述探討了唐初修纂五經義疏的動機，實因唐初在政治上，面

---

❾　同註❺，頁405。

❿　宋・歐陽修、宋祁等著《新唐書・儒學上・顏師古列傳》（臺北，鼎文書局，民國65年）卷198，列傳第123，，頁5641。

臨正統存續定位的問題，太宗為了聖王的道統的承續，因此在尊經的基礎上，唐代中央政府開始著手修纂與整理前代經說，底下則討論其編纂的歷程，據現今史料的記載可分為二個階段：

第一階段為校勘五經經書的文字，時間點是在貞觀四年，太宗以「經籍去聖久遠，文字訛謬」，因此詔令顏師古考定五經的文字，從《貞觀政要·崇儒學》篇載錄了當時整理經學的景況：

> 貞觀四年，太宗以經籍去聖久遠，文字訛謬，詔前中書侍郎顏師古於祕書省考定五經。即功畢，復詔尚書左樸射房玄齡集諸儒重加詳議，時諸儒傳習異說，舛謬已久，皆共非之，異端烽起，而師古則引晉、宋以來古本，隨方曉答。

在顏師古考訂《周易》《尚書》《詩經》《禮記》《左傳》五經的文字之後，房玄齡針對顏師古所校定文字「集諸儒重加詳議」，在詳議的過程中，學者由於師承或家派不同，形成五經文字「傳習師說，舛謬已久」，因此對於顏師古所校定五經文字有不同的見解，群起「皆共非之，異端烽起」。顏師古為了消弭異議與紛爭，援引晉、宋五經文字的古本與諸儒討論，史料記載其結果為「諸儒莫不嘆服」折服其博學通聞。這是第一階段考定經書文字的過程，之後顏師古的考定在貞觀七年頒佈，唐初五經文字的異議從此底定了下來。

第二個階段為《五經正義》的編纂，時間點是在貞觀十二年❶，

---

❶ 關於《五經正義》的寫成年代，前後歷經多次纂修，而有諸多說法，在此以《唐會要》的貞觀十二年為主要依據。《唐會要》卷七十七〈論經義〉條說：「貞觀十二年，國子監祭酒孔穎達撰《五經義疏》一百七十卷，名曰《義贊》，有詔改為《五經正義》。」

修纂人以國子監祭酒孔穎達爲首，太宗基於魏晉南北朝以來「儒學多門，章句繁雜」的景況，詔令修撰五經的義疏：

> 太宗又以儒學多門，章句繁雜，詔師古與國子監祭酒孔穎達諸儒，撰定五經義疏，凡一百八十卷，名曰五經正義。

　太宗詔修五經義疏這件事，在《新唐書儒學傳》《舊唐書儒學傳》⑫皆有所記載，可見這是當時學術界大事，顯然的太宗所關懷的重點，乃是五經經說的分歧如何在唐代獲得解決，因爲這關乎著唐代經學正統的承續與發展。而這個階段修書的歷程，五經義疏的修纂與更定，從太宗朝一直持續至高宗永徽四年三月一日，上呈《五經正義》，高宗下詔「頒於天下，每年明經，依此考試」⑬，成爲科舉考試的標準而告一段落。這五部經典爲《周易正義》十四卷，《尚書正義》二十卷，《詩經正義》四十卷，《禮記正義》四十卷，《春秋左傳正義》三十六卷。

　《五經正義》的初名，在《舊唐書·儒學傳》寫作「義疏」，

---

⑫　唐太宗敕令學者編撰《五經正義》一事，除了《貞觀政要》載錄此事之外，新舊唐書儒學傳亦可見其本事，今參照如下列。《新唐書·儒學傳》：「帝又讎正五經謬缺，頒示天下學者，與諸儒粹章句為義疏，俾久其傳」。（臺北，鼎文書局，民國78）列傳第123，儒學上，頁5636。《舊唐書·儒學傳》：「太宗又以經籍去聖久遠，文字多訛謬，詔前中書侍郎顏師古考定五經，頒於天下，命學者習焉。又以儒學多門，章句繁雜，詔國子監祭酒孔穎達與諸儒撰定《五經義疏》凡一百七十卷，名曰五經正義，令天下傳習。」（臺北，鼎文書局，民國65）列傳第193，儒學上，頁494。

⑬　宋·王溥《唐會要·貢舉下·論經義》（臺北，鼎文書局，民國78年）卷七十七，頁1661-1669

《新唐書·孔穎達傳》稱作「義訓」，《唐會要》中寫作「義贊」。後代普遍稱爲《五經正義》⓮。

在《五經正義》編撰完成之後，高宗永徽年間，陸續續有民間私修四部義疏，由賈公彥撰成《周禮義疏》《儀禮義疏》而後有楊士勛作《春秋穀梁傳注疏》，徐彥《春秋公羊傳注疏》四部義疏，此四部義疏雖出於私人之手，但在體例上與五經義疏的編纂方式大致相類似。唐代開元間，以科舉取士，在明經科中，以《易》《書》《詩》《三禮》《三傳》九經取士。官方所義疏的《五經正義》與《周禮》《儀禮》《公羊》《穀梁》四部義疏皆在考試範圍之內，因此，唐代新注九部經書的疏解，自此之後便成爲唐代讀書人科舉考試的標準經解注本。以上爲唐代《五經正義》與四部《義疏》的修纂的歷程。

(二)從重五經到重注疏

唐代初年在面臨經學正統的存續問題上，選擇了重新修纂注疏前代的經說，在尊崇古代經典的基礎下，從太宗開始持續至高宗，疏解與詮釋前代經說，造就九部經書新的注解，統一了漢以來經學的紛爭，並且成爲科舉考試的參考用書，其影響一直延伸至宋代的科舉考試。本節擬就探討唐代《正義》與《義疏》產生後，對於唐代經學的影響。

⓮　《五經正義》何以名爲「正義」，在《後漢書·桓譚傳》中記載桓譚因擔心天子世祖過於相信讖緯災異之學，因而上奏文曰：「陛下宜垂明德，發聖意，屛群小之曲說，述五經之正義，略雷同之俗語，詳通人之雅謀」。然而「正義」之名是眞否起於桓譚此奏文，聊備一說，仍尚待考證。

　　《五經正義》編修完成之後，後代的學者往往指責《五經正義》
採南北朝經說居多，使漢代經說古義淪亡，經學也跟著衰弱。

　　劉師培在《國學發微》中曾說：

> 漢代之時，立經學於學官，為經學統一之始。唐代之初為五
> 經撰正義，又為注疏統一之始。漢崇經學，而諸子百家之學
> 亡，唐撰正義，而兩漢魏晉南北朝之經說，凡與所用之注相
> 背者，其說亦亡。❶❺

如閻若璩亦認為：

> 隋唐以來，如劉焯、劉炫、陸德明、孔穎達等，皆好尚後儒，
> 不知古學，於是為義疏，為釋文，皆不能全用漢人章句，而
> 經學有不明矣。❶❻

這兩段話的意思大致相同，閻若璩和劉師培皆以為唐人正義，所採
都是魏晉南北朝人的說法，並作為考試用書，而漢代以來，經書所
傳下來的古義淪亡殆盡，使經學不明。這是清代的學者論及唐代經
學義疏時，普遍的看法。清代學者的批評立場，基本上是站在漢學
的角度上說的。然而，此種說法是否正確？

　　的確，就五經正義的注疏來看，孔穎達等人廣採南北朝學者的
經說，在注經的體例上，的確採取了當時南北朝流行的注經體式，
也就是義疏的體例，為《五經正義》所採用。這裡可以思考的是，

---

❶❺　清，劉師培《國學發微》（臺北，國民出版社，民國48年），頁342。
❶❻　清，阮元《詁經精舍文集》〈孔穎達五經正義得失論〉卷六，頁169。

唐代的《正義》與《義疏》採用義疏的形式來詮釋經文，對於唐代學術發展有沒有造成什麼樣的衝擊？

就唐代經學的發展來說，貞觀年間，唐太宗時以：「儒學多門，章句繁雜，詔師古與國子監祭酒孔穎達諸儒，撰定五經義疏」，可以代表唐初對於中國傳統經學中五經的重視，是顯而易見的。

而太宗時採用前代義疏體裁，作爲《五經正義》的的注經體裁，源由於爲經作疏的風氣，自兩晉以來已相當的普遍，所以唐初孔穎達等人在修纂正義時，承襲前代經說的成果，如前一節所述，具有經學傳承和正統延續的意味。但是，在《五經正義》完成後，經解標準本的定於一尊，對於唐代經學的影響，造成了經學從重視五經轉向於看重注疏的轉變。

義疏之名，最早起於南朝宋《孝經義疏》一卷，❼是南北朝時期流行的一種注經體裁，名稱上有稱爲講疏或義疏。❽ 在經學詮釋的歷史中，五經之有傳、有注、有箋、有解，是從漢以來就存在的注經方式， 中國在魏晉南北朝時期，在經書注解的方式上，有一項重要的成果，那就是義疏方法的產生。唐代陸德明的《經典釋文》中也紀錄了當時有眾多這樣的作品，如梁武有《周易講疏》《中庸講疏》費魁《尙書講疏》何佟之有《喪服經傳義疏》皇侃《論語義疏》

---

❼　《魏書·烏夷劉裕傳》（臺北，鼎文書局，民國64年）卷九十七，頁2142。
❽　據簡博賢在《南北朝經籍遺籍考》中的記載有，易類十五種，詩類七種，禮類十二種，左傳類三種，論語類八種，孝經類四種，五經總義類一種，計五十種，其中存本一種，輯本四十八種。確屬於義疏之體者，計有存本一種，輯本十八種，共十九種，作者多爲南人，可知以義疏爲體裁的經籍撰述，流行於南北朝。

《禮記義疏》等，此類著作的數量，相當可觀。

義疏的起源，可追溯自漢代來說，在兩漢時，爲經作訓、作詁、作傳、作注的風氣十分盛行，其目的無非在詮釋經書的意涵。魏晉以後，因玄學等時代思潮的改變，學者們對經、傳的體會，也有所不同，因而詮釋有所分歧，於是彼此論難，講論疏解經書大意的現象就十分普遍。現今學者的研究，認爲魏晉南北朝疏解經義的形式，深受佛典疏鈔和僧徒論講影響而產生，而發展爲唐代義疏之學的形式。⑲

但是，從前漢武帝表彰五經，由於秦火，當時要找部完整《尙書》《書經》都是件困難之事。而唐朝接續於南北朝與隋朝之後，當時在經學詮釋系統上，有南方經學，有北方經學，都有各自詮釋系統，一部《詩經》就有魯、齊、韓、毛四家注，又有南北朝以來諸家不同的義疏和詮解，因此，如何統合與定出一個經學詮釋的標準，可以說是一件亟其困難的事，因此藉助前代義疏解經的形式，並從中選定出經說的標準，成了唐代《正義》與《義疏》普遍採用的方式。

此外，唐代的科舉考試，也是造成唐代經學傳統，從重五經轉向於重注疏的重要因素之一。自從《五經正義》的纂修與《周禮》、《儀禮》、《公羊》、《穀梁》四部義疏先後的完成後，唐代科舉考試明經科，主要的依據就是以唐人所修的正義爲統一的標準本，

⑲　清·梁啓超在《飲冰室全集》卷二學術類中〈佛學時代〉篇中說：「隋唐義疏之學，在經學界有特別的價值，此人所共知矣。而此種學問，實與佛典疏鈔之學同時而發生。吾固不敢遽指此爲翻譯文學之產物，然至少必有彼此相互之影響。」（臺北，莊家出版社，民國71年）頁152。

加上魏晉以來的義疏之學，已爲唐人的正義所綜合，而科舉考試又不考唐人正義以外的書，於是諸家之經說，相對的不受到重視。吳萊的《春秋釋例》後序就說：「自唐孔穎達春秋正義一用杜氏，非徒劉賈之說不存，服義亦不盡見。」可見科舉考試對於唐代學術的發展，影響極其深遠。另外，從唐人柳冕〈與權侍郎郎書〉一段話，也許我們也可以觀察《五經義疏》產生後，對於唐代學術之影響：

> 自頃有司試明經，奏請每經問義十道，五道全寫《疏》，五道全寫《注》，其有明聖人之道，盡六經之義，而不能誦《疏》與《注》，一切棄之。❷⁰

柳冕寫這篇文章在於批評唐代科舉明經科的弊病，唐代的讀書人在回應經書大義等問題，只能以官方所認定的《注》和《疏》作答，連文字亦不能稍有逾越。於是在「不能誦《疏》與《注》，一切棄之」的原則之下，唐代讀書人爲了求取利祿，只好背誦官方所認定標準注疏本，因此「明聖人之道，盡六經之義」，皆在官方所頒定的經書注疏中。柳冕的文章闡釋了科舉考試與義疏之學在唐代的發展，因此，可以想見的是，就唐人來說，窮經當自義疏起。

就以上的分析可知，唐初在尊經與經學正統的承續的基礎上編撰《正義》與《義疏》，但於由科舉考試考的是官方明訂的經解義疏本，造成五經原義本身的被忽略，從而讀書人所重視乃是注疏的背誦與流傳。從這點來說，唐代經學走向，可以說從唐初看重五經的傳統轉向重視經書的注疏。

---

❷⁰　《文苑英華》，卷689，頁3上。

三、九經注疏所反映的經學現象

㈠吸收歷代注疏的成果

唐代九經的注疏，是在前人注疏的基礎上，薈萃集中而成的。因此在吸收前代注疏的成果，可分爲幾個方面：

1.集南北朝經說之大成

唐人義疏，藉由疏解經典，其目的乃在探求聖人著述之本義，如《周易正義》的序言說道：「奉敕刪定，考察其事，必以仲尼爲宗；義理可詮，先以輔嗣爲本，去其華而取其實，欲使信而有徵」，因此認爲去古未遠的南北朝經說最接近聖人之義，故特爲注重。

如孔穎達《毛詩正義》即主要取材自隋代的劉焯《毛詩義疏》與劉炫的《毛詩述義》二書：

> 感天地動鬼神，莫近於詩，此乃詩之為用，其利大矣。……其近代為義疏者，有全緩、何胤、舒瑗、劉軌思、劉醜、劉焯、劉炫等。然焯炫並聰穎特達，文而又儒，特為殊絕，今奉敕刪定，故據以為本。

從詩經的發展的歷史來看，從漢代以來《詩經》是歷代統治者教化百姓最爲淺顯易懂的一部書。經歷漢代今古文之爭後，東漢鄭玄爲發明毛義而作鄭箋之後，魯、齊、韓、毛四家說《詩》的紛爭暫時被泯滅。但鄭玄發明毛詩之義後，卻引來其他的異聲。魏代的

王肅作《毛詩義》、《毛詩義駁》申明毛義駁難鄭玄，也有晉代孫毓作《毛詩異同評》追隨王肅之說。詩經的爭議發展至南北朝，南北雖皆主《毛詩》，但卻有不同的詮釋，直至隋代的劉焯與劉炫集南北朝經說大成，著成《毛詩義疏》與《毛詩述義》，爲孔穎達《毛詩正義》所採用，從而產生《詩經》的官方標準詮釋本。因此孔穎達等人，在前人的基礎上，大量採用南北朝的經說，象徵經學的傳承與延續❷。另外如《禮記正義》也以南朝的皇侃與北朝熊安生的義疏爲主❷。

如上述《五經正義》大量以南北朝學者的經說爲底本，可以討論的是，唐代的《五經正義》孔穎達等編者，爲何要取材南北朝與隋代學者的經說？就時代的迭替而言，唐朝雖然在政治上推翻了隋朝，但在學術上，卻採前代經學的說解，這種現象如何作合理的解釋，筆者以爲，《五經正義》的編者，如孔穎達大多生於南北朝或

---

❷ 同樣的《尚書正義》也採用南北朝經說的成果，取材以劉焯的《五經述義》與劉炫的《尚書述義》爲主要的底本，再參酌各家說法取其長補齊短：「古文則兩漢亦所不行，安國注之，時遭巫蠱，遂寢而不用，歷及魏晉，方始稍興，故馬鄭諸學莫睹其學，其注經傳時或異同晉皇甫謐獨獲其書，載於《帝紀》其後傳授乃可詳焉。但古文經雖然早出，晚始得行，其辭富而備，其義而弘而雅，顧復而不厭，久而愈亮，江左學者，咸悉祖焉。近至隋初，始流河朔。其爲正義者，蔡大寶、巢猗、費甝、顧彪、劉焯、劉炫等諸公，諸公旨趣，多或因循詁釋注文，義皆淺陋。唯劉焯、劉炫，最爲詳雅。」參見唐，孔穎達《尚書正義》序言（北京，北京大學出版社，十三經注疏本，民國88年）頁3。

❷ 禮是孔穎達最得意的學問，在《禮記正義》中除了以皇侃、熊安生之說爲主，亦將南北朝重要學者的說法幾乎皆引入疏中。孔穎達之前通禮的學者，南人有賀循、崔靈恩、沈重、庾蔚之。北人有徐遵明、李業興、李寶鼎、侯聰等。參見《禮記正義》序。

是隋朝，多是師承自當代的學者❷，因此在編著時以前代的經說爲底本，自然可以事半功倍，並且明確標示取自何書，象徵唐代經學與前代的接續與傳承，因此，如《毛詩正義》以劉焯《毛詩義疏》，劉炫的《毛詩述義》爲主要的底本。《尚書正義》也本於劉焯的《五經述義》與劉炫的《尚書述義》爲主要的依據。代表《五經正義》吸收前代注疏的成果，取材自南北朝及隋代學者的經說，也象徵唐代經學正統的傳承與延續。

在私修的義疏方面，賈公彥《儀禮注疏》則以北齊的黃慶與隋代李孟悊二家的義疏爲底本：「儀禮所注，後鄭而已，其爲章疏，則有二家，信都黃慶者，齊之盛德，李孟悊者，隋曰碩儒。……《喪服》一篇，凶禮之要，是以南北二家，章疏甚多，時之所以，皆資黃氏。」❷《周禮注疏》在義疏的基礎上，主要是根據隋代陳邵的《周官禮異同評》及南朝沈重《周官禮義疏》二部義疏所修成。❷

2.兼採漢人說經之長

唐人義疏吸收歷代注疏的成果，對於名物典章制度的說明解析，也多所考訂與發揮，兼採漢人經說之長，也反映在對典章制度

---

❷ 孔穎達字仲達，生於北朝，少時曾向隋代大儒劉炫問學，隋末舉明經科，隋煬帝召天下儒官集東都，詔國子秘書學士與論議，穎達爲冠。唐初太宗引爲秦王府博士，高祖武德九年授國子博士。參見《新舊唐書·儒林傳》孔穎達傳。

❷ 唐·賈公彥《儀禮注疏》序，（北京，北京大學出版社，十三經注疏本，民國88年）卷一，頁3。

❷ 清·朱尊彝《經義考》（臺北：中央研究院中國文哲研究所籌備處，林慶彰、蔣秋華等審定 ，民國86年），卷121。

的考證與說明上。此外,對於漢代的章句訓詁之說,唐代的孔穎達更進一步提出不同的解釋,在《毛詩正義》中他說道:「詁者,古也,古今異言,通之使人知也;訓者,道也,道物之貌以告人也。」繼而綜括說:「訓詁者,通古今之異辭,辨物之形貌,則解釋之義盡歸於此。」❷⑥爲了詮說所謂的「訓詁之義」,孔穎達選取「解釋」一詞作爲概括性的通稱,泛稱依經而訓或引伸推衍經義的訓釋方式。

> 如《秦風·蒹葭》:蒹葭蒼蒼,白露為霜
>
> 鄭箋:蒹葭在眾草之中蒼蒼然強盛,至白露凝霜則成而黃。興者喻眾民之不從襄公政令者,得周禮以教之則服。
>
> 正義曰:蒹,薕,葭,蘆。郭璞曰:薕似萑而細,高數尺,蘆,葦也。陸機《疏》云:蒹,水草也。堅實,牛食之令牛肥強,青、徐州人謂之蒹,袞州,遼東通語也……此云白露為霜,然后歲事成,以其霜降草乃成,舉霜為言耳。此以霜降物成,得國禮則國興,言其未為霜則物不成,喻未得禮則國不興。❷⑦

如上所述,對於「蒹葭蒼蒼,白露爲霜」的詮釋,先下羅列鄭玄的箋注,表達對鄭玄之說的重視,對於鄭注的解釋,孔穎達顯然認爲無法明確表達此段經文的意義,於是,採漢人訓詁說經之法,引郭璞、陸機的說法來訓釋蒹葭二字,來考證訓詁名物,以求達到孔穎

所謂「訓詁者，通古今之異辭，辨物之形貌，則解釋之義盡歸於此。」
然而，在訓詁名物的背後，其目的乃在通其義，說明「兼葭蒼蒼，
白露爲霜」經文背後深刻的寓意。在於「霜降物成，得國禮則國興，
言其未爲霜則物不成，喻未得禮則國不興」，此段話正說明了唐人
正義中在經義的闡釋上，除了吸收漢代經注的成果，以訓詁的方式
來詮釋經典，可以看出其兼採漢人說經之長的特色。

(二)裁斷前人注疏之誤

　　孔穎達等人在注經時，亦能著眼於求實的目的，因此對於前人
義疏的成果，並不一味的遵從，如孔穎達於《尙書正義》序言提及：
「今奉明敕，考定是非，覽古人之所見，質近代之異同，存其是而
去其非，削其繁而增其簡。」《周易正義》亦談到注疏的原則乃在
於：「去其華而取其實，欲使信而有徵」，爲了實事求是，考定是
非，敢於批駁前人注疏之是非，充分展現求真的精神，唐人的正義
也具有此種精神。

　　以《春秋左傳正義》爲例，在經注的義疏解說上，多採用前代
的說法。對照孔穎達等人的疏解，並參酌馬國翰《玉函山房輯佚書》
所輯現存章句義疏作品的統計，扣除春秋章句字音與春秋土地名等
非詮釋性的作品之外，《春秋左傳正義》所引前代經說，從漢代至
南北朝爲止，大略有十七家治《春秋左氏傳》的大家❷。如：

---

❷　請參見清・馬國翰《玉函山房輯佚書及補遺》春秋類下所輯佚之書，他將
　　唐代九經正義所引的前代經說，逐條分列，依時代先後按人名、書名，逐
　　條詳注其出處。（臺北，中文出版社，景印同治七年濟南皇華館書局補刻
　　本）頁1229

　1.西漢劉向《春秋左氏傳章句》

　2.東漢　鄭　眾《春秋牒例章句》

　3.東漢　賈　逵《春秋左氏傳解詁》

　4.東漢　馬　融《春秋三傳異同說》

　5.東漢　服　虔《春秋左氏傳解誼》

　6.東漢　潁　容《春秋釋例》

　7.東漢　彭　汪《左氏奇說》

　8.東漢　許　淑《春秋左傳許氏注》

　9.魏　　董　遇《春秋左氏經傳章句》

　10.魏　　王　肅《春秋左氏王氏注》

　11.晉　　杜　預《春秋經傳集解》

　　　　　杜　預《春秋釋例》

　12.晉　　孫　毓《春秋左氏傳義注》

　13.陳　　沈文阿《春秋左氏經傳義略》

　14.陳　　王元規《續春秋左氏傳義略》

　15.後魏　賈思同　姚文安　秦道靜《春秋傳駁》

　16.　　　蘇　寬《春秋左傳義疏》

　17.隋　　劉　炫《春秋左氏傳述義》

　　隋　　劉　炫《春秋規過》

　　隋　　劉　炫《春秋攻昧》

　　如上所述，就《春秋左氏傳》而言，採納前代的經說就有十七
家之多，表現出唐人義疏的複雜性與多樣性。

　　對於前代注疏者的說法，有迂曲或謬誤者，皆予以存疑或糾正
之，或義可兩存者，則並列之，以備參考。如《春秋左傳正義》在

「隱公三年傳：公子州于嬖人之子也，有寵而好兵……驕奢淫泆，
所自邪也，四者之來，寵祿過也。」對於此段的說解，孔穎達同時
引隋代的劉炫和漢代服虔的解釋，並作一取捨：

> 正義曰：驕謂恃己陵物，奢謂夸矜僭上，淫謂奢慾過度，
> 泆謂放恣無藝。此四者之來，從邪而起。故服虔云，言此
> 四者過從邪是也。劉炫云：此四者所以自邪己身。言為之
> 不已，將至于邪。邪，為惡逆之事。劉（炫）又難服（虔）
> 云：邪是何事，能起四過？若從邪起，和須云四者之來，
> 寵祿過也？㉙

此段談到隱公三年時，公子州的行誼。我們可以看出正義在詮
釋這段話時，先解釋「驕奢淫泆」這四個字個別的意思，接著羅列
漢代服虔的對這四個字的看法，接著羅列隋代劉炫的看法。顯然的
孔穎達等人採納劉炫的說法，指出服虔之誤，認為隱公三年時公子
州的事件，應是如劉炫所說，因為公子州自身的驕奢淫泆，而引發
惡逆之事層出不窮的事實。

從上述公子州的例子，可以看出孔穎達等人，在編撰正義之時，
對於諸家注疏的取擇和解釋有其判準，經由各家注疏相互的對照與
比較，裁斷各家注疏之誤，以求達到「覽古人之所見，質近代之異
同，存其是而去其非」的目的。

㈢義疏體例的承繼

㉙　唐孔穎達《春秋左傳正義》（北京，北京大學出版社，十三經注疏本，民
　　國88年）卷一，頁54。

　　唐人注疏的編撰，在義疏經傳或注的體例上，亦有承襲前朝者。現存南北朝所流傳的義疏作品，以南朝梁皇侃的《論語義疏集解》為重要的代表作品。皇侃義疏的成就，他在序言說道：「侃今之講，先通何集（指何晏集解），若江集中諸人有可採者（指江熙集解），亦附而申之。其又別有通儒解釋，與何集無好者，亦引取為說，以示廣聞也。」㉚皇侃除了廣集論語的各家注疏，在義疏的體例上，先解篇名，次注正文，再疏注。皇侃注釋正文，為了突出義疏的特點，首先是明章義，如〈為政篇〉：「子曰：悔汝知之乎」章，解釋此段的章義為「此章抑子路兼人也」，此類似現在文章所謂的段落主旨，目地在說解正文的內涵。除此之外，在正文逐句的解釋上採用標明注疏起始點的作法，為唐代孔穎達等人在注疏中所採納。

　　以《春秋左傳正義》為例，在義疏經傳的體例上，乃效法杜預將經文與傳文分離，經文與傳注皆為義疏的對象。比較特別的是，在疏注之前，會先標明其解釋的起迄點，之後再加解釋，這種義疏的方法乃承襲南北朝而來，皇侃作《論語義疏》時首創此法，而這種方法成為後代學者作疏的普遍模式。

　　如《春秋經》載：「隱公元年，夏五月，鄭伯克段于鄢」㉛孔穎達等人在疏解時先標明起始點，如「疏：「夏五月」至「于鄢」一段。在標明疏注段落起始點後，底下接著開始作名物訓詁的考證，如鄭伯出身與背景：「正義曰：鄭國，伯爵《譜》云，政姬姓，周

㉚　梁・皇侃《論語集解義疏序》（臺北，藝文印書館，知不足齋叢書本，民國55年）

㉛　唐・孔穎達《春秋左傳正義》關於鄭伯真段于鄢一段參見，卷2，頁43。

歷王子，宣王母弟桓公友之后也。宣王封友於鄭，今京兆鄭縣是也。」

除了對於經文採取這樣的方式之外，傳文與注文，一律也是採用相同的方式。上述相同的一段隱公元年的經文「鄭伯克段于鄢」，杜預注：「不稱國討而言鄭伯，譏失教也。段不弟，故不言弟，明鄭伯屬失教而段亦凶逆。……鄢，今潁鄢陵縣」孔穎達等人疏解杜預注時，亦先標明起始點，指出疏注「不稱至縣陵」一段，接著說解正義對於此段注文的立場，明杜預所謂的春秋褒貶之義：「正義曰：「國討者，稱謂國若人，則明其為賊，言一國之人所欲討也。今稱鄭伯，指言君自殺弟，若弟無罪然，譏其失兄之教。」孔穎達等人對於杜預的注再做一疏解，說稱呼為鄭伯，乃在譏鄭伯之失，實隱含春秋褒貶之意。

如上所述，在義疏的方法上，標明疏注的起迄點，乃承襲南北朝皇侃《論語義疏》而來。可看出唐人注疏在體例上的傳承與延續。

㈣南北學的融合

南北朝時期經書的傳注，有南北學的差異，而唐代的正義走南北學融合的方向。南方經學《周易》用王弼注，《尚書》採孔傳，《詩》尊毛傳、《左傳》用杜預集解；而北方經學《易》、《詩》、《書》、《禮》、《論語》、《孝經》都以鄭注為主，《左傳》用服虔注，《公羊傳》採何休解詁。唐人在義疏的立場上，有調和南學北學的傾向。

因此《五經正義》的編撰，《周易正義》採王弼、韓康伯注，《尚書正義》主要依孔傳，但亦引鄭注以補不足。《毛詩正義》以毛傳鄭玄箋為依據，《禮記正義》以鄭玄注為主，左傳正義以杜預

《左傳集解》爲準。

貞觀七年（公元六三三）唐太宗將新定五經頒於天下，形成五經
正義與注疏的固定化，在此之前南北經學的差異，北方繼承漢儒的
系，江南則承襲魏晉學風，基於學術統一的要求，調和南北學的立
場。唐代諸多開國制度的訂定，皆具有融合南北朝學術的傾向，如
唐代的禮制，貞觀禮的形成多沿自隋代開皇禮，而開皇禮則爲南北
學融合的結果，特別是北齊禮與南梁禮的集大成者。㉜

唐人正義特點之一，就是各經之前皆有序言，載明經學的流變
與發展、各經的取材與選錄的觀點與撰述人等，儼然就是唐前的經
學流變史。其中一項重要的特色，即是融合南北學的差異，如《周
易正義》序言：

> 原夫易理難窮，雖復玄之又玄，至於垂範作則，便是有而教
> 育，若論住內住外之空，就能就所之說，斯乃義涉於釋氏，
> 非爲孔教於門，既背其本，又違於注……傳易者，西都則有
> 丁、孟、京、田，東都則有荀、劉、馬、鄭，大體更相祖述，
> 非有絕倫。唯魏世王輔嗣之注獨冠古今。所以江左諸儒，其
> 傳其學，河北學者，罕能及之。其江南義疏，十有餘家，皆
> 辭尚虛玄，義多浮誕。……今既奉敕刪定，考察其事，必以
> 仲尼爲宗；義理可詮，先以輔嗣爲本，去其華而取其實，欲
> 使信而有徵。

㉜ 關於唐初融合南北朝禮制的相關論文，參見高明士〈從律令制度論隋之立
國政策〉，收入《唐代文化研討會論文集》（臺北，文史哲出版社，民國
80），頁359-369。

　　就易學的發展來說，《易經》本是卜筮之書，至東漢時期流於讖緯之書。魏晉時期的王弼能排擊漢儒，獨標新義，加入《老》《莊》以玄學解經，使經學產生了子學化的傾向，也開創了《易經》一條新的詮釋路徑。

　　而孔穎達在傳注的取擇上採魏晉王弼的新注，實然與漢人的思維方式有所不同。四庫全書總目於《周易正義》下，評論孔穎達等人採納王弼經說云：「至穎達等奉詔做疏，始專崇王注，而眾說皆廢，故隋志易類稱鄭學浸微，今殆絕矣。」孔穎達道出官方之所以會重新注疏易經，是肇因於前代易經的詮釋的紛亂所致，如南朝在《易經》的詮釋上各家多傾向於「辭尚虛玄，義多浮誕」，並且出現佛義解易的說法，如序言所謂的「義涉於釋氏，非爲孔教於門，既背其本，又違於注」，他們皆認爲這些都不足以作爲研讀經書的依據。

　　因此，在易經的傳注上，試圖以融合南北學經說分歧，統一經學的詮釋。孔穎達等人並不滿足於漢代以來八家傳易的注解，而選擇南朝所流行魏晉王弼的注解。又兼採京房、孟喜與南北朝各家易經的說法，可以說是集漢魏以來易學之大成也。其目的在於「去其華而取其實，欲使信而有徵」，意即考覆經文必以典籍中確實記錄的根據爲基礎，以求融合出可信度較爲準確的易經說解本。

　　唐初義疏之學中融合南北學的例子，《春秋左傳正義》也是具有代表性的一部著作。回顧歷代春秋學的發展，春秋學的分歧一直沒有間斷過，《漢書·藝文志》記載：「昔仲尼沒而微言絕，七十子喪而大義乖，故春秋分爲五」這五家包括左氏、公羊與穀梁三傳

之學，以及鄒氏、夾氏二學㉝。漢代時，鄒氏無師承，而夾氏沒有傳世的書籍，因此當時學習春秋的學者主要的憑藉是三傳，其中公羊、穀梁先後立為官學，左氏學則主要流傳於民間。當此之時，公羊、穀梁二家盛於左氏。

三傳盛衰和學者各守專門的情形，至馬融（79-166）鄭玄（127-200）而漸有轉變。馬融著有《三傳異同說》其書已以兼論三傳的異同。其中鄭玄著書鍼砭何休為春秋學轉變的一個關鍵。孔穎達於《左傳注疏》底下論及春秋學的流變道：「至鄭康成箴左氏膏肓、發公羊墨守、起穀梁廢疾，自此之後，二傳遂微，左氏學顯矣」。唐陸德明的《經典釋文・序錄》亦論及：「何休作左氏膏肓、公羊墨守、穀梁廢疾，鄭康成鍼膏肓、發墨守、起廢疾，自是左氏大興」。依此來看，鄭玄因與何休辯難，他評議三傳與砭鍼何休，促使左氏學大興，三傳因而有所消長。從上述例子看來，孔穎達與陸德明俱以此次事件為漢代春秋學轉變的一個關鍵。

而左氏學愈行而愈盛，東漢至中唐之際，大體來說如《四庫全書總目》所說：「中唐以前左氏勝」唐代官方修訂五經正義，其中《春秋正義》獨取左氏，且總合前代注疏為之集解，可說是繼鄭玄之後春秋學另一次重要的學術轉折。

面對漢代以來有關於春秋學的爭議，後世學者對於如何理解《春秋》，如何看待三傳，當有一番省思。底下則以魏晉南北朝春秋學的發展為議題，探索南北朝學者理解春秋的路徑與方向。

㉝　春秋分為五，韋昭曰：「為左氏、公羊、穀梁、鄒氏、夾氏也」參見《漢書補注》卷30。

在春秋學的研究史上，被稱爲左氏功臣的杜預，是一位十分重要的人物。杜預的《春秋左傳集解》是現存最早左傳注，對於漢代以來春秋學的紛爭，杜預重新省思春秋學的進展途徑。在《春秋左傳集解》的序文中他說道：

> 古今言《左氏春秋》者多矣，今其遺文可見者十數家，人體轉相祖述，進不成為錯綜經文，以盡其變，退不守丘名之傳，於丘明之傳有所不通，皆沒而不說，而更膚引《公羊》《穀梁》，適足以自亂。預今所以為異，專修丘明之傳以釋經，經之條貫，必出於傳，傳之義例，總歸諸凡。推變例以正褒貶，簡二傳而去異端，蓋丘明之志也。其有錯疑，則略論而闕之，以俟後賢，然劉子駿創通大義，賈景伯父子、許惠卿，皆先儒之美者也，未有潁子產者，雖淺近亦复名家，故特舉劉、賈、許、潁之違，以見異同。分經之年，與傳之年相附，比其義類，各隨而解之，名曰《經傳集解》。❸❹

杜預這一段話，主張研習春秋學的進路，乃從左丘明的《左傳》入手，正是由於《左傳》詳述二百四十年之事，學者得以藉左丘明的傳來理解春秋經。杜預繼之而提出「經之條貫，必出於傳」，意謂春秋經與左傳的關係是十分緊密的，相較於漢代的鄭玄，杜預更明確的指出左傳的敘事解經的體例，據以探求《春秋》述作的原委。且獨創說春秋經的體例，以「分經之年，與傳之年相附」，將經與

---

❸❹ 唐孔穎達《春秋左傳正義》（北京，北京大學出版社，十三經注疏本，民國88年）卷一，頁22-24。

傳依以編年記事方法按時間先後排列分開，說解經文。除此之外，
杜預更進一步的網羅漢以來說春秋大家的說法，劉歆、賈景柏等人
的說法補充左丘明傳之不足，因此名曰爲「集解」。

　　參照上述，春秋學的發展到了杜預，「專修丘明之傳以釋經」
這種獨守一傳解經方式，儼然成形。把左傳提高到與經並列的位置，
並提出「經之條貫，必出於傳」強調春秋經與傳之間關係的密切。
這樣的觀念影響所及至於唐代的《春秋左傳正義》。

　　從杜預《春秋經傳集解》行於世之後，南北朝時期對於春秋左
氏傳的詮釋有服學與杜學之異。中國自東晉以後，形成南北對峙的
局面，南方經歷宋、齊、梁、陳四朝，北方由十六國，遞變爲北魏、
北齊、北周三朝。南北政治上的分立，文化上亦有明顯的差異，經
學崇尚的風格南與北亦有所不同：

《魏書·儒林傳序》

> 漢世鄭玄為眾經註解，服虔、何休各有所說，玄《易》《書》
> 《詩》《禮》《論語》《孝經》虔《左氏春秋》休《公羊傳》
> 大行於河北，王肅《易》亦間行焉。

《梁書·儒林傳序》

> 靈恩先習《左傳》服解，不為江東所行，及改說杜義，每文
> 句常申服已難杜，遂著《左氏條義》以明之，時有助教虞僧
> 誕又精杜學，因作《申杜難服》以答靈恩。

《隋書·儒林傳序》

南北所治，章句好尚，互有不同。江左《周易》則王輔嗣，
《尚書》則孔安國，《左傳》則杜元凱·河、洛《左傳》則
服子慎，《尚書》、《周易》則鄭康成。《詩》則並主於 毛
公，《禮》則同遵於 鄭氏。大抵南人約簡，得其英華，北學
深蕪，窮其枝葉。考其終始，要其會歸，其立身成名，殊方
同致矣。

從上述的例子，可以看出在《春秋左氏傳》的傳習上，有南學
北學的不同。大抵而言，北方宗漢末以來的傳統，崇尚服虔的注；
而南方則重魏晉傳統，崇尚杜預的新注。在孔穎達的《春秋左傳正
義》的序中，明言以南北學經說大成的劉炫《春秋左氏傳述義》爲
主要的底本，有疏漏之處再以南朝陳沈文阿的《春秋左氏經傳義略》
補其缺失。❸❺可看出其有意調合南北學差異的傾向。

㈤兼容儒釋道各家思想

唐人的義疏之學，在義疏的內容上，有著兼容唐以前各家思想
精華的取向。在經義的發揮與闡釋上，有許多這樣的例子。如《周
易正義》序卦第十下，孔穎達疏：

> 正義曰：孔子就上下二經，故序其相次之義，故謂之序卦焉。

---

❸❺ 唐·孔穎達《春秋左傳正義》序：「今校先儒優劣，杜爲甲也，故晉宋傳
授，以至於今。其爲義疏者，則有沈文阿、蘇寬、劉炫，然沈氏於義例粗
可，於經傳極梳，蘇氏則全不體本文，爲旁攻賈服。使後之學者，鑽仰無
成。劉炫於數君之內實爲魁楚，今奉敕刪定，據以爲本，其有疏漏，以沈
氏補焉。」，頁4。

其周氏就序卦以六門往攝，第一天道門，第二人事門，第三
相因門，第四相反門，第五相須門，第六相病門。❸❻

　　如上述，孔穎達在義疏序卦時，引南朝梁周宏正《周易義疏》，
就序卦說明佛經中六門之往攝，所謂某門某門者，乃出自佛經注疏
之法。可見義疏中融雜有佛家之思想。除了佛家思想之外，在賈公
彥《儀禮注疏》序中，有以玄學解經的發揮：

> 竊聞道本沖虛，非言無以表其疏；言有微妙，非釋無能悟其
> 理，是知聖人言曲事，資注釋而成❸❼

序中所提及「道本沖虛，言有微妙」是玄學家的語彙。老子所謂：
「道可道，非常道。」這是受到南朝玄學治經的影響，發揮於義疏
之中。在《禮記正義》也可見融攝唐以前各家思想的影子，在疏解
〈中庸〉：「天命之謂性，率性之謂道，修道之謂教」此段經文下
曰：

> 正義曰：天命之謂性者，天本無體，亦無言語之命，但人感
> 應自然而生，有賢愚吉凶，若天之付命遣使之然，故云天命。
> 老子云：道本無名，強名之曰道。但人自然感生，有剛柔好
> 惡、或仁、或義、或禮、或知、或信，是天性自然，故云之
> 謂性。…引賀瑒云：性之與情，猶波之水，靜時是水，動則
> 是波，靜則是性，動則是情。…論語云：性相近，習相遠也。

---

❸❻　唐・孔穎達《周易正義》卷第9，周易序卦第10，頁334。
❸❼　唐・賈公彥《儀禮注疏》序，頁1。

亦據中人七等也。道也者，不可須臾離也者。此謂聖人修行
仁、義、禮、知、信以為教化。**❸**

此條主要在詮釋〈中庸〉天命的義理，此段經文的詮釋，值得注意
的地方有三點：其一引用《老子》自然之道來解釋人的天性乃出於
自然，雜有魏晉以來，引《老》《莊》解經，有玄學解經的意味。
其二又引南朝梁賀瑒性情之說，所謂：「性之與情，猶波之水，靜
時是水，動則是波，靜則是性，動則是情」，由水波動與靜，比喻
人之性情，顯然是漢儒人性論之說流行於南北朝的證據。其三接著
引《論語》：「性相近，習相遠」解說儒家禮樂人文化成之性。

　　上述的三點說法，說明了唐代義疏之學在詮解經文上的特色，
有兼容各家思想來詮解經文的傾向。如〈中庸〉的「天命之謂性，
率性之謂道」一句話，就引魏晉以來流行的玄學之說，以道家思想
說來解經；也有引漢代儒家的人性論來解經，並兼引先秦儒學孔子
的《論語》談禮樂人文教化之性。因此，孔穎達等人對於〈中庸〉
這段話的闡釋可以看作唐人義疏兼容唐代儒道各家思想的典型例
證。

　　本節以九經注疏所反映的經學現象為重點，分幾個面向探論其
經學上的意義：

其一，從吸收歷代注疏成果中，可見唐人義疏實集南北朝經說
　　　　與漢代經說之大成。

其二，從裁斷前人注疏之誤的探討，可以看出孔穎達等人，在
　　　　編撰正義之時，對於諸家注疏的取擇和解釋皆有其判

------

❸　唐・孔穎達《禮記正義》卷第52，中庸31。頁1442-1443。

準，經由各家注疏相互的對照與比較，裁斷各家注疏之
誤，以求達到「覽古人之所見，質近代之異同，存其是
而去其非」的編纂目的。

其三，在義疏體例的承繼上，唐人注疏的編撰，在義疏經傳或
注的體例上，亦有承襲前朝者，如標明疏注的起迄點，
乃承襲南北朝皇侃《論語義疏》而來。可看出唐人注疏
在體例上的傳承與延續。

其四，在南北學的融合上，唐人義疏以南北學兼採的方式，調
合經說的分歧。

其五，兼容儒釋道各家思想上，從孔穎達、賈公彥等人實際義
疏的內容中，雜有儒釋道與玄學思想，可以看出唐人在
義疏的內容上，有著兼容唐以前各家思想精華的取向。

因此，從上述幾點，有關唐人義疏的內容與體例，注疏的判準與思
想的討論上來看，可以說從漢代以來這千餘年的經學注疏的精華，
實薈萃於其中。也就是說，由漢至唐的章句義疏之學的發展，至此
到達一個高峰，唐人以義疏經典的方式修纂九經注疏，可說是總結
了唐以前學術的成果。

四、結 論

唐代修《五經正義》與四部《義疏》的規模來看，可以說是經
學史上典範式的注疏代表作品。唐人九部義疏在修纂完成之後，由
於作為明經科考試的依據，成為唐代讀書人追求利祿之途徑。因此
問世以來，藉著科舉制度的推波助瀾和官修注疏的背景，幾乎成為

漢以來章句注疏的總結式作品，同時也是中國的注疏之學的顛峰之作。

　　皮錫瑞於《經學歷史》一書中將唐人義疏的編撰定位為「經學統一時代」的產物❸，民國的學者錢穆則認為，唐代《五經正義》之後所建立起來唐人九疏的經學詮釋體系，乃魏晉注疏之學的延續，因此認定為「經學中衰時期」的產物。而清末的劉師培，對於唐代的義疏之學，也有自己獨到的見解，他認為唐人藉由頒訂五經正確的義疏，以學術來干預政治，來統合一個時代的學術。這種作為其實與秦代的焚書坑儒，漢代的獨尊儒術其本質可以說是相同的，無怪乎劉師培在《國學發微》一書中，譏刺五經正義的編撰乃是一種學術的大專制。

　　本文則以為，唐代九部義疏的修纂，在取材上、體例的承繼上與思想內容上，總結了漢代以來千年經說的成果，因此唐代所編撰的《正義》與《義疏》，可以說是經學總結時代的一個產物。

　　此外，唐人所編修的這九部義疏，每部作品前皆有序，並具有完整義疏的體式，充分展現唐代前期的學術觀點。如漢人注釋經傳，專精於訓詁，魏晉以來，學者不再遵守師法的限制，如王弼《周易注》、何晏《論語集解》、杜預《春秋左傳集解》、郭璞《爾雅注》對於經文詮釋多不放在聲音、訓詁的考證上。而義疏兼採漢人與魏

---

❸　清·皮錫瑞《經學歷史》〈經學統一時代〉「隋唐為經學統一時代，天下統一，南并於北，而經學統一，北學反并於南，此不隨世運而轉移者也。自孔穎達正義定本頒於國冑，用以取士，天下奉為圭臬。唐至宋初百年，士子皆謹守官書，莫敢異議矣，故論經學，故論經學為統一最久時代。」（臺北，藝文印書館，民國85年）頁212。

晉以來經說之大成，展現唐初兼容前代經說的學術觀點。

就取材的問題來看，清代以來的學者，多站在漢學的立場多批評《正義》有「好尚後儒，不知古學，於是爲義疏，爲釋文，皆不能全用漢人章句，而經學有不明矣」的弊病，或批評其專守一家之學，盡用於科舉考試，使與其經說相違背之書籍，皆相亡佚。我們從前述章節的討論中看出，其實這樣的批評是有欠公允的，回歸於唐初的學術背景來看，爲了統一經說的分歧與書籍編撰的方便，大量吸收前代注疏的成果，取材南北朝的經說，在書籍修纂上，乃自可收事半功倍之效。

從經學發展的歷史來看，自先秦至唐代孔穎達等人撰《五經正義》，這千餘年間的經學傳統，一般稱爲古注疏時代，從前漢人用傳注來傳經，偏重名物訓詁的探討，魏晉以來，義疏之學興起，著重於玄學義理的闡發，到了唐代適逢魏晉南北朝世代交替，政治上的大變動通常也是學術上的大變動，基於正統的承續問題，太宗藉由修書繼承歷代崇儒尊經的傳統，並且由官方主導正義的修纂，五經的經說因此有了官定的標準解說本，對於科舉制度的深遠影響一直至宋代，造就宋代十三經詮釋系統的成形。

從唐代修《五經正義》的規模來說，所代表的是中國經學史上一個重要轉折的作品。承上它總結了漢魏經學成果，由官方樹立了經學注疏的典範，中國學術成績至此可以說作了一次總結。下開經學研究新局面，從此之後，經學研究的路向，起了些許變化。有懷疑經書注解而開啓宋代疑經傳的路線，如唐大曆時期啖助、趙匡懷疑春秋經傳的可信度，也有宋代懷疑經書義理，走宋儒己意解經的路線，使宋代經學呈現各家爭鳴的現象，唐人九本義疏的編撰，在

漢魏經學與宋代經學中間，其實扮演相當重要轉折位置。因此，唐代九部義疏的著作，我們可以作為經學史上代表唐初前期重要學術觀點的著作。

參考書目

一、古籍專著

漢・鄭玄箋，唐・孔穎達疏《毛詩注疏》，（影嘉慶 20 年南昌府學刊十三經注疏本），臺北：藝文印書館，1982 年。

漢・鄭玄注，唐・孔穎達等疏，《禮記注疏》，（影嘉慶 20 年南昌府學刊十三經注疏本），臺北藝文印書館，1982 年。

魏・王弼注，唐・孔穎達等疏，《周易注疏》，（影嘉慶 20 年南昌府學刊十三經注疏本），臺北藝文印書館，1982 年。

漢・鄭玄注，唐・孔穎達等疏，《周禮注疏》，（影嘉慶 20 年南昌府學刊十三經注疏本），臺北藝文印書館，1982 年。

漢・鄭玄注，唐・賈公彥疏，《儀禮注疏》，（影嘉慶 20 年南昌府學刊十三經注疏本），臺北藝文印書館，1982 年。

漢・鄭玄箋，唐・孔穎達疏《毛詩注疏》，（影嘉慶 20 年南昌府學刊十三經注疏本），臺北藝文印書館，1982 年。

漢・孔安國傳，唐・孔穎達疏《尚書注疏》，（影嘉慶 20 年南昌府學刊十三經注疏本），臺北藝文印書館，1982 年。

漢・孔安國傳，《尚書孔傳》四部備要本。臺北：臺灣中華書局，1979 年。

漢・鄭玄箋，《毛詩鄭箋》，鄭玄箋，四部備要本。臺北：臺灣中華書局 1983 年。

晉・范寧注，唐・楊士勛疏，《穀梁注疏》，（影嘉慶 20 年南昌府

學刊十三經注疏本），臺北：藝文印書館，1982年。

晉·何休注，唐·徐彥疏，《公羊注疏》，（影嘉慶20年南昌府學刊十三經注疏本），臺北藝文印書館，1982年。

晉·杜預注，唐·孔穎達等疏，《左傳注疏》，（影嘉慶20年南昌府學刊十三經注疏本），臺北：藝文印書館，1982年。

魏·王弼，晉·韓康伯撰，《周易王韓注》，四部備要本。臺北：臺灣中華書局，1979年。

唐·陸德明撰，《經典釋文》，（影抱經堂本）。臺北：漢京文化事業公司，1980年。

晉·杜預，《春秋經傳集解》。臺北：新興書局，1979年。

後晉·劉昫等撰，《舊唐書》，臺北：鼎文書局，1985年版。

唐·魏徵等撰，《隋書》，臺北：鼎文書局，1985年版。

宋·歐陽修等撰，《新唐書》，臺北：鼎文書局，1985年版。

宋·馬端臨，《文獻通考經籍考》，上海：華東師範大學出版社，1985年版。

宋·晁公武，《郡齋讀書志》，臺北：臺灣商務印書館影印宋理宗淳祐年間袁州刊本，1978年版。

宋·陳振孫，《直齋書錄解題》，國學基本叢書四百種，臺北：臺灣商務印書館，1968年。

宋·胡應麟，《少室山房筆叢》，臺北：世界書局，1963年版。

清·紀昀等，《四庫全書總目》，臺北：漢京文化事業公司1986年版。

清·朱彝尊編，《經義考》林慶彰、蔣秋華等審定，臺北：中央研究院。中國文哲研究所籌備處，1997年版。

清·吳承仕疏證，《經典釋文序錄疏證》，（影抱經堂本）。北京：中華書局 1984 年。

清·馬國翰輯，《玉函山房輯佚書及補遺》，（一至六冊）馬國翰輯。臺北：中文出版社。

清·劉文淇撰，《春秋左氏傳舊注疏證》。北京：中華書局，1979年。

清·劉師培，《經學教科書》，民國叢書第二編，上海書店 1990 年版。

清·皮錫瑞，《經學歷史》，臺灣：藝文印書館，1996 年。

清·劉師培，《國學發微》，臺北：國民出版社，1959 年版。

清·梁啓超，《中國近三百年學術史》，北京：東方出版社，1996年。

二、現代專著

簡博賢，《今存南北朝經學遺籍考》，臺北：黎明出版社，1975 年。

李威熊，《中國經學發展史論》，臺北：文史哲出版社，1978 年。

簡博賢，《今存唐代經學遺籍考》，臺北：黎明出版社，1978 年。

劉汝霖，《漢晉學術編年》，臺北：長安書局，1979 年版。

劉汝霖，《東晉南北朝學術編年》，臺北：長安書局，1979 年版。

高士奇撰，楊伯俊點校，《左傳紀事本末》，北京中華書局，1979年。

張高評撰，《左傳之文學價值》，臺北：文史哲出版社，1982 年版。

錢穆，《中國學術思想論叢》，臺北：東大圖書公司 1983 年版。

陳登原撰，《國史舊聞》，臺北：明文書局，1984 年版。

張寶三，《唐代經學及日本近代京都學派中國學研究論集》，臺北：
　　里仁書局，1987 年。

馬宗霍，《中國經學史》，臺北：臺灣商務印書館，1986 年。

宋鼎宗，《春秋宋學發微》，臺北：文史哲出版社，1986 年。

錢穆，《中國近三百年學術史》，臺灣：商務印書館，1990 年。

本田成之，《中國經學史》，臺北：廣文書局 1990 年。

程元敏，《春秋左氏經傳集解序疏證》，臺北：臺灣學生書局，1991
　　年。

林慶彰，《中國經學史論文選集》，上下冊，臺北：文史哲出版社
　　1999 年。

安井小太郎等，《經學史》，臺北：萬卷樓圖書有限公
　　司，1996 年。

周予同，《經學史論著選集》，上海：人民出版社，1996 年。

章權才，《魏晉南北朝隋唐經學史》，廣州：廣東人民出版社，1996
　　年。

龔鵬程，《唐代思潮》，宜蘭：佛光人文社會學院，2001 年。

三、期刊論文

李威熊，〈隋唐經籍及義疏之學的探討〉，孔孟學報 48 期 1984 年，
　　頁 27-45。

張高評撰，〈左傳之敘事法探微〉，《孔孟學報》41 期，頁 223-234。

張高評，〈左傳學研究之現況與趨勢〉，《經學研究論叢》第二籍，
　　1994 年，頁 63-70。

汪惠敏，〈唐代經學思想變遷之趨勢〉，輔仁國文學報第一期，1985

年頁 257-287。

謝保成，〈中唐春秋學對史學發展的影響〉，社會科學研究，1991
　　　年第三期，頁 72-77。

劉光裕，〈唐代經學中的新思潮‧評陸淳春秋學〉，南京大學學報，
　　　1990 年第一期，頁 85-93。

謝保成，〈中唐春秋學對史學發展的影響〉，社會科學研究，1991
　　　年第三期，頁 72-77。

封思毅，〈唐石經與宋本〉，國立中央圖書館館刊第十二卷第二期，
　　　1979 年，頁 1-6。

屈萬里，〈十三經注疏版刻述略〉，收錄於，《書傭論學集》，頁
　　　216-236。

龔鵬程，〈唐代的公羊學‧徐彥義疏研究〉，興大中文學報第十二
　　　期，1985 年，頁 1-38。

張寶三，《五經正義研究》，台大中國文學研究所碩士論文，1992
　　　年。

龔鵬程《孔穎達周易正義研究》，師範國文研究所碩士論文，1979
　　　年。

康秀姿，《孔穎達毛詩正義解經探論》，臺北大學中國文學系碩士
　　　論文 1997 年。

林國鍾，《尚書正義對鄭玄王肅之取捨研究》，中正大學中國文學
　　　研究所碩士論文，1993 年。

金仲洪，《唐代學制與經學研究之關係》，中國文化大學中國文學
　　　研究所碩士論文，1980 年。

宋代經典新詮觀念的產生與演變

蔡 琳 堂[*]

一、前　言

　　中國學術史之發展，大抵以經學詮釋之發展為主軸。歷代詮釋經學之著作，構築出經學史發展之大脈絡，由此一脈絡衍生出學術史之發展。歷代對經典之詮釋，存在著承繼、發展、新變、歧出等種種現象，鄭吉雄先生在〈從經典詮釋傳統論二十世紀「易」詮釋的分期與類型〉一文中，曾提到歷代經書詮釋之類型說：

> 中國三千年經學的著作，第一類是經書（即《五經》），第二類是直接詮釋經書的著作（包括兩類，一類為《公羊》、《爾雅》之類，初為釋經著作，後則入於「經」的行列，與《詩》、《書》並列；另一類則為《毛傳》、《尚書大傳》等未列入《十三經》卻同為直接釋經的著作），第三類是注釋第二類釋經著作的著作（如何休《春秋公羊傳解詁》、《詩經·毛傳》鄭玄《箋》之類），第四類是疏

---

[*]　淡江大學中文研究所博士生，淡江大學中文系兼任講師

釋第三類釋經著作的著作（如徐彥為何休《春秋公羊傳解詁》作
《疏》、孔穎達為鄭玄《毛詩箋》作《疏》之類）。每類釋經著作
的時代都較前一類為晚，後一類解釋前一類，形成了一種尊
崇古昔、依隨傳統的型態。這四類著作，每一類就是一層：
第一類為核心；第二類為第一層，包圍著核心；第三類為第
二層，包圍著第一層，如此類推。❶

在宋代以前之經書詮釋著作，大抵有如上述現象，後人註解前人解
經之作，一方面想對前人之說法加以詮釋，但卻又脫離不出前人所
解釋的範疇，以致時代越後，離經書之宗旨越遠，形成第二類或第
三類著作之再詮釋的現象，如唐代「九疏」，即是對漢魏以來解經
作品的再詮釋。在經書詮釋傳統中，當第二類或第三類著作普遍受
到認同、尊崇之後，此類著作便有著與經書等同或類似的學術地位。
後學對於此類解經之書，基本上在依循傳統、陳陳相因之心理下，
並不會對它有過多的批評與超越，倘若有學者對前人解經之作有異
議、直接抨擊經書解釋之正確性時，通常會被人冠以「異儒」或「非
聖無法」之價值判斷，從而使得經學之發展有停滯不前之現象產生。

　　自唐代統一經書解釋，正式頒布《五經正義》以後，經學之詮
釋雖有了統一的標準，但卻也規範了學者對經學研究的思考方向，
官方說法成為影響經學詮釋的唯一力量，政府也實際地掌握了經學
發展的主導權。唐代有許多對於經書歧義的裁定，皆是由官方政治
力（即皇帝）做最後的判定，而不是由學者作義理上的判準，此一現

❶　《國立中央大學人文學報》第20、21期，（民國88年12月、89年6月），頁
175-242。

象是政治凌駕於學術之反映。如開元七年劉知幾（661-721）上呈〈《孝經》注議〉，舉例證十二則說明今文《孝經》鄭《注》非出於鄭玄，其言此《注》「言語鄙陋」，不足以爲《孝經》注，且不應「傳諸不朽」、立於學官。劉知幾認爲古文《孝經》之孔安國《傳》「經文盡在、正義甚美」，建議應該「行孔廢鄭」。此說當時引起諸多學者的討論、辯駁，最後由玄宗裁定爲鄭《注》依舊行用、孔《傳》應加獎飾流傳❷。就經典詮釋之義理是非而言，其最終之裁決非關學術正義，而是由政府以政治權威來平息此一紛爭，根本並未解決義理上的問題，只是將此問題略過而不談。此外，唐玄宗變更《尚書》經文、改動《禮記》篇章順序等之做法，全然無視於經典之學術價值，以一己之認知更動傳統典籍之內容，並影響整個學術界，由此可顯示出唐代政權在經學正常發展上所造成的阻礙❸。此外，唐代開「明經科」取士，區分九經之傳注義疏爲大、中、小經三類，應考者有「通二經」、「通三經」、「通五經」之區別❹，學子在趨易避

---

❷　見《唐會要》卷77（北京：中華書局，1998年），頁1405。

❸　各朝代政治力介入學術之現象，可謂屢見不鮮，如漢代博士官之設立、西漢宣帝「親制臨決」石渠閣會議、東漢章帝白虎觀經議、唐太宗正訂群經字樣、纂修五經正義、宋真宗重新校訂諸經正義、孟子經學地位之肯定等諸史實，其中均反映出政治力凌駕於學術正義之上。

❹　《新唐書·選舉志上》：「凡《禮記》、《春秋左氏傳》爲大經，《詩》、《周禮》、《儀禮》爲中經，《易》、《尚書》、《春秋公羊傳》、《穀梁傳》爲小經。通二經者，大經、小經各一，若中經二。通三經者，大經、中經、小經各一。通五經者，大經皆通，餘經各一，《孝經》、《論語》皆兼通之。」見《新唐書》（北京：中華書局，1997年11月，《縮印本二十四史》第11冊），頁1160。

難之情況下，多選擇經文篇幅較短、記誦較易者，因而有「《禮記》文少，人皆競讀」、「為《傳》學者，猶十不一二」❺之情況出現，遂使諸經之研習有輕重偏頗之別，而士子治經習經之志不在深研經義，故朝野下上雖著意於經學，實則有扼殺經學深層發展之嫌。

　　唐代官方對經學發展之掌控方式，至宋初基本上仍沿襲而不改，政府所頒行之五經定本，依舊是以《五經正義》為主的漢唐注疏之學，士子謹守官書之風氣並無改變，而科舉考試更是篤守《正義》之詮釋角度。在宋真宗景德二年（1005）時，曾發生士子於科舉考試時，不依經義而黜落的情形。《宋史・王旦傳》中載云：

> 李迪、賈邊有時名，舉進士，迪以賦落韻，邊以〈當仁不讓於師論〉，以「師」為「眾」，與注疏異，皆不預。主文奏乞收試，旦曰：「迪雖犯不考，然出於不意，其過可略。邊特立異說，將令後生務為穿鑿，漸不可長。」遂收迪而黜邊。❻

此則記載，正表明宋初在經學詮釋的態度上，仍承襲著唐代注疏之學的流風，對於採用「異說」解經者，均加以抑制，顯示出當時官方對於經典詮釋的保守態度，與其掌控經學發展的意圖。宋初官方對經學詮釋雖然採保守態度，但當時已有學者提出不同的看法，如古文家柳開（946-999）治學之法，「凡誦經籍，不從講學，不由疏義，

---

❺　見《唐會要・貢舉上・帖經條例》，頁1630；《唐會要・貢舉中・三傳》，頁1665。

❻　見《宋史》（北京：中華書局，1997年，《縮印本二十四史》第16冊），頁9550。

悉曉其大旨。注解之疏，多爲其指摘」❼。又如孫奭（962-1033）對《五
經》章句之刪繁節要，宋祁（998-1061）在〈孫奭墓誌銘〉中有述及
曰：「公患《五經》章句浮長，刪爲《節解》數百篇。取九經之治
要，著《微言》五十篇」❽。上述二人，柳開是宋初提倡古文最力之
人，他以古文家的身分、角度，對經學的詮釋採取不同於官方的態
度❾，不由疏義、多加指摘，表明出他對章句注疏的否定。而孫奭身
爲經學家，對漢唐注疏雖感不滿，但其態度較爲謹慎，他是採取刪
節注疏的方法對《五經正義》作修正。此二人反映出當時學者對漢
唐注疏的兩種態度——否定與修正。此一時期其他學者對於官方所
頒布之漢唐注疏的看法，雖無很多直接的文字證據，但從宋眞宗景
德四年（1007）七月對臣下所說的：「近見詞人獻文，多故違經旨以
立說，此所謂非聖人者無法也❿」一語可看出，當時是有許多人對於
官方經義提出不同的看法，而且是有意識地反對經義。而在稍晚的
神宗熙寧二年（1069）司馬光（1019-1083）所上的〈論風俗劄子〉一文
中可看出，此時不守漢唐章句、對注疏提出質疑，已是風潮流衍、
蔚爲時尙。其文曰：

> 至有讀《易》未識卦爻，已謂〈十翼〉非孔子之言；談《禮》

---

❼ 張景所撰之〈柳開行狀〉，見柳開《河東先生集·附錄》（台北：臺灣商
　務印書館，民國56年，《四部叢刊》本），頁99。
❽ 見宋祁《景文集》卷58（台北：新文豐出版社，民國74年，《叢書集成初
　編》第60冊），頁460。
❾ 柳開以古文家的身分對注疏之學的否定，在以下的篇章中，有一節專論古
　文家對疑傳、疑經思潮興起的影響。
❿ 見《新校續資治通鑑》卷26（台北：世界書局，民國51年），頁599。

> 未知篇數,已謂《周官》為戰國之書;讀《詩》未盡〈周南〉、
> 〈召南〉,已謂毛、鄭為章句之學;讀《春秋》未知十二公,
> 已謂三《傳》可束之高閣。循守注疏者謂之腐儒,穿鑿臆說
> 者謂之精義。⓫

文中司馬光所批評者是當時的新進後生,他指出這些淺學之人的種
種浮誇情形。其言雖點明反注疏之學的浮濫,但卻也證明反漢唐注
疏之學的風行,與官方主導經學發展的無能為力。

　　宋代經典新詮之普遍現象,發生在宋仁宗慶曆(1041-1048)以後,
此時之經學發展(或可言之為儒學發展),融合著政治改革風潮⓬、儒
學復興運動⓭等諸多其他因素而興盛,其所展現之風采,迥別於漢唐

⓫　司馬光《司馬溫公文集》(台北:新文豐出版社,民國74年,《叢書集成
　　初編》第61冊),頁631。

⓬　王安石主導《三經新義》的編纂、撰寫《字說》,在一定程度上是欲作用
　　於政治改革上。有關王安石變法改革之思想來源與對典籍的重新詮釋並加
　　以運用之敘述,可參見李俊祥著《王安石學術思想研究》(北京:北京師
　　範大學出版社,2000年11月),頁29-180。又可參見鄧廣銘著《北宋政治改
　　革家王安石》(北京:人民出版社,1997年10月)、趙益著《王霸義利--
　　北宋王安石改革批判》(南京:南京大學出版社;2000年10月)等書。

⓭　宋代儒家復興運動承襲著中唐以來之餘緒,從韓愈反佛興儒以來,中間因
　　歷經五代戰亂而蕭沉。宋初石介、歐陽修等人繼之而起,遂使儒學精神重
　　新發揚。而在此一過程中,倡議者之身分,多是我們所熟知之古文家,而
　　這批人多有疑傳疑經之言,顯示二者在一定程度上有相關聯之處,因此對
　　宋初之經典新詮的發展上,應該有其推波助瀾之功。關於此點,可參見劉
　　復生著《北宋中期儒學復興運動》(台北:文津出版社,民國80年7月)、
　　馮曉庭著《宋初經學發展述論》(台北:萬卷樓圖書有限公司,民國90年8
　　月)、張躍著《唐代後期儒學》(上海:上海人民出版社,1997年1月)等
　　書。

以來之經典詮釋面貌。有關宋代經學發展之新風貌,宋人在典籍中即有所記載,宋·吳曾（南宋高宗時人）在其《能改齋漫錄》卷二〈事始·注疏之學〉中即提到:

> 國史云:「慶曆以前,學者尚文辭,多守章句注疏之學。至劉原父為《七經小傳》,始異諸儒之說。王荊公修《經義》,蓋本於原父云。」⓮

吳曾在文中引國史之語,說明宋代經學之發展以慶曆為分野,慶曆以前多守章句注疏之學;慶曆以後,尤其是劉原父（劉敞,1019-1068）撰《七經小傳》之後,整個學風轉以多異前儒之說,顯示慶曆年間對宋代經學之發展有著轉折的變化存在。吳曾之說,證明宋代經學之走向有別於漢唐諸儒,但其述「始於劉原父」則不甚確。早在劉敞之前的柳開（946-999）、范仲淹（989-1052）、孫復（992-1057）、歐陽修（1007-1072）等人,即對經之傳、注有所質疑,甚而懷疑五經之作者、經文有誤。又,南宋·王應麟（1223-1296）《困學紀聞·經說》中曾述及宋初經學之現象並引宋·陸游（1125-1210）之語曰:

> 漢儒至於慶曆間,談經者守故訓而不鑿。……陸務觀曰:「唐及國初,學者不敢議孔安國、鄭康成,況聖人乎?自慶曆後,諸儒發明經旨,非前人所及。」⓯

王應麟所引陸游之語者,亦說明宋代經學風氣之轉變,仍以慶曆年

⓮　見吳曾《能改齋漫錄》（台北:木鐸出版社,民國71年5月）,頁28。

⓯　南宋·王應麟《困學紀聞》卷8「經說」條（台北:中華書局,民國55年,《四部備要》本）,頁39。

間為分界，是以由慶曆年間前後之經學發展作為觀察重點，是有助
於了解宋代經典新詮觀念的衍生，並由此探索其演變歷程。

　　宋初對五經典籍之詮釋，在經學史上之特徵為疑傳、疑經觀念
的興起，此一現象在前代並不多見。疑傳疑經成為宋代經學發展之
特色，普遍地成為目前經學研究者之共識。許多學者在相關論著中
均有所討論，如葉國良《宋人疑經改經考》❻、程元敏《王柏之生平
與學術》❼、汪惠敏《宋代經學之研究》❽、金中樞《宋代學術思想
研究》❾、吳萬居《宋代書院與宋代學術之關係》⑳、章權才《宋明

---

❻　葉國良《宋人疑經改經考》（台北：台灣大學出版委員會，民國69年6月）。
　　書中主要梳理宋代有關疑經改經之著作，並分析經部各類著作之多寡情
　　況，基本上是反映當時之經學現象。

❼　程元敏《王柏之生平與學術》（台北：學海出版社，民國64年12月）。本
　　書藉由探研南宋王柏之生平學術為主軸，勾稽出兩宋理學、四書學、尚書
　　學、詩經學之種種現象。透過分析王柏疑經思想之承繼與影響，將宋學之
　　學風彰顯出來。

❽　汪惠敏《宋代經學之研究》（台北：師大書苑，民國78年4月）。本書主在
　　論述宋代易、書、詩、禮、春秋各經之發展狀況，並就相關之疑經、改經
　　作一整理。

❾　金中樞《宋代學術思想研究》（台北：幼獅文化事業公司，民國78年3月）。
　　本書之第一、二、四、五等章論述有關疑經改經之內容，其中作者將宋人
　　疑經改經之作為，視為是「經學當代化」，此一說法基本上可以接受，因
　　宋人有意識地將經學詮釋導入當代意識，並欲擺脫前代之詮釋束縛，書中
　　列舉許多例證證成己說，但作者對於此一疑經改經現象之背後因素，並未
　　多加深究。

⑳　吳萬居《宋代書院與宋代學術之關係》（台北：文史哲出版社，民國80年9
　　月）。本書同名之第五章主要在討論書院講學對學術發展的影響，作者認
　　為宋代學者於書院講學，對理念之傳達影響極大，其中疑經改經風氣之盛
　　行，亦與此關係極大，故於小節中標舉「新義解經」、「以疑相高」兩點
　　作說明。

經學史》❷、馮曉庭《宋初經學發展述論》❷等等，均或多或少地對疑傳疑經之現象做出梳理或提出見解。然就此諸多著作來看，其內容多爲描述現象或侷限於宋初疑經改經風氣盛行之初始，對其深層之意涵與後續之發展，則較少論述；且對宋人（尤其到南宋以後）凸顯四書且取代五經成爲儒家思想精華之蘊藉所在之做法與疑傳、疑經、改經之關聯性，並未有所論述，故本文即從前賢所未注意之處著手，希望能從宋代經學之發展脈絡中，梳理出宋人疑經改經思潮下，經典詮釋背後之思維衍生與文本對象之轉移的過程，從而呈現出宋代經學新詮之發展脈絡。

---

❷ 章權才《宋明經學史》（廣州：廣東人民出版社，1999年9月）。本書對疑經改經之經學現象，並無明顯之標題，但小節中有對歐陽修、劉敞等人之疑經思潮做一論述，書中由於意識型態之所限，及論述範圍過大，故對某些深入性的內在因素並無著墨，例如：疑經改經對宋初經學發展之影響、宋初經學思潮對理學發展之作用等。

❷ 馮曉庭《宋初經學發展述論》（台北：萬卷樓圖書有限公司，民國90年8月）。本書主要以宋初八十年間之經學發展爲主要討論範疇，其中對於疑經改經風氣之形成，追溯至中唐以來逐漸由「棄傳從經」以迄「以己意說經」之詮釋方式演變之過程。作者對於宋初經學之特殊現象做出詳細的梳理，並區分出此時期經學發展之各家派及其影響，是目前對於宋代疑經改經思潮之興起、演變與影響，論述較爲詳實的一部著作。可惜的是本書對於北宋後續之經學發展，與南宋漸次成型之四書詮釋體系並無論述，對傳統以來五經詮釋系統如何轉變、爲何轉變爲四書詮釋系統之過程、原因，未有進一步討論，殊爲可惜。（因本書僅限於討論宋初之經學發展，故此範圍之外的部分並未繼續論述，也因此使本文能有空間繼續討論）

二、疑傳疑經思潮之興起

本文所謂「疑傳疑經」之說，乃設定爲當時一種經典詮釋之思潮，此一思潮之產生與演變，有其層序性。首先是中唐以後對「官方說法」之經傳注疏提出質疑，此一部分個人假定爲「疑疏」或「疑注」時期。此一疑疏疑注之現象，於歷代均曾出現，本不足爲奇，然其出現之時爲唐代《五經正義》頒布不久，且《五經正義》代表前代注疏之學的總結與官方正統學術之認定，故此一現象的產生，有著一種「挑戰權威」或「反權威」之意義。疑疏疑注之後更進一步，便形成「疑傳」現象。此處所謂之「傳」，是指像《春秋三傳》此一層次的解經之作，此一時期從中唐啖助、趙匡與陸淳等人之《春秋》學開始，持續到北宋初年如歐陽修等人之疑傳之說。疑傳之後便進到最終階段──疑經、更進而改經之時期。北宋以後經學發展之特色，常籠罩著疑經或自爲新解之氛圍，宋代經學家雖未人人疑經，但對傳統以來《五經》本身之神聖性、權威性，似有逐漸動搖之趨勢，儒者對於經義有所不愜於義理之時，往往自爲新解以證之；再加上魏晉以來儒學吸收佛學思想之後，其自身思維結構、學說體系有重整之趨勢，故儒學內部返溯孔門之初始，尋求一套足以媲美佛學思想體系之經典，於是乎《四書》慢慢取代《五經》在儒家經典中的地位，而成爲最具代表孔孟思想之學說精華。

上述所言之諸時期，非層序順遞之勢，其彼此間實屬重疊發展，最初出現疑傳者爲《春秋》學，就當時整體學術環境與社會現況來看，可能與「安史之亂」後中國本位主義之興起有關。其次出現與

前代經傳注疏有所牴觸者爲《禮》學部分，其產生之因主要爲當代禮法與傳統禮學之註解有衝突，如聶崇義《三禮圖集注》之撰就，便掀開日後禮學爭論之機。而入北宋之後，疑傳疑經之現象漸次擴大，學者有意識、有目的的疑傳疑經、新傳改經等成爲普遍性，遂形成整個宋代經學之獨特性質㉓。

　　中唐以後「疑傳疑經」思潮之興起，有其時空環境之背景因素，在此眾多影響因素中，個人覺有二點與此一思潮之興起息息相關，一是對官方所頒布之「九疏」的詮釋內容有質疑；一是安史之亂後，儒學復興運動的提倡。前者是經典詮釋的內部問題，學者就本身之知識來源、所理解的不同提出異議；後者是以韓愈爲中心之前後時期的古文家，所提倡古文運動所引發對五經之道的追尋。此二者對宋代產生的「疑傳疑經」思潮，具有深遠的影響，可以說宋仁宗慶曆以後之宋學發展，是承襲自中唐以來的學術走向，慶曆以後對經學的種種詮釋態度，基本上在中唐的學術界已見其端倪。以下各節即就此一部份進行論述，並略述唐以前有關經典詮釋之爭議現象。

(一)唐以前經典詮釋之爭議

　　對《五經》傳注之內容、代表性提出質疑——包括對傳注詮釋經文之正確與否（其中包含經文本身之正確性）、傳注詮釋經典的標準認定等方面——在唐以前就屢有爭議。以傳注詮釋內容之正確性而言，早在西漢經學體系初立不久之後的東漢時期，儒學內部便因反

㉓　在此經學流變之歷程中，亦有個別突出之現象出現，如唐玄宗之更動經文，就學術史之發展而言，乃屬無意識地改動，其前後無所承續，故僅可視爲個別現象。

讖緯天人感應之說而有異議出現。在當時讖緯思想籠罩下，五經被詮釋者賦予過多的神秘色彩，部分經文所記之不合理處，往往被儒者以詮釋的方式予以合理化，遂產生許多怪誕之說而失卻本真。於是乎有學者提出反思，著書立說，對學界之風作出抨擊，其中最著者為王充（27-97）。王充處於讖緯神學思潮下之學術氛圍中，對於當時學者在詮釋典籍時，增益實事、空文虛妄之現象，極為反感，故而作《論衡》一書以駁斥之，其〈佚文〉篇自言曰：「《論衡》篇以十數，亦一言也，曰：『疾虛妄』。」❷❹其目的即從根本上破除前代文獻虛妄失實之記載，昭示學者古人之作有其不可盡信之處，其中對於儒者相傳之許多不合理的地方，撰「九虛」、「三增」等篇❷❺加以反駁並論證之。譬如對堯舜巡狩天下、十日並出等事認為是虛妄之言；對《春秋穀梁傳》記載宋景公因梁山崩落、壅塞河道，故素縞哭之，而使河道復通之事，直曰虛言；對《禮記・檀弓》篇載「子夏喪其子而喪其明」之事，斥為虛妄；對紂王「酒池肉林」之傳說、孔子周游七十二國、《尚書》載「協和萬國」對「萬國」一詞的駁議、對《詩經・大雅・雲漢》言「維周黎民，靡有孑遺」之事，言其誇大失實❷❻等等，均以理性思考的態度重新審視，並提出自

---

❷❹ 見王充《論衡》（台北：臺灣商務印書館，民國67年），頁868。

❷❺ 九虛者，指〈書虛〉、〈變虛〉、〈異虛〉、〈感虛〉、〈福虛〉、〈禍虛〉、〈龍虛〉、〈雷虛〉、〈道虛〉等九篇文章；三增者，指〈語增〉、〈儒增〉、〈藝增〉等三篇文章。另有〈問孔〉、〈刺孟〉二文，亦是對經傳記載不合理之處，多所駁議。

❷❻ 堯舜巡狩之事，見《論衡》，頁164-170；十日並出事，頁217-219；宋景公事，頁246-248；子夏事，頁264-267；紂王事，頁343-346；孔子事，頁361-362；協和萬國，頁378-380；靡有孑遺，頁382-383。

己的推論以證其非。此外，在〈初稟〉、〈奇怪〉兩篇，對王者受天命而生之種種神話傳說，以生物學的眼光加以論證其非❷。諸如此類論述，在其書中屢見不鮮，其對前代典籍（包括《五經》經傳）並不惑於陳說，均能提出合理的質疑。誠如其〈對作〉篇中自述此書之著作目的時云：

> 是故《論衡》之造也，起眾書並失實，虛妄之言勝真美也。
> 故虛妄之語不黜，則華文不見息；華文放流，則實事不見用。
> 故《論衡》者，所以銓輕重之言，立真偽之平；非苟調文飾詞，為奇偉之觀也。……才能之士，好談論者，增益實事，為美盛之語；用筆墨者，造生空文，為虛妄之傳。聽者以為真然，悅而不舍；覽者以為實事，傳而不絕。不絕則文載竹帛之上；不舍則誤入賢人之耳。……今吾不得已也。虛妄顯於真，實誠亂於偽，世人不悟，是非不定，紫朱雜廁，瓦玉集糅，以情言之，豈吾心所能忍哉？❷

〈對作〉一文，是王充敘述《論衡》之所以作的原因，文中對學者好異作奇、載記虛妄之文的起因及為何需破此虛妄之語，多有推論，他認為典籍記載有誤之處，應辨正真相、釐清真偽，才不致有是非不定之謬誤產生。通觀此書，其著作本意乃全面地對文獻資料進行梳理的工作，並不特定於《五經》經、傳諸書，不過由於經傳內容

---

❷ 有關王者受命而生之神話及其辯駁之內容，參見〈初稟〉、〈物勢〉、〈奇怪〉等篇，見《論衡》，頁115-156。

❷ 《論衡》，頁1170-1171。

亦多有不合理之處，是以書中亦屢見其駁論。在東漢，經學地位逐漸鞏固、讖緯思潮普遍流行之下，王充以客觀理性的態度面對《五經》經傳，不受人爲的價值觀所影響，不僅提供後人對經傳應持平常心的態度，更昭示後人對於經傳有誤之處，應予以辨正釐清，方能回歸經傳原本的意涵與價值。

　　對傳注詮釋經典的標準認定，亦即何人所註解之傳注最能闡發經典的意義、何種解說最符合聖人之意旨等方面，漢魏之際鄭玄（127-200）、王肅（195-256）的經典詮釋權之爭，最能彰顯出此一問題。王鄭之爭是經學史上極爲重要的一節，它不僅包含學術因素，更因此而引出政治上的權力爭奪。然由於政治因素本文並不作討論，故僅就有關經典詮釋方面的問題作一敘述。王、鄭對經典詮釋之爭議，並非當事者之間的直接衝突，而是由王肅攻擊鄭學、欲取代鄭學之地位所引起兩個學派間的攻訐。漢魏之時，儒者所習之經注是以鄭注爲標準，據《北史·儒林傳序》云：

> 漢世，鄭玄並為眾經注解，服虔、何休，各有所說。玄《易》、《詩》、《書》、《禮》、《論語》、《孝經》，虔《左氏春秋》，休《公羊傳》，大行於河北。……大抵南北所為章句，好尚互有不同。江左，周易則王輔嗣，尚書則孔安國，左傳則杜元凱。河洛，左傳則服子慎，尚書、周易則鄭康成。詩則並主於毛公，禮則同遵於鄭氏。㉙

㉙　李延壽《北史》（北京：中華書局，1997年，《縮印本二十四史》第9冊），頁2708-2709。

由《北史》之記載可見，黃河以北地區主要是採用鄭玄之經注為詮
釋標準，而《禮》的經注，則是江左、河洛同用鄭注。此段記載，
亦見於《隋書・儒林傳序》。又，《新唐書・元行沖傳》中曾引漢
魏之際王粲（177-217）之言曰：

> 王粲曰：「世稱伊、雒以東，淮、漢以北，康成一人而已。咸
> 言先儒多闕，鄭氏道備。」粲竊嗟怪，因求所學，得《尚書注》，
> 退思其意，意皆盡矣，所疑猶未諭焉，凡有二篇。❸

由上述幾則資料可看出，漢魏之際鄭玄所詮釋之經注，在當時普遍
受到學者的認同而採行，王粲所謂「先儒多闕，鄭氏道備」一語，
一方面是說明鄭玄之儒學成就，對各經加以注解；一方面則是肯定
其經注之標準，足以為各經注解樹立楷模，此點由王粲思索《尚書
注》一書之結論可推知。

王肅晚於鄭玄 68 年，其年少之時亦深受鄭玄經注之影響，據其
偽作之《孔子家語・序》中云：

> 鄭氏學行五十載矣。自肅成童，始志于學，而學鄭氏學矣。
> 然尋文責實，考其上下，義理不安，違錯者多，是以奪而易
> 之。然世未明其欸情，而謂其苟駁前師，以見異於人，乃慨
> 然而嘆曰：「豈好難哉？予不得已也！聖人之門方壅不通，
> 孔氏之路枳棘充焉，豈得不開而辟之哉？」❸

---

❸ 宋・歐陽修、宋祁《新唐書》（北京：中華書局，1997年，《縮印本二十
　四史》第12冊），頁5692-5693。

❸ 《孔子家語》（台灣：中華書局，民國55年，《四部備要》本），頁1。

根據王肅之說法，其從學之途由鄭學入手，及長，則覺其學「義理不安，違錯者多」，是以多方駁議鄭玄之說，以樹其學。《三國志·魏書·王肅傳》曾載云：

> 初，肅善賈、馬之學，而不好鄭氏，采會同異，為《尚書》、《詩》、《論語》、三《禮》、《左氏》解，及撰定父朗所作《易傳》，皆列於學官。……時樂安孫叔然受學鄭玄之門，人稱東州大儒。徵為秘書監，不就。肅集《聖證論》以譏短玄，叔然駁而釋之。㉜

《魏書》記載當時王肅之學曾立於學官，且其撰書以抨擊鄭玄。此其中有兩層意義：一是王肅利用政治力使其學受官方肯定。因其身分為東漢末年之世家豪族，且其先後被曹操父子徵用，位至三公，加上適女於司馬昭，為晉武帝司馬炎之外祖父，故其學被立於學官。二是王肅之學受官方認定之後，便進一步想建立其學術地位。因此，針對鄭玄之經注多方攻擊，欲取而代之。而其目的在晉代亦果實現之，據《宋書·禮二》中記載宋武帝永初元年（420）時，黃門侍郎王準之論議喪制改從鄭玄說，其文曰：

> 鄭玄喪制二十七月而終，學者多云得禮。晉初用王肅議，祥禫共月，遂以為制。江左以來，唯晉朝施用；搢紳之士，猶多遵玄議。㉝

㉜ 晉·陳壽《三國志》（北京：中華書局，1997年，《縮印本二十四史》第3冊），頁419-420。

㉝ 梁·沈約《宋書》（北京：中華書局，1997年，《縮印本二十四史》第5冊），頁392-393。

從此段話中可知，王肅之學在晉朝曾經施行一段時間❸，但後來還是不及鄭玄的詮釋權威，於宋武帝建朝之初即被取代。王肅譏毀鄭玄、欲與之爭奪經學地位之舉動，雖當時與後世多議其非，然而時代稍晚之梁・蕭子顯撰《南齊書》時，則似乎對其舉動抱持著肯定的態度，在〈劉瓛・陸澄傳〉後曾談及儒學之流變時曰：

> 自後專門之學興，命氏之儒起，石渠朋黨之事，白虎同異之說，六經五典，各信師言，嗣守章句，期乎勿失。西京儒士，莫有獨擅；東都學術，鄭、賈先行。康成生炎漢之季，訓義優洽，一世孔門，褒成竝軌，故老以為前脩，後生未之敢異。而王肅依經辯理，與碩相非，爰興《聖證》，據用《家語》，外戚之尊，多行晉代。❸

在蕭子顯的論述中，對於王肅駁議鄭玄一事，似乎較偏向於王肅。雖其言鄭玄「訓義優洽」，然從「後生未之敢異」、王肅「依經辯

---

❸ 王肅之經注不僅在當時被立為學官，其對五經經文之解說，亦多為官方所採用，如《晉書・禮上》載晉武帝與群臣議郊祀時，曾提到晉宣帝有關於郊祀方面的意見，均用王肅議，原文曰：「一如宣帝所用王肅議也。」見唐・房玄齡《晉書》（北京：中華書局，1997年，《縮印本二十四史》第4冊），頁584。又，《晉書・禮上》議廟祀時曰：「是時宣皇未升，太祖虛位，所以祠六世，與景帝為七廟，其禮則據王肅說也。」（頁603）；又，《南齊書》載：「太元立王肅易，當以在玄、弼之閒。」見梁・蕭子顯《南齊書・陸澄傳》，（北京：中華書局，1997年，《縮印本二十四史》第5冊），頁684。

❸ 梁・蕭子顯《南齊書・劉瓛陸澄傳》後，（北京：中華書局，1997年，《縮印本二十四史》第5冊），頁686。

理、與碩相非」等語意來看，對於王肅敢挑戰鄭玄經注之舉動，似持肯定態度。

究竟王肅與鄭玄對經典的詮釋何者為優？從史籍所載來看，當時學者應認為兩者互有優劣。據《三國志・魏書・三少帝紀》中載高貴鄉公曹髦幸太學時，與諸儒就王、鄭二人經解之優劣進行討論曰：

> 講《易》畢，復命講《尚書》。帝問曰：「鄭玄曰：『稽古同天，言堯同於天也』。王肅云：『堯順考古道而行之』。二義不同，何者為是？」博士庾峻對曰：「先儒所執，各有乖異，臣不足以定之。然〈洪範〉稱『三人占，從二人之言』。賈、馬及肅皆以為『順考古道』。以〈洪範〉言之，肅義為長。」❸❻

從這段敘述中可知，對於經義的解說，肅亦有其長處，博士庾峻肯定肅之經解優於鄭玄，顯示其非僅是漫意攻擊鄭玄而已。又，《經典釋文・序錄》中亦載：「晉豫州刺史孫毓為《詩評》，評毛、鄭、王肅三家同異，朋於王。」顯示當時對於王肅經注之贊同者，頗不乏其人❸❼。不過，王肅抨擊鄭玄之舉動，亦引來鄭玄門人故舊之反駁，

---

❸❻ 晉・陳壽《三國志》（北京：中華書局，1997年，《縮印本二十四史》第3冊），頁136-137。

❸❼ 後世儒者亦有贊同王肅之說者，如唐初長孫無忌在議論「郊祀」之時，不用鄭玄之義，而以王肅之解說為準，《新唐書・儒學上・王子儒傳》中載云：「經稱『郊祀后稷』，王肅以郊、圓丘為一，玄析而二之，曰圓丘，曰郊，非聖人意。今祠令固守玄說，與著式相違，宜有刊正。」（見《新

如《三國志‧魏書‧王基傳》中載王基常與王肅就經解與朝議等方面相抗衡，文云：

> 散騎常侍王肅著諸經傳解及論定朝儀，改易鄭玄舊說，而基據持玄義，常與抗衡。❸

王基駁議王肅之事，《經典釋文‧敘詩》中亦有提到說：「鄭玄作《毛詩箋》，王肅更述毛非鄭。王基駁王肅申鄭義。」又《新唐書‧元行沖傳》中亦述及王肅與鄭學後人之間的爭議，文載曰：

> 王肅規鄭玄數千百條，鄭學馬昭詆劾肅短。詔遣博士張融按經問詰，融推處是非，而肅酬對疲於歲時。❸

又前引〈王肅傳〉中亦有鄭玄弟子孫炎（字叔然）駁斥王肅之說的記載。

通觀上述所引之文獻資料來看，魏晉時期王肅與鄭學之間的爭議，起因於王肅欲掌握經典詮釋權，亦即在學術上欲取鄭玄而代之，

唐書》，頁5654。）又，《舊唐書‧禮儀一》亦載曰：「孝經惟云「郊祀后稷」，無別祀圓丘之文。王肅等以為郊即圓丘，圓丘即郊，猶王城、京師，異名同實，符合經典，其義甚明。而今從鄭說，分為兩祭，圓丘之外，別有南郊，違棄正經，理深未允。且檢吏部式，惟有南郊陪位，更不別載圓丘。式文既遵王肅，祠令仍行鄭義，令、式相乖，理宜改革。」（見《舊唐書》，頁824。）此二則記載唐初郊祀之討論內容，其中對於王肅解經之說認為合於經義，較鄭玄為優。由此可知，王肅解經之作及其抨擊鄭玄之說，應非無的放矢。

❸ 《三國志》，頁751。

❸ 歐陽修、宋祁《新唐書》，頁5692。

其彼此間所撰述之經解諸書，各有附議者，而最合於經傳意旨之解
經作品，並無統一的標準，唐代《五經正義》所採用的各經注，在
此時並無崇高而不可動搖之地位。曹魏時，王肅可以駁議鄭注、其
經解可以取代鄭學而立於學官；晉朝時，王肅解經之意見可以推翻
鄭說而爲世所通行，這些跡證顯示出後世所遵奉之經傳並非不可更
易。此外，魏晉之際曾出現過的懷疑態度，更是有助於「對經傳可
以提出合理的懷疑」此一觀念的滋長，據《三國志・魏書・三少帝
紀》中載高貴鄉公曹髦與經學博士之間的問答，凸顯出曹髦對於經
傳詮釋中許多問題提出合理的質疑❹。有關唐以前經傳詮釋的爭議，
大抵出現在漢末、魏晉之際，其爭議點主要是圍繞註解的部分展開，
包括駁斥註解中許多虛妄的傳說、遵從何家註解的討論等，這對日
後所興起的疑傳疑經思潮，應有相當大的啓迪作用。

㈡唐代主流經學中之異響

　　唐代《五經正義》確立以後，經學統一之局勢大致底定，而科
舉考試之助力，更使《五經正義》成爲讀經、解經的標準，此一情
況雖對統一經說有其重大意義，但就經典詮釋之再深究，則有斲傷
扼殺之害；且《五經正義》本身在章句註解上並非無可議之處，故
當時便有儒者提出不同的見解，以爲質疑。《舊唐書・孔穎達傳》
中記載孔穎達（574-648）編撰《五經正義》後，太學博士馬嘉運即
駁其書中之謬誤，書云：

---

❹　請參見晉・陳壽《三國志》，頁136-138。有關於魏晉時期「疑傳疑經」的
　　看法，目前較爲明顯的證據，僅此一條。其餘跡證，惟有待日後再予爬梳。

（孔穎達）與顏師古、司馬才章、王恭、王琰等諸儒受詔撰定
《五經》義訓，凡一百八十卷，名曰《五經正義》。太宗下
詔曰：「卿等博綜古今，義理該洽，考前儒之異說，符聖人
之幽旨，實為不朽。」付國子監施行，賜穎達物三百段。時
又有太學博士馬嘉運駁穎達所撰《正義》，詔更令詳定，功
竟未就。❹

又，此事亦載於〈馬嘉運傳〉中曰：「嘉運以穎達所撰《正義》頗
多繁雜，每掎摭之，諸儒亦稱為允當。」《五經正義》的編纂，象
徵著漢魏以來經學詮釋的最佳範本，不過此書於編纂之時，即遭部
分儒生如馬嘉運等人對經義有所駁議，爾後亦陸續出現不同的聲
音，據《舊唐書·儒學下·王元感傳》中記載云：

> 王元（玄）感，……少舉明經，……天授中，稍遷左衛率府錄
> 事，兼直弘文館。是後則天親祠南郊及享明堂，封嵩嶽，元
> 感皆受詔共諸儒撰定儀注，凡所立議，眾咸推服之。轉四門
> 博士，仍直弘文館。元感時雖年老，猶能燭下看書，通宵不
> 寐。長安三年，表上其所撰《尚書糾謬》十卷、《春秋振滯》
> 二十卷、《禮記繩愆》三十卷，并所注《孝經》、《史記》
> 稿草，請官給紙筆，寫上秘書閣。詔令弘文、崇賢兩館學士
> 及成均博士詳其可否。學士祝欽明、郭山惲、李憲等皆專守
> 先儒章句，深譏元感掎摭舊義，元感隨方應答，竟不之屈。
> 鳳閣舍人魏知古、司封郎中徐堅、左史劉知幾、右史張思敬，
> 雅好異聞，每為元感申理其義，連表薦之。尋下詔曰：「王

---

❹　見《舊唐書》，頁2602。

　　　　元感……掎前達之失，究先聖之旨，是謂儒宗，不可多

　　　　得。……」魏知古嘗稱其所撰書曰：「信可謂《五經》之指

　　　　南也。」❷

上述有關王玄感之史實，記載其撰述駁議經解之三書，其所駁議者，
若合之時代言之，應可推論其對象為《五經正義》。《舊唐書》之
敘述說明當時王玄感書成之後與朝廷學士之間的互動，其中有贊成
其說者，亦有反對其說者。贊成者多為雅好異聞之士，如徐堅
（659-729）、劉知幾（661-721）、張思敬（生卒不詳）等人，他們代表
著與《正義》不同觀點；反對者則為篤守先儒章句之學者，代表著
同屬《正義》觀點的一群人。從史書內容之記載來看，當時確有一
部份人對於《五經正義》存在著質疑，認為其解經部分有誤，是以
王玄感之書一出，而有魏知古言其書為「《五經》之指南」，反映
出與《正義》不一樣的聲音❸。

　　唐代學者對於官方所頒布之經解諸書，除了馬嘉運、王玄感等
人抒發異議外，中唐以後，此類異響逐漸擴大，有許多儒者對官方
經解均不表認同，然當時學界守舊之士仍多，對新解之作少有認同，

────────────

❷　《舊唐書》（北京：中華書局，1997年，《縮印本二十四史》第10冊），
　　頁4963。又，同一史實於《新唐書·儒學中·王元感傳》亦載，見《新唐
　　書》（北京：中華書局，1997年11月，《縮印本二十四史》第12冊），頁
　　5666。

❸　新舊《唐書》中所記載與王元感論辯之學士祝欽明、郭山惲等人，曾被當
　　時御史倪若水奏劾為「腐儒」；而徐堅解說經義之處，常有人所未聞者，
　　如《新唐書》卷198中載云：「（王）方慶善《禮》學，嘗就質疑晦，堅為
　　申釋，常得所未聞。」兩造雙方其他人之學術背景，目前尚無資料顯示，
　　然就平日所交游論學之圈子來看，基本上各自符合其立場。

《新唐書·儒學下·元行沖傳》曾載元行沖（651-729）因主張將魏徵《類禮》一書列於經，而與諸儒有所論議，並著〈釋疑〉一篇以自辯。其文以與客問答之方式，條陳漢代以來新經解之難行者五，文云：

> 豈悟章句之士，堅持昔言，擯壓不申，疑於新知，果於仍故？……改易章句，是有五難：「漢孔安國注《古文尚書》……孔季產專古學……劉歆好《左氏》，欲建學官……王肅規鄭玄數千百條，鄭學馬昭詆劾肅短……王邵曰：『……唯草野生專經自許，不能博究，擇從其善，徒欲父康成、兄子慎，寧道孔聖誤，諱言鄭、服非。』然則鄭、服之外，皆讎矣。」❹

元行沖列舉經學史上有爭議之時間段，以說明新義解施行之困難，其中所引王邵（隋末唐初人，爲李綱、房彥謙友）之言，適足以反映出從初唐以來經學墨守舊義之情況。而文中云「寧道孔聖誤，諱言鄭、服非」之語，並隱然道出漢儒注疏之權威凌駕於五經經文之上。由於唐代官方經解之書，遵循「疏不破注」之原則，故前儒有註解失誤之處，仍因循未改，遂使得唐代中後期儒者解經之作，朝向以己意說經之方向發展，其目的在探求聖人著述之宗旨與經典之本意。而此時期之儒者中最爲後人所援引者，爲啖助（724-770）與趙匡（生卒不詳）之《春秋》學。啖助之解《春秋》，不本三傳之說，而是互較其同異，以求合於理者，他曾說：

---

❹　《新唐書》，頁5692-5693。

微言久絕，通儒不作，遺文所存，三傳而已。傳已互失經旨，
注又不盡傳意，《春秋》之意，幾乎泯滅。……先儒各守一
傳，互相彈射，讎雜不若。詭辯迂說，附會本學。鱗雜米聚，
難見易滯。蓋令後人不識宗本，因注迷經，因疏迷注，黨於
所習。**㊺**

啖助對於歷來解《春秋》之著作，認為皆不識孔子撰著之本旨，因
先儒各守師法家學，互相抨擊，其根本已失卻《春秋》所欲表達的
意涵；而後人又惑於注疏之說，以致離經旨越來越遠，只認同自己
所學的內容。由於此一緣故，是以其注越過三傳之說，直接理解經
文本意。啖助新的解經理念，在當時即造成影響，據《舊唐書·儒
學下·陸質傳》中提到陸質（本名淳，？-805）從學於啖助、趙匡，且
言其書行於天下曰：

質有經學，尤深於《春秋》，少師事趙匡，匡師啖助，助、
匡皆為異儒，頗傳其學，由是知名。……質著《集注春秋》
二十卷、《類禮》二十卷、《君臣圖翼》二十五卷，並行於
代。**㊻**

又，《新唐書·儒學下·啖助傳》中提到啖助之學時說：

善為《春秋》，考三家短長，縫綻漏闕，號《集傳》，凡十
年乃成，復攝其綱條，為例統。……助愛公、穀二家，以左
氏解義多謬，其書乃出於孔氏門人。……贊曰：「……左氏

㊺ 見陸淳《春秋啖趙集傳纂例》卷1〈啖氏集傳集注義第三〉（台北：新文豐
出版社，民國74年，《叢書集成初編》第108冊），頁257。

㊻ 《舊唐書》，頁4977-4978。

與孔子同時，以《魯史》附《春秋》作《傳》，而公羊高、
穀梁赤皆出子夏門人。三家言經，各有回舛，然猶悉本之聖
人，其得與失蓋十五，義或謬誤，先儒畏聖人，不敢輒改也。
啖助在唐，名治《春秋》，摭訕三家，不本所承，自用名學，
憑私臆決，尊之曰「孔子意也」，趙、陸從而唱之，遂顯于
時。嗚呼！孔子沒乃數千年，助所推著果其意乎？其未可必
也。以未可必而必之，則固；持一己之固而倡茲世，則誣。
誣與固，君子所不取。助果謂可乎？徒令後生穿鑿詭辨，詬
前人、捨成說，而自為紛紛，助所階已。」❹

從新舊《唐書》之記載可見，啖助之學在中唐以後之影響頗大，尤
其是《新唐書》之贊論所云「後生穿鑿詭辨，詬前人、捨成說」之
風氣，均來自啖助之學的助長，究其文中語意來看，史臣似乎是從
負面的角度來評量啖助之學。不過，在開創新的詮釋風氣方面，啖
助、趙匡等人之作為仍是可以肯定的。宋・晁公武 (1105-1180) 曾對
啖助前後《春秋》學之發展作過敘述曰：

公武嘗學《春秋》，閱古今諸儒之說多矣。大抵啖、趙以前
學者，皆專門名家，苟有不通，寧言經誤，其失也固陋；啖、
趙以後學者，喜援經擊傳，其或未明，則憑私臆決，其失也
穿鑿。均之失聖人之旨，而穿鑿之害為甚。❹

---

❹　《新唐書》，頁5705-5708。
❹　引自元・馬端臨《文獻通考・經籍考》（台北：新文豐出版公司，民國75
　　年），頁236。又見晁公武《郡齋讀書志》（台北：臺灣商務印書館，民國
　　67年臺一版），頁65-66。

晁公武認爲啖助、趙匡所開啓之經學風氣，對於後學之危害在於「穿鑿」。然而從所謂「穿鑿」一詞來看，其有開創、創新之涵義於其中，且晁氏言啖助以前之學者「苟有不通，寧言經誤」之語，若無啖助之學開啓新風，後人豈知前儒有此類現象？是以啖、趙之學的興起，對唐以後《春秋》學之發展是有其貢獻。宋·陳振孫（1181-1262）《直齋書錄解題》中對於啖助之貢獻便是持肯定態度，文曰：

> 漢儒以來，言《春秋》者，推宗三傳，三傳之外，能卓然有見於千載之後者，自啖氏始，不可沒也。❹

又，元代吳澄（1249-1333）對於啖趙之學亦表肯定，其〈四書敍錄〉中論及《春秋》之學時，曾贊曰：

> 唐啖助、趙匡、陸淳三子，始能信經駁傳，以聖人書法纂而爲例，得其義者十七、八，自漢以來，未聞或之先也。❺

自啖、趙、陸開創新《春秋》學派之後，繼起者大有其人，如傳其學者有盧庇（生卒不詳）、寶群（760-814）、呂溫（772-811）、柳宗元（773-819）等，皆有直接的師承關係，其他學者如陳商（元和九年（841）進士，生卒不詳）、陸龜蒙（?-約881）等都信仰陸氏學說，顯示出啖、趙學風之盛行。此外，當時另有其他學者解《春秋》經時，並非對三傳再詮釋，而是直接探究《春秋》經文本意，如盧仝（約795-835）

---

❹ 陳振孫《直齋書錄解題》（台北：臺灣商務印書館，民國67年臺一版），頁54-55。

❺ 吳澄《吳文正公集》（台北：新文豐出版社，民國74年，《元人文集珍本叢刊》第3冊），頁74。

著《春秋摘微》一書，韓愈曾贈詩曰：「《春秋》三傳束高閣，獨抱遺經究始終。」可知盧全之傳注非憑藉三傳之說，而是直接由經文入手。中唐以後解經新風氣之流行，並不僅限於《春秋》一書，其他諸經均有儒者以新的觀點來詮釋，在《新唐書·儒學下·啖助傳》中亦有記載之，文曰：

> 大曆時，助、匡、質以《春秋》，施士匄以《詩》，仲子陵、袁彝、韋彤、韋茞以《禮》，蔡廣成以《易》，強蒙以《論語》，皆自名其學，而士匄、子陵最卓異。㉛

從《新唐書》所載之情況來看，儒者「自名其學」的現象漸次興起，顯示出官方經說已無法限制著義疏之學轉向新的詮釋觀點，此一疑傳思潮的興起，可視爲是宋學發展之先聲。

唐代經學之發展除了對前人的傳注重新加以檢討之外，對經書本身亦有改動、質疑之情況出現。如唐玄宗（712-756）刊定《禮記·月令》，將其篇名改爲「時令」，並將此篇置於《禮記》書首㉜；改動《尙書·洪範》篇之文句，將「無偏無頗」改爲「無偏無陂」㉝。韓愈（768-824）、李翱（772-841）合撰之《論語筆解》，更動書中文句多處，如「宰予晝寢」，改「晝」爲「畫」㉞；「子所雅言」，改爲「雅音」㉟；「浴乎沂，風乎舞雩」，改「浴」爲「沿」㊱。宣宗

㉛　《新唐書》，頁5707。

㉜　《舊唐書·玄宗本紀》，頁219；《新唐書·藝文一》，頁1434。

㉝　《新唐書·藝文一》，頁1428。

㉞　《論語筆解》（台北：中國子學名著集成編印基金會，民國67年），頁21。

㉟　《論語筆解》，頁31。

時《毛詩》博士沈朗新增《毛詩》四篇於其中，並建議將此四篇置
於《詩》首❺。諸如此類現象，皆是對經書崇高而不可更易之傳統地
位提出挑戰。此外，對於經書內容之記載提出質疑者，當以劉知幾
爲代表。在上述所引〈王元感傳〉中其贊同者之一的劉知幾，對於
經書之態度亦與同時儒者不同，其所著《史通》之中，有〈疑古〉
篇列舉《尚書》、《論語》經文中十則虛假可疑之記載；〈惑經〉
篇中對於《春秋》經文紀錄不實之部分，條陳「十二未諭」與「五
虛美」等項。對於經書，劉知幾並不受傳統觀念中《五經》神聖的
經典地位所影響，他以理性精神推論經書內容是否合理，其懷疑精
神與王充《論衡》著作之意旨相承續，可視爲是學術思想發展之伏
流。劉知幾所疑雖是以史學家的眼光審視經典，但其所討論之內容，
卻足以引起後人思索經文記載之正確性，對經典神聖權威無疑是另
一種挑戰方式。

㈢古文家對經傳詮釋之看法

　　唐代自安史之亂後，李氏政權統治力大爲降低，李唐王朝之政
治、文化、思想因此事件而有「天喪斯文」的危機感，是以當時學

---

❺⑥　《論語筆解》，頁50。

❺⑦　唐末五代時丘光庭《兼明書》卷二〈沈朗新添〉條中載曰：「大中年中，
　　《毛詩》博士沈朗〈進新添《毛詩》四篇表〉云：『〈關雎〉后妃之德，
　　不可爲三百篇之首，蓋先儒編次不當耳。今別撰二篇，爲堯、舜詩，取虞
　　人之箴爲禹詩，取〈大雅・文王〉之篇爲文王詩，請以此四詩置〈關雎〉
　　之前，所以先帝王而後后妃，尊卑之義也。』朝廷嘉之。」見《兼明書》
　　（台北：新文豐出版社，民國74年，《叢書集成初編》第11冊），頁218。

界便有復興儒學精神之觀念產生，並進而形成較為全面性的思想風潮。唐代中後期之儒學復興運動，是伴隨著諸多因素而興起，其振興方式亦呈現諸多面向，然此眾多問題的關鍵，主要是圍繞在經典詮釋方面。因傳統以來，統治政權之施政理念與落實，均與經典的詮釋有關，如禮樂制定、祭祀封禪、官制朝儀、田制賦稅等，均有得自於經典所載之內容。每一朝代對於典章制度的安排，多徵詢儒者意見，務使依經而行、不悖前制。不過由於各家對經典詮釋互有不同，亦造成許多爭議，如上述所引魏晉時期王肅與鄭學之爭，即是詮釋觀點有異而引發，諸如此類例子，各朝所在多有，茲不贅引。由安史之亂所引發的儒學復興思潮，使得知識份子開始思考唐初以來儒學的發展方式，其中對經典的詮釋方面，如上節所言中唐以後的《春秋》學發展，便是唐學轉變之後的新風貌，而此時逐漸醞釀的詩文革新運動，亦是唐學轉變的面像之一。當時的知識份子如蕭穎士（716-768）、李華（715-766）、獨孤及（725-777）、梁肅（753-793）、柳冕（?-805）等人，對於儒學衰退的現象，均有復興之以提振道德文化的使命感❺❽；而繼之者韓愈更以排佛倡儒、重道尊經之說，獲得許多文人的附和，使得「文以載道」或「文以明道」之觀念普遍受

---

❺❽　中唐以後的知識份子，對於國家興衰與道德教化之間的關係，認為「文章」在其中的作用關鍵極大，如獨孤及〈李公中集序〉曾言李華之作品為「本乎王道，大抵以《五經》為泉源」；梁肅〈秘書監包府君集序〉：「文章之道，與政通矣。世教之污崇，人風之厚薄，與立言立事者邪正臧否，皆在焉。」（見《全唐文》卷517（台北：大化書局，民國76年），頁2361）；柳冕〈與徐給事論文書〉：「文章本於教化，形於治亂，繫於國風。」（見《全唐文》卷527，頁2405）。此類言論均肯定文章之社會功能，並對文章之作用價值，寄予厚望。

到認同㊿，進而影響到宋學的文化發展。此一時期提倡文與道的結合，其目的不僅是在改革當時文章的形式與內容，同時也希望加深對經典之「道」的意涵探索，以作爲振興儒學之精神所在。

　　以「文道結合」作爲宗旨的古文家，對於儒家經典所描述之「道」的認知與體悟，雖與經學家有所不同，但其對經傳的態度，卻與新觀點治經的學者，有其相似之處，如呂溫在其〈與族兄皋請學《春秋》書〉一文中即指出舊經學是「儒風不振」的表現，學問之事不光只是「章句文字」而已，應有更深的內涵需要學習，他在文中陳述說：

> 夫學者，豈徒受章句而已，蓋必求所以化人，日日新、又日新，以至乎終身。夫教者，豈徒博文字而已，蓋必本之以忠孝，申之以禮義，敦之以信讓，激之以廉恥，過則匡之，失則更之，如切如磋、如琢如磨，以至乎無暇。㉟

呂溫之語，表明學問授受之內容，不應只著重在表面之章句文字，更深層面的道德規範，方是爲學之目的與宗旨，因此經傳注疏只是

㊿ 美國學者包弼德對中唐以後之學術發展，從文學的角度切入探索，他認爲安史之亂造成中唐以後的學術界興起一種文化危機，「天喪斯文」的危機逼迫著當時的知識份子做出改革，而文與道的組合關係，是當時文人特別重視的部分。此一議題延續至宋代，但宋代文人對此卻有與唐人不同的思考與處理方式，其中有著政治環境、社會情況與道德思想等不同的因素存在，也因此形成唐宋思想文化的不同型態。請參見《斯文：唐宋思想的轉型》（南京：江蘇人民出版社，2001年），第四章〈755年之後的文化危機〉、第五章〈文治政策與文學文化：宋代思想文化的開端〉等篇。

㉟ 《全唐文及拾遺》卷627，頁2842。

爲學之過程而非目標。由於古文家與新經學者之間對經傳的認知概念相同，故其批判經傳之形式亦相同，其中包括批駁舊說、更動或修補經書文字與懷疑經書作者等方面。在批駁舊說方面，如韓愈、李翱合著之《論語筆解》表現出不尊舊說的批判精神，其書中對於舊注之解釋，均有所更動之處。而在修補經書文字方面，如陳黯（約805-875 或 880）〈補禹誥〉❻，皮日休（約 834-883）〈補大戴禮祭法〉❻文等，均是以意度之、撰文補經。古文家對經傳所持之態度，亦使其重新思索經傳的價值，如元結（719-772）〈問進士〉第五道中問曰：

> 古人識貴精通，學重兼博，不有激發，何以相求？三《禮》
> 何篇可刪？三《傳》何者可廢？墨氏〈非樂〉，其禮何以？
> 儒家委命，其言當乎？❻

這幾句質疑之問，在激發學者思考經傳諸籍的學術價值與意義，其中對三《禮》經文、三《傳》之書的提問，更是簡潔有力，直指經傳之存廢問題。古文家之所以會對經傳有如此態度，主要是因其認爲依據傳注舊說並不能完全掌握聖人所言之道，而經典所記載之道若能透過其他方式領悟，則並非需要瞭解舊注前說才行。如柳冕在〈與權侍郎書〉中說：

> 自頃有司試明經，奏請每經問義十道，五道全寫《疏》，五
> 道全寫《注》，其有明聖人之道、盡《六經》之義，而不能

---

❻ 《全唐文及拾遺》卷767，頁3585。

❻ 《全唐文及拾遺》卷798，頁3754。

❻ 《全唐文及拾遺》卷380，頁1732。

> 誦《疏》與《注》，一切棄之，恐清識之士，無由而進；腐
> 儒之生，比肩登第。不亦失乎？⑭

柳冕之語說明當時頒布的經義注疏，主導著科舉考試的選擇標準，
官方規定「不能誦《疏》與《注》，一切棄之」的情形，是會造成
學者反思注疏存在的意義，因為習經習注之目的在理解聖人之道，
倘若能明瞭道之意涵，則是否由注疏為入道之途徑，應非重要之事。
柳宗元曾在〈與崔黯秀才論為文書〉中提到：

> 聖人之言，期以明道，學者務求諸道而遺其辭。辭之傳於世
> 者，必由於書。道假辭而明，辭假書而傳，要之，之道而已
> 耳。道之及，及乎物而已耳，斯取道之內者也。⑮

在此文中，柳宗元也是特別強調文章、典籍傳之於世的目的，乃在
明道而已，後人藉由典籍以明道後，傳道的功能達到了，則典籍即
使捨棄也無所謂。又如同趙匡曾言「疏以釋經，蓋筌蹄耳」，注疏
者猶如筌蹄，若能直接領悟道的意義或由不同的方式掌握道，則注

---

⑭ 〈與權侍郎書〉見《全唐文及拾遺》卷527，頁2403。柳冕此書權德輿有回
信曰：「至於來問『明六經之義，合先王之道，而不在於注疏』者，雖今
吏部學究一經之科，每歲一人，猶慮其不能至也。且明經者，仕進之多數
也；注疏者，猶可以質驗也。不者，儻有司率情，上下其手，既失其末，
又不得其本，則蕩然矣。」（〈答柳福州書〉）權德輿在當時也反對章句
之儒，但對於科舉取士以注疏為準之事，仍是持贊同的觀點，可見當時注
疏之學依舊有其影響力。

⑮ 見《柳宗元集》（北京：中華書局，1978年），頁886-887。

疏之作均可以棄之⑥。古文家對於道的認知過程，並不像經學家般特別重視傳注；他們對聖人之道的理解，是由人文化成的角度來觀察，與經學家的眼光有所不同。就以韓愈〈原道〉一文所形容之道來看：

> 博愛之謂仁，行而宜之之謂義，由是而之焉之謂道，足乎己無待於外之謂德。仁與義為定名，道與德為虛位。……凡吾所謂道德云者，合仁與義言之也。⑥

韓愈文中對於道與德並無規定其內涵範疇，而是以仁、義二者來取代。至於仁義的內容為何？則其文中便無再深入的說明。不過韓愈文中所言之仁義，應是重在實踐層面上——亦即「行仁義」之道；經學家則側重於理論層面的探求——亦即由注疏掌握經典、由經典掌握聖人之道，如此便完成研經習注的目的。古文家對於「明道」的態度與途徑，既與經學家不同，故其對傳注的態度亦有所不同。大陸學者張躍在其《唐代後期儒學》中論述古文運動對唐後期儒學之影響時，總結說道：

> 在古文運動的早期階段，人們已經意識到，儒學若要有新的發展，就應該拋棄章句訓詁之學的模式，根據時代的需要發揮儒學的基本精神。韓愈、柳宗元、李翱等人就是受其影響，

---

⑥ 唐·李行修（穆宗時，官殿中侍御史左司員外郎）對於「疏」與「經」的關係，於〈請置詩學博士書〉中亦曾言曰：「近學無專門，經無師授，以音定字，以疏釋經，是能使生徒由之中才，不能使天下由之致理，明矣。」見其著（《全唐文》卷695，頁3202）。

⑥ 《韓愈全集校注》（成都：四川大學出版社，1996年），頁2662。

> 才離開經傳注疏的傳統，直接去探討儒學的重大理論問題。
> 追求儒家的先王之道和反對章句訓詁、提倡闡揚義理，這是
> 早期古文運動對儒學發展的兩個貢獻。這對由專守舊注轉變
> 到注重思想創新的儒學學風，啟到了促進作用。❻

從這一段敘述中可看出，作者對於唐代後期儒學捨棄注疏之學，轉
向以義理爲導向的因素，認爲古文運動在其中起到一定的作用。而
文中所提到反對章句訓詁的態度，更是直接影響到宋代古文運動的
訴求。因從目前所掌握的文獻資料來看，宋代「古文運動」中之健
將如歐陽修（1007-1072）、石介（1005-1045）、柳開、三蘇父子、王禹
偁、王安石等人，基本上對於傳注訓詁在解釋聖人之道方面，均曾
對其正確性提出相當程度的質疑，尤其是歐陽修、柳開、王安石等
人之態度更爲積極，對舊有的經傳注疏均有激烈的抨擊，此一態度
應可說是承襲唐代古文家之質疑精神。

　　宋代「疑傳疑經」思潮興起之契機，在唐代中後期開始便出現
端倪，反注疏、疑傳、疑經、改經等現象，漸次發生於此時期。然
而唐末並未出現新經學勃興之情形，揆其原因，大抵在於經傳注疏
仍是科舉考試維持公平性的標準，國家以此衡量士子學識，因此學
風之更替不易。其次，唐末五代連年戰亂，使得學術研究無法持續
發展，加上墨守舊說之儒者仍佔極大部分，是以新學風難以倡行。
不過，中晚唐所興起批駁舊注之誤、重新詮釋經典的精神，卻仍然

---

❻　對古文運動倡導之宗旨，與經傳注疏的捨棄、儒學精神的發揚等彼此間的
　　影響關係，請參見張躍《唐代後期儒學》（上海：上海人民出版社，1997
　　年），頁36。

後繼有人，如唐末五代人丘光庭所撰之《兼明書》，其書中對《易經》爻辭、繫傳，對《尚書》之〈禹貢〉、〈周書〉等篇，對《詩經》之〈關雎〉、〈猗嗟〉、〈南山〉、〈碩鼠〉等篇，對《春秋》三傳傳文中之字句解釋等，均針對舊說提出駁正⑥，顯示出頒行數百年之官方注疏之學，至此已是明顯鬆動。

三、宋代疑傳疑經思潮之勃興與開展

宋代經學發展之特色——疑傳疑經風氣之興起，承襲於中晚唐經學新風氣之遺緒而更加光大，啖、趙《春秋》學的治經精神、經傳舊說的謬誤、古文運動的提倡，均引起學者反思經典詮釋的諸多問題。而宋初在經學新風氣初始之時，由於學術上、政治上許多知名學者的推動，因此使得此一風氣的開展，更加蓬勃迅速，從宋初聶崇義《三禮圖集註》將不合經義者以理論與事實衡量而裁定改正之，王昭素、柳開、胡旦、邢昺、種放、穆修等人撥棄傳注而遵經義之做法，均促進稍後醞釀成風之疑傳疑經思想的興起⑰。不過，就經學新學風之開展歷程來看，宋初數十年間學術界基本上仍停留在墨守舊義之局面，官方的經學政策，沿襲唐代以《五經正義》為科舉考試的定本，如有士子不遵守經義作答者，則逕自黜落、不得有議⑪，此為官方對經學的態度。然而民間經學之發展走向，主要是擺

---

⑥　見丘光庭《兼明書》。

⑰　請參見金中樞《宋代學術思想研究·宋代的經學當代化初探》（台北：幼獅文化事業公司，民國78年），頁17-179。

⑪　在宋初科舉考試中，違反經義作答而黜落者，如〈前言〉所舉之賈邊，即是一例。

脫科舉考試之陰影，反思章句注疏之弊，以唐末逐漸興盛之書院為
講學之地，教授學生研習內聖外王之學，以尊王尊孔、明道致用為
教育目的，期使學生能體用兼備、明體達用。在此一教育方針下，
企圖使儒學之精神回歸到孔子時代，老師碩儒傳經解義，不自陷於
章句注疏之狹隘境界，而以經典的大義宗旨為依歸。朱熹（1130-1200）
曾於〈福州州學經史閣記〉中提到，後學因專注於章句訓詁而不知
聖學之義，以致使得學術的發展有所偏差，文中云：

> 自聖學不傳，世之為士者，不知學之有本，而唯書之讀，則
> 其所以求於書，不越乎記誦訓詁文詞之間，以釣聲名、干利
> 祿而已。是以天下之書愈多而理愈昧，學者之事愈勤而心愈
> 放，詞章愈麗、議論愈高而其德業事功之實愈無以逮乎古
> 人。❼

朱熹所言之學術陋習，正是宋代書院講學所欲改正之學風，此一現
象不僅是發生在南宋，早在北宋仁宗時即有儒者公開斥責之，如王
令（1032-1059）於〈答劉公著微之書〉中即提到：

> 今夫章句之學，非徒不足以養材，而又善害人之材。今夫窮
> 心劇力，茫然日以雕刻為事，而不暇外顧者，其成何哉？初
> 豈無適道學古之材，固為章句敗爾。自章句之學興，天下之
> 學者，忘所宜學而進身甚速。忘所宜學，則無聞知；進身甚
> 速，則謀道之日淺，甚者不知誦經讀書何以名學，徒日求入
> 以仕。

---

❼ 《朱文公文集》（台北：臺灣商務印書館，民國69年），頁1395。

其文中所駁斥者，正如朱熹所述一般，而此正是書院教化士人、改正學風之用力處。宋儒以書院講學之形式，拋棄注疏、回復到儒學精神之基本面，是得力於幾代大儒的努力，如開宋學風氣之先的胡瑗（993-1053），講學東南之時，即以明體達用爲宗旨，不以章句注疏爲內容❼❸。《宋元學案》卷一〈安定學案〉中曾載宋神宗問其弟子劉彝（1015-1091）「胡瑗與王安石孰優」之事，劉彝對曰：

> 臣師胡瑗以道德仁義教東南諸生時，王安石方在場屋中修進士業。臣聞聖人之道，有體、有用、有文。君臣父子、仁義禮樂，歷世不可變者，其體也；《詩》《書》史傳子集，垂法後世者，其文也；舉而措之天下，能潤澤斯民，歸于皇極者，其用也。國家累朝取士，不以體用為本，而尚聲律浮華之詞，是以風俗偷薄。臣師當寶元、明道之間，尤病其失，遂以明體達用之學授諸生。夙夜勤瘁，二十餘年，專切學校，始于蘇湖，終于太學，出其門者無慮數千餘人。故今學者明夫聖人體用，以為政教之本，皆臣師之功，非安石比也。❼❹

由劉彝之問對中可知，胡瑗講學之宗旨在於明體達用，其學之貢獻一方面爲國家儲備人材，一方面亦改正學風之偷薄。與胡瑗同爲開宋學新風之孫復（992-1057），於泰山書院講學時，亦以此宗旨傳授

---

❼❸ 胡瑗撥棄傳注、崇尚經義之經學態度，在其弟子倪天隱所編纂之《周易口義》中表現的非常明確，其解《易》之說，並不遵行漢唐舊注，而以經世致用、人倫物事等角度切入，故其詮釋有別於前人。請參見金中樞《宋代學術思想研究·宋代學術發展之轉關--胡安定》，頁255-343。

❼❹ 見《宋元學案》（台北：華世出版社，民國76年），頁25。

諸生學問，其他如范仲淹（989-1052）、李覯（1009-1059）等人，均於書院講學時提倡經世實用之學，故漸使宋代治學風氣有所轉變。

宋代新學風之興起，有得力於書院講學之環境因素，亦有古文家繼承韓愈文道之說以振興儒學精神、經學家審時度勢倡以《春秋》新說等學術因素，在此眾多因素匯聚發展下，疑傳疑經之思維流播滋衍，從新異之說轉而為普遍風潮，進而疑經改經，消解千餘年來《五經》經傳不可動搖之神聖地位，使之回歸到儒家文獻之本來意義。以下茲就古文家、經學家之相關資料作一梳理，以釐清此一思潮之演變歷程。

㈠反漢唐注疏之學的興起與推動

宋初官方與民間之經學發展，呈現兩種不同的走向。官方頒布之經傳注疏，仍以唐代《九疏》為主，科舉考試以此為標準，應考士子不得逾越，前引宋真宗景德二年（1005）賈邊應試不依經注而遭黜落之事，正可作為此時官方經學態度之例證。而民間對於唐代注疏之學的態度，已有不同的聲音出現，如《宋史·劉顏傳》稱其講學「不專章句❼」；又景德四年（1007）宋真宗曾對臣下說：「近見詞人獻文，多故違經旨以立說❼」，可見當時已有不遵注疏之言論出現。宋初反漢唐注疏之學的內在因素，來自於中唐以後儒學復興運動的延續，其中包括對聖人之道的追尋、以注疏解經未能窮盡經義

---

❼　《宋史》（北京：中華書局，1997年，《縮印本二十四史》第16冊），頁12831。

❼　同註❿。

與注疏之學未有益於民生而倡以經世致用之學等，再加上宋初雖是一統局面，但北方仍有外敵環視，故發揚《春秋》大一統、尊王攘夷之精神與提倡通經致用之學，便成為當時學者的時代使命。

宋代經典詮釋的反思，主要是以《易》與《春秋》之學開始並以之為中心，而學者宣揚新的學術理念，則是藉由書院講學的形式來表達。這些講授新學術之儒者，由於彼此觀念相近，遂形成一股改革舊有注疏之學的力量。以宋初范仲淹、胡瑗、孫復、石介、歐陽修、李覯等當時知名學者來看，其彼此間有一定之情誼，其對經典詮釋均提倡新的觀點，也有批評漢唐注疏之學的言論，而此數人在當時之學界、政界均深具影響力，進而使得此一思潮的傳播更加迅速，因此可以推斷宋初疑傳疑經思潮由此數人推動而肇興。據《宋史・范純仁傳》中曰：「仲淹門下多賢士，如胡瑗、孫復、石介、李覯之徒。**⑰**」范仲淹是宋初提倡儒學、獎掖後進之當朝大臣，其提攜者如胡瑗、孫復、歐陽修、李覯、石介等人，在當時學界均名負眾望之輩，且諸人均有評議經傳之說。如范仲淹在其〈說《春秋》序〉一文中提到曰：

> 游、夏既無補於前，《公》、《穀》蓋有失於後；雖丘明之傳，頗多冰釋，而素王之言，尚或天遠。

即對前人解釋《春秋》之書未盡其意旨感到不滿。而其對舊有經傳之看法，從孫復給范仲淹之書信中亦可見之，〈寄范天章書二〉中曰：

---

⑰ 《宋史》，頁10282。

> 復不佞，游執事之牆藩有年矣。執事病注說之亂六經，六經
> 之未明，復亦聞之矣。❼⑧

此信中表明范仲淹對於傳統經學詮釋之不滿，並不僅限於《春秋》
一經而已，雖無再多的文獻資料可供證明其對五經舊有傳注之抨擊
言論為何，但從此二則簡單的論述中即可看出他的經學態度。再者，
開宋學新風氣之先的胡瑗、孫復二人，出於范氏門下，其彼此間的
學術理念應有相同之處，方會延攬之且命其諸子從學焉，據此可推
斷疑傳疑經新學風之提倡，范仲淹應有從旁推動之助力在。而宋初
疑傳疑經思潮之普遍化的歷程，以胡瑗、孫復二人最為關鍵，他們
從地方講學到受范仲淹推薦而任太學講官、國子監直講，從其學者
數千，對新風氣的推展具有莫大的影響。當時二人講學於太學之盛
況，時任職於國子監之田況（1005-1063），在其《儒林公議》卷上中
曾載云：

> 時（慶曆二年，1042）山東人石介、孫復，皆好古醇儒，為直
> 講，力相贊和，期興庠序。然向學者少，無法利以勸之。於
> 是史館檢討王洙上言，乞立聽書日限，寬國庠薦解之數以徠
> 之。聽不滿三百日，來者日眾，未幾，遂盈數千，雖祁寒暑
> 雨有不卻者。❼⑨

文中描述二人講學之情形，顯示他們當時在太學講經，深受士子的

---

❼⑧　《孫明復小集》（《四庫全書》第1090冊），頁171。

❼⑨　見《儒林公議》（收錄於《百部叢書集成》之14《稗海》中，台北：藝文
　　印書館）卷上，頁15。

歡迎。然此一盛況維持不到兩年時間，於慶曆四年（1044）十月即因石介受「讒謗益甚」而外任去職，隔年孫復亦因受貶而離直講之職，「學者不日而散，復如初矣」。此後太學沉寂一陣時日，後於皇祐四年（1052）胡瑗出任國子監直講、孫復回任是職後，太學再現慶曆之盛。李燾（1115-1184）《續資治通鑑》卷 56 中載嘉祐元年（1056）胡瑗管勾太學後之情形曰：「瑗既為學官，其徒益眾，太學至不能容，取旁官舍處之。」⑧歐陽修於〈舉留胡瑗管勾太學狀〉中亦提到說：「臣等竊見國家自置太學，十數年間，生徒日盛，常至三四百人。自瑗管勾太學以來，諸生服其德行，遵守規矩，日聞講誦，進德修業。⑧」而程頤（1033-1107）在〈回禮部取問狀〉中亦記述胡瑗、孫復二人講學於太學之情形曰：

> 往年胡博士瑗講《易》，常有外來請聽者，多或至千數人。孫殿丞復說《春秋》，初講旬日間，來者莫知其數，堂上不容，然後謝之，立聽戶外者甚眾。當時《春秋》之學為之一盛，至今數十年傳為美事。⑧

從上述幾則文獻記載來看，胡、孫二人在當時應是具有極大的學術影響力，他們的治學態度也應會左右士子的觀念。胡瑗之經學態度，主要是捨棄舊有傳注、以新的詮釋觀點解經，以因應時代的需要。如前引胡瑗弟子劉彝言其師以「明體達用之學授諸生」；《宋史‧

---

⑧ 《新校續資治通鑑》，頁1374。

⑧ 《歐陽修全集》（北京：中華書局，2001年），頁1670。

⑧ 程顥、程頤《二程集》（北京：中華書局，1981年），頁568。

選舉志三》言：「獨立經義、治事齋，以敦實學」❸等，均載明胡瑗之學與前代僅重視研讀經注之舊學風的不同。而對經傳注疏之看法，胡瑗認為「章句細碎，不足道也」、故其能「駁正注疏，自疏心得❹」。《宋元學案・安定學案》中載其：「日升堂講《易》，音韻高朗，旨意明白，眾皆大服，《五經》異論，弟子記之，目為胡氏口義。❺」此數條資料說明胡瑗之學傾向於不從舊注、自發見解之新學風，而其《易》說當有別於前人傳注所言，且應是更能倡述經文大意，故時從其學者，皆服膺其說。孫復對經典新詮之態度，較胡瑗更加明確而激進，他曾在給范仲淹之信中表達他對傳注不能盡解經義的看法，在〈寄范天章書二〉中曰：

> 專主王弼、韓康伯之說而求於大《易》，吾未見其能盡於大《易》者也；專守左氏、公羊、穀梁、杜預、何休、范寧之說而求於《春秋》，吾未見其能盡於《春秋》者也；專守毛

---

❸ 《宋史・選舉志三》：「時太學之法寬簡，而上之人必求天下賢士，使專教導規矩之事。安定胡瑗設教蘇、湖間二十餘年，世方尚詞賦，湖學獨立經義、治事齋，以敦實學。皇祐末，召瑗為國子監直講，數年，進天章閣侍講，猶兼學正。其初人未信服，謗議蜂起，瑗強力不倦，卒以有立。每公私試罷，掌儀率諸生會于首善，雅樂歌詩，乙夜乃散。士或不遠數千里來就師之，皆中心悅服。有司請下湖學，取其法以教太學。」見《宋史》，頁3659。

❹ 《四庫全書總目・洪範口義》提要云：「瑗生於北宋時，學問最為篤實，故其說惟發明天人合一之旨，不務新奇。……俱駁正注疏，自抒心得。……以經注經，特為精確。」四庫館臣之評語，對其學之評價頗高，也認定其學篤實、能自抒心得。

❺ 《宋元學案》，頁28。

萇、鄭康成之說而求於《詩》，吾未見其能盡於《詩》者也；
專守孔安國之說而求於《書》，吾未見其能盡於《書》者也。
彼數子之說，既不能盡於聖人之經，而可藏於太學行於天下
哉？又後之作疏者，無所發明，但委曲踵於舊之注說而
已。……執事亟宜上言天子，廣詔天下鴻儒碩老置於太學，
俾之講求微義，殫精極神，參之古今，復其歸趣，取諸卓識
絕見大出王、韓、左、穀、公、杜、何、范、毛、鄭、孔之
右者，重為注解，俾我《六經》廓然瑩然如揭日月於上，而
學者庶乎得其門而入也。如是，則虞夏商周之治可不日而復
矣！ **⑧⑥**

文中認為《易》、《書》、《詩》、《春秋》等經之注解，後人的
詮釋並不能完全地將各經之微言大意彰顯出來；而作疏者踵於舊
注，未能度越前賢。是以前賢所言已不明確，後之學者依舊說而再
次解釋，仍然是以謎解謎，就詮釋本質來說並無根本上的改變，因
此他對於經典的詮釋，便採取「棄傳從經」的方式進行，以經解經。
歐陽修亦曾於〈孫明復先生墓誌銘〉中述及其學曰：

先生治《春秋》，不惑傳注，不為曲說以亂經。其言簡易，
明於諸侯大夫功罪，以考時之盛衰，而推見王道之治亂，得
於經之本義為多。 **⑧⑦**

此二則資料表明孫復經學「不惑傳注、不為曲說以亂經」之特色，

---

⑧⑥ 《孫明復小集》，頁171。

⑧⑦ 《歐陽修全集》，頁458。

而其治經之最終目的亦與前代搏科舉、求功名之利祿目的不同。胡、
孫二人在宋初學界之影響，據全祖望《宋元學案·安定學案》下之
序錄云：

> 宋世學術之盛，安定、泰山為之先河，程朱二先生皆以為然。
> 安定沉潛，泰山高明；安定篤實，泰山剛健。各得其性稟之
> 所近。要其力肩斯道之傳，則一也。❽❽

從全祖望文中引「程朱二先生皆以爲然」之語可知，胡瑗、孫復二
人確是爲宋學開啓新的學術研究方向。

慶曆之際與范仲淹同孚天下清流之眾望的歐陽修，是提倡新經
學思潮之學壇領袖。他上承先秦以來儒學之傳統，統合韓愈古文運
動之精神，承襲啖助、趙匡以後經學詮釋的新觀點，一新漢唐注疏
之學的窠臼，開創北宋儒學特有的學術風貌。其在經術方面之成就，
其子歐陽發於〈先公事跡〉中曾描述曰：

> 其於經術，務明其大本而本於性情，其所發明簡易明白。其
> 論《詩》曰：「察其美刺，知其善惡，以為勸戒，所謂聖人
> 之志者，本也。因其失傳而妄自為之說者，經師之末也。今
> 夫學者得其本而通其末，斯盡善矣。得其本而不通其末，闕
> 其所疑，可也。」……公於經術，去取如此，以至先儒注疏
> 有所不通，務在勇斷不惑。平生所辨明十數事，皆前世人不
> 以為非，未有說者。❽❾

---

❽❽　《宋元學案》，頁23。
❽❾　見《歐陽修全集·附錄卷二》，頁2626-2627。

歐陽修之經學成就，在「無疑之處懷疑之」，上文言其「平生所辨
明十數事，皆前世人不以為非，未有說者」，即是對前儒注疏有所
不通之處，不囿於成說，能據理推論、勇斷而不惑，因此他在經典
詮釋方面，往往棄傳從經、以經解經，推尋經文之義理所在，甚至
對經文理有未通時，能質疑經典之真實性，表現出理性的批判精神。
他對經傳之質疑，屢見於詩文中，如〈讀書〉詩中曰：「正經首唐
虞，偽說起秦漢。篇章異句讀，詁解及箋傳。是非自相攻，去取在
勇斷。❾」此詩說明他對前代所傳之經、傳、注、疏諸典籍之懷疑態
度，認為諸書間彼此有矛盾衝突之處，故引用前儒注解時，要能明
辨其同異、果斷選擇。同樣的態度，亦在其他文章中表明，如〈廖
氏文集序〉中說：

> 自孔子沒而衰，接乎戰國，秦遂焚書，六經於是中絕。漢興，
> 蓋久而後出，其散亂磨滅既失其傳，然後諸儒因得措其異說
> 於其間，如《河圖》、《洛書》，怪妄之尤甚者。余嘗哀夫
> 學者知守經以篤信，而不知偽說之亂經也，屢為說以黜之。
> 而學者溺其久習之傳，反駭然非余以一人之見，決千歲不可
> 考之是非，欲奪眾人之所信，徒自守而世莫之從也。❾

又〈帝王世次圖序〉中亦曾云：

> 孔子既歿，異端之說復興，周室亦益衰亂。接乎戰國，秦遂
> 焚書，先王之道中絕。漢興久之，《詩》、《書》稍出而不

---

❾　《歐陽修全集》，頁139。
❾　《歐陽修全集》，頁615。

完。當王道中絕之際，奇書異說方充斥而盛行，其言往往反自託於孔子之徒，以取信於時。學者既不備見《詩》、《書》之詳，而習傳盛行之異說，世無聖人以為質，而不自知其取捨真偽，至有博學好奇之士，務多聞以為勝者，於是盡集諸說，而論次初無所擇，而惟恐遺之也。❷

又〈論刪去九經正義中讖緯劄子〉中亦曰：

士之所本，在乎六經。而自暴秦焚書，聖道中絕。漢興，收拾亡逸，所存無幾，或殘編斷簡出於屋壁，而餘齡昏眊得其口傳。去聖既遠，莫可考證，偏學異說，因自名家，然而授受相傳，尚有師法。……至唐太宗時，始詔名儒撰定九經之疏，號為《正義》，凡數百篇。自爾以來，著為定論，凡不本正義者謂之異端，則學者之宗師，百世之取信也。然其所載既博，所擇不精，多引讖緯之書，以相雜亂，怪其詭僻，所謂非聖之書，異乎正義之名也。❸

上述三則引文均表明歐陽修認為先秦經典流傳至秦漢之時，因秦火而有中絕、錯亂之失，漢以後諸儒解經，有依託附會者、有義理不明者、亦有詭說欺世者，因而使得經義不明、貽誤後學。由於他對《五經》典籍抱持著此一態度，故對於經典所言有不契於理者，皆能以理推論其所疑、以理推論其所非，如在〈論刪去九經正義中讖緯劄子〉中明確抨擊唐代九疏雜引讖緯之書，而這些書的內容是「非

---

❷　《歐陽修全集》，頁591-592。
❸　《歐陽修全集》，頁1707。

聖之書，異乎正義之名」，因此建議刪去讖緯文句。歐陽修公開批
評官方所頒布科舉範本之唐代九疏，此一公然挑戰傳統經典權威之
態度，無疑需要相當大的自信與充足的理論基礎。在《歐陽修全集》
中隨處可見其相關疑傳疑經之論述，如〈易童子問〉、〈傳易圖序〉
文中對《易》經之〈繫辭〉、〈文言〉等篇之作者與經文內容等提
出質疑；《詩本義》、〈詩解統序〉等辨析漢儒毛萇、鄭玄怪異之
說，以己見取代之；〈武成王廟問進士策〉二首、〈問進士策〉三
首、〈問進士策〉四首、〈經旨〉十八首、〈國學試策〉三道等文
章分別對《春秋》「三正」說、三《傳》解經之是非曲直、《周禮》
之真偽、「井田」制之真實性、《中庸》之虛妄部分等，均表明其
所疑之處與懷疑之因❹。

　　歐陽修疑傳疑經之基本立場，是以尊經重道、企圖恢復經典本
質本義爲出發點，此舉可視爲是經典的復古運動。前述引其所言之
語，認爲先秦典籍至秦火以後已失其真，現存經典存在著真偽混雜
之情形，後儒注解經文難明其義，因此要正確地理解經文意涵，除
了擺脫前儒注疏之侷限、以理性思考的態度審視經文外，更要釐清
經典本身之是非真偽，是以其疑傳疑經之目的，即在刊正經傳之誤
使之回復《五經》初始之本文本義。他在〈答宋咸書〉中即表明此
一態度，並呼籲學者共同從事此一事業，其文曰：

　　　　世無孔子久矣，六經之旨失其傳，其有不可得而正者，自非
　　　　孔子復出，無以得其真也。……六經非一世之書也，其傳之
　　　　繆非一日之失也，其所以刊正補緝亦非一人之能也。使學者

---

❹　以上所引諸篇，煩請參考《歐陽修全集》內容所載。

> 各極其所見，而明者擇焉，十取其一、百取其十，雖未能復
> 六經於無失，而卓如日月之明，然聚眾人之善以補緝之，庶
> 幾不至於大繆，可以俟聖人之復生也。㊟

此文中明白告訴世人六經典籍有其訛誤之處，「其傳之繆非一日之
失」，因此「刊正補緝亦非一人之能」，經典改正補亡之工作應集
眾人之力而爲之，是以文章中他企盼學者能就己之所善而爲之，使
經文內容不至於大繆。歐陽修由疑傳疑經到補經改經之歷程，不僅
是其自身之經學態度，更是其後兩宋儒者所戮力不懈者，其周圍師
友與之具有相同理念者如前述范仲淹、胡瑗、孫復外，其後輩弟子
如歐陽發、劉敞、劉邠、王安石、蘇軾、蘇轍等，也均是北宋疑傳
疑經思潮之中堅份子，由此可知歐陽修在北宋學術發展史上具有相
當大的推動力量。

　　宋初新經學風氣之推展，從范仲淹、孫復等人之疑傳到歐陽修
公開疑經，其間可說是同時進行，此輩人無論在政治上或學術上，
均在當時佔有相當重要的地位，故使得新風氣的推廣更加迅速而深
入士子心中。當時新學風之影響，不僅在司馬光〈論風俗劄子〉一
文中可看出其流衍之盛，更可從文獻記載中之經學著作目錄得其梗
概㊟。宋初以新意解經之作，基本上是以義理爲導向的經典詮釋，與
漢唐注疏相較之下，二者僅是詮釋方式、詮釋觀點不同而已，並非

㊟　《歐陽修全集》，頁666-667。
㊟　有關宋人經解之著作目錄，可參見晁公武《郡齋讀書志》、陳振孫《直齋
　　書錄解題》、馬端臨《文獻通考·經籍考》等書，或參見今人汪惠敏《宋
　　代經學之研究》（台北：師大書苑有限公司，民國78年）一書。

有本質上或目的性的差異，而宋人經解諸書亦非嚮壁虛造或非聖無法之作，當時曾有部分學者講學以詭說惑眾，以致受到歐陽修等人之批駁，《宋史・劉敞傳》中曾載一事件云：

> 蜀人龍昌期著書傳經，以詭僻惑眾。文彥博薦諸朝，賜五品服。敞與歐陽修俱曰：「昌期違古畔道，學非而博，王制之所必誅，未使即少正卯之刑，已幸矣，又何賞焉。乞追還詔書，毋使有識之士，窺朝廷深淺。」**⑨⑦**

此則事件從文句上來看，龍昌期應是以新觀點來詮釋經文之新派學者，照理說與歐陽修、劉敞等人屬於同一類型之學者，然二人俱認為龍昌期之經說「違古畔道」，可見當時以新學風治學者之中，仍有不為歐陽修、劉敞等新派學者認同之人，同時亦可知歐陽修等人之新經解，應仍以闡發經典義理為準則，而非以奇說異論取媚當世。

(二)聖人之道的精神追尋

宋初經典新詮風氣的開展，一方面得力於經學家對漢唐注疏之學的反思，一方面則有賴於古文運動的持續發展。從中唐以來古文家透過文體革新提振儒家文化以挽救斯文淪喪之弊後，歷經五代戰亂動盪時期的沉寂，古文運動之精神於宋初又行復甦。宋初興起之古文運動，大抵延續中唐韓愈等人所倡「文道結合」之主張，不過在文章內容所蘊含之道的意義上，更加追尋聖人之道的極至表現。正因如此，古文家對於經典所記載之儒家之道、前儒所詮釋之道的

---

⑨⑦ 《宋史》，頁10386。

意義，便有深入探索之動機；再加上此時興起對漢唐注疏之學的反思思潮，遂使其對舊有的經典詮釋有所批判，並與經學研究者疑傳疑經之主張相互呼應，加速推動經典新詮觀念的傳播。

宋初古文運動之興起，柳開首倡風氣之先聲，范仲淹於〈尹師魯河南集序〉中提到柳開之成就時說：

> 唐貞元、元和間，韓退之主盟於文而古道最盛。懿、僖以降，寖及五代，其體薄弱。皇朝柳仲塗起而麾之，髦俊率從焉。❾❽

又吳曾《能改齋漫錄·古文自柳開始》條中記載云：

> 本朝承五季之陋，文尚麗偶，自柳開首變其風。始天水趙生，老儒也，持韓文數十篇授開，開嘆曰：「唐有斯文哉！」因謂文章宜以韓為宗，遂名肩愈，字紹元，亦有意於子厚耳。故張景謂：「韓道大行，自開始也。」❾❾

柳開是宋初古文運動之健將，其成就在首開風氣之先，使當時文壇崇尚駢偶、華藻麗詞之文風為之一新，其主張復古道、習古文之呼聲，導引當時及日後如王禹偁、尹洙、石介、范仲淹、歐陽修、三蘇父子、王安石、曾鞏等文人之桴鼓相應，形成一股文體革新之改革風潮。柳開於文學方面之復古主張與其對經傳之態度是一致的，他同樣不認同後人解經之說、努力追尋經典的原古之道。張景在為

---

❾❽　《范文正集》（《四庫全書》，第1089冊），頁617。
❾❾　《能改齋漫錄》，頁282。

其所撰之〈柳開行狀〉中說道：

> 凡誦經籍，不從講學，不由疏義，悉曉其大旨。注解之流，
> 多為其指摘。⑩

柳開對於前人注疏之批判態度，其衡量標準來自於他觀念中對道的
體悟認知，他認為研習經典之目的在追尋孔子之道，在〈答陳昭華
書〉中曾說道：「經在得其誰人焉？得其孔子者也。⑪」即表明鑽研
《五經》是為求孔子之道，故其以此標準審視儒家經典傳注之作，
有不合於孔子之道者，不論是前儒之注疏或是《五經》經文，他一
概不予認可。如〈補亡先生傳〉中他表達對前儒注疏之不滿，有意
推翻漢唐注疏之作，重撰經解以代之，文曰：

> 先生又以諸家傳解箋注于經者，多未窮達其義理，常曰：「吾
> 他日終悉別為注解矣。」⑫

文中表明他對前人詮釋經典的否定。而在經文內容方面，他亦是以
此一態度衡量《五經》篇章，如吳曾《能改齋漫錄・古文自柳開始》
條中記載云：

> （開）嘗謂張景曰：「吾于《書》，止愛堯舜〈典〉、〈禹貢〉、
> 〈洪範〉。斯四篇，非孔子不能著之，餘則立言者可跂及矣。
> 《詩》之〈大雅〉、〈頌〉，《易》之〈爻〉、〈象〉，其

---

⑩　同註❼。

⑪　《河東先生集》卷6，頁37。

⑫　《河東先生集》卷2，頁14。

深焉，餘不為深也。」蓋開之謹于許可者如此。⑩

從上述兩則資料來看，柳開之經學態度純以「自由心證」為主導，主觀判定經典道的純粹性，他認為是即是、非即非，無視於傳統權威與歷史規範。因此，在其面對經典有不合於道或言未能盡明於道之情況下，遂效法隋代文中子王通之作為，為經典進行補亡接續之工作。在〈柳開行狀〉中張景敘述此一作為時曰：

> 慕文中子王通續經，且不得見，故經籍之篇有亡其辭者，輒補之，自號補亡先生。⑩

續經補亡之舉動，在傳統觀念中是一項頗為狂妄之事，因此一舉動已有「自作聖人」之意，明顯地超越古文運動所標舉「尊經重道」之精神規範。然而柳開之所以有如此作為，其思想之立足點來自於秦火焚書、典籍有亡佚不全之憾，在〈五峰集序〉中他即表示曰：

> 讀夫子文章，恨《詩》、《書》、《禮》、《樂》下至《經》遭秦焚毀，各有亡佚，到今求一字語要加于存者，無復可有，況其盡得之乎！⑩

在他所處之當時要盡得已亡佚之片言隻語，當然是不可能之事，故使得他有意識地進行補經之工作，企圖補全經典所缺之篇文、所缺之義理內容，其出發點當是以恢復經典原貌為前提，然而其作為卻

---

⑩　《能改齋漫錄》，頁283。

⑩　同註❼。

⑩　《河東先生集》卷11，頁75。

已是挑戰經典之權威性，啓發後人對經典內容之重新思考，並間接
推動疑經改經思潮之發展。

宋初與柳開同時提倡古文之王禹偁，在此時逐漸興起反對注疏
之學的聲浪中，則是以「議論解經」之形式對部分經典篇章重新加
以詮釋，如〈明夷九三爻象論〉、〈既往不咎論〉、〈死喪速貧朽
論〉、〈省試四科取士何先論〉、〈五福先後論〉等文章，則分別
針對《易經·明夷》卦之傳注、《論語·八佾》篇、《禮記·檀弓》
篇內文之解釋、《論語·先進》、《尚書·洪範》等篇之內容抒發
議論，以新的觀點推論闡發其中之義理⑩。王禹偁對前儒《五經》傳
注之反駁雖僅限於部分篇章，但其以論說的方式闡述經文大義，在
方法上開啓宋儒以己意解經之思考模式，加深疑傳疑經思潮向內深
化的探索。

繼柳開之後大力提倡古文運動之石介，師從孫復，執弟子禮甚
恭，其對注疏之學的批駁態度承襲自孫復，在〈上孫少傅書〉中他
提到現行流傳之傳注，擾亂聖人之道的意涵，造成後學不知道的本
質，文中說：

> 《春秋》者，孔氏經而已，今則有左氏、公羊、穀梁氏三家
> 之傳焉。《周易》者，伏羲、文王、周公、孔子而已，今則
> 說者有二十餘家焉。《詩》者，仲尼刪之而已，今則有齊、
> 韓、毛、鄭之雜焉。《書》者，出於孔壁而已，今則有古今
> 之異焉。《禮》則周公制之、孔子定之而已，今則有大戴、
> 小戴之《記》焉。是非相擾，黑白相渝，學者茫然慌忽，如

---

⑩ 參見王禹偁《小畜集》、《小畜外集》

盲者求諸幽室之中，惡睹夫道之所適從也？⑩

此文表達出石介對於傳注惑亂聖人之道的看法，他認爲經籍原典只
有一種，但後世註解之書眾多，且各書所言之義理又有互相矛盾之
處，造成一經數說、學者有無所適從之感，所以他對各家解經之作，
基本上是持推翻的立場，主張直接理解經文之意、直接掌握道的意
涵，以免受前儒註解之影響。同此文意，在其〈錄蠹書魚辭〉中表
達的更爲強烈，他直接批判諸經傳注是蠹書之魚，對經典是有害而
無益，其文曰：

> 文中子曰：「九師興而《易》道微，三《傳》作而《春秋》
> 散，齊、韓、毛、鄭，《詩》之末也，大戴、小戴，《禮》
> 之衰也。……」斯則《易》其九師之蠹乎？《春秋》，其三
> 《傳》之蠹乎？《詩》，其齊、韓、毛、鄭之蠹乎？《禮》，
> 其大戴、小戴之蠹乎？⑩

此一批判言論是極爲激烈的態度，在其眼中認爲現行之《春秋》三
傳、大小戴《禮》、諸《易》、《詩》經解等書，非但沒有羽翼聖
人之道，反而是蠹傷經典之本質，這對儒學傳統或是官方經學主張
均是極爲嚴重的挑戰，無怪乎同時代人或歷史評價皆以激狂視之⑩。

---

⑩　《徂徠石先生文集》（北京：中華書局，1984年），頁173。

⑩　《徂徠石先生文集》，頁81。

⑩　歐陽修〈徂徠石先生墓誌銘〉中曰：「遇事發憤，作爲文章，極陳古今治
　　亂成敗，以指切當世。賢愚善惡，是是非非，無所諱忌。世俗頗駭其言，
　　由是謗議喧然。」（《歐陽修全集》，頁506。）葉適《習學記言》曰：「石
　　介以其忿嫉不忍之意，發于偏宕太過之辭，激猶可興爲善者之怒，堅已陷

石介之經、傳態度，不僅對傳注以否定視之，且其對《五經》部分
內容亦有不置可否之論說，在其〈怪說中〉他抨擊楊億之文章浮華、
蠹傷聖人之道，文中所舉代表聖人之道的經典篇章，與柳開極其相
近，此一部份應是受之影響頗大，其文曰：

> 今楊億窮妍極態，綴風月、弄花草，淫巧侈麗，浮華纂組，
> 刓鏤聖人之經，破碎聖人之言，離析聖人之意，蠹傷聖人
> 之道，使天下不為《書》之〈典〉、〈謨〉、〈禹貢〉、
> 〈洪範〉，《詩》之〈雅〉、〈頌〉，《春秋》之經，《易》
> 之〈繇〉、〈十翼〉，而為楊億之窮妍極態，……其為怪
> 大矣。⑩

此文中所舉之《五經》篇章若與柳開所述相較，則可發現二者大致
相同，而石介在此處舉此數篇以為證，基本上他是認可這些文章蘊
涵著聖人之道，足可作為代表，與柳開的態度是一致的，這在古文
運動的推展或反經傳注疏的觀點上，均有相承續之脈絡存焉。

　　宋初疑傳疑經思潮中有關對聖人之道的闡述，蓋以古文家討論
較多，他們在談及文道之間的關係時，特別重視對文章內容之道的

于邪者之敵，莫不震動驚駭，群而攻之。」（《習學記言》（台北：中國
子學名著集成編印基金會，民國74年），頁1560。）《四庫全書總目・徂
徠集》提要曰：「主持太過，抑揚皆不得其平，……客氣太深，名心太重，
不免流於詭激。」此數則評語均認為石介處世言論太過於激烈，故其當時
即有毀謗隨身。然石介正因有此態度勇於批判，故其在疑傳疑經思潮中，
方有超越同時代人之言論出現。

⑩　《徂徠石先生文集》，頁62-63。

表現方式，以及此「道」的意義爲何。他們普遍認爲聖人之道涵藏
於《五經》經文中，研讀經書之目的即在掌握道的真諦，前儒重視
經書的傳注而加以再詮釋，是捨本逐末的方式，因此古文家們多半
主張拋開漢唐注疏，直接理解經文以掌握道。但是，經書在秦漢之
際流傳的過程中，由於秦火因素導致經書本身即有殘缺之憾，加上
漢儒在傳播過程中添加許多後出的說法，以至經文內容有真僞相
雜、義理相衝突之處，遂使後人無法正確地理解道的意涵。基於此
故，古文家們或採取續殘補缺之做法，企圖還原經書義理的完整性；
或根據自身之理解，肯定經書之中較無疑義的篇章而加以闡發，有
疑義的部分則置而不論。此二種經學態度雖不一，但是「回歸原典」
之理念則爲相同，且同樣促進疑傳疑經思潮之進展。古文家們所述
雖從文學的角度出發，但對於《五經》聖人之道的追索，卻是與經
學家別無二致。

㈢疑經改經之普遍化風潮

　　宋代經學新風氣之興起醞釀，經過柳開、范仲淹、胡瑗、孫復、
石介、歐陽修等人之倡議，在慶曆之後遂形成一股普遍化的風潮，
在前引吳曾《能改齋漫錄》及王應麟《困學紀聞》中引陸游語二則
資料可以得知，宋代新的經典詮釋風氣已在此時蔓延開來，學者紛
紛就自己所熟悉之經典進行重新註解或對經文內容提出更正，如解
《易》以人事爲論者：胡瑗《周易口義》、程頤《伊川易傳》、張
載《橫渠易說》、司馬光《溫公易說》、蘇軾《東坡易傳》等，多
不從舊說而以新觀點詮釋《易經》。又如解《春秋》以經世致用之
角度申論者：孫復《春秋尊王發微》、孫立節《春秋三傳立論》、

陳師道《春秋索隱》、朱長文《春秋通志》等；或棄傳從經直接以
經文原意入手者：周堯卿《春秋說》、歐陽修《春秋論》、《春秋
或問》、程頤《春秋傳》、胡安國《春秋傳》等，亦是獨抒己意，
彰顯個人學術理念⑪。而在此時期風氣之下，由王安石所主導完成之
《三經新義》一書被立爲科擧考試的標準，對於經典新詮之推動更
爲有力。

　　王安石對於漢唐注疏之學的態度，基本上是以批判的角度著
眼，他認爲經書是聖人之道的總體表現，古代聖王的政教理念、治
國方針均蘊含於其中，漢唐諸儒解經有義理未通者、有論述差謬者，
故需加以重新解釋，方能彰顯其中之寓意⑫。其新經學之主張在當時
受到宋神宗之支持，故於熙寧六年（1073）官方設置經義局，由王安
石、呂惠卿與其子王雱等人訓釋《詩》、《書》、《周禮》等三書，
號爲《三經新義》，書成之後頒於學官，並以之作爲科擧考試此三
經之定本。《宋史·選擧三》載此事曰：

　　帝（神宗）嘗謂王安石曰：「今談經者人人殊，何以一道德？
　　卿所著經，其以頒行，使學者歸一。」（熙寧）八年，頒王
　　安石《書》、《詩》、《周禮》義于學官，是名《三經新

---

⑪　有關此數人之著作、內容梗概，請參見汪惠敏《宋代經學之研究》（台北：
　　師大書苑有限公司，民國78年）一書。

⑫　王安石解經之法，概以義理推論之，經文有義理未通者，則據其他經書之
　　內容參酌考訂；或者根據文字訓釋加以重新解說。其著《字說》一書，即
　　是爲求重新詮釋經書而撰。有關王安石經學思想之論述，可參見李祥俊《王
　　安石學術思想研究》（北京：北京師範大學出版社，2000年），頁40-65。

　　義》。⑬

此則記載表明當時學者對於經書解說，幾乎已是人言言殊，無一標準範本可循，因此宋神宗在委任王安石新政改革時，亦將其《三經新義》頒於學官，務使統一經書的詮釋標準。然而，宋神宗頒此書於學官與定爲科舉標準，雖有統一經義之目的，但此舉無形中肯定新經學詮釋的價值，並揚棄漢唐舊注，促使此一風氣更加蓬勃⑭。在《三經新義》作爲科舉取士標準之後，士子有關此三經之研習均依此爲準，《宋史·王安石傳》中曾描述當時情況曰：

> 初，安石訓釋《詩》、《書》、《周禮》，既成，頒之學官，
> 天下號曰「新義」。晚居金陵，又作《字說》，多穿鑿傅會。
> 其流入於佛、老，一時學者，無敢不傳習，主司純用以取士，
> 士莫得自名一說，先儒傳註，一切廢不用。⑮

在此書通行之時間裡，宋儒經解取代漢唐注疏而成爲官方定本，反前人傳注權威之目的也已達到。而在此新學風之下的官方經學態度，亦受其影響而有轉變，表現出廣納不同詮釋觀點的開明作風，如宋哲宗元祐二年（1087）詔令「自今舉人程試，並許用古今諸儒之

---

⑬　《宋史》，頁3360。

⑭　立當代學者經解之書以作爲官方定本，雖與唐太宗立《五經正義》之舉動相同，然二者在詮釋意義與詮釋方式上卻截然不同。《五經正義》之經學態度爲「疏不破注」，一以前儒之說爲準；宋代新經學則是拋棄舊注甚至質疑經文，以新觀點解經。這在經傳神聖之傳統觀念上，是爲極大的挑戰。因此，二者雖是做法相同，但其意義卻大不相同。

⑮　《宋史》，頁10550。

說，或出己見。」從此詔令所頒布之時機與意義來看，宋學發展至此已漸擺脫漢唐注疏之學的羈絆，其自由發揮的學術特色也已初步成型；同時官方亦意識到民間經學詮釋已與漢唐諸儒不同，似乎不應再以科舉程試設限，故此令的頒布是有其時代意義。在《宋史·選舉一》中亦記載相關事實曰：

> 時（元祐初）方改更先朝之政，禮部請置《春秋》博士，專為一經。尚書省請復詩賦，與經義兼行，解經通用先儒傳注及己說。⑯

史載尚書省建議「解經通用先儒傳注及己說」一事，表明當時對舊有傳注已反省思考其謬誤，故允許應試士子以新說應答，表現出解經新風氣之普及與官方開明之態度，這對此後新風氣之彰顯更為有益。

宋代疑傳疑經風氣的普遍化，除了前面所述及各大家之提倡、王安石《三經新義》之間接推動外，由其門生弟子所形成之集團與其師門學風之傳承，更是推動此一風氣的加速傳播。根據《宋元學案》所列之師承關係而言，開宋學風氣之先的范仲淹、胡瑗、孫復、石介、歐陽修等人為師友關係⑰，而其中如以胡瑗、孫復二人為首向下推衍其學術傳承脈絡時可發現，慶曆以後主張棄傳從經、疑傳疑經或疑經改經之說者，多為其一脈相承之後學。以下謹列二人之門生弟子及其周邊關係人表以作為論述依據：

---

⑯ 《宋史》，頁3620。

⑰ 請參見《宋元學案·高平學案》，

```
                    ┌→高閌
胡瑗→程顥、程頤→楊時→呂本中→林之奇→呂祖謙（呂本中從孫）→輔廣
        └→張浚→張栻（張浚子）        └→友人：張栻、朱熹、陳傅良
        └→朱長文
        └→胡安國→胡寅、胡寧、胡宏（胡安國子）、胡詮
            └→薛徽言→薛季宣（徽言子）→陳傅良（友人：唐仲友、戴溪）
                    └→友人：劉夙、葉適、陳亮、張淳
        └→羅從彥→李侗→朱熹→輔廣→余端臣→王文貫→黃震
                    └→陳埴→王柏
                    └→何基→金履祥
        └→周行己→王十朋、林光朝、呂祖謙（陳傅良、葉適爲周行己私
                                淑弟子）
        └→尹焞　→陸景端→林光朝→劉夙

孫復→石介→晁說之（友人：吳棫、胡安國、許翰）
        └→晁公武（晁說之從子）

歐陽修→王安石        司馬光→朱松→朱熹
    └→劉敞            └→李熹
    └→蘇軾、蘇轍        └→晁說之
    └→友人：呂公著      └→友人：程顥、程頤、劉恕、呂公著

范浚（自學）→范處義（族人）
    └→友人：許翰、蕭楚（胡銓爲其弟子）
```

在上列表格所出現之學者，基本上均有疑傳疑經或疑經改經之相關

言論、著作行於世⑱。此其間的師友關係，可從表中可以明顯看出：有家學傳統者，如張浚、張栻父子；胡安國、胡寅、胡宏、胡寧父子；薛徽言、薛季宣父子等。有師門傳統者，如程顥、楊時、呂本中一系；羅從彥、李侗、朱熹一系；孫復、石介、晁說之一系等。表中各支系亦互有往來，或講友、或同師門、或同弟子等，顯示各支系學說觀念之發展，應存在著彼此影響的因素。在上表中，諸儒新經學之主張屢見於史冊載籍中，如《宋史·劉恕傳》中載云：

> 未冠，舉進士，時有詔，能講經義者別奏名，應詔者才數十人，恕以《春秋》、《禮記》對，先列注疏，次引先儒異說，末乃斷以己意，凡二十問，所對皆然。⑲

又如羅大經《鶴林玉露》卷之一〈乙編〉載晁說之之事曰：

> 李泰伯著《常語》非孟子，……晁說之亦著論非孟子，建炎中，宰相進擬除官，高宗曰：《孟子》發揮王道，說之何人，乃敢非之！」勒令致仕。⑳

又《宋元學案·景迂學案》中全祖望亦曾對晁說之之學術成就加一案語曰：

---

⑱ 上述表列學者之資料，乃據江惠敏《宋代經學之研究》書中所舉，有關南北宋疑傳疑經主張之一小部份學者，這些學者均有疑經思想或著作。請參見該書內容所述。

⑲ 《宋史》，頁13118。

⑳ 《鶴林玉露》（北京：中華書局，1997年），頁121。

> 景迂湛深經術，親得司馬公之傳，又為康節私淑弟子。其攻
> 新經之學，尤不遺餘力。世但知推龜山、了翁，而不知景迂
> 更過之。⑫

又如《宋元學案·武夷學案》中著錄胡安國《胡氏傳家錄》之內容，
其中有其自言學習《春秋》之過程曰：

> 某初學《春秋》，用功十年，遍覽諸家，欲求博取以會要妙，
> 然但得其糟粕耳。又十年，時有省發，遂集眾傳，附以己說，
> 猶未敢以為得也。又五年，去者或取、取者或去，己說之不
> 可于心者，尚多有之。又五年，書成，舊說之得存者寡矣。
> 及此二年，所習似益察，所造似益深，乃知聖人之旨益無窮，
> 信非言論所能盡也。⑫

此段說明其自學《春秋》之經過，文中對於經傳舊說之瞭解過程，
由博取而後視為糟粕，其觀點主張正是新經學之精神。又《宋史·
劉恕》

> 未冠，舉進士，時有詔，能講經義者別奏名，應詔者才數十
> 人，恕以《春秋》、《禮》記對，先列注疏，次引先儒異說，
> 末乃斷以己意，凡二十問，所對皆然。⑫

又《宋史·林光朝傳》

---

⑫　《宋元學案》，頁862。
⑫　《宋元學案》，頁1173。
⑫　《宋史》，頁12862。

嘗曰：「道之全體，全乎太虛。六經既發明之，後世注解固
已支離，若復增加，道愈遠矣。」⑫

上述所引僅是此諸儒言論之一小部份，其經學主張主要表現在經解
之作上，如晁說之、胡寅、胡宏、晁公武、黃震等人認爲《周禮》
爲僞書，乃漢以後儒者所作；對〈詩序〉作者之質疑、解《詩》不
依傍漢唐注疏者，歐陽修、蘇轍、王質、朱熹、王柏等人均是；質
疑今古文《尙書》之內容、質疑〈書序〉者，吳棫、蔡沈、趙汝談、
王柏、金履祥等人均有著作論述。從以上文獻資料來看，宋學疑傳
疑經風氣之發展，自胡瑗以下經程顥、程頤二人到朱熹，各學派門
下弟子對於宣揚師說、反前儒經解、自抒新意之推展，均起到推進
的作用，不僅促成經學詮釋的不斷地更新，同時也塑造出宋代經學
之特殊精神與面貌。

宋代疑傳疑經思潮之普遍化歷程，初期原因是學者反省經傳詮
釋內容有窒礙難通之處，故欲重新詮釋以求聖人之道之所在；爾後
師門學風形成，師弟子學脈相承、有志相合而成爲一個中堅集體，
且透過書院聚徒講學傳播思想，造就出宋學懷疑精神之特色。宋儒
於書院講學常標榜「疑」字，其目的在使後學能思索經書內容之合
理性，以增進學問與思想的成熟，如呂祖謙言：

學者不進則已，欲進之，則不可有成心；有成心，則不可
與進乎道矣。故成心存則自處以不疑，成心亡然後知所疑
矣。小疑必小進，大疑必大進，蓋疑者不安於故而進於新

---

⑫ 《宋史》，頁12862。

者也。⑯

呂祖謙之語頗能道出宋代新經學發展之思想關鍵點，他認為「小疑
必小進，大疑必大進」的看法，應是從實際解經之過程中求得的經
驗，前儒傳注不盡正確、經書內容不盡合理，均是可以被質疑的對
象，學者如果不存先入為主的觀念，則面對經傳著作時便不會受其
影響，便能掌握真正的義理所在。其他學者相關之說法如張栻云：
「觀書當虛心平氣……如其可疑，雖或傳以聖賢之言，亦須更加選
擇。」此說之主張更加明確地表明聖賢之言不一定正確，昭示後學
如果心中存疑，即使是聖賢之言，亦應大膽懷疑、慎重抉擇。又朱
熹云：「讀書無疑者教有疑，有疑者卻要無疑，到這裡方是長進。」
陸九淵語：「為學患無疑，疑則有進。」其門下弟子楊簡亦有云：
「學必有疑，疑必問，欲辨明其實也。」楊簡同門袁燮亦有類似說
法曰：「學者讀書不可無所疑。所謂疑者，非只一二句上疑也，要
當疑其大處。」與此相近之學者主張尚有許多，可見宋代經典新詮
風氣之觸發點，是來自於理性精神所推衍出的懷疑精神⑯。因宋儒衡
量是否是正確地經書解說，其標準即是經解詮釋的合理性與經書內
容的合理性，倘若有不合於人情天理者，則往往勇於懷疑、提出合
理的新解說。此一懷疑精神，延續著孟子「盡信書不如無書」的主
張，惟此一主張於儒學傳統中乃為思想伏流，歷代僅偶一顯現而未

⑯ 轉引自吳萬居《宋代書院與宋代學術之關係》（台北：文史哲出版社，民
國80年），頁225。
⑯ 上述所引各學者有關「懷疑」精神之文句，皆轉引自吳萬居《宋代學書院
與宋代學術之關係》一書。同上，頁226。

成風氣，宋代因政治、學術、講學等諸多因素的交織下，遂使此一精神昂揚，最終形成宋學獨具特色之所在。

四、經傳關係之崩解與重構之省思

自漢代《五經》被確立爲儒學思想之典範以後，經典的詮釋因隨著政治因素，而使儒者對於經書內容不斷地予以詮釋、再詮釋，以適應政治之所需，如東漢今古文之爭、漢魏之際王鄭之爭等等，均圍繞著經典詮釋進行爭議。唐太宗命臣下總結漢魏以來之經解纂成《五經正義》，中唐以後又補充《周禮》、《儀禮》、《公羊》、《穀梁》四疏，唐代「九疏」由官方頒布行於天下，基本上確立起「經—傳注—疏解」之經典詮釋模式，漢魏以來之經典詮釋系統於焉完成。此一架構之建立，在各經傳注之選擇標準、各傳注之詮釋內容等方面，仍有相當多值得商榷之處，故而有中晚唐至宋初一連串疑傳疑經之聲音出現。中唐以來疑傳疑經觀念之興起及其訴求目的，乃在打破「經——傳注——疏解」三者之固定關係，儒者企圖突破各經注解只有單一解釋之侷限，與詮釋《五經》僅能通過傳注或義疏途徑之限制，希望藉由不同的方式詮釋典籍，以真正彰顯聖人之道的精神意涵。

宋學疑傳疑經思潮的演變歷程，從初始到醞釀、到成熟而蔚爲風潮，亦是針對經傳關係進行思考，然而其間對於《五經》經傳的定位與價值批判，前後時期又有著明顯的變化，其中最大的差異在於漢唐儒學傳統中周孔之道被孔孟之道所取代、儒學的精神典範由《五經》經傳轉而以《四書》體系爲象徵。就宋代經學整體發展來

看，初期是以《五經》爲中心衡量各傳注之正確與否；繼之以「義理」或「聖人之道」爲中心，衡量各經內容之正確性；最終再以「義理」爲標準，選擇最具代表性之儒家經典——《四書》。換言之，宋代儒學在經典新詮風氣之推展下，其間經歷著：1.注疏之學無法完整地詮釋《五經》之義理，造成漢唐以來經傳詮釋關係的崩解；2.儒者在「聖人之道」的主脈絡下，對注疏之學的質疑進而到對《五經》內容的質疑；3.在以「聖人之道」爲中心的思想下，《五經》內容摻雜太多漢魏諸儒之言論與僞作，「聖人之道」的純粹性頗受質疑，因此選擇新的義理典範以作爲「聖人之道」的精神象徵，是南宋儒者的積極目標。此三點因素，造成兩宋儒學義理典範的轉移，同時這也正是宋代理學興起的重要因素之一。在南宋儒學確立以後，《四書》體系已被賦予爲孔孟之道的精神象徵，成爲南宋及元明儒者所討論的重點，而《五經》經傳則由漢唐以來儒家義理的第一線退居到第二線，慢慢隱身於《四書》體系之後，直到清儒以漢學相標榜，《五經》經傳的儒學地位與價值，方再次受人重視。

㈠宋儒反權威與建構權威之二重現象

宋代經學之發展歷程，除了前面幾章所述來自於經學內部反思之導引外，時代環境之影響亦與宋代經學之發展關係密切。如宋初胡瑗講學東南時，以經世致用爲教學重點；孫復講授《春秋》經，特重「尊王」大義等事實，均與當時政教有莫大關聯。又如以《宋史・藝文志》所載經部典籍來看，經部之書總數爲一千三百零四部，其中《春秋》類爲二百四十部居首、《易》類二百一十三部次之，顯示這兩部經書特別爲宋人所重視。此一情況何以如此？主要是宋

人根據時勢藉經解以抒發己意，尤其是利用《春秋》經以闡發「尊王攘夷」、「春秋大一統」之觀點，並由此推衍出經世致用、功利思想。蕭公權在《中國政治思想史》中曾敘述北宋時期功利思想之興起與當時大環境之情況時說：

> 趙宋立國之初，即有契丹之患，不徒石晉所割之燕雲十六州
> 始終不得收復，而遼日盛，澶州戰後，屢增歲幣，以求苟安。
> 西夏坐大，亦數內侵，元昊請和援例復遺歲幣，以大事小，
> 示弱於人，此誠奇恥大辱，而當時君臣居然肯受者，殆亦深
> 知兵弱財乏，故不得不姑忍之也。⑫

當國家面對如此局勢，北宋知識份子對於現實環境必然有所呼應，於是經世致用之學、尊王攘夷之思想、變法革新之倡議，便陸續反映在北宋學術發展上，此一部份可從胡瑗、孫復、石介等之教授諸生、范仲淹等推行之慶曆新政以及王安石變法新政之舉措以證之。然而，制度上之變革必然要有學術思想作為背後的支撐，漢唐以來注疏之學既無法回應當代之需求，於是重新詮釋經典以符合政治所需，以及最終走向經典改造以適應時代需求之途徑，也就成為兩宋學術發展之唯一。

從宋學發展之演變過程來說，慶曆新政前後宋學形成之初始階段，學者一方面繼承中唐以來的疑傳學風並加以深化到疑經層面，促使經傳的詮釋方式與詮釋焦點有所轉移，將經學的詮釋目光由「傳

---

⑫　《中國政治思想史》（台北：聯經出版事業公司，民國73年初版3印），頁
480。

注」轉向「經典」文本,此舉使得經典文本脫離前人傳注而逐漸回歸「中性」文本,基本上已彰顯擺落漢唐、獨樹一幟的宋學精神;而另一方面,學者就現實面所遭遇之困境,企圖從經典中吸取治世法則,於是他們透過重新詮釋的方式賦予經典新義,以作爲治國施政之參考指標,如李覯寫有一組以「《周禮》致太平論」爲題的五十一篇文章,其中包括「內治」、「國用」、「軍衛」、「官人」等重要議題的論述。從題名、內容來看,李覯對於《周禮》的研究不單是解讀經文而已,其目的主要是利用《周禮》書中所架構之國家體制與觀點,藉以找尋解決宋代所面臨種種問題的方法。即使像胡瑗、孫復等人所撰述之解經之作,基本上也是考量現實環境後所做出的回應,不論在解《易》或解《春秋》方面,切於人事而闡述義理,是胡瑗、孫復等宋初學者在面對經典時所抱持的態度。

宋代經學的發展,若以疑傳疑經、重新詮釋經典作爲反漢唐注疏權威的表現的話,王安石「新經學」的建立便可視爲是建構經典詮釋權威的具體表現,而其《三經新義》的頒行,更是代表著權威解釋的象徵。若從范仲淹到王安石之間的經學發展來看(即慶曆新政到熙寧變法),經學的路向由學理的探究進而轉變爲經世致用的落實,亦即「內聖外王之道」透過社會實踐的過程將經書義理推展開來,經典所載之內容不再只是空談的理論,而是藉由宋儒的詮釋轉化將其理論與實際的政教相結合,並以此作爲富民強國的指導方針,因此,在范仲淹等宋初學者推行慶曆新政前後,經典的詮釋在持續轉化中逐漸脫離漢唐以來的注疏傳統,朝向結合政治與學理的經世致用方向進行,胡瑗設立「經義齋」、「治事齋」以「明夫聖人體用以爲政教之本」,歐陽修質疑《周禮》之可行性與李覯藉《周禮》

申述其治國大要，此諸人之基本用意不僅是在重新面對經典的內涵、重新認識經典的價值，更重要的是想從中整理出可資遵循的施政準則。此一目的性在王安石執政後被確實貫徹，在他主導下所完成的《三經新義》具有很強的治國理想。因為在其理解中，《易》與《春秋》皆非先王之政的記載，《五經》之中唯有《詩》、《書》、《周禮》包含聖王施政之用心與典章之紀錄⓫，所以不論在《詩經》各篇題旨的論述上，或者是《尚書》、《周禮》內容的闡發，王安石多借題發揮，以明國家施政法度⓬。如〈周南詩次解〉一文中，王安石論述〈關雎〉為篇首之意曰：

> 王者之治，始之於家；家之序，本於夫婦正；夫婦正者，在求有德之淑女為后妃以配君子也，故始之以〈關雎〉。⓭

此處以夫婦關係作為治國之先決條件，並以此解釋〈關雎〉為《詩經》之篇首，其說解已超出文本範圍，然而在其〈洪範傳〉中他仍以此論點加以闡述，其文曰：

⓫ 王安石〈達崔子方秀才書〉中云：「三經（指《詩》、《書》、《周禮》）所以造士，《春秋》非造士之書也。學者求經當自近者始，學得《詩》，然後學《書》；學得《書》，然後學《禮》；三者備，《春秋》其通矣。故《詩》、《書》執《禮》，子所雅言，《春秋》罕言以此。」

⓬ 《三經新義》中，《詩》、《書》之詮釋者為王雱、呂惠卿，王安石自註《周禮》。雖《詩》、《書》二經為他人所撰，然王雱為王安石之子、呂惠卿為其弟子，二人之學說思想當承襲自王安石處，故雖《三經新義》非王安石獨力為之，然其學說思想上仍可視為是王安石自身的意見，因而本文中將《三經新義》整體視之，認為是其自身學說的表達。

⓭ 《唐宋八大家散文總集·王安石》（石家莊：河北人民出版社，1995年），頁3567。

> 蓋人君能自治,然後可以治人;能治人,然後人為之用;人
> 為之用,然後可以為政於天下。為政於天下者,在乎富之、
> 善之;而善之,必自吾家人始。⑬

又《尚書·虞夏書·皋陶謨》中亦提到云:

> 身立則政立,故皋陶先言修身。能修其身然後可以齊其家,
> 故繼之以「惇敍九族」。齊家而後國治,故繼之以「庶明勵
> 翼」。國治而天下平,故繼之以「邇可遠在茲」。⑬

從此三則論述來看,王安石以〈大學〉「修齊治平」之說解釋《詩》、
《書》之篇章內容,姑不論其正確與否,然從其詮釋角度與目的性
視之,顯然與漢唐諸儒不同,帶有濃厚的施政意味。又如《詩·鄭
風·子衿》之註解云:

> 世之亂,生於上之人不學,莫知反本以救之。顧顛沛於末流
> 以紓目前之患,而以學為不切於世務,此學校所以廢也。⑬

此解提出學術對政教之影響關係極大,他認為唯有興學重教,才是
治國之根本原則;而在任人用賢方面,《詩·小雅·大東》之註解
中他說道:

---

⑬ 《唐宋八大家散文總集·王安石》,頁4281。
⑬ 引自程元敏《三經新義輯考彙評(一)──尚書》(台北:國立編譯館,
民國75年),頁34。
⑬ 引自程元敏《三經新義輯考彙評(二)──詩經》(台北:國立編譯館,
民國75年),頁74。

私人之子，試於百僚，則是絕功臣之勢，棄賢者之類，竇賤
者用事而貴也。⑬

從上述幾則有關《詩經》篇文的註解及其他《詩經》篇章中，王安
石藉由詩句之註解引申出許多治國理念，這在詮釋上已經超越文本
所蘊含的意義，若以今日學術語言稱之，此舉已屬於是「創造性的
詮釋」，而非經典文本的解釋。有關此類新詮釋的論述例證，在《三
經新義》中俯拾皆是。清·陸心源於〈臨川集書後〉一文中曾讚王
安石之學曰：

> 三代而下，有經濟之學、有經術之學、有文章之學，得其一
> 皆可以為儒。意之所偏喜，力之所偏注，時之所偏重，甚者
> 互相非笑，蓋學之不明也久矣。自漢至宋千有餘年，能合經
> 濟、經術、文章而一之者，代不數人，荊國王文公其一焉。

陸心源的讚譽，著眼於經世致用之效，此點正是王安石學術之長處，
而其學有別於漢唐諸儒之特色所在，正乃其解經通經之觀點異於前
儒。

王安石所開創新的詮釋觀點，之所以可視為是宋儒反漢唐注疏
權威、重新建構經典詮釋權威的典範例證⑬，其因在於以王安石為首

---

⑬　同上，頁188。

⑬　宋儒開創新的經典詮釋，在許多學者如孫復、石介、歐陽修、劉敞、程顥
　　等人之著作中均可發現，然以當時之影響性而言，皆難以與王安石相提並
　　論，故以他作為宋儒建構新的經典權威之代表。

的「荆公學派」在當時持續影響學術界近百年⑯，直到南宋孝宗之時仍有其影響性，如南宋乾道、淳熙（1165-1189）時，四川員興宗在其《九華集·蘇氏程氏王氏三家之學是非策》中平議當時學界深具影響力之三大家派時說：

> 昔者國家右文之盛，蜀學如蘇氏、洛學如程氏、臨川如王氏，皆以所長，經緯吾道，務鳴其善鳴也。……考其淵源，皆有所長，不可廢也。……今蘇、程、王之學，未必盡非，執一而廢一，是以壞易壞。置合三家之長，以出一道，始歸於大公至正。

員興宗所述姑且不論其正確與否，從其文中論述三家之學的態度、語氣推之，荆公學說在南宋孝宗之時應當還具有學術影響力。此外，在《宋史·高宗本紀》中亦有記載云：「（紹興二十六年）詔取士毋拘程頤、王安石一家之說。⑰」〈孝宗本紀〉亦云：「（淳熙）五年春正月辛丑，侍御史謝廓然乞戒有司，毋以程頤、王安石之說取士。⑱」此二則資料均是有關取士勿用王安石之說的紀錄。以此反證，當時王安石之經說，應當還是朝廷取士的衡量標準之一。而從熙寧八年（1075）王安石進呈《三經新義》且頒於學官之百年間，在其初始之

---

⑯ 宋·陳振孫《直齋書錄解題·書義》條中曰：「王氏（安石）學猶行於世者六十年，科舉之士熟於此，乃合程度。」（台北：台灣商務印書館，民國67年，頁28。）此條記載，正說明王安石學說之影響，在當時主導科舉考試的論試標準。

⑰ 《宋史》，頁585。

⑱ 《宋史》，頁667。

時,荊公學說挾著當朝宰甫的威勢,立於學官、通令士子習之,《宋史·選舉三》中載云:

> 帝(神宗)嘗謂王安石曰:「今談經者人人殊,何以一道德?卿所著經,其以頒行,使學者歸一。」(熙寧)八年,頒王安石《書》、《詩》、《周禮》義于學官,是名三經新義。⑬

《三經新義》之通行於天下,得力於神宗之支持者多矣,然各代學術經說之行於天下及後世者,靡不如此,漢之圖讖、唐之正義,皆由政府主導使上下從焉。在二程子文集中曾言及王安石學說在當時之情況曰:

> 介甫之學,它便只是去人主心術處加功,故今日靡然而同,無有異者,所謂一正君而國定也。此學極有害。以介甫才辯,遽施之學者,誰能出其右?始則且以利而從其說,久而遂安其學。今天下新法害事處,但只消一日除了便沒事,其學化革了人心,為害最甚。⑭

二程子之語雖在批評王安石對人君迎合其心意、對人心影響之為害,但從其所言中可以得知,其學對於當時整個學界之影響極大極深。換言之,王安石解經之說,在當時已建構起新的經典詮釋典範,故而有二程子言天下「靡然而同」、「久而遂安其學」之說,如此正是達到神宗所希求之「一道德」、「使學者歸一」的目的。

---

⑬ 《宋史》,頁3660。

⑭ 程顥、程頤《二程集》,頁50。

今日學界對於宋元明以來之學術發展，多以「理學」之名加諸
其上，基本上亦是一種權威解釋的建構成果。從兩宋經學發展來看，
宋初學者在疑傳疑經思想下，首先引發探索經典詮釋的各種可能
性，漢唐注疏之權威性逐漸鬆動；繼之王安石挾其變法新政之威勢，
使荆公學說在熙寧八年之後的百年間主導經學詮釋的標準，建構新
的詮釋典範，漢唐注疏之學在宋代學術上的影響力，自此蕩然無存，
遵行舊說解經者，已難再有新義出現；南宋以後，由於以「義理解
經」之方式逐漸受到認同，經典詮釋之標準又轉移至程朱一派之上，
荆公學說退出學術主流地位，義理之學遂凌駕於上，而成爲新的經
典詮釋典範。就義理之學形成之諸多因素來看，其中以宋儒捨五經、
就四書、直承孔孟精神而發揚儒學之詮釋方式，最具關鍵性。此一
轉折不僅是學界由王安石「經世致用」學說爲標準轉向以程朱義理
學說爲標準的過程，更是儒學本以「五經」爲精神典範轉向以「四
書」作爲精神典範之歷程。

(二)儒學經典典範之轉移

自漢代儒學成爲學術主流以來，儒學內部即以《五經》作爲經
典典範。傳統之說法認爲孔子贊《易》、刪《詩》《書》、訂《禮》
《樂》、作《春秋》，《五經》便成爲儒家經典的象徵，歷代學者
無不致力於《五經》的詮釋，企圖藉由《五經》以掌握儒家學說之
精華與孔子政教之治要，以此作爲求用於世的基本學識；而官方亦
利用《五經》作爲治國施政之根據與取士之標準，因而造成《五經》
在學術上具有神聖無比的意義與價值。直是之故，在唐以前《五經》
即代表著孔子學說與儒家精神，學者在此主流學術氛圍籠罩之下，

在知識傳承、政治思想、修身處世等方面，均受《五經》所形成之知識體系所限制。《五經》作爲學術之主流價值後，由於不斷地被詮釋、再詮釋，經與傳、注、解、疏遂形成一龐大的知識系譜，相串連的彼此結構成有機組合，甚而在唐代「九疏」立於官學之後，「經—傳（注）—疏」的詮釋典型被確立而成爲儒者解經標準模式與儒學的精神象徵，學者對於傳注內容不得有異議，即使是其中有謬誤之處，亦不能妄加評議。然而，隨著中晚唐以後學者對注疏內容提出質疑，到宋初疑傳疑經之情況越來越普及時，「經—傳（注）—疏」的詮釋模式因而有所鬆動，宋儒先是質疑注疏之誤而越過注疏直接詮釋《五經》內容；繼而根據義理推斷或以自由心證的方式直擊《五經》經文內容之失，或認爲脫佚、或判定僞作、或視爲摻雜，因而有補經、改經、刪經等舉措。至此之時，傳統《五經》神聖不可更易之地位遭受打擊，《五經》原本代表著孔子學說、儒家精神之象徵性已逐漸喪失，因而促使儒者反思孔子學說蘊於何處、代表儒學精神之典籍究竟爲何等諸問題。

　　經學內在深化思考的開端，自北宋初期便逐漸浮現出端倪，《宋元學案·伊川學案》中曾載程頤於太學時受胡瑗之重視，乃在於他所寫的一篇有關「顏子所好何學」的論文，書中載云：「胡安定瑗試諸生以『顏子所好何學』，得先生論，大驚，延見，處以學職。⑩」此篇使胡瑗震驚之文章，其內容論述的重點由「顏子所好何學？學爲聖人」作開端，討論心、性、情等理學家日後一再辨析的人性天理的部分，程頤在文章中對人類存在性的探討，昭示著儒學研究的

---

⑩　《宋元學案》，頁589。

方向由外在的典章制度面轉向人內在的精神層面；由章句訓詁的解
析深化爲哲學義理的討論。此一轉變，不僅引發性理之學的開展，
同時也連帶影響文本典範的轉移。北宋初期學者承襲中唐以來的疑
經思考，諸大儒對於經學的關注眼光，總停留在「經典文本」本身，
也就是著重於文獻資料的整理、古代典章制度的重建以及語言文字
的解釋等方面，是以孫復、歐陽修、王安石等人對於經典的探討，
不外是質疑經文或重新詮釋經義。而程頤的論述已經觸及到經典精
神或經典價值上，亦即經典之所以爲經典的意義，以及經典在儒學
的終極價值等部分。當北宋儒學發展之過程中，《五經》的權威性
逐漸喪失之際，思索取代《五經》以作爲儒家經典象徵與孔子學說
精神的文本典範的選擇，遂漸爲此時儒者所思考與討論。而其中孟
子在儒家傳承系統中之定位與《孟子》一書在儒學知識系統中之價
值的轉變，最能看出北宋儒學內部變化的契機。在北宋之前，孟子
於儒學傳承系統中僅被視爲是一般的儒家學者，而《孟子》一書長
久以來亦被列於「子部・儒家類」，孟子其人其書在宋代以前其實
是不受人重視，一般官私文獻對於儒學代表人物通常以「周孔」或
「孔顏」稱之。就以唐代官方之態度而言，高祖、太宗、高宗三朝
爭論國子學應祭「周孔」或「孔顏」之事件，及唐玄宗封顏淵爲「亞
聖」、「兗國公」，封孔門十哲、七十子爲侯爲伯之時，對孟子完
全隻字不提，從此處可看出至少在盛唐以前，孟子於儒學傳承系統
中是不被討論的。孟子受後人尊崇之始，約起於唐代安史之亂以後，
清・趙翼於《陔餘叢考》中曾提及曰：「宋人之尊孟子，其端發於

楊綰、韓愈，其說倡於（皮）日休也。⑭」此則記載，證諸史實，是可採信。就唐代科舉考試而言，「明經」科考試科目，主要是以「三禮」、「三傳」及《周易》、《尚書》、《詩經》等九經為主，《論語》、《孝經》被列入「兼通」，《孟子》一書尚不在考試範圍中，甚至比《老子》、《莊子》、《文子》、《列子》這四部道家經典的地位還差，因這四部書於唐玄宗被列入科舉「道舉」項目，與「明經」科地位相同。由此可見，《孟子》學說在當時仍不受官方重視。《孟子》一書之受重視，始於安史之亂後的唐代宗寶應二年（763）禮部侍郎楊綰上疏，建議朝廷將《孟子》與《論語》、《孝經》並列為「兼經」，增為「明經」科考試項目之一。此議雖未被見用，然已開啓《孟子》學說在儒學系統中之價值與地位的討論。

　　真正對孟子地位、價值之肯定且造成影響者，應首推韓愈。〈原道〉一篇昭示儒學傳承之系統，將孟子提升至直承孔子道統之嫡傳地位，其文曰：

> 斯吾所謂道也，非向所謂老與佛之道也。堯以是傳之舜，舜以是傳之禹，禹以是傳之湯，湯以是傳之文、武、周公，文、武、周公以是傳之孔子，孔子傳之孟軻。軻之死，不得其傳焉。⑭

韓愈之所以推崇孟子在儒學中之地位，主要是認為孟子得到孔子之真傳，且能拒楊、墨，闢異端邪說，大有功於儒學，在〈送王秀才

---

⑭　《陔餘叢考》（台北：世界書局，民國54年）卷四、頁16。
⑭　《韓愈全集校注》，頁2662。

序〉中即提到：

> 孟軻師子思，子思之學，蓋出曾子。自孔子沒，群弟子莫不
> 有書，獨孟軻氏之傳得其宗，……故求觀聖人之道，必自孟
> 子始。❹

又〈與孟尚書書〉中云：

> 揚子雲曰：「古者楊、墨塞路，孟子辭而闢之，廓如也。」
> 夫楊、墨行，正道廢，……孟子雖賢聖，不得位，空言無施，
> 雖切何補？然賴其言，而今學者尚知宗孔氏、崇仁義，貴王
> 賤霸而已。……然向無孟氏，則皆服左袵而言侏離矣！故愈
> 嘗推尊孟氏，以為功不在禹下為此也。❺

　　由於韓愈高度推崇孟子在儒學道統中之價值，提升其儒學地
位，故使得孟子其人其書在此之後，遂多為人所注意。尤其韓愈身
為古文運動之倡議者，其文學主張、學術觀點，對後來古文運動的
支持者而言，應會有相當的影響力，如范仲淹、孫復、石介、歐陽
修等人，均極為推崇孟子及其學說，所以當北宋初期古文運動、儒
學復興運動逐漸盛行之際，儒者對於孟子學說之價值，便越來越肯
定，其中像二程子、張載、王安石等人，雖然各自政治立場不同，
但對「尊孟」之態度則一，均視孟子為孔子之後唯一得其心傳者。
北宋以前孟子未入祀孔廟、未授封爵位、未被列入科舉考試，然於

---

❹　《韓愈全集校注》，頁2776。
❺　《韓愈全集校注》，頁2351-2352。

北宋時，此諸項均逐一實現。熙寧四年（1071）二月，《孟子》一書首次列入科舉考試之科目⑭；元豐六年（1083）十月孟子首次被官方封爵，詔封爲「鄒國公」⑭；元豐七年，孟子配享孔廟⑭。孟子及其學說之所以會受到如此尊崇，揆其原因，除了韓愈之倡議與古文運動盛行之影響外，孟子學說之「繼道統」、「闢異端」、「談心性」、「辨王霸」等諸說，正符合當時時代所需。

「繼道統」一項，韓愈首推之，他在以繼承堯、舜、禹、湯、文、武、周公、孔子、孟子之道自居的同時，標示出儒家道統之傳承系譜，其中韓愈捨棄顏子、曾子、子思等人之地位，而以孟子直接孔子之學，確立日後儒學傳承之道統觀；而北宋諸儒對於孟子承繼道統之學術地位亦極爲肯定⑭，並多以此自任，如柳開在〈應責〉一文中說：「吾之道，孔子、孟軻、揚雄、韓愈之道」；程顥「謂孟子沒而聖學不傳，以興起斯文爲己任⑮」；程頤在文集中云：「孔

---

⑭　《新校續資治通鑑》，頁1699。

⑭　同上，頁1942。

⑭　同上，頁1945。

⑭　唐宋時期，「非孟」之說即有見諸載籍，大部分集中在北宋，如邵博所撰《邵氏聞見後錄》（北京：中華書局，1997年），頁81-97。有三卷收錄有關疑孟、非孟之說，其中有司馬光、蘇軾、李覯、劉敞、劉道原、晁說之等十位學者；其他像南宋鄭厚、葉適等人亦曾非孟，文獻顯示當時有一部份學者對於《孟子》一書之內容提出質疑。不過，同時間亦有學者「尊孟」之說，如柳開、范仲淹、孫復、石介、張載、二程子、王安石等多人對孟子的推崇。顯示北宋時期孟子的學術地位，正受學者的公評。然就當時兩派主張之情形及官方之態度而言，北宋時期「尊孟」態度之普遍化現象，應是可以相信，而至南宋及元，孟子的正面評價則趨於穩定。

⑮　程頤〈明道先生行狀〉，收錄於《二程集》，頁638。

子沒，傳孔子之道者，曾子而已。曾子傳之子思，子思傳之孟子。孟子死，不得其傳。至孟子而聖人之道益尊❶。」其他像石介、張載、王安石等人，或推尊其師得孔孟之道統（石介推尊孫復）、或以孔孟道統之繼承人自視之（張載、王安石），均顯示出道統說的確立與孟子地位的升格。就當時學界對孟子「繼道統」一事而言，基本上並無異議，是可知孟子之儒學地位至此已經確立。韓愈建立儒學之傳承道統，以孟子作爲開後世儒學精神之代表，推論其因，主要是孔子後學中有著作留存於世、且對仁義道德、人性本質之論說足以與佛家之說相抗衡者，大概就只有《孟子》一書，且孟子「闢異端」之說，正適合韓愈當時用之於「排佛」上，因此在繼承孔子道統之選擇上，韓愈便以孟子爲代表，且以孟子之繼承者自居。北宋時期佛學盛行之情況與中唐相似，在道統觀念建立後與儒學復興思潮之推動下，以韓愈之主張作爲當時儒學之訴求，便使「尊孟」觀點成爲普遍化現象。加上儒學之發展有向內深化之情形出現，孟子論心性、辨王霸之說受到認同，是以使得《孟子》一書在儒學體系中之價值與地位提升，以致當時多以「孔孟」連稱。這代表著此後儒學之精神象徵已由盛唐以前之「周孔」、「孔顏」轉爲「孔孟」境界。孟子在北宋神宗前後完成儒家地位之升格以後❷，《孟子》一書對儒學精神之意義與價值，便從列於科舉考試科目一事中彰顯出來。

　　前述《五經》之經文與內容逐漸受到多數學者之質疑，以及深

---

❶　《二程集》，頁327。

❷　有關「孟子升格運動」之過程，可參見徐洪興《思想的轉型--理學發生過程研究》（上海：上海人民出版社，1996年）中之〈孟子升格運動〉，頁92-138。

入探索儒學精神之內在哲理系統時，《五經》所代表之舊有的儒學傳統已不敷當世所用，因此尋找代表儒學精神之典籍（或是思索代表著孔子精神象徵之典籍），便為當時學者自覺或不自覺中之舉動。因傳統以來「周孔」連稱之意義，代表著《五經》是先王之政典，周公制禮作樂、記載典章，《五經》因以傳之後世（《春秋》除外），孔子承周公之道而彰顯之，是「傳經以教」之聖人。宋以前之儒學是以《五經》為中心，傳揚的是先王之政典；而宋儒思索儒學之精神在於孔子，重視《五經》並不能彰顯真正孔子學說之精華，亦不能對孔子學說之精神通透掌握，況且《五經》在經文與內容均有明顯的瑕疵，因此找尋適合的典籍以彰顯孔子學說，便是北宋儒學對於經典典範由《五經》轉向《四書》之原因。

宋儒對於《四書》價值之認識，是逐漸累積形成而至朱子撰《四書集注》時方真正確立其地位。儒家經典典範由《五經》轉向《四書》之過程，唐君毅先生在其《中國哲學原論·原教篇》中曾說道：

> 宋學之初起，乃是以經學開其先。在經學之中，則先是《春秋》與《易》之見重，然後及於《詩》、《書》之經學，再及於《易傳》、《中庸》、《大學》及《孟子》、《論語》等漢唐人所謂《五經》之傳記；終乃歸至於重此傳記之書，過於重《五經》。⑮

唐先生此說是就宋儒詮釋《五經》典籍之著作做分析，與宋代經學

---

⑮　唐君毅《中國哲學原論·原教篇》（台北：臺灣學生書局，民國73年），頁12。

之發展相吻合，顯示出《五經》典範轉移到《四書》典籍是有其一定的演變歷程。宋儒對於《四書》之重視，於張載、程頤之時便已逐漸浮現出來。《宋史・張載傳》曰：「其學尊禮貴德、樂天安命，以《易》為宗，以《中庸》為體，以孔、孟為法，黜怪妄，辨鬼神。⓹」張載之學術成就，來自於范仲淹指示其以《中庸》為進路開端，最後張載亦以《中庸》作為其學之主體，顯示此書在其心中之價值。而程頤對於《四書》之推重則更為擴大，《宋史・程頤傳》中載云：

> 頤於書無所不讀，其學本於誠，以《大學》、《語》、《孟》、《中庸》為標指，而達于六經。動止語默，一以聖人為師，其不至乎聖人不止也。張載稱其兄弟從十四、五時，便脫然欲學聖人，故卒得孔、孟不傳之學，以為諸儒倡。⓺

此段文獻說明兩點：1・程頤對於《四書》內容所體現之義理，極為重視，「其學本於誠」即說明他的學術基礎來自於《中庸》等書，並以之作為儒學之基礎，進而推衍至《六經》內容，基本上顯示出《四書》比《五經》較為重要的意思；2・據張載所云：二程子從年輕時便有「欲學聖人」之志，最後得「孔孟不傳之學」，並大為倡議，表示二程真有得於儒學之精華，並被人視為是繼承孔孟學說之道統者，而二程能得孔孟真傳之因，合上文所述來看，當是與體悟《語》、《孟》、《中庸》之學理有關。程頤之學重視《四書》義理之證，從南宋高宗紹興年間，宋高宗與陳淵之間之對話亦可得以

⓹　《宋史・張載傳》，頁12724。
⓺　《宋史・程頤傳》，頁12720。

證之，《宋史·陳淵傳》中云：

> 淵面對，因論程頤、王安石學術同異，上曰：「楊時之學能
> 宗孔、孟，其《三經義辨》甚當理。」淵曰：「楊時始宗安
> 石，後得程顥師之，乃悟其非。」上曰：「以《三經義解》
> 觀之，具見安石穿鑿。」淵曰：「穿鑿之過尚小，至於道之
> 大原，安石無一不差。推行其學，遂為大害。」上曰：「差
> 者何謂？」淵曰：「聖學所傳止有《論》、《孟》、《中庸》，
> 《論語》主仁，《中庸》主誠，《孟子》主性，安石皆暗其
> 原。仁道至大，《論語》隨問隨答，惟樊遲問，始對曰：『愛
> 人。』愛特仁之一端，而安石遂以愛為仁。其言《中庸》，
> 則謂《中庸》所以接人，高明所以處己。《孟子》七篇，專
> 發明性善，而安石取揚雄善惡混之言，至於無善無惡，又溺
> 於佛，其失性遠矣。」⑯

從宋高宗與陳淵兩人討論王安石、程頤兩人學術異同之對話中可
知，《論語》、《孟子》、《中庸》三書為孔子學說之代表典籍，
已為當時所普遍接受；而程頤之學為何？陳淵於文中雖未直接說
明，僅是將王安石與聖學做比較，然從標題「論程頤、王安石學術
同異」一語推之，陳淵應是將程頤之學視為是孔門聖學之繼承者，
故其屢言聖學而不及一語論程頤，並以聖學三書之精義駁斥王安石
之說的謬誤，反映出程頤應是掌握聖學精華之人。此外，程門弟子
尹焞、李侗對《中庸》、《語》、《孟》等書之推重亦稟承師說，

---

⑯　《宋史·陳淵傳》，頁11629-11630。

是可知程頤對《四書》在儒家典籍中地位之確立，實大有助益。

　　《四書》在宋代學術發展之過程中，由於《論語》一書於唐代早已受人推崇，故宋代仍極為重視；《孟子》則是北宋時方為人所重視；《大學》、《中庸》兩書少見唐代學者專習於此，或提出來特別標榜者，可能是兩者均為《禮記》書中之一篇，並不為人所重視之緣故。北宋對於《大學》、《中庸》兩書討論較多者，亦是以二程為先。而至南宋之時，由於儒學典籍之重心已置於《四書》之上，且朱子《四書集註》之完成更提高其價值，遂使得《四書》取代《五經》而成為儒家學說之典範。「四書」一詞主要出現在南宋朱熹以後，就史書記載來看，南宋以前並無「四書」之名，而《四書》廣泛成為儒者必習之經典，南宋理宗推廣之功，實不可沒。據《宋史‧理宗本紀》記載寶慶三年理宗褒揚朱子之學云：

> 朕觀朱熹集註《大學》、《論語》、《孟子》、《中庸》，發揮聖賢蘊奧，有補治道。朕勵志講學，緬懷典刑，可特贈熹太師，追封信國公。❺

又《宋史‧理宗本紀》亦載云：

> 淳祐元年春正月庚寅朔，詔舉文武才。庚子，雷。甲辰，詔：「朕惟孔子之道，自孟軻後不得其傳，至我朝周惇頤、張載、程顥、程頤，真見實踐，深探聖域，千載絕學，始有指歸。中興以來，又得朱熹精思明辨，表裏混融，使《大學》、《論》、《孟》、《中庸》之書，本末洞徹，孔子之道，益以大明于

世。朕每觀五臣論著，啟沃良多，今視學有日，其令學官列
諸從祀，以示崇獎之意。⑱

理宗對於朱子之學表揚甚豐，代表著官方對於儒學此一發展的肯
定，雖然當時在科舉考試科目上，並未將《四書》列入⑲，然而《四
書》之重要性即可見於一般。

　　元代對於《四書》之重視程度，可從開國初所設立之國子學之
讀書內容得知，《元史·選舉一》中記載元世祖命侍臣子弟研習儒
學，並規定以《孝經》、《四書》、小學為先，文中云：

世祖至元七年，命侍臣子弟十有一人入學，以長者四人從許
衡，童子七人從王恂。至二十四年，立國子學，而定其制。設

---

⑱　同上，頁821。
⑲　朱子曾提議將《四書》列為科舉考試項目之一，在《宋史·選舉二》中曾
　　云：「時朱熹嘗欲罷詩賦，而分諸經、子、史、時務之年。其私議曰：「……
　　經之為教已不能備，而治經者類皆捨其所難而就其易，僅窺其一而不及其
　　餘。若諸子之學同出於聖人，諸史則該古今興亡治亂得失之變，皆不可闕
　　者。而學者一旦豈能盡通？若合所當讀之書而分之以年，使之各以三年而
　　共通其三四之一。凡《易》、《詩》、《書》為一科，而子年、午年試之；
　　《周禮》、《儀禮》及二《戴記》為一科，而卯年試之；《春秋》及三《傳》
　　為一科，而酉年試之。義各二道，諸經皆兼《大學》、《論語》、《中庸》、
　　《孟子》義一道。論則分諸子為四科，而分年以附焉。諸史則《左傳》、
　　《國語》、《史記》……。」其議雖未上，而天下誦之。」《宋史》，頁
　　3633-3634。此段建議科舉考試改變方式，提出分年試以經、子、史、時務，
　　並以《四書》作為各科之必考項目之主張，不知是更改科舉方式不被認同，
　　亦或其他原因所致，《四書》項目並未被官方接受。直到元代之時，《四
　　書》才列入科舉項目之中，至此之後，明清兩代之科舉，均以《四書》為
　　中心。

> 博士，通掌學事，分教三齋生員，講授經旨，是正音訓，上嚴
> 教導之術，下考肄習之業。復設助教，同掌學事，而專守一齋；
> 正、錄，申明規矩，督習課業。凡讀書必先《孝經》、《小學》、
> 《論語》、《孟子》、《大學》、《中庸》，次及《詩》、《書》、
> 《禮記》、《周禮》、《春秋》、《易》。⑯

此段記載點明國子學之教授以《四書》、《孝經》等典籍為主要入
門之書，在「讀書先立其大」之觀點下，以《四書》作為基礎、再
進而研習諸經之做法，與程頤所言以《四書》為指標，而達於六經
之說相近，基本上承襲宋儒之治學方式，此為元代對大臣子弟之教
育方法。而在皇太子之教育方面，元代後期亦有以《四書》作為讀
書之重要基礎者。《元史·李好文傳》中曾載元順帝命李好文教授
太子讀書之事，文曰：

> （至正九年）帝以皇太子年漸長，開端本堂，命皇太子入學，
> 以右丞相脫脫、大司徒雅不花知端本堂事，而命好文以翰林學
> 士兼諭德。好文力辭……，帝嘉歎之，而不允其辭。好文言：
> 「欲求二帝三王之道，必由於孔氏，其書則《孝經》、《大學》、
> 《論語》、《孟子》、《中庸》。」乃摘其要略，釋以經義，
> 又取史傳，及先儒論說，有關治體而協經旨者，加以所見，倣
> 真德秀《大學衍義》之例，為書十一卷，名曰《端本堂經訓要
> 義》，奉表以進，詔付端本堂，令太子習焉。⑯

---

⑯　《元史》（北京：中華書局，1997年，《縮印本二十四史》第18冊），頁
　　2029。
⑯　《元史》，頁4217-4218。

李好文論以二帝、三王之道需由孔子之學入手,而孔子之學則需以
《四書》、《孝經》爲基礎,顯示出《四書》作爲孔子學說之代表
典籍,從元初開始到元末觀點均相同,可說是儒者所公認之看法。
而元順帝對於李好文之主張亦表贊同,即表明以《四書》內容教育
太子之做法的肯定。元代對皇室教育不僅以《四書》爲主體,同時
也利用科舉考試推揚《四書》,將其列入科舉必考項目之中,《元
史・選舉一》載曰:

> 考試程式:蒙古、色目人,第一場經問五條,《大學》、《論
> 語》、《孟子》、《中庸》內設問,用朱氏《章句集註》。
> 其義理精明,文辭典雅者為中選。第二場策一道,以時務出
> 題,限五百字以上。漢人、南人,第一場明經經疑二問,《大
> 學》、《論語》、《孟子》、《中庸》內出題,並用朱氏《章
> 句集註》,復以己意結之,限三百字以上……。❷

在元代科舉考試中,不論蒙古人、色目人、漢人、南人,考試項目
均以《四書》爲主,此一做法明代亦承襲之,確立《四書》在日後
科舉考試與儒學系統中具有絕對重要的地位。

宋代儒學經典典範轉移之因素,牽涉頗爲廣泛,其中有來自儒
學內部由「經學」轉爲「理學」之影響者,但由於本文並不涉及理
學發生之部份,故此處僅就經典典範由《五經》轉爲《四書》之外
在現象做一概述,藉以說明宋代儒學由初期之疑經改經所產生對經
典的質疑,進而尋求代表儒家學說真諦之典籍,最終在諸多因素之

---

❷ 《元史》,頁2019。

交互影響下，選擇以《四書》作爲孔孟學說之典範。在此一轉變之過程中，儒學內部有許多觀念產生質變，譬如：儒家代表由唐代之「周孔」、「孔顏」轉爲宋代之「孔孟」；唐代之「經學」轉爲宋代之「理學」；唐代以《五經》作爲儒家典籍之象徵，轉變爲南宋以後以《四書》作爲儒家典籍之象徵。諸如此類之轉變，顯示出唐宋兩代學風之不同，而歸究其變化之契機，則主要是肇因於中唐以後「疑傳疑經」思潮之興起，到北宋諸儒承繼此一學風之延續發展，進而擴大爲普遍性地經典質疑，而在回歸經典文本之同時，上接孔孟之生命智慧與道德精神之呼應，便與此相合流而促成儒學質變的產生。

五、結　論

錢穆先生於《中國近三百年學術史》中曾對宋學精神提出說明曰：

> 宋學精神，厥有兩端。一曰革新政令，二曰創通經義，而精神之所寄則在書院。革新政令，其事至荊公而止；創通經義，其業至晦庵而遂。⑯

錢穆先生此說基本上點出宋學「學術自由」之特色，因宋學精神之所寄在書院，書院正是宋代講學最爲自由、議論最爲自由之處，此種精神亦正宋儒最爲標榜者。而此文中以革新政令、創通經義作爲

---

⑯　《中國近三百年學術史》（北京：商務印書館，1997年），頁7。

彰顯宋學精神之兩大端，然就此二者而言，其實均由宋代初期經學之懷疑風氣而來。在創通經義方面，由疑經改經以致於此，基本上並無疑義；而革新政令之學說基礎，王安石亦是由重新詮釋經典之意義，以作爲政令革新之理論基礎，是以革新政令亦不離宋初「疑經改經」風氣之影響。王安石之變法維新是以《三經新義》作爲理論基礎之一，在其撰作此書之時，已有捨棄前傳、建構新的經典詮釋權威之意圖，這從其立《三經新義》於學官之作爲可看出。再者，由於創通經義，思索儒學真精神之所在，以致觸發宋代理學之發展，此點亦與宋初疑經風氣之盛行有關。皮錫瑞在《經學歷史》中曾稱宋代經學發展爲「經學變古時代」，此一「變古」之意，是指宋儒改變漢唐以來說經以章句訓詁爲主的解經傳統，開啓以議論或義理解經之方式。此一解經方式，是懷疑精神、自由精神、開創精神之表現，是以近當代諸多學者對於宋學之評價常以此稱之，如陳寅恪、錢穆、繆鉞、陳植鍔等學者均有相同觀點，而此種精神正是漢宋學術之最大差異處。大陸學者韓鍾文先生在《中國儒學史・宋元卷》中論及宋代學術之興起與轉折，以及宋學發展之目標時，曾由疑傳疑經論起概略說明宋學由經學轉向理學發展之歷程，文中曰：

> 唐宋之際的思想轉進大致有一個歷史過程，一個由「向外求之」轉爲「向內求之」的過程。疑傳、疑經、疑古、自由解經、自抒議論、自我體驗、自我超越。所以，疑古惑經思潮是一種助緣，回歸原典是一種思維方式的轉換，而直接孔孟的生命智慧，清澈自己的生命，挺立自己的道德人格才是目

標。⑯

> 宋儒疑古的重點是古代文獻，他們不但對史部、子部、集部
> 的一些文獻表示懷疑，而且遍疑群經。他們一反漢唐的訓詁
> 義疏傳統，完全蕩棄了師法家法，拋開傳注，直接從經文中
> 尋求義理，通過對原典的重新闡釋，抒發自己對社會、對人
> 生、對學術的見解，回答現實的制度性焦慮與實存性焦慮的
> 問題，建構新的思想體系。⑯

從韓先生文中所述，宋學發展之歷程是以疑傳疑經為起始，以「挺
立道德人格」為主要目標，其學術生命力彰顯於對「現實的制度性
焦慮與實存性焦慮的問題」所表達之己見，亦即對政治問題、人生
問題提出合理的解決之道。此種「經世致用」之觀點，基本上是傳
統以來學者對於「學而優則仕」之實踐，只不過宋儒在現實面之實
踐對象上，除了政治面之外，多了挺立「道德人格」這部分且特別
予以重視，這也是宋儒不同於前儒之所在。

　　宋代經典新詮觀念之產生與演變，是與宋初以來疑傳疑經思潮
之盛行息息相關，此一思潮奠基於宋儒「尊經」之基礎上。因其尊
經，故對於前儒解經有所未備或有謬誤之處，往往直斥其非，以求
經傳之合理解釋。然而在以義理為解經之前提下，經書理有未通者，
宋儒亦能擺脫傳統「尊經」之束縛，轉以疑經改經作為「尊經」之
表現方式。此一舉措基本上已隱含著矛盾性，因為在尊經之情況下

---

⑯　韓鍾文《中國儒學史·宋元卷》（廣州：廣東教育出版社，1998年），頁
　　109。

⑯　同上註，頁121。

是不容許對經文進行修改或補正；若對經文更動，即非尊經之表現。因此，在「尊經」之意義上，宋儒思索「經」之所以備受尊崇之原因，乃在於孔子對「經」進行整理解說，並傳諸弟子以流傳後世；後世尊經之意，實則尊孔子而非尊「經」。於是宋儒對於「尊經」之概念便有所變化，其所尊之對象便由「經」轉以「孔子」取代，故而形成「尊孔」而非「尊經」。當然，宋儒對於《五經》經傳之文本依舊是極為推崇，而非有蔑視之意，只是就經典本身而言，宋儒並不過分強調外加於《五經》之上的經典神聖性，對於《五經》之本來面貌，他們是以一種較為中性的學術眼光來看待，這也就是宋儒能在尊經之概念下對經典文本進行改正工作之內在因素。

而在宋儒由「尊經」為出發點，所產生疑傳疑經之思想，進而疑經改經、刪經補經，重新改正經典流傳過程中所產生之謬誤，以及對經典重新予以詮釋之過程中，宋儒因疑傳而對官方所頒布之唐代九疏提出質疑，基本上有反唐代經學權威性之意義在；而因尊經而導致疑經改經，亦有挑戰傳統觀念中經典之神聖權威性之意味。因前人之經傳注疏不可盡信，故自抒己見、以新的觀點進行經典新詮的工作，企圖為後世建立另一種經典典範的目的，此舉可視為是宋儒建構自身的經典權威。而在此「反權威」與「建構權威」之二重現象中，可看出宋儒在經學研究上之企圖心，他們不認為前儒解經之作可使後世遵行而無疑義，因在不同時空環境中，經說內容是有其不足之處，所以在「通經致用」之觀點下，適當地改正或依實際環境重新詮釋經典以合乎時用，是可被接受的作為，也因此造成宋代經典新詮之現象普遍化。

若換另一種角度來觀察宋代經學之發展過程，可發現宋學之發

展從宋初反思漢唐注疏之學到南宋《四書》體系之確立，儒者對於《五經》經傳之探討，即是從儒家典籍中選擇「聖人之道」最佳詮釋範本之追尋過程。自漢魏以來，各家解經之作歷經時代之篩選，至唐代官方頒布《九疏》之時，期間雖各家持論有所異同，然經學發展總脫離不出《五經》經傳之範疇中，漢唐諸儒之經典文本皆相同，其差異處在於詮釋觀點不同而已。此一現象在入宋之後便有所改變，儒者關注之焦點不再拘限於《五經》文本上，而是以最高層次之「聖人之道」作爲討論中心，因此在文本依據方面便有所突破，轉以尋求具有代表「聖人之道」之著作爲主，故而造成《四書》體系之建構。從此一發展歷程而言，唐以前儒者詮釋之對象爲《五經》，故其學術著作亦以《五經》爲中心；宋以後儒者詮釋之對象爲「道」，故其學術著作便圍繞著「道」而產生出《四書》之詮釋系統，理學之開展即由此而勃興。從以上諸節之推論言之，兩宋學術發展之契機，主要在於宋初經學懷疑思潮之興起，進而影響此後學術風氣之轉變，宋代學術發展之歷程頗爲複雜，其中有許多量變與質變之現象產生，遠非區區本文足以曲盡其精微者。本文就宋代學術作一論述，乃是希望能藉由「經典新詮」之概念，試圖說明宋代經學發展之變化，以及儒家經典之代表典範由《五經》轉爲《四書》之原因，藉此提供另一種宋代經學研究之思考角度。

參考書目

一、古籍專著

漢・王充，《論衡》，台北：臺灣商務印書館，民國 67 年。

晉・王肅，《孔子家語》，台北：中華書局，民國 55 年，《四部備要》本。

陳壽，《三國志》，北京：中華書局，1997 年，《縮印本二十四史》。

梁・沈約，《宋書》，北京：中華書局，1997 年，《縮印本二十四史》。

蕭子顯，《南齊書》，北京：中華書局，1997 年，《縮印本二十四史》。

唐・房玄齡等，《晉書》，北京：中華書局，1997 年，《縮印本二十四史》。

李延壽，《北史》，北京：中華書局，1997 年，《縮印本二十四史》。

韓愈，《韓愈全集校注》，成都：四川大學出版社，1996 年。

柳宗元，《柳宗元集》，北京：中華書局，1978 年。

陸淳，《春秋啖趙集傳纂例》，台北：新文豐出版社，民國 74 年，《叢書集成初編》。

丘光庭，《兼明書》，台北：新文豐出版社，民國 74 年，《叢書集成初編》。

後晉・劉昫，《舊唐書》，北京：中華書局，1997 年，《縮印本二十四史》。

宋·范仲淹，《范文正集》，台北：臺灣商務印書館，《四庫全書》
　　本。

孫復，《孫明復小集》，台北：臺灣商務印書館，《四庫全書》本。

石介，《徂徠石先生文集》，北京：中華書局，1984 年。

柳開，《河東先生集》，台北：臺灣商務印書館，民國 56 年，《四
　　部叢刊》本。

田況，《儒林公議》，台北：藝文印書館，《百部叢書集成》之 14
　　《稗海》。

歐陽修、宋祁，《新唐書》，北京：中華書局，1997 年，《縮印本
　　二十四史》。

歐陽修，《歐陽修全集》，北京：中華書局，2001 年。

宋祁，《景文集》，台北：新文豐出版社，民國 74 年，《叢書集成
　　初編》。

程顥、程頤，《二程集》，北京：中華書局，1981 年。

司馬光，《司馬溫公集》，台北：新文豐出版社，民國 74 年，《叢
　　書集成初編》。

王安石，《唐宋八大家散文總集·王安石》，石家莊：河北人民出
　　版社，1995 年。

朱熹，《朱文公文集》，台北：臺灣商務印書館，民國 69 年。

吳曾，《能改齋漫錄》，台北：木鐸出版社，民國 71 年。

晁公武，《郡齋讀書志》，台北：臺灣商務印書館，民國 67 年。

陳振孫，《直齋書錄解題》，台北：臺灣商務印書館，民國 67 年。

羅大經，《鶴林玉露》，北京：中華書局，1997 年。

葉適，《習學記言》，台北：中國子學名著集成編印基金會，民國

74 年。

元・脫脫等撰,《宋史》,北京:中華書局,1997 年,《縮印本二十四史》。

馬端麟,《文獻通考・經籍考》,台北:新文豐出版公司,民國 75 年。

明・宋濂等編,《元史》,北京:中華書局,1997 年,《縮印本二十四史》。

王應麟,《困學紀聞》,台北:中華書局,民國 55 年,《四部備要》本。

清・董誥等編;陸心源補,《全唐文及拾遺》,台北:大化書局,民國 76 年。

黃宗羲著、全祖望補,《宋元學案》,台北:華世出版社,1987 年。

紀昀等著,《四庫全書總目》,台北:臺灣商務印書館,民國 74 年。

畢沅等著,《新校續資治通鑑》,台北:世界書局,民國 51 年。

二、現代專著

金中樞,《宋代學術思想研究》,台北:幼獅文化事業公司,民國 78 年。

汪惠敏,《宋代經學之研究》,台北:師大書苑,民國 78 年。

吳萬居,《宋代書院與宋代學術之關係》,台北:文史哲出版社,民國 80 年。

李俊祥,《王安石學術思想研究》,北京:北京師範大學出版社,2000 年。

徐洪興,《思想的轉型--理學發生過程研究》,上海:上海人民出版

社，1996年。

程元敏，《王柏之生平與學術》，台北：學海出版社，民國64年。

　　《三經新義輯考彙評㈠──尚書 》，台北：國立編譯館，民國
　　75年。

　　《三經新義輯考彙評㈡──詩經》，台北：國立編譯館，民國
　　75年。

唐君毅，《中國哲學原論·原教篇》，台北：臺灣學生書局，民國
　　73年。

章權才，《宋明經學史》，廣州：廣東人民出版社，1999年。

張躍，《唐代後期儒學》，上海：上海人民出版社，1997年。

馮曉庭，《宋初經學發展述論》，台北：萬卷樓圖書有限公司，民
　　國90年。

鄧廣銘，《北宋政治改革家王安石》，北京：人民出版社，1997年。

趙益，《王霸義利--北宋王安石改革批判》，南京：南京大學出版社，
　　2000年。

葉國良，《宋人疑經改經考》，台北：台灣大學出版社，民國69年。

韓鍾文，《中國儒學史·宋元卷》，廣州：廣東教育出版社，1998
　　年。

蕭公權，《中國政治思想史》，台北：聯經出版事業公司，民國 73
　　年。

美·包弼德，《斯文：唐宋思想的轉型》，南京：江蘇人民出版社，
　　2001年。

三、期刊論文

石文英，〈宋代學風變古中的《詩經》研究〉，收錄於林慶彰《中
　國經學史論文選集》，台北：文史哲出版社，民國 79 年。

李威熊，〈兩宋治經取向及其特色〉，《中華學苑》第 30 期，民國
　73 年 12 月。

姚瀛艇，〈宋儒關於《周禮》的爭議〉，收錄於《中國經學史論文
　選集》，台北：文史哲出版社，民國 79 年。

牟潤孫，〈兩宋春秋學之主流〉，收錄於《注史齋叢稿》，台北：
　臺灣商務印書館，民國 79 年。

徐洪興，〈經學更新運動中的一個轉折點--論慶曆之際的社會思潮〉，
　上海《復旦學報（社會科學版）》，1988 年第 6 期，頁 102-108。

陳植鍔，〈從疑傳到疑經--宋學初期疑古思潮論述〉，收錄於林慶彰
　《中國經學史論文選集》，台北：文史哲出版社，民國 79 年。

鄭吉雄，〈從經典詮釋傳統論二十世紀「易」詮釋的分期與類型〉，
　《國立中央大學人文學報》，第 20、21 期，民國 88 年、89 年。

經學由章句而義理之學的走向

曾 金 城[*]

一、前 言

中國學術史上，「漢學」與「宋學」經常被對舉，也就是「章句之學」與「義理之學」的分別。宋學的形成，有其複雜的歷史、文化、社會以及學術背景，並非單純的只是對漢學的反動。

一般認為由漢學走向宋學是為「經學理學化」，但這種說法容易讓人誤以為「經學」和「理學」是截然二分的。事實上，理學家所致力研究的對象也是經學，與漢儒並無兩樣，只是二者對經書的研究角度與詮釋方法有所不同。漢儒所作的研究是章句訓詁的工夫，強調家法、師法，基本上只有鑽研其義，沒有懷疑；理學家的研究方式是採用義理的思辨，也就是哲學化了的經學，但往往是以己意解經，經典成了傳道的工具，而非至高的標準。因此，由漢學走向宋學可稱為「經學子學化」或「經學哲學化」。

---

* 淡江大學中文研究所博士生；淡江大學中文系兼任講師

本文的目的在探討唐宋之際的經學轉折，問題的針對點爲：漢唐的注疏之學歷經了八百年的爭論之後，❶終於統一於唐太宗年間，這雖然是挾強大政治力量伴隨著帝國而統一的，卻也是畫時代的重大經學成果。然而，就在不到四百年的時間，整個經學研究的方向發生了重大的轉變——義理解經成了經學研究的主流，也就是所謂的「理學」、「宋學」。理學的風潮延續六百年，「宋明理學」也成了經學史上極爲重要的一個階段，並成爲經學研究的一大學派。基本上，章句注疏之學與義理之學是個全然不同的經學研究路向，爲何章句注疏之學會在歷經八百年的努力使之終歸於統一之後，卻又隨即瓦解，並轉成另外一種迥然不同的學術性格？

宋學的興起，肇因很多，而且並非全然發生於有宋一朝，必有其縱向歷史因素淵源，也就是所謂「歷時性」（diachronic）的影響；另外，學術發展也不可能自絕於當時的社會、政治、文化與學術的氛圍之影響，亦即「共時性」（synchronic）的橫向關係。因此，本文擬就漢唐到宋代的經學內部發展、唐宋的外在政治環境、以及唐宋以來的思想鎔鑄三大方面做歷時性與共時性的分析，以期對唐宋之際經學的轉折有全面性的了解。

二、漢唐迄宋的經學內部發展

本單元將就學術發展的現象探索唐宋之際經典詮釋方向轉變的

---

❶ 秦火之後，漢初重新整理先秦經典，此時約爲西元前二世紀；而孔穎達於貞觀十二年（西元638年）撰進《五經正義》，總共歷經約八百年。

內在原因，亦即就學術內部發展而探求其「內緣因素」，主要根據漢代至宋朝期間的解經意識以及學風的變化作分析，著重於各種思想之間的互滲，以期由這種互滲的現象找尋義理解經的內在根源；另一個觀察重點爲透過科舉與學風之間關係，考察漢唐學者與宋代學者的學習背景與思想差異，藉由思想差異性來求索其各自解經方式不同之原因。

(一)漢唐迄宋的經解意識

　　一般學術史的的粗略理解認爲：漢唐經學走的是章句訓詁研究方向，目的在於「通經致用」，通經的方法在於逐字訓其義，因此窮其一生的精力守於經書的訓詁之下，遂有「皓首窮經」之說。然而，漢魏至唐以來，經學研究雖然著重於章句訓詁，但在這個時期，仍有讖緯解經以及玄學思潮跳脫出章句訓詁的框架，並且在唐「九疏」之中滲有此二種思想成分。另外，佛老思想也在這段時間滲入儒家思想之中。顯然，在漢武帝獨尊儒家之後，五經雖然由儒家取得所有權，但詮釋權卻非由儒家獨家擁有，而各家思想長時間滲入儒家經典的詮釋之中，久而久之卻磨滅了各家思想之間的藩籬，並且相互引用而不自知。

　　讖緯之學、玄學、以及佛老思想都是偏向於形而上，而玄學與佛老思想更是屬於哲學層次。因此，當這些形而上的哲學思想滲入章句解經的範疇之中，尤其是像「五經正義」這類政府指定編輯的「官修經書」所代表著注疏之學的極致成就的作品之中，適足以說明義理闡經的精神也肇因於斯。

1.《五經正義》以南方經學為主

魏晉南北朝的經學分成南、北兩派，北方是老傳統，南方是新風氣。錢穆（西元 1895—1990 年）《經學大要》第十二講云：

> ……在北方，《易經》、《詩經》、《書經》、《禮》都是用鄭康成的；《左傳》則是服虔。其實服虔也宗鄭，所以北方經學，可說是以鄭玄為主的。……北方的經學，幾乎全是東漢以來的舊傳統。南方便不同。《易經》第一看中王弼的注，《書經》就已用了偽孔《傳》，《左傳》則用杜預的注；只有《詩》和《禮》，還是用鄭玄的。《五經》裡面，北方人的是老傳統，只占五分之二；南方人新氣象，占了五分之三，……今天我們講經學，在隋唐以來看重的就是南方所用的五家。❷

可見唐人所整理的《五經正義》是繼承魏晉南北朝的南方經學，也就是錢穆所謂的「新風氣」。

而這種「新風氣」也就展現於唐人的《五經正義》之中。《五經正義》的《周易正義》計有十卷，採用王弼、韓康伯的注；《尚書正義》二十卷，用孔安國傳；❸《春秋左傳正義》六十卷，用杜預

---

❷ 錢穆著，《經學大要》（臺北：素書樓文教基金會、蘭臺網路出版商務有限公司，2000年），頁228。

❸ 《尚書》孔安國傳自宋朝以來就知其為偽作，因此稱之為「偽孔傳」。到了清朝，丁晏（西元1794-1875年）作了一部《尚書餘論》考證「偽孔傳」乃王肅所撰，其目的乃是為了藉由孔安國的名望及其先祖孔子的地位來壓倒鄭玄。《尚書餘論》云：「王肅私造孔《傳》以難鄭者也。……《論語》孔《注》亦係偽書，實出王肅之手，與《書傳》一時所為也。」

注；《毛詩正義》四十卷，用毛萇傳、鄭玄箋；《禮記正義》六十三卷，用鄭玄箋。

以上五部官定科考範本都是南方經學。南北朝的經學有相當大的差異，北方人講經學，是採用一套師法家傳的解經方式，通常只有繼承而鮮有創新，是屬於傳統性的守舊經學，在學術性格上是延續漢人的專家之學；南方的經學相對於北方人而言就是創新，也就錢穆所謂的「新風氣」，上述《周易正義》、《尚書正義》與《春秋左傳正義》都是南方學者所做的傳注，而當時南方的學術界正瀰漫一股「玄學」的「新風氣」。而這股玄風盛於南方而不流行於北方的原因，湯用彤（西元 1893—1964 年）在《漢魏兩晉南北朝佛教史》中說明如下：

> 王、何、嵇、阮，本在中州，道安、僧肇，繼居關內。然疊經變亂，教化衰熄，其勢漸微，一也；桓、靈變亂，以及五胡雲擾，名士南渡，玄學骨幹，不在河、洛，二也；胡人入主，漸染華風，而其治世，翻須經術，三也。以此三因，而自羅什逝世，北方玄談，轉就消沉。❹……

接著又云：「晚漢經學之殘缺」復興於「幽、燕」、「隴右」。北魏時，李葉興曾對梁武帝（西元 464—549 年）說：「少爲書生，止習五典，……素不玄學」。孔穎達《周義正義・序》也認爲南方的義理之學，「河北學者，罕能及之」。❺亦即北方繼承晚漢之經學；

---

❹ 湯用彤著，《漢魏兩晉南北朝佛教史》下冊（臺北：臺灣商務印書館，民國80年台2版），頁528。

❺ 唐・孔穎達撰，《周易正義・序》（北京：中華書局，1999年），頁2-4。

名士玄學南渡,並將義理之學融入解經之中。

因此,《五經正義》所承繼的既然是南方的經學系統,也自然接受了義理解經的精神。因此,唐太宗「正」五經,將經學統一,雖然秉持了「疏不破注」的漢學家法原則,但這也僅就定本(《五經正義》)整理的原則而言,其精神內涵卻有南學的義理解經的傾向。

所以,《五經正義》的完成雖然是經學注疏的統一之作,也是自漢代以來歷經今古文之爭、南北學之異以後,「漢學」挾政治力量的集大成之作。而且,其表面撰定原則雖有漢學章句解經、疏不破注的僵化傳統,但其內容兼容並蓄,又具有義理闡經的活潑思想,正足以作為宋學發展的思想基礎。

2.唐《九經注疏》滲入佛、道思想.

貞觀年間,楊士勛撰《穀梁傳疏》二十卷,用范甯《集解》;唐高宗時,賈公彥先後完成了《周禮疏》四十二卷、《儀禮疏》五十卷,二部皆用鄭玄注;又徐彥撰《公羊傳疏》二十八卷,採用何休《解詁》。❻以上四部經疏再加上《五經正義》,即成為唐《九經注疏》,並列入明經科考試題材。

實際上後來增加的《穀梁傳疏》和《公羊傳疏》與之前的《春秋左傳正義》是為「《春秋》三傳」,原本都是解《春秋》經,此

---

❻ 作者徐彥,生平不詳,《四庫全書總目提要》採董逌《廣川藏書志》的說法,謂彥當為貞觀以後、宋以前人;清代學者王鳴盛(西元1722-1797年)認為可能是《北史》所載的徐尊明,阮元(西元1764-1849年)贊同王的意見,認為「其文章似六朝人,不似唐人」(《春秋公羊傳注疏校勘記序》)。但是由於這些意見都沒有充足的證據,故通常仍然把此書和唐代其他的經疏放在一起。

時都成了「經」；《禮記》和《周禮疏》、《儀禮疏》是爲「三禮」，此時也列入經部。因此，基本上只是多了「二禮」和「二傳」，所以唐《九疏》也是屬於儒家的經典。

唐《九疏》如果有滲入佛家與道家的思想，即代表著在儒家的本位思想之下，佛、道的哲學思考方向也萌芽於其中。以下擇數則論述分析之：

孔穎達作《五經正義》時，自覺以儒家思想爲正統，尤其魏晉以來南方的玄學思潮以及仍流行於當時的佛教哲學，更是排斥。他在《周義正義·序》中明言：

> ……其江南義疏，十有餘家，其辭尚虛玄，義多浮誕。……
> 若論住內住外之空，就能就所之說，斯乃義涉於釋氏，非爲
> 教於孔門也。❼

這一段敘述，說明了孔穎達排斥「援佛入儒」的做法，這是屬於他個人的自覺意識的闡述。

然而，孔穎達在《周易正義》的疏中，卻又違反了他在〈序〉中所述的原則。張豈之主編的《中國思想史·隋唐編》中云：

> 《周易·乾卦象正義》解釋「大哉乾元，萬物資始，乃統天」
> 時說：「夫形也者，物之累也。凡有形之物，以形爲界，是

---

❼ 「住」爲佛教名詞，是指事物形成以後的相對穩定的狀況，而「住內住外」的本體和現象兩方面；「能所」亦是佛教名詞，爲「能知」和「所知」的簡稱，乃指認識主體與認識對象的關係。相關論述可參考張豈之主編之《中國思想史》（臺北：水牛出版社，1992年）頁504-505。

含生之屬各憂性命。而天地雖復有形，常能永保無虧為物之
首，豈非統用之者至極健哉！若非至健，何能使無形無累。
見其無累則知至健也。」

萬物「以形為累」，這是王弼的觀點；「含生之屬」（指人
及一切有情識的生物，即眾生），是佛教名詞；「天行健」
又是儒家的命題。……這樣，孔穎達就悄悄地把道家的「無
欲」、佛家的「無生」、儒家的「愛人」加以綜合了。❽

皮錫瑞（西元 1849—1908 年）在《經學歷史》中指出《五經正義》有
三大缺失：「曰彼此互異；曰曲徇注文；曰雜引讖緯。」❾其中「彼
此互異」指的就是上述的矛盾狀況。雖然皮錫瑞和當代學者楊向奎
都對這種缺失的產生提出解釋，❿然而，筆者以為：原則的規範與潛
在的的環境薰陶是孔穎達《五經正義》會產生「彼此互異」的原因。
在整個學術氛圍都充斥著佛道思想之下，又取用南學經書的詮釋角
度為底本，在無意間模糊了儒家與佛老之間的界線，所以縱然孔穎
達很清楚的闡明「義涉於釋氏，非為教於孔門」的儒家正統態度，
但因為佛老思想已涉入儒家之中久矣，時儒身歷其間，反而不自知。
如北宋歐陽修（西元 1007—1072 年）力主排佛，卻又自號「六一居士」，
此亦為當時的佛家思想以「漸」的放式融入中國的學術思想與生活

---

❽　同前註，頁505。

❾　皮錫瑞著，《經學歷史》（臺北：藝文印書館，1996年），頁43。

❿　同前註，皮錫瑞云：「以其雜出眾手，未能自成一家，……穎達入唐，年
以耄老；豈盡逐條親閱，不過總攬大綱。諸儒分治一經，各取一書為底本，
名為創定，實屬因仍。」楊向奎著，《中國古代社會與古代思想研究》上
冊（上海：人民出版社，1965年）也說：「（孔穎達）從玄學的立場談神
才會有這種動搖，從經學的立場言，對於鬼神又有明確的肯定。」

使然，歐陽修也無意間受到整體環境之影響而自稱「居士」，而非其思想與行為有所矛盾。

因此，孔穎達的《周易正義》雖說在理想原則與實際編撰的內容有所矛盾，也是因為整體學術風潮的影響，而非如皮錫瑞所云「雜出眾手」以及穎達「年以耄老」而不能「逐條親閱」。

《周易正義》卷五：「艮下艮上」的經文：「行其庭，不見其人，相背故也。無咎。」正義引《老子》加以說明：

……故《老子》曰：「不見可欲，使心不亂也。」❶

顯然，這與《老子》第十六章的「至虛極，守靜篤」思想一致，在此被引入儒家的經典之中，作為解經之用。之後，這套道家式的修養工夫融入儒家之中，到了理學的先驅學者周濂溪的《太極圖說》轉成了「主靜立人極」，並以之作為自我修養以及人生努力之目標。

《尚書正義》卷七：

其二曰：訓有之，內作色荒，外有禽荒。甘酒嗜音，峻宇彫牆。有一于此，未或不亡。

正義引《老子》曰：

《老子》云：馳騁田獵，令人心發狂。❷

---

❶ 《老子》第三章：「不尚賢，使民不爭；不貴難得之貨，使民不為盜；不見可欲，使心不亂。」

❷ 《老子》第十二章：「五色令人目盲、五音令人耳聾、五味令人口爽、馳騁田獵令人心發狂、難得之貨令人行妨。」

馳騁田獵，是爲「外有禽荒」，亦爲內心不靜，故非但無以「立人極」，甚至於步向「未或不亡」之途。

《周易正義》卷七：「陰陽不測之謂神。」正義曰：

> ……云：「神也者，變化之極」者，……云「言變化而稱極乎神」者，欲言變化之理，不知涯際，唯「稱極乎神」，神則不可知也。云：「夫唯知天之所爲者，窮理體化，坐忘遺照」者，……「坐忘遺照」之言，事出《莊子‧大宗師》篇也。❸

《莊子》亦爲道家思想的代表人物，他的思想與老子相近，而且更具系統性。「坐忘」就是離形（墮枝體）去智（黜聰明），「坐忘」即爲「心齋」❹的結果。「坐忘」的層次又比《老子》「守靜」更深入一層：「守靜」是偏重「靜」的層面，也就是邵雍所云：「院深人復靜，此景對誰言？」這是「深度的主靜工夫」❺，也就是不涉入紛擾的環境與思維之中；「坐忘」所追求的是在紛擾的人世之中，依然能不入物慾而求得心思的澄淨，亦即專一，也就是程明道所謂的「敬」，「主敬」也就成了宋明理學的基本工夫。

---

❸ 《莊子‧大宗師》：「仲尼蹴然曰：『何謂坐忘？』顏回（西元前521—481年）曰：『墮枝體，黜聰明，離形去知，同於大通，此謂坐忘。』」

❹ 「心齋」即爲「心裡的物忌」。《莊子‧人間世》：「一若志，無聽之以耳，而聽之以心；無聽之以心，而聽之以氣。聽止於耳，心止於符。氣也者，虛而待物者也。唯道集虛，虛者，心齋也。」因此，心齋就是追求「無己」的工夫，而「無己」就是「坐忘」的境界。

❺ 林繼平著，《宋學探微（上）》（臺北，蘭臺出版社，2002年），頁97。

另外，《周易正義》卷八：「吉凶者，貞勝者也。」正義曰：

> ……唯守貞一，任其自然，故云：「其為貞者乎」。云「《老子》曰：『王侯得一，以為天下貞』者，❿王侯若不得一，二三其德，則不能治正天下。若得純粹無二無邪，則能為天下貞也。謂可以貞正天下也。

此處採用道家的政治思想來闡述儒家義理，但正義在此又不用《老子》書中的「一」之解釋，⓱而是解為專一，如上文「二三其德」即出於《詩經·衛風·氓》，⓲孔穎達正義曰：「士也行無中正，故二三其德，及其年老而棄己，所以怨也。」

因此，在唐代官定的定本儒經之中，非但有引用佛、道思想解經，甚至於也有用儒家經典與思想解釋道家義理，這種儒道互證的現象也是宋明義理之學的特色，可見理學的思想模式在此已可見其端倪。

---

❿ 「王侯得一以為天下貞」語出《老子》第三十九章。嚴可均（西元1762-1843年）曰：「天下正」，御注、王弼作「下貞」。范應元曰：「貞，正也。」王弼、郭云同古本。一本「貞」作「正」，亦後人避諱也。河上本作「侯王」。又謙之案：「傅、范本、柰卷作「王侯」，群書治要、孫盛（西元302-374年）《老子疑問反訓》、《晉書·裴楷傳》、書鈔一四九引並作「貞」，嚴遵、河上、顧歡、景福、樓正、慶陽、磻溪、室町及《玉篇》「一」字下引均作「正」，遂州本作「政」。中都四子本此句作「以天下為正」。

⓱ 《老子》第四十二章：「道生一，一生二，二生三，三生萬物。」陰陽合和萬物生。故曰「一生二，二生三，三生萬物。」又《黃帝內經·太素》卷十九，楊上善（西元585-670年）注曰：「從道生一，謂之樸也；一分為二，謂天地也；從二生三，謂陰陽和氣也；從三以生萬物，分為九野、四時、日月乃至萬物。」故《老子》之說，本是偏向於宇宙論的範疇。

⓲ 《詩經·衛風·氓》：「……女也不爽，士貳其行。士也罔極，二三其德。」

　　透過以上的敘述，我們大略可以了解到：唐代的《九疏》在當時雖然是屬於儒家的經典，其編撰原則也是採用章句訓詁解經，但在注疏的內容方面，非但有了儒家與佛、道思想互證，更有以道家思想解經，而且其中的思維模式與初期理學的宇宙論以及整個宋明理學的修養工夫論相關。這種情形雖然不是唐《九疏》中的全面趨向，但多少也顯示了義理解經在唐代已有其學術基礎，而非在宋代突然形成。

(二)對經傳的存疑

　　宋人疑經改經是學術上的重大觀念改變，理學的興起，也受到這股風尚的影響，因為唯有破除經傳注疏不可動搖之地位，才有以其他角度思索經典的詮釋之可能。事實上，疑經改經並不是突發於宋代，早於中唐啖助、趙匡和陸淳三人就開啓了宋代疑傳疑經的風氣。他們所下的功夫都在春秋三傳方面，不僅對三傳的內容、成書提出質疑，也對後世三傳學者的錯誤發出指摘。

　　本單元將從唐、宋以來疑經、疑傳、改經的學術現象，探討這股風潮與理學興起的關係。

1.唐人疑經的背景與新的解經方向

　　唐帝國從《五經正義》開始，企圖以政治力量逐步統一經學的詮釋，使經學與經解有所謂的「官方定本（正本）」。然而，學術本身，尤其思想的多元解釋空間，非政治力量所能定於一尊，況且定於一尊的學術將會是走向僵化的命運。儒經的詮釋，自兩漢以來，歷經魏晉南北朝的分歧，一直是各擅勝場的蓬勃局面，因此在唐代

學者的認知中，經典的統一是作為科舉的方便教材，未必「真理」歸諸於是。於是，在唐《九疏》頒布之後不久的大曆年間，啖助、趙匡與陸淳三人⑲治《春秋》並對三傳的經說提出質疑，並興起了《春秋》學派，一時之間也對當時以及之後的宋代學術風氣產生很大的影響。⑳

啖助、趙匡和陸淳三人基於這種懷疑的態度，㉑他們也另一方面撥去了注疏的束縛，使學者大膽越過注疏，直接解讀經典原文，這自然是對章句訓詁的一大突破，也為義理解經開啟了寬廣的空間。因此，《四庫全書總目提要·經部總序》云：

> 經稟聖載，垂型萬世，刪定之旨，如日中天，無所容其贊述，所論次者，詁經之說而已。自漢京以後垂二千年，儒者沿波，

---

⑲ 根據《舊唐書》的記載，啖助、趙匡和陸淳三人是師兄弟的關係；《新唐書》則記載趙匡和陸淳是啖助的門生；根據柳宗元（西元773-819年）〈陸淳墓表〉的說法，則啖助、趙匡為陸淳的師友。安井小太郎的《經學史》則根據陸淳的文章中，「常有提到啖助則稱嚴師、提到趙匡則稱益友的敘述。因此，或許《新唐書》的記載要比較正確。」因此，他們三人在學問路數方面必然相承、相近。

⑳ 宋人陳振孫在《直齋書錄題解》（臺北：商務印書館，民國67年）卷二云：「漢儒以來，言《春秋》者惟宗三傳，三傳之外，能卓然有見於千載之後者，自啖氏始，不可沒也。」清末皮錫瑞《經學通論》（臺北：商務印書館，民國78年）之四《春秋》亦云：「《春秋》雜采三傳，自啖助始。……今世所傳合三傳為一書者，自唐陸淳《春秋纂例》始。……淳本啖助、趙匡之說，雜采三傳，以意去取，合為一書，變專門為通學，是《春秋》經學一大變。宋儒治《春秋》學者，皆此一派。」

㉑ 陸淳撰，《春秋集傳纂例》卷一：「傳已互失經指，注又不盡傳意，《春秋》之義幾乎泯滅。」

> 學凡六變：其初專門授受，遞稟師承，非惟詁訓相傳，莫敢
> 同異，即篇章字句，亦恪守所聞。其學篤實謹嚴，及其弊也
> 拘。……越孔、賈、啖、趙以及北宋孫復（西元 992-1057 年）、
> 劉敞（西元 1019-1068 年）等，各自論說不相統攝，及其弊也雜。

因為「不相統攝」，才能「擺落漢唐，獨研義理，凡經師舊說，俱
排斥以為不足信」，❷所以「道學大昌」。❸於是在中唐以後，疑經
疑傳的風氣開始，《九疏》的權威受到挑戰，雖然這種挑戰並不是
全面而激烈，卻也開展了經傳注疏之外的義理解經之途。

　　啖助、趙匡和陸淳三人所開啓的疑經疑傳之途，其重要性在於
它的影響力而非對當時的學術風氣之建樹。因為在當時的科舉制度
有「明經」一科，採用的標準本仍是《九經注疏》，所以在經學的
解釋方面，章句注疏依然是居於主流地位；但就科舉制度的內容而
言，中唐以後，雖然主要有「明經」與「進士」兩科，❹然而二者相
較之下，「以帖誦為功，罕窮旨趣」❺的明經科就不如進士科了。明
經科地位低落，經學自然就不受重視，於是乎啖助等三人的所開啓
的疑經疑傳之風，在當時的影響力也就不大。

---

❷　參閱清‧紀昀等撰，《四庫全書總目提要‧經部總序》（臺北：漢京文化
　　事業，民國75年）。

❸　同前註。

❹　唐代分設有秀才、明經、進士、明法、明算、道舉、童子等六科，當中以
　　進士、明經最受士子歡迎。

❺　宋‧王溥撰，《唐會要》（上海：上海古籍出版社，1991年），第75卷。

2.宋儒經由疑經的思考路向自闡義理

宋儒一部分繼承啖助等人的疑經思想，對經書的完整性與前人注疏的正確性產生懷疑，宋初的柳開（西元 948—1001 年）與王禹偁（西元 945—1001 年）即是抱持這種立場的代表。柳開云：

> 讀夫子文章，恨《詩》、《書》、《禮》、《樂》下至《經》遭秦焚毀，各有亡佚，到今求一字語要加于存者，無復可有，況其盡得之乎！❷⑥

柳開認為秦火使得部分經書的文字亡佚，這個「文字亡佚」現象提供了兩種思考：

第一、秦火之後，經書有所亡佚，代表的就是現存的經書並非全然原貌，故其權威性降低。

第二、依前述的觀念而行，經書既有所缺，且又非神聖不可侵犯，即可試著用適當的方式加以補足。

柳開與王禹偁就採用他們所欲繼承的「道統」作為義理探索的目標原則，判斷經書文字的蘊涵及注疏的是非。只是柳、王二人改經補經的原則略有不同。❷⑦

---

❷⑥ 曾棗莊、劉琳主編，《全宋文》，（成都：巴蜀書社，1989）冊三，卷121，《五峰集序》，頁650-651。。

❷⑦ 柳開不信任注疏，又認為經文有所闕漏，於是根據經書傳記以及其所認定的義理而去「修補經」。他在《補亡先生傳》云：「凡傳有義者，即據而作之；無之者，復己出辭義焉。」（《全宋文》，冊三，卷123）又說：「先生又以諸家傳解箋注于經者，多未窮達其義理，常曰：『吾他日終悉別為

真正全面疑經疑注者，當推歐陽修，歐陽修以當時文壇領袖的
地位向朝廷上了一篇〈論九經正義中刪去讖緯剳子〉更是具有劃時
代的意義：

> 士之所本，在乎六經，而自暴秦焚書，聖道中絕。漢興，……
> 偏學異說，因自名家；然而授受相傳，尚有師法。……至唐
> 太宗時，使召名儒撰定九經之疏為正義，凡數百篇，自爾以
> 來，著為定論。……然其所載既博，所擇不精，多引讖緯之
> 書，以相雜亂，怪奇詭僻，所謂非聖之學，異乎正義之名也。
> 臣欲乞特召名儒學官，悉取九經之疏，刪去讖緯之文，使學
> 者不為怪異之言惑亂；然後經義純一，無所駁雜。㉘

這是直接向朝廷提出刪去注疏之言論，其代表的意義為：朝廷對經
注的權威觀念已有轉變，士人已有表達對經文注疏意見的空間。顯
示慶曆之際的的學術氛圍已較為開明，不再墨守唐九經之義疏原則。

就是這種學術環境的開明所趨，經書的一尊突破，學風轉向自
由，個人以自己的意思解經，而義理心性作為經學的闡釋上繼韓愈(西
元 768—824 年) 儒家聖賢之道，以儒家義理解經、改經的條件更加完
善。因此，皮陸門云：「經學自漢至宋初未嘗大變，至慶曆始一大
變也。」㉙所持理由正是如此。

註解矣。」」（《全宋文》，冊三，卷123）王禹偁採用論證的方式闡釋經
　書，對注疏也不完全遵守，論說文章原本就是古文家的專長，王禹偁採用
　論說文的形式，闡釋義理。
㉘　歐陽修著，《歐陽修全集》卷112（臺北：世界書局，1991年）。
㉙　同註❾：〈經學變古時代〉。

慶曆年間疑傳疑經的具體情形，可由王應麟（西元 1223—1296 年）《困學記聞》卷八《經說》所引陸游（西元 1125—1209 年）的一段話為根據：

> 唐及國初，學者不敢議孔安國、鄭康成，況聖人乎！自慶曆後，諸儒發明經旨，非前人所及；然排《繫辭》，毀《周禮》、疑《孟子》、譏《書》之〈胤征〉、〈顧命〉，黜《詩》之〈序〉，不難乎議經，況傳注乎！

袁枚（西元 1716—1798 年）《小倉山房集》卷三十一〈宋儒論〉曰：

> ……漢後，儒者有兩家：一箋註，一文章。為箋註者，非無考據之功，而附會不已；為文章者，非無潤色之功，而靡蔓不已。於是宋之儒捨其器，而求諸道，已異乎漢儒，……又目擊夫佛老家譸張幽渺，而聖人之精旨微言，反有所閟而未宣，於是入虎穴探虎子，闖二氏之室，儀神異貌而心性之學出焉。

袁枚認為宋代經學的特色就是因為「箋註者，非無考據之功，而附會不已」，使箋注章句之學令人存疑，因而走向「求諸道」，並參以釋老，「而心性之學出焉」。這是一種以「求諸道」為目標而展開的心性義理之學。

王應麟《困學記聞》卷八〈經說〉云：

> 自漢儒至於慶曆間，談經者守訓詁而不鑿。《七經小傳》出

而稍有新奇矣。❸

劉敞《七經小傳》開啓系統性的「義理」解經之風,總攬群經,「好以己意改經,變先儒淳實之風」。其《春秋五傳》亦多有新義,「得經義者爲多」。原父學問淵博,「廬陵、南豐、臨川,所謂深於經者也,而皆心折於公是先生。」❸因此「敞之談經,雖好與先儒立異,而淹通典籍,具由心得,究非南宋諸家遊談無根者比。」

因此,劉敞對經書有所質疑,由義理解經,有不合其意者,也就是不合其所認定之義理者,往往刪之、改之。又因其影響大,固有後繼者循之。

是故,宋儒由「疑傳」、「疑經」、「改經」的過程逐步瓦解經典權威之後,解開了漢學的章句訓詁這個枷鎖,宋學才逐步開展自己對經典的義理詮釋空間,理學發展的道路也找到了出口。

三、唐宋的政治環境與學術之關係

唐宋都是終結分裂割據以後的統一帝國,❸但這兩個朝代卻又呈現完全不同的氣象:唐帝國是個兼融四方,武功強大的帝國;宋朝卻是開國以來就缺乏一統帝國的氣象,尤其缺了燕雲十六州的國

---

❸ 王應麟(1223-1296)撰,《困學紀聞·經說》卷八(臺北:臺灣商務印書館,年),頁774。

❸ 黃宗羲撰,《宋元學案》(臺北:華世出版社,1987年)卷四〈廬陵學案〉(全氏補本)。

❸ 唐帝國雖然直接接續隋朝,但因隋代國祚短,在歷史條件上,尚不足以隔絕五代十國以來的社會政治,以及學術思想的影響。

土，不僅幅員變小，更是門戶洞開，這也是宋朝外患不斷的客觀因素。

這兩種截然不同的外在環境所造成的政治文化，使得兩個朝代的文人性格迥然不同：唐人積極，宋人持重。唐代文人好啓邊功，以文章之學（詩歌）記敍邊關風物，並騁其才學；宋代初期承繼亂世之後，自身國力又薄弱，故多存保守之態度，學術上推崇老成持重。中期以後以經術義理思考國政問題，傾向以政治革新，富國強兵爲務。

科舉制度是引導一個時代學術風尙的一個重要指標，唐人重文章輕經學的學術偏向也呈現在科舉之中，經學雖不受重視，但是只要朝廷考試需要，依然還是位主導當時的讀經風氣與方式。宋朝的科舉制度初承唐制，主要有貢舉、科舉、武舉、和童子舉四類。之後爲了因應國家的內憂外患不斷，逐漸重視策議，以發揮經學義理與經世致用爲方向，這對理學的興起自有一定的影響。

(一)國力條件與儒家的內聖外王思想

「內聖外王」是唐宋時期儒家的理想作爲，但是最早提出「內聖外王」之說卻非出自儒家，而是見於《莊子・天下》：

> 天下之治方術者多矣，皆以其有爲不可加矣。古之所謂道術者，果惡乎在？曰：「無乎不在。」曰：「神何由降？明何由出」曰：「聖有所生，王有所成，皆原于一。」……其在于《詩》、《書》、《禮》、《樂》者，鄒魯之士，搢紳先生，多能明之。……其數散于天下而設于中國者，百家之學

時或稱而道之。天下大亂，聖賢不明，道德不一，天下多得
一察焉以自好。譬如耳目口鼻，皆有所明，不能相通。猶百
家眾技也，皆有所長，時有所用。雖然，不該不偏，一曲之
士也。判天地之美，析萬物之理，察古人之全，寡能備于天
地之美，稱神明之容。是故內聖外王之道，闇而不明，鬱而
不發，天下之人，各為其所欲焉，以自為方。

依《莊子·天下》的看法，「內聖外王之道」不獨於任何一家，而
應是天下之治道術者所共同追求的目標。之後在宋明理學家注重修
身，發揚經術，並配合《四書》的精神，遂成儒學的理想追求，尤
其在周濂溪（西元 1017--1073）之後，將理學推向內聖外王之學，成了
一種追求的目標。㉝

1.唐朝的興盛使儒者趨向外王的追求

唐朝是中國歷史上的盛世之一，學術上也繼續漢以來尊儒的傳
統，於是有《五經正義》、《九疏》的編定。唐代儒者，在此一輝
煌的帝國之中，無不躍躍欲試，一展長才。馬積高說：

唐代，特別是初盛唐士大夫多有渴望建立奇特的功勳，甚
至渴望立功異域，仕人參佐戎幕者多，有邊塞生活者亦不
少。㉞

㉝ 儒家的「內聖」之道是指道德修養；「外王」之道是指政治的實踐、功業
的建立。「內聖」和「外王」的完美結合是儒家所追求的理想人格表現。
㉞ 馬積高著，《宋明理學與文學》（長沙：湖南師範大學出版社，1989年），
頁17。

雖然，中國邊塞詩始於魏晉，但是大規模詩歌出現邊塞詩與集體性的「邊塞詩人」始於唐，尤其是盛唐更是人才輩出，他們秉持「立功」的懷抱，參與軍旅，希望能在政治、軍事舞台建立輝煌的功績。又於唐玄宗時推行立邊功者將可立爲朝相，於是許多文人將目標投向邊塞，希望藉著軍功而實現「出將入相」的願望。誠如高適（西元702—765年）〈塞下曲〉所述：「萬里不惜死，一朝得成功。畫圖麒麟閣，入朝明光宮」。

　　這種蓬勃的氣象，不但興盛了唐詩的創作，也使得學術風氣趨向外王的追求。雖然這種重文學而輕經學、史學的學術風氣被錢穆視爲「輕薄」，❸❺但基本上依然是存著「外王」的抱負而開展，而追求外王的風潮，自與盛唐的氣象有關。

　　唐人作學問的另一個路數是經學，雖然錢穆認爲唐人不作「厚重」的經學，而且明經科不如進士科受重視，但畢竟經學也是晉身政治舞台的管道之一。唐代不管是明經科或進士科的初試都是五經，主要帖一大經（《禮記》或《左傳》）及其他（《孝經》、《論語》、《爾雅》）各五條以上即可通過初試。❸❻因此，《五經》等經典在唐代的學術界仍有一定的地位與影響力。

---

❸❺　同註❷，〈第二十講〉：「經學要講傳統，這更沒有人講了。『輕薄』兩個字的反面是『厚重』。我們不從人品講，改從作學問的工夫講，作文學只要用輕工夫，薄薄的，你看一本書就夠了。……這『輕薄』二字是唐朝人講的，叫做『進士輕博』。凡考上進士的，都是輕薄的。爲什麼？他用功簡單，這『輕薄』二字，可以從人格上看。我講這兩個字是講作學問的工夫上來看。」頁364-365。
❸❻　進士科帖一大經及其他各四條即通過初試。

　　而且不論是《五經》或是《九疏》，大多是屬於儒家的「外王」
經典：如《詩經》經過漢代經學家的闡解，變成了以禮制欲的範本，
將之限制在政治倫理的禮教範圍；《尚書》主要是史料，內容爲古
的政事記錄，《荀子·勸學》云：「《書》記先王之事，故長於政。」
因此，《尚書》可謂是學習政事的參考範本；《禮》也是偏重制度
層面的紀錄；《春秋》本爲史書，記王官之事，也傾向於治道。

　　可見五經之中，除了《周易》之外，都偏向政事的外王思想。
唐人身歷其中，思想自受其影響。

　　唐人開啓了外王之學，主要是以積極的態度反映當時的國勢與
經學性格，大致開啓了宋學理想境界，但真正的完成還有待「內聖」
修爲的相貫通。

2.宋儒貫通內聖外王的修為

　　宋自開國以來，就缺乏大國氣象，外無以征邊以擴張國土，又
因承唐末五代十國的割據局面之後，於是內政以加強中央集權的統
治政策。軍事佈署也以內重外輕的原則，一切力量集中於朝廷，也
因爲對武將的疑懼，而採取重文輕武的政策，儒者的地位也跟著提
高。

　　重文輕武與中央集權的結果，造就了宋代初期的政治風氣以保
守爲主，邊防的失利與「出將入相」觀念不再，使得宋代士大夫視
邊事爲畏途，自然也缺乏雄才大略的氣度，而是以「守成」爲長遠
之計。因此，宋初士大夫在品評人物時，並不注重其才能與見識，
而是看他的學問、道德。其所謂的道德標準，就是能夠老成持重而

不急功好利，㉗學術修爲上，是屬「內聖」之學。㊳

　　國勢的羸弱，文人也不免產生救國圖強之心，范仲淹（西元889--1052年）的「慶曆變法」開其端，王安石（西元1021—1086年）的「熙寧變法」隨其後，他們產生了政治革新、富國強兵的外王意識，但都沒有獲得成功。但這種由內聖轉向外王的思想也因國家的處境而產生，其中尤以理學家最爲努力實踐。

　　心性修爲（內聖）原屬理學之特色，但理學家有儒者的自覺，他們把「內聖」視爲通往「外王」的基礎功，所以理學家追求的典範爲經由內聖貫串外王之學。前文述及宋初邊防的失利與「出將入相」觀念不再，使得宋代士大夫視邊事爲畏途，而是以「守成」的老成持重爲典範。這種「典範」與儒家的希聖希賢的目標相較之下就有所不足，於是，以儒學復興爲抱負的理學們再加以擴充，以「實踐」的方式追求外王之學。如：

　　　（張載）少喜談兵。至欲結客取洮西之地。年二十一，以書謁范仲淹，……。㊴

　　　（邵）雍少時，自雄其才，慷慨欲樹功名。于書無所不

讀，……❹

　　以上二則是北宋理學先驅的人物所持的「外王」理念，不過張載與邵雍所持的理念屬於較爲空泛，如「喜談兵」、「自雄其才」，而未見較爲細密而完整的主張。

　　進入南宋後，國破與帝俘的恥辱深刺讀書人的心，理學家們深切檢討，提出較爲完整的「外王」理念：

　　　孝宗即位，詔求直言，（朱）熹上封事言：「聖躬雖未有過
　　　失，而帝王之學不可以不熟講。……修攘之計不時定者，講
　　　和之說誤之也。夫金人于我有不共戴天之仇，則不可和也明
　　　矣。愿斷以義理之公，閉關絕約，任賢使能，立紀綱，屬風
　　　俗。數年之後，國富兵強，視吾力之強弱，觀彼釁之淺深，
　　　徐起而圖之。……君父之仇不與共戴天。今日所當爲者，非
　　　戰無以復仇，非守無以制勝。」❹

朱熹（西元 1130—1200 年）對宋孝宗上書，較爲有系統地提議以整頓內政如「任賢使能，立紀綱，屬風俗」，而後「國富兵強」，再視情況徐徐圖之。並且強調「戰」與「守」，而非消極的納貢求和。

　　以上爲外在的客觀環境造成宋儒由內聖轉向外王的過程論述，然而，宋儒的內聖外王思想，另有一部分因素是出自心性修養而導向，也就是透過內聖的工夫而展開外王的事功思想，這一部分，是由儒家心性修爲的經典入手。

---

❹　同前註。

❹　同前註，《宋史·卷429·道學三》。

前文已述，宋初士大夫在品評人物時，是看他的學問、道德。也就是能夠老成持重而不急功好利，學術修爲上，是屬「內聖」之學，於是儒家講究心性修養的思想典籍，逐漸爲宋儒所重。如《宋書·卷427·道學一》云：

> 仁宗明道初年，程顥（西元1032—1085年）及弟頤（西元1033—1107年）寔生，及長，受業周氏，已乃擴大其所聞，表章《大學》、《中庸》二篇，與《語》、《孟》並行，於是上自帝王傳心之奧，下至初學入德之門。融會貫通，無復餘蘊。

《語》、《孟》、《學》、《庸》在北宋中期已經被並列提出，❷《大學》、《中庸》原是《禮記》中的兩篇，受到理學家的重視，程頤認爲《大學》是孔子講授「初學入德之門」的要籍；《中庸》是「孔門傳授心法」之書。宋儒認爲經由這四部經典的薰陶，心性修養的「內聖」淬鍊之累積（誠、正、修、齊），才能開啓「外王」之事功（治、平）。

所以，唐人的《五經》是爲「外王」性格，到了宋代轉成《四書》的由「內聖」通向「外王」的融通性格。

(二)唐宋科舉制度與學術風氣

唐宋的科舉制度反映了兩個朝代不同的學術風氣與政治背景。

---

❷ 四書之名，定於南宋的朱熹，故此處不曰「四書」。朱熹再把《論語》、《孟子》、《大學》、《中庸》這四部書編在一起，並多引用他人的說法作注，所以稱爲《四書集注》。

唐人因進士試帖經與文、詩、賦，故呈現一種既活潑（詩賦）又僵化（帖經）的學術風格，人才偏向於文章之學與「專經」之才。宋人的科舉初承唐制，但因整體政治社會環境的差異，唐人的專長到了宋初反而成了弊端，如宋人吳曾云：

> 國史云：「慶曆以前，學者尚文辭，多守章句注疏之學，……」⑬

宋人面臨國衰勢微的問題，認為文章與章句注疏這類的學問無補於時代之需，故有改革科舉之舉，以期活化學術，使之成為有活潑思想的通才，宋學也因此更富哲理化思維。

1.唐代科舉初步傾向實務與德行取才

唐代官方重經學，因此唐代最受重視的進士與明經二科都必須考「帖經」，⑭所以，唐代與科舉互動所導引的學術風尚是經學，或者說是墨守《五經正義》的經學。但若就因此認定唐代的科舉所帶起的學術風格不足為觀的話，似乎又未盡公平。

唐人的文學代表是詩，在與科舉相互推動下，成為中國文學史上最為輝煌的一頁，詩文多有麗辭佳構，這本是強大帝國的文風氣象。只是到了宋朝，現實問題加劇，在實質環境的壓迫下，這種華文麗句顯得不切實際，甚至於理學家將一切文章之學視為「作文害

---

⑬ 宋·吳曾著，《能改齋漫錄·事始·注疏之學》，卷二（北京：中華書局《叢書集成初編》本，1985年），頁26。。

⑭ 明經以考帖經、墨義、策論為主；進士則以考帖經、詩賦、策論為主。

道」，加以反抗。

　　唐人的經學雖不受重視，但基於投身仕途需要，士子還是埋首於其中。宋人對唐人的經學相當鄙夷，視爲「守訓詁而不鑿」，❹唐人本身是否有此自覺呢？重進士輕明經即是一例證明。而且在唐代士人的眼中，科舉也不是唯一的晉身仕途的爲一路徑，「終南捷徑」也是一個手段。

　　另外，進士與明經科考試都必須經過三道關卡，第三關分別是「答實務策三道，取粗有文理者與以及第」（明經科）、「試時務策五道」（進士科），可見面對僵化的經學與浪漫的文學風氣，朝廷的科舉也逐漸務實地注重「實務策」，也使得一些企圖藉由科舉進入廟堂的讀書人不得不注重實務，如元稹與白居易就合作〈策林〉七十五篇，以備科考之用。❻而且進士及第還須經吏部主持的「釋褐試」，在身、言、書、判四方面符合要求者方可授以官職。關於「身、言、書、判」的內容《新唐書·選舉志下》說明如下：

> ……凡擇人之法有四：一曰身，體貌豐偉；二曰言，言辭辯
> 　正；三曰書，楷法遒美；四曰判，文理優長。四事皆可取，
> 　則先德行；德均以才，才均以勞。

所以說，唐代的科舉並非造就一批沉迷於文章麗辭之中的浪漫文人，以及墨守一經而不知變通的學究，科舉制度本身也有在往實學

---

❹　同註❸。

❻　元、白所作的〈策林〉七十五篇，乃為了應付制舉所擬定的模擬試題及作答，所以內容包羅萬象，舉凡與當時整個國家具有相關性的事務均羅列之，如政治、社會、文學均有提出他們的見解。

的方向轉變,「身、言、書、判」的目的也是希望拔擢通才,並且重視德行之修養,所以「事功」的求與「德行」的修養也在科舉的促進下,默默地在詞章之學與學究一經的學術環境下尋求突破、發展。

2.宋代科舉以實務與經義取才

宋代科舉考試初承襲唐制,主要有貢舉、科舉、武舉、和童子舉四類,甚至也墨守唐代的義疏之學。❹然而宋代的政治、經濟等方面都與唐朝不同,漸漸使得宋代的科舉有有改革的必要,也具備改革的條件。我們可由前文「註三十」中,王應麟所引陸游的那一席話爲根據。

北宋中期的仁宗慶曆年間(西元 1041—1048 年)面臨了各種內憂外患,仁宗無法完全墨守「祖宗家法」而採用一批主張改革現狀的「名士」如范仲淹、歐陽修等推行新政。

新政中的一個重點就是重視經學和實務,採用先策、次論、後詩賦,並以三場考試的總成績和考生的平時操守表現作爲擇取標準:

> 三曰精貢舉。進士、諸科請罷糊名法,參考履行無闕者,以
> 名聞。進士先策論,後詩賦,諸科取兼通經義者。賜第以上,

---

❹ 如李燾《續資治通鑑長編》,卷59,景德二年(AD1005)三月甲寅條例云:「……迪與賈邊皆有聲場屋,及禮部奏名,兩人皆不與,考官取其文觀之,迪賦落韻,邊論『當仁不讓於師』,以『師』爲『眾』,與注殊異,特奏令就御試。參知政事王旦議:『落韻者,失於不詳審耳;捨注疏而立異論,輒不可許,恐士子從今放蕩無所準的。』遂取迪而黜邊,當時朝論,大率如此。」

皆取詔裁。餘優等免選注官，次第人手本科選。進士之法，
可以循名而責實矣。❸

於是考試內容趨向多樣化，進士科以詩賦爲主轉變爲經義、詩賦、
策、論並重。之後王安石推行新法：「罷黜諸科，獨存進士科」、
「罷詩賦，試策論」、「改帖經、經義爲大義」、「太學三舍法」。
而宋代進士出身的就即授官，無須進行選試，而升遷也較其他方式
晉身仕途的人爲快。哲宗以後，採取折衷辦法，設立『經義進士』
及『詩賦進士』並行，最後更成爲定制。可見唐代科舉較重視詩賦，
而宋代科舉則強調經義的理解和思考。

　　宋代經由科舉制度的改變，帶起了讀書人的思維方式轉變，使
得「義理」思維的模式籠罩了整宋代的學術界。如：詩文由唐代的
浪漫駢麗風格轉成宋代的說理詩與論說文；經學由背誦注疏一經的
帖經轉爲兼通經義。宋人甚至於藉著詞章之學與義理之學的分際作
爲政爭的籌碼。洛、蜀黨爭期間，親洛黨的王覿就曾以蘇軾（西元
1037—1101 年）「長於辭藻而暗於義理」而大加韃伐。根據《續通鑑》
記載：

　　　元祐三年正月，王覿奏蘇軾長於辭藻而暗於義理，若使久在
　　朝廷，則必立異妄作，宜且與一郡，稍為輕浮躁進之戒。

可見宋人的學風傾向已迥異於唐。

　　通才教育也是宋人經由科舉所欲推展的目標，王安石用《三經
新義》作考試範本，最後自承失敗，他在晚年說：「欲變學究爲秀

❸　同註❸：《宋史·列傳七十三》。

才，不謂變秀才爲學究也。」所謂的「秀才」也就是通才，古且不論王荊公考《三經新義》的結果，就其出發點而言，是要藉著考經學大義以培養兼經的通才。

所以，唐代的科舉制度帶起了文學風氣與僵化的經學，卻又因爲「實務策」的考試而略爲開啓文人的思想；宋初承唐制，但在現實環境的驅使下使得文人不只誦經，更要知其大義、思其義理，理學的盛行，與此不無關係。

四、唐宋以來的思想鎔鑄

中國自漢代以來，儒家思想一直被朝廷定爲正統學說，儒者在中國學術思想史上一直也有著高度的自覺與自尊。然而，從魏晉到隋唐，佛、道的地位一直攀升，甚至與儒家鼎足而立。三教的思想各有其來歷與特徵，彼此之間有明顯的區隔，但長期並列流行於中國的學術界，爭端自不可避免。

然而，在彼此的衝突過程中，卻又吸收了對方的學術思想，並漸漸拉近相互之間的距離，三教思想融合的情形逐漸成形。理學的形成背景就是在這種融合的趨勢下所構成，但其融合並非混一爐而冶之的方式，而是以儒家爲本位的立場，再擷取佛道思想作爲思想架構的補充。所以這種方式可稱爲援佛入儒與援道入儒。

(一)援佛入儒

最初的儒家自居正統，故對外來的佛學抱持著鄙視、排斥的態度，但消極地如韓愈在〈原道〉中主張「人其人，火其書，廬其居」

卻是殘暴而未必有所成效的，如朝廷的「三武滅佛」僅能暫撲其勢，而其思想的火苗卻又待機燎原。因此，韓愈在同文接著又說：「明先王之道以道之」正是以積極的態度面對外來的挑戰之方。

但是「先王之道」若高於佛家之思想，就沒有佛家發展的空間了，而當時佛教盛行，必有儒家思想之所不及之處，於是儒者要補己之不足，就必須先清楚別人（佛家）所「足」者為何，並提出足以相應或抗衡之道。

佛家與宋儒之間關係最為密切的思想就是「心性」與「理」，儒家吸取佛教的禪宗的心性觀念與天台宗以「理」為本體論，鎔鑄為理學的主要思想。

1.儒學與禪宗的心性論

隋唐以後，佛學盛行於中國，儒者一面排佛，一面吸收其思想義理，作為與之競爭的條件。佛教中的禪宗大談心性，且其學說思想更是瀰漫於中國。其實，佛教初入中國時，宗教色彩遠大於哲學思想，方立天在〈佛教哲學與中國固有哲學的主要契合點〉一文中指出：

> 從中國佛教哲學發展邏輯來看，最早引起中國佛教學者興趣和注意的佛教思想是般若空論和因果報應論。開始，般若空論在教外知識界中並未引起強烈的反響，因果報應論還遭到了儒家學者的激烈反對，並由教內外的因果報應之辯發展到神滅神不滅之爭。這種具有重大哲學意義的爭論最終以雙方堅持各自立場而告終。但經過這場爭論，中國佛教學者把理

論建設的重點從形神關係轉移到身心關係，從論證靈魂不滅轉向成佛主體性的開發，著重於對佛性、真心的闡揚，此後中國佛教就轉到心性論軌道上來。並且由於與重視心性修養的中國固有文化旨趣相吻合而日益發展，以致在南北朝隋唐時代形成了派別眾多的豐富多彩的心性論體系。❹

佛教傳入中國原本是以宗教的型態，但在與儒家的思想交鋒後，融入部分中國哲學思想，其中尤其以擷取自儒家的心性修養最爲重要，但這種融入中國思想，尤其是佛教思想的融入中國之行爲更是受到儒家的排斥。接著，禪宗起於五祖弘忍的「傳心」之說，使得佛學的傳統有了系統性的傳承，《法如行狀》（《金石續編》卷六）有下列數則記載：

師（弘忍）默辨先機，即授其道，開佛密意，頓入一乘。

天竺相承，本無文字，入此門者，爲意相傳。

唯以一法，能令聖凡同入決定。……眾皆屈申臂頃，便得本心。師以一印之法，密印於眾意。世界不現，則是法界，如空中月影，出現應度者心。❺

由上文「即授其道」就是原本爲師徒相傳，「本無文字」就是這裡所謂的「以意相傳」，也就是禪宗的「傳心」。再就第三則的說法，可知禪宗的「傳心」到後來「師以一印之法，密印於眾意」，又不

---

❹ 方立天撰，〈佛教哲學與中國固有哲學的主要契合點〉，《中印佛學泛論：傅偉勳教授六十大壽祝壽論文集》，（藍吉富編，東大圖書公司，1993年）。

❺ 轉引自印順著，《中國禪宗史》（正聞出版社，民國76年），頁385。

盡然是個別的師徒相授，而適用於對眾弟子說法。

這種「傳心」之法，看在韓愈的眼裡，是又恨又憂。因為韓愈認為禪宗的「傳心」樹立本身的學術思想內在傳統，反而是當時中國儒家所欠缺的。因此，他從《孟子》中尋求儒家的心性之學的傳統，《孟子·盡心下》：

> 孟子曰：「堯、舜，性者也；**⑤**湯武，反之也。動容周旋中禮者，盛德之至也；哭死而哀，非為生者也；經德不回，非以干祿也；言語必信，非以正行也。君子行法，以俟命而已矣。」……
>
> 孟子曰：「由堯舜至於湯，五百有餘歲，若禹、皋陶，則見而知之；若湯，則聞而知之。由湯至於文王，五百有餘歲，若伊尹、萊朱則見而知之；若文王，則聞而知之。由文王至於孔子，五百有餘歲，若太公望、散宜生，則見而知之；若孔子，則聞而知之。由孔子而來至於今，百有餘歲，去聖人之世，若此其未遠也；近聖人之居，若此其甚也，然而無有乎爾，則亦無有乎爾。」

根據孟子的說法，有一種至道的傳承，其相繼脈絡為：堯--舜--禹--湯--文王--孔子，但到了孟子之時，已經憂慮此道不傳。韓愈看到佛教有「傳心」的系統思想，而儒家卻無相關思想體系與之抗衡，於是他吸收了禪宗的「祖統」思想，繼續孟子的說法，而建構儒家的

---

⑤ 此處的「性」，根據朱熹的注解為：「性者，得全於天，無所污壞，不假修為，聖之至也。」

道統與之抗衡。韓愈〈原道〉在孟子的說法爲立論基礎，建構其道
統系譜：

> ……斯吾所謂道也，非向所謂老與佛之道也。堯以是傳之舜，
> 舜以是傳之禹，禹以是傳之湯，湯以是傳之文、武、周公，
> 文、武、周公傳之孔子，孔子傳之孟軻，軻之死，不得其傳
> 焉。

韓愈自覺繼承儒家道統，以佛家「傳心」的系統對抗，但其道統說
又參照禪宗而得。韓愈的例子即爲唐宋儒者的的心性論發展模式，
一方面排斥，一方面又在交鋒中吸取對方的學說精華。因此，禪宗
的「傳心」系統雖不同於儒家的心性論，但卻在方法上啓發了韓愈，
使韓愈借其模式，架構了儒家的「道統」系統。

　　時至北宋，儒佛之間的對立依然存在，但並不像唐代那般水火
不容。儒釋兩方都有尋求弭平二者之間衝突者，其中北宋初期的高
僧契嵩（西元 1007—1072 年）可爲代表。契嵩嘗自謂「既治吾道，復
探儒術，兩有所得，則竊用文詞發之」[52]、「如貧道始之甚愚，因以
佛之聖道治之，而其識慮僅正，逮探儒之所以爲，蓋務通二教聖人
之心」[53]，可見契嵩是有意識的刻意儒佛兼修。他在〈上仁宗皇帝〉
[54]書中云：

---

[52]　《鐔津文集》卷第10，〈書啟狀・答茹秘校書〉（《大正藏》卷52），頁
　　697下。
[53]　《鐔津文集》卷第10，〈書啟狀・與章潘二秘書書〉（《大正藏》卷52），
　　頁698中。
[54]　《鐔津文集》卷第8，〈萬言書上仁宗皇帝〉（《大正藏》卷52），頁689
　　上。

　　若《中庸》曰：『自誠明，謂之性。自明誠，謂之教』，是
　　豈不與經所謂『實性一相』者相似乎？」

同篇又曰：

　　『惟天下至誠，能盡其性，能盡其性，則能盡人之性，盡人
　　之性則盡物之性，以至與天地參耳』，是蓋明乎天地人物其
　　性通也，豈不與佛教所謂『萬物同一真性』者似乎？」

所謂「誠明」之明，是自性圓明之明，人當效天地之至誠，克除私
念，以圓明其本性。「明誠」之明，乃明心之明，明心之後，誠則
立。「誠」為道德規範，即言行一致，故為之教。關於「性」與「心」，
契嵩有云：「萬物有性情，古今有死生」❺，也就是說，儒家所強調
的「性」，亦即佛家之「本心」。契嵩云將佛家的「心」與儒家的
「性」巧妙結合，使得心性之學成為宋明理學所合稱之詞，並為其
內化修養的追求重心。以下引用契嵩的一段話作結：

　　古之有聖人焉，曰佛，曰儒，曰百家。心則一，其跡則異。
　　夫一焉者，其皆欲人為善者也；異焉者，分家而各為其教者
　　也。聖人各為其教，故其教人為善之方，有淺有奧，有近有
　　遠，及乎絕惡而人不相擾，則其德同焉。❻

---

❺　《鐔津文集》卷第1，〈輔教編上・原教〉（《大正藏》卷52），頁648下。
❻　《鐔津文集》卷第2，〈輔教編中・廣原教〉（《大正藏》卷52），頁660
　　上。

2.學與佛家的本體論

宋學號稱理學,「理」是宋明理學最基本的觀念之一,若就思想淵源而言,先秦有「文理」、魏晉有「名理」。[57]但理學的「理」,又非儒家思想所能範圍,它是經由佛家外在思想之刺激與啓示。「理」是屬於本體的探索,所以「理學」的本體論就是「理」。

宋明理學的「理」,是出自佛教本體義理,茲引一段有關《華嚴疏鈔·序》「真妄交徹」云:

> ……真,謂理也,佛也;妄,謂惑也,生也。……言交徹者,謂真該妄末,妄徹真源,故云交徹。如波與濕,無有不濕之波,無有離波之濕。……真妄二法,同一心故。妄攬真成,無別妄故,真隨妄顯,無別真故。……理,為真諦為真,事,為俗諦為妄。[58]

同篇〈事理雙修〉的疏序:「理隨事變,則一多緣起之無邊。事得理融,則千差涉入而無礙」云:

> 初句明依理成事,故一與多互為緣起,此猶是事理無礙。……由事理無礙,方得事事無礙。若事不即理,理非理成,則互相礙。今由即理,故得無礙。下句以理融事,故云事得理融,

---

[57] 唐君毅著,《中國哲學原論·導論篇》第一章原理上:〈理之六義與名理〉(臺北:學生書局,民國67年)。及陳榮捷著《王陽明與禪》,〈新儒學理之思想之演進〉(臺北:學生書局,民國73年)。

[58] 詳見唐·清涼大師著《華嚴疏鈔·卷一·疏序》(上海:華嚴疏鈔編印會,民國33年),頁34。

則千差涉入而無礙。此正辨事事無礙所以，由上事攬理成，
則無事非理，故以理融事。理既融通，事亦隨爾，故得千差
涉入而無礙。由即事故，故有千差，爲理融故，重重涉入。
即當十亦所以之中，理性融通門也。❺⑨

根據上篇內容，可知「真」爲不變之意，即是「理」也，而理乃不
變之本體；「妄」爲變幻之意，即是「惑」也，而變幻不定之萬象
會使人迷惑。「真」是本，「妄」是末。理，爲真諦，事爲俗諦，
爲妄。而理是本體，事爲現象，所謂真妄交徹，即是本末一致、理
事交徹，也就是「理」與「事」之間圓融無礙。

　　理與事之間圓融無礙，也就是相攝相入，這套理論也對理學家
的思想產生影響，《朱子語類》云：

　　問理與氣。曰：「伊川說得好，曰：『理一分殊。』合天地
　　萬物而言，只是一箇理；及在人，則又各自有一箇理。」❻⓪

《二程語錄》也有如下的問答：

　　問：某嘗讀《華嚴經》，第一真空絕相觀，第二事理無礙觀，
　　　　第三事事無礙觀。譬如鏡鐙之類，包含萬象，無有窮盡，
　　　　此理如何？
　　答：只爲釋氏要周遮，一言以蔽之，不過曰：「萬理歸於一
　　　　理也。」

---

❺⑨　同前註，頁39。
❻⓪　宋・黎靖德編，《朱子語類・理氣上・卷第一》（臺北：文津出版社，
　　民國75年）。

問：未知所以破他處？

答：亦未得道他不是。

由上面兩段論述，可以得到以下兩個觀察點：

一、伊川的「理一分殊」應與佛家的「萬理歸於一理」有關，
更明白的說，大抵是從佛家吸收而來。張東蓀更認爲「理
一分殊」是以佛教「月印萬川」爲比喻而成。**⑥**

二、理學家如二程子都已有研讀佛教經典的情形，可見理學家
與佛家之間的思想已極爲密切。張橫渠（西元 1020—1077 年）
甚至「出入佛老，返諸六經廿餘年」。

㈡援道入儒

道教是中國本土宗教，中國人的宗教觀是包容的、多神信仰的。
道教生於斯、長於斯，其宗教性格自然也是具有相當大的包容性。
所以道教產生的來源紛雜，從古代的民間巫術、神仙信仰、方術之
學、老莊思想、黃老之學、儒家觀念、陰陽五行學說，乃至於古代
醫學技術等，幾乎各種觀點點、技術和信仰，道教都加以吸納揉合。

因爲道教思想來源如此紛雜，與其他思想之間的相容性自然就
很高，所以也就容易與其他思想結合。

關於道教與理學發展的關係，大致已如前文所言，主要在於《太
極圖說》與前述的工夫論。於此，在與前文不重複的前提下，就這

---

⑥ 張東蓀撰，〈中國哲學史上佛教思想之地位〉，《中國哲學史思想論集·
兩漢魏晉隋唐篇》，頁366。案：張東蓀在此部分論述時，將伊川的「理一
分殊」誤植爲朱熹。

兩方面與宋儒思想之間的關係做簡要的說明。

1.儒家以《太極圖》推演儒道關係

周敦頤的《太極圖說》是以儒家的《周易》統其說，因此也才受到宋明儒者的認同。但宋儒在推演《太極圖》的由來時，卻刻意拉近與道家思想之間的關係。

宋初即有人提出周敦頤的《太極圖》源初於北宋初年的陳摶，清初的黃宗炎（西元 1616—1686 年）的《太極圖辨》更具體說明《太極圖》的由來，黃宗炎云：

> 考河上公本圖名《無極圖》，魏伯陽得之以著《參同契》，鍾離權得之以授呂洞賓，洞賓後與陳圖南（摶）同隱華山，而以授陳，陳刻之華山石壁，陳又得《先天圖》於麻衣道者，皆以授種放，放以授穆修與僧壽涯，修以《先天圖》授李挺之，挺之以授邵天叟，天叟以授子堯夫；修以《無極圖》授周子，周子又得《先天地之偈》於壽涯。其圖自下而上。以明逆則成丹之法，……周子得此圖而顛倒其序，更易其名，附于《大易》，以為儒者之秘傳。**⑫**

如此清晰的傳承過程，又充滿道家的氣息，但卻未曾交代出處，因此這段傳承論述的可信度一直受到懷疑。另有一派說法認為《太極圖》出於《道藏》。然而，經過當代學者李申撰文否定上述說法，陳來在《宋明理學》中說：

---

⑫ 本段論述資料出自《宋元學案》，但並未說明出處。

> 向來學者以為《太極圖》出於《道藏》之《真元品》、《真
> 元圖》，近有學者（李申）引用道教史研究的成果，證明《真
> 元圖》作於北宋以後，否定了《太極圖》出於唐代道經的說
> 法。㊿

周敦頤的《太極圖》出自北宋陳摶的說法，最早出自於南宋初年。
不論當時宋人是否刻意提出此說法，我們都可以得知宋人刻意援道
入儒的用心，否則以宋儒重視《太極圖說》的程度，是不可能自絕
儒家思想於這個體系之中。

2.儒以老莊的「主靜」作為修養工夫論

在前文「唐《九經注疏》滲入佛、道思想」的單元中，已經約
略說明宋儒藉由「守靜」而趨向寂然不動的「心齋」、「坐忘」，
最後進入明道所謂的「敬」，「主敬」也就成了宋明理學的基本修
養工夫。故在此不再贅述。

我們卻可以從這段簡述之中，發覺宋儒的基本修養工夫也是依
循先秦道家思想作為進路。宋明理學又名心性之學，可見其重視心
性修養的程度，甚至於可說修養的工夫論是他們的學問基礎，如此
重要的進學要件，竟然採取道家模式，可見宋儒對道家思想的援引
進入非但不排斥，反而相當的重視。

㊿ 相關論證過程，可參閱李申：〈太極圖淵源辨〉，載《周易研究》雜誌1991
年第一期。

五、結　語

　　由本文以上三個主要條件的論述，可以概略知道在唐宋之際的經學轉折特色，這種轉折界分了中國學術史上的「漢學」與「宋學」兩種經學性格。當然，由漢學（章句之學）轉向宋學（義理之學）的問題一直以來都是學者關注的重點，相關論著也不少，但一般都偏向於一隅之見：或以「道統」貫之；或以佛道影響論之；或以疑經改經析之；或以儒學復興闡之；……。這些切入的角度，不可謂無見地，但都太傾向於「理學的興起」這個面向作論述，往往忽略了「轉折」這個重點。

　　本文的寫作定位在於「承繼」與「轉折」兩個重點，學術的轉變，本身就有其連續性與變異性，所謂承繼，就是連續性，如儒宋朝的經學與科舉本是繼承唐朝；而轉折就是變異性，當宋承唐制之後，也會因本身主客觀的條件差異而有所轉變。因此，本文的撰寫目標是兼顧唐、宋兩代的各種關係做分析，藉著二者的繼承與轉折關係探索義理之學如何取代章句之學。

參考書目

一、古籍專書

李學勤主編，《周易正義》，北京：北京大學出版社，1999 年 12 月第 1 版。

許錟輝標點，《尚書正義》，臺北：新文豐出版公司，2001 年 6 月初版。

李學勤主編，《毛詩正義》，北京：北京大學出版社，1999 年 12 月第 1 版。

李學勤主編，《周禮注疏》，北京：北京大學出版社，1999 年 12 月第 1 版。

李學勤主編，《儀禮注疏》，北京：北京大學出版社，1999 年 12 月第 1 版。

李學勤主編，《春秋左傳正義》，北京：北京大學出版社，1999 年 12 月第 1 版。

李學勤主編，《春秋公羊傳正義》，北京：北京大學出版社，1999 年 12 月第 1 版。

李學勤主編，《春秋穀梁傳正義》，北京：北京大學出版社，1999 年 12 月第 1 版。

唐·柳宗元，《柳河東全集》，北京：中國書店，1994 年 12 月出版。

後晉·沈昫等撰，《舊唐書》，北京：中華書局，1997 年 11 月北京第 1 版。

《大正藏》卷五二，臺北：新文豐出版公司，1974 年出版。

宋‧歐陽修等撰，《新唐書》，北京：中華書局，1997 年 11 月北京第 1 版。

宋‧歐陽修，《歐陽修全集》，臺北：世界書局，1991 年 10 月 5 版。

宋‧劉敞，《公是先生七經小傳》，臺北：臺灣商務印書館，四部叢刊續編，經部。

宋‧王安石，《王臨川全集》，臺北：世界書局，1988 年 10 月出版。

宋‧李燾，《續資治通鑑長編》新定本六百卷，臺北：世界書局，1974 年 6 月 3 版。

宋‧程頤等，《二程遺書》，上海：上海古籍出版社，1992 年 1 版。

宋‧黎靖德編，《朱子語類》(全八冊)，臺北：文津出版社，民國 75 年 12 月出版。

宋‧呂祖謙，《宋文鑑》，北京：中華書局，1992 年出版。

元‧脫脫等撰，《宋史》，北京：中華書局，1997 年 11 月北京第一版。

明‧王應麟，《困學紀聞》，臺北：臺灣商務印書館，1978 年四月出版。

明‧黃宗羲，《宋元學案》，臺北：華世出版社，1987 年 9 月 1 版。

清‧紀昀等，《四庫全書總目提要》，臺北：漢京文化事業公司，1986 年出版。

清‧熊賜履，《學統》，臺北：廣文出版社，民國 56 年台 1 版。

清‧皮錫瑞，《經學歷史》，臺北：臺灣商務印書館，民國 57 年 9 月台 1 版。

二、現代專書

吳錫澤，《中國學術思想論叢》，臺北：臺灣商務印書館，民國 62
年台 1 版。

葉國良，《宋人疑經改經考》，臺北：國立臺灣大學出版社，1980
年 6 月初版。

傅樂成，《漢唐史論集》，臺北：聯經出版事業公司，民國 70 年第
3 次印行。

錢穆，《中國學術思想史論叢(四)(五)》，臺北：東大圖書公司，民
國 73 年 8 月再版。

熊琬，《宋代理學與佛學之探討》，臺北：文津出版社，民國 74 年
4 月出版。

印順，《中國禪宗史》，臺北：正聞出版社，民國 76 年 4 月初版。

錢穆等，《中國哲學思想論集—宋明篇》， 臺北：水牛出版社，民
國 77 年 2 月再版。

金中樞，《宋代學術思想研究》，臺北：幼獅文化事業，民國 78 年
3 月出版。

汪惠敏，《宋代經學之研究》，臺北：國立編譯館，1989 年 4 月出
版。

馬積高，《宋明理學與文學》，長沙：湖南師範大學出版社，1989
年 10 月第 1 版。

張豈之，《中國思想史》，臺北：水牛出版社，民國 81 年 6 月初版。

湯用彤，《漢魏兩晉南北朝佛教史》，臺北：臺灣商務印書館，民
國 82 年台 2 版。

姜國柱，《中國歷代思想史—宋元卷》，臺北：文津出版社，民國 82 出版。

王明蓀，《王安石》，臺北：東大圖書公司，1994 年 10 月出版。

韋政通，《中國思想史》，臺北：水牛出版社，民國 84 年 10 月 11 版 7 刷。

牟宗三，《心體與性體》，臺北：正中書局，1996 年 2 月初版 10 刷。

許凌雲，《中國儒學史—隋唐卷》，廣州：廣東教育出版社，1997 年 3 月出版。

韓鍾文，《中國儒學史—宋元卷》，廣州：廣東教育出版社，1997 年 3 月出版。

陳來，《宋明理學》，瀋陽：遼寧教育出版社，1997 年 4 月第四次印刷。

張清泉，《北宋契嵩的儒釋融會思想》，臺北：文津出版社，1998 年 7 月初版。

沈松勤，《北宋文人與黨爭》，北京：人民出版社，1998 年 12 月第一版。

曾棗莊，《唐宋文學研究》，四川：巴蜀書社，1999 年 10 月第一版。

章權才，《宋明經學史》，廣州：廣東人民出版社，1999 年 9 月初版。

錢穆，《經學大要》，臺北：素書樓文教基金會、蘭臺網路出版商務有限公司，民國 89 年 12 月出版。

林繼平，《宋學探微》，臺北：蘭臺出版社，民國 91 年 3 月出版。

三、論 文

劉貴傑,〈契嵩思想研究--佛教思想與儒家學說之交涉〉,《中華佛學學報》第二期,1988 年 10 月出版。

李禹階,〈理學與經學〉,《重慶師院學報》哲社版,1995 年第 1 期。

郝明工,〈北宋經學論略〉,《重慶師院學報》哲社版,1995 年第 4 期。

鄒森,〈「新義日增,舊說幾廢」--歐陽修《詩本義》的經學貢獻〉,《吉安師專學報(哲學社會科學)》第 17 卷第 3 期,1996 年 9 月。

楊世文,〈經學的轉折:啖助趙匡陸淳的新春秋學〉,《孔子研究》,1996 年.3 月。

章權才,〈宋初經學的守舊與開新〉,《廣東社會科學》,1998 年第 5 期。

朱漢民,〈論宋學興起的文化背景〉,《湖南大學學報(社會科學版)》第 13 卷第 1 期,1999 年 3 月。

馮曉庭,〈論宋人劉敞對舊傳經學的態度—以《七經小傳‧書小傳》為例〉,《經學研究論叢》第七輯,林慶彰主編,臺北:學生書局,1999 年 9 月出版。

田中真一,《與禪對觀:論程明道的工夫—合內外之道》 臺北:臺灣大學哲學研究所碩士論文,民國 73 年。

蔣秋華,《二程詩書義理求》 臺北:臺灣大學中文研究所博士論文,民國 80 年。

江淑君,《程明道天人關係之理論內涵與主體實踐》　臺北:淡江
　　大學中文學研究所碩士論文,民國 82 年。

林菁菁,《王安石對於典籍之詮釋與應用》　臺北:淡江大學中文
　　學研究所碩士論文,民國 91 年。

由講學風氣的盛行論理學之發展

郭玲姈*

一、前　言

　　學術思想的發展大抵離不開兩種途徑：一、在深入研究某一學術思想的基礎上，實現對該學術思想體系的建構；二、廣泛而持續地傳播此學術思想。考察宋元明之學術發展，於內容上，以研究義理、強調心性修養的理學為主；於外在特色上，則是講學風氣盛行、學派眾多。基本上，當時理學的發展，一方面是理學家們透過經注、語錄、編講義、著作專書、文章書信詩歌創作等編成文集……種種書面形式來闡述、並建構其學術體系；另一方面，理學家又藉由實際地講學活動，於講堂或書院中創建其學術架構、培養學術人才，廣泛且持久地傳播其學術思想，進而促進理學思潮的發展。

　　本文即欲從宋明理學家之講學活動出發，結合講學過程中使用的教材、專著、講義、語錄等書面資料，整體探討當時理學思潮的

＊　輔仁大學中文研究所博士生

發展。所謂「講學」，乃是中國傳統上對私人教育的稱呼；這個用語由來已久，它首次見於《左傳》之昭公七年：

> 孟僖子病不能相禮，乃講學之。❶

其後於《漢書》、《後漢書》中，屢次用「講學」這個用語，而通常是指集中於學術上的非正式的親近對話和討論。本文主要是說明這種私人教育的講學活動如何與理學的發展結合，而理學家們又如何透過講學活動，以推闡其學術理念、建立其宗派性學風，將其學術思想滲透到對弟子的教育中，而進一步發揚其學術思想。此外，也欲探究當「講學家門戶日堅，羽翼日眾」❷時，對學術發展所衍生出的弊端。

二、講學活動與理學發展的結合

(一)理學的基本內涵與主要流派

宋明理學，《宋史》名曰「道學」，而宋明學者本身，則多總括其學曰「性理之學」，清代考據家則稱之為「宋學」❸，以作為其

---

❶ 左丘明撰，《左傳會箋》（台北：明達出版社，民國75年1版1刷），第二十一，頁1495。

❷ 《四庫全書總目·論語義疏提要》：「蓋是時講學之風尚未甚熾，儒者說經亦尚未盡廢古義，故史臣之論云爾。迨乾、淳以後，講學家門戶日堅，羽翼日眾，剷除異己，惟恐有一字之遺，遂無復稱引之者，而陳氏《書錄解題》亦遂不著錄。」（北京：中華書局，1995年1版6刷，頁290。）

❸ 為清代考據家所習用，以作為其所治「漢學」之對稱，《四庫全書總目·經部總敘》載：「國初諸家，其學徵實不誣，及其弊也瑣。要其歸宿，則

所治「漢學」之對稱，而近代學者則多以「新儒學」❹之名統稱宋明之學。其中，「道學」一詞又早於「理學」，最早見於《禮記‧大學》中：「如切如磋者，道學也。」漢‧王充《論衡‧量知篇》云：「人無道學，仕宦朝廷，其不能格致也，猶喪人服粗，不能招吉也。」此二則之「道學」，皆指學問而言。至晉時，許穆之《孔門三子‧子思子》云：「優道學之失傳而作也。」此乃以道學指儒學，亦即孔、孟之學說。北宋時，見於文獻中的「道學」，當以張載〈答范巽之書〉為最早，其載：「朝廷以道學、政術為二事，此正自古之可優者。」❺其後，程頤自稱其與程顥的學說為「道學」，其云：「自予兄弟倡明道學，世方驚疑。」❻南宋朱熹贊二程之學時說：「夫以二先生倡明道學於孔、孟既沒千載不傳之後，可謂盛矣。」❼即以二

不過漢學、宋學兩家互為勝負。」此乃將宋學與漢學，視為經學之兩派。其後，方東樹著有《漢學商兌》，江藩著有《國朝漢學師承記》《國朝宋學淵源記》，另阮元《國史儒林傳‧序》，都承此說。

❹　中國以前並無此名，西方學者在研究宋明心性之學時，習於稱為「新儒學」；民國以來，學者順西人之習慣亦常沿用之，如馮友蘭、陳寅恪、牟宗三等人皆於其論著中使用「新儒學」之稱。究其意，大抵乃指自宋代開始出現的、有別於先秦原儒、漢唐經儒的新形態之儒學。然宋明儒者「不以為其所講者是『新儒學』，彼等以為其所講者皆是聖人原有之義，皆是聖教本有之舊。」（牟宗三著，《心體與性體》，台北：正中書局，民國85年1版10刷，第一冊，頁11。）

❺　宋‧張載撰，《張載集‧答范巽之書》（北京：中華書局，1978年1版1刷），頁349。

❻　宋‧程顥、程頤撰，《河南程氏文集》載《二程集》（台北：里仁書局，民國71年1版1刷），卷11〈祭李端伯文〉，頁643。

❼　宋‧朱熹撰，《朱文公文集‧程氏遺書後序》（商務印書館四部叢刊初編縮本，民國68年），卷75，頁1387。

程道學與孔、孟的儒家學說道統相接。而元代編《宋史》時，於〈儒林傳〉外另立〈道學傳〉，稱周敦頤（1017-1073）、邵雍（1011-1077）、張載（1020-1077）、程顥（1032-1085）、程頤（1033-1107）、朱熹（1130-1200）及其門徒之學爲「道學」。可見，在宋元時，「道學」乃指以程、朱爲代表的儒學。

「理學」之名，最早見於南宋嘉定十三年（1220）吏部考功郎中樓觀復議曰：

> 理學之說，隱然於唐虞三代之躬行，開端於孔門洙泗之設教，推廣於子思、孟軻之講明；駁雜於漢唐諸儒之議論，而復恢於我宋濂溪先生周公敦頤。一濬其源而洗之，混混益昌於今，傲諸百世無疑也。❽

樓觀復以理學繼儒家道統，並以周敦頤爲理學之宗祖。此外，朱熹曾說「理學最難」❾，陸九淵（1139-1192）也說「惟本朝理學，遠過漢唐」❿，黃震（1213-1280）說「自本朝講明理學，脫出詁訓」⓫。以上這些說法，皆以理學爲義理之學，而有別於漢唐辭章考據訓詁之學。入明以後，理學成爲專指宋代以來所形成的學術體系之概念，

---

❽　載於宋·周敦頤撰，《周子全書》（台北：台灣商務印書館，民國67年），卷21，頁405。

❾　宋·朱熹撰，《朱子語類》（北京：中華書局，1986年1版1刷），卷62，第1485頁。

❿　宋·陸九淵撰，《象山全集》（中華書局，四部備要，子部，民國54年），卷1〈與李省幹〉，頁14。

⓫　宋·黃震撰，《黃氏日鈔》卷2〈讀論語〉（景印文淵閣四庫全書，台灣商務印書館發行，民國75年）第707冊，子部十三，儒家類，頁1。

包括周（敦頤）、張（載）、二程（顥、頤）、朱（熹）爲主的道學，也
包括以陸九淵等人爲主的心學。例如，明末清初黃宗羲（1610-1695）
說「有明文章事功，皆不及前代，獨於理學，前代之所不及也。」⑫
其所說的理學就是包括了以程朱爲主的「理學」，也包括了以陸王
爲主的「心學」，而這個用法一直延續至今。

　　總之，「理學」之名始於南宋，而通行於明代，成爲宋元明居
主導地位的學術體系。理學所討論的主要內涵隨著不同時期、不同
流派，而有所不同；然主要是以「四書」（即《論語》《孟子》《大學》
《中庸》）爲其討論的主要根據。大體上，理學討論的內涵有理氣、
心性、格物、致知、主敬、主靜、涵養、知行、已發未發、道心人
心、天理人慾、天命之性、氣質之性等；總括而言，理學討論的主
要是以「性與天道」爲中心的哲學問題。性，主要指人性、心性；
天道，即理或天理。此外，理學也講究道德實踐之修養工夫，如存
心養氣、涵養察識、即物窮理、致良知、盡心成性、以心著性，凡
此等等，全皆指點世人道德實踐進路的問題，也就是工夫的問題。

　　理學的學術體系中主要有二大流派，一派是以北宋二程的「洛
學」爲主幹，至南宋朱熹發展到高峰，歷經元、明皆維持很大的影
響；由於二程與朱熹皆以「理」爲最高範疇，故乃以「理學」指稱
他們的思想體系。另一派是以南宋陸九淵及明代王陽明（1472-1529）
爲主，於明代中期以後居學術主導地位；由於陸、王以「心」爲最
高範疇的思想體系，故乃以「心學」指稱其思想體系。因此，廣義

---

⑫　清·黃宗羲撰，《明儒學案》（台北：里仁書局，民國76年1版），〈發凡〉，
　　頁17。

的理學包括程朱的理學與陸王的心學；其中，朱熹和陸九淵在學說上因差異而時有訾議與爭辯。朱熹主張「道問學」、「性即理」，以居敬、格物、窮理、致知爲工夫修養的方法；而陸九淵主張「尊德性」、「心即理」，以存養本心、志乎其大、明辨義利爲工夫修養的方法。朱、陸二人在學說上雖有如上的重要分歧，不過，由於他們的互相爭辯、批評對方理論的弱點，反而促使理學內涵進一步的發展，如朱熹上承北宋理學之緒，並發揚了二程學說，貢獻甚大；而陸九淵則下開明代理學之流，對陳獻章（1428-1500）、王陽明的心學理論影響甚大。所以，誠如黃宗羲所給朱、陸二人的批評：「二先生同植綱常、同扶名教、同宗孔孟、即使意見終於不合，亦不過仁者見仁、知者見知……原無有背於聖人。」⑬黃氏此說，最爲允當。

(二)講學風氣的開展

1.私人講學活動溯源

中國私人講學活動盛行於宋代以後，然溯源之，最早可以追溯至春秋時期孔子留傳下來的「洙泗遺風」⑭。據《史記·孔子世家》載：

---

⑬ 清·黃宗羲撰，全祖望輯補，《宋元學案》（台北：河洛圖書出版社，民國64年1版1刷），卷58〈象山學案〉引語，頁7。

⑭ 「洙泗」原指洙、泗二水，古時二水自今山東泗水縣北合流西下，至曲阜北，又分爲二水，洙水在北，泗水在南。春秋時爲魯國之地。孔子居於洙、泗之間，教授弟子。如《禮·檀弓·上》：「吾與女事夫子於洙泗之間。」後人乃以洙泗作爲儒家之代稱。

孔子以詩書禮樂教，弟子蓋三千焉，身通六藝者，七十有二人。**⑮**

春秋時期，孔子於庠序之外，自招生徒，傳授學業，開始了私人講學活動。當時成千的學生不遠千里地來聽孔子講學，而孔子沒有使用任何特殊的教學方法，他的講學也沒有特別的組織形式、管理制度，一切來去自由，整個講學活動的中心，就是這位大師的言行。大體言之，先秦時代的講學活動，乃起因於時代的動亂，原本安定社會之禮樂制度崩壞，而諸子百家面對「周文疲弊」**⑯**這一時代課題，乃紛紛提出一解決之道。他們藉著私人講學的方式，除了闡述其學術理念，更藉此學術理念的宣揚，解決「周文疲弊」所帶來的種種社會問題，重新塑造社會風氣。

到了漢代，儒術既尊，官學遂盛，當時的太學，生徒由數千人，至二三萬人皆有。而且郡縣每設學官，學生常數百千人，往往不足以厭學子所需，而且名額備受限制，未能廣庇天下有心問學者。其次，急於闡揚群經微言大義而經世致用的學者，乃於官學之外，模仿孔子從事私人講學，如《漢書·儒林傳》所載：

---

⑮ 瀧川龜太郎撰，《史記會著考證》（台北：萬卷樓圖書有限公司，民國82年1版1刷），卷47，頁760。

⑯ 牟宗三：「周文在周朝時燦然完備，所以孔子說"郁郁乎文哉，吾從周"。可是周文發展到春秋時代，漸漸的失效。這套西周三百年的典章制度，這套禮樂，到春秋的時候就出問題了，所以我叫它"周文疲弊"。諸子的思想出現，就是為了對付這個問題。」（載《中國哲學十九講》，台北：學生書局，民國86年1版1刷，頁61。）

> 申公，魯人也。……歸魯退居家教，終身不出門。……弟子
> 自遠方至受業者千餘人，申公獨以詩經為訓故以教。❶
> 胡母生，字子都，治公羊春秋，為景帝博士。……年老，歸
> 教於齊，齊之言春秋者宗事之。❸

至西漢末，王莽篡政，時局動盪，士風敗壞，學者乃紛紛退避山林，隱德不仕，以講學爲業，受業生徒，往往逾數百人。如：

> 昔王莽、更始之際，天下散亂，禮樂分崩，典文殘落……四
> 方學者多懷協圖書，遁逃林藪。❶
> 洼丹字子玉，南陽育陽人也。世傳孟氏易。王莽時，嘗避世
> 教授，專志不仕，徒眾數百人。❷

東漢光武以後，私人講學活動益盛，據《後漢書·儒林列傳》所載：

> 自光武中年以後，干戈稍戢，專事經學，自是其風世篤焉。
> 其服儒衣，稱先王，遊庠序，聚橫塾者，蓋布之於邦域矣。
> 若乃經生所處，不遠萬里之路，精廬暫建，贏糧動有千百，
> 其耆名高義開門受徒者，編牒不下萬人，皆相傳祖，莫或訛
> 雜。❷

---

❶ 漢·班固撰，《漢書·儒林傳》（台北：鼎文書局，民國72年5版），卷88，頁3608。

❸ 同前註，頁3615-3616。

❶ 南朝宋·范曄撰，《後漢書·儒林列傳》（台北：鼎文書局，民國70年4版），卷79上，頁2545。

❷ 同前註，頁2515。

❷ 同前註，卷79下，頁2588。

漢代帝王表彰儒術，原本是希望以經術領導政治，卻也造就了漢代經學的鼎盛；經學的鼎盛又激發私人講學風氣之盛行，由「精廬暫建，贏糧動有千百」「著名高義開門受徒者，編牒不下萬人」，可見當時私人講學風氣之盛。㉒

其次，精舍講學亦是宋代以來講學風氣的來源之一。「精舍」一詞源於《管子》，其云：

> 定心在中，耳目聰明，四肢堅固，可以為精舍。故心者，精之所舍。㉓

由於「精」具有傑出的意涵，所以「精舍」後來被用來指稱學者的私人住處；在此住宅裏，設置固定的教學講習之所，可以與學生進行私下的研討。因此，漢代經學家把自己的住處，稱為「精舍」，在此設帳講解經義，如《後漢書·包咸傳》載：

> 包咸字子良，會稽曲阿人也。少為諸生，受業長安，師事博士右師細君，習魯詩、論語。王莽末，去歸鄉里，於東海界為赤眉賊所得，遂見拘執。十餘日，咸晨夜誦經自若，賊異

㉒ 講學風氣的盛行，雖與「干戈稍戢」，禮樂得以發展有關，然典籍的得之不易，更是私人講學風氣之盛行的主因；誠如柳詒徵所云：「私家傳授之盛，古所未有也。漢人講學，必從師者以家無書籍，傳寫不易，非專家之師授之章句，無由得而成學也。後漢書雖已有賣書於肆者，疑亦祇京師有之，而僻壤遐陬，仍苦無書。以此之故，從師受業者，往往不遠千里，或傭作執苦，以助讀書之資。」（載《中國文化史》，台北：正中書局，民國50年4版，頁407-408。）

㉓ 戴望著，《管子校證》（台北：世界書局，民國58年1版1刷），卷16〈內業〉，頁270。

　　而遣之，因住東海，立精舍教授。㉔

又《後漢書·劉淑傳》載：

　　淑少學明五經，遂隱居，立精舍講授，諸生常數百人。州郡
　　禮請，王府連辟，並不就。㉕

另外又有「精廬」「講堂」等名稱，然名稱雖異，而皆是指儒士所
設，以為講學之所。迨乎魏晉六朝，僧侶佛徒亦取精舍聚徒講學之
習，襲用漢儒精舍之名，以稱其講經傳道之所。如南朝梁·釋慧皎
《高僧傳》載：

　　帛遠字法祖，本姓萬氏，河南人……於長安造築精舍，以講
　　習為業，白黑宗稟幾且千人。㉖

可見，佛徒之「精舍」與漢儒之「精舍」，在基本上並無差異，即
名稱上相互沿用而已，並非有儒釋之別也。因此宋·王觀國《學林》
即曰：

　　精舍本為儒士設，至晉孝武帝立精舍以居沙門，亦謂之精舍，
　　非有儒釋之別也。㉗

㉔　南朝宋·范曄撰，《後漢書·儒林列傳》（台北：鼎文書局，民國70年4版），
　　卷79下，頁2570。
㉕　南朝宋·范曄撰，《後漢書·劉淑傳》（同上註），卷67，頁2190。
㉖　南朝梁·釋慧皎撰，《高僧傳》（北京：中華書局，1997年1版3刷），卷1
　　〈晉長安帛遠〉，頁26。
㉗　宋·王觀國撰，《學林》卷7〈精舍〉（景印文淵閣四庫全書，台灣商務印
　　書館發行，民國75年）第851冊，子部十，雜家類二，頁185。

　　隋唐以降，佛法昌盛，佛徒多依名山勝景建立寺院，勤修佛法，於是「精舍」遂爲佛徒廣爲應用，且多半用來指歷練、修養精神之所。而禪宗在中唐之後興起，影響頗爲深遠，「精舍」更被廣爲使用，而且有的精舍是指用以收藏經籍之所。當時的學者讀書於精舍寺院，其動機固因嚮往佛教經義，另外也是因爲主持僧侶的精湛學問與高尙素養。因此，精舍和高深的學問與師徒間的研討問學便也連繫起來了。因爲唐代寺院、僧徒眾多，爲管理之便，百丈懷海禪師乃擬訂清規，爲禪宗訂立管理制度，即後世所稱之「百丈清規」❷，窺探其內容，可知當時禪林制度有嚴密的組織系統，及多類型的講學制度❷。此嚴密組織與講學制度，乃對宋代以來書院講學之「規約」頗具啓示；另外，南宋·朱熹重修白鹿洞書院時，於〈白鹿洞牒〉中云：

> 因復慨念廬山一帶老佛之居，以百十計，其廢壞無不興葺。至於儒生舊館，只此一處，既是前朝名賢古跡，又蒙太宗皇帝給

---

❷　百丈懷海禪師於八世紀所訂之「百丈清規」，今已不存，然依後人編修之《敕修百丈清規》，仍可探知其內容。

❷　據《敕修百丈清規》卷四，兩序章第六所載：選一齒德俱尊者爲住持，主持全寺，其下設東、西二序，以分其職。東序掌庶務，西序司教務，其下則各有所司。
據王鳳喈《中國敎育史》所載：其講學制度分爲五類，分期舉行。一曰講經，多於結夏節（四月十五日）舉行。二曰小參、晚參。參乃聚家開示，益於悟道。小參於平居隨時開講，晚參則於夜間舉行。三曰普說，乃普通討論之集會。四曰普茶，於月之十四及三十日舉行，屬茶會性質。五曰請益，乃學者向長老問道請益之時。（台北：台灣國立編譯館，民國43年3版，頁140-141）

　　　　賜經書，所以教養一方之士，德意甚美，而一廢累年，不復振
　　　　起。吾道之衰，既可悼懼，而太宗皇帝敦化育材之意，亦不著
　　　　於此邦，以傳於後世，尤長民之吏所不得不任其責者。❸⓿

此種老佛「廢壞無不興葺」而「儒生舊館」卻「一廢累年」的「對
比心理」❸①，乃朱子所大爲感嘆者，也正是禪林精舍對宋代以來書院
講學活動的啓發之一。

　　最後，山林讀書風氣亦是中國私人講學活動的來源之一。因爲
中國古代社會常有士人隱居山林，以清高自許，以讀書爲業，以講
學爲功❸②，久而從遊者日眾，朝廷乃高其義，而紆貴降尊，三顧草廬，
委以重任；遂使原本無心於仕途的讀書人，意外獲得功名，亦是私
人講學活動之來源。如《舊唐書》載：

　　　　陽城字沆宗，……隱於中條山，遠近慕其德行，多從之學。❸③

又《十國春秋》載：

---

❸⓿　南宋·朱熹撰，《朱文公文集》（商務印書館四部叢刊初編縮本，民國68
　　年），卷99〈白鹿洞牒〉，頁1766。

❸①　孫彥民著，《宋代書院制度之研究》（台北：政治大學教育研究所教育研
　　究叢書乙種，民國52年1版1刷），頁14。

❸②　士人讀書講學於山林之中，早於漢代已有，如《冊府元龜》卷598載：「劉
　　焉居陽城山，積年教授。」「摯恂以儒術教授，隱千南山，不應徵聘，名
　　重關西。」（景印文淵閣四庫全書，台灣商務印書館發行，民國75年，第
　　912冊，子部，類書類，頁25。）

❸③　五代後晉·劉昫等撰，《舊唐書》（台北：鼎文書局，民國68年1版1刷），
　　卷192〈陽城傳〉，頁5133。

陳貺，閩人，性澹漠，孤貧力學，積書至數千卷，隱廬山幾
四十年……元宗聞其名，以幣帛往徵。❸

此種山林讀書講學而獲功名之風氣一開，「放利之徒，假隱自名，
以詭祿仕，肩相摩於道，至號終南嵩少爲仕塗捷徑，高尙之節喪焉。」
❸天下群起效尤，矯揉造作，實非真隱高尙之士。然而士人群集名山
叢林讀書講學，實爲後世私人講學之根源。

2.宋代講學風氣的開展

私人講學活動雖濫觴於春秋時期的孔子，然而講學風氣的開展
與繁盛，則有待於入宋以來，士風的轉變、官學的敗壞、以及學禁
的回響等因素使然。首先，就士風的轉變而言，宋初在經歷了唐末
五代以來長期混亂局面，倫理綱常遭到嚴重破壞，尤其是君臣之綱，
誠如《新五代史》中所載：

> 以仁義忠信爲學，享人之祿、任人之國者，不顧其存亡，皆
> 怡然以苟生爲得， 非徒不知愧，而反以其得爲榮者，可勝數
> 哉。❸

馮道即爲其中典型代表，晚年寫了一篇〈長樂老自序〉，歷數自己

---

❸ 清·吳任臣撰，《十國春秋》（北京：中華書局，1983年1版1刷），卷29
〈南唐十五·列傳〉，頁419。

❸ 宋·宋祁、歐陽修撰，《新唐書》（台北：鼎文書局，民國68年1版1刷），
卷196〈隱逸傳〉，頁5594。

❸ 宋·歐陽修撰，《新五代史》（台北：鼎文書局，民國69年1版1刷），卷
33〈死事傳·序〉，頁356。

所得階勛官爵以爲榮。馮道之例，正可說明當時士大夫寡廉恥、毫
無君臣之綱的情形。所以，宋王朝初建，士大夫爲謀求長治久安，
便將恢復倫常綱常、重整社會秩序等，視爲首要工作，以爲「天下
國家所以長久安寧，惟賴朝廷三綱五常之教，建立修明於上。然後
守藩述職之臣，有以稟承宣布於下，……以一介書生置諸數千里軍
民之上」❸，雖然宋太祖統一全國後，提倡「文治主義」和讀書運動，
一方面是貫徹他「偃武修文」的文教政策，一方面則是力圖恢復社
會倫理秩序。然而，國之初建沒有充足的實力興辦官學，幸有賴宋
初士風轉變，讀書人自覺透過講學活動以重整倫理綱常的重要，於
是地方上私人講學風氣盛行。如宋初孫復（992-1057）認爲「文者道
之用也，道者教之本也」❸，以維護儒家的道統視爲教育的根本任務；
而其所謂的道統就是唐堯、虞舜、夏禹、商湯、文武、周公、孔子、
孟子等所傳遞下來的倫理綱常；因此，孫復應石介（1005-1045）之請
於景祐二年（1035）至慶曆二年（1042），前後約八年時間，講學於泰
山，以發揚孔孟之道爲己任，「於泰山之陽起學舍，齋堂，聚先聖
之書滿屋，與群弟子而居之。」❸所謂「講學而明，則德之必修矣，
聞義之必能徙矣，不善之必能改矣。行一物而三善皆得者，其惟講
學乎。」❹因此，呂祖謙於〈白鹿洞書院記〉中述及宋初文風時說：

---

❸　清·張伯行撰，《續近思錄》（台北：世界書局，民國63年2版1刷），卷8
　　載朱子語，頁154-155。

❸　宋·孫復撰，《孫明復小集·答張洞書》（景印文淵閣四庫全書，台灣商
　　務印書館發行，民國75年）第1090冊，集部二十九，別集類，頁31。

❸　宋·石介撰，《徂徠集》卷19〈泰山書院記〉（景印文淵閣四庫全書，台
　　灣商務印書館發行，民國75年）第1090冊，集部二十九，別集類，頁6。

❹　宋·林之奇撰，《拙齋文集》卷8〈上何憲書〉（景印文淵閣四庫全書，台
　　灣商務印書館發行，民國75年）第1140冊，集部七十九，別集類，頁7。

> 國初斯民新脫五季鋒鏑之阨，學者尚寡，海內向平，文風起，
> 儒生往往依山林，即間曠以講授，大師多至數十百人。**㊶**

另外，北宋・陳傅良〈潭州重修嶽麓書院記〉也提到：

> 五六十載之間，教化大洽。學者皆振振雅馴，行藝修好，庶
> 幾於古。當是時，州縣猶未盡立學，所謂十九教授未有顯者，
> 而四書院之名獨聞天下。上方崇長褒異之者甚至，則其成就
> 之效博矣！**㊷**

又如朱熹於〈衡州石鼓書院記〉所云：

> 予惟前代庠序之教不修，士病無所於學，往往相與擇勝地，
> 立精舍，以為群居講習之所，而為政者乃或就而褒表之。**㊸**

由此可見，宋初士人鑒於五代士風之敗壞、社會風氣之混亂，再度
體認到傳統儒家之倫理綱常的重要，也自覺到品德修養的必要，因
此在建國之初朝廷無力興學的狀況下，諸多有志之士，莫不急於講
學，倡明聖賢之德，拯社會之弊，企圖以一己之力量重整社會秩序；
因此，積極構屋立舍，以爲群居講學之所。而如此士風的改變，無

㊶　宋・呂祖謙撰，《東萊集》卷6〈白鹿洞書院記〉（景印文淵閣四庫全書，
　　台灣商務印書館發行，民國75年）第1150冊，集部八十九，別集類，頁54。

㊷　宋・陳傅良撰，《止齋集》卷39〈潭州重修嶽麓書院記〉（景印文淵閣四
　　庫全書，台灣商務印書館發行，民國75年）第1150冊，集部八十九，別集
　　類，頁807。

㊸　宋・朱熹撰，《朱文公文集》（商務印書館四部叢刊初編縮本，民國68年），
　　卷79〈衡州石鼓書院記〉，頁1451。

形中也造就宋初學風，使得入宋以來，私人講學活動較之前代更形活躍。

其次，再就官學的敗壞而言。南宋時期，為私人講學風氣最盛之時。宋室南渡之初，以「軍食未暇，國家削弱」為由，不興官學。直至紹興和議以後，才增修臨安府學為太學；爾後，各地方州、縣之學才相繼興辦。但大抵上都只是徒具形式，有名無實，如《續文獻通考》中載宋代虞儔所云：

> 竊怪夫近來州郡之學，往往多就廢壞。士子游學，非圖哺啜以給朝夕，則假衣冠以誑流俗。而鄉里之自好者，過其門而不入。為教授者，則自以為冷官，而不事事。自一郡觀之，若未甚害也。舉天下皆然，則實關事體矣。❹❹

虞儔所言，大抵是州郡之學荒廢的情形；其實，中央的太學，荒廢情形也是如此，誠如朱熹所批評的：

> 所謂太學者，但為聲利之場，而掌其教事者不過取其善為科舉之文，而嘗得雋於場屋者耳。士之有志於義理者，既無所求於學，其奔趨輻湊而來者，不過為解額之濫，舍選之私而已。師生相視漠然如行路之人，間相與言，亦未嘗開之以德行道藝之實。而月書季考者，又祗以促其嗜利苟得，冒昧無恥之心，殊非國家之所以立學教人之本意也。❹❺

---

❹❹ 明·王圻撰，《續文獻通考》卷50（景印文淵閣四庫全書，台灣商務印書館發行，民國75年）第627冊，史部385，政書類，頁1。

❹❺ 宋·朱熹撰，《朱文公文集》（商務印書館四部叢刊初編縮本，民國68年），卷69〈學校貢舉私議〉，頁1277。

可見當時的官學徒具虛名，風氣敗壞，成為科舉的附庸；掌教者以
科舉之文而教，從學者為科舉干祿而學，然於人格的培養、道德的
涵養則不予重視，結果是「人材日衰，風俗日薄」❻。因此，有識之
士本著傳統儒學「立學教人」的精神，於官學之外自辦私人講學，
以使「洙泗之風一回於萬古」❼，如宋代袁燮（1144-1224）所云：

> 古者學校既設，復有澤官。今長沙之岳麓、衡陽之石鼓、武
> 夷之精舍、星渚之白鹿，群居麗澤，服膺古訓，皆足以佐學
> 校之不及。……儒者相與講習，有志於斯，以養其心，立其
> 身，而宏大其器業，斯館（指東湖書院）之作，固有望於斯，
> 豈非急務哉！❽

又如朱熹所云：

> 熹竊觀古昔聖賢所以教人為學之意，莫非使之講明義理，以
> 修其身，然後推以及人，非徒欲其務記覽、為詞章，以釣聲
> 名取利祿而已也。❾

可見，「講明義理，以修其身」「非務欲其取利祿」乃朱熹講學之
理想。總之，南宋儒者為了「佐學校之不及」，乃積極發展私人講

---

❻ 同前註，頁1273。
❼ 宋·胡宏撰，《五峰集》卷3〈碧泉書院上梁文〉（景印文淵閣四庫全書，
台灣商務印書館發行，民國75年）第1137冊，集部七十六，別集類，頁62。
❽ 宋·袁燮撰，《絜齋集》卷10〈東湖書院記〉（景印文淵閣四庫全書，台
灣商務印書館發行，民國75年）第1157冊，集部九十六，別集類，頁121-122。
❾ 宋·朱熹撰，《朱文公文集》（商務印書館四部叢刊初編縮本，民國68年），
卷74〈白鹿洞書院揭示〉，頁1372。

學，希冀在官學敗壞之際，尚能進行義理教育、道德修身，以恢復儒家教育傳統與道德理想，培養「傳道濟民」的人才。❺⓿

其三，則是學禁的回響。理學興盛以來，名師碩儒每依書院講學，彼此以名節相砥礪，不附會權奸，阿諛宵小，形成當時社會上一股龐大力量。理學家這種守死善道、擇善固執的精神，有時為實現理想，甚至不惜一觸人主之逆鱗；如果當這些理學家的主張，與當權者大相逕庭時，即成為當權者急於剷除者，故不免遭到禁錮的厄運。南宋時期曾有多次對理學的發展進行學禁，尤以宋寧宗慶元元年（1195），至嘉泰二年（1202）間之學禁最嚴，甚至有「偽學」之稱❺❶。但理學家們卻一本講學之初衷，講學不輟，為闡發其學術理念而奮鬥不懈。如：

> 林學蒙字正卿……初從朱子游，後卒業於黃勉齋。偽學禁起，

---

❺⓿ 儘管南宋後期，理學逐漸成為官方哲學，且又成為官學教育和科舉考試的主要內容。與此同時的私人講學，尤其是書院講學，雖然也與科舉考試有了密切關係，但多數的理學家仍保持自己的講學宗旨，仍要求學子以德業為學習的首要目標。

書院講學與科舉的密切關係，如明嘉靖初，建於浙江的萬松書院，以收取未能通過科舉的士子為主，並給予廩餼。（《王陽明文集》卷一〈萬松書院記〉，台北：宏業出版社，民國72年1版1刷，頁21。）又如河南篤志書院，挑選生員肆習其中，並由太守親自考課，因此而錄取科舉的學子甚多。（呂柟撰，《呂涇野先生文集》卷18〈新建篤志書院記〉，中央圖書館藏善本書，頁38。）

❺❶ 明・陳邦瞻撰，《宋史紀事本末》卷80〈道學崇黜〉載：「……以道學目之則有何罪，當名曰偽學，由是有偽學之目。」（台北：鼎文書局，民國67年1版1刷，頁872-873。）

築室龍門庵下,講明性命之旨。❷

周謨字舜弼……朱子歿,僞禁且嚴,先生徒步會葬,並於康
廬間發鄉人受業者率其徒講學,迭爲季集,彼此規正,綿歷
歲月,不少怠。❸

由於理學的禁錮,更爲激發儒者的自覺,矢志講學,以爲唯有闡明
聖學,造就人才,方能提升政治道德而免於奸小之迫害。正因爲有
此自覺,有志之理學家紛紛透過私人講學活動,致力於學術教育的
紮根工作,也因此造就私人講學風氣之盛行。

(三)理學家於書院講學

中國古代學術思想的發展,往往與教育組織、講學活動聯繫在
一起,如先秦諸子學說和私人講學、兩漢的經學與精舍處所及絳帳
講學❹、魏晉玄學與清談講學、隋唐佛學與寺院講經等等。可知,學
術思想的發展有賴於教育組織、講學活動而得以深入研究與廣泛流
傳,進而藉由講學的組織形成學派之根基。宋代以來,理學思想的
發展亦是如此。誠如劉伯驥先生所云:

---

❷ 清·李清馥撰,《閩中理學淵源考》卷17〈山長林正卿先生學蒙〉(景印
文淵閣四庫全書,台灣商務印書館發行,民國75年)第460冊,史部七,傳
記類三,頁281。

❸ 清·黃宗羲撰,全祖望輯補,《宋元學案》(台北:河洛圖書出版社,民
國64年1版1刷),卷69〈滄州諸儒學案〉上,頁60。

❹ 絳帳指紅色帳帷,據《後漢書》卷六十〈馬融傳〉載:後漢馬融常坐高堂,
施絳紗帳,前授生徒,後列女樂。後乃用絳帳作爲師長或講座的代稱。

考宋、明理學所以特別發達，一方面固然因為它本身價值有擴大的可能性，而一方面還因為它有宣揚的憑借之所，足以養成風氣。因此在清以前，書院之升降與理學之升降互為因果。❺❺

較早使用書院之名的是唐代官府❺❻，始於唐玄宗開元間，在京都創建的「麗正殿書院」、「集賢殿書院」，因為設置較早，所以後來的不少學者認為這是中國書院的開始。但大多數學者又清楚地說明麗正殿書院、集賢殿書院尚非教育組織形式和教學機構，不具備通常意義上的書院教育的性質。例如，清代袁枚在《隨園隨筆》中明確指出：

> 書院之名，起於唐玄宗時，麗正書院、集賢書院皆建於朝省，為修書之地，士子肄業之所也。❺❼

---

❺❺ 劉伯驥著，《廣東書院制度》（台北：中華叢書編審委員會，民國67年2版），頁8。

❺❻ 李國鈞主編《中國書院史》云：「書院之名始於唐，這是學人共同承認的。從中國教育史的角度探討書院的起源，主要是要探明具有講學性質的書院起於何時。而恰巧在這個關鍵問題上，見解不盡一致。有的強調書院私人聚徒講學的特點，將書院的起源上溯於漢代的"精舍"、"精廬"，從而忽視了書院以聚書講學為其基本特色；有的強調書院教育規模大小、經常化和制度的完善程度及其穩定性，將書院的起源推延至北宋初年，從而忽視了書院教育也同其他任何事物一樣，有一個從無到有、從萌芽到成熟、從雛型到定型的發展過程。」（湖南：湖南教育出版社，1994年1版1刷），頁1-2。

❺❼ 麗正、集賢書院之職掌，據《舊唐書・職官地》載：「集賢學士之職掌，

所以可知，麗正殿、集賢書院之設，只是書院名稱的始用，而非具有講學性質書院的起始。迨兩宋時期書院的興起，提供一最佳的講學場所，並標示著中國私人講學進入制度化的階段，這主要體現在幾個方面：

第一、書院作爲一種獨立的教育機構，有專門的教育設施。如岳麓書院初設時，即有「講堂五間，齋序五十二間」。可見，此時的書院設施完善，不同於傳統沒有專門教學設施的私人講學，並且爲傳統私人講學之個別性，發展到集體性創造了有力的條件。

第二、書院包含讀書、講學、藏書、刻書、祭祀等五個主要功能。

第三、書院內部設置有負責教學與行政管理等完密的組織系統。大抵如下❺❽：

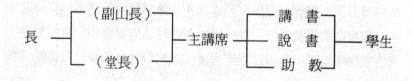

刊緝古今之經籍，以辨明邦國之大典。凡天下圖書之遺逸，賢才之隱滯，則承旨而征求焉。其有籌策之可施於時，著述之可行於代者，較其才藝而考其學術而申表之。凡承旨撰集文章，校理經籍，月終則進課於內，歲終則考最於外。」

❺❽ 吳萬居著，《宋代書院與宋代學術之關係》（台北：文史哲出版社，民國80年1版1刷），頁37。

山長又稱洞主，總掌全書院之教學與行政管理；副山長則爲山長之
副貳，輔助山長掌理院務；堂長則紀綱眾事，管理學生；至於講書、
說書、助教等，均以教學爲主⑲。

　　第四、書院擁有專門的經費。這些經費或地方政府撥款，或私
　　　　　人捐贈，從而使得講學活動能於無財源之憂的情況下，
　　　　　順利發展。

這麼完善的教育設備、細密的組織系統、以及充裕的經費來源等等，
凡此皆爲講學活動提供了有利的條件，因此入宋以來，書院便成爲
最佳的講學場所，「使四方來學之士，得以傳道、授業、解惑」⑳
於其間。細究宋明理學家於書院講學，其動機大抵有二：一是推闡
學術理念；二是強調師承與學術源流。

1.推闡學術理念

　　理學所以不同於漢唐儒學，乃在於它吸收、融納了佛、道思想
及修養方法；因此，理學家們建構一套精深的理論體系，又發展出
可具體實踐的修養工夫，從而構成一個理論與實踐相配合的整體。
當書院講學組織與設備日趨完善後，他們自然地更樂於以書院爲基

---

⑲　關於書院的組織，可參見孫彥民《宋代書院制度之研究》（台北：政治大
　　學教育研究所教育叢書乙種），第四章。及陳繼新《從教育觀點析論宋代
　　書院制度》（學記三期）
⑳　宋·朱熹撰，《朱文公文集》卷100〈潭州委教授措置嶽麓書院牒〉載：「契
　　戡本州州學之外，復置嶽麓書院，本爲有志之志不遠千里求師取友至於是
　　邦者，無所棲泊，以爲優游肄業之地，故前帥樞密忠肅劉公，特因舊基復
　　創新館，延請故本司侍講張公先生來其間，使四方來學之士，得以傳道、
　　授業、解惑焉。」（商務印書館四部叢刊初編縮本，民國68年），頁1785。

地推闡其學術理念，並利用講學上的一些技巧、方法，具體地讓學
子們貫徹其學術理念。例如，「道」乃理學家們最重要的學術理念、
最根本的學術宗旨，所以理學家們於書院講學時，都聲明乃為了「明
道」，如宋代袁甫〈象山書院記〉即云：

> 甫竊嘆世降俗敝，學失師傳。梏章句者自謂質實，溺空虛者
> 自詭高明，二者交病而道愈晦。書院之建，為明道也。⑥

又如黃榦（1152-1221）〈竹林精舍祠堂〉云：

> 祀事畢，俾榦（黃榦）講明先師教人之意。愚不肖何足以當
> 此重。念廢學日久，政有望於講學之益。故敢僭言之。竊謂
> 先師之道，本諸無極二五流行發育之妙，具諸天理人心。常
> 行日用之間，存之則為聖為賢，去之則為下愚為不肖。……
> 適我先師剖晰毫釐，窮極幽渺，推時演繹，炳如日星，為學
> 者慮，至深切也。⑥

可見，理學家們反對漢唐儒者拘泥於經典的箋注訓詁，「蓋講學家
之談經，類以訓詁為末務也」⑥，而著力於道德義理的精研、與心性
修養的實踐，以為不能究此二項者，即不能「明道」。而所謂「書

---

⑥ 宋·袁甫撰，《蒙齋集》卷13〈象山書院記〉（景印文淵閣四庫全書，台
灣商務印書館發行，民國75年）第1175冊，集部114，別集類，頁11。

⑥ 宋·黃榦撰，《勉齋集》卷1〈竹林精舍祠堂〉（景印文淵閣四庫全書，台
灣商務印書館發行，民國75年）第1168冊，集部107，別集類，頁13。

⑥ 《四庫全書總目·禮記惜陰錄提要》（北京：中華書局，1995年1版6刷），
卷24，經部，禮類存目二（禮記），頁196。

院之建，爲明道也」更可看出理學家們乃欲以書院講學爲振興道學、講明道學之基地。因此，南宋以來，理學家們紛紛創建書院、提倡講學，正是因爲他們需要以此爲推闡其學術理念的憑藉，並經由講學方法以貫徹之。例如，朱熹認爲理是宇宙萬物創生之根源，是宇宙社會的最高法則，主張性即理、道問學、進四書而退五經、要人人爲堯舜，並提出「格物致知，即物窮理」的學術理念，其云：

> 是以《大學》始教，必使學者即凡天下之物，莫不因其已知之理而益窮之，以求至乎其極。至於用力之久，而一旦豁然貫通焉，則眾物之表裏精粗無不到，而吾心之全體大用無不明矣。⑭

朱熹以爲心本有知，只是要致得心中之知，則必須即物而求物之理。因此，他認爲要「尊德性」就必須先從讀書博學入手，亦即博覽群書；所以，「格物致知」也是朱熹於書院講學中倡導的首要講學重點與教學方法。再如陸九淵以「心即理」爲其學術主張，因而在書院講學時，「先發明人之本心，而使之博覽」便成爲他講學的重點；〈象山年譜〉中記載了他在象山精舍講學時的學術理念：

> 先欲復本心以為主宰，既得其本心，從此涵養，使日充月明，讀書考古，不過欲明此理，盡此心耳。⑮

---

⑭ 宋・朱熹撰，《四書章句集注》〈大學章句〉之〈補格物致知傳〉（台北：長安出版社，民國80年1版1刷），頁7。

⑮ 宋・陸九淵撰：《象山全集》（中華書局，四部備要，子部，民國54年），卷36〈象山年譜〉，頁502。

陸九淵教人就是「明理」「立心」，正如與他在象山結屋從學的毛
必強所云：

> 先生之講學也，先欲復本心以為主宰，欲得其本心，從此涵
> 養，使日聰月明。讀書、考古不過欲明此理，盡此心耳。其
> （陸九淵）教人為學，端諸在此，故聞者感動。㊻

因此，陸九淵在象山精舍裏的講學，皆為闡明自己的學術理念；故
在象山精舍裏，不先建齋舍，不提供飲食，不立學規，一切講學皆
以其學術理念出發，透過精神的感化，影響學徒。再如元代吳澄
（1249-1333）之基本學術傾向是「和會朱陸」，在對待朱陸的評價上，
吳澄是取調合的態度；他既高度讚揚朱熹，也極力禮讚陸九淵。而
這種學術傾向也反應在其講學過程中，透過講學以推闡其「和會朱
陸」的學術主張。所以，吳澄的講學頗具個人特色，其云：

> 學者來此講問，每先令其主一持敬，以尊德性，然後令其讀
> 書窮理，以道問學；有數條目警省之語，又揀擇數件書，以
> 開學者格致之端。㊼

這種「先反之吾心，後求之《五經》」㊽，融合「尊德性」與「道問
學」的講學方法，顯然是吳澄學術主張之貫徹。再如明代王陽明
（1472-1529）建龍岡書院教授諸生，其講學的內容即「心與理合而為

㊻　同前註，頁502。

㊼　清‧黃宗羲撰，全祖望輯補，《宋元學案》（台北：河洛圖書出版社，民
　　國64年1版1刷），卷92〈草廬學案〉，頁9。

㊽　同前註，頁9。

一」「求理於心」「知行合一」等，一掃程朱理學教人「求理於事事物物」的學術陳見。由於王陽明的講學內容自成一家之言，一時士人感慕雲集聽講，甚至居民環聚而觀，風行海內，振動朝野。明正德四年（1509），貴州學副使席元山亦親自赴龍岡書院領教，與王陽明討論朱陸之學異同問題。席元山聞教後，遂回貴陽修建文明書院，力邀王陽明至此講學，州縣諸生則以師禮事陽明。王陽明於貴州講學的主要內容是「知行合一」，這一新學術理念受到席元山的極力推崇，使陽明「知行合一」更廣爲流傳，再於貴州掀起一股陽明學熱潮。由此可見，於龍岡書院和文明書院的講學活動，使得王陽明的學術理念得以獲得進一步的推闡與流傳。

2.強調師承與學術源流

在前文中提到書院的功能時，言及祭祀乃是其中一項。事實上，中國古代學校即有祭祀先聖、先師的傳統，如唐代州、縣學校都與孔廟相連，以祭祀先聖、先師。宋代以來，書院祭祀活動則和歷史上各種官學的祭祀活動，有著顯著的不同；因此，官學裏主要祭祀孔子，而書院裏主要的祭祀對象，則是與書院的學統、創辦有關的先師。所以，理學家講學於書院中，透過書院祭祀活動這一功能，強調其師承與學術源流，而達到推崇本學派之學術傳統與淵源。

例如，朱熹在福建創建竹林精舍，不僅帶領學子們祭祀先聖孔子，還專門建祠祭祀北宋以來的著名理學家，包括周敦頤、二程、邵雍、司馬光、羅從彥、李桐等七位理學先師。如此的安排，一方面是肯定周、程等人乃上承孔孟先儒之「道統」，確立理學的正宗地位；另一方面也是通過對羅、李的祭祀，強調本派師承與學術源

流，以標榜本學派對道統的承繼。當朱熹去世後，其弟子們又於竹
林精舍的祠堂中祭祀朱熹，如黃榦〈竹林精舍祠堂〉載：

> 嘉定丙子仲秋上丁之翌日，同舍諸賢會於先師（朱熹）之祠下，
> 祀事畢，俾榦講明先師教人之意。⑥

可見，竹林精舍已成為朱熹學派的學術基地，朱熹之學為主要的學
統，而祭祀朱熹於祠堂中，則是其弟子們具體標榜學統、推尊學派
的表現，藉以強調師承與學術源流。

再如陸九淵於江西創建象山精舍、槐堂書屋。其逝世後，弟子
們乃於精舍、書屋中專門祭祀陸九淵，袁甫（1144-1224）於〈祭陸象
山先生文〉載：

> 先生之學，得諸孟子。我之本心，光明如此。未識本心，如
> 雲翳日。既識本心，原無一物。先生立言，本末具備。不墮
> 一偏，萬物無蔽。書院肇建，躬致一奠。可見可聞，非聞非
> 見。⑦

陸門弟子們透過祭祀活動，一方面明確其「先識本心」的學術宗旨，
一方面則標榜其學術傳統。因此，在南宋寧宗嘉定年間，陸門弟子
將象山精舍遷建並改名為象山書院時，專建「三先生祠」，以祭祀
陸九淵及其大弟子楊簡（1141-1226）、袁燮三人，藉以強調其師承與

---

⑥　宋·黃榦撰，《勉齋集》卷1〈竹林精舍祠堂〉（景印文淵閣四庫全書，台
　　灣商務印書館發行，民國75年）第1168冊，集部107，別集類，頁13。
⑦　宋·袁甫撰，《蒙齋集》卷17〈祭陸象山先生文〉（景印文淵閣四庫全書，
　　台灣商務印書館發行，民國75年）第1175冊，集部114，別集類，頁6。

學術源流。

理學家除了透過祭祀活動強調師承與學術源流外，明代中後期以來，盛行的講會❼儀式和程序，亦是理學家強調師承與學術源流的管道之一。因爲講會的目的與宗旨大多是在書院主持者的學術理念之基礎上確立的，就明代而言，大部分的書院都是在前代書院舊址上重建的，其中著名的書院往往是某一學派思想之發源地，而書院的重建者或主持者大都有繼承該派學術思想、道德風範之目的；因此，在講會儀式上，該派學術思想的宗師、鼻祖往往成爲拜謁的對象，並在講會的過程中，時時講起，以強調其師承與學術源流，如此代代相傳，漸漸形成了該書院中的優勢輿論，以這些學術思想的宗師、鼻祖爲學習的典範，激勵著入會者奮發上進。在這一方面，明代的紫陽講會和東林講會十分典型，它們都崇祀朱熹，以其爲學術思想之宗師、典範；尤其東林講會中，所列詩歌之目，以楊時❼、朱熹、邵雍、程顥之作，依序而下，意味深遠。

三、講學風氣盛行對理學發展的影響

(一)增強理學發展的自主性

宋代以來，私人講學風氣更盛以往，諸子學派之師徒授受學業的關係愈形緊密；尤其南宋以後，書院制度的完善更使得書院講學

---

❼　參本文「學術論辯的舉辦」一節。
❼　二程的弟子很多，其中最有影響的是謝良佐（1050-1103）與楊時（1053-1135），楊時三傳而有朱熹。

成爲學術發展的根基；明朝中後期，以王陽明學說爲主的學術思潮之興起爲契機，書院講學之活動更爲活躍，其講學的內容和宗旨皆與官學之功令目的不同，而是在於推闡該學派的學術理念，並不以科舉功名爲志向。因此，私人講學風氣的盛行，講學家以個人名氣招收弟子講學，傳授學問，培養自己的學術傳承；使得士人不必完全依附於科舉仕途與官方機構以謀生，反而能以相對獨立的姿態專心研究學問、致力講學，推闡先師之學術理念；不僅生計問題得以解決，而且社會地位、學術聲望亦能高標於世；無形之中，也增強了學術發展的獨立性與自主性。即使是元代「官學化」的書院講學，亦不易抹殺其學術發展的自主性。

元代書院最主要的特點即爲「官學化」❼❸的問題。書院官學化的措施由元世祖開始，於元二十八年（1291）頒布詔令，規定「儒者過化之地，名賢經行之所，與好事之家出錢粟贍學者，並立爲書院」❼❹，表面開放私人講學，使由宋入元的一批不願在元政府做官的儒士，及不願到元辦官學中任教者，能建立書院自行講學；但漸漸地卻將書院的「山長」改由政府委任，使私人講學受到政府的箝制；此外，路、州、府的書院，設置「直學」以掌理錢穀❼❺。如此下來，私人講

---

❼❸ 所謂的官學，是指由政府創辦及管理的學校。在這樣的學校，管理者由政府委派，經費與教學內容都由政府提供及規定，至於教育的目的則是服從國家的需要。而所謂的官學化，則是指原本屬於私學性質的學校，逐步發生變化，在不同程度上，具有了上述的特質和屬性。

❼❹ 《元史・選舉志・學校》（台北：鼎文書局，民國69年1版1刷），頁2033。

❼❺ 明・王圻撰，《續文獻通考》，卷50，（景印文淵閣四庫全書，台灣商務印書館發行，民國75年）第627冊，史部385，政書類，頁13。

學的書院幾乎與郡縣官學沒有差別。儘管朝廷政策如此，實際情形
還是不能完全由元朝廷所掌控，據曹松葉的統計❼，元代書院由平民
私立的佔 47.52%，與宋代時的 50%差距不大，可見當時政策之滯礙
難行。所以，當時理學家於書院講學，在一定的程度上仍維持其學
術發展的自主性。如元代的劉氏義塾，因能擺脫「官府之拘牽」❼，
辦學比較自由，而深受當時理學家吳澄讚揚。

再如明代學術史上的一個重要學派——泰州學派，雖然從師承
關係和學術淵源來看，與王陽明關係頗深；但從該學派創始人王艮
（1483-1451）所提出的「淮南格物說」的學術主張，可知其與王學有
很大的不同。比起其它理學家之講學，王艮明顯地少了書卷氣，他
針對平民聽眾而採取一種易於指點的方式，主張「百姓日用即道」，
崇尚自然的工夫，再加上出身於世代灶戶的平凡家庭，更使得王艮
的講學深具平民色彩，吸引一大批社會下層民眾聽講，無形中不僅
促使泰州學派之學術發展往下紮根，更為廣泛流傳外，也使得該派
的理學發展更具獨特性與自主性。

(二)學派的創建與學術的論辯

1.學統四起

在前文第二節中，曾提及入宋以來，由於士風的轉變，深感重

---

❼ 曹松葉著，〈宋元明清書院概況〉，載《國立中山大學語言歷史週刊》第
十集，111-114期，頁4442-4491。

❼ 元·吳澄撰，《吳文正集》卷41〈儒林義塾記〉（景印文淵閣四庫全書，
台灣商務印書館發行，民國75年）第1197冊，集部一三六，別集類，頁431。

整社會倫常、恢復倫理秩序之急迫性，然在國之初建無力興辦官學
的情況下，士人們紛紛自覺地透過私人講學以貫徹其理想。因此，
早在「宋真、仁之際，儒林之草昧也。當時，濂、洛之徒方萌芽而
未出，而睢陽戚氏（同文）在宋，泰山孫氏（復）在齊，安定胡氏（瑗）
在吳，相與講明正學，自拔於塵俗之中……於是學校遍於四方，師
儒之道以立。」⑱而至宋仁宗慶曆時，更形成如《宋元學案》中所說
的「學統四起」的盛況：

> 慶曆之際，學統四起，齊魯則有士建中、劉顏夾輔泰山（孫復）
> 而興。浙東則有明州揚（適）、杜（醇）五子，永嘉之儒志（王
> 開祖）、經行（丁昌期）二子，浙西則有杭之吳存仁，皆與安
> 定（胡瑗）湖學相應。閩中又有章望之、黃晞，亦古靈（陳襄）
> 一輩人也。關中之申（顏）、侯（可）二子，實開橫渠（張載）
> 之先。蜀有宇文止止，實開范正獻公（祖禹）之先。篳路藍縷，
> 用啟山林。⑲

所以，與漢、唐間儒門冷落的情況不同，由宋至明近六百多年的儒
學發展，可說是儒門昌盛，學派林立，名儒輩出。就整個宋代而言，
於北宋熙寧變法前後，「新學」（王安石）、「濂學」（周敦頤）、「關
學」（張載）、「洛學」（程顥、程頤）、「蜀學」（蘇軾）、「涑水之
學」（司馬光）、「象數之學」（邵雍）等學派紛起，頗有先秦百家爭

---

⑱　清·黃宗羲撰，全祖望輯補，《宋元學案》（台北：河洛圖書出版社，民
　　國64年1版1刷），卷3〈高平學案〉，頁5。

⑲　同前註，卷首〈序錄〉，頁2；或卷6〈士劉諸儒學案〉，頁4。

嗚再現之勢。至南宋乾道（1165-1173）、淳熙（1174-1189）年間，又有
「閩學」、「象山心學」、「永嘉學」（葉適）、「婺學」（呂祖謙）、
「湖湘學」（張栻）等學派崛起。一個朝代出現如此眾多的學派，實
中國學術發展史中罕見之現象；而且這些學派並未因宋王朝的滅亡
而終止其在學術史上的發展與影響，它們下開元、明之學術，並有
新發展。明代著名的學派有陽明學派（王陽明）、甘泉學派（湛若水），
東林學派（顧憲成、高攀龍），蕺山學派（劉宗周）等。

　　基本上，學派的形成，主要有賴於二個主要條件：第一、獨立
的學術宗旨與自成體系的學術理論；第二、學術理念、思想主張相
近的學者群。就宋明理學的發展來說，理學家透過講學活動，形成
自己的學術思想體系，學生擇師而從，來去自由，久而久之，理學
家的講學之所便容易聚集在學術思想、甚至政治思想傾向一致的學
者群，從而使得理學家之學術思想形成獨具特色、自成體系的學術
流派。

　　以南宋而言，張栻、朱熹、陸九淵、呂祖謙乃南宋四位著名的
理學家，他們分別主持岳麓、白鹿洞、象山、麗澤四所書院，利用
書院講學的各種條件，推闡其學術宗旨、建構理論體系，並以這自
由講學的基地，傳播其學術理念，吸引及影響一批學術理念相近的
學者，從而建立了各具特色的學術派別，張栻的「湖湘學」、朱熹
的「閩學」、陸九淵的「象山學」（又稱江西學）、呂祖謙的「金華
學」（又稱婺學）。而張、朱、陸、呂四位著名的南宋理學家分別講
學於四所書院中，使「四家之徒遍天下，則又南宋之四大書院也」[80]，

---

[80]　清·全祖望撰，《鮚埼亭集·外編》卷45〈答張石癡徵士問四大書院帖子〉：

不僅擴大其學術影響力，更藉由他們卓越的講學成果，使講學之所成爲學術流派的主要基地。

　　如湖湘學派，從產生到發展，皆是以書院講學密切聯繫在一起的，是一個以書院講學爲基地而形成的學派，在南宋初年，即活躍於當時的學術界，爲南宋理學的發展做出了重要的貢獻。湖湘學派是以胡安國（1074-1138）、胡宏（1106-1161）父子、及張栻（1133-1180）等人創建的一個地域性理學學派，胡安國、胡宏父子隱居於湖南，創辦碧泉書堂，自由講學，湖湘士子紛紛從學於此，漸乃在此形成一個理學的學術基地，並得以形成一個自成體系與特色的學派。胡宏逝世後，其弟子張栻承繼師志，再創辦或主持城南書院、岳麓書院，湖湘士子聞風而動，紛紛從學於岳麓書院，而且人數更甚以往，使得發端於碧泉書院的湖湘學派，又大盛於岳麓書院。其所以能如此，主要是奠立在二個重要基礎上。首先，湖湘學者通過講學活動，形成了自成體系並獨具特色的理學思想。如胡宏在講學活動中，探討並闡述了先察識、後持養以及仁體等學術觀點，這些觀點載於其代表作《知言》中，成爲湖湘學者獨具特色的學術主張，並成爲教學時的主要依據。再如張栻的學術著作《孟子說》《論語解》等，皆是其講學時之講義，而且張栻有些學術著作，如《南軒書說》《誠齋心法》等，更是他在講學時由弟子記載下來的語錄。此外，張栻在書院講學期間，也通過與學生的論學及其它派學者的討論，形成

「故厚齋（王應麟）謂岳麓、白鹿，以張宣公（栻）、朱子（熹）而盛；而東萊（呂祖謙）之麗澤、陸氏（九淵）之象山，並起齊名。四家之徒遍天下，則又南宋之四大書院也。」（台北：華世出版社，民國66年1版1刷，頁1351。）

更多新的學術見解，使自己的學說體系更趨完整。其次，湖湘學者以碧泉、岳麓等講學之所爲基地，朝夕相處論學、研討，乃形成了一個在政治思想、學術主張比較一致的學者群體。所以，清代全祖望（1705-1755）在補輯《宋元學案》時專列〈岳麓諸儒學案〉，所謂「岳麓諸儒」就是一個以岳麓講學之所爲基地，在思想旨趣、學術觀點相投的學者群，也就是學術派別。

再如陸九淵，其在貴溪創辦「象山精舍」，推廣其學說。

> 先生常居方丈，每旦精舍鳴鼓……首誨以收斂精神，涵養德性，虛心聽講，諸生皆俛首拱聽。非徒講經，每啟發人之本心也，間舉經語爲證，音吐清響，聽者無不感動興起。初見者或欲質疑，或欲致辯，或以學自負，或有立崖岸自高者，聞誨之後，多自屈服，不敢復發。其有欲言而不能自達者，則代爲之說，宛如其所欲言，乃從而開發之。至有片言半辭可取，必獎進之，故人皆感激奮礪。⑧
>
> 韓退之言，軻氏之死不得其傳，故不敢誣後世無賢者，然直是至伊洛諸公，得千載不傳之學，但草創未爲光明，今日若不大段光明，更幹當甚事！⑧

可見，陸九淵的講學，並不在於一般教學知識而已，實際上是有著創建以自己學術宗旨爲主的學派之意圖。換言之，陸九淵正是通過象山講學而成就了其「心學」學派的創建。入明以後，王陽明自於

---

⑧ 宋·陸九淵撰，《象山全集》（中華書局，四部備要，子部，民國54年），卷36〈年譜〉，頁501。

⑧ 同前註，頁504。

貴州龍場悟道，體認到陸九淵所說的「心即理」後，乃徹底否定程朱理學「性即理」而轉向陸九淵「心學」之思想體系，並在他講學活動中推闡「心外無理，心外無事，心外無物」以及「致良知」「知行合一」等學術理念，並逐步架構出獨具特色的思想體系。由於王陽明的講學內容獨成一家之言，影響日益擴大，而且據〈年譜〉記載「先生點化同志，多得之登游山水之間也」，即使正德十三年 (1518) 濂溪書院建成，書院主要也是提供學者自修和生活場所，而王陽明的講學多在山水之間或官邸裏進行，聽者常數百人之眾；如此特殊的講學方式更深受社會各階層喜愛，容易聚集群眾聽講，而有利於陽明學派的形成。自明嘉靖以降，風靡天下，王門弟子遍於國中，根據清代黃宗羲《明儒學案》所作「人文地理」的分類，王學有浙中、江右、南中、楚中、北方、粵閩、泰州七大系統，顯示王學繼程朱理學之後，極盛一時，成為明代中後期之顯學。

綜上所述，宋明理學思想的形成、演變、推展，與理學家的講學活動緊密聯繫。理學家透過講學活動，不僅使自己的學術體系更趨完整，也吸引學術觀點相同的學者群共同論學、切磋，進一步產生「學統四起」之學派林立的盛況。

2.宗派性學風的塑造

理學家們在講學的過程中，由於有自己的學術理念與師承，因此乃各按其學術觀點來解釋經典，並於各自的書院中，進行自由講學，因而乃逐漸形成宗派性的學風。如朱熹就曾公開地說：

> 不惟不疾君子之為黨，而不憚以身為之黨；不惟不憚以身為

之黨，是又將引其君以為黨而不憚也。❽

難怪林栗在彈劾朱熹時，就說他「所至輒攜門生數十人，妄希孔孟歷聘之風」❽。在朱熹晚年其學遭禁時，監察御史沈繼祖攻擊朱熹「收召四方無行義之徒，以益其黨伍，如鬼如魅。」❽以朱子門人戴著高帽子、穿著寬衣服、繫著大帶子，形如鬼魅。這種說法，顯然帶著攻擊朱門的意圖；但卻也可以說明朱子學派異乎常人之衣著，及明顯的宗派性。而這種集團性和強烈宗派主義性質，在朱熹死後的福建朱子學者中或強或弱地流傳著。再如以王艮為主的泰州學派，廣泛深入民間，以百姓日用為題，志在使理學變成百姓喜聞樂道的世俗儒學；如出身陶匠的韓貞，由於粗識文字，故其講學「以化俗為任，隨機指點農工商賈，從之游者千餘，秋成農隙，則聚徒談學，一村既畢，又之一村，前歌後答，弦誦之聲，洋洋然也。」❽這種「以化俗為任」趁農閒聚徒講學、「前歌後答」的學風，也就成了泰州學派特有之學術風格。

以上乃就宗派性學風之外在言行及講學方式而言，若就其講學內容而觀之，亦有顯著的不同。以南宋乾淳以來之「朱學」「呂學」

---

❽ 宋・朱熹撰，《朱文公文集》（商務印書館四部叢刊初編縮本，民國68年），卷28〈與留丞相書〉，頁445。

❽ 明・宋濂撰，《宋史》（台北：鼎文書局，民國69年1版1刷），卷429，列傳第188，道學3，頁12758。

❽ 明・陳邦瞻撰，《宋史紀事本末》卷80〈道學崇黜〉（台北：鼎文書局，民國67年1版1刷，頁875。

❽ 清・黃宗羲撰，《明儒學案》（台北：里仁書局，民國76年1版），卷32〈泰州學案一〉，頁720。

「陸學」爲例，三家講學門徑不一，講學態度各異，治學的取向也各自有別。朱熹講學教人不廢傳注而崇義理，所謂：

> 經之有解，所以通經，經既通，自無事於解，借經以通乎理耳。⑧

因此，宗朱熹之學者，乃主義理而兼考證，如蔡淵之《周易經傳訓解》，胡方平之《易學啓蒙通釋》，金履祥之《尚書表注》等等皆是。呂祖謙講學教人身體力行、重實踐，主張實用，故於義理闡發之外，究心於文獻，考察禮樂兵農等制度源流；因此，崇呂祖謙之學者，大抵都能通經義而長於史學，如陳傅良之《周禮說》、《左氏章指》、《毛詩解詁》，葉適之《春秋通說》、《周易述釋》等等皆是。陸九淵講學教人以明其本心爲主，以爲「學苟知本，六經皆我註腳」⑧；所以，宗陸九淵之學者，乃皆發陸氏「復其本心」之說，如袁甫《中庸講義》、袁燮《絜齋家塾書鈔》、王宗傳《童溪易傳》等等皆是。

綜觀以上所述，可知各學派之主要學者經由講學活動，於外在言行、講學方式、及學術理念、治學方式上，從而塑造出各自不同的宗派性學風。

---

⑧ 宋・朱熹撰，《朱子語類》卷11〈讀書法〉下（景印文淵閣四庫全書，台灣商務印書館發行，民國75年）第700冊，子部六，儒家類，頁27。
⑧ 宋・陸九淵撰，《象山全集》（中華書局，四部備要，子部，民國54年），卷34〈語錄〉上，頁395。

3.學術論辯的舉辦

因為私人講學風氣的盛行，促使學派四起，各自標榜其學術宗旨與理念，也各自形成宗派性學風；所以，南宋以後，就不同的學派之間而言，理學家們會相互邀請講學於書院之中，就彼此間之學術理念分歧而舉辦學術論辯，此乃理學大師之間的學術討論，即為「會講」，形成不同學派之間的學術討論與觀點交流。明代以後，會講逐漸形成定式，一者延伸為明代大行的「講會」制度，如王陽明和湛若水的相關書院；一者則固定為書院中的教學訓練活動，讓師生間能彼此切磋學問、砥礪道德，不僅能解答學生的疑惑，也能進一步明確表述大師自己的學術理念。

南宋時會講式的學術討論活動，肇端於朱熹和張栻的「岳麓之會」，明代中後期，書院裏的講會之風大盛，則是由於王陽明的倡導。傳統儒家的教育歷來是提倡師友之間相互切磋，自孔子「以友輔仁」「德不孤必有鄰」，到《學記》的「相觀而善謂之摩」「獨學而無友，則孤陋而寡聞」，都把取人之長、補己之短，以提高學業、增廣見聞，視為重要的教育方法。王陽明深有所感，故將此一傳統教育方法積極倡導於書院教育中，使講會形成一種制度。明嘉靖四年（1525）九月，王陽明為書院諸生訂立講會制度，它實際上是一種學術活動的組織章程。講會地點在龍泉寺中天閣，每年初一、八、十五、廿三日為期。講會之日，諸生聚會，相互激勵，切磋學問，砥礪道德。而且王陽明規定講會時，學術自由，不分年齡、不論地位，師友間均平等相視，各抒己見，取長補短。這種講會制度的建立，無形中則促使陽明學派的學術思想進一步的發展。

以理學大師之間的學術論辯而言，最著名的則是朱熹與張栻及陸九淵的學術論辯。南宋乾道三年（1167），張栻和朱熹會講於岳麓書院，由於朱熹和張栻二人的學術師承不同，朱熹從學李桐得閩學，張栻從學胡宏得湖湘學，雙方在「中和」、「太極」、「知行」、「仁」等說法上有較大分歧，經過一個多月的論辯，在許多主要觀點上，乃趨於一致。所以，朱熹在會講時感嘆地說：

　　相與講明其所未聞，日有問學之益，至幸至幸！❽⑨

可見岳麓會講推動了朱熹閩學和張栻湖湘學在學術思想上的交流，在理學的發展史上產生重要影響。另外，淳熙二年（1175），朱熹、陸九淵、呂祖謙等學者會講於江西鉛山鵝湖寺，三家就「爲學之方」展開討論。由於朱、陸學術宗旨各異，爭論十分激烈。最後，雙方各持己見，不歡而散❾⓪，然而卻開啓了朱、陸二家日後各張理學旗幟的學術局面。

　　以上二次著名的學術論辯雖然結果不同，但在理學發展史上都有著重要影響。因爲會講的過程中，雙方理學家各就某些重要問題

---

❽⑨　宋・朱熹撰，《朱文公文集》（商務印書館四部叢刊初編縮本，民國68年），卷24〈與曹晉叔書〉，頁381。

❾⓪　第一次鵝湖之會後，陸九淵的詩，及後來朱熹的和詩，都各自標明了學術宗旨，也寓批評對方之意。陸象山云：「墟墓興哀宗廟欽，斯人千古不磨心」，此強調人的本心是千古不變。陸復齋云：「易簡功夫終久大，支離事業竟浮沈」（《象山全集》卷三十六），這乃是說明頓悟功夫是久大的，漸修功夫是支離的，不免要沈淪。後來，朱熹和詩云：「舊學商量加邃密，新知培養轉深沈」，此及是說明學問要靠逐漸積累，逐步走向細密深沈。由朱、陸二人之詩句中，可見他們「道問學」及「尊德性」學術觀點的分歧。

闡述自己的學術觀點並展開學術論辯；論辯的結果可能使觀點趨於一致，亦可能是各執己見，但這都是學術討論的正常現象，都是進一步推動理學的深入研究、及促進理學思潮的蓬勃發展。

至於同一學派於講學過程中的師生間或學生彼此間所展開的質疑問難與學術論辯，從理學家的「語錄」中，亦多有記錄，如朱熹《朱子語類》、陸九淵《語錄》、張栻《答問》等，均成為理學發展史上重要的代表著作。

明代中後期，在王陽明的倡導下，大部分書院都「聯講會，相望於遠近」，並逐漸超出書院範圍，而不一定局限於一個固定的地點與時間，例如湛若水(1466-1560)、王畿(1498-1583)、羅洪先(1504-1564)等人都曾長途旅行，隨遊隨會隨講。當然，也有如東林書院比較頻繁舉行的講會，每年於春季或秋季舉行一次大會，每月又另有三天小會。明代著名的講會，有東林書院講會、關中書院講會、同善會、天泉會等等，這些講會都有一個共同點，就是遵循「凡學必有約，凡會必有規，規以佐約」（《共學書院志》卷上〈會規〉）的原則，制訂「學約」「會規」，將講會的宗旨、組織、儀式、程序等，皆以條約的形式詳細記載下來，成為該講會之制度。至於講會時的情形，王畿有一段生動的敘述：

> （福田書院之會）晝則大會於堂，夜則聯鋪會宿閣上，各以所見所款，相與質問酬答，顯證默悟，頗盡交修之益。諸生颯颯然有所興起，可謂一時之盛矣。[91]

---

[91]　明·王畿撰，《王龍溪語錄》（台北：廣文書局，民國49年1版1刷），卷2〈新安福田山房六邑會籍〉，頁18。

可知透過這類學術的講學活動，正是促使理學達到如《明儒學案》所說的：「有明文章事功，皆不及前代，獨於理學，前代之所不及也。牛毛繭絲，無不辨晰，真能發先儒之所未發。」⑨

(三)「學統」著述的形成

理學家透過私人講學，以思想傳承來建立自己的學術派別，並進一步爭取學術正統地位，所謂「道之正統，待人而後傳」⑨；反應於著作上，則是使得「學統」著述的形成，以樹立自己學派之思想傳承。這種學統性著述，始自朱熹《伊洛淵源錄》，經元代《宋史·道學傳》而弘揚於世，至明中葉以後，陽明學興起而引發學統大戰，而此類學統著述乃臻於鼎盛。據黃進興先生的考察：

> 王學的興起與朱學之反擊，把原來的朱陸之爭，擴大為程朱
> 與陸王之爭，此實為「學承」建立的導火線。我們可以發現
> 在陽明的時代之後，諸如《陸子學譜》（清李紱撰）的著作如
> 雨後春筍般出現。舉例而言，程朱學派方面，有謝鐸(1435-1510)
> 的《伊洛淵源續錄》，有程瞳序於 1508 年的《新安學系錄》，

---

⑨ 清·黃宗羲撰，《明儒學案》（台北：里仁書局，民國76年1版），〈發凡〉，頁17。

⑨ 清·王懋竑撰：《朱子年譜》（北京：中華書局，1998年1版1刷）載朱熹大弟子黃榦（1152-1221）云：「道之在天下未嘗亡也，而統之相傳，苟非其人，則不得而與。自孟子沒，千有餘年，而後周、程、張子出焉。歷時未久，寖失其真，及先生出，而後合濂洛之正傳，紹鄒魯之墜緒，前聖後賢之道，該遍全備，其亦可謂盛矣。」（卷4，頁281-282。）即所謂「道之正統，待人而後傳。」（卷4，頁276。）

二者皆是陽明（1472-1529）的同時人。稍後有宋端宜的《考亭
淵源錄》。在李紱的時代，程朱學派方面亦有張夏的《雒閩
源流錄》、熊賜履的《學統》、張伯行的《道統錄》、朱衡
的《道南源委》和李清馥的《閩中理學淵源考》。……而在
《陸子學譜》之前，陸王學派方面有金賁亨《臺學源流》、
周汝登《聖學宗傳》及孫奇逢的《理學宗傳》。❹

　　如此眾多的學統著作，多數是理學家基於門派之爭而作；因此
在明代中後期，陽明學盛行後，由原本的朱陸之爭，擴大為「程朱
理學」與「陸王心學」之爭的衝突加劇，所以此類學統著作乃如雨
後春筍般出現。究其由，除了想將自己所屬學派之思想淵源、發展、
演變明確化之外，更有著確立學術正統地位之企圖。

　　其中最早的《伊洛淵源錄》，朱熹詳記了北宋理學五子，周敦
頤、程顥、程頤、張載、邵雍及其門人後學的言行。在書中朱熹以
「伊洛」命名，意在推尊二程為理學之正宗；所謂「淵源」則是為
理學梳理出一個明確的學統。所以元代李世安為此書作後序時云：

昔孔子纘述群聖之道，至孟子而愈明。孟子之後至二程夫子，
始克紹其緒。程子之學得於周子而益闡之。……及考亭朱子
出，又能集眾大成而折衷之。蓋《伊洛淵源》一書，凡周、
程、張、邵及門人之言行政事，無不備載，而聖賢相傳之道，

---

❹　黃進興著，《優入聖域：權力、信仰與正當性》（台北：允晨文化實業股
份有限公司，民國83年1版1刷），〈「學案」體裁產生的思想背景：從李
紱的“陸子年譜”談起〉，頁447。

炳然見於其中，如五緯之麗天，百川之有源委，其有功於世
教大矣。**⑨**

另外，元人蘇天爵的序文亦將此書看成是記載「聖賢相傳之道」及
其「源委」的書**⑨**。而所謂「源委」即「學統」之觀念，由孟子到周、
程、張、邵及其弟子門人，皆在此正宗學統上為學術思想之傳承延
續貢獻心力。入元以後，《宋史·道學傳》則取材於朱熹此書。全
書四卷，依理學的源流排序，卷首記北宋五子，以為伊洛學之源，
卷二記程顥、程頤之弟子門人，以為伊洛學之流，卷三記朱熹之言
行，不僅是承伊洛學之流，更是朱學之源，卷四則記朱熹弟子門人，
以為朱學之流。所以，綜觀全書，正是以二程為理學正宗，再加上
朱熹之學，從而樹立了「程朱理學」之學術正統地位。

　　然而綜觀此類基於門派之爭而作的「學統」著作，因為帶有強
烈的宗派色彩，以宣揚自己學派的學術理念，或強立門戶之見，因
此，常不免失於偏頗，甚至損及歷史的客觀性；至明末清初，黃宗
羲之《明儒學案》，則可視為此類「學統」著作之集大成，其云：

> 從來理學之書，前有周海門（汝登）《聖學宗傳》，近有孫
> 鍾元（奇逢）《理學宗傳》，諸儒之說頗備……且各家自有
> 宗旨，而海門主張禪學，攏金銀銅鐵為一器，是海門一人之
> 宗旨，非各家之宗旨也。鍾元雜收，不復甄別，其批注所及，

---

⑨　元·李世安撰，《伊洛淵源錄·後序》（台北：文海出版社，民國57年1版
　　1刷），頁393。

⑨　元·蘇天爵撰，《伊洛淵源錄·前序》（同前註），頁7-11。

> 未必得其要領，而其聞見亦猶之海門也。學者觀義是書，而
> 後知兩家之疏略。**⑰**

基本上，黃宗羲希望能摒除宗派觀念，而以較客觀的立場來敘述各家學術，從而勾勒出有明一代理學之發展。

四、講學風氣盛行對理學發展所衍生之流弊

如上節所述，講學風氣的盛行對理學的發展產生諸多的影響，不僅推動理學的深入研究，更促使理學思潮的蓬勃發展。然而，好壞、優劣似乎總如鏡子的兩面，因為講學風氣盛行之下，理學家藉由私人講學之便，標榜門戶，爭取學術正統地位的同時，也產生了排斥異端的情形，致使學術發展上形成攻訐之惡風，所以黃宗羲才感嘆那些以學派門戶為依歸，而排斥與己說相異的學者：

> 奈何今之君子，必欲出於一途，剿其成說，以衡量古今，稍
> 有異同，即詆為離經畔道，時風眾勢，不免為黃茅白葦之歸
> 耳。**⑱**

如朱陸兩家弟子互為水火，朱詆陸為告子、為禪學，陸詆朱為支離，兩家互詆的情形至明代陽明學盛行時更為加劇。如陳建（1497-1567）即站在朱學的立場，指斥陸王心學為「佛禪」，是「援儒入佛」「借

---

⑰ 清·黃宗羲撰，《明儒學案》（台北：里仁書局，民國76年1版1刷），〈發凡〉，頁17。

⑱ 清·黃宗羲撰，《明儒學案·序》（同前註），頁7。

儒以掩佛」「陽儒陰釋」，其云：

> 佛學近似惑人，其為蠹已非一日。有宋象山陸氏者出，假其
> 似以亂吾儒之真，援儒言以掩佛學之實，於是改頭換面，陽
> 儒陰釋之蠹熾矣！❾❾
> 象山師弟作弄精神，分明禪學而假借儒書以遮掩之也，此為
> 勘破禪陸根本。⓾⓾

陳建認為自陸九淵以來，引釋入儒、陽儒陰釋之風習很盛，到陽明
學派盛行後更是推波助瀾，加上王陽明等人造作朱熹「早晚之說」（〈朱
子晚年定論〉），以「朱子早年所見未定，誤疑象山，而晚年始悔悟，
而與象山合其說」⓵，致使朱子學之儒學正宗地位受到佛學異說的遮
蔽，造成儒佛混淆、朱陸莫辨的學術蔀障；因此，陳建乃作《學蔀
通辨》一書，以力挺朱學而糾陸王之偏。然而，其真正的目的不外
在於揭露當時盛行的王學為禪學，以捍衛朱學之學術正統地位，誠
如清代陳伯陶於《學蔀通辨·跋》中所說的「是編雖攻象山，實為
陽明發也」，明白揭示了陳建繫於門戶之見而撰作此書的宗旨。此
外，又如高攀龍指責陽明學不是儒學，而劉蕺山則說高氏是禪學；
此種「學者各守其師說，截然不可犯」⓶，因標榜門戶而排斥異端的

---

❾❾ 明·陳建撰，《學蔀通辨·自序》（台北：廣文書局，民國60年1版1刷），
　　頁1。

⓾⓾ 明·陳建撰，《學蔀通辨》後編上卷（同前註），頁43。

⓵ 明·陳建撰，《學蔀通辨·自序》（同前註），頁1。

⓶ 清·黃宗羲撰，全祖望輯補，《宋元學案》（台北：河洛圖書出版社，民
　　國64年1版1刷），卷56〈龍川學案〉，頁107。

攻訐惡風，在私人講學的自由學風下，更是推波助瀾。

　　嚴重者更是繫於門戶，而昧於實情。如《近思錄》一書，據《宋史·藝文志》尚題「朱熹、呂祖謙類編」。然而後來「講學家力爭門戶，務黜眾說而定一尊，遂沒祖謙之名，但稱『朱子近思錄』」[103]這樣的做法，明顯地是隱沒事實真象，只為一己一派之利。

　　對於如此的學術風尚，明代張居正（1525-1582）深感痛惡，以為經書乃聖賢留給後人的寶藏，士人只要傾心經書就可以服務於強國安民、立身處世，「何必別標門戶，聚黨空談」，正是因為「聚黨空談」，使得大批士子將精力浪費在門戶之爭上，而導致群聚徒黨、以及號召地方游食無行之徒、空談廢業的惡劣學風。誠如明代王世貞在《弇州史料》中曾記錄並批評了晚明講學活動，其云：

> 嘉隆之際，講學者盛行於海內，而至其弊也，借講學而為豪俠之具，復借豪俠而恣貪橫之私。其術本不足動人，而失志不逞之徒，相與鼓吹羽翼，聚散閃倏，幾令人有黃巾五斗之憂。蓋自東越（陽明）之變為泰州，猶未至大壞，而泰州之變為顏山農，則魚餒肉爛，不可復支。[104]

王世貞的說法，如「幾令人有黃巾五斗之憂」也許過當，但其餘的也無法否認其事實的存在，因為類似王世貞的記載和批評，在晚明及清初的文獻中記錄甚多。因此，當清代學者回顧宋明學界時，才

---

[103]　《四庫全書總目·近思錄提要》（北京：中華書局，1995年1版6刷），卷92，子部，儒家類二，頁781。

[104]　明·王世貞撰，《弇州史料》後集卷35〈嘉隆江湖大俠〉，載《四庫禁燬書叢刊》（北京：北京出版社，1995年1版1刷），史部四十九冊，頁31。

會感嘆道：「門戶別而朋黨起，恩讎報復，蔓延者垂數百年。明之末葉，其禍遂及於宗社。惟好名好勝之私心不能自克，故相激而至是也。」[105]或許宋代程顥所說的「方今人持私見，家爲異說，支離經訓，無復統一」[106]，正說明了宋明在私人講學風氣盛行之下，對理學發展所衍生出的弊端。

五、結　語

　　綜觀宋明理學的發展，理學家藉由實際的講學活動，於講堂或書院中推闡其學術理念、架構其學術體系、建立其宗派性學風，將理學思想滲透到對弟子的教育中，培養學術人才，使其學術思想廣泛且持久地傳播下去，也對理學的發展起了推波助瀾之效，使宋明成爲理學發展的輝煌時期。然而，由於理學家們講學論學時，強調的是先明體而後達用，溺於理氣心性等虛玄之辯，以及嚴於君子小人、義利理欲之分，從而偏離了傳統儒學的經世致用傳統。其實，理學家並不是完全不講經世致用，只是如果一開始即講經世致用之學，容易有「小人喻於利」之嫌，而使其學說落於「功利」之俗學，故少言之，所謂「治財賦者，則目爲聚斂；開閫扞邊者，則目爲麤材；讀書做文者，則目爲玩物喪志；留心政事者，則目爲俗吏。徒

---

[105]　《四庫全書總目・儒家類序文》（北京：中華書局，1995年1版6刷），卷91，子部，儒家類，頁769。

[106]　宋・程顥、程頤撰，《河南程氏文集》，載《二程集》（台北：里仁書局，民國71年1版1刷），卷1〈請修學校尊師儒取士劄子〉，頁448。

以生民立極，天地立心，萬世開太平之闊論鈴束天下」⑩，可見理學家思想之偏頗；但「明體」「心性修養」是一個長期且複雜的體認過程，很容易出現終日明體而不及於行的流弊。再加上私人講學風氣的盛行，門派間的互相抵訾，甚至黨派之間意氣之爭，貽誤國事。因此，不僅理學的內容發展，走向偏峰，學風也日趨惡劣，而為人所詬病。

因此，明末以來，部分學者乃重新思考學術的發展，倡明「經世致用」之學，以實補虛。以東林學派為例，其代表人物主要有顧憲成（1550-1612）、高攀龍（1562-1626）等，他們在學術上遠紹北宋楊時，推崇程朱之學，標榜氣節、崇尚實學，反對當時盛行的王學末流崇尚義理、空談心性、不務實學的惡劣學風；提倡士子立志救世，務求實用，把學術活動延伸到政治領域，使講學與治國治民統一起來，將探學理與詢治道結合，誠如《明儒學案》中所說：

> 論學，以世為體……相與講求性命，切磨德義，念頭不在世
> 道上，即有他美，君子不齒也。⑩

所以東林書院定期召開的講會活動，不單是為了學術問題，他們實際上是藉講學之名，聚集學者議論朝政得失。換言之，東林學派的講學活動，重在政治，志在世道，所謂「用世者不明經，以何為經

---

⑩　清·黃宗羲撰，《南雷文定》後集卷3〈贈編修弁玉吳君墓誌銘〉（台北：
　　中華書局，民國54年1版1刷），頁1。
⑩　清·黃宗羲撰，《明儒學案》卷58〈東林學案一·端文顧涇陽先生憲成〉
　　（台北：里仁書局，民國76年1版1刷），頁1377。

濟，求志者不知經，以何爲抱負」⑩，所以講《五經》《四書》是爲
了培養學者從事政治、經濟的工作，以達到改革政治，治理國家的
理想。因此「裁量人物，訾議國政，亦冀執政者聞而藥之也」⑩，也
就成了東林學者講學的宗旨。

　　不僅東林學派講學如此，以劉宗周（1578-1645）爲主的蕺山學
派之講學宗旨亦是如此。劉宗周早年受顧憲成、高攀龍等人影響，
崇尙程朱之學；中年之後，乃從陽明之說；並於晚年對陽明的「致
良知」之學提出修正，發展爲自成一家的「愼獨」學說。此外，在
治學態度上，劉宗周則主張「四書六籍聖賢心」⑩，而學者欲窺聖賢
之心，則非明經通史不可。爲了實踐其經世致用思想，劉宗周多次
上疏彈劾奸黨，聲援東林，匡救時局。劉宗周之高足黃宗羲，承其
師訓，更是特別強調學者應該明經通史，以爲經世致用，反對「明
人講學，襲語錄之糟粕，不以六經爲根柢，束書而從事於遊談。」⑫，
故從學黃宗羲之「受業者必先窮經，經術所以經世。方不爲迂儒之
學，故兼令讀史，又謂讀書不多，無以證斯理之變化。」⑬因此，黃
宗羲之學是熔經史於一爐，其論學之宗旨，在求經世致用，而治學

---

⑩　清·高廷珍撰，《東林書院志》卷2〈吳覲華先生申訂東林會約〉（台北：
　　廣文書局，民國57年1版1刷），頁15。

⑩　清·黃宗羲撰，《明儒學案》卷58〈東林學案一·端文顧涇陽先生憲成〉
　　（台北：里仁書局，民國76年1版1刷），頁1377。

⑪　明·劉宗周撰，《劉子全書》卷8〈讀書說〉（台北：華文書局，民國57年
　　1版1刷），頁487。

⑫　清·全祖望撰，《鮚埼亭集》卷11〈梨洲先先神道碑文〉（台北：台灣商
　　務印書館，民國54年1版1刷），頁129。載黃宗羲語。

⑬　同前註。

之方法，則務博綜而尚實證。所以「受公之教者，不墮講學之流弊」
⑭。黃宗羲中年著有《明夷待訪錄》一書，針對明代秕政及封建君主
專制制度，提出尖銳的批評，並對清末政治革新及變法運動，有著
重要鼓舞作用。另外，黃宗羲晚年撰《明儒學案》，成為研究明代
學術發展史之重要史料；而且其長於史學，重視當代歷史的撰述及
史料的搜集，對後來浙東史學的興起，有促進之功⑮。

　　由此可知，明末以來，學者漸漸體會到講學必需與治家安邦、
經世致用結合的重要性，如東林學派、蕺山學派之講學皆是如此；
所以，中國學術的發展至此乃漸由虛轉實，由宋明以來的心性之學
演變為清代考據和經世之學。

⑭　同前註，全祖語之評語。
⑮　清代章學誠《文史通義·浙東學術》曾云：「梨洲黃氏，出蕺山劉氏之門，
　　而開萬氏兄弟經史之學，以至全祖望輩，尚存其意。」全祖望之《校水經
　　注》、《漢書地理志稽疑》及《鄉邦文獻人物志傳》之學，其實亦屬黃宗
　　義的餘緒。而章學誠的方志傳記，及後來龔自珍的人物雜記著述等，未嘗
　　不可包括於浙東史學派之內。

參考書目

一、古籍專著

宋·孫復，《孫明復小集》台北：台灣商務印書館，民國 75 年。

宋·石介，《徂徠集》台北：台灣商務印書館，民國 75 年。

宋·周敦頤，《周子全書》台北：台灣商務印書館，民國 67 年。

宋·張載，《張載集》北京：中華書局，1978 年。

宋·程顥、程頤，《二程集》台北：里仁書局，民國 71 年。

宋·呂祖謙，《東萊集》台北：台灣商務印書館，民國 75 年。

宋·陳傅良《止齋集》台北：台灣商務印書館，民國 75 年。

宋·胡宏，《五峰集》台北：台灣商務印書館，民國 75 年。

宋·朱熹，《朱文公文集》台北：台灣商務印書館，民國 68 年。

宋·朱熹，《朱子語類》台北：台灣商務印書館，民國 75 年。

宋·朱熹，《伊洛淵源錄》台北：文海出版社，民國 57 年。

宋·黃榦，《勉齋集》台北：台灣商務印書館，民國 75 年。

宋·陸九淵，《象山全集》台北：中華書局，民國 54 年。

宋·袁甫，《蒙齋集》台北：台灣商務印書館，民國 75 年。

宋·袁燮，《絜齋集》台北：台灣商務印書館，民國 75 年。

元·脫脫，《宋史》台北：鼎文書局，民國 69 年。

元·吳澄，《吳文正集》台北：台灣商務印書館，民國 75 年。

明·宋濂，《元史》台北：鼎文書局，民國 69 年。

明·陳邦瞻，《宋史紀事本末》台北：鼎文書局，民國 67 年。

明·王陽明，《王文成公全書》台北：台灣商務印書館，民國 54 年。

明·王畿，《王龍溪語錄》台北：廣文書局，民國 49 年。

明·陳建，《學蔀通辨》台北：文書局，民國 60 年。

明·王世貞，《弇州史料》北京：北京出版社，1995 年。

明·劉宗周，《劉子全書》台北：華文書局，民國 57 年。

清·張廷玉，《明史》台北：洪氏出版社，1975。

清·李清馥，《閩中理學淵源考》台北：台灣商務印書館，民國 75 年。

清·王懋竑，《朱子年譜》北京：中華書局，1998 年。

清·黃宗羲，《明儒學案》台北：里仁書局，民國 76 年。

清·黃宗羲，《南雷文定》台北：中華書局，民國 54 年。

清·黃宗羲，全祖望輯補，《宋元學案》台北：河洛圖書出版社，民國 64 年。

清·全祖望，《鮚埼亭集》台北：華世出版社，民國 66 年。

清·高廷珍，《東林書院志》台北：廣文書局，民國 57 年。

二、現代專著

高令印·蔣步榮，《閩學概論》香港：易通出版社，1990 年。

劉復生，《北宋中期儒學復興運動》台北：文津出版社，民國 80 年。

吳萬居，《宋代書院與宋代學術之關係》台北：文史哲出版社，民國 80 年。

朱漢民·陳谷嘉。《湖湘學派源流》湖南：教育出版社，1992 年。

陳來，《宋明理學》台北：洪葉文化事業有限公司，民國 83 年。

李弘祺，《宋代官學教育與科舉》台北：聯經出版事業公司，民國

83 年。

李國鈞主編，《中國書院史》湖南：教育出版社，1994 年。

蔡仁厚，《宋明理學》台北：學生書局，民國 84 年。

牟宗三，《心體與性體》台北：正中書局，民國 85 年。

徐洪興，《思想的轉型─理學發生過程研究》上海：人民出版社，
　　1996 年。

嵇文甫，《晚明思想史論》北京：東方出版社，1996 年。

侯外廬、邱漢生、張豈之主編，《宋明理學史》北京：人民出版社，
　　1997 年。

馮達文，《宋明新儒學略論》湛江：人民出版社，1998 年。

盧廣森·盧連章，《洛學及其中州後學》河南：河南大學出版社，
　　1999 年。

周志文，《晚明學術與知識分子論叢》台北：大安出版社，民國 88
　　年。

徐梓，《元代書院研究》北京：社會科學文獻出版社，2000 年。

葛兆光，《中國思想史》第二卷，上海：復旦大學出版社，2001 年。

朱漢民等，《中國學術史·宋元卷》江西：教育出版社，2001 年。

張國剛、喬治忠等，《中國學術史》上海：東方出版中心，2002 年。

三、論　文

盧鍾鋒〈元代理學與《宋史·道學傳》的學術史特色〉（史學史研
　　究，1990 年第 3 期）。

楊金鑫〈程朱理學與書院〉（哲學與文化，十七卷六期，1990.6）。

李弘祺〈朱熹、書院與私人講學的傳統〉（國立編譯館，十九卷二

期，1990.12）。

丁鋼〈書院與後期儒學的推進〉（孔孟學報，六十三期，1992.3）。

呂妙芬〈陽明學派的建構與發展〉（清華學報，二十九卷二期，
　　1999.6）。

郭紀青〈宋代書特色及其對教育的影響〉（台中師院學報，十期，
　　1996.6）

陳旻志《中國書院教育哲學之研究》（淡江中文所碩論，1996.5）。

明末清初「經世」訴求下的學術轉折

邱 白 麗[*]

一、前 言

但凡討論學術的轉折，必會涉及學術現象的成因、本質與外緣因素等要點。而明末清初理學與樸學的角力戰是所有討論此時期的學者共同的表述基調。其實，不單明末清初，中國學術思想的產生自有其根本的心性修養與政治性的需求，中國學術思想自孔、孟起，就是「經世」之學，其時雖未有「經世」之名[❶]，然其學卻已寄寓內聖外王之理想，我們可以說，中國自先秦以來的學術發展，皆含有

---

[*] 輔仁大學中文研究所博士生，德明技術學院兼任講師
[❶] 「經世」之名始於《莊子·齊物論》：「六合之外，聖人存而不論。六合之內，聖人論而不議。春秋經世，先王之志，聖人議而不辯。」然此時之「經世」應為記錄之意，直至《後漢書·西羌傳論》：「忘經世之遠略」，始有救世濟民之意。這是爾後使用「經世」概念的一般意涵。

「經世」之目的，不論其有無提出「經世」之口號皆然。

　　學術思潮的變化或有其一定的條件，梁啟超（1873-1929）曾說：「凡『思』非皆能成『潮』；能成『潮』者，則其『思』必有相當之價值，而又適合於其時代之要求者也。」❷則思潮之形成必有其特出的意義；凌廷堪（1755-1809）甚至對學術現象與活動的更迭提出一普遍的發展範式，認為學術思想的改變必有其演變的規律，其言：

> 蓋嘗論之，學術之在天下也，閱數百年而必變。其將變也，
> 必有一、二人開其端，而千百人譁然攻之；其既變也，又必
> 有一二人集其成，而千百人靡然從之。夫譁然而攻之，天下
> 見學術之異，其弊未形也；靡然而從之，天下不見學術之異，
> 其弊始生矣。當其時亦必有一二人矯其弊，毅然而持之。及
> 其變之既久，有國家者，繩之以法制，誘之以利祿，童稚習
> 其說，耄耋不知非，而天下相與安之。天下安之既久，則又
> 有人焉，思起而變之，此千古學術之大較也。❸

表示了一種學術思潮的興起，需要有人與時代的相互配合。要有開路先鋒的魄力與創意，要有集大成者的智慧與毅力，還要有守成與跟從的人群，加上勇敢糾舉流弊的人物。因為時代的更迭而不斷冒出的新問題與需求當然不可少，同樣重要的，還有皇帝那永遠掩飾不了的政治手段與目的，這種種的交相糅雜，就成為各種新思潮的

---

❷　清・梁啟超撰，《清代學術概論》（臺北：里仁書局，民國84年2月初版，《中國近三百年學術史》（附《清代學術概論》）合刊），頁6。

❸　清・凌廷堪撰，《校禮堂文集・與胡敬仲書》（北京：中華書局，1998年2月1版1刷），卷23，頁204。

演變風貌。

　　觀察明末清初的學術轉折，當然不可避免談論知識份子的守成與創新，並大家爭相躋進學術主流的冀求對學術思潮的影響，同樣地，皇帝代表的政治導向之文化政策也是學術轉折的主因。明代中葉以後，心性之學發展到泰州一脈以致鼎盛，爾後，王學末流所產生的弊端逐漸顯露出來，加上當時的政治、社會、經濟等方面在張居正（1525-1582）歿後都已經出現難以挽救的敗落狀況，眼見國危民艱，學術的思潮也在此時改變了發展的方向。❹

　　在晚明這種政治敗壞，學術空垠無根的年代，知識份子該以何種思想與行動來回應自我生存的價值並期待能對時勢當局的變化貢獻自己的力量呢？政治安定的時期，知識份子們較容易忘卻「經世」之責，也因此在朝代更迭、時局動盪不安的時期，知識份子們對學術必須「經世」有更深的冀求，也會對於當時代的學術環境進行更深刻的反思。冀望尋找出國家敗亡的的問題所在，更甚而藉由重新建立學術系統來提供解決之道，以安定政治社會與民心。在這樣的學術氛圍下，本文之討論將著重於闡述明末清初由理學轉向樸學的學術環境之概況與轉向成因之探討，並試圖觀察「經世」概念在學術轉折時所扮演的角色。並將討論的時間點界定在萬曆年間至乾嘉

---

❹　對於學術思潮的演變動力，學界普遍存在著一種認知共識，以為動盪不安的國家社會必會促使有識之士反省時代危亡的根源問題，因而產生許多精彩深刻的作品，也能藉由反思期待學術扭帶啟動改革的時刻來臨。當然，如此的認知是建立在人的心理存有恐懼身處於動盪不安的狀態之下所做的推論，只是，朝代更迭也並不必然就能代表學術風潮改變的主要因素，這或許值得更多元化的進行思考。

時期，以與討論主題相契。

　　一個時代絕不會只有一種學術活動的運作，只是有主流與非主流之差異，而主流與非主流之分別又有許多複雜的內在與外緣因素的推波助瀾。彭明輝曾在探討晚清經世史學各議題時，將晚清的各種學術活動比喻成一場多主題／多旋律線的演出。❺而清代學術可以說就是以「考據」和「經世」為中心主題，進行一場多重奏的表演❻，當然，不論關注的旋律是哪一條，其他的旋律仍是存在的。本文因個人學力的限制，亦為表述方便，在論述過程中僅以單一旋律線進

---

❺ 針對學術活動在同一時代呈現多主題／多旋律線的現象，彭明輝舉例說明「如乾嘉時期的學者們以樸學考據為主流，但亦有學者在著作中寄寓經世意圖，趙翼和章學誠即為其中的典型代表。趙翼《廿二史劄記》雖為樸學考據傳統下的劄記體著作，惟亦蘊含經世思想於其中；章學誠的例子尤具代表性，章學誠提出"六經皆史"固然是對戴震經學的反挑戰，但他同時也以史學經世對抗乾嘉的樸學考據；我們這裡要注意的是章學誠（1738-1801）生存的年代正是樸學考據興盛的乾嘉時期（1736-1820），亦為戴震（1724-1777）皖派經學獨領風騷的年代；所以在乾嘉時期的學術界，我們可以看到幾條不同的旋律線同時出現，樸學考據是主要的旋律線，戴震的經學義理代表清中葉經學復興這條旋律線，章學誠的史學經世是一條旋律線，"六經皆史"說則是另一條旋律線；如果我們把趙翼植基於樸學考據的經世思想再加進來，那們我們將會發現在乾嘉時期有5條旋律線同時出現，借用西洋古典音樂的曲式結構來看，乾嘉時期學術思想所呈現者即為複音音樂的多旋律形式，這是主調音樂尚未成為主流之前的一種音樂形式。」見氏撰，《晚清的經世史學》第一章〈複音音樂與晚清史學〉（臺北：麥田出版，2002年初版1刷），頁21-22。

❻ 其實，理學的發展在清代一直都是存在的，只是自古以來，眾聲喧嘩必要歸於一宗，當考據逐漸取代理學而為學術主流時，理學就只能默然地進行自我延續，等待奪回旗幟的時刻。

行討論說明，惟討論之主要對象並非僅爲當時期獨一的學術活動或現象，特此表之。

二、東林學風與「經世」概念的發揚

明末首先由理學的學術系統中凸顯「經世」概念的人物群應屬東林學人。東林學人在面對王學末流空疏泛談的學風影響，並政治內閣系統崩潰敗壞的狀況之下，意欲起而矯之，以恢復程、朱學術思想爲根基應對王學末流的敗壞，並扭轉原有以教化爲講學之目的，改以闡揚經世思想爲要務。東林學人的經世要求影響甚廣，雖然後來在政治黨爭的禍害下，東林學人受到嚴重的迫害而幾近凋零，然其學術經世的職志卻由復社、幾社等繼承傳揚，以講學、結社的力量在明末時期發揮了有別於政治機制的影響力，知識份子們提出「興復古學，務爲有用」的結社宗旨，正式以社群爲舞台，參與國政，這正是承繼東林學風而來的經世思想的再發揚。

對於學風的敗壞，政治體制、經濟等諸多困厄，知識份子們不但以經世爲要務，亦以表達個人或群體的政治理想爲重要使命，此時大量撰作與編輯的政書即反應了當時的迫切需求，在學術與政治上各自彰顯其特殊的意義。

(一)東林講學的「經世」精神

錢穆曾經說過，欲研究近代學術，必始於宋學❼，因爲近代學術

---

❼　錢穆認為「宋學精神，厥有兩端。一曰革新政令，二曰創通經義，而精神

的發展淵源必上追至晚明諸遺老,而晚明遺老多是深研宋學,或與宋學淵源頗深者,而「宋學重經世明道,其極必推之於議政,故繼之以東林。」❽顯示近代學術是由宋學而通過東林的開端以迄轉折完成變化,所以在明末時期,東林學術扮演了有別於傳統宋學的角色,東林學人不僅重視「經世明道」,強調學術的作用與價值,更藉由講學的機會,落實「議政」的行動,實踐學以「經世」之道。

　　書院講學,本以教化爲目的,承續宋元以來,明朝的講學風氣已愈見興盛,然其時亦已產生許多互相攻訐、別立門戶的弊病,使得學風日益空疏敗壞,對於人才的培養沒有實質的幫助,更甚有藉機斂財,斯文掃地之事,所以在萬曆七年正月,全國書院盡遭拆毀❾,

之所寄則在書院。革新政事,其事至荊公而止,創通經義,其業至晦菴而遂。而書院講學,則其風至明末之東林而始竭。東林者,亦本經義推之政事,則仍北宋學術真源之所灌注也。」氏撰,《中國近三百年學術史》(臺北:臺灣商務印書館,民國79年10月臺10版),頁6。政治的革新,除了直接參與政務的推行外,就是將施政理念與精神寄託於著作中加以闡揚,依照錢穆的說法,宋學對經書創通的經義至朱熹臻至成熟,並擔任教化傳揚者即為東林學者。而更甚者,因為經世的需求,東林學者將宋學在經義上的創通推而運用在評議政事上,這就是以理學為根基,發而為經世之精神的表現。

❽　錢穆,《中國近三百年學術史》(臺北:臺灣商務印書館,民國79年10月臺10版),自序,頁1。依照錢穆的說法,理學為經世之學,非空談心性義理,或可以程、朱本重實踐,而心學的集大成者王陽明亦強調「知行合一」,來說明其「經世明道」之說。後世反理學多指責其空談心性,進一步思考,其應是反空談,而非反理學本身,中國學術的發展少有因空談而能致用者。

❾　禁毀書院是在張居正任相期間施行的政策,而張居正反對私人講學與創建書院主要為導正當時敗壞的學風,他在萬曆三年上疏,提出控制各省提學官,以便控制生員的建議,強調提學官必須有卓行實學,方能壓服多士之心,然當時之提學官「務為虛譚賈譽,賣法養父;甚者公開倖門,明招請

講學之風雖暫時受到壓制，但在張居正歿後，書院紛紛重建，講學風氣又興盛起來。

萬曆三十二年，顧憲成（1550-1612）、高攀龍（1562-1626）在無錫重現宋儒楊時當年講學的東林書院，一時四方之士，聞風而來，講學之盛，遂甲天下。❿東林學風的昂揚代表了明末學術思潮轉變的關鍵時期，以程、朱理學之思想爲根基，闡揚「經世」理念，並奠定

託」，是以積習日久，未能有助學風之淳良。他並在疏後附列十八款，爲整飭當時學風，明令不許創建書院，群談生徒以空談廢業，直斥當時空疏的學風，言「聖賢以經術垂訓，國家以經術作人，若能體認經書，便是講明學問，又何必別標門戶，聚黨空譚！今後各提學官督率教官生儒務將平日所習經書義理，著實講求，躬行實踐，以需他日之用；不許別創書院，群聚徒黨，及號召地方遊食無行之徒，空譚廢業，因而啟奔競之門，開請託之路。」違者將受罰。由此亦可見當時學風的敗壞程度可見一般。或許是這樣的條款未見功效，所以在萬曆七年又施行了全面拆毀書院的動作，自應天府以下，有六十四處書院遭到拆毀。其實明朝的講學活動最初亦講聖賢經傳，爾後轉至明心見性之論，亦未有敗壞之風，然因書院號召聚眾的模式，常出現聚眾滋事，甚或斂財之敗壞情事，講學以趨利爲務，已失喪其本意，這也是張居正鄙視講學的原因。張居正論學講求「信心任真」、「本元一念」，此則與陽明學並無出入，只是他務求實際的作風令他不能漠視當時講學所造成的敗壞風氣，他曾爲自己鄙視講學，進而拆毀書院的立場提出說明：「今人妄謂孤不喜講學者，實爲大誣。孤今所以上佐明主者，何有一語一事，背於堯舜周孔之道？但孤所爲，皆欲身體力行，以是虛談者無容耳。」前文見明・張居正撰，《新刻張太岳先生文集・奏疏四・請申舊章飭學政以振興人才疏》（上海：上海古籍出版社，2002年），卷39，頁7-11，（《續修四庫全書》第1346冊，明萬曆40年唐國達刻本影印原書，總頁339-340）。後文見《新刻張太岳先生文集・書牘十・答憲長周友山明講學》，卷30，頁16，（《續修四庫全書》第1346冊，總頁217）。

❿ 關於東林書院的創建資料與緣起，可參見高廷珍等纂輯，《東林書院志》（臺北：廣文書局，民國57年7月），卷16，文翰二、卷5，文翰一。

了近代學術的發展路向。

　　東林學術的講學活動之所以不同於其他，在於東林的講學家已不單純以傳揚聖哲賢人之思想以教化士人、百姓爲目的，他們不居廟堂，卻關心國事，於是發而爲議論，將當時的政事帶入講學的內容，於是裁量人物，評議時政，一時蔚爲風潮，直至明朝敗亡，又轉而思考國家敗亡之因素，民族的去取存亡之依歸等問題。趙翼（1727-1814）曾說：

> 萬曆中無錫顧憲成、高攀龍等，講學東林書院，為一時儒者之宗，海內士大夫慕之。其從鄒元標、馮從吾等，又在京師建首善書院，亦以講學為事。趙南星由考功郎罷歸，名益高，與元標、憲成，海內擬之為三君，其名行聲氣，足以奔走天下，天下清流之士，遂總目為東林。❶

東林學人至此已成爲清流名士之象徵，特出於其他書院的存在意義。

　　論及講學，必要有其中心思想，高攀龍說：「欲正人心先正學術，欲正學術必宗程朱。」❷提出講學宗程朱的學術傾向，他並在實際講授的層面上，提出朱、王學術之異，曰：

> 崇文者何，崇文公朱子也。惟朱子之學得其宗，傳之萬世無弊……姚江天挺豪傑，妙悟良知，一破泥文之弊，其功甚偉，

---

❶　清・趙翼撰，《廿二史劄記・三案》（臺北：世界書局，民國77年4月10版），卷35，頁504。

❷　明・高攀龍撰，《高子遺書》，崇禎壬申錢士升序，明崇禎壬申嘉善錢士升等刊本（國家圖書館藏本）。

豈可不謂孔子之學，然而非孔子之教也今其弊略見矣！始也
掃聞見以明心耳，究且任心而廢學，於是乎詩書禮樂輕而士
鮮實悟。始也掃善惡以空念耳，究且任空而廢行，於是乎名
節忠義輕士鮮實脩。盡至於以四無教者弊，而後知以四教教
者，聖人憂後患後世之遠也。**⓭**

其由二者根本的「教法」上別立出朱學與王學之不同，平心而論，
王學亦重實踐，然在實踐功夫的進程上較朱學自由，全存乎一心，
也因此才會產生諸多束書不觀、空談心性的流弊。若欲教育大眾，
恐怕朱學之至善標準，更能切乎於修身致用。王學的境界既是歸於
一心所判，顯然就無可資判別之客觀依據，自然容易在學習上走岔
了路，所以東林學術的講學宗旨亦有恢復程、朱學的目的，其認定
的學術宗主亦爲程、朱，東林學術也可說是使晚明時期學術主流重
新回到程、朱學脈的重要力量，此學之學風雖已以實踐「經世」精
神爲務，然仍走在理學的路子上，講求理學經國。

東林學人本是一群離開廟堂，身居江湖，以講學爲業的知識份
子，本或有傳揚先聖的宏大使命，然而，在面對國家危亂的時局，
政治效能不彰，百廢待舉，既然無法擁有政治舞台，就在書院中創
造一個對話環境。所以東林學人高喊正民心，正學術，其最終目的
都是要匡扶政治敗壞的亂局，心心念念於君民世道上，所以顧憲成
說：

> 官輦轂，念頭不在君父上；官封疆，念頭不在百姓上；至於

⓭ 同前注，〈崇文會語序〉，卷9。

　　　　水間林下，三三兩兩，相與講求性命，切磨德義，念頭不在

　　　　世道上；即有他美，君子不齒也。⑭

將學術與事功的基點歸結到治國平天下的理想上，不「以學術殺天

下萬世」⑮。東林學術的發展正代表著明朝學術、政治受到啓發而逐

漸往新方向扭轉變化的時期。⑯

(二)學人結社的「經世」意涵

　　學人結社的現象，自中唐以後日多，至明代是最興盛的時期。

在東林書院興盛時，結社活動亦同步熱烈地進行著。顧、高等人甚

至有參與東林社的組織。⑰在講學活動逐漸提出學術要「經世」爲用

時，結社活動與社群的性質也逐漸兼有政治與學術的雙重意義，甚

至以關心政治爲主。明亡前，幾社領袖陳子龍言：

　　　　癸未冬，予避亂金陵，……明日楊龍友介予謁陳公於承恩寺，

---

⑭　明·顧憲成撰，《顧端文公遺書·小心齋劄記》（四庫存目叢本），卷11。

⑮　同前注，卷18。

⑯　清·朱一新對於東林學風的肯定亦如是，其言：「彼時講學之徒泰半如是，
　　高、顧諸公乃起而救之，敦尚名節，力障狂瀾，爲功最鉅。故東林者，所
　　以結明社三百年養士之局，而開國初風氣之先者也。」氏撰，《無邪堂答
　　問》（臺北：世界書局，民國52年4月），卷5，頁23下。

⑰　明代士人結社的情形眾多，建立起許多思想和文學上的同盟關係。顧憲成、
　　高攀龍除在東林書院講學，亦有所謂東林社的組織。相關資料可參見顧憲
　　成《涇陽藏稿》卷5，〈又簡修吾李總漕〉、〈簡高景逸大行人〉等作；葉
　　紹袁亦在《甲行日注》卷2，〈毛休文贈詩〉中曰：「相逢敢復東林社，空
　　谷還應喜足音。」

> 所言皆機務，絕不論文，座中銅城光、左二兄，偶談其鄉社
> 事水火，欲公收回所撰某某序文，公應書曰：「天下何等時？
> 正當渙小群爲大群，奈何意氣若此！」予退而益嘆服公之慷
> 慨激烈，非僅文人比也。⑱

明白表示社集活動當「所言皆機務，絕不論文」，以關心時事爲重，
此時的社群集結已擺落談詩論賦之文人趨向，並且絕不因所言有忤
於當時的政治核心而有退縮的舉止。此時的社群已承接了東林「經
世」爲國的精神，其實，明末清初的學人大多同時參與書院與社群
的活動，因此在晚明時期並不會有書院與社群截然二分的學術傾
向，甚至，公認爲清初學風代表者的顧炎武、黃宗羲等人，早年亦
曾參與復社的活動，並在明亡後參與其他社集組織。

　萬曆十年張居正歿後，書院與社集都再度興盛起來，當時的社
集以一種極有次序的方式進行組織，數量龐大，參與人數眾多，甚
至有明訂參與規章與宗旨，而其中最著名的是與東林學人有密切關
係的復社與幾社。復社的張溥和幾社的陳子龍皆爲當時有名的文
士。而當時復社組織的盟約爲：

> 毋蹈匪彝，毋讀非聖書，毋違老成人，毋矜己長，毋形彼短，
> 毋巧言亂政，毋干進辱身。嗣今以往，犯者小用諫，大則擯，
> 記布天下皆遵而守之。⑲

---

⑱　明·陳子龍，《陳子龍年譜》，《陳子龍詩集》附錄二（上海：上海古籍
　出版社，1983年），頁679。

⑲　明·陸世儀，《復社紀略》（國粹叢書本），卷1。

提出了許多規則，參與之人不得涉入官場，亦不可以言論混亂朝政，
強調爲人修身等品德操守，似乎仍走在舊有的修持個人心性與學養
的道路上，還未進入以社集的集體力量影響或評議朝政的時代，並
且將這樣的條例公布於天下，希冀文人志士仍必以個人之修身爲
要。另外，陸世儀曾對復社成立之宗旨意義提出說明，認爲復社之
中心思想在於能爲有用之學，針對此觀點，復社領袖張溥曾說：

> 自世教衰，士子不通經術，但剽耳繪目，幾倖弋獲于有司。
> 登明堂不能致君，郡邑不知澤民，人材日下，吏治日偷，皆
> 由於此。溥不度德，不量力，期與四方多士共興復古學，將
> 使異日務為有用，因名曰復社。❷⓪

因爲士人不通經術之學，所以造成社會國家的諸多混亂，臣子不能
對君主盡忠，不能爲百姓謀福，人才不得培養，施政亦出現缺陋。
要改善這些問題，必須學通經術，而經術之學存於「古學」之中，
因此興復古學爲當時第一要務，成立復社亦有此冀求。如此說來，
成立復社是希望興復有用之古學，來因應當時政治的問題，但依照
前述復社組織之盟約規定，不得以言論亂政，亦不得涉入官場，則
要將有用之學發揮出來，進而使國家朝政得到改善，又必須運用什
麼實際的方法呢？這會不會有操作上的困難呢？又或者張溥等人期
待藉由士人自身的修持，擴大影響範圍，以改變學術風氣爲要，使
人人心中皆有國家天下，進而使執政者也受到影響而願意致力改變

---

❷⓪　明・陸世儀撰，《復社紀略》，卷1，頁179。收於吳應箕等，《東林始末》
　　（臺北：廣文書局，民國66年7月）。

困局，這都有待進一步的思考。筆者不能斷言復社之組織盟約與中心思想有必然的矛盾，但至少這兩者之間存有某種弔詭的關係，要表述自我的立場，卻又不可以言論影響朝政，「言論表述」在當時似乎套著某種限制的外衣，而這樣的限制又代表了什麼意義呢？是士人對政治迫害的恐懼，抑或有前車之鑑呢？這還有待討論。㉑

──────────

㉑　李紀祥曾在《明末清初儒學之發展》一書中說：「東林寄是非邪正於學術與清議，復社寄是非邪正於選文，同時也繼承了東林經世的動向，繼續關心並介入政治。」（臺北：文津出版社，民國81年12月初版），頁67。若以選文編書為要，的確能避免言論激切所可能帶來的不可預知的政治性影響，選文既可表現自己的學術立場，甚至可以藉由選文的內容對當時的執政者提出建言，若發生問題時，又可避免政治迫害，不遭致似東林學人一般的下場，所以復社所選擇的回應天下國家的方法，就可從大量參與編輯《皇明經世文編》的復社成員中一窺端倪。李氏以學術、清議與選文進行東林與復社的分別，的確是一種大方向的觀察，然而，明人黃節曾在〈徐孚遠傳〉中云：「方明之季，社事最盛於右，文采風流，往往而見，或亦主持清議，以臧否為事。」見《國粹學報》第33期，史篇（光緒33年8月），頁7。顯示出「清議」亦為當時社集的主要活動（當然，於此並不能斷言即是指復社的活動），另外，李氏本人亦曾云：「與北宋前期相類似，士大夫以澄清天下為己任。一是像范仲淹這樣從事政治上的改革運動，一是像李覯般沈潛於經世治平學問思想的構思。明末的復社與幾社亦然，前者捲入政治上的漩渦中，而後者則以『幾』名社，顧名思義，正是沈潛於松江編輯《皇明經世文編》的一群人。」（同前），頁103。似乎又把復社與政治改革、政治漩渦連結起來，而與幾社的活動有明顯之分別。其實，幾社雖為復社會合的社集之一，復社與幾社成員也大多參與《皇明經世文編》的編輯工作，但是復社與幾社在行事風格上卻又有所差異，因此若單以「選文」表彰復社的行事風格，就顯而忽略了清議、政治改革的部分，然若承認政治改革、清議等部分為復社的特色或活動時，又明顯抵觸了復社的組織盟約，這或許是復社另一種在現實活動與理想企求中難以彌合的間隙。

　　復社在發展的過程中，其前身還是著重科舉功名的追求，後來結集大量社群，亦改變社集之性質，轉而關心天下國家，而幾社即是復社會合的社集之一，關於幾社的成立，杜登春曾加以解釋其成社之意義，曰：

　　　　幾者，絕學有再興之幾，而得知幾其神之義也。㉒

即是要繼往聖之絕學，必由幾社興復其學之要。此與復社之興復古學有異曲同工之妙，然復社更清晰地將興復古學與經術之學結合表述，因此社群的成立必要將學術與政治之關係貼緊。既要為有用之學，則必須切合實際，所以必須針對當時政治環境之所需，提出可因應之管理方法，以救時弊。若從實際的軍務、經濟問題入手，必能快速見其功效，幾社在社群中展現之特點即在其著重天下之經濟問題，明人黃節曾云：

　　　　方明之季，社事最盛於右，文采風流，往往而見，或亦主持清議，以臧否為事。而松江幾社獨講經濟大略。㉓

又陳子龍直指兵事為重，云：

　　　　君子之學，貴於識時，時之所急，務之恐後，當今所急，不在兵乎！㉔

㉒　明·杜登春撰，《社事始末》，收於明·陳子龍《陳忠裕全集·年譜》，卷下，附錄，頁16下。
㉓　明·黃節撰，〈徐孚遠傳〉，《國粹學報》第33期，史篇（光緒33年8月），頁7。
㉔　明·陳子龍撰，《陳忠裕全集·年譜》，卷上。

充分表現幾社亟欲結合現實問題與學術要求的強烈企圖。社集的大量成立與集體活動，的確表現其強烈的經世意圖與思想，雖然至清初順治時，大量社集已隨嚴禁社盟的禁令消歇，不過從東林以來，加上復社、幾社的努力，的確爲經世新學風開啓一扇延續發展的窗口，提供學術發展的新空間。

㈢「經世」群書的學術意義

觀察一個社會的價值體系，就要從這個社會的群體成員的一致行爲來決定。明末清初時期，出現了大量的「經世」文章與書籍，這可說是當時士人社會的集體意識的反應。供需之間的關係必須平衡，所以當朝施政者的政治策略必有許多缺陋與弊病，因此產生大量的「經世」作品。當然，這也許彰顯了另一個事實，亦即在晚明專制政權的籠罩下，士人普遍缺乏可施展政治抱負的舞台。

晚明時期出現了大量的經世書籍，有成化年間的《經濟文衡》，嘉靖年間的《皇明名臣經濟錄》，萬曆年間的《皇明經世要略》，天啓年間的《經濟類編》等，而崇禎年間出版的《皇明經世文編》更是經世書籍中之翹楚，不但記錄了明代典章制度的沿革與朝臣論政的諸多建議，更反映出明代各時期在政治、軍事等各方面的發展狀況。這部叢書可以是當時士人表述理想政治的最佳證明。而這些書籍的誕生，更表示了學術、典籍與經世致用之間存在著必然的關係。

自宋以來，士人一直認定聖人之學可挽救國家於危亡之際，因此真德秀在上書與宋理宗時，曾明言聖人之道應有體用之備，不僅有體有用，還要由體而用，對於個人的修持有功效，對於國家治理

也要發揮影響，其言：

> 聖人之道，有體有用。本之一身者，體也；達之天下者，用
> 也。堯、舜三王之為治，六經孔、孟之為教，不出乎此。而
> 大學由體而用，本末先後，尤明且備。故先儒謂於今得見古
> 人為學次第者，獨賴此篇之存，而論、孟次之。蓋其所謂格
> 物、致知、誠意、正心、修身者，體也；其所謂齊家、治國、
> 平天下者，用也。人主之學，必以此為據依，然後體用之全
> 以默識矣。㉕

所以聖道應為治世之用，其經世之主張雖不明確，但經世思想卻已
表露無遺。這樣的觀念發展至明末時期，因為時代風氣的改變，改
革國家社會的需求愈加明顯，學術思想的訴求也從個人的修持上，
轉而面對改革國家天下的實際需求。所以明末時期大量出現的經世
群書，正是回應這樣需求的思維產物。李紀祥亦曾對「經世」文章
大量於晚明時期出現，說明其在學術上的意義與價值，他說：

> 東林學派的出現，使理學思想由教化轉向於經世，在這趨向
> 下，承繼丘濬《大學衍義補》之所「補」，注重儒家經世思
> 想，注重技術實用層面的治法的思想，也由隱而顯，成為與
> 理學內部崇實反虛修正運動平行發展的一股思潮。這個時期
> 對實用之學的注重與大量出現的「經世」書籍，就是這一現

㉕ 宋·真德秀撰，《真文忠公全集·大學衍義表並劄子》（臺北：文友書店，
民國57年9月），卷首，頁27-29。

象的具體反映。❷

其實，經世群書的出現，與東林學人、復社、幾社的成員都有著密不可分的關係，這些參與著錄選編經世群書之人，大約都是與東林或者復社、幾社有關之人士。如果說明末士人以清議與編書的方式來回應當時的政治問題，應該不是過份的論斷。只是這樣一致的表現形式，看見的是當時士人對政治狀況的急切反應，以及典籍大量爲政治服務的現象，經世學風的訴求雖然由隱而顯，但是屬於新時代的新學風卻尚未建立，經世群書的出現只是紀錄著明代士人傾其精力所展現出來的最後一束燦爛火焰。

在明末出現的經世群書中，陳子龍主編的《皇明經世文編》特具學術意義，這是一部攸關「治亂」主題的政書，也是提出治國制度的經世書籍，陳氏以編書的方式提供治道政策來挽救危亡的晚明政局，從這部書上可見陳子龍企圖以編輯的方式來呈現他的政治思想，他以題注的方式，在標題下簡短說明文章的大要，以正文注的方式，在文章中加入註釋，展現個人的思想與政治訴求，並以個人主編而其他成員集體選輯的方式，緊密結合政治與學術活動的雙重效用。

然而，值得注意的是，陳子龍等人選擇以編書的方式來呈現「經世」思想，這與承繼其經世思想的清初顧炎武、黃宗羲等人的表現方式大爲不同。陳子龍承接了東林學風的精神，講求治道實用，所以他們編書所呈現的內容亦只是呈現當時代許多與政者的思想與策

❷　李紀祥撰，《明末清初儒學之發展》（臺北：文津出版社，民國81年12月初版），頁94。

略性的建議，並未提出新的治世方略，所表述的內容切重實際面的
需求，並不空談個人烏托邦的理想政治藍圖，爲求切中時效性，所
以在內容上與當時的政治情狀維持著密切關係。其實，他在《皇明
經世文編序》中曾對當時的文風與學風表示不滿。他認爲萬曆以後
的文風華而不實，學風空疏浮泛，士人多沈迷於訓詁、詞章之中，
難以自拔，所以欲以選編之文行救危之務，他說：

> 俗儒是古而非今，文士擷華而舍實。夫保殘守缺，則訓詁之
> 文充棟不厭，尋聲設色，則雕繪之作永日以思。至於時王所
> 尚、世務所急，是非得失之際，未之用心，苟能訪求其書者
> 蓋寡，宜天下才智日以絀。故曰，士無實學。……夫孔子觀
> 於周，蕭相收於秦，大率皆天下要書足以資世用。❷⑦

他以「士無實學」來總結當時的弊病，儒生、文士皆未能克盡其責，
無法對君主盡忠，貢獻己力，所以天下才落於困境之中。至於典籍
之用，則必須發揮時代性的意義，才能如孔子與周、蕭相與秦的關
係一般，所以陳子龍編輯此書無非爲扭轉當時的空疏學風，提供治
世建議，以便能使學術真正在政治活動上發揮效用。而這樣的想法
與編書的舉動和顧炎武、黃宗羲等人在《天下郡國利病書》、《肇
域志》、《明夷待訪錄》等著作中所表現的治道政策的提供完全不
同，顧炎武以實際考察的方式將自己的建議表現在輿地書籍上，而
黃宗羲則是對於當時的政治、經濟等問題都提出了新的建議，顧、

---

❷⑦　明·陳子龍等編，《皇明經世文編·序》（明崇禎間平露堂刊本，臺北：
　　國風出版社，民國53年11月初版）。

黃這樣迥然異於陳子龍編書的舉止也是一種學術行爲影響政治活動
的不同表現。

　　經世文編可說是一種著錄形式的創立，雖然在《皇明經世文編》
之前已有許多經世書籍的產生，但是《皇明經世文編》仍最具典範
性意義，這種編輯文體，開啓了「斷代」經世書的體例。❷❸之後雖有
清人陸燿的《切問齋文鈔》的發展，至清道光年間的賀長齡、魏源
編纂的《皇朝經世文編》出現，經世文編儼然已成一種學術範式的
象徵，持續傳承與延續，可影響至《民國經世文編》的出現。這種
編輯文體究竟有無一致之特點，值得再行深究。

　　由東林學風「以清議格天下」❷❹，到復社復古學，「務爲有用」
的承繼，並由東林與結社學人爲代表而出產的大量經世典籍，流風
所及，甚至影響清代學術的發端與興盛。

三、清初由理學到樸學的轉向

　　重新檢討前代學術的沒落流弊及其在政治上無力回天的窮乏困
境，是新時代創造新學術風格的唯一通路。明末在諸多方面的衰落
敗亡致使清初的學者在爲學與治道上有更深刻的自我挑戰，除了「經

---

❷❸ 此說引自李紀祥，《明末清初儒學之發展》（臺北：文津出版社，民國81
　　年12月初版），頁107。所謂「斷代」是相應於「通史式」體例的稱謂。「通
　　史式」經世書籍之端緒，當屬杜佑《通典》之作，清代曾國藩已有此一說。
　　而「斷代」之謂則指《皇明經世文編》僅收錄有明一代人士之作。相關說
　　法請參見前述氏書，頁106-107。

❷❹ 明・劉宗周撰，《劉蕺山集・修正學疏》（四庫全書本），卷1。

世」概念的提升與發揚外，如何藉由學術思想的載體來表現也是當時很重要的工程。明末因為學術門戶的別立、執守，甚至攻訐的弊病叢生，如何釐清，甚或統整學術分派顯得特別重要。中國的學術發展，由漢以來始有「經學」，至宋發展為「理學」，明朝時更有義理心性之細分，也因為這樣的分別，學術的本意受到忽視，知識份子不務本事，致生流弊。所以清初時刻，對於經學與理學之間的關係，有必要先進行釐清與討論，以避免重蹈覆轍，並期能開展新的學術風氣。

㈠經學與理學之關係

當明朝敗亡，知識份子們在尋訪敗亡之因時，逐漸將焦點集中於學術本身無法發揮致用的關鍵上，而宋學就成為反思討論的核心。知識份子開始思考心性義理之學的發展究竟在明代扮演了什麼樣的角色？究竟出了什麼問題，使得學術與政治日益敗壞呢？針對理學與經學的關係，可由顧炎武（1613-1682）的「古之所謂理學，經學也」[30]之說展開，進而理解顧氏提出之基本企圖與想法。

顧炎武對於當時學術狀況的反思，或可由《日知錄》中窺見一二，其首言〈周末風俗〉曰：

> 如春秋時猶尊禮重信，而七國則絕不言禮與信矣；春秋時猶宗周王，而七國則絕不言王矣；春秋時猶嚴祭祀、重聘享，而七國則無其事矣；春秋時猶論宗姓氏族，而七國則無一言

[30]　清·顧炎武撰，《亭林文集·與施愚山書》（臺北：進學出版社，民國58年8月影印初版），卷3。

及之矣；春秋時猶宴會賦詩，而七國則不聞矣；春秋時猶有
赴告策書，而七國則無有矣。邦無定交，士無定主，此皆變
於一百三十三年間，史之闕文，而後人可以亦推者也，不待
始皇之并天下，而文、武之道盡矣。㉛

表達出對春秋時期典章制度的正面評價，亦有將春秋後七國的混亂
政局與明末的政治情狀相對比之意味。戰國時期不待秦之吞併，已
失喪文、武之道。所以晚明敗於清應在於明之文化傳統出現問題。
因此顧炎武反思當時已達極盛顛峰的理學系統，積極尋找政治文化
敗壞的根源，他直陳當時學風之敗壞，曰：

> 劉石亂華，本於清談之流禍，人人知之。孰知今日之清談孔
> 孟，有甚於前代者。昔之清談，談老莊；今之清談，談孔孟。
> 未得其精，而已遺其粗；未究其本，而先辭其末。不習六藝
> 之文，不考百王之典，不綜當代之務，舉夫子論學、論政之
> 大端，一切不問，而曰一貫，曰無言。以明心見性之空言，
> 代修己治人之實學。股肱惰而萬事荒，爪牙亡而四國亂，神
> 州蕩覆，宗社丘墟。㉜

申言心性之空言爲虛學，較魏晉清談之流禍更甚，指責當時知識份
子不讀書、不切實務、不重典章制度，也強調了學術必要有「修己
治人」之功，亦即必須有「經世」之效。他更進一步將造成此禍害

㉛　清・顧炎武撰，《日知錄集釋》（上海：世界書局，民國25年12月出版），
　　卷13，頁304。

㉜　同前注，〈夫子之言性與天道〉條，卷7，頁154。

的茅頭指向了王陽明（1472-1528），對他提出了非常嚴苛的批評：

> 以一人而易天下，其流風至於百有餘年之久者，古有之矣，
> 王夷甫之清談，王介甫之新說。其在於今，則王伯安之良知
> 是也。孟子曰：「天下之生久矣，一治一亂，撥亂世反之正，
> 豈不在後賢乎？❸

面對國破家亡與異族統治的事實，使得知識份子因深切的悲痛難免
言語過激。王學末流的確形成空疏浮泛的學風，但將過失歸咎於陽
明一人，恐怕有失公允，百餘年思想的發展累積是由許多複雜的因
素共同促成的，責任或不該置於王陽明一人。明末講學風氣興盛，
雖然顧炎武與東林學人頗有淵源，然其亦反對講學活動，猶不喜談
性命之理，他認爲講學只是聚衆空談，若學風不肅，則有害無益。❸
所以他說：「今日只當著書，不當講學。」❸爲是要精鍊出書中真義，
以助治道。

顧炎武不斷強調爲學是爲求「明道」與「經世」，所以學術必
須要有「經世」之功能。他說：

> 君子之爲學也，非利己而已也，有明道淑人之心，有撥亂反

---

❸ 同前注，〈朱子晚年定論〉條，卷18，頁439。
❸ 當時與顧炎武有私交情誼的張爾歧和歸玄恭就和顧氏的意見相左，張爾歧
 由理學的角度出發，認爲談性命之理，未使不可，足茲個人修用而已；至
 於歸氏則認爲講學可正人心學術，使國運亨通，亦屬益事。相關資料可參
 見《蒿菴文集・答顧亭林書》，卷1，《歸玄恭遺書・靜觀樓講義序》。
❸ 清・梁啟超撰，《中國近三百年學術史》（臺北：里仁書局，民國84年2月
 初版，《中國近三百年學術史》（附《清代學術概論》）合刊），頁79。

正之事，知天下之勢之何以流極而至於此，則思起而有以救
之。㊱

又云：

> 君子之爲學，以明道也，以救世也。徒以詩文而已，所謂「雕
> 蟲篆刻」，亦何益哉！㊲

「明道」是爲「救世」，爲百姓力挽天下敗亂之狀，在學問中明白
時局紊亂之因，以求改正之果效，若只是陷落在文章詞藻之中浮游
不出，就成爲無用之學。他在科舉受挫後，退而讀書，感悟時代困
局，遂發憤歷覽諸史並在北遊後完成了利病等書，這些著作可以說
是顧氏由實地查訪考證中得之，這也可以理解他爲學講求實證原則
的堅持。他在北遊後親自體會治道之種種艱難，他曾自述曰：「積
以歲月，窮探古今，然後知後海先河，爲山履簣。而於聖賢六經之
旨，國家治亂之原，生民根本之計，漸有所窺。」㊳並表明其著書之
因由，曰：

> 崇禎己卯，……。感四國之多虞，恥經生之寡術，於是歷覽
> 二十一史以及天下郡縣志書，一代名公文集及章奏文策之
> 類，有得即錄，共成四十餘帙。一爲輿地之學，一爲利病之

㊱ 清・顧炎武撰，《亭林餘集・與潘次耕札》（臺北：中華文獻出版社，民
　　國58年2月影印初版），頁173。

㊲ 同前注。

㊳ 清・顧炎武撰，《亭林佚文輯補・與黃太沖書》，收於《新校顧亭林詩文
　　集》（臺北：世界書局，民國52年1月初版），頁246。

書。㊴

學問應當有用，爲能匡正亂局。在他的著作中，《日知錄》可謂爲
其治學實踐的表徵，上篇言經術，中篇言治道，下篇言博聞，關注
了風俗、制度、經濟等層面的問題，並明確表達希冀恢復三代之盛，
其中蘊含的政治改革意圖是當時士人難以望其項背的。

另外，針對當時理學末流所造成的學術亂象，顧炎武亦提出其
返本溯源的想法，其言：

> 然愚獨以爲理學之名，自宋人始有之。古之所謂理學，經學
> 也，非數十年不能通也。……今之所謂理學，禪學也，不取
> 之五經而但資之語錄。㊵

即是針對宋學及其以往之學術內涵進行一個本質性的比較，因爲心
性之學發展至明末已成空談無據之說，其學說之根源非同往昔，所
以顧氏提出學術至明末清初已是古經學今禪學的分別，欲要正學術
之流，就必要反經學之本，所以要回到以往「取之五經」的方法。
針對顧氏所提，柳詒徵解之曰：

> 顧氏之學，欲以講經學之理學，代不講經學之理學，而絕非
> 以經學代理學。顧氏所反對之理學爲禪學之理學，而未嘗根

㊴　清·顧炎武撰，《亭林文集·天下郡國利病書序》（臺北：進學出版社，
　　民國58年8月影印初版），卷6，頁137。

㊵　清·顧炎武撰，《亭林文集·與施愚山書》（臺北：進學出版社，民國58
　　年8月影印初版），卷3。

本反對理學。㊶

亦即空談心性的理學之於顧氏而言，其敗壞之根本在於「空談」，心性之學的內容並非無助於家國治道之學，所以反根本求之有據之學才是當時要務，而學之根本即在五經。㊷空談之學是無法救時弊的，所以若要救世，不但要博學，還要取之五經，其言：

> ……不習六藝之文，不考百王之典，不綜當代之務，舉夫子論學論政之大端一切不問……以明心見性之空言，代修己治

㊶ 柳詒徵撰，〈顧氏學述〉，《學衡》第5期（民國11年5月），頁625-639。

㊷ 歷來討論此問題皆圍於全祖望所言「經學即理學」之說上論辨，將焦點置於理學與經學為二的基礎上論述，然顧氏所言並非主要分別理學與經學為二的關係，而在強調理學所出之學術源頭必須被重新檢視的問題，所以他提出的「取之五經」才是論述之重點。何佑森在這點上有較為接近顧氏論述目的的說明，他說：「亭林的『古之所謂理學，經學也。』不是『以經學代理學』，或『推翻一偶像而別供一偶像』的意思；而是教人讀理學要取之五經，要以經學為根柢，要以經書為憑藉，不要束書不觀而空談用心於內的釋氏之學。」可謂為對顧氏提出「取之五經」的明確理解。何氏之說見氏撰，〈清初三大儒的思想〉，《故宮文獻》第4卷第3期（民國62年6月），頁15。另外，全祖望提出「經學即理學」的說法，的確容易使人誤解顧氏之意，然全氏對於顧氏所言也不可謂錯誤，其曰：「……晚益篤志六經，謂古今安得別有所謂理學者，經學即理學也。自有舍經學言理學者，而邪說以起，不知舍經學則其所謂理學者，禪學也。……然其謂經學即理學，則名言也。」，也是顧氏理學源起的部分加以強調，這也是切重顧氏之說的論述，全氏之言見氏撰，《鮚埼亭集》（四部叢刊初編本）（臺北：臺灣商務印書館，民國64年6月台3版），卷12。

人之實學。**⑬**

正為顧氏思想之核心。

顧炎武所謂「經學即理學」概念的提出，是否正意味著要合理解釋由理學轉向經學研究的學術路線是合宜且自然的趨勢。並且，意欲藉由學術思潮由共同文獻為研究基點的統合概念來彌合理學與經學不同著重點的差異性；或模糊或明確地顯示出理學與經學並非截然二分的學術思潮，其應為「同文同種」之發展結果。

顧炎武雖提出捨經學無理學的說法，但其並無意強調何者為主何者為輔的關係，亦即並不對立或強化二者的分別性，他只是針對學術本源進行說明，當然這樣的看法絕不是顧氏一人之見，黃宗羲（1610-1695）也曾表示「學者必先窮經」的重要性，直指為學之根本在「經」，而方以智（1611-1671）晚年在江西講學時，更提出「藏理學於經學」的主張**⑭**，可見當時的士人亦頗有與顧炎武同論之輩。

在釐清理學與經學關係的同時，顧氏提出學術正本溯源的重要性，反五經而務學提供了當時治學的新出路。這也有助於解釋後來清代學術逐漸轉往考據之路線發展的可能性。不論是「經世」概念的闡揚，抑或為學返本五經的追求，顧炎武於清代學術的發展的確具有了典範性的意義與價值。

---

⑬ 清·顧炎武撰，《日知錄集釋》（上海：世界書局，民國25年12月出版），〈夫子之言性與天道〉條，卷7，頁154。

⑭ 相關論述可見余英時撰，〈清代思想史的一個新解釋〉，收於《論戴震與章學誠──清代中期學術思想史研究》（臺北：東大圖書股份有限公司，民國85年11月初版），頁365。

㈡經學與史學的關係

在爲學務本的基礎上，黃宗羲提出了「學者必先窮經」的路徑，認爲必須多讀書始能證理之變化。然而在這樣論述的基礎上，更深刻地是黃宗羲承繼了史學意識，看見重返經學的治經進路中，若沒有輔以史籍，便容易落入另一治學之窠臼，爲學必須經爲主史爲輔，便能更著意於經義的深刻意義，不會落入皓首窮經，如漢學治經一般的偏重章句訓詁的字句上著眼，而忘卻了治經是爲了治道的理想與目的。有別於顧炎武的說法，黃宗羲除了要將理學、經學熔於一爐外，更要求知識份子要注意史籍的重要與其提供的價值。

黃宗羲早歲從學於劉蕺山，而劉蕺山講學亦隨東林而起，亦可謂爲東林遺風之另一發揚。黃宗羲早期講學亦以發揚其師「慎獨」之學爲己任，然在歷經明代中葉學風日壞的狀況下，其所思所想亦產生了變化，全祖望對於黃宗羲因爲明末學風敗壞而在學術風格上進行思想改造的轉變情形做了以下說明，曰：

> 自明中葉以後，講學之風，已為極弊，高談性命，束書不觀，其稍平者則為學究，皆無根之途耳。先生始謂學必源本於經術，而後不為蹈虛，必證明於史籍，而後足以應務，元元本本，可據可依，前此講堂錮疾，為之一變。❹

黃宗羲認爲爲學應本於經術，證於史籍，使足以應時局之事。這種

---

❹ 清·全祖望，《鮚埼亭集》外編，〈雍上證人書院記〉，（四部叢刊初編本），（臺北：臺灣商務印書館，民國64年6月台3版），卷16。

綜合經史材料爲學問行事之標竿的說法亦屬開一時代新風氣,他不
但強調爲學源本於「經術」的重要性,認爲史料所呈現的經驗法則
可幫助治世的正確性,他也再次對當時空談心性的講學之風作了批
評,黃宗羲自言:

> 明人講學,襲語錄之糟粕,不以六經爲根柢,束書而從事於
> 游談,故受業者必先窮經,經術所以經世,方不爲迂儒之學,
> 故兼令讀史。又謂讀書不多,無以證斯理之變化,多而不求
> 於心,則爲俗學。❹

他認爲明人藉由講學風氣之盛,將學風帶往空垠無根之境地,只沿
襲宋明語錄之著作內容,不以聖學之經籍爲論學之根基,因此提倡
爲學必要務實,必由窮經始,並兼讀史書,方能爲有用之學。他更
進一步強調,學術不當有門戶之見,應取中庸融涉之道,說:

> 學問之事,析之者愈精,而逃之者愈巧。……夫一儒也,裂
> 之爲文苑,爲儒林,爲理學,爲心學,豈非析之欲其極精乎?
> 奈何今之言心學者,則無事乎讀書窮理。言理學者,其所讀
> 之書,不過經生之章句。其所窮之理,不過字義之從違。薄
> 文苑爲詞章,惜儒林於皓首。封己守殘摘索不出一卷之內,
> 其規爲措注,與纖兒細士,不見長短,天崩地解,落然無與
> 吾事,猶且說同道異,自附於所謂道學者,豈非逃之者之愈
> 巧乎?……某雖學文而不能廢夫應酬,窮經而不能歸於一
> 致。洒掃先師蕺山之門,而浸淫於流俗。弦急調哀,不知九

品人物，將來何等。**㊼**

表達學術有多元融涉的必要，亦有對當時旁分門戶派別，各執己說，甚而互相攻訐之情形進行反省。

黃宗羲的學術思想主要呈現在《明儒學案》與《明夷待訪錄》二書上。黃宗羲的《明夷待訪錄》是他反思明代覆亡後的救弊之作，至於《明儒學案》則書寫他思想中的明代學術系譜，整理心學發展的學術脈絡，展示其學術立場。

顧炎武和黃宗羲都是清初學風首開其端的重要人物，雖然因為面對動盪時局的態度與際遇不同，並在與乾嘉之學的聯繫上程度有所差異，受到重視與討論的比重也並不一致，但基本上，他們都對於晚明王學末流所產生的理學弊病進行一番檢討，並各自提出自己的看法。雖然後世認為顧炎武與黃宗羲的發展路線不同，但至少他們都認為意欲發揚「經世」之術，必要對經典進行一番深刻的理解與閱讀，只是顧炎武以考據方法論下開乾嘉之學的經學經世路線，而黃宗羲則提出必須兼讀經史，以避免拘執於經書中，爾後有浙東學派的章學誠（1738-1801）將其史學經世的路線加以發揚光大，重新檢視經、史之間的關係，並企圖重建學術系統以革新當時的學術狀況。

另外，顧、黃等人居於清初學術形成的起點，承接由東林學風而來的「經世」概念，呈現在不同的思想載體上，與東林學人相異的是思想載體的形式，他們將自我的想法表現在著作之中，對於當

㊼　清·黃宗羲撰，《南雷文定》前集〈留別海昌同學序〉（臺北：世界書局，民國53年2月初版），卷1。

時的政治情狀提出全然的改革理論與建議，當中亦包含他們的政治
理論，不同於陳子龍等人的編纂，顧、黃提供的政治建議應屬於需
要長遠進行改革的工程。

四、乾嘉樸學的形成

　　歷來論及清初學術的開山祖師，皆以顧炎武爲第一人選。顧炎
武在明末清初時提出「博學於文」、「行己有恥」的爲學精神，爲
清初學術承晚明以來開創新學風的發展方向。他除了強調「經世」
概念的重要性外，更提供後學一個治經的新進路，亦即以恢復古音
進而理解古經義，而後方能將之用於治國平天下的政治理想中。雖
然顧炎武在當時的確對學術界造成了新的啓發，然清學爲何就沿著
這樣的路線發展出來一整套的新學術內容呢？這個問題歷來學者著
力頗多，也提出許多外緣與內在理路的促成因素，然新學風的形成
並非能以單純的因素加以說明並成爲可能，我們可以相信新學術風
氣的興起進而大盛必定有許多內在與外緣因素的相互配合，這也絕
非是專制政權的壓制或某些士人群體的提倡就能合理解釋的。以下
僅就大致的影響因素加以說明。**48**

48　關於乾嘉樸學的興起與昌盛，學者著力頗多，孫劍秋歸納出十二點，如通
　　經致用的轉化、政治的穩定統一、經濟的繁榮發展、文字獄箝制思想等，
　　相關資料可參見氏著，〈清代漢學形成原因綜論〉，收入《第二屆清代學
　　術研討會論文集》，（高雄：國立中山大學，民國80年11月），頁21-39。
　　另有陳祖武、張麗珠、漆永祥等，皆有相關論述。筆者自度並未能以簡短
　　的篇幅解決此一龐雜的學術興起現象，因此本文僅綜合地由君主的文化政
　　策、方法論的選擇建立，並學術理路的內在發展等處論述，雖未能包羅各
　　式變化因素，但求能掌握學術風氣轉變之大要。

㈠文化政策的導向

中國經學的型態大致隨著統治機制的各種需求而不斷進行改變的方向，「從滿足以經術緣飾政治的需要的角度考察，由西漢到清朝的經學型態，可以大概分成經漢學和經宋學兩大體系，而經漢學又有今文學與古文學的更迭，經宋學也有理學與心學的畸變。」㊾然而到了清朝卻很難再以漢學或宋學的路線加以規劃收編。清初，滿清以異族政權入主統治，在政權的合法性上遭受許多的挑戰，因此清主選擇的文化政策走向顯得格外重要。

梁啓超曾說「滿州人雖僅用四十日功夫便奠定北京，卻須用四十年功夫纔得有全中國」㊿。這說明滿人在統治中國的前四十年的確需要考量許多漢、滿之間文化傳統的差異，統治絕不同於征服，所以梁氏將其統治前期的政策，約略分爲三期，即：

> 第一期，順治元年至十年，約十年間：利用政策。
>
> 第二期，順治十一、二年至康熙十年，約十七、八年間：高壓政策。
>
> 第三期，康熙十一、二年以後：懷柔政策。(51)

這樣政策性的劃分，或許太過簡化當時的統治狀態，也太單一化清

㊾ 朱維錚撰，《中國經學史十講》（上海：復旦大學出版社，2002年10月1版1刷），〈中國經學的近代行程〉，頁54。

㊿ 清·梁啟超撰，《中國近三百年學術史》（臺北：里仁書局，民國84年2月初版，《中國近三百年學術史》（附《清代學術概論》）合刊），頁19。

(51) 同前注，頁20。

廷的統治立場，不過，由此亦可約略知曉，清廷在政策上態度的轉變。清廷的統治，最大的挑戰來自於中國的士大夫傳統與龐大的文官制度，面對這樣傳統的政治機制，清廷在當時是無能爲力以新代舊的，縱使心存芥蒂，接受當時既有的學術風貌，實是不得已的選擇。因此「尊朱抑王」就成爲當時文化政策的指標。(52)雖然清廷接受當時的文化傳統，不過畢竟是中國專制統治非常強烈的時代，對於士人的心態，清主有完全掌握的強烈企圖。如清高宗就認爲，士人不應有以天下爲己任的想法，亦即天下的權勢應當完全掌控於君主一人之手，他曾說：

> 夫用宰相者，非人君其誰乎？使為人君者，但深居高處，自修其德，惟以天下之治亂付之宰相，己不過問，幸而所用若韓、范，猶不免有上殿之相爭，設不幸而所用若王、呂，天下豈有不亂者，此不可也。且使為宰相者，居然以天下之治亂為己任，而目無其君，此尤大不可也。(53)

---

(52) 朱維錚認為清廷的「尊朱抑王」是「由分裂的文化心態導引出的分裂的文化政策」，這是解釋清代經學史的一個關鍵。他認為，文化落後的滿州貴族沒有相應於傳統經學的觀念形態，因此只能接受中國既有的幾百年來「非程朱即陸王」的選擇。當然，程朱、陸王之間仍是二選一的狀態，只是加速明朝滅亡的王學，待到清朝入主統治時，就成為清廷的統治阻礙了。而當時以王學支脈結社的文人又是反清運動最激烈的根源，自然不適用。另外，程朱之學曾被金元朝用以統治亦與當時的文官機制密切結合，所以較陸王之學更為適用。相關論述見氏著，《中國經學史十講》（上海：復旦大學出版社，2002年10月1版1刷），〈中國經學的近代行程〉，頁54-55。

(53) 乾隆御製〈書程頤論經筵劄子後〉，參見錢穆撰，《中國近三百年學術史》，自序，頁2。

這是清廷專制極權興盛的時期,對於士人「經世」思想的發揚與實踐當然是一種莫大的限制。為了鞏固統治的權力機制,君主必須掌握士人的言論與思想傾向,若在上位者能以政治權勢或柔的鼓勵或剛的規制而成為主導學術發展傾向的主要力量,就更能因此將學術力量轉而為政治所用,消極地避免反對勢力,積極地助於新政策的推行。所以關於君主的勢力主導學術的發展,黃進興曾說:

> 清初君主在政治意識形態所努力的是,將「政治勢力」延伸到「文化領域」,確切地說,是因統治者主動介入文化與思想的傳統,致使「皇權」變成「政治」與「文化」運作的核心,而統治者遂成為兩項傳統最終的權威。[54]

既然清廷是以「尊朱抑王」為主要的學術形態,則經宋學在清代的發展,也成為主流,但為何清學發展至乾嘉時期卻成為考據學的天下呢?這當然與清廷的文化政策相關。清人昭槤曾言:

> 上初即位時,一時儒雅之臣,皆帖括之士,罕有通經術者。上特下詔,命大臣保薦經術之士,輦至都下,課其學之醇疵。特拜顧棟高為祭酒,陳祖範、吳鼎等皆授司業。又特刊《十三經注疏》頒佈學官,命方侍郎苞、任宗臣啟運等褒集《三禮》。故一時者儒夙學,部列朝班,而漢學始大著,齷齪之儒,自踖足而退矣。[55]

---

[54] 黃進興,〈清初政權意識形態之探究:政治化的道統觀〉,《中央研究院歷史語言研究所集刊》第58本第1分(民國76年3月),頁120。

[55] 清·昭槤撰,《嘯亭雜錄·重經學》(北京:中華書局,1980年),卷1。

表述經漢學受到重視的情況，清廷的文化政策與對學術走向的影響似乎在乾隆時期有了轉變。根據前文所載，當時稱名之人皆善文者，但少有通經術者。於是朝廷命令大臣舉薦經術之士，又刊佈經書，收集三禮相關書籍，使得經漢學興盛起來，當然，這有可能是學術文化的發展在當時或有產生弊病，亦有可能是清廷統治政策的搖擺。(56)不過，這樣的提倡，的確對「經世」思想有所裨益，我們由《清史稿・儒林傳序》中所記，曰：

> 清興，崇宋學之性道，而以漢儒經義實之。御纂諸經，兼收歷代之說；四庫館開，風氣益精博矣。(57)

可以知道，若清廷「尊朱抑王」的學術方向未變，則經漢學或經術之學的提倡，當是爲經宋學尋找落實於政策上的經驗法則，即所謂「以漢儒經義實之」之義。學術發展至此，雖不能論斷出，經宋學與經漢學已成爲兩條發展的主脈，或者是經宋學爲主，經漢學爲輔的結果。但可清楚的是，乾隆與康、雍主的政策有所不同，對於學術的興趣也有異。另外，乾隆開四庫館，下召編纂四庫全書的動作也對當時的學術狀況產生具體的影響。清人洪亮吉（1746-1809）曾論

(56) 關於清廷君主在「尊朱抑王」的選擇上，朱維錚認為，清主「在尊崇的同時，沒有忘記疑忌。因此，一面表彰理學名臣，一面譏斥『假道學』；一面『以理殺人』，一面壓迫真理學；一面追貶『貳臣』，一面申斥宰相竟想『以天下為己任』」。這就是清主對於文化政策搖擺不定的可能表現。引文見氏書，《中國經學史十講》（上海：復旦大學出版社，2002年10月1版1刷），〈中國經學的近代行程〉，頁55。

(57) 清・趙爾巽、柯劭忞編纂，《清史稿・儒林傳序》（臺北：洪氏出版社，民國70年8月1日初版）。

及惠棟（1697-1758）、戴震（1724-1777）入四庫館對興盛清乾嘉學的影響，曰：

> 乾隆之初，海宇又平已百餘年，鴻偉儻特之儒接踵而見，惠征
> 君棟、戴編修震，其學識始足方駕古人。及四庫館之開，君與
> 戴君又首膺其選，由徒步入翰林。於是，海內之士知向學者於
> 惠君則讀其書，於君與戴君則親聞其緒論，向之空談性命及從
> 事帖括者，始駸駸然趨實學矣。夫伏而在下，則雖以惠君之學
> 識，不過門徒數十人止矣；及達而在上，其單詞只義即足以歆
> 動一世之士。則今之經學昌明，上之，自聖天子啟之，下之，
> 即謂出於君與戴君講明切究之力，無不可也。[58]

四庫館開，使得空談性命者，即假道學者，和只著重科舉功名之士
都受到影響，紛紛將重心轉往所謂「實學」之上，即當時的考據學。
所以考據學的興盛，在上位者所發揮的影響頗大。當然，開四庫館，
整理書籍，編纂四庫全書等工程必定有徵書、訪書及編選四庫書籍
之原則，在乾隆三十七年廣徵圖書的上諭中，對訪求書籍之要求為：

> 其歷代流傳舊書，內有闡明性學治法，關係世道人心者，自
> 當首先購覓；至若發揮傳注，考核典章，旁暨九流百家之言，
> 有裨實用者，亦應備為甄擇。[59]

首要之選仍以性理內容之書籍為主，若有傳注經籍、考核典章以利

---

[58] 清·洪亮吉撰，《卷施閣文甲集·邵學士家傳》，（四部備要據北江遺書
本校刊）（臺北：中華書局，民國54年），卷9，頁3。

[59] 《四庫全書·卷首》，乾隆三十七年正月初四日諭。

實用之作，亦當擇而備用。可見乾隆對學術發展的主張與興趣並未改變，但或者是時勢所趨，抑或者是無法明確控制，又或者是乾隆有意的放寬箝制力，畢竟往漢學考證的方向發展並不直接影響清廷的控制機制。總之，四庫全書之編纂原則亦有從心性義理之學往傳注考據的要求前進的事實，四庫全書之編纂凡例載云：

> 說經主於明義理，然不得其文字之訓詁，則義理何自而推？論史主於示褒貶，然不得其事跡之本來，則褒貶何據而定？……今之所錄，率以考證精核、辨論明確為主，庶幾可謝彼虛談，敦茲實學！(60)

強調既要明義理之精粹，則不從文字訓詁不可得，所以擇考證精要明確之作，可杜絕空虛泛談之舉。這也可說是以恢復程朱之學爲主，以傳注考據爲輔而實之之文化政策的表現與要求。而關於清廷整體的文化統治，章太炎（1869-1936）曾有一個概略性的說明，他說：

> 滿洲初載，皖南之學未興，顧氏而下，陳啟源、朱鶴齡、臧琳之徒皆起于吳，學雖淺末然未嘗北面事胡人；惠士奇始顯貴，其子棟，一舉經學，棟之徒江聲亦舉孝廉方正，皆未試也。雖余蕭客陳奐輩，猶以布衣韋帶盡其年壽，則嘉遯之風廣矣。滿洲于江南，其姦劫屠夷最甚。故士人恥立其朝。康熙乾隆之世賊渠數南下以鎮撫之，猶不能撥；則以殿試甲第，誘致其能文章者先後賜及第無算，既醉利祿，彭紹升之徒為

(60) 《四庫全書·凡例》。

之播揚，則嘉遯之風始息。(61)

表示清廷自清初開始的學術政策走向，用心至極，有以專制權勢加之，有以鼓勵政策推之，更有以利祿誘之，種種推波助瀾之下，欲達確實掌握學術發展方向，以利政治統治之目的。

乾嘉樸學的形成與興盛，在上位者的文化政策的確發揮了某種程度的影響力，然而歷來對乾嘉學術的興起，只要論及政治勢力的介入，總不免談及文字獄與禁書政策對士人的戕害，的確，文字獄的發生是一個歷史的事實，然而要單純的解釋士人對乾嘉樸學考據的投入是因爲恐懼文字獄的迫害，又恐怕太過簡略。實際上，乾嘉學術的興起應該是由更複雜的多重因素推波助瀾而成。當然，政策性的考量絕非君主單純地以對學術發展方向的控制就可以達到全面箝制思想與言論的目標，更不可能全面主導各種因素的相互配合，美國學者艾爾曼就以社會文化史的研究進路對清朝乾嘉學術的興盛提供了另一種解釋的可能性，(62)別異於單純以學術內緣的發展，或文

---

(61) 章太炎撰，《太炎文錄初編》，卷1，頁117。收於《章氏叢書》（臺北：世界書局，民國71年4月再版），下冊。章太炎有強烈的民族意識是眾所周知，此番說法或者有其私人好惡的價值判斷，然當時清廷的政策導向也確為如此。

(62) 美國學者艾爾曼（Benjamin A. Elman）主要是從清代社會經濟的背景考察乾嘉考據學賴以生存的江南學術共同體的演變過程。他以托馬斯·庫恩（Thomas Kuhn）對專業化學者與其思想表述的載體範式群的研究成果並米歇爾·福柯（Michel Foucault）的「話語」理論來考察清代學術共同體的特色，也提出了清代考證性的樸學話語的總體特點是清代學術觀念變化的基本反應。相關論述見氏書，《從理學到樸學—中華帝國晚期思想與社會變化面面觀》，南京：江蘇人民出版社，1995年9月第1版。

字獄的迫害因素等說法，這些論點的確很難成為主宰一種新學風興盛的持續動力，清代乾嘉學風的興盛絕不是單純的學術內緣或外緣的因素所能構成。更甚者，我們若考察西學進入中國的傳播路線，也可能研究出西學的「考證」精神約略影響了中國學術在考據學風上的興盛。

㈡方法論的革新

新思潮往往是因應舊典範的弊病而出現，乾嘉學的形成也可說是知識份子對於前代理學思潮的反省結果。既然理學至明末已發展成各自表述並流於空疏無用的境地，自然無法為政治機制帶來輔助的力量。多數討論此問題的學者都將癥結推往理學至樸學的發展是一種「虛實」(63)對應的關係，「學」要有用則必須「實」，而「虛」的理學完全是一種無法有判准可依循的學術內容，容易落入各自表述，不明聖賢原意之學風傾向，因此如何回歸聖賢經典之原意就必須從根本入手。既然是反對理學空談心性，則其「空談」之法就可加以糾正，所以「心性」無罪，錯在「空談」上，而究竟如何方能使學術思想具有實質的價值效益呢？其「談」必須有所依據，依據何來？既不能自我詮釋表述，只好法古。清初時期既要超越宋明理學階段的弊病，則必回溯漢、唐經傳之義疏，而漢、唐義疏之學則

(63) 「虛實」是一種相對用法，有浮動意涵，端視評價者的立場，或有物質面或精神面的堅持，或以物質為「實」，精神為「虛」，亦有以精神為「實」，物質為「虛」者，此處無關是非，僅是個人之評價問題。若僅以此兩種不同的觀察角度，就可以出現完全不同的論調。本文僅表述一種可能立場，並非斷言。

是歸本於考據經典之原始意涵，所以乾嘉樸學的先導就由方法論上的革新開啓一條發展的新方向。

其實，在明代理學發展過程中，早有自覺的理學家，如錢牧齋，提出還原經典原意的重要性。只是明代考據學風的興起與乾嘉學對於考據的本質性要求與發生意義有所不同。明代所謂的回歸典籍運動，可以說是對程朱、陸王義理思想爭論的白熱化結果。明中葉以後興起的考據學風，主要來自於對程朱、陸王內在義理思想相持不下的諸多爭論，學術新典範的建立主要來自於對舊典範的批評，而理學義理思想之是非相爭不下時，應取決於典籍，所以考證典籍之內涵意義，是解決爭論的方法，也因此明末清初學人的考證典籍多集中在辨明程朱、陸王義理思想上(64)，考據是爲明白經典原意的基礎工作。然此等考據工作仍停留在解決明代的舊問題上打轉，還未走向清代新學術風貌的建立階段，雖然清代學術至乾嘉時期考據學大盛實屬事實，但若進一步考察清人考據的終極目的，應在明經之下，還有經世致用之嚮往，由此即可區分出明、清學人考據目的之相異。

清初學術新風貌的建立，若以梁啓超的說法而言，是一種「厭倦主觀的冥想，而傾向於客觀的考察」(65)，這樣的解釋雖然有過份簡化清學發生的可能性，但卻可見方法論的革新在清代新學術風貌中

---

(64) 若以考據是為正心性義理之是非曲直而論，則清代學術在方法論上的沿承選擇，或亦為一種延續舊典範的發展脈絡，則理學與乾嘉考據學之發展或是一脈相承而非截然二分的學術走向。當然，考據並非明、清獨有的方法，只是在當時蔚為大宗的確有其學術發展的特殊意義。

(65) 清·梁啟超撰，《中國近三百年學術史》（臺北：里仁書局，民國84年2月初版，《中國近三百年學術史》（附《清代學術概論》）合刊），頁1。

所佔有的重要價值。論到開清代新學風的第一人，除顧炎武別無二選。我們知道，顧炎武對於陽明理學的影響有很大的批評，而陽明後學所出現的束書不觀，不學無術的特點，最令顧氏不滿，他在《日知錄》中論到「道器」問題，強調學習技術的重要性時，仍隱然存有這樣的看法，他說：

> 形而上者謂之道，形而下者謂之器。非器則道無所寓。說在乎孔子之學琴於師襄也，已習其數，然後可以得其志。已習其志，然後可以得其為人。是雖孔子之天縱，未嘗不求之象數也。故其自言曰：下學而上達。(66)

若由此文觀之，可以見得顧炎武亦由理學之老問題上，即對「道器」的看法去談學問落實到方法論上的問題，明末王學確有束書不觀之陋，亦造成不學無術的結果，所以顧氏在此以物質性強調道器之間的關係，學習要有方法，方能上達心志，而得爲人之精髓，就連聖人孔子都重視方法的重要性。「理」應該要從具體的事物之中求得，所以「道」不應是憑空玄想就能推論出來，所以離開「器」就沒有「道」了。由此看來，顧氏反理學的確是反其空疏無根，束書不觀之缺陋，而非反理學思想之本身，他不但認爲要讀書，而且還要有方法，始能達至最後的經世功用，所以他以《音學五書》做爲論學以考據入手的示範，爲清代學術的新風貌開啓發展的方向。

顧炎武在音韻學上，承繼明末陳第（1541-1617）《毛詩古音考》

---

(66) 清·顧炎武，《日知錄集釋》，（上海：世界書局，民國25年12月出版），〈形而下者謂之器〉條，卷1，頁15。

的方法，以「本證」和「旁證」的歸納法，連繫《詩經》韻角，歸
納義例證明文字的古代發音，完成了《詩本音》、《音論》、《易
音》、《唐韻正》和《古音表》等，合稱爲《音學五書》。《音學
五書》的完成，對乾嘉考證學而言實有典範性的意義。李紀祥將顧
炎武由音韻入手以通經識義所建立起來的學術系統，以下表陳之：⑥

通音識文　　　　經術
　方法→→→→→通「經」→→→明制作之原→→經世→→待後王
　博　　學　　　　治道

在由音韻通經以致用的路向上，顧炎武提出由古音返本五經之義的
進路，他說：

> 若《音學五書》，爲一生之獨得，亦足羽翼六經，非如近時
> 拾審之語。⑥⑧

重點在「羽翼六經」此句之闡述延伸，不是爲小學而小學之作，有
明經而能治道之用。在提出以考古音爲通經之鑰時，顧氏提出了經
典之語，即「讀九經自考文始，考文自知音始」，明確化由知音往
考文，再至讀經的順序，他說：

---

⑥⑦　李紀祥撰，《明末清初儒學之發展》（臺北：文津出版社，民國81年12月
初版），頁263。於此可看出顧炎武沿承明代考據之方式，欲達致用之終極
目標，而「待後王」亦存有個人之民族觀，關於此點並非本處之討論重心，
故暫存而不論。

⑥⑧　清・顧炎武撰，《亭林文集・與楊雪臣書》（臺北：進學出版社，民國58
年8月影印初版），卷6。

三代六經之音，失其傳也久矣，其文之存於世者，多後人所
不能通，以其不能通，而輒以今世之音改之，於是乎有改經
之病……至於近日鋟本盛行，而凡先秦以下之書率臆徑改，
不復言其舊為某，則古人之音亡而文亦亡，此尤可歎者
也。……嗟夫！學者讀聖人之經與古人之作，而不能通其音；
不知今人之音不同乎古也，而改古人之文以就之，可不謂之
大惑乎？……故愚以為讀九經自考文始，考文自知音始。以
至諸子百家之書，亦莫不然。……夫子有言：「齊一變至於
魯，魯一變至於道。」今之《廣韻》，固宋時人所謂菟園之
冊，家傳而戶習者也。自劉淵韻行，而此書幾於不存。今使
學者睹是書，而曰：自齊、梁以來，周顒、沈約諸人相傳之
韻固如是也，則俗韻不攻而自絀。所謂「一變而至魯」也。
又從是而進之五經三代之書，而知秦漢以下至於齊梁歷代遷
流之失，而三百五篇之詩，可弦而歌之矣。所謂「一變而至
道」也。⑥⑨

清楚解釋音韻經歷時代而產生的變化對理解經義的莫大影響，亦提
出為學既然要「取之五經」，而「五經」之意又多是後人傳疏詮釋
而出，必定有許多輾轉之間的陋失，何況經典歷經宋明以來的疑經
改經之風，經典之原始風貌如何，已頗難有所宗，況乎時人以古就
今之風氣頗盛，這之於古經音義之恢復無疑是最大的戕害，既然古

---

⑥⑨　清‧顧炎武撰，《亭林文集‧答李子德書》（臺北：進學出版社，民國58
　　年8月影印初版），卷4。

經已多遭改易(70)，欲明古經之治道則必須歸本溯源由闡明古經之字音義出發，欲理解古經，則必要通古音，古音既多不能辨，就從前人辨明之作入手，因此顧氏之音韻考證路線亦前有所承。依循《廣韻》之次第而未有更易，亦循古人之意，為使後學者有其門而入，所以顧氏此書之於清代學術以音韻考據入手所建構起來的學術體系的典範意義即在於此。顧氏曾說：

> 記曰：「聲成文謂之音」，夫有文斯有音，比音而為詩，詩成然後被之樂，此皆出於天而非人之所能為也。三代之時，其文皆本於六書，其人皆出於族黨庠序，其性皆馴化於中和，而發之為音無不協於正。……故三百五篇，古人之音書也。

---

(70) 顧炎武曾言經之變曰：「昔者漢西平四年，議郎蔡邕奏求正定五經文字，乃自書丹於碑，使工鐫刻，立於太學門外，後儒晚學咸取正焉。魏正始中，又立古文篆隸三字石經。自是以來，古文之經不絕於代。傳寫之不同於古者，猶有所疑而考焉。天寶初，詔集賢學士衛包改為今文，而古文之傳遂泯，此經之一變也。漢人之於經，如先後鄭之釋《三禮》，或改其音而未嘗變其字。〈子貢問樂〉一章，錯簡明白，而仍其本文不敢移也，注之於下而已。所以然者，述古而不自專，古人之師傅，固若是也。及朱子之正《大學》、《繫辭》，徑以其所自定者為本文，而以錯簡之說注於其下，已大破拘攣之習。後人效之，《周禮》五官互相更易，彼此紛紜；〈召南〉、〈小雅〉且欲移其篇第，此經之又一變也。聞之先人，自嘉靖以前，書之鋟本雖不精工，而其所不能通之處，注之曰疑；今之鋟本加精，而疑者不復注，且徑改之矣。以甚精之刻，而行其徑改之文，無怪乎舊本之日微，而新說之愈鑿也。」（引文出處同前注）表示經書在經歷時代的更迭中亦受到多次的損傷，其時之說難以取信於士人，所以有反古之說，要越嘉靖後徑改之風，越宋朱子錯簡之說，並越漢人改音之舉，企圖還經之古音古字之原始樣貌。

> 魏晉以下，……今音行而古音亡，為音學之一變。……於是宋韻行而唐韻亡，為音學之再變。世日遠而傳日訛，此道之亡，蓋二千有餘歲矣。……於是據唐人以正宋人之失，據古經以正沈氏唐人之失，而三代以上之音部分秩如，至賾而不可亂。乃列古今音之變，而究其所以不同，為音論二卷，考正三代以上之音；注三百五篇，為詩本音十卷；注易、為易音三卷；辨沈氏部分之誤，而一一以古音定之，為唐韻正二十卷，綜古音為十部，為古音表二卷，自是而六經之文乃可讀。……天之未喪斯文，必有聖人復起，舉今日之音而還之淳古者。(71)

清楚標明古音之變的過程，亦表明返古音以讀經明道而治世的決心，而其言「聖人復起」即自許也。當然，針對《音學五書》的撰作，顧炎武不諱言受到前輩的指引，他特別稱許吳才老《韻補》之作，認爲後人如陳第、方以智等皆是受其影響，但《韻補》之作卻未見盛行，而使得吳才老未能得其應有之地位，他說：

> 余為唐韻正，已成書矣。念考古之功，實始於宋吳才老，而其所著韻補，僅散見於後人所引而未得其全，頃過東萊，任君唐臣有此書，因而從假讀之月餘，其中合者半，否者半，一一取而注之，名曰韻補正，以附古音表之後，……後之人如陳季立、方子謙之書，不過襲其所引用，別為次第而已。

---

(71) 清・顧炎武撰，《音學五書・敘》（臺北：廣文書局，民國55年1月初版），頁1-2。

> 今世甚行子謙之書，而不知其出於才老，可嘆也。……夫以余之譾陋，而獨學無明，使得如才老者與之講習，以明六經之旨，復三代之舊，亦豈其難，而求之天下，卒未見其人，而余亦已老矣。(72)

亦可以明白顧炎武欲正唐韻以明古音韻之企圖，當六經之文可讀，明其意旨，便可待後王以興復三代之舊，所以明古音韻亦爲恢復三代之典章制度而行。當然，以音韻入手以通經知義並非學術研究的新方法，亦非顧炎武之獨見，紀昀就曾說：

> 明之中葉，以博洽著者稱楊慎，而陳耀文起而與爭，然慎好偽說以售欺，耀文好蔓引以求勝；次則焦竑，亦喜考證，而習與李贄游，動輒遷綴佛書，傷於蕪雜，惟以智崛起從崇禎中，考據精核，迴出其上。風氣既開，國初顧炎武、閻若璩、朱彝尊等，沿波而起，一掃懸揣之空談，雖其中千慮一失，或所不免，而窮源溯委，詞必有徵，在明代考證家中，可謂卓然獨立矣。(73)

清楚標示出在顧炎武之前已有許多以音韻考據之進路而進行明經之工程的士人。只是明代的回歸典籍以考據音韻識義，主欲正經之面貌，與清初顧炎武欲行考據而明經，欲明經之道而行治世之目的有

(72) 清·顧炎武撰，《亭林文集·吳才老韻補正序》（臺北：進學出版社，民國58年8月影印初版），卷6。

(73) 清·紀昀等編撰，《四庫全書總目》提要（臺北：臺灣商務印書館，民國60年7月增訂初版），第3冊，頁2501。

別。而從顧炎武起，將考據與經世之精神結合，開清初學術之新風氣，明末空談之風亦漸趨消隱。而這種以訓詁、辨僞而欲還原經典原始面貌的方法也爲清代學術開啓發展的新方向，清學也正是依循這樣的脈絡建構新的學術風格與內涵。由顧炎武的《音學五書》發端，到戴震將此方法加以實踐的《孟子字義疏證》，的確彰顯出以考據爲進路，表現經世思想的學術路向，無疑地，方法論的革新在清學的發展上具有相當關鍵的意義，所以梁啓超才會說「清代學派之運動，乃『研究法的運動』，非『主義的運動』也。」(74)

㈢學術義理的內在需求與發展

關於乾嘉考據學大盛的起因，余英時承接了錢穆對於宋明理學影響清代學風的理路，提出了明末清初時期，中國學術由理學轉往考據學的發展轉向之可能肇因。他的內在理路說是基於內緣因素的討論，企圖對乾嘉考據大盛的歷史現象進行觀察，給予一個歷史解釋的補充說明，當然，他首先對於學者以外緣政治或經濟因素，如文字獄迫害而帶起考據學興盛的因素提出質疑，並對「市民階級說」也進行一番論述。他認爲思想史的發展必有其內在生命的聯繫，亦

(74) 清·梁啟超撰，《清代學術概論》（臺北：里仁書局，民國84年2月初版，《中國近三百年學術史》（附《清代學術概論》）合刊），頁39。梁氏此說雖是由戴震之《孟子字義疏證》之內涵義理不被當世接受所發之概嘆，但清代士人因此考據方法而自我侷限，反而使得「經世」精神隱沒在考據工程之中，考據學之發展遂倒因為果，而成為學術的主要目的，清初沸沸揚揚而尋得的新進路反成為學術經世的莫大障礙，而士人為明經義以考據達致用之路程逐漸在以考據通往明經的路程中陷落了行進的腳步，經世的精神與終極目標就難以彰顯。

即宋明理學與清代學術有共同生命的關係。他首先將理學的型態分成「尊德性」和「道問學」，藉此劃分朱熹與陸象山的差異，而取出朱熹「重智」的特點，強調理有所本，以此聯繫經典考證之工程。

余英時認爲，爲了解決義理思想上的爭論，明末時期所進行的大量經典考證的工作爲清代學術在樸學上的新風貌開啓延續的方向，所以「清學正是在『尊德性』與『道問學』兩派爭執不決的情形下，儒學發展的必然歸趨」[75]。義理思想「取證於經書」的情形，正可以解釋考證學興起的內在因素，這也是學術發展由「尊德性」至「道問學」的轉向，而「儒家的智識主義得到了實踐的機會，因而從伏流，轉變爲主流」[76]，所以清代乾嘉考據學的大盛，可以說就是宋明學術思想的延續。當然，余英時提出許多相關例子進行說明，似乎爲這樣的內在理路提供合理的解釋，但還是有許多學者對於這樣的內在聯繫提出質疑，如林聰舜就認爲內在理路說存有許多解釋上的間隙，他一一將余英時提出的例子進行檢討，再就所謂取證於

---

[75] 余英時撰，〈從宋明儒學的發展論清代思想史—宋明儒學中智識主義的傳統〉，收於《歷史與思想》（臺北：聯經圖書有限公司，1975年），頁106。

[76] 引文出處同前注。針對余英時的說法，張麗珠認：「既然會形成考據學與理學這兩種不同典範的學術型態，其內部的價值觀當然是有異的。所以從思想史的角度說明從宋明理學到考據學，是儒學從重德到重智的歷程發展，雖然可以解決學術內部價值觀轉變的問題，但是並不足以完全涵蓋新型態學術產生原因的解釋。……如果不釐清理學也是學術中道德形上學之建構，則重智也有可能走上如理學的形上思辨之路的。」所以余英時的推論，「雖然凸顯了考據學重視客觀知識的事實，卻仍然不能完全解釋興起的原因。」引文見氏撰，《清代義理學新貌》（臺北：學生書局，民國91年3月初版2刷），頁62-64。

經典的方法加以說明，他認爲：

> 我們縱使能在清初找到由義理之爭進入經學考證的現象，也
> 不必過份誇張它的重要性，這就像朱陸因義理之爭而來的有
> 關〈太極圖說〉的辯論，並不必導向「經學考證」學風的建
> 立；此外，在「述而不作，信而好古」的傳統下，稱引經典
> 文獻爲自己的思想作證，本是中國學術史上一個普徧的現
> 象，……縱使不涉及義理派別之爭，立言者尋求經典作證，
> 以取得發言權，也是司空見慣的事，……不必導向「經學考
> 證」學風的建立，……⑰

也就是說單純以義理取證於經典的解釋進路，的確不足以完全說明
宋明理學與清代考證學的共同生命，我們知道，考據是一種做學問
的方法，它從來不曾消失，若要以考證方法來證明學術發展的內在
聯繫，的確是一種過於簡化的說明，因爲考據可以是所有學術發展
的共有特質，這就不必然能解釋學術由宋明到清學的過渡。其實，
若就考據學本身而言，討論明清學術發展中，考據所代表的意義大
約就能明白其間的差異，在方法論的革新部分，筆者已經說明，清
代考據方法有其終極的目的，就是「經世致用」，而明代的考據並
沒有這樣的訴求，其最初的動機在於明白經義，這是兩者之間發生
義，即動機的差別，所以若沒有以「經世」的關鍵來解釋清代考據

---

⑰ 林聰舜撰，《明清之際儒家思想的變遷與發展》（臺北：學生書局，民國
　79年10月初版），頁306。關於林氏對於余英時提出例子所進行的檢討，可
　參見頁304-306。

學的發生，是無法單純由「取證於經典」來聯繫宋明與清代的學術
發展脈絡的，當然，余英時所提出的內在理路的解釋的確為宋明到
清學的發展提供了新的思考進路。

從宋明到清的發展，約已是一筆算不清的總帳。〈四庫全書總
目‧經部總敘〉中，對於經學在宋明清的發展曾做過一番評述，其
言自宋代以來至清的學術變化，曰：

> 洛閩繼起，道學大昌，擺落漢唐，獨研義理，凡經師舊說，
> 俱排斥以為不足信，其學務別是非，及其弊也悍。學脈旁分，
> 攀緣日眾，驅除異己，務定一尊，自宋末以逮明初，其學見
> 異不遷，及其弊也黨。主持太過，勢有所偏，才辨聰明，激
> 而橫決，自明正德嘉靖以後，其學各抒心得，及其弊也肆。
> 空談臆斷，考證必疏於是，博雅之儒，引古義以抵其隙。國
> 初諸家，其學徵實不誣，及其弊也瑣。要其歸宿，則不過漢
> 學、宋學兩家互為勝負。夫漢學具有根柢，講學者以淺陋輕
> 之，不足服漢儒也。宋學具有精微，讀書者以空疏薄之，亦
> 不足服宋儒也。消融門戶之見而各取所長，則私心怯而公理
> 出，公理出而精義明矣。蓋經者非他，即天下之公理而已。
> 今參稽眾說，務取持平，各明去取之故，分為十類，曰易，
> 曰書，曰詩，曰禮，曰春秋，曰孝經，曰五經總義，曰四書，
> 曰樂，曰小學。❼⑧

將清代的學術發展解釋為漢學、宋學互有勝負的爭鬥場域，以講學、

---

❼⑧ 《四庫全書總目‧經部總敘》

空疏、考證、淺陋等字眼來形容這個階段的特色，實在有些輕忽了清學的發展型態，當然，我們知道，此叙之重點主在消融門戶之見，期待經義能不因學術的成見而有所偏差，但以漢、宋之別，甚或是義理、考據之別來觀察清代學術之風貌，仍未能確實掌握清學的重要價值。

最早提出「清學」名詞的是龔自珍，他針對江藩所作《國朝漢學師承記》和《國朝宋學淵源記》提出自己的看法，他認爲清代有「自得」之學，不應以漢學、宋學等名稱來規劃，其實「清代學術成就超過了漢學」**❼⁹**，應可以稱爲「清學」。若觀察梁啓超在《中國近三百年學術史》中發表的關於清代學者整理舊學之總成績，即可以應證這樣的觀點。

以漢學、宋學之名稱來指稱清代學術最早來自於清初毛奇齡，爾後士人紛紛選邊表態，直至江藩著書獨尊漢學、貶抑宋學，方東樹起而反擊之時，漢、宋之爭進入最激烈的戰國時期。**❽⁰**其實，以考

---

❼⁹ 周予同撰，《中國經學史講義》中編：經學史諸專題--第七章清學，收於《周予同經學史論著選集（增定本）》（上海：上海人民出版社，1996年7月2刷），頁900。雖然一般學者慣以漢學、宋學來解釋清代學術的發展，周予同亦不例外，他說：「初期清學是反明代之學而復於漢唐之學，中期是反唐宋之學而復於漢學，後期是反東漢經學而復於西漢經學」。不過他仍肯定清學有其特殊的學術型態與成就，的確是可以「清學」稱之。同氏著，頁903。

❽⁰ 張麗珠認爲，清代的漢、宋之爭應有更確切的指向內容，也就是「清代義理學中持漢儒義理與持宋儒義理者之義理對峙」。意指清儒之中有一批被認爲是漢儒的考據學家，他們在經過考據學的反思與對清初時期「經世致用」的義理目的展開實踐後，建立起一種新的義理學內容，將之落實於人倫日用之間，使得他們與理學的學術重心和進路迥然相異，而形成彼此對

據代漢學，以義理代宋學實是太單一化的特色指稱，中國學術發展，考據與義理並非截然二分與對立的學派。而清代學術的發展更在不同的階段展現了不同的風貌，留下了許多可供思考的學術內容，如何爲清學找到一個總體性的評價才是最重要的任務。

其實，一時代必有一時代的學術風貌，若單就漢學與宋學的消長狀況來含括清代學術的發展，的確簡化了清學的特質。我們或許不應強化清代學術的風貌在當時的特殊性，不過給予一個時代應有的較爲公允的評價仍是必要的。另外，雖然我們僅能就所見史料還原並建構當時的學術狀況與現象，不過我們仍須注意，對於所有學術現象的描述都可以心存疑惑，所有的學術現象與所謂的事實畢竟都經歷了許多研究者與詮釋者的省思與發揮，過度放大任何人物與事件的影響力，只會使我們製造出另一批存在於想像中具有時代意義的英雄人物。[81]

五、樸學與「經世」概念的連結和疏離

周昌龍在談到乾嘉治經的主要理論時，曾歸納出三條，「第一條是顧炎武所提出的『古之所謂理學，經學也』；第二條是戴東原集大成以後提出的『訓詁明而後義理明』；第三條是『實事求是』」

崎與攻訐的狀況。相關論述見氏著，《清代新義理學—傳統與現代的交會》第四章：「漢宋之爭」難以調和的根本歧見，（臺北：學生書局，民國92年1月15日），引文見頁157。

[81] 觀念啟發來自龔鵬程撰，《晚明思潮》自序（臺北：里仁書局，民國83年11月30日初版），頁5。

⑧這三者間存著結構關係。的確,清代學術的發展,整體說來是由「考據」方法發其端緒,爾後有創新義理的出現,然後再走向實事求是的階段,亦即對於典章制度的重視,冀望由典章制度的考核體現經籍之意義,提出義理存於典章制度之中,以回應社會國家的變化,這些階段性的轉折,確可大略闡明清代學術發展之大要。而清學這樣的學術發展脈絡,皆存有「經世」訴求的基本目的。

㈠吳、皖學派之關係

論及乾嘉學術,必談惠棟與戴震相異的學術風格,他們在相同的治學進路下發展了不同的尊經觀念,闡述出屬於個人的學術意見,由此而分道揚鑣地產生了吳、皖兩派的分別。

惠棟在《九經古義·述首》中言其治學理念:

> 漢人通經有家法,故有五經師;訓詁之學,皆由師所口授,其後乃著竹帛。所以漢經師之說,立於學官,與經並行。五經出於屋壁,多古言古字,非經師不能辨。經之義存乎訓。識字審音,乃知其義。是故乃知古訓不可改也,經師不可廢

---

⑧ 周昌龍(會議引言),記錄見〈清乾嘉學者治經方法座談會(一)〉一文,收於蔣秋華主編,《乾嘉學者的治經方法(下)》附錄二(臺北:中研院文哲所籌備處,民國89年10月初版),頁990。周氏將「實事求是」釋為是訓詁受到「實事求是」的制約,必須要客觀求證。也是要實事求是地對待訓詁,以訓詁去研究經學,然後找出義理。不過筆者認為,乾嘉學術發展至中葉的確有實事求是的傾向,落實在典章制度的追求是確切的證明,所以筆者將之與於典章制度中求義理的階段配合說明。在此並無意曲解周氏之說。

也。⑧

當以訓詁之學以求通經知義，推尊漢儒之說，是古之淵源，既然通經是為明義理，而經義存於古訓之中，自然當尊古訓以通經，而經義正確的解釋也應存於依訓而出的經籍中，這就是惠棟重視漢學義訓的基本原因。然有些評論認為惠棟只固守漢學義訓而不知變通，實際上也不甚公允，惠棟治漢學之原則雖為重漢義訓，但其亦兼用魏晉經說，並不專以漢代經說為限，其所徵引之文獻亦擴及諸子百家⑧，亦不專以儒家典籍為限，或約可言其治經原則為尊古。⑧他的學生王昶（1724-1806）曾指出惠棟之學術貢獻，雖或有過譽之可能，然卻也提供了解惠棟學術宗旨的方向，其云：

> 自孔、賈奉敕作《正義》，而漢魏六朝老師宿儒專門名家之說並廢，又近時吳中何氏、汪氏份以時文倡導學者，而經術益衰。先生生數千載後，眈思旁訊，探古訓不傳之秘，以求聖賢之微言大義，⑧

亦證惠棟之學欲恢復漢魏六朝專門名家之說，並期能導正當時敗壞

---

⑧ 清·惠棟，《松崖文鈔》（上海：上海書店，1994年），卷1。

⑧ 關於徵引文獻之作，可參見惠棟之《周易述》。

⑧ 楊向奎甚至認為惠棟「就思想體系言，他出入讖緯儒道之間，企圖以神學代理學」。有別於一般對惠棟的評論。其說可見楊氏撰，《清儒學案新編·三惠學案》（濟南：齊魯書社，1994年），第3冊，頁128。

⑧ 清·王昶撰，《春融堂集·惠先生墓誌銘》（上海：上海古籍出版社，2002年），卷55，頁2-3，（《續修四庫全書》第1438冊，據上海辭書出版社圖書館藏清嘉慶12年塾南書舍刻本影印原書，總頁215-216）。

的時文風氣。惠棟「尊古」之學術宗旨，或也爲其學術研究帶來某種侷限，使得其探求古經義之工程顯示出難以突破的瓶頸；然其欲探求古經義傳承中斷之因並期能明白聖賢之微言大義的冀求，或可表示出惠棟確有此最終企圖，而此最終理想意欲與「經世」精神相連結而實踐。⑧

最早倡論吳、皖分派的是章太炎（1869-1936），他曾評論惠棟及其後學之學術特色，曰：

> 其學好博而尊聞。……承其父士奇學，揖志經術，撰《九經古義》、《周易述》、《明堂大道錄》、《古文尚書考》、《左傳補註》，使精眇，不惑於小聞，然亦氾濫百家。嘗注《後漢書》及王士禎詩，其餘筆語尤眾。棟弟子有江聲、余蕭客。聲爲《尚書集注音疏》、蕭客爲《古經解鉤沈》，大共篤於尊信，綴次古義，鮮下己見。……蕭客弟子甘泉江藩，復纘續《周易述》，皆陳義《爾雅》，淵乎古訓是則者也。⑧

---

⑧ 張素卿認爲：「清乾嘉時期經學的『漢學』轉向，惠棟無疑是一位關鍵人物」。相對於宋學而言，惠棟標榜漢學，這是「儒家經典之解釋典範的轉移」，這種典範，「就其旨趣而言，它揭示一種根柢於經典以考論義理的意向，此意向仍蘊含經世致用的終極關懷；就其方法而言，它開展出博考漢儒古訓，據以訓解經典的學術門徑，關注於經典的歷史脈絡，冀能溝通古、今語言的差異，訓詁之學成爲理解經文、探討義理的進路；…」。見氏著，〈「經之義存乎訓」的解釋觀念—惠棟經學管窺〉，收於林慶彰、張壽安主編，《乾嘉學者的義理學（上）》（臺北：中央研究院中國文哲所，民國92年2月初版），頁316-318。

⑧ 清‧章炳麟撰，〈清儒〉，見《訄書重訂本》（上海：三聯書店，1982年），頁158。

其中對於「篤於尊信」、「鮮下己見」之語，可見章氏對惠棟之評價。相較於惠棟的治學原則與發展，章太炎對於戴震一派另有看法，他提出：

> 震生休甯，受學婺源江永，治小學、禮經、算術、輿地，皆深通。其鄉里同學有金榜、程瑤田，有凌廷堪、三胡。……震又教于京師。任大椿、盧文弨、孔廣森，皆從問業。弟子最知名者，金壇段玉裁，高郵王念孫。玉裁為《六書音韻表》以解《說文》，《說文》明。念孫疏《廣雅》，以經傳諸子轉相證明，諸古書文詘詰諍者皆理解；授子引之，為《經傳釋詞》，明三代辭气，漢儒所不能理繹。其小學訓詁，自魏以來，未嘗有也。近世德清俞樾、瑞安孫詒讓，皆承念孫之學。樾為《古書疑義舉例》，辨古人稱名牴牾者，各從條列，使人無所疑眩，尤微至。世多以段、王、俞、孫為經儒，卒最精者乃在小學，往往得名家支流，非漢世《凡將》、《急就》之儔也。凡戴學數家，分析條理，皆縝密嚴瑮，上溯古義，而斷以己之律令，與蘇州諸學殊矣。⑧⑨

若由此觀之，吳皖之異確實昭然若揭，所以章太炎認為惠棟一派「其學好博而尊聞」；而戴震皖派則是「綜形名，任裁斷」⑨⓪，這是吳、

---

⑧⑨ 同前注，頁158-159。

⑨⓪ 同前注，頁158。鄭吉雄說：「乾嘉學術中，東原的皖南之學是以『綜形名、任裁斷』為主。『形』即事物形體，『名』即文字語言，『綜形名』即綜理名實，探究文字語言與事物實體之間的關係；『任裁斷』即在綜理名實的基礎上，斷定其是非真理所在。這是戴學一脈的精神所在。」見《清儒

皖之間最明確的差異。值得注意的是，王念孫以經傳諸子爲疏證之
據，提升了諸子學在經學脈絡中的相對地位，這與嘉道之間興起的
諸子學風潮或有可繫連之處。

　　以地域性的分別來確立學術研究的風格趨向的確是一種合理的
進路，然而這當中應該還存在著許多可討論的間隙。學者被編劃的
標準，並其學術風格的展現是否有一致性，恐怕仍待商榷。**⑨**

　　與惠棟一樣的是，戴震在學術上所宗的進路仍是以考據爲治學
之入口，其著作《尚書義考》、《毛詩補傳》等亦透顯這樣的事實。
然其在當時應被重視的重要著作《孟子字義疏證》卻沒有得到應有
的地位，反而因爲其所彰顯的「以理殺人」的思想而遭到抨擊，戴
震臨終前不久曾致書與段玉裁，表明他寫作《孟子字義疏證》的心
情，他說：

> 僕生平論述最大者，為《孟子字義疏證》一書，此正人心之
> 要。今人無論正邪，盡以意見誤名之曰理，而禍斯民，故《疏
> 證》不得不作。**⑨**

名著述評》（臺北：大安出版社，2001年8月1版1刷），頁220。這與惠棟
一脈的「鮮下己見」也清楚截然的不同。

⑨ 梁啟超在《中國近三百年學術史》中，即以地域分佈而言，其論尚有揚州
一派、浙東一派等。見氏書，頁31。當然，這只是一種簡單的劃分，基本
上，派別與派別之間又不定有某些延續與影響的關連。所以以地域劃分研
究學術的發展是必須更加小心謹慎的。

⑨ 《戴東原遺墨》，收於胡樸安等輯，《戴東原先生全集》（民國25年），
《安徽叢書》第六期。

所以《孟子字義疏證》的撰作,彰顯著戴震所背負的社會責任。❽
他對於當時社會敗壞的狀況,已有深惡痛絕的體認,而「以理殺人」
論說的提出,正昭示著他反思的結果,當然,亦爲他帶來許多猛烈
的攻擊。戴震認爲在上位者應要「體民之情,遂民之欲」,他說:

> 天下之事,使欲之得遂,情之得達,斯已矣。……然後遂己
> 之欲者,廣之能遂人之欲;達己之情者,廣之能達人之情。
> 道德之盛,使人之欲無不遂,人之情無不達,斯已矣。❾

道德發揮至極致時,應使人人都有達到願望的機會,也都有享受的
權利。所以戴震批評當時的理學家,認爲「存天理,滅人欲」是「以
理殺人」,他說:

> 所謂理者,同於酷吏之所謂法。酷吏以法殺人,後儒以理殺
> 人,浸浸乎舍法而論理死矣,更無可救矣!❾

這樣的論述受到方東樹強烈的批評,他認爲「若不問理,而於民之

---

❽ 周予同認為戴震的《孟子字義疏證》是以經學為基礎而談政治哲學。他認
　為戴震沿著「文字學—經典—哲學」的研究途徑前進,是清代少數的哲學
　家之一。見氏書,《中國經學史講義》中編:經學史諸專題--第七章清學,
　收於《周予同經學史論著選集(增定本)》(上海:上海人民出版社,1996
　年7月2刷),頁905-906。

❾ 《孟子字義疏證》,收於《戴震集》(臺北:里仁書局,民國69年1月15日),
　頁309。

❾ 〈與某書〉,收於《戴震集》(臺北:里仁書局,民國69年1月15日),頁
　188。

情欲,一切體之遂之,是爲得理,此大亂之道也。」**⑯**然戴震前述之言的確是爲社會的敗壞情況痛心,爲百姓受苦發言,對論述對象卻是在上位者,況且他的前提,所謂「道德之盛」當是由內在修養的觀點出發,與方東樹之評述有所出入。爾後有焦循(1763-1820)繼承戴震的義理之學,以《孟子字義疏證》爲基礎,完成了《孟子正義》一書。

傳統上,惠棟與戴震雖被別立爲相異的兩個學派,但基本上二者或亦存有承先啓後的關係。早在錢穆《中國近三百年學術史》中已對惠、戴之間的關係有另一種看法,**⑰**認爲惠、戴之間並未分幟,而陳祖武進一步說明,「由惠學到戴學,實爲乾嘉學派從形成到鼎盛的一個縮影」。**⑱**他認爲從惠棟到戴震的發展,基本上是一個歷史發展的過程,在惠棟提出經之義存乎訓詁之後,戴震繼承其治經的傳統,加以發揚,戴震曾說:

> 松崖先生之爲經也,欲學者事於漢經師之故訓,以博稽三古典章制度,由是推求理義,確有據依。彼歧故訓、理義二之,是故訓非以明理義,而故訓胡爲;理義不存乎典章制度,勢必流入異學曲說而不自知。其亦遠乎先生之教矣。**⑲**

---

⑯ 清·方東樹撰,《漢學商兌》(臺北:臺灣商務印書館,民國67年6月臺1版),42頁。

⑰ 詳見錢穆撰,《中國近三百年學術史》(臺北:臺灣商務印書館,民國79年10月臺10版),頁320-322。

⑱ 陳祖武,《清儒學術拾零》(長沙:湖南人民出版社,2002年6月2版1刷),頁164。

⑲ 〈題惠定宇先生授經圖〉,收於《戴震集》(臺北:里仁書局,民國69年1月15日),頁214。

將惠棟的治經主張與考究典章制度、窮究義理之間的關係彼此結合，這是戴震對惠棟治經主張的創發，亦藉此提出一創造性的新解釋。而這條訓詁治經的傳統，源頭可上溯至顧炎武，所以由顧炎武到惠棟，再至戴震，一脈相承，文字訓詁以通經義的傳承就此奠定，這當然也是另一條理解惠、戴關係的路向。

如果說戴震是以考據爲方法，闡發義理思想爲宗旨，實踐經世理想爲目的，則其學說的路向，在清代真正能加以傳揚下去的大約只有焦循（1763-1820）、凌廷堪等人了。然而清學的發展走至焦循、凌廷堪的時期卻又是另一番轉折的開始，學術至此走向重視典章制度的路途，更加講究實事求是的發揮與實踐。

(二)史學經世的浙東學術

乾嘉學術在以吳、皖爲主流的發展之下，經學考證學風大盛，章學誠在發現學術亂象並「經世」思想逐漸消失殆亡的狀況中，企圖以黃宗羲的史學路線來匡正當時的學術風氣，章學誠認爲，「天下事，凡風氣所趨，雖善必有其弊。君子經世之學，但當相弊而救其偏」⑩，所以君子當救正風氣，而不趨向流行，他致力撰作的《文史通義》，有別於當時的治經傳統。章學誠主張「學術經世」，他認爲：

> 學業將以經世也，……學業者，所以關風氣也。風氣未開，
> 學業有以開之；風氣既弊，學業有以挽之。人心風俗，不能
> 歷久而無弊，猶義和、保章之法，不能經久而不差也。因其

---

⑩ 清·章學誠撰，〈淮南子洪保辨〉，收入《文史通義》（遺書本）外篇一。

弊而施補救,猶歷加之因其差而議更改也。⑩

又說:

> 史學所以經世,固非空言著述也。且如六經,同出於孔子,
> 先儒以為其功莫大於《春秋》,正以切合當時人事耳。後之
> 言著述者,舍今而求古,舍人事而言性天,則吾不得而知之
> 矣。學者不知斯義,不足言史學也。⑩

彰明史學經世的宗旨,所以提出「六經皆史」之說,企圖以經史關
係的重新定位來取代經學、理學之爭辯焦點,以史學爲重建學術系
統的核心。他不斷強調六經皆先王之政典,並且「古人未嘗離事而
言理」,認爲史籍能提供政治施行的經驗法則,所以當以「史學經
世」,他也強調學問當有用於世,認爲「君子苟有志於學,則必求
當代典章,以切於人倫日用」,則「學爲實事,而文非空言」,這
種將學問落實於人倫日用之中,並強調求是於典章制度之中,與戴
震的經世精神別無二致,只是章學誠選擇以史學的路線治世,與戴
震的進路不同。

另外,章學誠從早期所提倡的方志理論中「提出切合歷史文化、
當世民生的經世思想」。他並不是專意要提出與經學相對立的史學
系統來重建當時的學術系統。他的史學理念和方法是從長年修纂方

---

⑩ 清·章學誠撰,《文史通義·內篇三·天喻》(臺北:里仁書局,民國73
年9月10日),頁310。

⑩ 清·章學誠撰,《文史通義·內篇五·浙東學術》(臺北:里仁書局,民
國73年9月10日),頁524。

志而得來的，他在修纂方志時已注意到典章制度的價值，他曾說：

> 竊思志為全書總名，則皇恩慶典，當錄為外紀；官師詮除，
> 當畫為年譜；典籍法制，則為考以著之；人物名宦，則為傳
> 以列之。⑩

逐漸理解必須保存法律政令和典章則例的重要性。他也提出「仿紀
傳正史之體而作志，仿律令典例之體而作掌故，仿《文選》、《文
苑》之體而作文徵」⑩的觀念。這都是他關注典章制度的收穫。爾後
他逐漸完成的《文史通義》中相關的史學理論與系統，都是有別於
戴震學術方法與思想的內容。

㈢「經世」與樸學的發展

清代「經世」精神的發揚由顧炎武、黃宗羲等人闡發以後，雖
有戴震致力於義理闡發以實踐，然卻待至焦循、凌廷堪等人，「經
世」思想才重以新的姿態與考據學結合，為清代學術重現新的風貌。

錢穆在論及近代學術發展時，曾清楚劃分東林學術與乾嘉學術
的差異，他說：

> 蓋清初諸儒，尚得東林遺風之一二。康雍以往，極於乾嘉，
> 考證之學既盛，乃與東林若渺不相涉。東林之學，起於山林，

---

⑩ 清·章學誠撰，《章氏遺書·方志略例二》（臺北：漢聲出版社，1973年），
頁307-309。

⑩ 清·章學誠撰，《章氏遺書·方志略例一》（臺北：漢聲出版社，1973年），
頁274。

> 講於書院，堅持於牢獄刀繩，而康雍乾嘉之學，則主張於廟
> 堂，鼓吹於鴻博，而播揚於翰林諸學士。其意趣之不同可知
> 矣。今自乾嘉上溯康雍，以及於明末諸遺老，自諸遺老上溯
> 東林以及於陽明，更自陽明上溯朱、陸以及北宋之諸儒。⑩

　　他雖將學術之發展承先啟後，條貫而出，卻也明白表示，乾嘉
之學的風格已與東林學風大不相同，這當然是因為政治勢力的介入
與學術研究方法的改變等因素多方促成。可注意的是，這兩種學風
最大的不同，應來自於對「經世」概念的精神關注程度有異。清朝
的學術發展，承繼顧炎武以後，在通經的方法論上有了更審慎的科
學要求與原則，初期的發展尚能在以考據通經後，努力走向「經世
致用」之途，進而開創出新義理的系統，藉由對學術系統的重整，
發揮學術致用的目的。但世事往往不盡如人意，學術似乎並未如顧
炎武所提倡，要「博學」、「有恥」，而越往「博學」的路子專研，
乾嘉時期的學者，在戴震與惠棟的極盛後，逐漸往故紙堆中探去，
窮經是為「經世」的目的已逐漸被忘卻，所以乾嘉學發展至極盛時
期，就成為專研考據的天下。凌廷堪曾直言漢學之弊病，曰：

> 搜斷碑半通，刺佚書數簡，為之考同異、校偏旁。而語以古
> 今成敗，若坐霧罩之中。此風會之所趨而學者之所蔽也。⑩

認為士人完全在一種不知所以為的狀況之下進行考據工作，不思

---

⑩　錢穆撰，《中國近三百年學術史》，頁19-20。
⑩　清·凌廷堪撰，《校禮堂文集·大梁與牛次原書》（北京：中華書局，1998
　　年2月1版1刷），卷23，頁200。

考,也不明白時代變化的狀況,沒有與時俱進的共同語言,又說:

> 世之學者徒惜夫宋學行而兩漢之緒遂微,不知鄭學行而六藝
> 之塗始隘也。⑩

考據之學的發展已走偏了路,成為一種戕害學術生命與內涵的工具,學術進展至此,考據學產生的影響,傷害較明末時的宋學更甚。他認為應該要以戴震之說故訓為明經,明經為通義理,通義理始能明聖賢之道才能發揮有用之學,其言:

> 自宋以來,儒者多剽竊釋氏之言之精者,以說吾聖人之遺經。
> 其所謂學,不求之於經,而但求之於理;不求之於故訓典章
> 制度,而但求之於心。好古之士雖欲矯其非,然僅取漢人傳
> 注之一名一物而輾轉考證之,則又煩細而不能至於道,於是
> 乎有漢儒經學、宋儒經學之分,一主於故訓,一主於理義也。
> 先生則謂理義不可舍經而空憑胸臆,必求之於古經。求之古
> 經而遺文垂絕,今古懸隔,然後求之故訓。故訓明則古經明,
> 古經明則賢人聖人之理義明,而我心之所同然者乃因之而
> 明。理義非他,存乎典章制度者也。彼岐故訓、理義而二之,
> 是故訓非以明理義,而故訓何為?理義不存乎典章制度,勢
> 必流入於異學曲說而不自知。故其為學,先求之於古六書九
> 數,繼乃求之於典章制度。以古人之義釋古人之書,不以己
> 見參之,不以後世之意度之。既通其辭,始求其心,然後古

---

⑩ 清·凌廷堪撰,《校禮堂文集·漢十四經師頌》(北京:中華書局,1998
年2月1版1刷),卷10,頁79。

　　聖賢之心不為異學曲說所汩亂。蓋孟荀以還所未有也。⑩

所以凌廷堪承繼了戴震義理之徑，強調考核典章制度之精義，將學術之研究轉向對於日常人倫生活的理解，而有「以禮代理」之論。他的《禮經釋例》就是想在制度中求取治世之方的著作，書中對於條例的歸納，「一方面可使特定典禮之禮儀在執行時，有具體之儀則可循；再方面也可以從儀則之同異處，得知制度訂定時所持之價值準則」⑩。這可說是清代學術在發展過程中與「經世」訴求疏離後的重新扣合。

　　綜言之，清代學術在走向乾嘉時期，因其考據風氣在繁瑣而不切當時所需的狀況下，而有「士大夫多喜言文術政治，乾嘉考據之風稍稍衰矣」⑩之說，因此清學內部的學術體系再次面臨重新組織建構的情形，在學術風格上產生了許多變化，如從考古轉向通今、從考據回歸義理、從治經過渡到治史⑪等變化軌跡。這表示清學本身的學術內涵已經產生了某種質變，學術風格又再度與「經世」連結合一。這是由明末清初東林學人至顧炎武、黃宗羲等人的學術精神與

---

⑩　清·凌廷堪撰，《校禮堂文集·戴東原先生事略狀》（北京：中華書局，1998年2月1版1刷），卷35，頁312-313。

⑩　詳見張壽安撰，《以禮代理—凌廷堪與清中葉儒學思想之轉變》（石家庄：河北教育出版社，2001年11月），頁22。

⑩　趙爾巽、柯劭忞編纂，《清史稿·梅曾亮傳》（臺北：洪氏出版社，民國70年8月1日初版），第19冊，卷486，頁13426。

⑪　馮天瑜、黃長義提出此三種清學內部更新的趨向，意圖說明清代考據學的衰落與轉變的特色。參見氏撰，《晚清經世史學》（上海：上海社會科學院出版社，2002年12月1版1刷），頁71-75。

「經世」概念結合發揚後，學術系統一度與「經世」原則疏離後，又再度以一種新的學術進路加以發揮。

六、結　論

　　經世思想的呈現與發揚代表了知識份子心目中的理想社會藍圖，亦即是「烏托邦」世界的建構，如果知識份子無法貼近當時政府、社會與人民的需要，逕自建築屬於個人理想的「未來」世界，那不僅只是一個夢想，同時也落入知識份子不切實際的空想窠臼中，理論與實踐永遠有無法彌合的巨大間隙。程憬說：

> 大凡一種新政治，一種新道德，要看他們能否在新時代中立
> 一穩固的基礎，須注意以下兩點：一，那些主張究竟是否能
> 適應於當時社會的需求，尤其究竟和當時的權力階級的期望
> 有沒有衝突之處（指過去的社會）。二，那些主張的客觀的存
> 在條件（物質條件）有沒有成立。凡是所謂空想的學說之終無
> 實現的可能，原因都是由其依據的物質條件沒有成立，或者
> 是由於他們不注意於社會的實際的情況而只作不著邊際的空
> 想。大概創作一種學說，必須依據那社會的物質構造，適應
> 期間的物質條件，而後才可望地成為事實。若是只「依自己
> 所想起，或在自己所選擇的條件之下創造地」，那終是空想
> 的。⑫

---

⑫　顧頡剛編著，《古史辨》第二冊（上海：上海書店，1933年，民國叢書第四編），頁149-150。

由此觀看以顧炎武發其端的清學，雖建立了新的學術系統，有新的
學術進路與學術門類的開展，但其與當時代主政者之間的緊張關
係，實非一洽切可實行的學術經世理論，並且其因反對講學活動所
帶來的弊端而排斥所有的講學活動，對於學術、政治的開展也有負
面的影響。對於將恢復三代典章制度的理想託付與有待之後王，實
亦爲一遺民之感慨，只是三代之典章制度果能洽切地合於明末清初
的社會嗎？這就有待更審慎的商榷。王夫之（1619-1692）曾對復三代
之古提出自己的意見，他認爲歷史是因時制宜的發生，學術思想亦
然，社會制度的訂定有其當代必須肩負的責任，所以學術貴乎有因
時制宜之功，復三代之古並不能解決各時代所發生的政治、社會與
人民需求的問題。⑬清代學術發展至考據學大盛時期，復三代之古仍
是士人心中的企盼，王汎森曾說：

> 考證學有一個共喻的前提：當儒家經典的原義以及制度器數
> 的原貌被重構後，聖人的理想便可以付諸實行。至少在清代
> 的初期，名物度數研究的最終目的是要治國平天下。即使到
> 了清代中期，考證大師們如戴震、錢大昕等仍然奉行這個主

---

⑬　王夫之認爲法制不能泥古，他說：「三代之法不可挾以爲名。治後世之天
　　下，非一端而止。」又說：「一代之治，各因其時，建一代之規模，以相
　　扶而成治。……未有慕古人一事之當，獨舉一事，雜古於今之中，足以成
　　章者。……法無有不得，亦無有不失。先王不恃其法，而恃其知人安民之
　　精意。……浮慕前人之一得，夾糅於實政之中而自矜復古，何其窒乎。」
　　見氏著，《讀通鑑論》（臺北：漢京文化事業有限公司，民國73年7月1日），
　　卷29，頁1048；卷21，頁726。

張。⑭

　　考據的目的仍有其經世的理想，但學術的發展卻未能如想像，果真恢復三代之舊制，又要如何操作實踐呢？其的確已失去可以施行之場域，當時的時代環境與一切已很難配合再現。

　　雖然復三代之古並不能解決各時代的政治文化等問題，但學術「經世」的概念仍是知識份子們面對當代各種困境時的基本想法，所以當乾嘉之學已因士人轉趨埋於故紙堆中而逐漸忘卻經國之責時，新的學術思想逐漸地悄聲發芽，凌廷堪的「以禮代理」是依循乾嘉學術發展之下的改革產物，而常州公羊學派的復興則是在經學發展至樸學卻喪失致用之力量時趁隙茁壯的另一伏流。爾後學術又另有一番新的因時制宜的「經世」風潮。

---

⑭　王汎森撰，《中國近代思想與學術的系譜》（臺北：聯經圖書有限公司，2003年6月初版），頁13。

參考書目

一、古籍專著

明·張居正，《新刻張太岳先生文集·奏疏四·請申舊章飭學政以
　　振興人才疏》（上海：上海古籍出版社，2002 年），卷 39。（《續
　　修四庫全書》第 1346 冊，明萬曆 40 年唐國達刻本影印原書）。

明·張居正，《新刻張太岳先生文集·書牘十·答憲長周友山明講
　　學》，卷 30。（《續修四庫全書》第 1346 冊）。

明·高攀龍撰，《高子遺書》，崇禎壬申錢士升序，明崇禎壬申嘉
　　善錢士升等刊本（國家圖書館藏本）。

明·顧憲成，《顧端文公遺書·小心齋劄記》（四庫存目叢本），
　　卷 11。

明·陸世儀，《復社紀略》，卷 1，頁 179。收於吳應箕等，《東林
　　始末》，臺北：廣文書局，民國 66 年 7 月。

明·杜登春，《社事始末》，收於明·陳子龍《陳忠裕全集·年譜》，
　　卷下，附錄。

明·陳子龍等編，《皇明經世文編·序》，明崇禎間平露堂刊本，
　　臺北：國風出版社，民國 53 年 11 月初版。

高廷珍等纂輯，《東林書院志》，臺北：廣文書局，民國 57 年 7 月，
　　卷 16，文翰二：卷 5，文翰一。

清·顧炎武撰、黃汝成集釋，《日知錄集釋》，上海：世界書局，
　　民國 25 年 12 月。

清・顧炎武，《亭林文集・與施愚山書》，臺北：進學出版社，民國 58 年 8 月影印初版，卷 3。

清・顧炎武，《亭林文集・與楊雪臣書》，臺北：進學出版社，民國 58 年 8 月影印初版，卷 6。

清・顧炎武，《亭林文集・答李子德書》，臺北：進學出版社，民國 58 年 8 月影印初版，卷 4。

清・顧炎武，《亭林文集・吳才老韻補正序》，臺北：進學出版社，民國 58 年 8 月影印初版，卷 6。

清・顧炎武，《亭林餘集・與潘次耕札》，臺北：中華文獻出版社，民國 58 年 2 月影印初版，頁 173。

清・顧炎武，《音學五書・敘》，臺北：廣文書局，民國 55 年 1 月初版。

清・王夫之，《讀通鑑論》，臺北：漢京文化事業有限公司，民國 73 年 7 月 1 日，卷 29、卷 21。

清・惠棟，〈九經古義述首〉，收入《松崖文鈔》，上海：上海書店，1994 年，卷 1。

清・戴震，《孟子字義疏證》，收於《戴震集》，臺北：里仁書局，民國 69 年 1 月 15 日。

清・戴震，〈與某書〉，收於《戴震集》，臺北：里仁書局，民國 69 年 1 月 15 日。

清・戴震，〈題惠定宇先生授經圖〉，收於《戴震集》，臺北：里仁書局，民國 69 年 1 月 15 日。

清・方東樹，《漢學商兌》，臺北：臺灣商務印書館，民國 67 年 6 月臺 1 版。

清·章學誠，《文史通義·內篇五·浙東學術》，臺北：里仁書局，民國 73 年 9 月 10 日。

清·洪亮吉，《卷施閣文甲集·邵學士家傳》，（四部備要據北江遺書本校刊），臺北：中華書局，民國 54 年，卷 9。

清·王昶，《春融堂集·惠先生墓誌銘》，上海：上海古籍出版社，2002 年，卷 55，（《續修四庫全書》第 1438 冊，據上海辭書出版社圖館藏清嘉慶 12 年塾南書舍刻本影印原書）。

清·凌廷堪，《校禮堂文集·大梁與牛次原書》，北京：中華書局，1998 年 2 月版 1 刷，卷 23。

清·凌廷堪，《校禮堂文集·與胡敬仲書》，北京：中華書局，1998 年 2 月 1 版 1 刷，卷 23。

清·凌廷堪，《校禮堂文集·漢十四經師頌》，北京：中華書局，1998 年 2 月 1 版 1 刷，卷 10。

清·凌廷堪，《校禮堂文集·戴東原先生事略狀》，北京：中華書局，1998 年 2 月 1 版 1 刷，卷 35。

清·全祖望，《鮚埼亭集》外編，〈雍上證人書院記〉，（四部叢刊初編本），臺北：臺灣商務印書館，民國 64 年 6 月台 3 版，卷 16。

清·全祖望，《鮚埼亭集》外編，〈梨洲先生神道碑文〉，（四部叢刊初編本），臺北：臺灣商務印書館，民國 64 年 6 月台 3 版，卷 11。

清·趙翼，《廿二史劄記·三案》，臺北：世界書局，民國 77 年 4 月 10 版，卷 35。

清·趙爾巽、柯劭忞編纂，《清史稿·儒林傳序》，臺北：洪氏出

版社，民國 70 年 8 月 1 日初版。

清·章炳麟撰，〈清儒〉，見《訄書重訂本》（上海：三聯書店，
　　1982 年），頁 158。

清·梁啓超，《清代學術概論》，臺北：里仁書局，民國 84 年 2 月
　　初版，《中國近三百年學術史》（附《清代學術概論》）合刊）。

二、現代專著：

錢穆，《中國近三百年學術史》，臺北：臺灣商務印書館，民國 79
　　年 10 月臺 10 版。

周予同，《中國經學史講義》中編：經學史諸專題——第七章清學，
　　收入《周予同經學史論著選集（增定本）》，上海：上海人民
　　出版社，1996 年 7 月 2 刷。

朱維錚，〈中國經學的近代行程〉，收入《中國經學史十講》，上
　　海：復旦大學出版社，2002 年 10 月 1 版 1 刷。

余英時，〈清代思想史的一個新解釋〉，收於《論戴震與章學誠——
　　清代中期學術思想史研究》，臺北：東大圖書股份有限公司，
　　民國 85 年 11 月初版。

余英時，〈從宋明儒學的發展論清代思想史—宋明儒學中智識主義
　　的傳統〉，收於《歷史與思想》，臺北：聯經圖書有限公司，
　　1975 年。

林聰舜，《明清之際儒家思想的變遷與發展》，臺北：學生書局，
　　民國 79 年 10 月初版。

王汎森，《中國近代思想與學術的系譜》，臺北：聯經圖書有限公
　　司，2003 年 6 月初版。

周昌龍（會議引言），記錄見〈清乾嘉學者治經方法座談會（一）〉
　　一文，收於蔣秋華主編，《乾嘉學者的治經方法（下）》附錄
　　二，臺北：中研院文哲所籌備處，民國89年10月初版。

陳祖武，《清儒學術拾零》，長沙：湖南人民出版社，2002年6月
　　2版1刷。

陳祖武，《清初學術思辨錄》，河北：中國社會科學出版社，1992
　　年6月。

馮天瑜、黃長義，《晚清經世史學》，上海：上海社會科學院出版
　　社，2002年12月1版1刷。

鄭吉雄，《清儒名著述評》，臺北：大安出版社，2001年8月。

黃秀政，《顧炎武與清初經世學風》，臺北：臺灣商務印書館，民
　　國76年7月2版。

張麗珠，《清代義理學新貌》，臺北：里仁出版社，1999年。

張麗珠，《清代新義理學—傳統與現代的交會》，臺北：學生書局，
　　民國92年1月15日。

張壽安，《以禮代理：凌廷堪與清中葉儒學思想之轉變》，石家莊：
　　河北教育出版社，2001年11月。

李紀祥，《明末清初儒學之發展》，臺北：文津出版社，民國81年
　　12月初版。

彭明輝，《晚清的經世史學》，臺北：麥田出版，2002年初版1刷。

張素卿，〈「經之義存乎訓」的解釋觀念—惠棟經學管窺〉，收於
　　林慶彰、張壽安主編，《乾嘉學者的義理學（上）》，臺北：
　　中央研究院中國文哲所，民國92年2月初版。

漆永祥，《乾嘉考據學研究》，北京：中國社會科學出版社，1198

年 12 月 1 刷。

何宗美，《明末清初文人結社研究》，天津：南開大學出版社，2003
　　年 1 月 1 刷。

周妤，《中國近代經世派與經世思潮研究》，廣東：廣東人民出版
　　社，1999 年 6 月。

艾爾曼（Benjamin A. Elman）著、趙剛譯，《從理學到樸學：中華
　　帝國晚期思想與社會變化面面觀》，南京：江蘇人民出版社，
　　1995 年 9 月第 1 版。

三、論　文：

何佑森，〈清初三大儒的思想〉，《故宮文獻》第 4 卷第 3 期，民
　　國 62 年 6 月。

孫劍秋，〈清代漢學形成原因綜論〉，收入《第二屆清代學術研討
　　會論文集》，高雄：國立中山大學，民國 80 年 11 月。

黃進興，〈清初政權意識形態之探究：政治化的道統觀〉，《中央研
　　究院歷史語言研究所集刊》第 58 本第 1 分，民國 76 年 3 月。

金薇薇，〈從《皇明經世文編》的編纂論陳子龍的編輯思想〉，《河
　　南大學學報（社會科學版）》第 40 卷第 6 期，2000 年 11 月。

吳琦、馮玉榮，〈《明經世文編》編纂群體之研究〉，《華中師範
　　大學學報（人文社會科學版）》第 40 卷第 1 期，2002 年 1 月。

張安柱，〈"經世文編"現象原因探究〉，《首都師範大學學報（社
　　會科學版）》總第 133 期，2002 年第 2 期。

從晚清諸子學的復興到
經學的改造

高嘉謙[*]

一、前　言

此二百餘年間總可命為中國之「文藝復興時代」。❶

本朝二百年之學術，實取前此二千年之學術，倒影而緇演之，如剝春筍，愈剝而愈近裡；如啖甘蔗，愈啖而愈有味；不可謂非一奇異之現象也。此現象誰造之？曰：社會周遭種種因緣造之。❷

關於清代學術的定位，以上為梁啟超在二十世紀初年所提出的

---

[*]　國立政治大學中文系博士生，暨南國際大學中文系兼任講師

❶　梁啟超，〈自序〉，收入氏著《清代學術概論》（上海：上海古籍出版社，1998年），頁1。此句原出自〈中國學術思想變遷之大勢〉，刊於《新民叢報》作「古學復興時代」。此處之轉換應非筆誤，反見出其判斷意識。

❷　梁啟超，《論中國學術思想變遷之大勢》（上海：上海古籍出版社，2001年），第八章「近世之學術」，頁133。

總體觀感。引文一乃意圖指出清代學術發展中的啓蒙意義與轉型特質，隱然揭示了在西方文化史的參照框架下清學所代表的中國學術步入「近代化」的關鍵特色。引文二則提出清代學術的體質乃是傳統學術資源的近代轉型與代謝，頗有意味的對應著時代的變化。於是，接續出版於二〇年代的《清代學術概論》則進一步劃分出三期，分別由啓蒙期的顧炎武（西元 1613-1682）、胡渭（西元 1633-1714）、閻若璩（西元 1636-1704）等、全盛期的惠棟（西元 1697-1758）、戴震（西元 1724-1777）、段玉裁（西元 1735-1815）、王念孫（西元 1744-1832）、王引之（1766-1834）等、蛻分期的康有爲（西元 1858-1927）、梁啓超（西元 1873-1929）等代表人物敷衍引申出清代學術發展的基本圖譜。此一圖譜的展示，其實相當清楚的勾勒出研究清代學術史無法略過的幾個關鍵詞：經世致用、考據學、漢學宋學、今文經學、諸子學等。然而，在這些關鍵詞背後，梁啓超以「清代思潮」貫穿起三個時期，所指向的起承轉合（或梁啓超所言的生、住、異、滅）都明確擔負了學術發展史上的關鍵事件。但關鍵事件如何展現爲學術發展史上的關鍵轉折，則是著眼於清代學術思潮研究無法忽視的思考線索。換言之，清代學術發展的歷程有哪些重要的關鍵轉折點，其可能的影響與內在連結，在在都是思索清代學術發展的重點。

二、晚清學術的轉型場景

在以學術分期綜述清學脈動的做法之外，王國維（西元 1877-1927）則以三階段提出了「國初之學大、乾嘉之學精，道咸以降之學新」的變化說，別有用心的提示清學分期上的個別特質。這在一定意義

上預告了清學發展史理應著眼學風與性質的轉型。據此以降，歷來清代學術研究成果的基本格局都依據清末民初先輩們所區分的三大區域，從中建構各自的問題視野。

在眾多的研究成果當中，漢學家艾爾曼的《從理學到樸學》❸著眼於學術話語的典範轉移與學術社群的形構，完成了乾嘉樸學的生態考察。至於《經學、政治和宗族》❹則是針對常州今文學派的研究，就其學派的內在傳承與外在環境的互動，建構其學派生成的歷史社會空間。這兩部作品的研究重點，固然仍是前輩學者所關注的乾嘉樸學與清代今文經學，但卻是縱深的探勘了學派與學風的形構。

不過，就本文所意圖探問的學術轉折點而言，乾嘉樸學與今文經學已有顯著的研究成果，但本文更傾向於將焦點置於晚清時期。以急遽變化的時期做為區隔範圍，擷取顯著的關鍵事件：諸子學的復興與經學的改造，本文的論述目的就在於勾勒出晚清學術的轉折線索。本文以此二大議題概括晚清學術的轉折與開展，著眼的問題意識在於晚清學術思潮中傳統資源轉型的精神面貌及其所構成的學術圖像。言下之意，這裡提出的問題是，哪些傳統學術資源在晚清時刻有了重要的轉型與影響？在什麼樣的環境與精神意義下，這樣的轉型可以成立？而轉型的結果牽動了學術譜系上哪些的開展與影響？而提問的前提，在於認定晚清學術變動的可能關鍵在於既存的兩大困境：西學衝擊與中學憂患。二者有其同質性，卻在不同面向

---

❸ 艾爾曼著、趙剛譯，《從理學到樸學：中華帝國晚期思想與社會變化面面觀》（南京：江蘇人民出版社，1997年）。

❹ 艾爾曼著、趙剛譯，《經學、政治和宗族：中華帝國晚期常州今文學派研究》（南京：江蘇人民出版社，1998年）。

刺激了中國學術的轉變。西學伴隨西方殖民的強勢入侵，形成了一個不得不面對的異質思想、物質與學術體系。於是，西學的衝擊促使了中國學術必得重構其知識座標。至於中學憂患，則可視爲中國學術面對西學相應產生的學術體質變化問題。此不同於中國傳統學術面對或隱或顯的「經世」意義所產生的知識性格。晚清時期該著力的學術「憂患」，更有其面對異質學術體系與時代變遷相應「求變」的思索，當中學術體質、傳統資源與知識譜系的調整，其變化與否的動機，整體視爲學術的憂患。（其中，無關西學而自生的變化可能是另一個思考的側面。）

於是，晚清學術變動的場景中，可以選擇兩個關鍵詞：諸子學與今文經學。此二者作爲傳統學術資源在晚清時刻都有了結構性的轉型，且在變動的晚清學術場景中扮演了核心的關鍵議題。二者可以成立的條件，在於諸子學的復興觸及了乾嘉以降學術譜系轉向著重實踐意義的義理化與經世問題。而今文經學到了康有爲手中則涉及一個經學傳統與精神改造的問題，以納入西學異質與政治改良爲動機的經學改造工程，終究造成經學的質變與轉型。二者的共通性在於都造成了學術譜系的調整，且都可以在乾嘉樸學的轉化軌跡下審視，放在晚清學術的脈絡確實起著轉折與開展的意義。

三、乾嘉學術與諸子學思潮

㈠方法論的思考——樸學意義下的子學位置

晚清諸子學的復興，大致已成爲學者在傳統清代學術觀念下的

清初經世致用、乾嘉考據學及晚清今文經學三大區塊之外，另一個
熱衷討論的焦點。事實上早在梁啓超的《中國近三百年學術史》（1923
年）就留下了一個誘人的註腳：

　　晚清「先秦諸子學」之復活，實為思想解放一大關鍵。❺

　　晚清對於先秦諸子書的校證，在梁啓超細緻的鋪敘下成了清學
重要的「成績」，等於牽動了學術譜系的議題。儘管那是「清代學
者整理舊學」的結果，但卻扮演了清學「思想解放」的樞紐。這導
引出了兩個議題：一個是傳統的學術資源在晚清有了「整理」並產
生新的學術意義。另一個則是這樣的學術意義攸關著清學的整體面
貌與重要轉折。梁啓超對此議題並無多做申論。倒是同在 1923 年，
章太炎（西元 1868-1936）與章士釗（西元 1881-1973）針對墨學的論爭，
所連帶牽引出的章太炎與胡適（西元 1891-1962）的論戰，卻圍繞在治
經與治子之異同的問題上打轉❻。這固然是一個中國傳統學術上治學
方法的老問題，但細緻推敲則清楚知道章、胡之爭雖可作為新舊學
術勢力之爭的背景理解，然而其問題意識之產生卻是回應著晚清的
諸子學議題。治經治子的方法成為爭論，實不能迴避一個晚清諸子
學之復興在乾嘉樸學以降的經學系統內如何安頓的考量。換言之，
在主流的經學體系中如何置入諸子學的脈絡，其中標誌出一個方法

---

❺　梁啟超，《中國近三百學術史》（北京：東方出版社，1996年），第十四
　　節「清代學者整理舊學之總成績（二）」，頁304。
❻　有關章、胡二人論爭所引發的治經治子問題，陳平原有過詳細的詮釋。參
　　氏著，〈關於經學、子學方法之爭〉，收入陳平原，《中國現代學術之建
　　立：以章太炎、胡適之為中心》（北京：北京大學出版社，1998年），頁
　　240-274。

論的問題。無論是章太炎所指出的治經、治子之異，還是胡適所認可的治經之法乃治子的基礎，此方法之爭指涉的都是經、子作爲學科分類而成立的各自知識法則問題，進而論辯各自的方法論的詮釋學基礎。然而章、胡論爭的箇中差異，只是章太炎更著眼於經、子學科的知識法則之異（經多陳事實，諸子多明義理），接續強調二者共享的方法論有其詮釋學意義上的斷裂。而胡適所強調的反而是經、子共享的方法論乃奠基於漸進的詮釋技術。言下之意，二人之別乃在於關懷層次之異。但治經治子之爭，卻指出了不得不正視的問題。若從經、子共享的方法論出發，校勘訓詁是否融通了經、子的詮釋界線？也就是說，透過校勘訓詁所疏通的經、子文義，是否建構出共享的詮釋學視域？尤其在乾嘉以降諸子學復興的時刻。

這一問題關係著晚清諸子學復興的起源點，以及諸子學復興對經學所產生的種種影響。於是晚近學者針對晚清諸子學復興的起源的關注都由一個基礎的方法論出發。王汎森先生藉助晚清經學家俞樾（西元 1821-1906）的〈諸子平議序〉的論點，引伸出「子書被引爲經學考證之助」的治學方法上的起點❼。鄭吉雄先生更進而從乾嘉時期的正統經學家王念孫《讀書雜誌》（1796-1831 年）的個案處理，指出經學家透過校勘考據子書發皇義理的可能❽。此處論證的意義，等於揭示了諸子學的復興起源於經學方法論所支撐的詮釋基礎。鄭先

---

❼ 王汎森，《章太炎的思想：兼論其對儒學傳統的衝擊》（臺北：時報出版公司，1992年），頁26-27。

❽ 鄭吉雄，〈乾嘉治經方法中的思想史線索：以王念孫《讀書雜誌》為例〉，收入林慶彰、張壽安主編，《乾嘉學者的義理學》（下卷）（臺北：中央研究院文哲所，2003年），頁481-545。

生的用意說明了諸子學復興的積極意義，那不再是俞樾所謂的「西漢經師之緒論已可寶貴，『諸子』又在其前矣」的被動、消極的文獻考量，反而是「以經書材料和經學考證成果，來考證諸子書的字辭文義」（就俞樾《諸子平議》而言）的反客爲主，著重諸子學的主體價値。這主客位置的調動，顯然大有深意。這埋下了一個必須解答的疑惑。子學如何從「引爲經學考證之助」的方法論意義轉型爲考證的主體？子學作爲經學考證的資源，彰顯了什麼樣的實踐意義？在經學系統內，子學如何在方法論的支援下建構其經子共享的詮釋平台？更直接的問，在樸學的知識法則下，子學佔據了什麼位置？這反覆轉換而出的問題，都關注一個事實：當治經治子成了核心的關鍵問題，晚清諸子學復興的起源，就有必要從方法論說起。而那必然是上推至乾嘉經學時期，以尋求可能的學術轉折點。

但無可否認關於晚清諸子學復興的起源，卻另有不同的關懷。就筆者所見當代研究晚清諸子學的唯一專著，大陸學者羅檢秋的《近代諸子學與文化思潮》❾則將近代諸子學的興起側重於「通子致用」的經世意義。葛兆光先生的論述也著力於傳統學術資源在晚清的轉換與應用，強調諸子學的復興有其時代的需求❿。此處的關懷點主要放在子學的實踐性格與時代的應對。（詳後文）但諸子學如何跨入晚清的學術譜系，則有必要先解答乾嘉時期經學與子學在方法論上可能的融通問題。

---

❾　羅檢秋，《近代諸子學與文化思潮》（北京：中國社會科學，1998年）。
❿　葛兆光，《中國思想史：七世紀至十九世紀中國的知識、思想與信仰》（上海：復旦大學，2001年），頁629-649。

綜觀乾嘉時期的經學成果，無以迴避的問題是，乾嘉經學家諸如汪中（西元 1744-1794）、王念孫、焦循（西元 1763-1820）、畢沅（西元 1730-1797）等人都在其治經的學思歷程中爲先秦諸子預留了位置。無論是像汪中、畢沅直接針對子書的校證，作序，還是王念孫的讀書筆記大量考據校證了子書條目，都指陳了諸子學已經由樸學所支撐的方法論進入了經學體系。所謂乾嘉樸學的方法論爲何？簡言之乃校證、訓詁、考據。這固然不是乾嘉經學家的發明，但此尊崇漢代經說的學風，連帶引入的經史考證方法，確實到了乾嘉時期有了蓬勃的展演。無論從閻若璩的《尚書古文疏證》到王念孫、王引之的《讀書雜誌》、《經義述聞》等著作，都顯示了經學考證、訓詁上的成熟與顛峰。從戴震所謂的「訓故明則古經明，古經明則賢人聖人之理義明」❶，則鋪陳了一個以訓詁爲主的方法論所支援經學與義理學的詮釋原則。而凌廷堪（西元 1755-1809）以此進一步發揮「故其爲學，先求之於古六書九數，繼乃求之於典章制度」❷，提出「以禮代理」的具體知識實踐。再者阮元（西元 1764-1849）重視的「後儒說經，每不如前儒說經之確，何者？前儒去古未遠，得其真也」❸，強調「推明古訓」等於整合了樸學知識實踐的路徑。考據—實踐—復古，三者都圍繞著具體的經驗單位（以方法論爲根基的詮釋基礎），以此構成爲樸學的知識型態。

然而，當同時代的學者都漸進浸淫於考據學風，以考據即經學，

---

❶ 戴震，〈題惠定宇先生授經圖〉，收入氏著《戴震全書》（卷六）（合肥：黃山書社，1995年），頁504。

❷ 凌廷堪，〈戴東原先生事略狀〉，收入氏著《校禮堂文集》（卷三十五）（北京：中華書局，1998年），頁312。

❸ 阮元，《小滄浪筆談》（卷四）（臺北：廣文出版社，1970年），頁32。

以經學代漢學就成了主要的演進趨勢❶。易言之，乾嘉樸學所奠定的
方法論意義，乃從基本的典籍詮釋技術（詁訓、考證、注疏、校勘等等）
演繹爲詮釋規範，更進而形構爲知識法則。就歷史意義而言，樸學
方法論不僅是一套詮解經學的操作方法的延續與發展，更重要的
是，此操作方法撐起了一個經學詮釋的平台，一個得以自足的詮釋
場，進而完備了樸學的知識法則。在一個回歸原典的認識論前提下，
從吳派的惠棟所確立的「經之義存乎訓，識字審音，乃知其義」❶
的基本方法論，到皖派戴震所歸納的「綜形名、任裁斷」❶的知識法
則的建構，乾嘉樸學的方法論回到了一個「具體實踐」的界面❶，在
面對原典的意義下，完成經學經典的詮釋以安頓可能的義理。

當先秦諸子學以同樣操作經學詮解的方式進入乾嘉經學家的視
野，「引爲經學考證之助」的動機與考量不再是單純的現象。這裡
值得重視的是，與樸學知識法則相生相成的方法論本身一旦成爲以
闡發義理爲主體性的子學進入經學知識系譜的導引者，子學將安頓
於樸學系統下的什麼位置？一個只做文辭訓詁，且應考證經學之用
的子學到底在樸學的方法論上有何意義？進而可以追問，子學的引

---

❶ 關於清代考據學的演進趨勢，可參見張麗珠，《清代義理學新貌》（臺北：
里仁出版社，1999年），第二章「清代考據學興盛的原因」，頁47-133。

❶ 惠棟，《松崖文鈔》卷一〈九經古義述首〉（上海：上海書店，1994年）。

❶ 章太炎，〈清儒〉，收入傅傑編校《章太炎學術史論集》（北京：中國社
會科學出版社，1997年），頁327。

❶ 關於宋明儒學往乾嘉樸學的轉折，林啟屏先生提出「具體實踐」的思考以
觀察乾嘉義理學的思想史意義。換言之，樸學的方法論可置於義理學的思
想史框架下討論。參見林啟屏，〈乾嘉義理學的一個思考側面：論「具體
實踐」的重要性〉，收入林慶彰、張壽安主編，《乾嘉學者的義理學》（上
卷）（臺北：中央研究院文哲所，2003年），頁41-102。

入對乾嘉時期的經學詮釋有何影響？

　　從王念孫的《讀書雜誌》個案來看，其讀書筆記當中大量涉及子書條目的校證，鄭吉雄就歸納出了十一點關於王念孫對諸子義理發皇的例證，茲列如下：㈠所引子書內文富含義理性的㈡子史之間亦可有衍生、承續、因襲的關係㈢治術㈣名實㈤形氣神㈥士行㈦諸子源流㈧財貨㈨義理㈩天大地廣㈪莊子思想。⓲這十一點的例證與歸納雖然清晰可見子學內容與原文的釋證，但真要論斷其為諸子義理的闡發，卻也言過其實。畢竟，不成系統的子書字辭、文句的考證與校釋，仍侷限於質樸的經學方法論。故而，鄭吉雄終究只能將其定位為王念孫「有意識」的以子學義理部分為釋證內容，以訓詁、校證方式疏通之，以證明王念孫的「諸子」意識，並指涉其為諸子學復興的起點⓳。

　　但問題應可往下追蹤。研究者的目光往往決定著研究材料的屬性。當乾嘉正統經學家王念孫「有意識」的以治經方法治諸子，樸學所認可的方法論已有微妙的變化。理應安頓經學闡釋的樸學方法論同時擴及了子學，其所預設的知識法則隱然有了轉向。換言之，「以治經方法治諸子」除了是一種方法論的借用與過渡，其同時預告了經、子融通的潛在可能，或乾嘉學術轉型的基本平台。於是，我們勢必應對此方法論的議題進一步的思考。

　　諸子條目的處理，當下涉及的將是內容與形式的核心問題。乾嘉樸學的知識有效性乃建立在一個具體經驗與具體實踐的意義上，

⓲　同注⓼，頁41-62。
⓳　同注⓼，頁63。

疏通文辭而彰顯義理。（儘管立論的根柢是假說，仍須將具體枝節經驗化）
然而，樸學式的諸子學卻等於將形而上的義理往下經驗化，或縮小
爲具體的單位以樸學的方法論實際操作，以期建構一個樸學系統可
以支援的「新興」傳統資源，或應用爲經學詮解的考證之助。換言
之，經學的表述格式成了子學寄存的空間，或在真理效用上成了治
諸子的先決條件。在此當中，學科的表述方式有了內容與形式的思
索。當子學的內容支離爲具體單位的疏釋、校勘，一個在方法論上
有助於經學校證的子學，卻也是一個受限於其方法論的知識內容。
無論子學的應用確實是輔佐於經學的校證，還是如鄭吉雄考察的「有
意識」的以子書爲校證主體，這兩大學科在乾嘉經學家手上都就其
形式與內容有了一個基本的融通。這個樸學方法論上豎立起的經、
子平台，等於在形式上將一個驗證經學真理效度的方法過渡爲治理
子學的步驟，連帶的將詮釋子學的客觀準則也必須立論於此格式。
雖則子學的獨立性格並不彰顯，其義理之闡發也非經學家著重的部
分。但子學之詮釋乃還原在經驗意義上，諸如「取同時期的經書與
諸子書互證」的方法論互通，就可視爲經、子共享的詮釋學基礎。
兩者的詮釋的合法性乃奠基於具體經驗之上（從具體的字辭單位驗證其
詮釋效度）。如此一個經、子融合的詮釋平台，在更大的形式意義上
說明了乾嘉經學轉型契機的到來。儘管這在經學家手中的諸子「原
文」只是作爲具體經驗意義的定義與校證，且不成系統。但諸子進
入經學家的視野，且納入經學封閉與自足的詮釋系統運作，在一定
意義上已經鬆動了經學的知識結構。尤其那相互校證的諸子條目，
文句的疏通與字辭單位的訓詁，等於營建子學的意義網絡，正醞釀
一個子學「具體實踐」的時代到來。

　　誠如鄭吉雄別有意味的指出「諸子思想在清中葉後得到發皇，其起始點就是在乾嘉經學家以治經方法治諸子書的成果之中」。方法論的考察起點，其用意不僅是著眼於方法上的過渡與影響，更重要的還是當經、子有其共享的詮釋學基礎，其各自詮釋視域的建構與調整反是觀察乾嘉以後經學與子學變遷的重要關鍵點。乾嘉樸學的傳人俞樾、孫詒讓（西元 1848-1908）、王先謙（西元 1842-1918）等經學家在晚清時期完成了重要子書校注，顯然就是經、子方法論融通意義下的成果。

　　簡言之，樸學意義下的子學位置，乃是一個經、子融通的平台。而此平台的具體影響與意義，則引導出乾嘉經學的知識譜系的調整。

㈡知識譜系的調整——乾嘉經學的子學化

　　關於諸子學與乾嘉學術的關係，從方法論入手的觀察顯然不是消極的。儘管那只是將治經方法應用於治諸子，而初步的動機乃是將考證所用的文獻擴及「經史子」的先秦範疇[20]。或更進一步以王念孫的個案爲例，諸子書成了經學家內在的視野，透過樸學式的校勘訓詁呈現條目式的諸子書文義，完成一個乾嘉經學研究往諸子學復興過渡的連結[21]。但方法論的共享往往不是偶然，更具體的說方法論與學科的知識法則乃互爲因果。兩門學科有其共享的方法論則意味

---

[20]　此乃俞樾以降接續的固定說法，參見蕭義玲，〈從方法論的發展看清代諸子學的興起〉，《孔孟學報》第75期（1998年），頁153-168。

[21]　羅檢秋的專著闢有「從經學到子學」一章，並有章節論述「乾嘉諸子學」，隱然揭示了清代諸子學發展的內在脈動。鄭吉雄則進一步以王念孫個案與例證論述其爲諸子學復興的起始點。羅、鄭著述請見前揭書、文。

其有共通的詮釋學基礎。於是，我們便有理由追問乾嘉經學家「治經兼治諸子」或在方法論上以「經學安頓子學」的依據爲何？這代表了什麼意義？

　　通常的做法總是回到一個歷史的框架。一般的意見會認爲子學的突圍乃是經學內部發展的困境。無論是認爲經書考證已無新發明而日趨窮盡，因而未經整理的諸子書即受到注意。又或清中葉以後政經、社會問題日益嚴重，本來具有「經世」性格的經學已無法應對現實問題，常州學派崛起與今文經學的復興給於樸學極大壓力，因而諸子學成了援引而入的資源。這番說法確實有其合理性。但在歷史框架的詮釋當中，仍有必要釐清可能轉折的學術發展脈絡。

　　跟王念孫同爲揚州學派的乾嘉學人汪中，提供了另一個論述諸子學議題的切入點。汪中在《述學》中論述了諸子，尤其對於孔、墨、荀三家的位置處理，顯然是直接牽動了乾嘉經學譜系的基本知識結構。這其中的因果，可從荀學的議題說起。關於荀子與儒家的關係或荀子的經學地位，其在兩宋以後往往成了被貶抑的對象，或受到學界的忽略。但在乾嘉時期，汪中卻撰有〈荀卿子通論〉，並作〈荀卿子年表〉❷，著重論述了「荀卿之學出於孔氏，而尤有功於諸經」、「六藝之傳，賴以不絕者，荀卿也。周公作之，孔子述之，荀卿子傳之」這幾條關鍵性的論點。換言之，這論述漸進的肯定了荀子的傳經之功，且重新將其列入孔門嫡傳，並與周孔並列爲中國經學史上的重要人物。

---

❷　汪中，〈荀卿子通論〉（兼附〈荀卿子年表〉），收入氏著《汪中集》（臺北：中央研究院文哲所，2000年），頁117-135。

　　汪中此番言論，確實啓發了乾嘉時期的學者。畢竟就在汪中提出相關議題的同時，荀子的經學位置未曾受到重視。儘管清代合校《荀子》的盧文弨（西元 1717-1795）、謝墉都提出了荀子與孟子學說均出自孔門，但他們未進一步定位荀子。而錢大昕（西元 1728-1804）從訓詁角度辯解荀子「人之性惡，其善者僞也」的「僞」乃「爲」之意，也僅是調和孟荀之異。至到汪中爲荀子「翻案」，乾嘉學者才進一步調整了彼此目光，認真看待荀子的學說與其在經學史上的地位。從嚴可均（西元 1762-1843）的〈荀子當從祀議〉，凌廷堪的〈荀卿頌〉到郝懿行（西元 1757-1825）的《荀子補注》等，儼然形成了一個荀學蓬勃發展的趨勢。荀學在清中葉的復興，當然不能略過汪中的「識見」。謝墉校注的《荀子》就集合了汪中的手筆。而晚清王先謙集大成的《荀子集解》（1891 年）理應也是在先輩的啓發與成果中完成。綜合來說，荀子從進入乾嘉學者視野到校勘闡釋蔚爲風潮，甚至到了晚清掀起「排荀」與「尊荀」的漢學與政治議題❷❸，都說明了「諸子學復興」對乾嘉以降學術史的關鍵影響。

　　然而，荀子作爲先秦諸子的一員，荀學之大興與對於乾嘉經學的知識結構之影響，卻有必要加以釐清。這當中值得一提的是凌廷堪倡導「以禮代理」的禮學復興思潮，其根本著眼處也在於從荀子的傳經、傳禮之功上獲取理論依據。基本上，凌廷堪倡導禮學的預設乃是解決乾嘉樸學不思致用的困局，故而回歸典章制度以彰顯「具

---

❷❸　朱維錚，〈晚清漢學：「排荀」與「尊荀」〉，收入氏著《求索真文明》
　　（上海：上海古籍出版社，1996年），頁333-350。

體」的聖人之道❷。同時，理學與漢學的糾葛也造成乾嘉學人在「尊經崇漢」之餘始終無法略過「義理」的課題。二者的調和與安頓隱然成了當時的學術視野。戴震則是其中典型的個案。而凌廷堪由此轉化而來的「以禮代理」顯然牽動了基本的學術範式。以先秦經學內容的具體「禮學」代換宋學以降抽象的「理學」，其重點並非理解爲漢學典範的確立。反而該注意的是，「禮學」的提出本在解決「義理」的問題，其將隸屬於「義理」範疇的「本體論」議題拉回到體制意義下具體經驗的實踐，以求在經義的貫通上可以安置具體的「義理」，或聖人之道。而凌廷堪以樸學方法考訂禮制，在經世的動機下爲乾嘉經學建立實踐的途徑，回歸先秦的「禮治理想」。

　　凌廷堪的《禮經釋例》確立了乾嘉經學往經世轉向的里程碑。但可以進一步推敲的是，凌廷堪是從荀子處尋找資源解決其基本的禮學「義理面」的部署。人性論向來是孔、孟學說的重點，進而形成理學的根基。然而，當儒者有意規避理學的「虛」而往「實」轉向，荀學進入他們的視野，並讓無法跳過的人性論議題，找到具體運作的場域。荀子的人性論與禮學思想是跟具體的實踐單位接軌而上的。❷而回歸荀子，回歸先秦的禮制，等於爲乾嘉經學接應上一個具體的經世源頭。其動機在回應宋代以降將「義理面」奠基於道德

---

❷　關於凌廷堪倡導「以禮代理」的重要研究成果，可參見張壽安，《以禮代理：凌廷堪與清中葉儒學思想之轉變》（石家莊：河北教育出版社，2001年）。

❷　關於凌廷堪的「禮學」相對「理學」的實踐差異，可參考林啟屏的討論，見前揭文，頁83-90。但某個程度上，兩者都有其具體的經驗面向。只是前者著重的單位是體制（人倫與社會規範），後者是身體。

主體性的理學。相對的，凌廷堪意圖建立的是以典章制度爲基礎的
具體實踐原則，其「義理面」就設定在先秦時代爲主的學術視野，
其架構在體制意義下具體的經驗單位，一個以「應世」而「致用」
爲準則的學術性格。

荀子在乾嘉時期的復興，其最大的意義就在於安頓義理的前提
下替乾嘉經學接上先秦子學的界面，禮制成了經學經世的「體」，
而荀子的禮學思想則顯然寄存當中。換句話說，乾嘉經學的知識譜
系有了改變，「子學」有了位置，「經學」框架也有了轉型，進而
轉化出經學子學化的傾向。此「子學化」之意義，不僅是走向經書
義理之追求，更重要的是確立乾嘉經學轉化的內在學術脈絡，一個
在子學爲「誘因」或「動機」的前提下，所造成乾嘉經學活力性轉
折的經、子融通平台。換言之，子學作爲乾嘉經學轉化的「背景」
或「內在裝置」，乾嘉學術譜系因而有了調整。

關於學術譜系的調整，子學的介入必然是經學轉化的開始。然
而，子學的引入如何「牽一髮而動全身」，造成經學知識結構的轉
變，則可以關注汪中提倡墨學的個案。乾嘉時期的《墨子》整理與
研究，顯然是清代墨學復興的起點。當時《墨子》的刊本、校注本
就有十三種，讀書札記有兩種。而儒者學術考證與音韻研究兼及《墨
子》的，還有王念孫、江有誥（西元?-1851）等人❷，甚至保守派的

---

❷ 刊本與校注本有四庫抄本《墨子》、汪中《校陸穩刻本墨子》、《墨子表
微》（皆不傳）、畢沅《墨子注》（集合了盧文弨、孫星衍、翁方綱的成
果）、張惠言《墨子經說解》、顧廣圻《校道藏本墨子》、丁傑、許宗彥
《墨子經說校本》、許宗彥《許校墨子》、黃丕烈《校墨子》。讀書札記
則有王紹蘭《讀墨子雜記》、朱亦棟《墨子書札記》。而王念孫的《讀書
雜誌》有〈墨子雜誌〉六卷，江有誥則有《墨子韻讀》。

翁方綱（西元 1733-1818）也有批判墨學的文章〈書墨子〉❷。整體來看，墨學確實介入了乾嘉經學的知識結構，並活絡了儒者的學術視野。但這觀察的重點並非是《墨子》的校勘與考釋。反而是汪中的〈墨子序〉與〈墨子後序〉揭示了別有意味的學術轉折點。當時肯定墨學地位的，要屬汪中的言論最切中要害。其意圖調整墨學與儒學同等的思想位置，則先調和兩家思想的衝突：「荀之禮論、樂論，爲王者制定功成盛德之事；而墨之節葬、非樂，所以救衰世之敝，其意相反而相成也」。接著對於孟子就墨學「兼愛」的批評，汪中倒實際指陳「兼愛教天下之爲人子者，使其孝其親，而謂之無父，斯已過矣！」，更坦言「後之君子，日習孟子之說，而未賭墨子之本書，眾口交攻，抑又甚焉！」。汪中倡導墨學之意甚爲明顯，然其整體清理之脈絡，卻漸進鋪陳出先秦儒墨的學派之爭與後學的自相蒙蔽，還原出晚周時期諸子「應世」而「治術」有異的百家爭鳴局面。於是，推論而下則有如下結論：「自儒者言之，孔子之尊，故生民以來所未有矣，自墨者言之，則孔子，魯之大夫也，而墨子，宋之大夫也，其位相埒，其年又相近，其操術不同，而立言務以求勝，此在諸子百家，莫不如是。是故，墨子之誣孔子，由老子之絀儒學也，歸於不相爲謀而已矣」。

此番立論，等同將維繫經學體系神聖性「起源」的場域，還原爲素樸的諸子百家齊放與爭論。略過孰優孰劣的問題，將漢以後獨尊的儒家置於諸子序列，將儒、墨視爲晚周「相成」的經世之術，

---

❷ 翁方綱，〈書墨子〉，《復初齋文集》卷十五（臺北：文海出版社，1974年），頁618-620。

連帶將儒者掌控的經學系統延伸出經、子融通的平台。儒墨之同，即爲應世之術，儒墨之異乃治術之異，進而替墨學「翻案」，視同搬動了儒學的聖人位置，經學之大體。翁方綱斥汪中爲「名教之罪人」，乃從此脈絡衍生。本屬異端的墨學，介入乾嘉經學家的視野，撐起孔、墨的諸子序列，乾嘉經學的知識譜系有了「子學」系統的引入，其轉折而出的是一經世、應世的學術性格，連帶動用了子學資源補經學之不足。爾後的經學局面隨時可見子學的儲備，成了經學轉換與應對世局的重要資源與動力。放在龐大的學術史框架下，經學子學化便成了乾嘉經學轉折的學術特質。

四、晚清諸子學的知識型態與詮釋

諸子學之復興作爲晚清學術的標誌，論者大體都注意到子學從乾嘉學術轉化而出的特殊面向。本文意圖推演的也是此內在轉化的學術脈絡。然而，諸子學的復興的顯著意義，理應在著眼於乾嘉經學轉化之後，進一步追蹤其在晚清形構而成的知識型態。作爲晚清知識譜系的重要一環，諸子學所帶動的知識實踐與建設，相對經學體系而言（無論今、古文經學）仍是鼎足而立的。最清晰的標誌自然是西學東漸以後日趨構成的知識威脅，儒者亟需調整步伐面對此異質的知識體系。無論經學內部的自我調整，還是援引子學、史學的作爲應對的知識準備，中國的知識體系不再是經學壟斷的局面。傳統的資源相應介入，諸子學也從乾嘉經學轉化而出復興爲獨當一面的知識型態。

這從乾嘉往晚清復興的諸子學，劉師培（西元 1884-1919）就指出

十九世紀的諸子學「乃諸子之考據學，而非諸子之義理學」❷。而胡適則進一步界定「到章太炎方才於校勘訓詁的諸子學之外，別出一種有條理系統的諸子學」❷。兩相對照，諸子學的復興應似由考據而義理的漸進發展。然而，當論者著眼於二十世紀初期諸子學如何在章太炎、梁啓超、劉師培、嚴復（西元 1854-1921）等人手中闡發義理，此乃表面知識形式之轉變而背後其實預設了一個經驗轉折的關鍵點。若選擇一個指標性的時間點，1900 年當梁啓超亡命海外，二十世紀的曙光已臨近這「老大帝國」，而梁啓超的〈少年中國說〉適時出現於《清議報》，一個斷裂的時代正急切呼喚翩翩少年。〈少年中國說〉作爲新世紀的宣言，在一系列明喻式的鮮明對比下：「夕照／朝陽、瘠牛／乳虎、僧／俠、鴉片煙／潑蘭地酒」，老少對照意味的國之新舊，漸進的把舊中國推向頹朽、無能、病奄奄等令人垂憐唾棄的地步。但藉「少年」修飾中國以對抗被日本、歐西稱謂的「老大帝國」，梁啓超尖銳的將國家生理化，點出了一個自戰場節節敗退、割地賠款、喪盡尊嚴的國體，正處於「未及歲而殤」的危機。存亡之際，身負「老朽之冤業」的「老大帝國」真實暴露的已是無以迴避的體質問題。而回到學術場域，那體現爲文化危機。無以爲繼與斷裂的學術困局，在知識論的基礎上，知識份子調動了許多異質性元素處理傳統，以期在新的認知框架下安頓西方，應對存亡危機。換言之，諸子學復興以後的知識型態，其本質內蘊對應

---

❷ 劉師培，〈周末學術史序〉，《劉申叔先生遺書》(卷一)（臺北：華世出版社，1975年），頁603。

❷ 胡適，〈中國哲學史大綱·導言〉，《胡適文集》(卷六)（北京：北京大學出版社，1998年），頁181。

的乃是此巨型的集體經驗。諸子學復興的學術史意義有其不能略過的精神史考察。

　　若要觀察諸子學如何在晚清左右思潮，及體現其文化與知識實踐，其時俠與身體的倡導，則清楚看見諸子學詮釋的知識型態。早在 1897 年章太炎就著有〈儒俠〉❸一篇對俠的價值和根源加以肯定和論述。章太炎將俠往儒學資源結合，為其新精神尋找傳統依據，以確立一個倡導暗殺、復仇、革命的俠的形象在應對世變的同時也在落實儒家傳統價值。梁啓超從民族主義立場出發的倡導「尚武」精神，將游俠也歸於墨家一派❸，蔣智由視墨家者流的「純而無私，公而不偏」乃「千古任俠者之模範」。譚嗣同更以為「墨有兩派：一曰任俠，吾所謂仁也」以建構其仁學體系。這種以墨家的「摩頂放踵以利天下」和「勇武兼愛」的民間色彩來規範俠的特質，卻是企圖凸顯俠的勇猛剛健的社會底層勢力。其實俠與墨家的結合並不偶然。在近代諸子學興起的背景下，墨學成為新興的研究重點正說明長時間居統馭位置的儒之性格邁向修正、蛻變之路。刊行於 1894 年的《墨子閒詁》點出了墨學「經世致用」的實踐性格。這部自乾嘉以降的集大成之作不但在校注考訂上尤勝前人，孫詒讓對墨學的評價「用心篤厚，勇於振世救敝」導向了一個社會實踐性的研究趨勢。爾後梁啓超的《子墨子學說》（1904 年）明言「今欲救亡，厥惟墨學」，胡適在《先秦名學史》（1917 年）及《中國古代哲學史》（1919

---

❸　章太炎，〈儒俠〉，收入《訄書》。又見劉夢溪主編，《中國現代學術經典·章太炎卷》（石家莊：河北教育出版社，1996年），頁223-226。

❸　梁啟超將墨學分為兼愛、游俠、名理三派。參梁啟超，《論中國學術思想變遷之大勢》，頁28。

年）以「宗教」和「科學」劃分先秦前後期的墨學，無異說明墨學作
為植入西方思潮的界面的必要性。《墨子閒詁》面世於甲午戰爭前
夕，作序的俞樾視其為「大戰國」時期的「安內而攘外」之書。救
亡圖存之際，梁啟超及胡適進一步以墨學為精神註腳，變革思想異
發明顯。墨學的宗教感召及科技制器知識，調整了中國積弱傳統的
流弊。飛揚踔厲的生命型態和西學思潮的契合面皆不一而同昭示了
墨學的實用性格。儒學被取代及修正的時代命運，源於知識份子不
得不調動所有傳統資源以應變憂患世局。「武士道失落」的集體共
識促使俠不得不回歸墨，以墨學的好勇敢戰注入能量，不但修正傳
統儒者的時代格局，且強而有力的提昇了其實踐能力。故而，俠與
墨的結合不過是非儒思潮下重構一個被壓抑的傳統，一個邊緣「他
者」的正典化。至於俠出於儒或墨的學術問題，誠如學者余英時引
申章太炎的說法：「俠者無書，不得附九流」，為「俠」尋找古代
學派淵源皆徒然❸。畢竟俠作為近代流行的符碼，其著力點在於精神
譜系，一種變局中的生存姿態。儒、墨甚至廣而推之的佛、道、法
等諸子學說作為俠的符號資本（capital）或調度資源，在「俠」進一
步文本化的歷程中越是清晰可見。

　　除了俠文化現象的觀察，十九世紀中晚期的「西學中源」即提
醒了知識份子注意諸子學當中可能對應西學的部分。道光年間的鄒
伯奇以為《墨子》為西方科技之源，雖乃強加附會卻指出諸子學乃
學者苦思應對世局的傳統資源。其最大的特質，乃從非儒的諸子當

---

❸　余英時，〈俠與中國文化〉，收入劉紹銘、陳永明編，《武俠小說論卷（上）》
　　（香港：明河社出版有限公司，1998年），頁13。

中擷取資源，形成了以西學「普遍性」爲原則的中學體系。爾後梁
啓超、劉師培、王國維等人對諸子學的闡發，其實也奠基於西學的
學科框架進行「義理」的闡述。

綜合而論，晚清的文化危機基本延續了洋務派以降的「中體西
用」格局。必須處理的學術對象與學術場域，意味著在「體用」的
前提下安頓應對西學的中體。而諸子學作爲經學體系以外的資源，
其復興之歷程固然有由考據而義理的形式演變，但揭示的仍是共享
的集體經驗轉折。從乾嘉到十九世紀中期的諸子學型態乃校勘訓詁
爲主，其時對應的乃是經學譜系。乾嘉經學的轉型將子學安置在所
能支援的方法論與知識結構當中，做了基本的體質調整。爾後的諸
子學籠罩於歐風美雨的局勢中，其發展乃以西學爲參照框架，體用
是迫切的實踐問題，理應演繹爲可以穩住「中體」的思想體系。考
據與義理的孰先孰後，孰重孰輕，雖有其詮釋學意義的辯證關係。
但更細緻的學術史脈絡乃其應對的經驗對象。晚清諸子學大興的重
要指標，就在其整體知識型態的構成中，那轉折自乾嘉經學及其持
續發展的清晰的學術脈絡。那不僅是「內在理路」，還是集體經驗
的轉向。

大的經驗結構的轉型，必然左右著學術的生產與實踐。章太炎
在 1902 年發表於《訄書》的〈訂孔〉、1906 年的〈諸子學略說〉、
1910 年的《國故論衡》、1913 年的〈齊物論釋〉等等一脈傳承而下
的諸子學研究成果，極有力的回應著世局需求下中國學術的基本體
格。論者以爲自乾嘉以降的諸子學風潮到了章太炎始有轉型，說明
了子學復興的走向問題。從一開始介入乾嘉經學的子學，到底調控
了什麼樣的學術視野與前景？當初治經擴及子學的儒者，也許並不

預見到後來嚴峻的知識危機，但子學的引入恰恰在經學家的知識譜系中佔了位置，隱然出自一種對自我知識體質的省察與轉化。

爾後中國學術遭遇西學而打亂掉的學術圖譜，卻清晰可見著痕甚深的子學脈絡，那顯然不是學術選擇的偶然，而是乾嘉以降學術發展歷程經已預設好的轉型條件。那比經學詮釋型態更老（跨過經學權威確立的時期）、活力更盛、以應世爲知識格局的子學，是催化經學轉型或老化的部件。換言之，乾嘉以降經學發展的路線，就潛藏「子學化」的轉型路徑。章太炎從處理孔子與儒家爲其重要的諸子學的起點，固然回應著康有爲操弄孔子與諸子的問題情境。誠如黃錦樹先生點出的，康有爲是「是反啓蒙、反理性的，企圖借著學術神秘化的方式來爲中華文化確立最牢固的依據，訴諸的是信仰及非理性。太炎反其道而行，循著樸學原有之理性精神，把儒學、孔子、傳統學術資源理性化，堅決反對神道設教」❸。對照康有爲拋出的議題「秦焚六經未嘗亡缺」（《新學僞經考》）、「諸子創教改制」（《孔子改制考》），章太炎則以「原經」、「原儒」、「原道」（《國故論衡》）、「原墨」（《訄書》）等等「諸子學」式的議題呈現，顯然看出兩人皆意會到近代學術「總體」之轉型，在其經學的本體上，有一子學的界面。後者是作爲前者的轉型契機或動力，在不同知識份子身上有不同的體會。但子學起碼提示了一個經學轉向的路標，一個朝向實踐、致用、應世的知識論層面的轉型。言下之意，近代學術的轉折是經驗結構、知識論與方法論的轉型。

---

❸ 參見氏著《近代國學之起源（1891-1921）：相關個案研究》（新竹：清華大學中文所博士論文，1997年），頁87。

　　相較於康有為選擇清理與批判經學傳統（詳後文），章太炎則有不同的關懷。以文字語言之學起家，後通向諸子學的闡發，章太炎的學思歷程回應了中學西學的現成知識參照。章太炎自己有一段說詞點出箇中奧妙：

> 弟近所與學子討論者，以音韻訓詁為基，以周、秦諸子為極，外亦兼講釋典。蓋學問以語言為本質，故音韻訓詁，其管籥也；以真理為歸宿，故周、秦諸子，其堂奧也。❸❹

　　從最根本的方法論入手，那是從乾嘉樸學繼承而下的詮釋技藝，卻也是固定經學格局的基本骨架，進而演繹為詮釋的經驗法則。故諸子學到了經學家手中都從基本校勘訓詁做起。但章太炎甚為清楚治經治子之異在於各自方法論上的詮釋極限。而西學議題當前，經學的應對與詮釋成了迫切的知識論危機。詮釋的技藝填補不了認識論斷裂的鴻溝。章太炎以為校勘訓詁「暫為初步」工夫乃就此基礎而論。如何在保有「中體」的堅持下形塑應對「西用」的「中學」，變成了章太炎思考的重點。玄學與佛學的思辨路向的引入，將傳統學術的詮釋拉抬到不同的層次。這並非校勘訓詁等樸學詮釋技藝的捨棄，而是超越樸學知識法則下必然轉向的詮釋層次的選擇。畢竟樸學知識法則所支援的方法論，其詮釋效度無法架構「義理」的闡發。而諸子學的「義理」與「知識」的被重用，正說明了其為中國學術接軌於西學的路徑，文化危機下的學術安頓。黃錦樹就指出章

---

❸❹　章太炎，〈致國粹學報社書〉，《國粹學報》第5年10號（1909年11月）。

太炎「在特殊和普遍之間，在中外之間，揚昇諸子正以保全經史」❸❺。很顯然的，相對佔據知識「普遍性」位置的西學而言，「特殊性」的中體被保存了下來，衍生爲往後的「國粹」、「國學」的基質與精神❸❻。而諸子學在晚清的基本知識型態，乃可形容爲一嫁接西學視窗的中國學術界面。

五、經學的改造：康有爲的「經世」與「實踐」

晚清學術發展的另一重要轉折，恐怕無法略過康有爲的經學改造工程。雖則其整體在學術史的成就與定位，長久界定在以經術飾政論的基本格局。但不容置疑的是，康有爲論述的對象與問題框架仍是學術範疇內的經學傳統議題。被動員的傳統資源也是顯著的今文經學與諸子學。換言之，故且不論康有爲的政治動機，整體的經學批判與改造運動就是學術史界面上啓動的一次學術革命。無論是其對中國學術批判的力道與導向的學術轉折，都牽動了近代學術史的多個樞紐。其觸及了經學的近代轉型問題，對於疑古、經世、諸子學的調動、儒家面臨「現代化」的定位都一股腦兒做了處理。更直接的說法是，康有爲企圖在世紀交替的文化危機中重建中國學

---

❸❺ 關於章太炎以樸學建立其知識法則分別針對「經史」與「諸子」進行不同的實踐，黃錦樹有精闢的處理。參見前揭書第三章「知識的法則與憂患」。引文出自頁105。

❸❻ 相關討論參見黃錦樹，〈魂在：論中國性的近代起源，其單位、結構及（非）存在論特徵〉，《中外文學》第29卷第2期（2000年7月），頁47～68。

術。職是之故，康有爲的經學改造不應被視爲個別知識份子的偶然事件，而是晚清學術史上的「關鍵事件」。也就在此關鍵事件上，我們看到了近代學術轉折的脈動。被「處理」的經學、被「建構」的子學，一一回應著自乾嘉樸學以後邁開的學術轉向。康有爲的最大「意義」就在國家與文化的危機臨界點上直逼經學窘境，並提出革新與解套。尤其耐人尋味的，則是其動員的先秦諸子學所啓動的改革基礎。就此而言，經學改造與諸子學復興隱然有著基本的連結點，並牽動了晚清學術史譜系的轉變。這正是本文的觀察重點。

至於奠定康有爲的經學改造工程的經典著作，自然要數《新學僞經考》（1891 年）與《孔子改制考》（1898 年）。前者以十四篇的論述敞開了「秦焚六經未嘗亡缺考」，並以「劉向經說足證僞經考」作結，整體清理批判了古文經學傳統，視其爲劉歆替新莽統治尋求依據的「新學」。後者則有廿一卷，從晚周諸子創教改制進而論證孔子爲救世而托古改制，建立其素王位置的政治實踐。姑且不論這兩部著作的精神養分所涉及跟廖平之間的著作權紛爭的公案❸，但康有爲透過這兩部著作及其個人政治實踐，確實將學術議題推上了前線。前者清掃，後者重構，儼然形成近代學術的新骨架。然而新骨架等於替換傳統，改造後的經學溯源至聖王的孔子，創立一個統攝了各家學說的儒家平台。而中國學術自此融入西方民主選舉等異質元素，形成了應對西學的文明。

---

❸ 關於此二著作是否剽竊廖平的〈闢劉〉、〈知聖〉二篇，可參考黃開國對二人交往與著作的詳細比對及論證。黃開國，《廖平評傳》（南昌：百花洲文藝出版社，1996年第二刷），頁236-278。

　　關於康有爲經學改造運動的學術史處理，早在三十年代馮友蘭
（西元 1895-1990）就以哲學史的視野將其定義爲「經學終結」的歷史
位置。其論述的脈絡則在於康有爲「舊瓶新酒」實踐的失敗❸。爾後
學術史的處理，基本延續了馮友蘭「經學終結」的議題。故隨此議
題所浮現而出的，乃是康有爲對儒學修正以應世的選擇❹。晚清時刻
西潮威脅下的文化與國家危機，動搖了中國學術的盤根。經驗與知
識的安頓成了學術擔負的道義與責任。而那脫離儒學視野與經學框
架的「世界觀」，變成了中國傳統學術迫不及待要調整的「視窗」。
康有爲的政治理想乃奠基於這樣的學術基礎。因此儒學的「對象化」
及「被處理」擴及了學術轉折的契機與軌跡。這當中有兩個觀察面
向：一方面是學術史上對樸學知識體系的衝擊與否定性轉換❹，另一
方面則是儒學在清末民初「現代性」危機中的政治實踐意義❹。

　　但康有爲的經學改造工程值得關注，另有一層意義。原本的中
學／西學的「中／外」問題，爲何在回歸處理經學傳統後則轉爲「新
／舊」議題？換句話說，晚清時期中學遭遇西學的認識論碰撞及學
術體質之異，卻在定位其學術座標時形成爲述學體制的問題。也就
是學術應用何種新的形式與框架重新表達。換句話說，康有爲的經

---

❸　馮友蘭，《中國哲學史》上冊（臺北：商務印書館，1993年版），頁485。
❹　蕭公權的論述基本以此為脈絡。見氏著《康有為思想研究》（臺北：聯經
　　出版有限公司，1988年）。
❹　黃錦樹對此有獨到論述，並補充了康有為的教學脈絡。參見前揭書第二章
　　「士大夫之學與新學偽經：康有為與『經學的終結』」。
❹　關於西潮東漸所引發的國族危機並轉換為儒學危機，汪暉針對康有為的「儒
　　學」政治實踐，有著詳細的論述。參見氏著〈帝國的自我轉化與儒學普遍
　　主義：論康有為〉，收入趙汀陽主編《論證3》（桂林，廣西師範大學出版
　　社，2003年），頁183-277。

學改造等於為中國學術升級了一個新版本的「視窗」。這裡的「新／舊」之「新」當然不侷限在《新學偽經考》內部設定的王莽新政下的漢學。其乃由內涉外擴及為一套清理經學傳統而建構的學術框架，兼取中西的會通之學。而舊學的對應則是文化危機中陷入知識與經驗困境中的經學傳統（儒學傳統）。然而，新舊對立所揭示的並非純粹經驗結構的意義，而是學術養分。

值得探問的是，座落於今文經學界面而改造古文經學傳統，到底根據什麼樣的發展線索？以今文經學為重整儒學的標竿，其應被視為選擇的結果，還是另有發展的動力？康有為的「新學」體系標榜的是「素王」位置的孔子架構起新興的儒學平台，成就應對世界異質知識與文化的新的經學系統。但不能忽視的，是先秦諸子學的被動員。這可能是今文經學表面實踐的背後，一條著力甚深的學術發展線索。先秦諸子的被動員雖是以襯托孔子的意圖在創教改制、諸教互攻、諸教攻儒脈絡下被利用。但諸子學的調動卻牽扯出一個預設的前提。就在「新學」的框架中有著政治理想圖景。那溯源至一個文明形式起源的神聖時刻，藉由孔子撐起的儒教新天地，實踐為晚清對抗異質文明的體系❷。而這當中其實回應著乾嘉以降子學介入經學後隱然形成的孔子「諸子化」的傾向。子學的積極意義在於還原了一個先秦諸子的歷史情境，經學所架設的時空漸進退回歷史

---

❷ 這當中有著宗教化操作的意圖。作為「國魂」的孔教建立其普遍性意義的神聖禮序，若追蹤康有為流亡新馬期間推動的孔教運動，那可是對應上近代中國龐大的文人、移民的離散（Diaspora）經驗結構的文化個案，而不僅是政治運動。政治面的詮釋可參見房德鄰，《儒學的危機與嬗變：康有為與近代儒學》（臺北：文津出版社，1992年），頁159-217。文化面的討論可參見黃錦樹前揭書，頁60-65。

關係，接上諸子譜系的學術發展脈絡。乾嘉樸學轉化而出的子學復興，其實已埋下經學子學化的伏筆。其造就一個事實：經學往具體實踐傾斜，尤其往「治術」的方向思索。而經子的融通在動搖經學神聖性結構之餘，等於切開了一個縫隙。精神的起源是關注的重點。

　　無可否認，《公羊傳》中的通三統、張三世固然是重要的經學改造資源，但其指涉的乃是儒學建立其素王命題與文化普遍意義。但諸子成為孔子被奉為聖王意義的前置部署，則說明了經學轉向內部必然依賴諸子。因為經子融通的界面預設的就是更早的時間點，比經學確立其絕對權威更早的先秦。因而，處理經學的時間自然可以回到「上古茫昧」，實踐的對象乃「周末諸子」。如果說今文經學是康有為經學改造運動中選擇的形式，那麼諸子學則是其根本的精神動力。從乾嘉樸學家以方法論的實踐擴及更早的子書，到康有為替孔子營造聖王的起源意義所必須建構的晚周諸子場景，這當中呈現而出的理應是子學在經學內部發展意義的主導性作用。經學的轉折脈動流動著諸子的養分。也就是說，整體「新學」精神的被建立乃奠基於先秦諸子。康有為經學改造的實踐也許應被視為一個乾嘉經學子學化的結果。

六、結　論

　　若要界定從諸子學復興到經學改造的脈絡，本文意圖說明那是一條經學子學化的轉折路向。也就在乾嘉經學譜系當中引入子學的同時，因應著外在經驗結構的轉變，經學內部的子學化也持續展開。從方法論開始經營共通的平台，進而凸顯子學的主體位置到伸張子學的知識義理面。至到最終的經學改造，延續經學子學化的結果，以諸子學烘托、建構出孔子聖王意義下普遍性的儒家「萬世法」[43]，一個朝向更具體「經世」，卻也是「實踐」一個體用兼備且安頓於西潮侵襲下的「中體」。那是晚清時期經學與子學兩大傳統資源轉折的內在路徑。而此路徑在後經學時代有何轉化[44]，則已是本文以外的後續討論了。

---

[43]　此處可對應汪暉針對晚清儒學困境的描述：「隨著帝國成為世界資本主義的邊緣區域，儒學『萬世法』同時淪為一種不合時宜的『地方性知識』」。參見前揭文，頁187。

[44]　陳少明以為後經學時代的議題乃是古史辨與新儒家。但筆者認為其中仍有國粹學派的問題值得重視。參見陳少明，《漢宋學術與現代思想》（佛山：廣東人民出版社，1998年），頁112-132。

參考書目

一、古籍專著

清・阮元，《小滄浪筆談》，臺北：廣文出版社，1970 年。

清・翁方綱，〈書墨子〉，《復初齋文集》卷十五，臺北：文海出版社，1974 年，頁 618-620。

清・劉師培，〈周末學術史序〉，《劉申叔先生遺書》(卷一)，臺北：華世出版社，1975 年，頁 603-627。

清・惠棟，〈九經古義述首〉，收入《松崖文鈔》卷一，上海：上海書店，1994 年。

清・戴震，〈題惠定宇先生授經圖〉，收入氏著《戴震全書》（卷六），合肥：黃山書社，1995 年，頁 504-506。

清・凌廷堪，〈戴東原先生事略狀〉，收入氏著《校禮堂文集》（卷三十五），北京：中華書局，1998 年，頁 312-317。

清・章太炎，〈儒俠〉，收入劉夢溪主編，《中國現代學術經典·章太炎卷》，石家莊：河北教育出版社，1996 年，頁 223-226。

清・章太炎，〈清儒〉，收入傅傑編校《章太炎學術史論集》，北京：中國社會科學出版社，1997 年，頁 326-333。

清・汪中，〈荀卿子通論〉（兼附〈荀卿子年表〉），收入氏著《汪中集》，臺北：中央研究院文哲所，2000 年，頁 117-135。

二、現代專著

蕭公權，《康有爲思想研究》，臺北：聯經出版有限公司，1988 年。

房德鄰，《儒學的危機與嬗變：康有爲與近代儒學》，臺北：文津
　　出版社，1992 年。

王汎森，《章太炎的思想：兼論其對儒學傳統的衝擊》，臺北：時
　　報出版公司，1992 年。

馮友蘭，《中國哲學史》，臺北：商務印書館，1993 年版。

熊月之：《西學東漸與晚清社會》，上海：上海人民出版社，1994
　　年。

黃開國，《廖平評傳》，南昌：百花洲文藝出版社，1996 年。

朱維錚，〈晚清漢學：「排荀」與「尊荀」〉，收入氏著《求索真
　　文明》，上海：上海古籍出版社，1996 年，頁 333-350。

梁啓超，《中國近三百學術史》，北京：東方出版社，1996 年。

艾爾曼著、趙剛譯，《從理學到樸學：中華帝國晚期思想與社會變
　　化面面觀》，南京：江蘇人民出版社，1997 年。

余英時，〈俠與中國文化〉，收入劉紹銘、陳永明，《武俠小說論
　　卷（上）》，香港：明河社出版有限公司，1998 年，頁 4-76。

羅檢秋，《近代諸子學與文化思潮》，北京：中國社會科學，1998
　　年。

胡適，〈中國古代哲學史·導言〉，《胡適文集》(卷六)，北京：北
　　京大學出版社，1998 年，頁 163-184。

艾爾曼著、趙剛譯，《經學、政治和宗族：中華帝國晚期常州今文
　　學派研究》，南京：江蘇人民出版社，1998 年。

陳平原，〈關於經學、子學方法之爭〉，收入氏著，《中國現代學術之建立：以章太炎、胡適之爲中心》，北京：北京大學出版社，1998 年，頁 240-274。

梁啓超，《清代學術概論》，上海：上海古籍出版社，1998 年。

陳少明，《漢宋學術與現代思想》，佛山：廣東人民出版社，1998年。

張麗珠，《清代義理學新貌》，臺北：里仁出版社，1999 年。

張壽安，《以禮代理：凌廷堪與清中葉儒學思想之轉變》，石家莊：河北教育出版社，2001 年。

麻天祥：《中國近代學術史》，長沙：湖南師範大學出版社，2001年。

梁啓超，《論中國學術思想變遷之大勢》，上海：上海古籍出版社，2001 年。

葛兆光，《中國思想史：七世紀至十九世紀中國的知識、思想與信仰》，上海：復旦大學，2001 年。

林啓屏，〈乾嘉義理學的一個思考側面：論「具體實踐」的重要性〉，收入林慶彰、張壽安主編，《乾嘉學者的義理學》（上卷），臺北：中央研究院文哲所，2003 年，頁 41-102。

鄭吉雄，〈乾嘉治經方法中的思想史線索：以王念孫《讀書雜誌》爲例〉，收入林慶彰、張壽安主編，《乾嘉學者的義理學》（下卷），臺北：中央研究院文哲所，2003 年，頁 481-545。

汪暉，〈帝國的自我轉化與儒學普遍主義：論康有爲〉，收入趙汀陽主編《論證 3》，桂林，廣西師範大學出版社，2003 年，頁183-277。

三、論文

章太炎，〈致國粹學報社書〉，《國粹學報》第 5 年 10 號（1909 年 11 月）。

蕭義玲，〈從方法論的發展看清代諸子學的興起〉，《孔孟學報》第 75 期（1998 年），頁 153-168。

黃錦樹，〈魂在：論中國性的近代起源，其單位、結構及（非）存在論特徵〉，《中外文學》第 29 卷第 2 期（2000 年 7 月），頁 47～68。

黃錦樹，《近代國學之起源（1891-1921）：相關個案研究》，新竹：清華大學中文所博士論文，1997 年。

國家圖書館出版品預行編目資料

中國學術史論

莊曉蓉等撰著；周彥文主編. – 初版. – 臺北市：臺灣學生，
2004[民 93]
面；公分

ISBN 957-15-1223-0(精裝)
ISBN 957-15-1224-9(平裝)

1. 學術思想 – 中國 – 論文，講詞等

112.07   93011909

中國學術史論 (全一冊)

主　編　者：周　　　彥　　　文
出　版　者：臺 灣 學 生 書 局 有 限 公 司
發　行　人：盧　　　保　　　宏
發　行　所：臺 灣 學 生 書 局 有 限 公 司
　　　　　　臺 北 市 和 平 東 路 一 段 一 九 八 號
　　　　　　郵 政 劃 撥 帳 號：0 0 0 2 4 6 6 8
　　　　　　電　話：(0 2) 2 3 6 3 4 1 5 6
　　　　　　傳　眞：(0 2) 2 3 6 3 6 3 3 4
　　　　　　E-mail：student.book@msa.hinet.net
　　　　　　http：//www.studentbooks.com.tw

本書局登
記證字號：行政院新聞局局版北市業字第玖捌壹號

印　刷　所：長 欣 彩 色 印 刷 公 司
　　　　　　中 和 市 永 和 路 三 六 三 巷 四 二 號
　　　　　　電　話：(0 2) 2 2 2 6 8 8 5 3

定價：精裝新臺幣七三〇元
　　　平裝新臺幣六五〇元

西 元 二 〇 〇 四 年 八 月 初 版